Das Reichsgesetz über den Verkehr mit Kraftfahrzeugen

vom 3. Mai 1909.

Erläutert von

Friedrich Hoepfel

st. Landgerichtsdirektor.

Nürnberg und Leipzig
Verlag von U. E. Sebald
1911.

Druck von U. E. Sebald, Kgl. Bayer. Hofbuchdruckerei, Nürnberg.

Hoepfel, Reichsgesetz über den Verkehr mit Kraftfahrzeugen

Abkürzungen.

ABürgR. = Archiv für bürgerliches Recht.
AZivPr. = Archiv für zivilistische Praxis.
AG. = Automobilgesetz, Gesetz über den Verkehr mit Kraftfahrzeugen.
BayObLGZS. = Bayerisches Oberstes Landesgericht, Sammlung von Entscheidungen in Zivilsachen, Band und Seitenzahl.
BayObLGStS. = Sammlung von Entscheidungen des Bayer. Obersten Landesgerichts in Gegenständen des Strafrechts, Band und Seitenzahl.
BayRpflZ. = Zeitschrift für Rechtspflege in Bayern, Band und Seitenzahl.
BraunschwZ. = Zeitschrift für Rechtspflege im Herzogtum Braunschweig.
BV. = Bundesrats-Verordnung vom 3. 2. 10 über den Verkehr mit Kraftfahrzeugen.
BuschZ. = Zeitschrift für deutschen Zivilprozeß von Busch.
Damm = Gesetz über den Verkehr mit Kraftfahrzeugen, erläutert von Damm.
DJZ. = Deutsche Juristenzeitung.
Eger = Reichshaftpflichtgesetz, erläutert von Eger,
EisenbE. = Eisenbahnrechtliche Entscheidungen von Eger, Band und Seitenzahl.
GoldschmidtsZ. = Zeitschrift für das gesamte Handelsrecht von Goldschmidt.
GoltdA. = Archiv für Strafrecht und Strafprozeß von Goltdammer.
Gordan = Gesetz über den Verkehr mit Kraftfahrzeugen, erläutert von Gordan.
GruchotsBeitr. = Beiträge zur Erläuterung des deutschen Rechts, begründet von Gruchot.
Hallbauer = Gesetz über den Verkehr mit Kraftfahrzeugen, erläutert von Hallbauer.
Isaac = Das Recht des Automobils von Isaac, 2. Aufl.
JW. = Juristische Wochenschrift, Jahrgang und Seitenzahl.
KG. = Kammergericht.
Kirchner = Gesetz über den Verkehr mit Kraftfahrzeugen, erläutert von Kirchner.

KommBer. = Bericht der 29. Kommission über den Entwurf eines Gesetzes über den Verkehr mit Kraftfahrzeugen. Rechstag. 12. Legislatur-Periode, I. Sess on 1907/1909 Nr. 1250 der Drucksachen.

Krause = Gesetz über den Verkehr mit Kraf fahrzeugen, erläutert von Krause.

Kröner = Gesetz über den Verkehr mit Kraftfahrzeugen, erläutert von Kröner

LZ. = Leipzig r Zeitschrift für Handels-, Konkurs- und Versich rungsrecht.

Neukirch-Rosenm yer = Gesetz über den Verkehr mit Kraftfahrzeugen erläutert von Neukurch und Rosenmeyer.

OLG. = Rechtsprechung der Oo rand sg richte, herausgegeben von Mugdan und Fakmann, Band und Seitenzahl.

Recht = Das Richt, Rundschau für den deutschen Juristenstand, zitiert nach Juhreszah und Nimmer der Entscheidung.

RGSt. = Entsche dungen des Reichsg richts in Strafsachen.

RGZ. = Entsche dungen des Reichsg richts in Zivinsachen.

Re nd = Haftpfe chtgesetz, erläutert von Reindl.

Schmed-Wagner = Gisetz über den Verkehr mit Kraftfahrzeugen, erläutert von Schmid und Wagner.

SeuffA. = Sufferts Archiv, zitiert nach Band und Nummer der Entscheidung.

SeuffBl. = Seufferts Blätter für Rechtsanwendung, Band und Seitenzahl

Seuffert = Gesetz über den Verkehr mit Kraftfahrzeugen, erläutert von Seuffert.

Soerge Rspr. = Soergel, Rechtsprechung.

Der Kommentar von Eger zum Kraftfahrzeuggesetz erschien erst während der Druckegung dieses Werkes und konnte deshalb nicht mehr berücksichtigt werden.

Inhaltsübersicht.

Gesetz
über den Verkehr mit Kraftfahrzeugen.

Vom 3. Mai 1909.
(RGBl. 1909 Nr. 26 S. 437.)

I.

Wir Wilhelm, von Gottes Gnaden Deutscher Kaiser, König von Preußen usw.

verordnen im Namen des Reichs, nach erfolgter Zustimmung des Bundesrats und des Reichstags, was folgt:

I. Verkehrsvorschriften.

Der Entwurf vom Jahre 1906 hatte solche Bestimmungen nicht enthalten. Erst die im Jahre 1908 dem Reichstag gemachte Vorlage hatte die Einfügung von Verkehrsvorschriften für notwendig erachtet. Doch bildeten sie in der Vorlage den zweiten Abschnitt, während an erster Stelle die Bestimmungen über die Haftpflicht standen. Die Bestimmungen des Entwurfs sind von der Kommission ohne wesentliche Änderungen übernommen, aber an die Spitze des Gesetzes gestellt worden, weil man mit Rücksicht auf den Titel des Gesetzes „über den Verkehr mit Kraftfahrzeugen" diese Anordnung des Stoffes für zweckentsprechender hielt. Dadurch ergab sich die Notwendigkeit, einen das Gesetz einleitenden Paragraphen hinzuzufügen. Es wurde deshalb die Vorschrift des § 14 a (jetzt § 1) in das Gesetz aufgenommen, daß die Fahrzeuge, die auf öffentlichen Wegen und Plätzen in Betrieb gesetzt werden sollen, von der zuständigen Behörde zugelassen werden müssen. Diese Bestimmung, die schon in den Grundzügen des Bundesrats von 1906 enthalten war, hätte nach dem Entwurf ihren Platz in den Ausführungsbestimmungen finden sollen.

Die Verkehrsvorschriften finden nur auf die Inbetriebsetzung und das Führen von Kraftfahrzeugen auf öffentlichen Wegen und Plätzen Anwendung, treffen aber soweit alle unter den Begriff des Kraftfahrzeugs (§ 1 Abs. 2 AG.) fallenden Fahrzeuge, also insbesondere auch die in § 8 Ziff. 2 aufgeführten Lastautomobile, die mit Rücksicht auf ihre geringe Geschwindigkeit (Maximalgeschwindigkeit von 20 Kilometern in der Stunde auf ebener Bahn) von der Haftpflicht des AG. ausgenommen sind.

Jedes Fahrzeug muß also, bevor es in der Öffentlichkeit in Betrieb gesetzt wird, behördlich zugelassen werden. Darüber, welche Behörden für die Erteilung der Zulassung zuständig sind, hat gemäß § 6 AG. die Bundesratsverordnung vom 3. Februar 1910 Bestimmung getroffen.

Die §§ 2—5 enthalten Vorschriften über die an einen Fahrer zu stellenden Anforderungen. Die Führung eines Kraftfahrzeugs ist danach von einer Fahrerlaubnis abhängig gemacht, die nach bestandener Fahrerprüfung zu erteilen ist, sofern nicht sonstige, durch Tatsachen zu belegende Gründe gegen die Zuverlässigkeit und Tauglichkeit des Bewerbers sprechen. Die Erlaubnis gilt für das ganze Reich; der Nachweis der erteilten Erlaubnis ist vom Führer durch den Führerschein zu erbringen. Der Besitz eines solchen Führerscheins ist nicht nur für den berufsmäßigen Chauffeur notwendig, sondern für jede Person, die, wenn auch nur vorübergehend und gelegentlich, ein Fahrzeug auf öffentlichen Straßen oder Plätzen lenkt. Eine notwendige Ausnahme schafft § 3 AG., indem er für solche Personen, die zwecks Ablegung der Führerprüfung sich auf öffentlichen Straßen in Begleitung eines zugelassenen Führers in der Lenkung von Kraftfahrzeugen üben, den Besitz eines Führerscheins nicht für notwendig erklärt. § 4 gibt der zuständigen Verwaltungsbehörde im Interesse der Sicherheit des öffentlichen Straßenverkehrs das Recht, einem zugelassenen Führer die Fahrerlaubnis dauernd oder auf Zeit zu entziehen, sobald sich nach der festgestellten Tatsache seine Ungeeignetheit zu diesem Beruf ergibt. § 5 regelt die Rechtsmittel gegen die Versagung oder Entziehung der Fahrerlaubnis.

§ 1.

Kraftfahrzeuge, die auf öffentlichen Wegen oder Plätzen in Betrieb gesetzt werden sollen, müssen von der zuständigen Behörde zum Verkehre zugelassen sein.

Als Kraftfahrzeuge im Sinne dieses Gesetzes gelten Wagen oder Fahrräder, welche durch Maschinenkraft bewegt werden, ohne an Bahngleise gebunden zu sein.

Abs. 1 fehlt in beiden Entw.; Abs. 2: Entw. I § 1 Abs. 1 Satz 2; Entw. II; § 1 Abs. 4; Begr. S. 13, Komm-B. S. 30; Sten. B. 5266. Literatur: Sendpiehl „Begriff des Kraftfahrzeugs in Eisenbahn-E. 25 432 f.

I. **Begriff des Kraftfahrzeuges:** Das Gesetz ist veranlaßt durch die Gefahren, die dem Verkehr auf öffentlichen Straßen durch die Fahrzeuge drohen, die einerseits von einer maschinellen Triebkraft in Bewegung gesetzt werden und durch die Eigenschaft der verwendeten Triebkraft in der Regel eine erhebliche Geschwindigkeit besitzen und die anderseits bei ihren Bewegungen an Schienen oder Gleise nicht gebunden sind, so daß das Publikum das Ziel ihrer Bewegung nicht mit Sicherheit erraten kann. Dementsprechend definiert das Gesetz in § 1 Abs. 2 als Kraftfahrzeuge „Wagen oder Fahrräder, welche durch Maschinenkraft bewegt werden, ohne an Bahngleise gebunden zu sein". Bei Erläuterung des Begriffes des Kraftfahrzeuges ist auszugehen von dem weiteren Begriff des Fahrzeugs und hierunter hat man zu verstehen alle unbelebten, zur Bewegung von einem Ort an den anderen bestimmten Vorrichtungen, die der Beförderung von Lasten oder Personen dienen. Der Beförderungszweck ist also ein notwendiges Begriffsmerkmal des Fahrzeugs. Ein mit Maschinenkraft betriebenes Kinderspielzeug (Automobil) fällt deshalb, weil es einen solchen Beförderungszweck nicht hat, nicht unter das Gesetz (Gordan § 7 Bem. 2 S. 33). Ebenso sind erst im Bau begriffene Fahrzeuge, deren Maschinen innerhalb der Fabrik ohne die Absicht der Fortbewegung in Betrieb gesetzt werden, nicht Kraftfahrzeuge (Gordan § 7 Bem. 2 S. 34). Soweit es sich um Beförderung von Lasten handelt, ist ein verschiedenes Verhältnis zwischen der Last und dem als Beförderungsmittel dienenden Fahrzeuge denkbar. Entweder das Fahrzeug befördert ständig wechselnde Lasten in einem eigenen, auf dem Fahrzeug angebrachten Laderaum oder in besonderen, dem Fahrzeug angehängten Wägen oder aber das Fahrzeug hat die Aufgabe, eine ihm ständig aufmontierte, also nicht wechselnde Last zu befördern, wie das z. B. der Fall ist bei den Automobilfeuerspritzen, den maschinell betriebenen Holzspaltemaschinen, den Dreschlokomobilen und ähnlichen selbstfahrenden Arbeits- und Werkzeugmaschinen (vgl. unten Bem. I Ziff. 5). Daß bei solchen Fahrzeugen die maschinelle Kraft nicht bloß zur Beförderung der aufmontierten Maschine von einem Ort zum anderen, sondern auch zur Inbetriebsetzung der Maschine dient, ist ohne Belang. Solange die Beförderungstätigkeit in Frage steht, liegt ein Fahrzeug bezw. da auch die weiteren Voraussetzungen des Begriffs (s. unten I Ziff. 1—3) gegeben sind, ein Kraftfahrzeug vor; der an Ort und Stelle vor sich gehende Betrieb der Maschinen (Spritzen, Holzspalten, Dreschen) ist natürlich keine Beförderungstätigkeit mehr, so daß die Anwendung des AG. insoweit entfällt. Maschinen dieser Art haben eben eine doppelte Natur und unterliegen dem AG. nur, soweit sie als Fahrzeuge zu gelten haben. Ebenso haben auch Straßenwalzen als Fahrzeuge zu gelten; allerdings ist ihre Zweckbestimmung nicht die Beförderung von Personen oder Lasten, sondern die Befestigung des Bodens; aber um diesen letzteren Zweck zu erreichen, muß eben die mit dem Fahrzeug verbundene Last von einem Ort zum anderen bewegt werden (vgl. über die Straßenwalzen auch unten Bem. I Ziff. 5).

Nicht alle zur Fortbewegung von Gütern oder Personen dienenden Vorrichtungen sind Fahrzeuge, sondern es ist für den Begriff des Fahrzeugs weiter notwendig, daß die Vorrichtung zum Zweck der Beförderung sich selbst von einem Ort zum anderen bewegt. Auszuscheiden haben also alle Einrichtungen, die wie Krane und ähnliche Einrichtungen von einem festen Stützpunkt aus die Güter- oder Personenbeförderung bewirken. Bei fahrbaren Kranen wird man zu unterscheiden haben: üben sie ihre Beförderungstätigkeit nur von einem festen Stützpunkt aus und dient die ihr vorausgehende Bewegung des Kranens selbst von einem Ort zu einem anderen ohne die Güter nur der Vorbereitung der Beförderung, so ist der Kranen kein Fahrzeug, er bewegt sich nur als tote Last von seinem Standpunkt (vgl. Senkpiehl a. a. O.); dagegen wird er als Fahrzeug zu erachten sein, wenn er sich mit den Gütern von Ort und Stelle bewegt. Eine Anwendung des AG. wird aber auch bei solchen Kranen regelmäßig nicht zulässig sein, weil sie wohl immer auf Schienen sich bewegen. Bewegliche Brücken dienen nicht unmittelbar der Beförderung, sondern bilden nur einen Weg, auf dem die Beförderung vor sich gehen kann, sind also keine Fahrzeuge.

Zum Begriff des Kraftfahrzeugs ist weiter notwendig:

1. daß es sich um Wagen oder Fahrräder handelt,

2. daß sie durch Maschinenkraft bewegt werden und
3. daß sie nicht an Bahngleise gebunden sind.

1. **Wagen oder Fahrräder** müssen es sein. Damit hat das Gesetz zum Ausdruck gebracht, daß nur solche Fahrzeuge seinem Geltungsbereich unterstehen, die für den Verkehr auf dem festen Lande bestimmt sind. Wasserfahrzeuge (Schiffe, Trajette, Fähren) gehören nicht hierher, ebensowenig Luftfahrzeuge. Die Bewegung auf dem Boden muß die bestimmungsgemäße und normale sein. Aeroplane werden nicht deshalb zu Kraftfahrzeugen im Sinne dieses Gesetzes, weil sie einen Anlauf auf dem festen Boden nehmen müssen und zu diesem Zwecke mit Rädern versehen sind (a. M. Krause im Recht 10, 442; dagegen aber Koehne a. a. O. S. 502). Dagegen würde die in der ersten Beratung des Reichstags von dem Abgeordneten Wagner als möglich erwähnte Kombination zwischen Automobil und Luftschiff (vgl. StenB. S. 5266) allerdings als Kraftfahrzeug gelten müssen und deshalb, soweit die Verwendung als Wagen in Frage kommt, dem AG. unterstehen. Man denkt bei Wagen und Fahrrädern gewöhnlich nur an solche Fahrzeuge, bei denen die treibende Kraft auf Räder übertragen und dadurch die Bewegung bewirkt wird. Aus diesem Grunde will die Mehrzahl der Kommentare (Krause § 1 Bem. 1 S. 23; Waldeck § 1 Bem. 4; Neukirch-Rosenmeyer § 1 Bem. 1; Kirchner § 1 Bem. 3) Schlitten nicht als Fahrzeuge im Sinne des AG. gelten lassen. Es ist aber nicht abzusehen, warum ein Automobilschlitten, wenn dessen Herstellung der Technik gelingen sollte, rechtlich anders als ein auf Rädern laufendes Automobil behandelt werden sollte, da doch die Gründe, die dazu führten, für Automobile eine Sonderstellung zu schaffen, in gleicher Weise auch für Automobilschlitten zutreffen. Offenbar hat der Gesetzgeber bei Gebrauch der Worte: „Wagen oder Fahrräder" nicht sowohl ausschließlich die Fahrzeuge im Auge gehabt, die auf Rädern laufen, sondern er hat damit klar stellen wollen, daß nur Landfahrzeuge hierher gehören. Dann unterliegt aber die Unterstellung der Schlitten unter den Begriff des Fahrzeugs keinem Bedenken dafür, daß auch Automobilschlitten zu den Kraftfahrzeugen gehören, auch Isaac S. 46.

Die Unterscheidung zwischen Wagen und Fahrrädern ist von Bedeutung einmal wegen der steuerrechtlichen Behandlung und dann mit Rücksicht auf die Vorschriften der Bundesratsverordnung vom 3. Februar 1910, die in dem § 4 Abs. 2, § 8

Abs. 4, § 11 Abs. 2, § 22, § 39 besondere den Verkehr mit Kraftfahrrädern erleichternde Bestimmungen gibt. Worin das begriffliche Unterscheidungsmerkmal zwischen Kraftrad und Kraftwagen zu suchen sei, war in den Grundzügen des Bundesrats vom Jahre 1906 nicht gesagt; die amtlichen Erläuterungen begnügten sich mit der Erklärung, es sei das Frage der tatsächlichen Feststellung im einzelnen Falle. Die Praxis fand bisher das Wesentliche darin, daß das Kraftrad nicht bloß durch die motorische Kraft, sondern auch nötigenfalls durch Treten der Pedale bewegt werden kann, weiter in dem regelmäßigen Fehlen eines Wagenkastens und in der Anbringung des Lenkersitzes unmittelbar zwischen den Rädern; zum Teil wurde auch z. B. in England und Italien auf die Zahl der Räder und auf das Gewicht des Fahrzeugs Gewicht gelegt (vgl. Isaac S. 54, 55 und den bei Isaac S. 336 abgedruckten Erlaß des Reichsschatzamtes). In wesentlicher Übereinstimmung mit dieser Anschauung erklärt § 1 der Bundesratsverordnung vom 3. Februar 1910: „als Krafträder gelten Fahrzeuge, die vom Sattel aus gefahren werden und auf nicht mehr als drei Rädern laufen, wenn ihr Eigengewicht ohne Betriebsstoffe (bei elektrischem Antrieb ohne Akkumulatoren) 150 kg nicht übersteigt.“ Danach ist also das Vorhandensein von Pedalen und die Möglichkeit, das Fahrzeug durch Treten der Pedale zu bewegen, für den Begriff des Kraftfahrrades nicht notwendig (a. M. Waldeck § 1 Bem. 4 Ziff. 3). Die Unterscheidung zwischen Kraftwagen und Kraftfahrrädern ist auch deshalb von Bedeutung, weil auf letztere gemäß § 1 Abs. 3 der bayerischen oberpolizeilichen Vorschriften betr. den Radfahrverkehr vom 29. September 1907 (GVBl. 07 S. 731) auch die Vorschriften über den Radfahrverkehr Anwendung finden. Der erwähnte § 1 Abs. 3 lautet:

„Auf Fahrräder, die nicht ausschließlich durch menschliche Kraft betrieben werden, finden die nachstehenden Vorschriften insoweit Anwendung, als nicht in den Vorschriften betreffend den Verkehr mit Kraftfahrzeugen ein anderes bestimmt ist.“

2. Weiteres Begriffsmerkmal ist die Bewegung des Fahrzeuges durch **Maschinenkraft.** Der Entwurf von 1906 hatte ebenso wie die Grundzüge des Bundesrats vom 3. Mai 1906 an Stelle des Ausdruckes „Maschinenkraft“ die Worte „elementare Triebkraft“ gebraucht, die schon in § 2 GewUnfVersG. und § 1 Ziff. 3 KrankVersG. verwendet und dort durch den Beisatz „Wind, Wasser, Dampf, Gas, heiße Luft, Elektrizität“

erläutert waren. Der Ausdruck „elementare Triebkraft" war als untechnisch und weil der gewöhnliche Sprachgebrauch bei Elementarkräften nur an besonders heftig auftretende Naturereignisse denke, beanstandet worden und Isaac S. 42, sowie § 1b des von ihm verfaßten Gegenentwurfes gegen den Entwurf I hatte vorgeschlagen, von Fahrzeugen zu sprechen, die nicht durch menschliche oder tierische Triebkraft fortbewegt werden. Der vom Gesetz gewählte Ausdruck „Maschinenkraft" stellt klar, daß durch menschliche oder tierische Triebkraft fortbewegte Fahrzeuge zweifellos aus dem Begriff der Kraftfahrzeuge ausscheiden. Damit ist aber noch nicht gesagt, daß nur alle anderen Fahrzeuge, bei denen eine tierische oder menschliche Triebkraft nicht in Frage kommt, Kraftfahrzeuge sind. Ein lediglich durch seine eigene Schwerkraft getriebenes Fahrzeug ist gleichfalls kein Kraftfahrzeug und das Gleiche gilt, wenn das Fahrzeug lediglich durch den Wind fortbewegt wird, ohne daß an ihm eine Vorrichtung angebracht ist, die die Ausnützung des Windes ermöglichen soll. Unter Maschine hat man jede Vorrichtung zu verstehen, die der Übertragung einer Kraft dienen soll; Maschinenkraft ist demgemäß jede mit Hilfe einer solchen Vorrichtung wirkende Kraft. Eine besondere Kompliziertheit ist zum Begriff der Maschine nicht nötig.

Krause § 1 Bem. 2 führt aus: „Man wird nicht fehlgehen, wenn man als durch Maschinenkraft bewegt nur die Wagen ansieht, in denen eine von ihnen erzeugte oder mitgeführte oder ihnen von außen während der Fahrt zugeführte — nicht menschliche oder animalische — Kraft zunächst auf die Räder übertragen und dadurch ihre Fortbewegung verursacht wird, im Gegensatz zu Wagen, die durch eine unmittelbar auf ihren Oberbau einwirkende Kraft in Bewegung gesetzt werden und deren eigene Bewegung dann gleichzeitig die Räder zum Drehen bringt. Nicht Kraftfahrzeuge sind also Wagen, deren Räder nur das Gleiten der auch sonst durch die auf sie einwirkende Kraft bewegten, auf ihnen ruhenden Masse erleichtern sollen; dagegen sind Kraftfahrzeuge Wagen, auf deren Räder zunächst die Kraft einwirkt und die, weil auf ihnen die Karosserie ruht, diese mit bewegen." Mir scheint das Gesetz zu dieser Unterscheidung keine Handhabe zu bieten. In der Regel wird ja allerdings die bewegende Kraft in erster Linie auf die Räder selbst einwirken; daraus folgt aber noch nicht, daß Fahrzeuge der anderen Art nicht unter den Begriff der Kraftfahrzeuge fallen. Man wird deshalb, was allerdings von Krause

a. a. O.; Neukirch-Rosenmeyer § 1 Bem. 2; Seuffert § 1 Bem. 7 bestritten wird, ein durch den Wind unter Zuhilfenahme eines Segels in Bewegung gesetztes Fahrzeug, z. B. auch die auf Eisflächen verwendeten Segelschlitten als Kraftfahrzeuge anzusehen haben, denn auch ein Segel ist eine, wenn auch einfache Maschine. Die Eisfläche muß aber dem festen Lande gleichstehen. Daß die Geschwindigkeit solcher Fahrzeuge, wenigstens soweit sie auf dem festen Lande verkehren, keine besonders große ist, ist ohne Belang. Die Stärke der verwendeten Maschinenkraft ist für den Begriff des Kraftfahrzeugs gleichgültig. Auch solche Fahrzeuge, denen die verwendete Maschinenkraft nur eine ganz geringe, die Schnelligkeit eines gewöhnlichen Pferdefuhrwerkes nicht übersteigende Fahrgeschwindigkeit ermöglicht, fallen, wie vom Regierungsvertreter gelegentlich der Gesetzesberatung (vgl. StenB. S. 5265) ausdrücklich konstatiert wurde, unter das Gesetz, wenigstens soweit die Vorschriften des I. und III. Abschnittes in Frage kommen, während für die Frage der Haftpflicht möglicherweise der § 8 Ziff. 2 AG. eine Ausnahme schafft. Nun verlangt § 5 der Verordnung vom 3. Februar 1910, daß der Antrag auf Zulassung eines Fahrzeuges zum Verkehr auch die Angabe der Art der Kraftquelle enthalten muß und führt als Kraftquellearten an: Verbrennungsmaschine, Dampfmaschine, Elektromotore. Da die Verordnung nicht die Befugnis hatte, den gesetzlichen Begriff des Kraftfahrzeugs einzuschränken, das Gesetz selbst aber von einer Einschränkung auf diese Kraftquellen nichts enthält, wird man die Aufzählung als erschöpfend nicht ansehen können.

Die vom Gesetz verlangte Maschinenkraft braucht keine dem Fahrzeug selbst inne wohnende zu sein, sondern sie kann auch von außen kommen. Es fallen also auch die ohne Schienen laufenden Fahrzeuge, die durch Zuleitung elektrischen Stromes während der Fahrt bewegt werden, unter das Gesetz. Im Gegensatz zu der früher nach den Grundzügen von 1906 vertretenen Auffassung hebt die Begründung zu dem AG. das ausdrücklich hervor.

Ein Kraftfahrzeug, das infolge eines Maschinendefektes vorübergehend durch Zugtiere oder Menschen weitergeschafft wird, verliert dadurch noch nicht die Eigenschaft eines Kraftfahrzeuges; nur ist natürlich während eines solchen Transportes von einem „Betrieb" des Kraftfahrzeugs und also von einer Haftpflicht nach §§ 7 ff. AG. keine Rede.

3. Die Fahrzeuge dürfen **nicht an ein Bahngleise gebunden** sein. Dadurch unterscheiden sich die unter das AG. fallenden Kraftfahrzeuge von den dem Haftpflichtgesetz unterstehenden Eisenbahnen. Für den Begriff des Bahngleises ist es gleichgültig, ob die Schienen über den Boden hinausragen oder in den Boden eingelassen sind, ebenso ob das Fahrzeug auf ihnen ruht oder ob die Schienen, wie das bei den Schwebebahnen der Fall ist, das Fahrzeug tragen. Es ist unter Bahngleis eben jede Vorrichtung zu verstehen, die dem Fahrzeug das Abweichen von der durch das Gleis festgelegten Richtung unmöglich, es also zwangsläufig macht; denn die Gefährlichkeit der Kraftfahrzeuge ist, wie schon oben Bem. I am Anfang hervorgehoben ist, zu einem Teil darin zu suchen, daß das auf der Straße verkehrende Publikum nicht in der Lage ist, die Fahrtrichtung des Fahrzeuges so zu berechnen, wie es bei den an die Schienen gebundenen Fahrzeugen der Fall ist. Fahrzeuge mit Kraftzuleitung aus einer elektrischen Oberleitung fallen unter das Gesetz; sie sind nicht an ein Gleis gebunden, sondern können, wenn auch nur in beschränktem Maße, ausweichen (vgl. oben Bem. I Ziff. 2); die bisher im Königreich Sachsen bestehende Vorschrift, wonach solche Fahrzeuge nicht unter die Grundzüge des Bundesrats vom Jahre 1906 fallen sollen, ist nicht aufrecht zu halten. Gleichgültig ist auch, aus welchem Material die Schienen bestehen; es sind also, wie Gordan S. 8 hervorhebt, von dem Geltungsbereich des AG. außer den Eisenbahnen auch all die Fahrzeuge ausgeschlossen, die in irgend einer Form an Gleise gebunden sind, die etwa in festen Fahrrinnen aus Stein, Holz laufen und an diese gebunden sind. Man hat allerdings (vgl. Eger, Haftpflichtgesetz S. 45; Reindl S. 30, 31) dem Haftpflichtgesetz nur solche Bahnen unterstellen wollen, die auf Eisenschienen laufen; das würde zur Folge haben, daß durch Maschinenkraft bewegte Fahrzeuge, die auf anderen als eisernen Schienen laufen, weder dem Haftpflichtgesetz, noch dem AG. unterstünden und deshalb wird man wohl den Begriff der Eisenbahn weiter fassen und auch solche Bahnen, die auf anderen als Eisenschienen laufen, nach dem Haftpflichtgesetz beurteilen müssen (ebenso Gordan S. 9).

An ein Bahngleis gebunden ist das Fahrzeug nur dann, wenn nach der Konstruktion des Fahrzeuges der normale Betrieb überhaupt oder wenigstens auf bestimmten Teilen des Weges nur auf den Schienen stattfinden kann, wenn also das

Fahrzeug dem Gleise folgen muß. Darin, daß das Fahrzeug ebenso wie auf der gewöhnlichen Straße auch auf den Schienen laufen kann, ist noch kein Gebundensein an die Schienen zu erblicken. Es ist (vgl. Krause § 1 Bem. 3) die Herstellung von Automobilen beabsichtigt, die auch auf Schienen laufen können. Es soll nämlich jedes Auto vor dem rechten Vorderrad ein kleines Führungsrad erhalten, das der Führer beliebig heben und senken kann. Wird das Führungsrad in die Rille des Bahngleises gesenkt, so erhalten die Räder des Wagens eine erzwungene Führung auf den Schienen. Durch Hebung des Führungsrades kann der Führer das Fahrzeug von seiner Gebundenheit an die Schienen jederzeit wieder frei machen und das Gleis an jedem Punkte wieder verlassen. Solche Fahrzeuge sind natürlich als Kraftfahrzeuge im Sinne des Gesetzes zu erachten (ebenso Krause a. a. O.). Ist dagegen das Fahrzeug derart eingerichtet, daß es nicht an jeder beliebigen Stelle, sondern nur an besonderen dafür eingerichteten Weichen die Schienen verlassen kann, dann wird man mit Krause § 1 Bem. 3 annehmen müssen, daß sein Betrieb bald nach dem Haftpflichtgesetz, bald nach dem AG. zu beurteilen ist.

4. Der **Verkehr auf öffentlichen Wegen oder Plätzen** macht zwar die vorgängige Erholung der polizeilichen Zulassung nach § 1 Abs. 1 notwendig; er ist aber kein Begriffsmerkmal des Kraftfahrzeuges. Die Haftpflicht nach Abschnitt 2 des Gesetzes ist also auch gegeben für Unfälle, die sich nicht auf öffentlichen Wegen oder Plätzen ereignen (vgl. § 7). Die Stellung der Definition des Bergiffs „Kraftfahrzeug" in Abs. 2 des § 1 läßt das allerdings nicht deutlich genug erkennen. De lege ferenda wäre es wohl zutreffender gewesen, die Begriffsbestimmung des Kraftfahrzeugs in einem besonderen, dem Abschnitt I vorausgehenden Paragraphen aufzunehmen, um dadurch klarer hervorzuheben, einmal daß diese Begriffsbestimmung nicht nur für Abschnitt I, sondern für das ganze Gesetz gilt und zweitens, daß das in Abs. 1 erwähnte Moment des Verkehrs auf öffentlichen Wegen für den Begriff des Kraftfahrzeugs belanglos ist.

5. **§ 2 Abs. 3 der Bundesratsverordnung vom 3. Februar 1910** bestimmt:

„Die nachstehenden Vorschriften finden keine Anwendung auf Straßenlokomotiven, Straßenwalzen, Zugmaschinen ohne Güterladeraum, deren betriebsfertiges Eigengewicht, und Lastkraftwagen, deren Gesamtgewicht (einschließlich Ladung) neun Tonnen übersteigt, sowie auf selbstfahrende Arbeits- und Werkzeugmaschinen zu landwirtschaftlichen oder gewerblichen Zwecken (z. B. Dampf-Motorpflüge, Motorsägen)".

In ähnlicher Weise hatten schon die Grundzüge von 1906 vorgeschrieben (§ 1 Abs. 4), daß ihre Vorschriften auf Straßenlokomotiven und schwere Vorspannmaschinen keine Anwendung finden sollten.

Es haben sich deshalb Zweifel erhoben, ob die in den beiden Vorschriften erwähnten Arten von Fahrzeugen unter den gesetzlichen Begriff des Kraftfahrzeugs fallen oder nicht. Krause AG. S. 13 und 23 und in DJZ. 10, 1020; Waldeck S. 11; Neukirch-Rosenmeyer S. 16, 17 wollen sie nicht als Kraftfahrzeuge gelten lassen; vgl. dagegen Isaac S. 56. Neukirch-Rosenmeyer erklärt insbesondere: „Da alle diese Fahrzeuge danach ohne die in § 1 des Gesetzes vorgeschriebene Zulassung durch die Behörde in Betrieb genommen werden können, da ferner ihr Führer nicht der durch § 2 des Gesetzes vorgeschriebenen Erlaubnis bedarf, ist es klar, daß sie nach der Auffassung des Bundesrates nicht als Kraftfahrzeuge im Sinne dieses Gesetzes angesehen werden sollen. Diese Anschauung erscheint auch hinsichtlich der Straßenlokomotiven, Straßenwalzen, Zugmaschinen, Arbeits- und Werkzeugmaschinen zutreffend; derartige Maschinen werden nach dem Sprachgebrauch des Lebens weder als Automobile noch als Kraftwagen bezeichnet." Dabei müssen Neukirch-Rosenmeyer aber zugeben, daß es dann unverständlich ist, wenn der Bundesrat auch Lastkraftwagen von mehr als 9 Tonnen Gewicht ausnimmt; denn diese Lastwagen seien ohne allen Zweifel Kraftfahrzeuge im Sinne des Gesetzes und es müßten deshalb bezüglich dieser Fahrzeuge noch neue Ausführungsbestimmungen des Bundesrats oder der Landeszentralbehörden ergehen.

Man wird aber gerade aus der Zusammenstellung der Lastkraftwagen, die von der Verordnung ja selbst als Kraftwagen bezeichnet werden und zweifellos Kraftfahrzeuge im Sinne des § 1 AG. sind, mit den übrigen in der Verordnung aufgeführten Fahrzeugen folgern müssen, daß der Bundesrat die sämtlichen in § 2 Abs. 3 genannten Fahrzeuge als Kraftfahrzeuge erachtet. Die Bestimmung der Verordnung ist nur dahin zu verstehen, daß der Bundesrat in Ansehung der hier ausgeschiedenen Fahrzeuge, obwohl sie Kraftfahrzeuge sind, deshalb, weil ihr Betrieb mit Störungen des öffentlichen Verkehrs nicht oder nur in untergeordnetem Maße verbunden ist, sich zu Bestimmungen nicht veranlaßt gefunden hat und insoweit also gemäß § 6 Abs. 3 AG. die Landeszentralbehörden die näheren Anordnungen treffen können. Ebenso Galli in DJZ. 1910 S. 414 und Schneider in SeuffBl. Bd. 75 S. 284. Erwägt man, was auch die preuß. Verfügung vom 25. Februar 1910 zur Ausführung der Bundesratsverordnung hervorhebt, daß die in § 2 Abs. 3 der Verordnung aufgeführten Fahrzeuge und Maschinen in der Regel einen räumlich sehr beschränkten Wirkungskreis haben werden, so bestand tatsächlich kein Anlaß, ihre Verhältnisse für das ganze deutsche Reich einheitlich zu regeln; vielmehr ist es vollständig gerechtfertigt, die Regelung den einzelnen Landeszentralbehörden zu überlassen, die in der Lage sind, auf die lokalen Verhältnisse besser Rücksicht zu nehmen. Die in § 2 Abs. 3 aufgeführten Fahrzeuge sind also nur von den Vorschriften der Bundesratsverordnung befreit; das AG. hat dagegen auf sie Anwendung zu finden. § 2 Abs. 3 der preuß. Vollzugsanweisung vom 25. Februar 1910 schreibt vor, daß für diese Fahrzeuge die zur Zeit geltenden landesrechtlichen Vorschriften in Kraft bleiben und behält, soweit solche nicht bestehen, den Erlaß solcher Vorschriften vor. Auch die bayer. VollzBek. vom 17. März 1910 bestimmt zu § 2: „Durch die Verordnung vom 3. Februar 1910 wird § 32 der oberpolizeilichen Vorschriften vom 17. September 1906 insoweit nicht berührt, als hiernach auf Straßenlokomotiven und schwere Vorspannmaschinen die oberpolizeilichen Vorschriften vom 7. Mai 1902 anzuwenden sind.

6. Bestritten ist auch die rechtliche Natur der **Anhängewagen** (vgl. Weitz in Recht 09, 737). Kirchner § 1 Bem. 3 hält sie für Kraftfahrzeuge, weil auch sie durch die auf mechanischem Wege auf sie übertragene Kraft des Motorwagens bewegt werden (a. M. Krause § 1 Bem. 1 S. 23; Damm § 1 Bem. 8; Galli in DJZ. 1910 S. 414; zweifelnd Lubbert in JW. 09 S. 125). Daraus, daß die Verordnung des Bundesrats vom 3. 2. 1910 § 25 auch die Zulassungsbedingungen für Anhängewagen regelt, kann auf die rechtliche Natur der Anhängewagen als Kraftfahrzeuge nicht geschlossen werden; denn nach § 6 Ziff. 2 AG. hatte der Bundesrat auch die sonstigen zur Erhaltung der Ordnung und Sicherheit auf den öffentlichen Wegen erforderlichen Anordnungen zu treffen. Ebenso kann aber umgekehrt daraus, daß die Bedingungen für Zulassung der Anhängewagen andere und zwar erheblich leichtere sind

als die für die Kraftfahrzeuge in §§ 3 ff. Verordnung genannten, gefolgert werden, daß die Anhängewagen keine Kraftfahrzeuge seien; denn selbstverständlich hatte der Bundesrat die Möglichkeit, die Zulassung von Kraftfahrzeugen je nach ihrer Art und Gefährlichkeit verschieden zu regeln. Wohl aber spricht der Umstand, daß die Maschinenkraft dem Fahrzeug nicht selbst inne wohnen muß, für die Natur der Anhängewagen als Kraftfahrzeuge. Wird durch den mit der Vorspannmaschine verbundenen Anhängewagen ein Unfall herbeigeführt, so ist dieser Unfall aber nicht nur beim Betrieb des Anhängewagens, sondern auch beim Betrieb des ziehenden Wagens entstanden und es haften deshalb die Halter beider Fahrzeuge, die ja nicht identisch zu sein brauchen, solidarisch, während sie unter sich Ausgleichung nach § 17 AG. verlangen können. Das gilt auch in dem von Lubbert a. a. O. erwähnten Fall, daß ein Automobilist einen von ihm auf der Landstraße in hilfloser Lage angetroffenen Kutschwagen durch sein Automobil heimschleppt und ein unterwegs von dem geschleppten Wagen sich lösendes Rad einen Passanten verletzt (a. M. Weiß im Recht 09, 737). Ebenso trifft es zu, wenn der Anhängewagen sich während der Fahrt zufällig von der Vorspannmaschine löst und nun während der ihm durch die Vorspannmaschine gegebenen Bewegung einen Unfall herbeiführt. § 23 der Grundzüge von 1906 hatte bestimmt, daß auf den Transport schadhaft gewordener Fahrzeuge die Vorschrift über die Erlaubnis des Mitführens von Anhängewagen keine Anwendung finden solle. Der § 25 der Verordnung von 1910 enthält eine ähnliche Vorschrift nicht; es ist gleichwohl selbstverständlich, daß § 25 auf solche Transporte nicht anzuwenden ist. Dadurch wird aber an der Tatsache nichts geändert, daß ein auf solche Weise transportiertes Fahrzeug als Kraftfahrzeug zu erachten ist. Durch die Verbindung mit dem ziehenden Fahrzeug wird eben auch das gezogene in gleicher Weise der Allgemeinheit gefährlich.

Dem gezogenen Anhängewagen steht ein durch ein Kraftfahrzeug geschobener Wagen rechtlich gleich.

7. **Unerheblich für den Begriff** des Kraftfahrzeugs ist die Größe und das Gewicht des Fahrzeuges, die Stärke der Maschine und das Maß der dadurch dem Fahrzeug verliehenen Geschwindigkeit, die Zahl der Räder, die Person des Betriebsunternehmers (Privatperson oder Person des öffentlichen Rechts), ebenso ob die Fahrzeuge nach einem regelmäßigen Fahrplan verkehren oder nicht. Doch können diese Merkmale für den

Unterschied zwischen Kraftwagen und Krafträder (§ 1 BV.), für die Frage der polizeilichen Zulassung (§ 2 Abs. 3 BV., § 2 Abs. 3 AG.), für die Haftpflicht (§ 8 Ziff. 2 AG.), sowie nach § 6 Abs. 2 AG. oder §§ 32—34 BV. Bedeutung haben.

Daß die Fahrzeuge neben der Beförderung noch einem anderen Zweck dienen, daß z. B. die zum Gütertransport bestimmten Fahrzeuge gleichzeitig auch der Aufbewahrung und Konservierung der Waren dienen, ist gleichfalls begrifflich belanglos.

Die polizeiliche Zulassung muß zwar der Inbetriebsetzung der Fahrzeuge vorausgehen, sie ist aber kein Begriffsmerkmal des Kraftfahrzeugs.

II. **Polizeiliche Zulassung der Kraftfahrzeuge zum öffentlichen Verkehr.** Wie § 2 AG. die Zulassung des Führers, so macht § 1 Abs. 1 die Zulassung der Kraftfahrzeuge von einer besonderen polizeilichen Erlaubnis abhängig, stellt also für die Kraftfahrzeuge den Grundsatz der Konzessionspflicht auf und zwar unterliegen diesem Konzessionszwang nicht nur die im Transportgewerbe verwendeten Fahrzeuge, sondern ebenso jedes private Fahrzeug. Notwendig ist diese Erlaubnis nur, wenn das Fahrzeug auf öffentlichen Wegen oder Plätzen in Betrieb gesetzt werden soll; es bedarf also nicht der polizeilichen Erlaubnis bei Inbetriebsetzung des Fahrzeugs in privaten Räumen, Höfen, in gegen das Publikum abgeschlossenen Lehrbahnen oder Fahrschulen.

1. **Öffentliche Wege und Plätze.** Die Worte kehren auch in den §§ 2, 3, 6, 21, 23, 25 AG. wieder und haben offenbar überall die gleiche Bedeutung. Die §§ 21, 23, 25 AG. sind Strafvorschriften und man wird ohne weiteres annehmen dürfen, daß hier die Worte die gleiche Bedeutung haben sollen wie in § 366 Ziff. 9 und 10 RStGB., der gleichfalls von öffentlichen Wegen, Straßen oder Plätzen spricht. Als öffentlich ist danach jeder Weg oder Platz zu erachten, wenn und solange er dem öffentlichen Verkehr, d. h. dem Gebrauch des Publikums als solchen ohne Beschränkung auf bestimmte individuell bestimmte Personenkreise tatsächlich freigegeben ist (vgl. Olshausen, StGB. § 116 Anm. 2). Es entscheidet die tatsächliche Übung und es sind auch solche Wege, die zwar nicht rechtlich, aber tatsächlich vom Publikum benützt werden, als öffentliche Wege zu erachten (vgl. RG. 29. 11. 04 BayRpflZ. 1, 59, RGStr. Bd. 33 S. 374; ebenso Neukirch-Rosenmayer § 1 Bem. 4; Kirchner § 1 Bem. 1; Isaac

S. 46f. A. M. Krause § 1 Bem. 4; Gordan § 1 Bem. 2; Waldeck § 1 Bem. 6; Damm § 1 Bem. 2, die den verwaltungsrechtlichen Begriff für maßgebend halten und als öffentlich nur den Weg oder Platz ansehen, der zum allgemeinen Gebrauch dient und ihm kraft Privatrechts nicht entzogen werden kann). Das Eigentum an der Wegfläche ist für die Frage der Öffentlichkeit ebensowenig ausschlaggebend wie die Frage, wem die Unterhaltspflicht obliegt; auch der Eigentümer des öffentlichen Weges fällt unter die Vorschrift des Abs. 1, bedarf also der polizeilichen Zulassung und macht sich nach § 21 AG. strafbar, wenn er ohne die Zulassung fährt. Auch der Umstand, daß die Benutzbarkeit des Weges rechtlich gewissen Einschränkungen unterworfen ist, z. B. das Befahren nur mit leichten Fuhrwerken oder nur zu gewissen Zeiten gestattet ist, schließt die Öffentlichkeit nicht aus. Auch Straßen, die ausschließlich dem Verkehr mit Kraftfahrzeugen dienen, sind als öffentliche zu erachten, sofern sie allgemein für alle Kraftfahrzeuge oder für solche bestimmter Art (Personenwagen) geöffnet sind. Die im bayerischen Verwaltungsrecht gemachte, von der Verteilung der Wegebaulast ausgehende Unterscheidung zwischen Staats-, Distrikts- und Gemeindestraßen ist für die Frage der Öffentlichkeit bedeutungslos.

Auch Sackgassen können öffentliche Straßen sein (Bayr. ObLG. 14. 2. 05 SeuffBl. 71, 421; BayObLG. 31. 10. 05 BayObLGSt. 6, 195).

2. **In Betrieb setzen** bedeutet, das Fahrzeug dem Verkehr auf öffentlichen Plätzen und Wegen übergeben, es bestimmungsgemäß in Gebrauch setzen; dazu gehört natürlich beim Kraftfahrzeuge, daß es durch die maschinelle Kraft in Bewegung gesetzt werden soll. Gleichgültig ist, zu welchem Zwecke die Inbetriebsetzung erfolgt; auch eine Probefahrt, die von dem Händler oder von der Fabrik mit den zum Verkaufe gestellten Fahrzeugen ohne Entgelt auf öffentlichen Wegen oder Plätzen zwecks Besichtigung durch den Käufer veranstaltet wurde, gehört hierher. Auch dann, wenn das durch die Maschinenkraft bewegte Fahrzeug auf der Fahrt von einem Privatgrundstück zu einem anderen einen öffentlichen Weg nur kreuzt, liegt eine Inbetriebsetzung vor. Die polizeiliche Zulassung hat, wie der Wortlaut des Gesetzes ersehen läßt („in Betrieb gesetzt werden sollen"), der Inbetriebsetzung vorauszugehen. Anderseits kann die Zulassung erst erfolgen nach genauer technischer Prüfung

des Fahrzeugs, und bei jeder technischen Prüfung muß nach Anlage A XI Ziff. 2 der zur Verordnung des Bundesrats vom 3. Februar 1910 erlassenen Anweisung eine Probefahrt mit dem Fahrzeug vorgenommen werden. Diese Probefahrt ist also, anders wie in § 7, noch kein Betrieb des Fahrzeugs im Sinne des § 1 Abs. 1. Nach den §§ 28, 30 der Verordnung von 1910 (die früheren Grundzüge enthielten eine ähnliche Bestimmung nicht; vgl. Isaac S. 94) gelten die Kraftfahrzeuge während der technischen Prüfung als vorläufig zum Verkehr auf öffentlichen Wegen und Plätzen zugelassen; sie haben während der Prüfungsfahrten ein besonderes Kennzeichen (Probefahrtkennzeichen) nach Maßgabe des § 28 Abs. 2 BV. zu führen (vgl. unten Bem. II Z. 4 a). Für die Fahrt zur Polizeibehörde zwecks Vorführung des Wagens und Abstempelung des Kennzeichens dient dem Kraftfahrzeug an Stelle der fehlenden Zulassungsbescheinigung die schriftliche Aufforderung der Polizeibehörde, das Fahrzeug vorzuführen, als Ausweis.

3. **Zuständige Behörde.** Die Entscheidung über die Zulassung erfolgt nach § 6 Abs. 1 BV. durch die höhere Verwaltungsbehörde. Welche Behörde hierunter zu verstehen ist, hat nach § 37 BV. die Landeszentralbehörde zu bestimmen.

In Bayern sind nach der Bekanntmachung des Staatsministeriums des Innern vom 17. März 1910 (MinABl. S. 195) die Distriktsverwaltungsbehörden, in München die Polizeidirektion zuständig; in Preußen die Regierungspräsidenten bezw. für den Landespolizeibezirk Berlin der Polizeipräsident in Berlin (gemäß Anweisung vom 25. Februar 1910); in Sachsen die Kreishauptmannschaften bezw. für Dresden die Polizeidirektion und für Leipzig, Chemnitz, Zwickau und Plauen die Polizeiämter (Ausführungsbestimmung vom 21. März 1910; GVBl. 1910, 51 ff.); in Baden die Bezirksämter (V. vom 22. März 1910 GVBl. 1910, 145); in Hessen die Kreisämter (V. vom 24. März 1910 RegBl. 1910, 56 ff.).

Örtlich zuständig ist die Verwaltungsbehörde am Wohnorte des Eigentümers des Kraftfahrzeuges. Es kommt also nicht darauf an, wo das Fahrzeug sich befindet. Wird z. B. das Fahrzeug dauernd in einem Nürnberger Geschäftsbetrieb verwendet, während der Eigentümer in München wohnt, so ist der Zulassungsantrag gleichwohl an die Polizeidirektion in München zu richten und diese — nicht etwa der Nürnberger Stadtmagistrat — befindet über die Zulassung und teilt das vom Fahrzeug nach § 8 BV. zu führende Kennzeichen zu.

„Wohnort ist nicht identisch mit „Wohnsitz““. Wohnort bedeutet den Ort, wo jemand tatsächlich wohnt, während Wohnsitz ein rechtlicher Begriff ist. Der Wohnort kann Wohnsitz sein, ist es aber nicht notwendig. Der Wohnort der Frau, die kraft Gesetzes den Wohnsitz des Mannes teilt, kann tatsächlich von dem Ort des Wohnsitzes verschieden sein. Der Wohnort eines Strafgefangenen ist nicht notwendig dessen Wohnsitz. Anderseits ist auch Wohnort und Aufenthaltsort auseinander zu halten (vgl. Staudinger BGB. Vorbem. vor § 7).

4. **Einzelheiten des Zulassungsverfahrens:** Hierüber sind die §§ 3—13 der Bundesratsverordnung sowie die §§ 56—62 des Reichsstempelgesetzes vom 15. Juli 1909 zu vergleichen. Im einzelnen gestaltet sich das Verfahren wie folgt.

a) Der Eigentümer hat vor allem sich auf seine Kosten das Gutachten eines von der höheren Verwaltungsbehörde eines Bundesstaates anerkannten Sachverständigen darüber zu verschaffen, daß das Fahrzeug den nach der BV. zu stellenden Anforderungen genügt. Die Sachverständigen werden in Bayern nach der VollzBek. vom 17. März 1910 von den Regierungen, Kammer des Innern aufgestellt. Darüber, welchen Behörden in den übrigen Bundesstaaten die Aufstellung der Sachverständigen zufällt, vgl. die oben Bem. II, 3 angeführten Vollzugsanweisungen. Ziff. 1, 2 der BayVollzBek. enthält genaue Vorschriften darüber, welche Vorbedingungen ein Sachverständiger erfüllen muß, um von der Regierung als Gutachter aufgestellt werden zu können. Nicht notwendig ist, daß die Prüfung durch den am Wohnort des Fahrzeugeigentümers aufgestellten Sachverständigen erfolgt; in der Regel wird wohl die Untersuchung durch den Sachverständigen des Bezirkes erfolgen, in dessen Bezirk sich das Fahrzeug befindet; es wird aber auch die Prüfung durch einen Sachverständigen eines anderen Bezirks, ja sogar eines anderen Bundesstaates, sofern er von der höheren Verwaltungsbehörde als Sachverständiger aufgestellt, zulässig und genügend sein (vgl. Isaac S. 97 Ziff. 12). Die BV. § 5 Abs. 2 spricht ja auch nur von dem Gutachten eines von der höheren Verwaltungsbehörde eines Bundesstaates anerkannten Sachverständigen“. Für den Fall der Typenprüfung vgl. unten. Der Umfang der von dem Sachverständigen vorzunehmenden technischen Prüfung und der notwendige Inhalt seines Gutachtens ergibt sich aus den §§ 3, 4, 5 Abs. 1 Ziff. 4—8 und Abs. 2 BV., sowie der besonderen vom Bundesrat als Anlage A zur BV. erlassenen Anweisung über die Prüfung von Kraftfahrzeugen und dem Muster a hierzu. Die Prüfung hat sich darauf zu erstrecken, ob das Kraftfahrzeug „verkehrssicher“ ist (§ 3 BV.). An Stelle des Wortes „verkehrssicher“ hatten die Grundzüge von 1906 § 2 den Ausdruck „betriebssicher“. Nach der letzteren Bestimmung mußten also sämtliche Teile des Fahrzeugs einen sicheren Betrieb gewährleisten (Isaac S. 60). Dagegen kommen nach Ziff. I der Anweisung über die Prüfung von Kraftfahrzeugen bei Beurteilung der Verkehrssicherheit nur die Teile in Betracht, deren Versagen an dem in Bewegung befindlichen Fahrzeug eine Gefahr für den öffentlichen Verkehr in sich schließt, nämlich Einrichtungen für Lenken, Bremsen, für Verhinderung unbeabsichtigter Rückwärtsbewegung, Rückwärtsgang und Radkonstruktion; diese Einrichtungen müssen unter allen Umständen so beschaffen sein, daß ihr Versagen bei sachgemäßer Unterhaltung und Bedienung nicht zu befürchten ist; Einrichtungen, deren Versagen nur den Antrieb des Fahrzeugs stört oder unmöglich macht (Störungen an der Maschine oder am Motor, an der Kuppelung und dergleichen), kommen für die Prüfung nicht in Betracht; denn solche Störungen können zwar die Betriebssicherheit beeinträchtigen, sind aber ohne Einfluß auf die Verkehrssicherheit. Weiter ist zu prüfen, ob Feuers- und Explosionsgefahr, sowie jede vermeidbare Belästigung von Personen und Gefährdung von Fuhrwerken durch Geräusch, Rauch, Dampf oder üblen Geruch ausgeschlossen ist (§ 3 Abs. 1 BV.). Auch hierüber enthalten Ziff. II und III der Prüfungsanweisung detaillierte Vorschriften; Auspuffklappen sind danach nicht mehr zulässig. Die Radkränze (§ 3 Abs. 2 BV.) dürfen keine Unebenheiten besitzen, die geeignet sind, die Fahrbahn zu schädigen; dadurch wird aber die Anbringung von Gleitschutzdecken mit Stahlnieten nicht ausgeschlossen (BayVollzBek. zu § 3). Von den zwei für jedes Fahrzeug (also abweichend von den Grundzügen auch für die Kraftfahrräder) vorgeschriebenen voneinander unabhängigen Bremsen muß eine unmittelbar auf die Hinterräder oder auf mit diesen Rädern fest verbundene Bestandteile (§ 4 Ziff. 2 BV.) wirken, gleichviel ob der Antrieb auf die Hinter- oder die Vorderräder erfolgt; anders bisher die Grundzüge, die verlangten, daß die eine Bremse unmittelbar auf die Triebräder wirken müsse. Wenn § 4 Ziff. 2 BV. weiter vorschreibt, daß die Bremseinrichtung geeignet sein muß, den Lauf des

Fahrzeugs „sofort“ zu hemmen, so ist das nicht wörtlich zu nehmen, da eine Bewegung sich nicht sofort ohne Übergang in Stillstand umsetzen läßt (RG. 9. 1. 05 JW. 05, 142): vielmehr ist zu ergänzen: „soweit dies bei der Geschwindigkeit und der Beschaffenheit des Weges möglich ist“. (Isaac S. 75). Während § 3 Ziff. 4 der Grundzüge eine eintonige Hupe vorschrieb, ist jetzt (§ 4 Ziff. 4) die Verwendung einer mehrtonigen (für Wagen tief-, für Räder (hochtönenden) Hupe zulässig, sofern die verschiedenen Töne gleichzeitig anklingen. Über die Anbringung der Hupe ist nichts vorgeschrieben, zweifellos muß sie aber so angebracht sein, daß sie während der Fahrt jederzeit sofort in Tätigkeit gesetzt werden kann. Deshalb ist unzulässig eine Verbindung der Hupe mit dem Motor derart, daß ein Warnungssignal nur abgegeben werden kann, wenn der Motor in Gang ist (Neukirch-Rosenmeyer S. 226). Auch die Zahl, Leuchtkraft und Anbringung der Laternen (§ 4 Ziff. 5 BV.) hat der Sachverständige nachzuprüfen; sie müssen in gleicher Höhe und derart angebracht sein, daß sie die seitliche Begrenzung des Fahrzeugs erkennen lassen; dazu ist (anders die Grundzüge § 4 Ziff. 5) nicht nötig, daß sie selbst die äußersten Seitengrenzen des Fahrzeugs bilden. Näheres über Zahl und Beschaffenheit der Laternen vgl. BayVollzBek. zu § 4, Ziff. 2.

Eine Neuerung ist § 4 Ziff. 6 BV., wonach das Fahrzeug mit einer Vorrichtung versehen sein muß, die verhindert, daß das Fahrzeug von Unbefugten in Betrieb gesetzt werden kann. Als solche Vorrichtungen sind nach § 4 Ziff. 3 BayVollzBek. anzusehen: Schloß zum Feststellen des Schalthebels, Kette zum Festlegen eines Wagenrades, herausnehmbarer Kontakt der Zündleitung, abnehmbarer Griff des Brennstoffleitungsverschlusses, herausnehmbarer Stromunterbrecher.

Bei allen Prüfungen muß eine Probefahrt stattfinden (vgl. XI, 2 der Prüf.-Anw.). Diese Probefahrt fällt nicht unter den Begriff der Inbetriebsetzung des Fahrzeugs im Sinne des § 1 Abs. 1 (vgl. oben Bem. II, 2); eine Zulassungsbescheinigung ist hierfür also nicht nötig, vielmehr gelten die Fahrzeuge als vorläufig zum Verkehr zugelassen (§ 28 Abs. 1 BV.); sie erhalten auch während der Prüfungsfahrt ein besonderes Kennzeichen (§ 28 Abs. 2 BV.).

b) hat sich der Eigentümer das Gutachten (a) verschafft, so hat er unter Vorlage desselben bei der zuständigen Behörde (vgl. oben Bem. II, 3) den **schriftlichen Zulassungsantrag** zu stellen. Über dessen Inhalt vgl. § 5 Abs. 1 Ziff. 1—8 und Abs. 2

BV. Eine Stellung des Antrags zu Protokoll der Behörde ist zulässig.

Um das Schreibwerk zu vermindern und um zeitraubende Rückfragen zu vermeiden, hat § 5 BayVollzBek. ein Formular für den Zulassungsantrag aufgestellt. Danach kann mit dem Zulassungsantrag gleichzeitig der Antrag auf die steuerrechtliche Behandlung des Fahrzeuges verbunden werden. Darüber, wie sich bei Benützung des Formulars das Verfahren gestaltet, vgl. § 5 BayVollzBek.

c) **Entscheidung über den Zulassungsantrag.** Auf Grund der in dem Antrag enthaltenen Angaben und insbesondere des beigefügten Gutachtens hat die höhere Verwaltungsbehörde über die Zulassung Beschluß zu fassen (§ 6 Abs. 1 und 2 BV.). Fraglich kann sein, ob die Behörde auch das Recht hat, sich das Fahrzeug zwecks Prüfung vorführen zu lassen. Die Grundzüge von 1906 § 4 Abs. 2 Satz 3 enthielten die Bestimmung, daß an Stelle des Gutachtens von der Landespolizeibehörde eine amtliche Prüfung auf Kosten des Anzeigenden vorgeschrieben werden könne. In den BV. von 1910 fehlt eine ähnliche Bestimmung; man wird deshalb das Recht der Behörde, eine Vorführung des Wagens anzuordnen, die ja mit Rücksicht auf die mögliche Verschiedenheit vom Betriebsort und Wohnort des Eigentümers ziemlich umständlich sein kann, verneinen müssen. Das folgt auch schon daraus, daß § 9 BV. das Recht der Behörde, die Vorführung anzuordnen, ausdrücklich erwähnt, während § 6 von einer solchen Befugnis nichts erwähnt, vgl. auch unten Bem. II, 4 e und II 5. Entspricht der Zustand des Fahrzeugs den Anforderungen der BV., so liegt die Zulassung nicht im Belieben der Behörde, sondern sie muß erteilt werden. Von anderen Bedingungen, insbesondere der Bedürfnisfrage, darf die Zulassung nicht abhängig gemacht werden; anders, wenn es sich um Transport g e w e r b e handelt. Während das AG. für den Fall der Versagung und Entziehung der Fahrerlaubnis in § 5 die Anfechtung der Entscheidung reichsgesetzlich regelt, hat das Gesetz eine Regelung für den Fall der Nichtzulassung eines Fahrzeugs oder der Untersagung des Betriebs nicht getroffen. Es finden deshalb die Landesgesetze Anwendung (I s a a c S. 112).

Unzulässig ist die Erteilung der Zulassung auf Zeit oder ihre Abhängigmachung von einer Bedingung. Ebensowenig kann die Zulassung räumlich beschränkt werden: sie gilt für das ganze Reich. Das schließt natürlich nicht aus, daß für bestimmte

Wege der Kraftfahrzeugverkehr nach Maßgabe der §§ 22, 23, 24 BV. (vgl. § 6 Bem. III) eingeschränkt wird. Einen Fall beschränkter Zulassung behandelt auch § 31 BV. (vgl. unten Bem. II, 7 e).

Im Falle der Zulassung erfolgt die Eintragung des Fahrzeugs in die von der höheren Verwaltungsbehörde zu führende Liste (Muster 1 der BV.); gleichzeitig ist dem Fahrzeug ein polizeiliches Kennzeichen (vgl. unten d) zuzuteilen. Über die Zulassung und Eintragung des Fahrzeugs und die Zuteilung des Kennzeichens ist dem Antragsteller Mitteilung durch die höhere Verwaltungsbehörde zu machen; gleichzeitig ist eine Bescheinigung hierüber (Muster 2 der BV.) auszufertigen. Diese Zulassungsbescheinigung ist dem Antragsteller durch die Polizeibehörde, in Bayern durch die Distriktsverwaltungsbehörde des Ortes, wo das Fahrzeug in Betrieb gesetzt werden soll, auszuhändigen. Die Aushändigung darf erst nach Abstempelung des Kennzeichens erfolgen (vgl. unten Bem. II, 4 e).

d) **Zeitpunkt und Dauer der Zulassung:** Fraglich kann sein, in welchem Zeitpunkt die Zulassung als erfolgt anzusehen ist. Die Frage ist insbesondere von Bedeutung für die Anwendung des § 23 AG. (Bestrafung wegen Fahrens mit einem nicht zugelassenen Fahrzeug). Die Eintragung des Fahrzeugs in die Liste seitens der höheren Verwaltungsbehörde genügt jedenfalls noch nicht. Sie ist ein Internum der Behörde und kann jederzeit, solange sie noch nicht nach außen in die Erscheinung getreten ist, wieder rückgängig gemacht werden. Eine doppelte Auslegung erscheint möglich. Erstens man erachtet die Zulassung als erfolgt in dem Zeitpunkt, in welchem dem Antragsteller die nach § 6 Abs. 2 BV. vorgeschriebene Mitteilung von der Eintragung in die Liste und Zuteilung des Kennzeichens zugeht. Dann erscheinen die späteren Akte der Abstempelung des Kennzeichens und der damit gleichzeitig vorzunehmenden Aushändigung der Zulassungsbescheinigung durch die Polizeibehörde des Betriebsortes nicht mehr als Teil der Zulassung, sondern verfolgen nur den Zweck, die bereits erfolgte Zulassung nach außen hin erkennbar zu machen. Für diese Auslegung spricht der Umstand, daß der Eintrag in die Zulassungsliste und die Ausstellung der Zulassungsbescheinigung bereits erfolgt sind; auch läßt sich hierfür der Wortlaut der BV. § 6 Abs. 2 „im Fall der Zulassung" verwerten. Die von der Polizeibehörde nach § 9 BV. vor Abstempelung des Kennzeichens zu betätigende Untersuchung des Fahrzeugs (vgl. hierzu Bem. II, 4 e) kann dann nicht mehr zu einer Verweigerung der Zulassung seitens der durch die Polizeibehörde von dem entdeckten Mangel verständigten Zulassungsstelle führen, da die Zulassung ja bereits perfekt geworden ist; sondern die Abstempelungsbehörde hätte nur die Möglichkeit, die höhere Verwaltungsbehörde des Betriebsortes oder auch des Wohnorts des Eigentümers von dem entdeckten Fehler in Kenntnis zu setzen und auf diese Weise die Wiederausschließung des bereits zugelassenen Fahrzeugs gemäß § 26 BV. herbeizuführen. In Bayern, wo die Distriktsverwaltungsbehörden sowohl für die Abstempelung wie für die Ausschließung zuständig sind, könnte die um die Abstempelung angegangene Behörde sofort in eigener Zuständigkeit die Wiederausschließung verfügen (vgl. Bem. II 5). Man wird aber gleichwohl als richtig und vom Gesetzgeber gewollt die zweite Auslegung annehmen müssen, die dahin geht, daß die Zulassung erst mit Abstempelung des Kennzeichens und der gleichzeitig damit erfolgenden Aushändigung der Zulassungsbescheinigung als erfolgt anzusehen ist. Das Formular der Zulassungsliste sieht wohl einen Eintrag vor für das Datum der Aushändigung der Zulassungsbescheinigung, nicht aber für den Zeitpunkt, in welchem die nach § 6 Abs. 2 BV. dem Antragsteller zu machende Mitteilung erfolgt oder zugegangen ist. Eine Feststellung dieses letzteren Zeitpunktes wäre auch gar nicht möglich, da mangels einer besonderen Vorschrift diese Mitteilung formlos, nicht etwa auf dem Wege der förmlichen Zustellung, zu erfolgen hat. Wäre die erste Auslegung richtig, so wäre es doch auffallend, wenn der für die Zulassung maßgebende Zeitpunkt (Zugehen der Mitteilung) in keiner Weise fixiert würde, während der an und für sich dann bedeutungslose Zeitpunkt der Aushändigung der Zulassungsbescheinigung eine genaue Feststellung in der Liste erführe. Daß die Aushändigung der Zulassungsbescheinigung von der Abstempelungsbehörde, und zwar gleichzeitig mit Vornahme der Abstempelung vorzunehmen ist, folgt aus § 6 Abs. 2 Satz 2 und § 30 Satz 2 BV. Für die zweite Auslegung spricht aber weiter, daß dann der Fall der Zulassung eines Fahrzeugs und der der Zulassung eines Führers (§ 2 AG.) gleich behandelt werden. Der um die Zulassung zum Führen Eingebende erhält eine der Mitteilung des § 6 Abs. 2 BV. entsprechende vorläufige Verständigung von seiner Zulassung nicht; seine Zulassung gilt zweifellos als erst erfolgt mit der Aushändigung des Führerscheins. Die Gleichstellung beider Fälle erscheint geboten mit Rücksicht auf die Strafvorschriften der

§§ 23, 24 AG. § 24 bestraft wegen Vergehens den, der ein Kraftfahrzeug führt, ohne einen Führerschein zu besitzen, d. h. nicht den, der den Schein nicht bei sich trägt, sondern den, der fährt, bevor er den Führerschein ausgehändigt erhalten hat (vgl. § 24). Ein Führer, der zufälligerweise durch die Behörde erfährt, daß sein Zulassungsantrag genehmigt sei, und der nun im Vertrauen auf diese an sich richtige Mitteilung fährt, bevor ihm der Führerschein ausgehändigt wurde, verfehlt sich gegen § 24 Ziff. 1; denn er ist noch nicht zugelassen; dazu gehört die Aushändigung des Führerscheins. In gleicher Weise muß sich nach § 23 AG. strafbar machen, wer ein Fahrzeug in öffentlichen Verkehr benützt vor Aushändigung der Zulassungsbescheinigung; denn vor diesem Zeitpunkt ist das Fahrzeug noch nicht zugelassen. Der Wortlaut des § 6 Abs. 2 steht der zweiten, hier vertretenen Auslegung nicht unbedingt entgegen; „im Falle der Zulassung" kann auch heißen „im Falle der beabsichtigten Zulassung". Die Mitteilung an den Antragsteller und die Eintragung der Liste lassen sich auch dadurch erklären, daß beide notwendig waren, um dem Antragsteller die vor der Abstempelung vorzunehmende Beschaffung des ihm zugeteilten Kennzeichens zu ermöglichen und anderseits diese Nummer für den Antragsteller zu reservieren. Allerdings soll nicht verkannt werden, daß dann nur eine Mitteilung der Nummer, nicht der Zulassung nötig gewesen wäre und daß das Reservieren der Eintragsnummern auch durch einen Eintrag in eine Hilfsliste, wie sie in Bayern nach § 6 BayVollzBek. zu führen ist, hätte erfolgen können. Gehört die Abstempelung zur Zulassung, so erklärt es sich auch, warum die BV. der Zulassungsbehörde ein Recht, sich das Fahrzeug zur Prüfung vorführen zu lassen, nicht eingeräumt hat (vgl. Bem. II 4 c). Eine solche Prüfung ist nicht nötig; sie erfolgt ja (vgl. unten Bem. II 4 e) vor der Abstempelung durch die als Vertreterin der Zulassungsbehörde anzusehende Abstempelungsbehörde. Von einem Verfahren nach § 26 BV. gelegentlich dieser Prüfung kann dann keine Rede sein; denn Ausschließung nach § 26 ist nur bei einem bereits zugelassenen Fahrzeug möglich. Die Abstempelungsbehörde kann also nichts weiter tun, als bei Entdeckung von Mängeln unter einstweiliger Verweigerung der Abstempelung und Einbehaltung der Zulassungsbescheinigung die Zulassungsbehörde verständigen, damit diese sich über die Frage der Zulassung schlüssig macht. Gibt die Prüfung zu Beanstandungen keinen Anlaß, dann erfolgt die Abstempelung und Aushändigung der Zulassungsbescheinigung und damit die Zulassung tatsächlich allerdings durch die Abstempelungsbehörde; aber diese handelt nur als Vertreterin der höheren Verwaltungsbehörde, sodaß rechtlich doch diese als die Zulassungsbehörde erscheint.

Die Zulassung ist selbstverständlich beschränkt auf das einzelne Fahrzeug, für das sie erteilt ist. Eine Übertragung der Zulassung auf ein anderes Fahrzeug, wenn auch ganz der gleichen Gattung, findet nicht statt. Sie ist aber auch an die Person des Fahrzeugeigentümers gebunden; ein Wechsel in der Person des Eigentümers macht nach § 6 Abs. 6 BV. eine erneute Zulassung nötig; daraus folgt, daß mit dem Eigentumsübergang die bisherige Zulassung ihre Wirksamkeit verliert. Der Umstand, daß das Verfahren für die erneute Zulassung im Falle der Vorlage der früheren Zulassungsbescheinigung vereinfacht ist, ändert an dieser Tatsache nichts. Obwohl die Zulassung nach § 6 Abs. 1 BV. für das ganze Reich gilt, verliert sie doch ihre Wirksamkeit weiter auch, wenn der Fahrzeugeigentümer seinen Wohnort in den Bezirk einer anderen Zulassungsbehörde verlegt; auch hier ist eine erneute Zulassung nötig, für die das Gleiche gilt wie für den Fall des Eigentumsübergangs. Endlich werden auch einzelne Änderungen des Fahrzeugs (Änderung der Art der Kraftquelle, Einbau einer stärkeren Maschine oder eines stärkeren Motors, einer in ihrer Bauart oder Übersetzung veränderten Bremse oder Lenkvorrichtung) nach § 6 Abs. 3 BV. für derart wesentlich gehalten, daß sie die erneute Zulassung nötig machen. In allen diesen Fällen (vgl. darüber auch Bem. II, 4 g, h, i) verliert die frühere Zulassung ipso iure ihre Wirksamkeit, die Fahrzeuge haben deshalb als nicht zugelassene bezw. im Falle 2 g als nicht von der zuständigen Behörde zugelassene solange zu gelten, bis die erneute Zulassung erfolgt ist, und jedes Fahren vor diesem Zeitpunkt ist nach § 23 AG. strafbar.

Falls ein Kraftfahrzeug zum öffentlichen Verkehr nicht mehr verwendet wird, ist die Zulassungsbescheinigung abzuliefern oder durch die Behörde einzuziehen. Das Letztere hat auf Antrag der Steuerbehörde auch zu geschehen, wenn die Steuerkarte nicht rechtzeitig erneuert wird. § 6 Abs. 5 BV. Mit Ablieferung oder Einziehung der Zulassungsbescheinigung erreicht die Zulassung ihr Ende.

Über die Beendigung der Zulassung durch Ausschließung vgl. unten Bem. II, 5.

e) **Kennzeichen:** §§ 7—13, 25 Abs. 5, 28 Abs. 2, 29, 30, 35 BV. Jedes auf öffentlichen Wegen oder Plätzen verkehrende Kraftfahrzeug muß zur Ermöglichung des Identitätsnachweises ein polizeiliches Kennzeichen tragen. Befreit hiervon sind nur die Kraftfahrzeuge der Feuerwehren im Dienst, die zu Zwecken der öffentlichen Straßenreinigung dienenden Kraftfahrzeuge und die Kraftfahrzeuge des Landesherrn, der Mitglieder der landesherrlichen Familien, sowie der Mitglieder der fürstlichen Familie Hohenzollern. Dagegen haben die im öffentlichen Fuhrwerksverkehr verwendeten Fahrzeuge (Droschken, Omnibusse) und die Geschäftswagen das Kennzeichen zu führen, ebenso die Fahrzeuge der Militär- und Postverwaltung. Über die Stellung der Fahrzeuge der bayerischen Militär- und Postverwaltung vgl. unten Bem. II, 7. Für die Anwendbarkeit des § 7 BV. ist es gleichgültig, zu welchem Zweck das mit dem polizeilichen Kennzeichen nicht versehene Kraftfahrzeug den öffentlichen Weg befährt und wer es tut, ob der Eigentümer, ob ein berufsmäßiger oder ein behördlich zugelassener Führer oder ein anderer, ob das Fahrzeug bereits geprüft und zum Verkehr zugelassen ist oder nicht (BayObLGSt. 22. 10. 07, Bd. 8, 49). Auch kann die Polizeibehörde nicht mehr wie bisher auf Antrag gewisse Arten von Fahrzeugen von der Pflicht zur Führung des Kennzeichens entbinden.

Die Kennzeichen werden nicht mehr wie bisher von den Ortspolizeibehörden, sondern von den höheren Verwaltungsbehörden zugeteilt. Die Kennzeichen bestehen aus den durch die BV. für die einzelnen Bundesstaaten bezw. deren Provinzen festgelegten römischen Ziffern und Buchstaben und einer Erkennungsnummer in arabischen Ziffern; nur die letztere ist in die polizeiliche Zulassungsliste eingetragen. Für Bayern wird bei der Polizeidirektion München ein Verzeichnis der den bayerischen Distriktsverwaltungsbehörden zugewiesenen Erkennungsnummern geführt (§ 8 BayVollzBek.).

Über die Form und Anbringung der Kennzeichen vgl. §§ 8 und 10 Satz 2 BV. Abgesehen von den Vorschriften in § 8 Abs. 1 Satz 3 und § 10 Satz 2 (Anbringung der Kennzeichen an der Vorder- und Rückseite des Fahrzeugs nach außen hin an leicht sichtbaren Stellen und Maß der Entfernung vom Erdboden) ist eine bestimmte Stelle für die Anbringung der beiden hinten und vorne zu führenden Kennzeichen nicht vorgeschrieben, ebensowenig Anbringung senkrecht zum Erdboden oder rechtwinkelig zur Fahrtrichtung. Unter allen Umständen müssen aber die Zeichen so angebracht sein, daß sie nicht verdeckt sind (§ 10 BV.). Die Polizeibehörden haben gelegentlich der von ihnen vorzunehmenden Stempelung der Kennzeichen (§ 9 BV.) die Beschaffenheit der Kennzeichen sorgfältig zu prüfen; sie haben dabei (vgl. bayer. Vollz.Anw. zu § 10) darauf zu achten, daß das hintere Kennzeichen zur besseren Erkennbarkeit möglichst hoch angebracht wird und daß jede Verdeckung der Zeichen durch die Antriebskurbel, die Vorrichtung zur Aufnahme des Gepäckes vermieden wird.

Werden Anhängewagen mitgeführt, so muß das dem Kraftfahrzeug zugeteilte Kennzeichen an der Rückseite des Schlußwagens angebracht sein (§ 25 Abs. 5 BV.), die Anbringung an der Rückseite des Kraftfahrzeugs ist dann überflüssig.

Für Kraftzweiräder (also nicht schlechthin für alle Krafträder), die von der Führung des hinteren Kennzeichens befreit sind, gibt § 8 Abs. 4 BV. besondere Formvorschriften. Mit Rücksicht hierauf ist es angängig, die gleichen Nummern einerseits für Kraftzweiräder und anderseits für die übrigen Arten von Kraftfahrzeugen auszugeben (BayerVollzBek. zu § 8).

Über das während der Prüfungsfahrten zu führende Probefahrtkennzeichen vgl. § 28 Abs. 2 BV.

Verzierungen des Kennzeichens bezw. der Kennzeichentafel sind zwar nicht ausdrücklich verboten, werden aber regelmäßig die Erkennbarkeit beeinträchtigen und deshalb zu beanstanden sein.

Beide Kennzeichen dürfen nicht zum Umklappen eingerichtet sein und müssen stets in lesbarem Zustand erhalten werden (§ 10 BV.); über Verstaubung während der Fahrt vgl. Isaac S. 135 Bem. 3.

Besondere Anweisungen gibt § 11 BV. über die Beleuchtung der Kennzeichen. Wenn das Fahrzeug auf einer kurzen Strecke rückwärts fährt, ist eine Beleuchtung des vorderen Kennzeichens nicht geboten (Isaac S. 136). Die in den Grundzügen (§ 29 Abs. 3) enthaltene Bestimmung, daß Krafträder der Militärverwaltung von der Pflicht zur Beleuchtung des Kennzeichens befreit seien (es handelte sich um das hintere Kennzeichen) ist weggefallen.

Beide Kennzeichen, sowohl das hintere wie das vordere, müssen von der Polizei- (in Bayern Distriktsverwaltungs-) Behörde des Ortes, wo das Fahrzeug in Betrieb gesetzt werden soll, abgestempelt werden. Zu diesem Zwecke hat die Polizeibehörde, die ja durch die ihr zur Aushändigung übersandte

Bescheinigung (§ 6 Abs. 2 Satz 2) von der Zulassung des Fahrzeugs Kenntnis erhält, die Vorführung des Fahrzeugs am Sitz der Behörde anzuordnen. Eine Ausnahme von der Abstempelungspflicht macht § 31 BV., vgl. ferner unten Bem. II, 7 c. Vor der Abstempelung, die zweckmäßig durch Schablone erfolgen wird (§ 9 BayVollzBek.), hat die Behörde sorgfältig zu prüfen, ob das Fahrzeug den Vorschriften der §§ 8, 10, 11 BV. entspricht.

Diese vor der Abstempelung vorzunehmende Prüfung hat sich aber auch (arg. „insbesondere auch" § 9 BV.) darauf zu erstrecken, daß das ihr vorgeführte Fahrzeug mit dem in der Zulassungsbescheinigung angeführten identisch ist und daß die in der Zulassungsbescheinigung und dem Zulassungsantrag samt Anlagen (auch diese sind zweckmäßig der zur Abstempelung befugten Behörde zu übersenden, vgl. die BayVollzBek. § 5) an dem Fahrzeug vorausgesetzten Eigenschaften wirklich vorhanden sind. Entdeckt die Polizeibehörde in dieser Beziehung eine Abweichung, so wird sie unter Aussetzung der Abstempelung die Behörde, die die Zulassung verfügt, zu verständigen haben (vgl. oben Bem. II, 4 c).

Ohne das abgestempelte Kennzeichen darf nicht gefahren werden; für die Fahrt zur Polizeibehörde zwecks Vorführung der Fahrzeuge und Abstempelung des Kennzeichens schafft § 30 BV. ausdrücklich eine Ausnahme von diesem Grundsatze.

Erst nach der Abstempelung erfolgt durch die sie vornehmende Behörde die Aushändigung der ihr nach § 6 Abs. 2 Satz 2 übersandten Zulassungsbescheinigung (arg. § 30 Satz 2 BV.). Änderungen des Fahrzeugs, Wohnsitzverlegung des Eigentümers und Übergang des Eigentums auf eine andere Person machen nach § 6 Abs. 3 und 4, 6 BV. eine neue Zulassung des Fahrzeugs notwendig. Soferne in diesen Fällen die neue Zulassung durch dieselbe Behörde erfolgt, die die erste Zulassung erteilte, kann das bisherige Kennzeichen zweifellos beibehalten werden. Ist dagegen für die neue Zulassung die Behörde eines anderen Bundesstaates zuständig, so muß auch ein neues Kennzeichen erteilt werden. Das Gleiche gilt, wenn die Zulassung durch eine andere Behörde des gleichen Bundesstaates erfolgt, soferne, wie dies bei Bayern, Sachsen, Württemberg, Hessen, Oldenburg und Elsaß-Lothringen der Fall ist, die einzelnen Regierungsbezirke dieses Staates verschiedene Buchstaben oder römische Ziffern führen. § 5 Abs. 3 der Grundzüge von

1906 hatte das ausdrücklich vorgeschrieben. Dagegen hatte § 7 Ziff. 2 der BayVollzBek. vom 17. Sept. 06 zu den vom gleichen Tage datierten oberpolizeilichen Vorschriften über den Verkehr mit Kraftfahrzeugen (GVBl. 06, 748) bestimmt: „Das bayerische Hauptkennzeichen ist ohne Rücksicht auf die Verschiedenheit der Buchstaben als ein einheitliches anzusehen; daher findet § 5 Abs. 3 der oberpolizeilichen Vorschriften keine Anwendung, wenn der Eigentümer seinen Wohnort aus einem Bezirk in einen anderen (NB. einen anderen Buchstaben führenden) Bezirk verlegt. Die BayVollzBek. v. 17. Sept. 06 ist aufgehoben (vgl. BayVollzBek. v. 17. März 10, III, 1). Die neue BayVollzBek. v. 17. März 10 enthält keine dem § 7 Ziff. 2 der früheren Vollzugsvorschriften entsprechende Vorschrift. Man wird deshalb anzunehmen haben, daß auch für Bayern bei Verlegung des Wohnsitzes das Kennzeichen abzuändern ist.

Um zu verhüten, daß ein Unbefugter mit verlorenen oder unbrauchbar gewordenen Kennzeichen Mißbrauch treibt, schrieb § 11 der Grundzüge von 1906 vor, daß der Verlust oder das Unbrauchbarwerden eines Kennzeichens sofort der Zuteilungsstelle anzuzeigen sei. § 12 der BV. von 1910 legt eine solche Anzeigepflicht nicht auf, sondern bestimmt nur, daß das Kraftfahrzeug wiederum entsprechend der Vorschrift in § 19 der Polizeibehörde vorzuführen ist, wenn ein mit dem Dienststempel der Polizeibehörde versehenes Kennzeichen erneuert werden muß. Der Satz 2 des § 12 erklärt für diese Erneuerung des Kennzeichens die nächste erreichbare Polizeibehörde für zuständig, falls die Behörde, die die erste Stempelung vorgenommen hatte, ohne Zeitverlust nicht erreicht werden kann. Das Fahren in der Zwischenzeit zwischen dem Verlust oder dem Unbrauchbarwerden des Kennzeichens bis zu seinem Ersatz ist verboten; doch muß für die Fahrt zur Polizeibehörde zwecks Erneuerung des Kennzeichens § 30 BV. Anwendung finden. Der Eigentümer bezw. Fahrzeughalter hat deshalb ein Interesse, die Erneuerung des Kennzeichens so rasch wie möglich zu betreiben und so wird auch ohne die nach den Grundzügen vorgeschriebene Anzeigepflicht die Behörde von dem Verlust eines Kennzeichens meist sofort verständigt werden. Aber eine Anzeigepflicht, wie früher, besteht jetzt nicht mehr, und der Fahrzeughalter, der die Erneuerung des Kennzeichens aus irgend einem Grunde, z. B. weil er das Fahrzeug ohnehin längere Zeit nicht in Betrieb setzen will, hinausschiebt und dadurch bewirkt, daß die

Behörde längere Zeit von dem Verlust eines Kennzeichens keine Kenntnis bekommt, macht sich nicht strafbar.

Die Anbringung mehrerer verschiedener Kennzeichen (der Nachdruck liegt auf „verschieden") ist unzulässig, § 13 BV. Die Anbringung des zugeteilten Kennzeichens noch an anderen Stellen, z. B. an den Seiten, wenn auch in anderer Form und Ausstattung, wird dadurch nicht verboten. Ebenso schließt § 13 nicht aus, daß an Kraftfahrzeugen mit besonderem Verwendungszwecke (Droschken, Omnibussen, Postwagen, Geschäftswagen und dgl.) außer den polizeilichen Kennzeichen der Verwendungszweck dieser Fahrzeuge durch eine entsprechende Bezeichnung (Wagennummer, Firma usw.) ersichtlich gemacht wird; doch muß eine Verwechselung mit dem polizeilichen Kennzeichen ausgeschlossen sein (§ 13 BayVollzBek.). Weiter ist neben den polizeilichen Kennzeichen im internationalen Verkehr die Anbringung des Nationalitätszeichens zulässig (vgl. Art. 4 IntAbt. v. 11. Oktober 1909).

Über die Haftung des Fahrzeughalters und Fahrers für den ordnungsmäßigen Zustand des Kennzeichens vgl. § 21 u. 25.

f) **Typenprüfung:** § 5 Abs. 3 BV., Ziff. X und XI der Prüfungs-Anweisung. Bei fabrikmäßig gefertigten Gattungen eines Kraftfahrzeugs kann an Stelle der Prüfung jedes einzelnen Fahrzeugs die einmalige Prüfung eines zu der Gattung gehörigen Fahrzeugs treten mit der Wirkung, daß sich eine Prüfung der einzelnen Fahrzeuge erübrigt. Voraussetzung ist, daß es sich um eine Type, d. i. um eine fabrikmäßig gefertigte Fahrzeugsgattung handelt. Dazu gehört, daß die Erfüllung der in den §§ 3—5 BV. gestellten Anforderungen durch gleiche Mittel in dem gleichen Maße gesichert ist, also nicht bloß Gleichheit der Kraftquelle und der Motorsysteme, sondern auch der Lenk-, Brems- und der übrigen Vorrichtungen. Die in Ziff. X, 2 der Prüfungs-Anweisungen l—k aufgeführten Merkmale lassen erkennen, in welchen Punkten eine Übereinstimmung der Fahrzeuge bestehen muß, um von einer Typeneinheit reden zu können. Die Aufbauten (Karosserie) kommen für die Typenprüfung nicht in Betracht; ebenso fällt die Prüfung der Hupe und der Laternen weg. Ihre Verschiedenheit hebt also die Typeneinheit nicht auf. Die Ausstellung einer Typenbescheinigung ist auch dann möglich, wenn in ein Fahrgestell bestimmter Bauart Maschinen verschiedener Stärke eingebaut werden sollen; nur muß dann (Ziff. X, 6 der Prüfungs-Anweisung) bei der Typenprüfung das Fahrgestell mit der stärksten Maschine vorgeführt werden. Die Typenbescheinigung wird nach erfolgter Prüfung von der höheren Verwaltungsbehörde (in Bayern der Distriktsverwaltungsbehörde, im übrigen vgl. oben Bem. II, 3) erteilt, und zwar nur auf Antrag einer Firma. Unter Firmen sind nur im Handelsregister eingetragene Firmen zu verstehen, zu deren Geschäftsbetrieb die Herstellung von Kraftfahrzeugen gehört, da nur solche Betriebe die nötige Garantie für Typeneinheit geben. Zuständig ist die Verwaltungsbehörde, in deren Bezirk die Firma ihren Sitz hat. Natürlich muß die vor Erteilung der Bescheinigung vorzunehmende Prüfung sich nicht nur darauf erstrecken, ob den Anforderungen der §§ 3 ff. BV. Genüge getan ist, sondern auch darauf, ob das Fahrzeug sich zur fabrikmäßigen Herstellung eignet. Aus den Worten „fabrikmäßig gefertigt" darf aber nicht gefolgert werden, daß schon mehrere Fahrzeuge der Art fabrikmäßig hergestellt sein müssen.

Wenn auch die Verordnung nur von einer Befugnis der Verwaltungsbehörde zur Ausstellung einer Typenbescheinigung redet, so muß gleichwohl angenommen werden, daß die Typenbescheinigung erteilt werden muß, wenn die Voraussetzungen des § 5 Abs. 3 BV. und der Ziffer X der Prüfungs-Anweisungen vorliegen (Isaac S. 110). Die Wirkung der Bescheinigung besteht darin, daß der Fabrikant dem Abnehmer eine Ausfertigung der Bescheinigung (vgl. Muster d der Prüfungs-Anweisg.) erteilen kann. Durch die Typenbescheinigung wird aber die Zulassung des einzelnen Fahrzeugs nach Maßgabe der §§ 5—6 Abs. 1 BV. nicht ersetzt; die Typenbescheinigung ersetzt vielmehr nur das nach § 5 Abs. 2 BV. geforderte Gutachten.

Über das Verfahren bei Änderung der Type vgl. Ziff. X, 5 und 7 der Prüfungs-Anweisung.

Eine Änderung des Wohnortes des Fabrikanten oder des Herstellungsortes ist auf die erteilte Typenbescheinigung ohne Einfluß; Ziff. X der Prüf.-Anw. enthält eine dem § 6 Abs. 4 BV. entsprechende Vorschrift nicht.

Im Gegensatz zu § 5 Abs. 2 BV., wonach dem Zulassungsantrag das Gutachten eines von der höheren Verwaltungsbehörde eines Bundesstaates anerkannten Sachverständigen beizufügen ist, spricht Ziff. X der Prüf.-Anw. von dem „zuständigen amtlich anerkannten Sachverständigen". Da kein Grund besteht, die Zuständigkeit des Sachverständigen im Falle der Typenprüfung enger zu begrenzen, als bei der normalen Zulassung und bei letzterer nach dem Wortlaut der BV. das Gutachten jedes amtlich anerkannten Sachverständigen genügt (vgl.

oben Bem. II, 4 a), so wird trotz des abweichenden Wortlautes der Prüf.-Anw. das Gleiche auch für die Typenprüfung zu gelten haben.

g) **Wohnortsverlegung des Fahrzeugeigentümers:** § 6 Abs. 4 BV., vgl. oben Bem. II, 4 d. Veränderung des Wohnorts innerhalb des Bezirks der Verwaltungsbehörde, die die Zulassung erteilte, ist gleichgültig, ebenso die vorübergehende Verlegung des Aufenthalts in den Bezirk einer anderen Verwaltungsbehörde. Verlegt dagegen der Eigentümer seinen Wohnort (nicht zu verwechseln mit Wohnsitz, vgl. oben Bem. II, 3) in den Bezirk einer anderen höheren Verwaltungsbehörde, so muß er bei dieser die erneute Zulassung des Fahrzeugs beantragen. Eine Frist hierfür ist nicht vorgeschrieben; man wird deshalb ebenso wie im Falle des § 6 Abs. 3 Satz 2 BV. die sofortige Antragstellung für geboten halten müssen. Eine Unterlassung der Antragstellung hat Strafe nach § 23 AG. zur Folge, denn mit der Wohnortsverlegung hat die alte Zulassung ihr Ende gefunden; das Fahrzeug ist also nicht mehr zugelassen (oben Bem. II, 4 d). Die neuerliche Zulassung kann, falls die bisherige Zulassungsbescheinigung vorgelegt wird, erfolgen, ohne daß das in § 5 Abs. 2 BV. erwähnte Sachverständigen-Gutachten vorgelegt zu werden braucht. Bei Ausfertigung der neuen Bescheinigung ist die bisherige einzuziehen; doch kann deshalb, weil die Ablieferung der alten Bescheinigung nicht möglich ist, die Ausstellung der neuen Zulassung nicht versagt werden. Der neuerlich angegangenen höheren Verwaltungsbehörde wird es obliegen, die bisher zuständige Behörde unter Übersendung der eingezogenen Zulassungsbescheinigung zu verständigen, damit diese in die Lage kommt, ihre Liste zu berichtigen (BayVollzBek. zu § 6 Ziff. 4).

h) **Eigentumsübergang an einem zugelassenen Fahrzeug:** § 6 Abs. 6 BV., vgl. oben Bem. II, 4 d. Eine Veränderung in der Person des Fahrzeughalters ist für die auf den Namen des Eigentümers lautende Zulassungsbescheinigung ohne Belang. Wenn dagegen ein zugelassenes Fahrzeug auf einen anderen Eigentümer übergeht, so hat dieser, nicht auch der Veräußerer, bei der für seinen Wohnort zuständigen höheren Verwaltungsbehörde (über die zuständige Behörde s. oben Bem. II, 3) die erneute Zulassung zu beantragen, ohne Rücksicht darauf ob an dem Fahrzeug selbst sich etwas ändert oder nicht. Treten an dem Fahrzeug selbst Änderungen nicht ein und legt der neue

Eigentümer die bisherige Zulassungsbescheinigung vor, so bedarf es eines Sachverständigen-Gutachtens nach Maßgabe des § 5 Abs. 2 BB. nicht. Ist die Vorlage der bisherigen Zulassungsbescheinigung nicht möglich, so muß das Gutachten eines Sachverständigen (§ 5 Abs. 2 BB.) beigefügt werden. Ebenso ist bei gleichzeitigen Änderungen an dem Fahrzeuge die Beifügung des Gutachtens unter Umständen gemäß § 6 Abs. 3 BB. notwendig. Der Verkäufer des Fahrzeugs hat die Pflicht, dem Käufer die bisherige Bescheinigung auszuhändigen (§§ 444, 97 BGB.). § 6 Abs. 6 BB. findet auch Anwendung, wenn ein Fahrzeug durch Erwerb von Todes wegen auf einen anderen Eigentümer übergeht; der Erbe hat also hier dem Vermächtnisnehmer die bisherige Zulassungsbescheinigung auszuhändigen.

Bei Ausfertigung der neuen Zulassungsbescheinigung ist die bisherige einzuziehen, sei es bei dem Veräußerer, sei es bei dem Erwerber. Im Falle die neue Zulassungsbescheinigung durch eine andere Behörde ausgestellt wird als die, die die bisherige Bescheinigung erteilte, wird man ebenso wie im Falle der Wohnsitzverlegung die erstere Behörde für verpflichtet halten müssen, der Ausstellerin der alten Bescheinigung zwecks Berichtigung der Liste Kenntnis zu geben (BayrVollzBek. zu § 6 Ziff. 4). Über die Frist für die Anzeige des Erwerbers und die Folgen ihrer Unterlassung vgl. Bem. II, 4 g. Über die Steuer bei Veräußerung vgl. § 114 Ausführungs-Bestimmungen des Bundesrats zum Reichsstempelgesetz mit der durch das Rundschreiben des Reichskanzlers vom 22. März 1910 (abgedruckt bei Neukirch-Rosenmeyer S. 330) getroffenen Modifikation.

Das bisherige Kennzeichen wird, sofern das Fahrzeug in dem gleichen Bezirk bleibt, dem Fahrzeug auch bei der neuerlichen Zulassung belassen werden können (vgl. oben Bem. II, 4 e). Eine Veräußerung unter Eigentumsvorbehalt macht eine Anzeige nach § 6 Abs. 6 BB. nicht nötig, wohl aber ein resolutiv bedingter Kauf. Tritt hier später die Bedingung ein, so muß wiederholt Anzeige erfolgen.

i) **Änderungen eines zugelassenen Fahrzeugs:** § 6 Abs. 3 BB., vgl. oben Bem. II, 4 d. Es ist zu unterscheiden zwischen Änderungen der Art der Kraftquelle, Einbau einer stärkeren Maschine oder eines stärkeren Motors und Abänderungen der Bremse- oder Lenkvorrichtung hinsichtlich Bauart oder Übersetzung einerseits und allen anderen eine Berichtigung der Liste und der Zulassungsbescheinigung erforderlich machenden Änderungen anderseits. Änderungen der ersten Art machen eine neue Zulassung notwendig; der Eigentümer des Fahrzeugs hat zu diesem Zwecke unter Einreichung eines neuen Gutachtens nach § 5 Abs. 2 BV. neuerlichen Zulassungsantrag, und zwar sofort zu stellen. Die Änderungen der zweiten Art bedingen nur eine Berichtigung der Zulassungsbescheinigung, die innerhalb 2 Wochen vom Eigentümer unter Vorlage der Zulassungsbescheinigung bei der höheren Verwaltungsbehörde seines Wohnortes zu beantragen ist. Falls mit der Änderung des Fahrzeugs auch eine Verlegung des Wohnsitzes oder eine Eigentumsübergang Hand in Hand geht, richtet sich das Verfahren zugleich nach § 6 Abs. 4 und 6 BV.

Über den Einfluß einer Änderung auf die Steuern vgl. §§ 112 ff. der Ausführ.-Best. zum Reichsstempelgesetz.

5. **Überwachung und Ausschließung der Kraftfahrzeuge** § 26 BV. Um die durch den Gebrauch abgenützten und deshalb nicht mehr verkehrssicheren oder durch Entwickelung von Geräusch, Rauch und üblem Geruche besonders lästigen Fahrzeuge aus dem öffentlichen Verkehr auszumerzen, gibt § 26 Abs. 1 BV. der Polizeibehörde (in Bayern der Distriktsverwaltungsbehörde) das Recht, jederzeit auf Kosten des Eigentümers eine Untersuchung darüber zu veranlassen, ob ein Kraftfahrzeug den nach Maßgabe der BV. zu stellenden Anforderungen entspricht. Die BV. spricht von der Polizeibehörde schlechthin, und es ist deshalb nicht bloß die Polizeibehörde des Wohnortes, sondern jede Polizeibehörde zuständig, in deren Bezirk sich das Fahrzeug gerade befindet (vgl. Isaac S. 237 Bem. 2, Neukirch-Rosenmeyer AG. S. 240). So wenig die Verwaltungsbehörde vor Erteilung der Zulassung anordnen kann, daß ihr das Fahrzeug zur Untersuchung vorgeführt werde (vgl. oben Bem. II, 4 c), ebensowenig kann die Polizeibehörde zwecks der Untersuchung nach § 26 die Vorführung des Fahrzeugs verfügen; die Untersuchung hat vielmehr da zu erfolgen, wo das Fahrzeug sich gerade befindet. (Isaac S. 238 Bem. 6). Ob die BayVollzBek. bezüglich der Vorführung auf dem gleichen Standpunkt steht, geht aus dem Wortlaut zu § 26 Abs. 3 nicht hervor; es heißt dort: „Im übrigen wird die Anordnung einer periodischen Prüfung aller Kraftfahrzeuge im Hinblick auf die verschiedenartige Benützung der

Fahrzeuge nicht durchführbar sein." Der weitere Satz der VollzBek.: „Dagegen ist eine solche regelmäßige Nachuntersuchung für die im öffentlichen Fuhrverkehre verwendeten Fahrzeuge (Droschken, Omnibusse und dergl.) geboten" spricht nicht für das Recht der Behörde zur allgemeinen Anordnung der Vorführung, sondern rechtfertigt sich aus der besonderen Natur der zum Transportgewerbe verwendeten Fahrzeuge.

Sobald sich herausstellt, daß ein Fahrzeug den Anforderungen der BV. nicht genügt, sei es, daß es von Anfang an infolge eines Versehens zu Unrecht zugelassen worden ist, oder mag der Mangel die Folge nach der Zulassung eingetretener Ereignisse sein, hat die höhere Verwaltungsbehörde nicht nur das Recht („kann", § 26 BV.), sondern auch die Pflicht, das Fahrzeug vom öffentlichen Verkehr auszuschließen. Zuständig ist ebenso wie im Fall des § 26 Abs. 1 BV. nicht nur die Behörde des Wohnorts, die die Zulassung erteilt hat, sondern jede Behörde, in deren Bezirk sich das Fahrzeug aufhält oder in deren Bezirk der Eigentümer jetzt seinen Wohnort hat (Isaac S. 239; a. M. Seuffert § 1 Bem. 3 Abs. 4). Eine Mitteilung von der Ausschließung an die Zulassungsbehörde ist zwar nicht vorgeschrieben, wird aber, ähnlich wie in den Fällen des § 6 Abs. 4 und 6 BV. (vgl. oben Bem. II, 4 g und h) zweckmäßig sein. In Bayern, wo der Distriktsverwaltungsbehörde zugleich die Funktionen der Polizeibehörde und der höheren Verwaltungsbehörde übertragen sind, kann die Behörde sofort nach einer gemäß § 26 Abs. 1 BV. vorgenommenen Untersuchung in eigener Zuständigkeit die Ausschließung verfügen. Die Ausschließung darf weder auf eine bestimmte Zeit noch dauernd verhängt werden, sondern das Fahrzeug ist regelmäßig nur bis zum Nachweis der Behebung der festgestellten Mängel auszuschließen. Nur dann, wenn die Abstellung der vorhandenen Mängel völlig unmöglich ist, ist eine dauernde Ausschließung zulässig (Neukirch-Rosenmeyer S. 240; a. M. Isaac S. 240). Das ausgeschlossene Fahrzeug steht für die Dauer der Ausschließung einem nicht zugelassenen gleich; das Fahren mit einem solchen Fahrzeug ist also nach § 23 AG. strafbar. Die Ausschließung unterliegt als polizeiliche Verfügung den landesrechtlich zulässigen Rechtsmitteln. Von der Befugnis des § 26 BV. werden die Behörden namentlich auch gegenüber den schon vor dem 1. April 1910 zugelassenen Fahrzeugen, die einer Prüfung nach Maßgabe der BV. nicht unterworfen worden sind, Gebrauch machen. § 26 wird ferner dazu dienen, um gegenüber Eigentümern und Führern die ordnungsmäßige Instandhaltung der Kennzeichen und ihrer Beleuchtung durchzusetzen.

6. **Ausländische Kraftfahrzeuge:** Für deren Zulassung und Kennzeichnung ist maßgebend das am 1. Mai 1910 in Kraft getretene internationale Abkommen über den Verkehr mit Kraftfahrzeugen vom 11. Oktober 1909 (RGBl. 1910 S. 603), sowie die Verordnung des Bundesrats über den internationalen Verkehr mit Kraftfahrzeugen vom 21. April 1910 und die bay. Bek. v. 28. April 1910 (MinABl. 10 S. 334). Durch den § 15 der letzteren Verordnung ist der Abschnitt H (§ 36) der Verordnung vom 3. Februar 1910 aufgehoben. Abschnitt C und D der Verordnung vom 21. April 1910 regeln die Rechtsverhältnisse der aus dem Ausland zu vorübergehendem Aufenthalt in das Gebiet des Deutschen Reichs gelangenden außerdeutschen Kraftfahrzeuge, und zwar verschieden, je nachdem die Fahrzeuge mit einem internationalen Fahrausweis versehen sind oder nicht. § 13 trifft Vorschriften für Zulassung und Kennzeichnung, wenn Fahrzeuge solcher Personen, die ihren Wohnsitz oder dauernden Aufenthalt im Gebiete des deutschen Reichs haben, mit eigener Triebkraft aus dem Auslande zum dauernden Verbleib in das Inland eingeführt werden. Der Fall, daß ein Ausländer, der in Deutschland keinen Wohnsitz hat, im Inland ein Kraftfahrzeug erbauen und durch einen inländischen Fahrzeughalter ausschließlich im Inland dauernd in Betrieb setzen läßt, hat eine ausdrückliche Regelung nicht gefunden. Von einem internationalen Verkehr eines solchen Fahrzeugs im Sinne des Art. 1 des Int. Abk. v. 11. Oktober 1909 kann keine Rede sein. Da der Eigentümer seinen Wohnsitz im Auslande hat, ist eigentlich ein Anzeigepflichtiger im Sinne des § 5 BV. v. 3. Februar 1910 nicht vorhanden; denn die inländische Verordnung kann dem ausländischen Eigentümer die Anzeige bei der ausländischen Verwaltungsbehörde seines Wohnorts nicht vorschreiben. Man wird mit Isaac S. 95 den inländischen Besitzer des Fahrzeugs für verpflichtet halten müssen, die Zulassung des Fahrzeugs zu erwirken.

Außerdeutsch ist das Fahrzeug, wenn es in Deutschland nicht registriert ist, auch wenn sein Eigentümer in Deutschland Wohnsitz oder Staatsangehörigkeit besitzt.

7. **Ausnahmsstellung verschiedener Fahrzeugarten:** § 28 ff. BV. Darüber, daß während der technischen Prüfung bezw.

auf der Fahrt zur Polizeibehörde zwecks Vorführung des Fahrzeugs und Abstempelung des Kennzeichens die Fahrzeuge als vorläufig zum Verkehr zugelassen gelten und von Mitführung der Zulassungsbescheinigung und eines gestempelten Kennzeichens befreit sind (§§ 28, 30 BV.) vgl. oben Bem. II, 4 e.

a) Kraftfahrzeuge der Feuerwehren im Dienste (§§ 29 Ziff. 1, 34 BV.). Für sie gilt Besonderes bezüglich des Kennzeichens, der Hupe, der Warnungszeichen, Fahrgeschwindigkeit, des Ausweichens, Anhaltens und Vorbeifahrens. In ähnlicher Weise genießen

b) die Kraftfahrzeuge der Landesherrn, der Mitglieder der landesherrlichen Familien und der Mitglieder der Familie Hohenzollern bezüglich der Kennzeichen, der Hupe und der Warnungszeichen eine Sonderstellung (§ 35 BV.).

c) Kraftfahrzeuge der Militär- und Postverwaltung (§§ 32, 33 BV.) unterliegen ebenso wie die unter a und b aufgeführten Gattungen der Zulassung durch die in § 6 Abs. 1 BV. bezeichnete Behörde. Nach früherem Recht (vgl. Isaac S. 134) wurden die Fahrzeuge der Militärverwaltung durch die zuständige Militärbehörde geprüft; die Polizeibehörde hatte der Militärbehörde auf Antrag eine Anzahl von Erkennungsnummern zu überweisen, und die daraufhin gefertigten, von der Militärbehörde vorgelegten Kennzeichen mit dem Dienststempel zu versehen. Diese Sonderstellung können die Militärfahrzeuge jetzt nicht mehr beanspruchen. Dagegen genießen Militär- und Postfahrzeuge eine Sonderstellung bezüglich der Hupe und der Abgabe von Warnungszeichen, und es ist weiter bei den ersteren die jederzeitige Untersuchung und Ausschließung nach § 26 BV. nicht zulässig.

Über Beleuchtung des Kennzeichens bei Militärfahrzeugen vgl. oben Bem. II, 4 e.

Eine besondere Ausnahmestellung haben die Fahrzeuge der Militär- und Postverwaltung in Bayern, die der Post auch in Württemberg. Hier kommen die Anordnungen des Bundesrats nur nach Maßgabe der Bündnisverträge vom 23. und 25. November 1870 zur Anwendung (§ 6 Abs. 4 AG.). In Bayern gelten also die Anordnungen des Bundesrats für Post- und Militär-Automobile nicht unmittelbar, sondern erst auf Grund der vorbehaltenen Anordnung des Königs. Abschnitt I Ziff. 5 und Abschnitt II zu § 8 der BayVollzBek. stellen besondere

Vorschriften für diese Fahrzeuggattungen auf. Danach haben solche Fahrzeuge als Kennzeichen neben der römischen Ziffer II und der Erkennungsnummer die Buchstaben M und P zu führen und es sind besondere Behörden mit den Funktionen der Zulassungsbehörde und der Abgabe der nach § 5 Abs. 2 notwendigen Gutachten betraut. Weiter findet eine Mitwirkung der Polizeibehörde nach § 6 Abs. 2 Satz 2 und § 9 BV. nicht statt. § 29 der BayVollzBek. v. 25. Juli 07 zu den oberpolizeilichen Vorschriften über den Kraftfahrzeugverkehr v. 17. Sept. 06, der bestimmt hatte: „Kraftfahrzeuge der Postverwaltung sind nach § 29 Abs. 1 von der Verpflichtung zur Führung des polizeilichen Kennzeichens befreit, wofern sie sonst in entsprechender Weise gekennzeichnet sind; im übrigen unterliegen sie den oberpolizeilichen Vorschriften" ist durch Abschnitt III Ziff. 1 der VollzBek. v. 17. März 10 aufgehoben.

d) Die zur öffentlichen Straßenreinigung dienenden Fahrzeuge brauchen kein Kennzeichen (§ 29 BV.).

e) Zuverlässige Händler und Fabriken, die mit den zum Verkauf gestellten Fahrzeugen Probefahrten auf öffentlichen Wegen veranstalten wollen, erhalten an Stelle der gewöhnlichen besondere Zulassungsbescheinigungen und Kennzeichen (vgl. hierüber das Nähere § 31 BV., sowie die Bestimmungen der BayVollzBek. II zu § 31).

8. **Übergangsbestimmungen.** Nach § 39 BV. behalten die für die Zulassung der Kraftfahrzeuge vor dem 1. April 1910 auf Grund landesrechtlicher Vorschriften erteilten Bescheinigungen bis auf weiteres Gültigkeit. Die Inhaber solcher Zulassungsbescheinigungen haben das Recht, bei der zuständigen höheren Verwaltungsbehörde (in Bayern der Distriktsverwaltungsbehörde) die Ausstellung einer Zulassungsbescheinigung nach Maßgabe der BV. (Muster 2) zu beantragen. Bei Ausstellung der neuen Bescheinigung hat die höhere Verwaltungsbehörde zu vermerken, daß es sich um ein bereits vor dem 1. April 1910 zugelassenes Kraftfahrzeug handelt; auch wird, ebenso wie im Fall des § 6 Abs. 4 BV., bei Ausfertigung der neuen Zulassungsbescheinigung die bisherige einzuziehen sein. Nur auf Grund der alten Bescheinigung, ohne neue Prüfung, wird die neue Bescheinigung erteilt. Doch haben die Behörden auch gegenüber diesen Fahrzeugen das Recht zur Überwachung und Ausschließung gemäß § 26 BV. (vgl. BayVollzBek. zu § 26).

§ 39 BB. statuiert nur die fortdauernde Gültigkeit der alten Zulassungsbescheinigungen. Daraus folgt aber auch, daß die vor dem 1. April 1910 zugelassenen Fahrzeuge berechtigt sind, die in der alten Zulassungsbescheinigung ihnen zugeteilte Erkennungsnummer weiter zu führen. Eine Abänderung der Kennzeichen kommt für Kraftwagen nicht in Frage, da die Vorschriften des § 8 BB. sich mit den früheren Vorschriften (§ 7 Grundzüge) genau decken. Für Kraftzweiräder, bei denen § 8 Abs. 4 BB. eine besondere Form des Kennzeichens vorschreibt, können gemäß § 39 Abs. 2 BB. die bisher geführten Kennzeichen von größerer Abmessung noch bis zum 1. April 1911 beibehalten werden.

Wird nach § 39 BB. für das vor dem 1. April 1910 bereits zugelassene Fahrzeug eine neue Zulassungsbescheinigung verlangt, ohne daß eine Änderung des Wohnortes des Eigentümers erfolgt ist, dann erscheint es auch zulässig, dem Fahrzeug die bisher geführte Erkennungsnummer wieder zuzuteilen. Verlegt der Eigentümer eines vor dem 1. April 1910 zugelassenen Fahrzeugs nach diesem Zeitpunkt seinen Wohnsitz, so hat er gemäß § 6 Abs. 4 um erneute Zulassung nachzusuchen; die nach altem Recht erteilte Zulassung hat mit der Wohnsitzverlegung ihre Gültigkeit verloren.

Nach Beschluß des Bundesrats vom 3. Juni 1910 (RGBl. S. 858) behalten die vor dem 1. April 1910 ausgestellten landesrechtlichen Typenbescheinigungen bis 1. April 1911 Geltung.

§ 2.

Wer auf öffentlichen Wegen oder Plätzen ein Kraftfahrzeug führen will, bedarf der Erlaubnis der zuständigen Behörde. Die Erlaubnis gilt für das ganze Reich; sie ist zu erteilen, wenn der Nachsuchende seine Befähigung durch eine Prüfung dargetan hat und nicht Tatsachen vorliegen, die die Annahme rechtfertigen, daß er zum Führen von Kraftfahrzeugen ungeeignet ist.

Den Nachweis der Erlaubnis hat der Führer durch eine Bescheinigung (Führerschein) zu erbringen.

Die Befugnis der Ortspolizeibehörde, auf Grund des § 37 der Reichsgewerbeordnung weitergehende Anordnungen zu treffen, bleibt unberührt.

Entw. I fehlt. Entw. II § 14; Begr. S. 18; Komm. B. S. 31; Sten. B. S. 5269, 7552.

1. **Kreis der unter § 2 fallenden Personen.** Jeder, der ein Kraftfahrzeug führen will, bedarf der Erlaubnis. Die Vorschrift findet also nicht bloß auf berufsmäßige Fahrer (Chauffeure), sondern auf alle Personen Anwendung, die dauernd oder vorübergehend ein Kraftfahrzeug führen. Also auch der, der aus sportlicher Liebhaberei oder nur einmal zwecks Anstellung eines Fahrversuchs ein Fahrzeug führt, macht sich nach § 24 AG. strafbar, wenn er die in § 2 vorgeschriebene Erlaubnis nicht besitzt. Wie aber nach § 1 eine Zulassung des Fahrzeugs nur dann nötig ist, wenn ein Betrieb auf öffentlichen Wegen oder Plätzen stattfinden soll, so sieht in gleicher Weise § 2 die Notwendigkeit einer Fahrerlaubnis nur dann vor, wenn ein Führen des Fahrzeugs auf öffentlichen Wegen oder Plätzen beabsichtigt ist. Über den Begriff der öffentlichen Wege und Plätze vgl. § 1 Bem. II, 1. Von einem Führen eines Kraftfahrzeugs kann naturgemäß nur die Rede sein, wenn das Fahrzeug unter Verwendung der Maschinenkraft in Bewegung gesetzt wird, nicht aber, wenn es durch menschliche oder tierische Kraft gezogen oder geschoben wird. Als Führung ist anzusehen die Lenkung und Leitung des Fahrzeugs vermittelst des Steuerrades oder der Lenkstange, ebenso auch die Einschaltung oder Ausschaltung der Maschinenkraft, die Tätigkeit an der Bremse, kurzum jede Tätigkeit, die auf die Maschinenkraft und infolgedessen auf die Bewegung des Fahrzeuges von Einfluß ist. Es ist nicht nötig, daß das „Führen" eine Mehrheit von Handlungen umfaßt; auch eine einzelne Einwirkung auf den Mechanismus des Fahrzeugs, wie etwa die Bedienung der Bremse durch einen neben dem Führer Sitzenden ist als führen anzusehen (a. M. zwar Neukirch-Rosenmeyer § 2 Anm. 2); aber auch schon eine solche einzelne Handlung kann die mit dem Betrieb eines Kraftfahrzeugs verbundenen Gefahren hervorrufen und deshalb muß die Einwirkung und zwar auch die vorübergehende Einwirkung jeder Person, die nicht die erforderliche Befähigung besitzt, auf den Mechanismus des Fahrzeugs ausgeschaltet werden. Dagegen fällt eine Person, die neben dem Führer sitzend die Warnungssignale abgibt, nicht unter die Vorschrift des § 2. Für derartige, auf die mechanische Bewegung des Fahrzeugs keinen unmittelbaren Einfluß besitzende Handlungen eine besondere technische Fähigkeit zu verlangen, wie sie § 2 für den verlangt, der ein Fahrzeug führen will, besteht kein Anlaß und es würde sich deshalb die Forderung eines Befähigungsnachweises nicht rechtfertigen.

Ebenso Gordan § 2 Bem. 3. Dadurch wird nicht ausgeschlossen, daß der die Warnungssignale Abgebende als Führer im Sinne des § 18 AG. zu gelten hat (vgl. § 18 Bem. 1). Führen im Sinne des § 2 und Führen nach § 18 sind nicht gleichbedeutend. Die die Inbetriebsetzung nur vorbereitenden Handlungen, z. B. das Reinigen des Fahrzeugs und seiner Maschinenteile, das Einfüllen von Benzin oder Wasser in Benzinbehälter oder Kühler fallen nicht unter den Begriff des Führens und zwar auch dann nicht, wenn sie, wie das die Regel sein wird, durch den Chauffeur selbst vorgenommen werden. Der Halter des Fahrzeugs bedarf als solcher keiner Erlaubnis und zwar auch dann nicht, wenn er durch Weisungen an den Führer einen mittelbaren Einfluß auf die Führung des Fahrzeugs ausübt. Ebenso fallen andere beim Betrieb eines Kraftfahrzeugs tätige Personen, die mit dem „Führen" nichts zu tun, wie Schaffner, Kontrolleure, nicht unter § 2, obwohl möglicherweise die Schaffner ebenso wie der Fahrzeughalter Anweisungen an den Führer über Weiterfahren, Anhalten usw. erteilen können.

Eine Ausnahme von § 2 schafft § 3. Danach muß die den Übenden begleitende und beaufsichtigende Person mit einem Führerschein versehen sein, d. h. die Fahrerlaubnis nach § 2 besitzen, obwohl sie eine unmittelbare Einwirkung auf den Mechanismus möglicherweise nicht vornimmt.

II. Das **Verfahren für Erteilung der Fahrerlaubnis** ist näher geregelt in § 14 BB. und der hierzu als Anlage B ergangenen Anweisung über die Prüfung der Führer von Kraftfahrzeugen.

1. Es ist von dem die Zulassung Anstrebenden schriftlich oder zu Protokoll bei der Polizeibehörde des Wohnortes oder des Ortes, wo er den Fahrdienst erlernt hat, ein **Antrag auf Zulassung** zu stellen. Diesem Antrag ist außer einem Geburtsschein und einer Photographie, die später dem Führerschein aufgeklebt wird, ein ärztliches Zeugnis über die körperliche Beschaffenheit, sowie ein Nachweis über die Ausbildung als Führer beizulegen. Eine Person unter 21, aber über 18 Jahren ist befugt, die Erteilung des Fahrscheins selbständig zu beantragen.

2. **Voraussetzung für die Erteilung der Erlaubnis ist,**

a) daß nicht Tatsachen vorliegen, die die Annahme rechtfertigen, daß der Gesuchsteller zum Führen von Kraftfahrzeugen ungeeignet ist;

b) Dartun der Befähigung durch eine Prüfung.

Wenn diese Voraussetzungen erfüllt sind, hat der Antragsteller (arg. „ist zu erteilen" § 2 AG.) einen Anspruch auf Erteilung der Erlaubnis; die Erteilung hängt also nicht von dem diskretionären Ermessen der Behörde ab; sind sie nicht erfüllt, so muß das Gesuch zurückgewiesen werden.

Zu a) Vorliegen von Tatsachen, die den Nachsuchenden ungeeignet erscheinen lassen. Es hat zunächst die Ortspolizeibehörde, an die der Zulassungsantrag gestellt wurde, zu prüfen, ob solche Tatsachen vorliegen. Sie legt dann unter Mitteilung des Ergebnisses den Antrag samt Anlagen der zuständigen höheren Verwaltungsbehörde vor, die ihrerseits durch Anfrage bei der für das Deutsche Reich bestehenden Sammelstelle für Nachrichten über Führer von Kraftfahrzeugen (Polizeipräsidium in Berlin) feststellt, was etwa dort über den Antragsteller bekannt ist. Ergeben die Feststellungen, daß er ungeeignet zum Führen eines Kraftfahrzeuges ist, so ist ihm die Erlaubnis zu versagen. Für Bayern vgl. Bem. II, 3.

Was unter Tatsachen im Sinne unserer Vorschrift zu verstehen ist, sagt das Gesetz nicht. Die Prüfungsanweisung gibt ebenfalls keine Definition des Begriffs, sondern führt nur beispielsweise „schwere Eigentumsvergehen, Neigung zum Trunke oder zu Ausschreitungen, insbesondere zu Rohheitsvergehen" an. Vom Regierungsvertreter wurde gelegentlich der Kommissionsberatung erklärt: „Vor Erteilung der Fahrerlaubnis seien auch die moralischen und körperlichen Qualitäten der Prüflinge zu untersuchen; notorische Trinker und solche, die zu Rohheitsdelikten neigten, seien ebenso zurückzuweisen, wie solche, die z. B. taub, kurzsichtig oder epileptisch seien." Von Seiten eines Abgeordneten wurde noch betont, daß politische Bedenken, z. B. ob der Prüfling einer Gewerkschaft und ähnlichen angehöre, nicht in Betracht kommen dürften. Die Fassung des Gesetzes ist der Gewerbeordnung (§§ 30, 32, 33) nachgebildet. Um „Tatsachen" muß es sich handeln; bloße Vermutungen genügen demnach nicht. Die Tatsachen können sowohl in Handlungen wie in Unterlassungen bestehen (vgl. Landmann-Rohmer GewO. § 30 Bem. 6). Eine wesentliche Rolle werden hier Vorbestrafungen des Antragstellers bilden; doch ist nicht schlechthin jede Vorbestrafung geeignet, als Grund für die Verweigerung der Fahrerlaubnis zu dienen; es müssen

Bestrafungen sein, die die Ungeeignetheit des Antragstellers zur Führung von Kraftfahrzeugen dartun. Vorstrafen, z. B. wegen Wuchers, Betrugs, werden wohl kaum hierzu geeignet sein, Vorstrafen aus weit zurückliegender Zeit nur dann, wenn sich der Gesuchsteller später weitere Verfehlungen der einschlägigen Art zu Schulden kommen ließ oder wenn auch die spätere Führung des Antragstellers Grund zu der Annahme gibt, daß er ähnliche Handlungen wie die bestrafte wieder begehen werde. Es ist aber gar nicht notwendig, daß die betreffende Tatsache durch strafgerichtliches Urteil erwiesen ist; es genügt, wenn die Tatsache anderweit genügend festgestellt ist (BayVGH. 21. 12. 07 Reger 28, 186). Es können also z. B. auch Vorgänge, die wegen Verjährung nicht strafrechtlich geahndet werden konnten, zur Würdigung herangezogen werden.

Auch ist, wie schon die Hervorhebung körperlicher Mängel beweist, nicht notwendig, daß den Tatsachen ein Verschulden des Prüflings zugrunde liegt. Vielmehr kommt es nur darauf an, ob die erwiesenen Tatsachen im Zusammenhalt mit der Gefährlichkeit des Automobilbetriebs den Schluß rechtfertigen, die Zulassung des Prüflings werde eine Gefahr für das Publikum oder für den öffentlichen Verkehr bilden. Es ist auch jetzt noch maßgebend, was die aufgehobene BayBek. vom 25. Juli 1907 GVBl. 07, 545 ausführte: „Es ist zu beachten, daß es für die Zuverlässigkeit und Befähigung eines Führers nicht nur auf die Kenntnis der maschinellen Einrichtungen des Fahrzeugs und ihrer Handhabung ankommt, sondern ganz besonders auf die körperliche und geistige Fähigkeit, das Fahrzeug auch auf verkehrsreichen Straßen und unter den schwierigsten Verhältnissen mit Ruhe, Sicherheit und Geistesgegenwart zu führen. Ferner hat sich die Behörde über das Vorhandensein derjenigen sittlichen Eigenschaften, welche für ein rücksichtsvolles Verhalten gegen andere volle Gewähr bieten, zu vergewissern.“

In ähnlicher Weise entschied das RG. 28. 3. 04 JW. 04, 288: „Technische Geschicklichkeit, ja auch die Bekanntschaft mit den polizeilichen Vorschriften sind nicht genügend, eine Person als Führer eines Automobils in den Straßen einer Stadt geeignet erscheinen zu lassen. Dazu müssen vielmehr auch moralische Eigenschaften sich gesellen: Besonnenheit, Charakterstärke und ein Bewußtsein der Verantwortlichkeit, die der Wagenführer im Hinblick auf die Gefahr des Gefährtes für den Verkehr dem Publikum gegenüber auf sich nimmt, nicht nur das Vermögen, sondern auch der ernste, aus der Achtung vor der öffentlichen Ordnung und vor der Persönlichkeit der Mitmenschen entspringende Wille, jede Gefährdung anderer Personen zu vermeiden." Ebenso erklärt RG. 15. 6. 08 (Ziff. 10 der dem Reichstage als Antrag des Gesetzentwurfes vorgelegten Rechtsgrundsätze des RG.): „trotz der nötigen technischen Fertigkeiten für ungeeignet die Person, die nicht die zur Bewältigung der durch einen starken Verkehr verursachten Schwierigkeiten und zur Vermeidung der dadurch entstehenden Gefahren erforderlichen geistigen und moralischen Eigenschaften — Besonnenheit, Umsicht, Geistesgegenwart, sowie ein reges Pflicht- und Verantwortlichkeitsgefühl — besitzt" (vgl. auch § 16 Bem. III, 1b).

Da die erteilte Fahrerlaubnis für den Bezirk des ganzen Reiches gilt, so darf die Verwaltungsbehörde ebenso wie der die Prüfung vornehmende Sachverständige bei Entscheidung der Frage, ob der Antragsteller die notwendige Ruhe, Besonnenheit und Gewandtheit besitzt, nicht etwa davon ausgehen, daß die Verkehrsverhältnisse des Bezirks, in dem der Antragsteller seinen Beruf vorerst ausüben will, nicht so hohe Anforderungen an die Fahrzeugführer stellen. Der Antragsteller muß vielmehr, wie die erwähnte frühere BayVollzBek. sagt, geeignet sein, auch unter den schwierigsten Verhältnissen, also auch in den verkehrsreichsten Straßen, seinen Wagen sicher zu führen.

Über die körperlichen Fähigkeiten wird das dem Antrag beizufügende ärztliche Zeugnis, das sich speziell über das Seh- und Hörvermögen zu äußern hat, Aufschluß geben. Die Bay.-VollzBek. gibt zu § 14 besondere ins einzelne gehende Vorschriften über das Sehvermögen und gestattet unter besonderen Kautelen, sofern es sich nicht um berufsmäßige Fahrer handelt, die probeweise Zulassung von Personen, die die im allgemeinen verlangte Sehschärfe nicht besitzen. Die geistigen Eigenschaften (Ruhe, Geistesgegenwart) werden auch bei der durch den Techniker vorzunehmenden praktischen Prüfung eine Würdigung finden (vgl. Ziff. IV, 2 Abs. 5 der PrüfAnw.). Über diesen Punkt wird sich die Behörde nur ans dem Prüfungsresultat im Zusammenhalt mit den sonst ermittelten Tatsachen ein Urteil bilden können. Steht fest, daß dem Prüfling früher mehrere Unfälle passiert sind, die auf mangelnde Kaltblütigkeit und Ruhe zurückzuführen sind, ergibt aber die praktische Prüfung, daß er jetzt diese Eigenschaften besitzt, dann wird die Erlaubnis zu erteilen sein, es sei denn, daß andere Umstände die Annahme rechtfertigen, die bei der Prüfung gezeigte Besonnenheit werde dem Prüfling nicht immer zu Gebote stehen. Gebrechliche, stark nervöse Personen oder Personen, die früher einmal geisteskrank waren, werden zurückzuweisen sein.

Auch solche Tatsachen, die einer früheren Erlaubniserteilung vorausgingen, können in Betracht gezogen werden.

Schlechte Vermögensverhältnisse des Antragstellers und die daraus hergeleitete Befürchtung, daß er für die Folgen eines Unfalls nicht aufkommen könne, rechtfertigen die Verweigerung der Zulassung nicht.

Dagegen ist der Umstand, daß der Antragsteller wiederholt wegen Vergehen gegen §§ 23, 24 AG. (Inverkehrbringen von nicht zugelassenen Fahrzeugen oder Fahren ohne den Besitz eines Führerscheins) bestraft ist, genügender Grund zur Versagung der Zulassung.

Das Geschlecht für sich allein kann kein Grund für die Versagung des Führerscheins sein; auch Frauen können die Fahrerlaubnis erhalten.

Was das Alter anbelangt, so sollen Personen unter 18 Jahren nur ausnahmsweise und nur mit Zustimmung des gesetzlichen Vertreters den Führerschein erhalten (§ 14 Abs. 2 BV.). Bei Führern von Kraftfahrzeugen, die für den öffentlichen Fuhrbetrieb verwendet werden, kann nach § 2 Abs. 3 AG., § 2 Abs. 2 BV. eine höhere Altersgrenze festgesetzt werden.

b) Prüfung. Ergeben die von der Behörde betätigten Erhebungen keine Tatsachen, aus denen die Ungeeignetheit des Antragstellers zum Führen eines Kraftfahrzeugs zu folgern ist, so ist der Antrag dem amtlich anerkannten Sachverständigen zur Vornahme der Prüfung zu übersenden und Antragsteller hiervon zu verständigen. Die Sachverständigen, die die Prüfung vorzunehmen haben, werden durch die höhere Verwaltungsbehörde, in Bayern (I, 2 der VollzBek.) von den Regierungen, Kammern des Innern, ernannt. Die BayVollzBek. I, 2 führt die Bedingungen auf, von deren Erfüllung die Aufstellung als amtlicher Sachverständiger abhängig ist; es sind die gleichen Bedingungen, die auch an die für Prüfung der Fahrzeuge aufzustellenden Sachverständigen gestellt werden (vgl. § 1 Bem. II, 4a). Der Prüfling hat ein Kraftfahrzeug der Betriebsart und Klasse, für dessen Führung er den Befähigungsnachweis erbringen will, bereit zu stellen. Die Prüfung zerfällt in einen mündlichen und einen praktischen Teil, von denen der letztere der mündlichen Prüfung vorauszugehen hat. Die Prüfung erstreckt sich auf eine genaue Kenntnis der Vorschriften für den Kraftfahrzeugbetrieb, der mechanischen Zusammensetzung der Fahrzeuge und ihrer Konstruktion und außerdem auf Übung im Fahrdienst auch unter schwierigen Bedingungen.

Der Prüfling braucht nicht seine Befähigung zum Führen von Kraftfahrzeugen jeder Art darzutun, sondern die Prüfung ist auf den Nachweis der Befähigung zum Führen bestimmter Betriebsarten und Klassen von Fahrzeugen zu richten. Ziff. III der PrüfAnw. zählt die einzelnen Arten von Fahrzeugen auf, für die gesondert die Prüfung abgelegt werden kann. Dementsprechend ist auch der Führerschein nur für die Fahrzeugklasse auszustellen, für die sich der Antragsteller mit Erfolg der Prüfung unterzogen hat. Jedoch schließt der Nachweis der Befähigung zum Führen eines Fahrzeugs der Klasse 3b (Kraftwagen mit einem betriebsfertigen Eigengewicht bis zu 2,5 Tonnen und mehr als 10 PS. Leistung der Maschine oder des Motors) den der Befähigung für die gleiche Betriebsart der Klasse 3a (Kraftwagen von dem gleichen Eigengewicht, aber höchstens 10 PS.) ein. Wer bereits im Besitz der Fahrerlaubnis für eine bestimmte Betriebsart und Klasse von Fahrzeugen ist und die Ausdehnung der Fahrerlaubnis auf andere Klassen wünscht, hat sich einer nochmaligen Prüfung zu unterziehen, die aber nach dem Ermessen des Sachverständigen entsprechend abgekürzt werden kann. Im übrigen wird bezüglich der Abnahme der Prüfungen auf die Vorschriften der PrüfAnw. III bis V verwiesen. Die Kosten der Prüfung sind von dem Prüfling zu tragen; über die Höhe der Sachverständigengebühren vgl. Ziff. IX der PrüfAnw.

Ergibt der vom Sachverständigen der Behörde zu erstattende Bericht, daß der Antragsteller die Prüfung nicht bestanden hat, so ist die nachgesuchte Erlaubnis zu versagen. Unter Umständen kann aber auf Antrag des Prüflings die Entscheidung ausgesetzt und das Resultat einer unter bestimmten Bedingungen zulässigen Wiederholung der Prüfung abgewartet werden. Natürlich kann auch ein mit seinem Zulassungsgesuch bereits abgewiesener Antragsteller wiederholt um Zulassung eingeben; die in Ziff. VI der PrüfAnw. aufgestellten Bedingungen (Wiederzulassung zur Prüfung frühestens nach Ablauf von 4 Wochen und Nachweis in der Zwischenzeit genossener weiterer Ausbildung) gelten auch für diesen Fall.

Ergibt der Bericht des Sachverständigen das Bestehen der Prüfung, so wird in der Regel der Führerschein zu erteilen sein. Doch kann die Behörde ausnahmsweise gleichwohl zu einer Versagung kommen, z. B. wenn die von ihr angestellten Ermittelungen unter Bem. a fallende Tatsachen ergeben haben (vgl. auch Bem. II, 2 a).

3. **Zuständige Behörde.** Die Erlaubnis zum Führen eines Kraftfahrzeugs erteilt die für den Wohnort (nicht Wohnsitz, vgl. § 1 Bem. II, 3) des Antragstellers oder für den Ort, wo er den Fahrdienst erlernt hat, zuständige höhere Verwaltungsbehörde. Dagegen ist der Antrag auf Erteilung der Erlaubnis nicht bei dieser, sondern bei der zuständigen Ortspolizeibehörde zu stellen und die letztere Behörde hat auch die ersten Ermittelungen über den Zulassungsantrag anzustellen (vgl. oben Bem. II, 2). In Bayern fällt diese Verteilung der Zuständigkeit zwischen 2 verschiedene Behörden weg, da die Distriktsverwaltungsbehörde sowohl die Funktionen der höheren Verwaltungs- wie die der Polizeibehörde versieht. Über die Regelung der Zuständigkeit in den anderen Bundesstaaten vgl. § 1 Bem. II, 3.

4. **Entscheidung über die Zulassung. Führerschein.** Wird die Erlaubnis versagt, so ist in dem hierüber ergehenden Beschluß genau festzustellen, aus welchen Gründen das geschieht: es sind also die Tatsachen genau zu bezeichnen und festzustellen, die den Nachsuchenden zur Führung von Kraftfahrzeugen ungeeignet erscheinen lassen. Das ist notwendig, weil gegen den abweisenden Bescheid der Rekurs nach § 5 AG. zulässig ist.

Darüber, wann eine Aussetzung der Entscheidung über den Zulassungsantrag erfolgen kann, vgl. oben Bem. II, 2.

Hat der Antragsteller die Prüfung bestanden und liegen auch keine Tatsachen der in Bem. IIa gekennzeichneten Art gegen ihn vor, so erfolgt seine Zulassung und es wird ihm zu diesem Zweck von der höheren Verwaltungsbehörde ein Führerschein ausgestellt. § 6 Abs. 2 BV. kennt für den Fall der Zulassung eines Kraftfahrzeugs eine der Aushändigung der Zulassungsbescheinigung vorausgehende Mitteilung an den Fahrzeugeigentümer. Eine ähnliche der Ausstellung des Führerscheins vorausgehende Mitteilung ist für den Fall des § 2 nicht vorgesehen. Die Zulassung des Führers gilt als erfolgt erst mit der Aushändigung des Führerscheins; eine vorherige Mitteilung der Behörde an den Antragsteller, daß sein Gesuch genehmigt sei und der Führerschein demnächst ihm zugehen werde, ist als Zulassung noch nicht zu erachten. Wer auf Grund einer solchen Mitteilung das Führen eines Kraftfahrzeugs übernimmt, verfehlt sich gegen § 24 AG. (vgl. § 1 Bem. II, 4d; Seuffert § 2 Bem. 6). Den ausgestellten Führerschein hat der Führer, sobald er auf öffentlichen Wegen oder Plätzen ein Kraftfahrzeug in Verkehr setzt, immer bei sich zu führen (§ 15 BB.); Zuwiderhandlungen gegen diese Vorschrift unterliegen der Bestrafung nach § 21 AG.

Der Führerschein ermächtigt zur Führung von Kraftfahrzeugen im ganzen Gebiet des Deutschen Reichs; eine Beschränkung auf einen Bundesstaat ist unzulässig. Eine mit Beschränkung auf einen Bundesstaat erteilte Zulassung würde, weil sie immerhin eine Erlaubnis ist, gleichwohl für das ganze Reich wirken (Krause § 2 Bem. 7). Er gibt aber nicht die Berechtigung zur Führung von Kraftfahrzeugen jeder Art und Konstruktion, sondern ist zu beschränken auf Fahrzeuge der Betriebsart und Klasse, für die der Prüfling die Befähigung durch Bestehen der Prüfung nachgewiesen hat. Dagegen ist der Führerschein nicht beschränkt auf die Führung eines einzelnen bestimmten Fahrzeugs oder auf den Dienst bei einem bestimmten Fahrzeughalter. Er verliert also keineswegs bei einem Stellenwechsel des Führers oder bei vorübergehender Aufgabe des Berufes seine Geltung. Eine Erteilung des Führerscheins auf Zeit oder unter Bedingungen ist unzulässig. Eine Ausnahme besteht nach Ziff. VIII der PrüfAnw. für die von der Militärbehörde ausgestellten Führerscheine; sie gelten nur für die Dauer der aktiven Dienstzeit.

Von jedem Fall der Versagung der Erlaubnis, der Aussetzung der Entscheidung oder der Erteilung eines Führerscheins hat die höhere Verwaltungsbehörde eingehend der Sammelstelle in Berlin Mitteilung zu machen. Weiter hat die höhere Verwaltungsbehörde über die von ihr ausgestellten Führerscheine eine Liste zu führen; die Nummer der Liste ist in dem Führerschein anzugeben (Ziff. VI der PrüfAnw.).

5. **Erteilung des Führerscheins trotz früherer Versagung.** Der Umstand, daß der Antragsteller mit einem Antrag auf Zulassung bereits einmal rechtskräftig abgewiesen worden ist, hindert nicht die Stellung eines neuen Zulassungsantrags. Allerdings kann der neue Antrag sich auf das bereits in der früheren Entscheidung berücksichtigte tatsächliche Vorbringen nicht stützen; dieses Vorbringen ist durch die rechtskräftige Entscheidung endgültig erledigt; die materielle Rechtskraft dieser Entscheidung steht der wiederholten Verwertung dieser Tatsachen entgegen (vgl. Landmann-Rohmer, GewO. § 20

Anm. 3; BayVGH. 13. 6. 89 Samml. 9, 262; Neukirch-Rosenmeyer § 5 Bem. 5). Es müssen also zur Begründung des neuerlichen Gesuchs Tatsachen geltend gemacht werden, die erst nach der früheren Entscheidung eingetreten sind. Das Gesetz enthält für den Fall eines wiederholten Zulassungsantrags keine besonderen Vorschriften; der Antrag ist deshalb genau so zu behandeln wie jeder andere, das erste Mal gestellte Zulassungsantrag. Ist der erste Antrag wegen Nichtbestehens der Prüfung abgewiesen worden, so haben die in Ziff. VI der PrüfAnw. für die Wiederholung der Prüfung gesetzten Bedingungen (Wiederzulassung frühestens nach Ablauf von vier Wochen und nur gegen den Nachweis eines in der Zwischenzeit genossenen gründlichen Unterrichts) Anwendung zu finden. Hatte der Antragsteller die Prüfung bestanden, erfolgte aber die Zurückweisung seines Antrags, weil sich Tatsachen ergaben, die ihn zur Führung von Kraftfahrzeugen ungeeignet erscheinen lassen, so kann die Behandlung des zweiten Zulassungsgesuchs geradeso, als wenn es ein erstes Gesuch wäre, zu Unbilligkeiten führen. Man denke an den Fall, daß die Zulassung wegen eines von dem Antragsteller angeblich begangenen Rohheitsdeliktes verweigert wurde und daß es dem Antragsteller im Wiederaufnahmeverfahren vor dem Strafrichter gelingt, seine Unschuld nachzuweisen. Soll hier der Antragsteller die vielleicht erst kurz vorher gut bestandene, für ihn mit Kosten verbundene Prüfung noch einmal wiederholen müssen? Die Behörde wird wohl das frühere Prüfungsresultat für das neue Gesuch verwerten dürfen, es sei denn, daß die Länge der seit Ablegung der Prüfung verflossenen Zeit die Annahme rechtfertigt, Gesuchsteller besitze nun die nötigen technischen Kenntnisse nicht mehr. Einen Anhaltspunkt gibt hier Ziff. VIII der PrüfAnw., die für den Fall des Zulassungsantrags eines früher beim Militär tätig gewesenen Führers vorschreibt: „Der Wiederholung der Prüfung bedarf es nicht, wenn der Antrag auf Erteilung des Führerscheins spätestens ein halbes Jahr nach der Entlassung aus dem Militärdienst gestellt wird." Vgl. auch Ziff. VII Abs. 1 PrüfAnw.

6. **Ausnahmen von dem regelmäßigen Zulassungsverfahren.**

a) Wenn **Reichs- oder Staatsbeamte als Führer** von Kraftfahrzeugen verwendet werden sollen, kann der Antrag auf Erteilung der Erlaubnis auch von der vorgesetzten Behörde gestellt werden. Von einer Feststellung, ob gegen den Prüfling Tatsachen vorliegen, die ihn zur Führung ungeeignet erscheinen lassen, ist in solchen Fällen abzusehen (Ziff. I Abs. 3 PrüfAnw.). Hierher gehören natürlich nur die Fälle, wenn der Beamte in dieser seiner Eigenschaft als Führer Verwendung finden soll; will der Beamte für seinen Privatgebrauch ein Fahrzeug führen, so unterliegt sein Antrag den gewöhnlichen Vorschriften.

b) Für die **Kraftfahrzeuge der Militärverwaltung** gibt Ziff. VIII der PrüfAnw. besondere Vorschriften; für Bayern kommt weiter § 6 Abs. 4 AG. und Ziff. I, 5, sowie Ziff. II zu § 14 Nr. 1 Abs. 5 der BayVollzBek. in Betracht. Dem Eisenbahnbataillon kommt in Bayern die Stellung des amtlich anerkannten Sachverständigen zu. Das Eisenbahnbataillon ist auch zur Erteilung und Entziehung der Fahrerlaubnis berechtigt. Der Führerschein unterscheidet sich von dem gewöhnlichen Führerschein dadurch, daß die Beifügung einer Photographie nicht erforderlich ist; er gibt dem Inhaber auch die Berechtigung, während seiner Dienstzeit ein entsprechendes Fahrzeug zu führen, das nicht der Militärverwaltung gehört. Über die zeitliche Beschränkung des Führerscheins vgl. oben Bem. II, 4. Über das Verfahren, wenn eine beim Militär als Führer zugelassen gewesene Person nach ihrer Entlassung um Ausstellung eines Führerscheins nachsucht vgl. Ziff. VIII Abs. 4 PrüfAnw.

c) Für die **Kraftfahrzeuge der Postverwaltung** enthält die BV. besondere Vorschriften nicht, so daß es für sie bei den allgemeinen Vorschriften verbleibt. Nur soweit Beamte als Führer in Betracht kommen, finden die oben unter a erwähnten Bestimmungen Anwendung. Für Bayern gelten nach § 6 AG. die besonderen Bestimmungen und Ziff. I, 5 der Bay.-VollzBek. An die Stelle der höheren Verwaltungsbehörde tritt danach die Oberpostdirektion München; die Prüfung erfolgt durch die Werkstätteinspektion Aubing.

7. **Übergangsvorschrift.** Nach § 40 BV. behalten die vor dem 1. April 1910 auf Grund landesrechtlicher Vorschriften erteilten Führerzeugnisse bis zum 1. April 1911 Gültigkeit. Die Inhaber solcher Zeugnisse haben jedoch bis zum 1. Oktober 1910 die Erteilung eines neuen Führerscheines bei den zuständigen höheren Verwaltungsbehörden zu beantragen. Der Antrag ist nach Ziff. VII der PrüfAnw., die die näheren Bestimmungen hinsichtlich des Verfahrens für Zuteilung des neuen

Scheines enthält, bei der für den Wohnort des Antragstellers zuständigen Ortspolizeibehörde zu stellen. Der Ablegung einer Prüfung bedarf es im allgemeinen nicht. Hat aber der Antragsteller zur Zeit der Stellung des Antrags kein Fahrzeug geführt, so muß er glaubwürdig dartun, daß er innerhalb des letzten halben Jahres ein Kraftfahrzeug geführt hat und zu welcher Betriebsart und Klasse dieses gehörte. Ist er zu diesem Nachweis nicht imstande, dann kann er einen neuen Führerschein nur nach Ablegung einer Prüfung erhalten; das bisherige Zeugnis ist bei Aushändigung des neuen Führerscheines abzuliefern. Über die Versagung eines neuen Führerscheines vgl. Ziff. VII Abs. 4 PrüfAnw.

8. Für die Führer der zu vorübergehendem Aufenthalt aus dem Ausland in das Gebiet des Deutschen Reichs gelangenden **außerdeutschen Fahrzeuge** (über diesen Begriff vgl. § 1 Bem. II, 6) ist der Befähigungsnachweis gemäß Art. 2 ff. des Internationalen Abkommens vom 11. Oktober 1909 durch einen internationalen Fahrausweis zu erbringen. Diese Ausweise haben nur für 1 Jahr Gültigkeit. Über ihre Erteilung, Anerkennung und Nachprüfung durch die deutschen Behörden vgl. die §§ 5 ff. der zu dem internationalen Abkommen erlassenen Bundesratsverordnung über den internationalen Verkehr mit Kraftfahrzeugen, sowie die BayVollzBek. hierzu von 28. 4. 10 MinABl. S. 334. Besondere Bestimmungen enthält die Bundesratsverordnung über den internationalen Verkehr mit Kraftfahrzeugen in § 10 für den Fall, daß es an einem internationalen Fahrausweis fehlt. Unter Führern außerdeutscher Fahrzeuge ist nicht jeder zu verstehen, der ein ausländisches, d. h. ein nicht im Inland, sondern nur im Ausland zugelassenes Fahrzeug führt; sonst würde auch der im Inland zugelassene Führer, der nur für die Fahrt im Inland angenommen das Fahrzeug von der Grenze ab fährt, darunter fallen; sondern es gehören hierher nur die im Inland als Führer nicht zugelassenen Personen.

III. **Weitergehende Anordnungen der Ortspolizeibehörden** (§ 2 Abs. 3). § 37 der GewO. lautet:

> „Der Regelung durch die Ortspolizeibehörde unterliegt die Unterhaltung des öffentlichen Verkehrs innerhalb der Orte durch Wagen aller Art, Gondeln, Sänften, Pferde und andere Transportmittel, sowie das Gewerbe derjenigen Personen, welche auf öffentlichen Straßen oder Plätzen ihre Dienste anbieten."

Durch die Bezugnahme des § 37 GewO. wird der Ortspolizeibehörde die Befugnis erteilt, hinsichtlich der Führer solcher Kraftfahrzeuge, die dem öffentlichen Fuhrgewerbe dienen (Kraftdroschken usw.), noch weitere Bedingungen als die in § 2 verlangte Erlaubnis zu stellen. Ob es sich bei diesen Fahrzeugen um die gewerbsmäßige Beförderung von Personen oder von Gütern handelt, ist gleichgültig. Es ist auch nicht notwendig, daß die Fahrzeuge auf öffentlichen Wegen oder Plätzen aufgestellt werden und hier ihre Dienste anbieten, sondern es kommt lediglich darauf an, ob die Fahrzeuge für den öffentlichen Verkehr bereit gehalten werden (Landmann-Rohmer, GewO. § 37 Bem. 3; LG. München 6. 11. 90 in Bl. f. adm. Pr. 41, 248. A. M. Waldeck § 2 Bem. 9 und Isaac S. 51 Z. 2).

Die Bestimmung findet keine Anwendung auf Luxusfahrzeuge oder auf Kraftfahrzeuge, die im Betrieb eines anderen Gewerbes verwendet werden, z. B. Bierwagen einer Brauerei, Transportwagen eines Warenhauses.

Die Ortspolizeibehörden haben nur das Recht, weitergehende Anordnungen zu treffen, nicht aber steht ihnen das Recht zu, an Stelle der vom Gesetz gestellten Anforderungen an die Person der Führer andere zu stellen. Die im Gesetz verlangte Erlaubnis ist also stets einzuholen und darf nicht bei den unter Abs. 3 fallenden Fahrzeugen bezw. Führern durch andere Vorschriften ersetzt werden, sondern es können nur neben diesen Anordnungen noch andere getroffen werden. Die Polizeibehörden können z. B. die Zulassung vom Nachweis eines Bedürfnisses abhängig machen oder es kann die Verwendung weiblicher Personen verboten oder beschränkt werden. Vgl. hierher auch § 2 Abs. 2 BV. Die Ortspolizeibehörden haben endlich nicht die Möglichkeit eines Eingreifens von Fall zu Fall, sondern es steht ihnen nur die Erlassung allgemeiner Vorschriften zu. Zuwiderhandlungen gegen die gemäß § 2 Abs. 3 erlassenen Vorschriften der Ortspolizeibehörden sind nach § 147 Ziff. 1 GewO. mit Geldstrafe bis 300 Mk. oder im Unvermögensfalle mit Haft zu bestrafen, sofern es sich darum handelt, daß der Gewerbebetrieb ohne die erforderliche Erlaubnis begonnen oder fortgesetzt wurde oder mit Abweichungen von den in der Genehmigung festgesetzten Bedingungen erfolgte. Liegt eine Zuwiderhandlung gegen die zur Erhaltung der Ordnung und Sicherheit auf den öffentlichen Wegen erlassene polizeiliche Anordnung über den Verkehr mit

Kraftfahrzeugen vor, so ist § 21 AG. anwendbar. Daneben kann auch, wenn der Tatbestand des § 21 AG. nicht gegeben ist, Bestrafung aus § 366 Ziff. 10 StGB. in Frage kommen (Landmann-Rohmer GewO. Bd. 1, 358; 2, 488). Zur Strafbarkeit nach § 147 GewO. ist nicht das Bewußtsein der Rechtswidrigkeit erforderlich; es genügt, daß der Täter bewußt die Handlung vorgenommen hat, die zum Tatbestand des Paragraphen gehört. RG. 7. 7. 99 RGSt. 32, 258).

IV. **Strafvorschriften** vgl. § 24 AG.

§ 3.

Wer zum Zwecke der Ablegung der Prüfung (§ 2 Abs. 1 Satz 2) sich in der Führung von Kraftfahrzeugen übt, muß dabei auf öffentlichen Wegen oder Plätzen von einer mit dem Führerschein versehenen, durch die zuständige Behörde zur Ausbildung von Führern ermächtigten Person begleitet und beaufsichtigt sein. Das Gleiche gilt für die Fahrten, die bei Ablegung der Prüfung vorgenommen werden.

Bei den Übungs- und Probefahrten, die gemäß der Vorschrift des Abs. 1 stattfinden, gilt im Sinne dieses Gesetzes der Begleiter als Führer des Kraftfahrzeuges.

Entw. I —; Entw. II —; Komm.-B. S. 33. 42.

Wer auf öffentlichen Wegen oder Plätzen ein Kraftfahrzeug führen will, bedarf dazu der behördlichen Erlaubnis, und diese Erlaubnis kann nur erteilt werden nach Ablegung einer Prüfung. Bei dieser Prüfung hat der Prüfling auch durch Probefahrten auf öffentlichen Straßen nachzuweisen, daß er den mit Rücksicht auf den Verkehr an seine Ruhe, Geistesgegenwart und Gewandtheit in der Handhabung des Fahrzeugs zu stellenden Anforderungen gewachsen ist. Um sich diese für das Bestehen der Prüfung unerläßlichen Eigenschaften zu erwerben, muß aber dem Prüfling vorher Gelegenheit gegeben sein, durch Übungsfahrten im Gelände sich mit der Führung eines Fahrzeugs vertraut zu machen. Die Vorschrift des § 2 AG. würde die Vornahme solcher Übungsfahrten ebenso wie die bei der Prüfung abzuhaltenden Probefahrten unmöglich und den Prüfling nach § 24 AG. strafbar machen. Deshalb schafft der erst in der Kommission in das Gesetz eingefügte § 3 eine Ausnahme von der Regel des § 2, indem er bestimmt, daß bei den Übungs- und Probefahrten der Übende von einer mit dem Führerschein versehenen, durch die zuständige Behörde zur Ausbildung von

Führern ermächtigten Person begleitet und beaufsichtigt sein muß und daß dann nicht der Übende, sondern der Begleiter als Führer zu gelten hat. Da § 3 eine Ausnahmevorschrift darstellt, ist eine strenge Auslegung geboten. Seine Anwendung ist nur zulässig, wenn die folgenden Voraussetzungen gegeben sind. Es muß sich handeln um

I. **Übungs- oder Probefahrten,** also entweder um die durch Ziffer IV, 2 b, c und e der Anweisung über die Prüfung der Führer vorgeschriebenen, einen unerläßlichen Teil der Prüfung bildenden Fahrten oder um Übungsfahrten, die der Prüfung vorausgehen und die den Zweck verfolgen, den Übenden für diese Prüfung vorzubereiten. Andere Übungsfahrten, bei denen die Absicht der Vorbereitung auf eine Prüfung überhaupt nicht vorliegt, oder die auf eine andere als auf die Führerprüfung vorbereiten sollen, gehören nicht hierher; die Anwendung des § 3 ist also bei ihnen ausgeschlossen und der Fahrende als Führer selbst dann haftbar, wenn er von einer durch die zuständige Behörde zur Ausbildung von Führern ermächtigten, mit einem Führerschein versehenen Person begleitet und beaufsichtigt ist. Natürlich kommen nur Fahrten auf öffentlichen Wegen oder Plätzen in Frage; bei Fahrten in Fahrschulen und anderen nicht öffentlichen Orten schlägt ja § 2 ohnehin nicht ein. Besondere Anforderungen stellt das Gesetz an

II. **den Begleiter:** es muß

1. eine mit dem **Führerschein versehene** Person sein. Das will nicht besagen, daß er während der Begleitung und Beaufsichtigung des Übenden den Führerschein ständig bei sich tragen muß. Die Worte des § 3 bedeuten vielmehr dasselbe, was § 24 Ziff. 1 AG. mit „Besitzen eines Führerscheines" ausdrückt. Es wird also nur verlangt, daß der Begleiter gemäß § 2 als Führer zuzulassen, daß ihm der Führerschein erteilt sein muß. Ist dies der Fall, so ist es für Anwendung des § 3 belanglos, daß der Führerschein vielleicht verloren gegangen ist oder daß der Begleiter den Schein nicht gerade bei sich trägt. Der Begleiter ist dann allerdings nach § 21 AG., § 15 BB. wegen Übertretung strafbar; er gilt aber gleichwohl als Führer gemäß § 3. Der Lernende braucht sich daher nicht vor jeder Fahrt zu vergewissern, ob sein Begleiter den Führerschein bei sich hat; es genügt vielmehr, daß er weiß, der Begleiter besitzt einen Führerschein. Der Führerschein des Begleiters muß sich auf die Art und Klasse von Kraftfahrzeugen erstrecken, zu der das

vom Übenden benützte Fahrzeug gehört. Aber nicht jede mit einem Führerschein versehene Person kann Begleiter im Sinne des § 3 sein. Dazu gehört weiter, daß der Begleiter

2. **durch die zuständige Behörde zur Ausbildung von Führern ermächtigt ist.** Es wird also eine besondere Qualifikation als Lehrer oder Abrichter verlangt. Nach Ziff. I Nr. 4 der Anweisung über die Prüfung der Führer ist zur Erlangung des Führerscheins der Nachweis erforderlich, daß der Antragsteller den Fahrdienst bei einer durch die zuständige höhere Verwaltungsbehörde zur Ausbildung von Führern ermächtigten Person oder Stelle (Fahrschule, Kraftzeugfabrik) erlernt hat. Unter der Bezeichnung „höhere Verwaltungsbehörde" sind nach Ziff. I Nr. 3 der BayVollzBek. die Kreisregierungen, Kammern des Innern, zu verstehen, also dieselben Behörden, denen die Aufstellung der Sachverständigen für die Prüfung von Führern und Kraftfahrzeugen zukommt. Die BayVollzBek. fährt dann weiter fort: „Die Bestimmungen über die Einrichtung, den Betrieb und die Beaufsichtigung von Unterrichtsanstalten bleiben vorbehalten. Gesuche um die Ermächtigung zur Ausbildung von Führern werden mit besonderer Sorgfalt zu würdigen sein. Als geeignet werden vorzugsweise solche Personen gelten, die eine umfangreiche und vorwurfsfreie praktische Tätigkeit als Führer aufzuweisen haben und für eine gewissenhafte Ausbildung volle Gewähr bieten. Ob und inwieweit es geboten ist, sie vor der Ermächtigung inbezug auf ihre Fähigkeiten einer besonderen Prüfung zu unterwerfen, wird je nach den Umständen zu entscheiden sein. Jedenfalls empfiehlt es sich, die Ermächtigung nur auf Widerruf zu erteilen. In der Regel wird es sich naturgemäß um die Ermächtigung zur gewerbsmäßigen Ausbildung von Führern handeln; daneben wird es aber auch den Kgl. Regierungen, Kammern des Innern, unbenommen sein, in besonders gelagerten Fällen zu gestatten, daß eine nicht allgemein ermächtigte, im Besitze des Führerscheins befindliche Person die Ausbildung einer bestimmten anderen Person vornimmt". Für die Prüfungsfahrten tritt an die Stelle des zur Ausbildung von Führern Ermächtigten nicht etwa schlechthin der durch die höhere Verwaltungsbehörde zur Abnahme der Prüfung anerkannte Sachverständige. Er hat allerdings nach Ziff. IV Abs. 5 der Prüf.-Anw. auf dem Wagen Platz zu nehmen und den Prüfling zu beobachten. Von einer Pflicht zur Beaufsichtigung des Prüflings, wie sie Voraussetzung der Anwendbarkeit des § 3 ist (vgl. unten Bem. II, 3) ist bei

ihm keine Rede. Im Gegenteil sagt die Prüf.-Anw., daß der Sachverständige von Anweisungen an den Prüfling, soweit möglich, abzusehen hat. Es muß also auch bei den Prüfungsfahrten der Prüfling neben dem Sachverständigen noch von einer weiteren, den Voraussetzungen des § 3 entsprechenden Person begleitet sein. Durch landesrechtliche Verordnung dem Prüfungssachverständigen auch die Rolle des Begleiters im Sinne des § 3 A. 9 zuzuteilen, wird allerdings angängig sein. Wie bereits erwähnt, verlangt das Gesetz weiter, daß die zur Ausbildung ermächtigten Personen den Übenden

3. **begleiten und beaufsichtigen.** Die bloße Begleitung genügt nicht, sondern es ist auch Beaufsichtigung erforderlich. Der Begleiter muß also in der Lage sein, den Übenden ständig zu beobachten und bei verkehrsgefährdenden Handlungen des Überwachten sofort selbst einzuschreiten. Er muß also dementsprechend auch seinen Platz auf dem Fahrzeug wählen und wird deshalb regelmäßig neben dem Führersitz Platz nehmen. Nur dann, wenn der Wagen (einsitzige Wagen, Motorräder) eine Sitzgelegenheit für den Begleiter nicht bietet, erscheint es zulässig (vgl. Ziff. IV Abs. 5 Anm. der Prüf.-Anw.), daß der Begleiter mit einem anderen Kraftfahrzeug in tunlichster Nähe neben dem Übenden herfährt. Da nach der Konstruktion der Kraftfahrzeuge ein Eingreifen in den Mechanismus vom Innern des Wagens regelmäßig nicht möglich ist, ist auch dann, wenn der Begleiter im Innern sitzt, von einer Beaufsichtigung im Sinne des § 3 keine Rede.

III. **Folge der Anwesenheit eines den Voraussetzungen des Abs. 1 entsprechenden Begleiters** ist, daß dieser als Führer gilt, und zwar sowohl zivil- wie strafrechtlich. Der Begleiter haftet also gemäß § 18 AG. für während der Fahrt eintretende Unfälle, und ein Verschulden des Begleiters ist gleich wie das Verschulden jedes anderen Führers nie als unabwendbares Ereignis nach § 7 Abs. 2 AG. anzusehen. Der Begleiter haftet strafrechtlich gemäß der §§ 21—24 AG., und er ist ebenso verantwortlich für Befolgung der durch §§ 15 ff. BV. dem Führer auferlegten besonderen Pflichten (KG. 28. Juli 08, Recht 08 S. 862). Dagegen gilt der Übende nicht als Führer, und ihn trifft also auch nicht die nach dem AG. dem Führer auferlegte Verantwortung. Das schließt aber nicht aus, daß nach allgemeinen zivilrechtlichen Grundsätzen auch eine Haftung des Übenden eintreten kann; nur ist diese Haftung durch den Nachweis eines Verschuldens

(§ 823 BGB.) bedingt. Ebenso kann der Übende strafrechtlich nach Maßgabe des StGB. (fahrlässige Körperverletzung oder Tötung) verantwortlich sein.

Sind dagegen die Voraussetzungen des § 3 nicht gegeben, sei es, daß die in Frage stehende Fahrt den in § 3 angegebenen Zweck nicht verfolgt oder sei es, daß die Person des Begleiters wegen mangelnder Zulassung als Führer oder Abrichter oder wegen mangelnder Übernahme der Aufsicht den gesetzlichen Erfordernissen nicht entspricht, dann gilt nicht der Begleiter, sondern der Übende als Führer und ist zivil- und strafrechtlich verantwortlich. Eine Haftung beider, des Übenden und des Führers, kann dann gegeben sein, wenn neben dem Übenden auch der nicht unter § 3 fallende Begleiter sich tatsächlich an der Führung des Fahrzeugs, z. B. durch Bedienung der Bremse, beteiligt hat (vgl. § 2 Bem. I und § 18 Bem. I).

§ 4.

Werden Tatsachen festgestellt, welche die Annahme rechtfertigen, daß eine Person zum Führen von Kraftfahrzeugen ungeeignet ist, so kann ihr die Fahrerlaubnis dauernd oder für bestimmte Zeit durch die zuständige Verwaltungsbehörde entzogen werden; nach der Entziehung ist der Führerschein der Behörde abzuliefern.

Die Entziehung der Fahrerlaubnis ist für das ganze Reich wirksam.

Entw. I —; Entw. II § 15; Kom.-B. S. 34.

Vorbemerkung. § 4 regelt das Verfahren für Entziehung einer nach § 2 erteilten Fahrerlaubnis. Die Begründung des Entwurfs II führte hierzu aus:

„Die Ablegung der Führerprüfung schließt nicht aus, daß der Führer sich nachträglich als untauglich oder unzuverlässig erweist oder die Befähigung, die er besessen hatte, wieder verliert. In diesen Fällen muß die Möglichkeit bestehen, dem Führer die erteilte Ermächtigung wieder zu entziehen. Nach dem Entwurfe kann die Entziehung dauernd oder für bestimmte Zeit ausgesprochen werden. Schon die letztere Maßnahme wird nicht selten genügen, um den Führer zum Gefühle seiner Pflichten zurückzurufen.

Die Entziehung nur in Verbindung mit einer Bestrafung wegen Übertretung der Vorschriften über den Automobilverkehr eintreten zu lassen und sie demzufolge den Gerichten zu übertragen, empfiehlt sich nicht. Dem Bedürfnisse der Sicherung des Verkehrs gegen ungeeignete Elemente würde damit nicht genügt, denn die Gründe, die eine Entziehung der Fahrerlaubnis notwendig machen, können sehr verschiedenartig sein und setzen keineswegs immer eine strafbare Zuwiderhandlung gegen die Verkehrsvorschriften voraus. Körperliche oder geistige Gebrechen, Verübung von Rohheitsdelikten, Trunksucht und dergl. mehr werden den Führer unter Umständen als derart ungeeignet zur Ausübung seines Berufs erscheinen lassen, daß ihm die Fahrerlaubnis ohne Gefährdung der Sicherheit des Verkehrs nicht belassen werden kann. Der Entwurf überträgt daher im Anschluß an die Vorschriften der §§ 33a und 35 GewO. die Entscheidung über die Entziehung der Fahrerlaubnis den Verwaltungsbehörden. Um der Entziehung volle Wirkung zu sichern, soll sie für das ganze Reich Geltung haben (§ 15 Abs. 2). Ferner wird dem Führer, um eine mißbräuchliche Verwendung des Führerscheines nach Entziehung der Fahrerlaubnis zu verhindern, unter Strafandrohung die Verpflichtung auferlegt, den Schein an die Behörde abzuliefern (§ 15 Abs. 1, § 20 Abs. 1 Nr. 3, jetzt § 24). Bestraft wird auch der Führer, der nach Entziehung der Fahrerlaubnis ein Kraftfahrzeug führt, sowie der Halter des Fahrzeugs, der einem solchen Führer sein Fahrzeug wissentlich überläßt (§ 20 Abs. 1 Nr. 2, Abs. 2). Zur Ausführung der Vorschriften des § 15 wird die Einrichtung einer Reichs-Zentralstelle zu erwägen sein, bei welcher die Nachrichten über Entziehung der Fahrerlaubnis gleichzeitig mit solchen über Bestrafung wegen Zuwiderhandlungen gegen die Vorschriften über den Verkehr mit Kraftfahrzeugen gesammelt werden" (vgl. zu dem letzten Satz Ziff. VI Abs. 4 der Prüf.-Anw.).

§ 27 VV. enthält die näheren Vorschriften für den Vollzug des § 4.

I. **Voraussetzung** für die Entziehung der Fahrerlaubnis ist, daß Tatsachen festgestellt werden, welche die Annahme rechtfertigen, daß eine Person zum Führen von Kraftfahrzeugen ungeeignet sei. Die Vorschrift stimmt wörtlich mit § 2 Abs. 1 AG. überein. Dieselben Gründe, die der Behörde das Recht geben, einer Person trotz Bestehens der Prüfung die Zulassung als Führer zu verweigern, berechtigen sie also auch zum Wiederentzug der erteilten Erlaubnis. Über den Begriff der hier in Betracht kommenden Tatsachen vgl. § 2 Bem. II, 2a. Natürlich ist nicht notwendig, daß die Handlungen oder Unterlassungen, auf die sich die Entziehung stützt, gerade im Bezirk der die Entziehung aussprechenden Behörde sich zutrugen. Fraglich könnte sein, ob bei Entziehung der Fahrerlaubnis nur solche Tatsachen in Betracht gezogen werden dürfen, die nach der Erteilung des Führerscheines eingetreten sind oder ob auch auf Tatsachen zurückgegriffen werden darf, deren Entstehung vor diesem Zeitpunkt liegt. Soferne Tatsachen der letzteren Art der Behörde im Zeitpunkt der Zulassung bekannt waren, können sie zur Begründung der Entziehung nicht verwendet werden. Dafür spricht die Fassung des Gesetzes: „Werden Tatsachen festgestellt" an Stelle der im Entwurf enthaltenen Worte: „Liegen Tatsachen vor". Diese Änderung des Gesetzestextes ergibt klar, daß man als Entziehungsgründe nur Tatsachen zulassen wollte die, wenn auch vor Erteilung der Erlaubnis entstanden, doch erst nach diesem Zeitpunkt festgestellt werden. Tatsachen, die der Behörde zurzeit der Erlaubniserteilung nicht bekannt, die also damals noch nicht festgestellt waren, können zur Entziehung der Erlaubnis ganz allgemein herangezogen werden, gleichgültig, ob sie vor oder nach Erlaubniserteilung entstanden sind. Ebenso Waldeck § 4; Krause § 4 Bem. 1; Neukirch-Rosenmeyer § 4 Anm. 2. Um eine Garantie dafür zu geben, daß die körperliche Tauglichkeit, die eine wesentliche Voraussetzung für die Zulassung ist, bei den zugelassenen Führern auch noch fortbesteht, bestimmt die BayVollzBek. zu § 27: „Es wird zu erwägen sein, inwieweit die im gewerbsmäßigen Fahrverkehre beschäftigten Führer von Kraftfahrzeugen einer periodischen Nachuntersuchung über ihre körperliche Tauglichkeit zu unterwerfen sind. Im übrigen werden die Polizeibehörden eine erneute ärztliche Prüfung in solchen Fällen anzuordnen haben, in denen zu einer solchen Maßnahme begründeter Anlaß vorliegt.

Die Nichtausübung des Berufs hat noch nicht, wie das für das Gebiet der GewO. (vgl. Bay.VGH. 10. 12. 02 Sammlg. 24, 279) der Fall ist, die Entziehung der Erlaubnis zur Folge. Wohl aber kann eine längere Nichtausübung der Führertätigkeit, zum mindesten im Zusammenhalt mit anderen Tatsachen, die Annahme rechtfertigen, daß der Zugelassene auch die notwendigen Fachkenntnisse verloren habe. In einem solchen Fall wird die Erlaubnis nicht dauernd, sondern nur auf solange entzogen werden, bis der Betroffene durch nochmalige Ablegung der Prüfung seine Tauglichkeit dargetan hat.

II. **Zuständigkeit.** Zur Entziehung der Fahrerlaubnis sind ausschließlich die Verwaltungsbehörden zuständig. Den Gerichten steht nicht, wie das z. B. bei Eisenbahntransport-Gefährdungen nach §§ 315 ff. StGB. der Fall ist, das Recht zu, als Nebenstrafe auf Entziehung der Fahrerlaubnis zu erkennen. In den Kommissionsberatungen war allerdings angeregt worden, man solle auch den ordentlichen Gerichten im Strafverfahren die Befugnis geben, auf Entziehung des Fahrscheines in gewissen, noch näher festzustellenden Fällen zu erkennen, und man solle den Verwaltungsbehörden nur die Fälle überlassen, in denen nichtstrafbare Handlungen den Grund zur Fahrerlaubnisentziehung abgäben. Diese Ansicht wurde von anderer Seite mit dem Hinweis bekämpft, daß eine gleichmäßigere Rechtsprechung dadurch erzielt werde, wenn nur e i n e r Behörde diese Befugnis zustände; die Berufschauffeure legten zwar Wert darauf, daß die Entziehung nur durch Gerichtsurteil erfolgen dürfe; die Entscheidung den Verwaltungsbehörden zu übertragen habe, dagegen den Vorteil, daß man gleichmäßigere Beschlüsse erzielen würde, da die Zahl der zur Entscheidung berufenen Behörden geringer sei. Regierungsseitig wurde ebenfalls gegen die Anregung Stellung genommen und darauf hingewiesen, daß Schwierigkeiten mannigfacher Art entstehen könnten, wenn man die Entziehungsbefugnis den Gerichten und den Verwaltungsbehörden übertrage. Sollten z. B. die letzteren noch die Entziehung aussprechen können, wenn das Gericht davon Abstand genommen habe?

Die ausschließliche Zuständigkeit der Verwaltungsbehörden zur Entziehung der Fahrerlaubnis benimmt den Gerichten nicht die Möglichkeit, im Falle einer Verurteilung aus § 24 Ziff. 3 AG (wegen Nichtabliefern des Fahrscheins trotz entzogener Fahrerlaubnis), die Einziehung des Fahrscheins gemäß § 40 StGB. auszusprechen.

Nach § 27 BV. erfolgt die Entziehung durch die für den Wohnort (nicht Wohnsitz, vgl. § 1 Bem. II, 3) des Fahrers zuständige höhere Verwaltungsbehörde, in Bayern durch die Distriktsverwaltungsbehörde, bezw. in München durch die Polizeidirektion. Über die in den übrigen Bundesstaaten zuständigen Behörden vgl. die in § 1 Bem. II, 3 angeführten Vollzugsvorschriften.

Da der Führer seinen Wohnort jederzeit wechseln kann, ist es sehr wohl möglich, daß die Entziehung der Erlaubnis nicht durch die Behörde erfolgt, die seinerzeit die Zulassung erteilte, sondern durch eine andere Behörde. Vgl. den analogen Fall § 1 Bem. II, 5. Ebenso besteht die Möglichkeit, daß bei zeitweiser Entziehung der Fahrerlaubnis deren Wiedererteilung nicht mehr zur Zuständigkeit der Behörde gehört, die die seinerzeitige Entziehung verfügte.

III. **Wirkungen der Entziehung.** Die Entziehung der Fahrerlaubnis hat zur Folge, daß der zeitherige Führer alle bisher von ihm besessenen Führerrechte verliert, derjenige, der trotzdem ein Kraftfahrzeug führt, sich nach § 24 Ziff. 2 AG. strafbar macht. Die Fahrerlaubnis kann

1. **dauernd oder für bestimmte Zeit** entzogen werden. Im Falle der Entziehung für bestimmte Zeit kann nach § 27 BB. die Wiedererteilung der Fahrerlaubnis von der nochmaligen Ablegung einer Prüfung oder der Erfüllung sonstiger Bedingungen abhängig gemacht werden. Ist bei der Entziehung auf Zeit irgend eine Bedingung für die Wiedererteilung nicht gesetzt worden, so ist mit Ablauf der Frist die Berechtigung zur Führung von Kraftfahrzeugen ohne weiteres wieder in Kraft getreten, und der Betroffene, der gemäß § 4 Abs. 1 Schlußsatz seinen Führerschein abliefern mußte (vgl. unten), ist berechtigt, die Herausgabe des Führerscheins von der Behörde zu verlangen und hat im Falle der Verweigerung der Rückgabe Beschwerde nach Maßgabe des Landesrechts. Macht sich nun derjenige strafbar, der bei vorübergehender Entziehung der Fahrerlaubnis und bei Nichtabhängigmachung der Wiedererteilung von einer Bedingung nach Ablauf der Frist die Führung eines Kraftfahrzeugs übernimmt, bevor er den seinerzeit an die Behörde abgelieferten Führerschein wieder in Händen hat? Eine Bestrafung aus § 24 Ziff. 2 AG. ist ausgeschlossen, denn die Fahrerlaubnis ist ihm nicht mehr entzogen. Aber auch aus § 24 Ziff. 1 kann er m. E. nicht gestraft werden. „Besitzen" im Sinne des § 24 Ziff. 1 bedeutet nichts anderes als „erhalten haben"; die Ziff. 1 hat also überhaupt nur die Fälle im Auge, wo jemand fährt, der von der Behörde noch nie als Fahrer zugelassen worden war; alle anderen Fälle, in denen es sich um das Fahrzeugführen seitens eines früher Zugelassenen, aber jetzt nicht mehr Berechtigten handelt, fallen nicht unter Ziff. 1, sondern unter Ziff. 2. Bei einer anderen Auslegung der Ziff. 1 wäre die Strafvorschrift der Ziff. 2 überhaupt überflüssig. In der Regel wird aber wohl bei vorübergehender Entziehung der Fahrerlaubnis deren Wiedererteilung von bestimmten Bedingungen abhängig gemacht

werden. Es ist kaum ein Fall denkbar, in welchem der bloße Ablauf einer mehr oder minder lang bemessenen Frist eine Gewähr dafür böte, daß einer Person, der wegen ihrer Ungeeignetheit zum Führerdienst die Fahrerlaubnis entzogen wurde, nun durch den Ablauf der Zeit allein zu diesem Amt wieder geeignet geworden wäre. Selbst dann, wenn einem Minderjährigen die Erlaubnis bis zur Erreichung der Großjährigkeit entzogen worden ist, ist die Vollendung des 21. Jahres doch keine Bürgschaft dafür, daß nun die notwendigen Eigenschaften eines Führers (Ruhe, Besonnenheit) mit dem Alter gekommen sind. Eine vorübergehende Entziehung der Erlaubnis ohne Setzen irgend welcher Bedingung für die Wiedererteilung wäre nur dann zulässig, wenn die Entziehung den Charakter einer Strafe hätte. Diesen Charakter hat sie nicht, und zwar selbst dann nicht, wenn die Entziehung im Anschluß an ein Strafverfahren erfolgt; sie kann ihn gar nicht haben; denn die Entziehung der Erlaubnis ist von einem Verschulden gar nicht abhängig (z. B. Entziehung wegen eingetretener Kurzsichtigkeit); wo aber kein Verschulden, ist auch keine Strafe. Wird einem betrunkenen Kraftwagenführer die Erlaubnis z. B. auf 1 Monat entzogen, so scheint diese Maßregel allerdings auf den ersten Blick den Charakter einer Strafe zu haben. Diese Auffassung wäre aber falsch; die Entziehung erfolgt nicht, weil der Mann betrunken war, sondern, weil die Betrunkenheit in Ausübung des Berufs den begründeten Verdacht nahe legt, daß der Mann auch bei anderen Gelegenheiten trinken und dadurch den öffentlichen Verkehr gefährden werde. Damit widerlegt sich der von Isaac S. 250 gebrachte Einwand: „eine reine Sicherungsmaßregel dürfe nur solange verhängt werden, als die öffentliche Ruhe und Sicherheit es erfordern, im angenommenen Fall also nur, bis der Führer wieder nüchtern geworden wäre".

Die Entziehung der Fahrerlaubnis ist also nicht Strafe, sondern Sicherungsmaßregel. Vor ihrer Wiederaufhebung muß deshalb die Behörde Anhaltspunkte dafür haben, daß die Wiederzulassung eine Gefährdung des öffentlichen Verkehrs nicht mit sich bringe. Der bloße Zeitablauf gibt hierfür keine Gewähr. Deshalb ist die Wiederzulassung regelmäßig von gewissen Bedingungen abhängig zu machen, in dem gewählten Beispiel vielleicht davon, daß innerhalb der Frist der Betroffene nüchtern gelebt habe. Die gesetzte Frist ist dann nichts weiter als eine Minimalfrist, vor deren Ablauf überhaupt eine Wiederzulassung nicht möglich ist; nach ihrem Ablauf ist die Wiederzulassung bedingt durch die Erfüllung der gesetzten Bedingungen. Weder das Gesetz noch die VV. und die BayVollzBek. haben eine Bestimmung darüber getroffen, welche Mindest- bezw. Höchstfristen bei vorübergehender Entziehung der Fahrerlaubnis einzuhalten seien; die Behörden haben also hier freie Hand.

Wird bei zeitweiliger Entziehung der Fahrerlaubnis die Wiedererteilung von irgend einer Bedingung nicht abhängig gemacht, dann tritt mit Ablauf der Frist von selbst die nur vorübergehend aufgehobene Zulassung wieder in Kraft. Eine Verfügung der Behörde auf Wiedererteilung der Fahrerlaubnis ist hier nicht veranlaßt, ebensowenig die Ausstellung eines neuen Führerscheins (vgl. oben). Anders in den Fällen, wo die Wiedererteilung der Fahrerlaubnis von der nochmaligen Ablegung einer Prüfung oder der Erfüllung sonstiger Bedingungen abhängig gemacht ist. Hier muß vor Wiederzulassung des Ausgeschlossenen eine Entscheidung der Behörde darüber ergehen, ob die gestellten Bedingungen erfüllt sind oder nicht. Dieser Entscheidung der Behörde über die Wiederzulassung haben zwar nicht Erhebungen in dem gleichen Umfang vorauszugehen, wie sie für eine Neuzulassung nach der Prüf.Anw. Z. I vorgeschrieben sind. Gleichwohl ist der Beschluß auf Wiederzulassung einem Zulassungsbeschluß nach § 2 AG. gleichzustellen. Es ist deshalb insbesondere auch die Ausstellung eines neuen Führerscheins an Stelle des alten eingezogenen veranlaßt. Das gilt zweifellos für den Fall, daß die Wiederzulassung auf Grund einer abermaligen Prüfung erfolgt. Hier paßt der alte Führerschein, der dahin lautet, daß der Inhaber auf Grund der ersten von ihm abgelegten Prüfung zur Führung eines Kraftfahrzeugs ermächtigt sei, gar nicht mehr, da nicht die frühere, sondern die zuletzt abgelegte Prüfung Voraussetzung der Zulassung ist. Aber auch in den Fällen, wo die Wiederzulassung von Erfüllung einer anderen Bedingung abhängig war, muß ein neuer Führerschein ausgestellt werden, weil der frühere Schein auf Grund von Tatsachen ausgestellt ist, die für sich allein die Wiederzulassung nicht mehr rechtfertigen würden.

Aus der Notwendigkeit der Ausstellung eines neuen Führerscheins folgt weiter, daß der Führer, der vor Aushändigung des neuen Scheins, wenn auch vielleicht nach Mitteilung des Wiederzulassungsbeschlusses ein Kraftfahrzeug fährt, nach § 24 Ziff. 2 AG. zu bestrafen ist (vgl. § 2 Bem. II, 4).

Kommt die Behörde zu dem Resultat, daß die von ihr gesetzten Bedingungen für die Wiederzulassung nicht erfüllt seien, so hat sie die Möglichkeit, entweder dem Antragsteller die Führung von Fahrzeugen für einen weiteren Zeitraum zu untersagen und seine Wiederzulassung neuerdings von Erfüllung bestimmter Bedingungen abhängig zu machen oder den Antragsteller nun dauernd auszuschließen. Gegen beide Verfügungen ist Rekurs nach § 5 AG. möglich.

Über die Wirkung einer dauernden Entziehung der Fahrerlaubnis herrscht Streit. Nach Gordon § 4 Bem. 2 bedeutet dauernde Entziehung, daß die Befähigung zur Führerschaft völlig erlischt und ein Wiedererwerb ausgeschlossen ist. Dagegen halten Neukirch-Rosenmeyer § 4 Anm. 5 und ebenso Seuffert § 4 Bem. 2 es für zulässig, daß der Führer, wenn die Tatsachen, die zur Entziehung der Erlaubnis geführt haben, weggefallen sind, von neuem zur Prüfung zugelassen und ihm die Erlaubnis von neuem erteilt wird. Seuffert beruft sich zur Begründung seiner Ansicht auf § 33 StGB., der einen „dauernden Verlust" in diesem Sinne nicht kennt und auf den in § 1 GewO. ausgesprochenen Grundsatz, der Gewerbefreiheit. Die Heranziehung des § 33 StGB. scheitert an dem Umstande, daß es sich bei der Entziehung um eine Nebenstrafe nicht handelt (vgl. oben), und was den § 1 GewO. anlangt, so war der Gesetzgeber befugt, im Interesse der Sicherheit des öffentlichen Verkehrs von diesem Grundsatz eine Ausnahme zu schaffen. Da von einer Wiedererteilung der Erlaubnis auch nach Seuffert und Rosenkirch natürlich nur die Rede sein kann, wenn die die Entziehung begründenden Tatsachen weggefallen sind und da weiter nach dem oben Ausgeführten auch bei zeitweiliger Entziehung die Wiedererteilung der Erlaubnis eigentlich von der gleichen Voraussetzung abhängig ist, hätte Seuffert allerdings Recht, wenn er sagt, im Ergebnisse sei zwischen beiden Entziehungen kein rechtlicher Unterschied. Es kann aber doch wohl nicht ohne weiteres unterstellt werden, daß der Gesetzgeber, wenn er eine dauernde und eine zeitweilige Entziehung der Fahrerlaubnis ausdrücklich für zulässig erklärte, dabei haben wollte, daß diese beiden Arten im Erfolg einander gleich zu stellen seien. Mit Recht hebt Gordon hervor: „Würde man dem Betroffenen nur die bisher erlangte Befähigung absprechen, nicht aber die Möglichkeit, durch eine erneute Prüfung die Fähigkeit wieder zu erwerben, so würde in der Tat die Zulassung zu einer neuen Prüfung in das freie Ermessen der gerade örtlich zuständigen Behörde gestellt sein".

2. Die Entziehung der Fahrerlaubnis äußert ihre Wirksamkeit sofort mit Erlaß bezw. Zustellung der Verfügung, nicht etwa erst mit Ablieferung des Führerscheins; der gegen sie zulässige Rekurs hat nach § 5 Abs. 1 keine aufschiebende Wirkung. Wer also nach Erlaß, wenn auch vor Rechtskraft des Entziehungsbeschlusses gleichwohl ein Kraftfahrzeug führt, macht sich nach § 24 Ziff. 2 AG. strafbar. Falsch Damm § 4 Bem. 6 a. E., der die Verfügung erst mit Rechtskraft wirksam werden lassen will.

3. Ebenso wie nach § 2 die Zulassung, ist auch die Entziehung der Fahrerlaubnis für das ganze Reich wirksam. Nach Ziff. VI Abs. 4 der Anweisung über die Prüfung der Führer ist der Sammelstelle in Berlin von jeder Entziehung umgehend Mitteilung zu machen. Eine örtliche Beschränkung der Entziehung gibt es nicht; es ist also nicht möglich, einem Führer nur die Fahrerlaubnis für verkehrsreiche Städte zu entziehen, dagegen zu gestatten, daß er auf dem Lande, wo der geringere Verkehr nicht dasselbe Maß von Umsicht und Geistesgegenwart erheischt, seinen Beruf weiter ausübe (vgl. § 2 Bem. II, 2 a).

4. Eine Mitteilung des Entziehungsbeschlusses an die Behörde, die seinerzeit die Zulassung erteilte, ist nicht vorgeschrieben, anders nach der BayVollzBek., für die Fälle des § 6 Abs. 4 und 6 BV. Sie wird aber mit Rücksicht auf die von der Zulassungsstelle zu führende Führerliste (Ziff. VI Abs. 3 PrüfAnw.) angezeigt sein (vgl. § 1 Bem. II, 5).

5. Einziehung des Führerscheins. Um eine mißbräuchliche Benützung des durch die Entziehung der Fahrerlaubnis ungültig gewordenen Führerscheins zu verhüten, schreibt das Gesetz dessen Ablieferung an die Behörde vor und bedroht in § 24 Ziff. 3 AG. den mit Strafe, der dem Ablieferungsverlangen der Behörde nicht nachkommt. Durch diese reichsgesetzliche Strafandrohung ist den Verwaltungsbehörden die Möglichkeit genommen, die von ihnen verlangte Ablieferung durch Androhung oder Verhängung von Ungehorsamsstrafen mittelbar zu erzwingen (vgl. Gordan § 4 Bem. 4 und die dort Zitierten; a. M. Isaac in Ztsch. f. d. ges. Strafrecht 21, 642). Das gilt insbesondere auch für Bayern. Art. 21 des bay. PolStGB. gibt den Verwaltungsbehörden nur die Befugnis, Verfügungen, die sie innerhalb ihrer Zuständigkeit zum Vollzuge von Gesetzen, deren Übertretung nicht mit Strafe

bedroht ist, an bestimmte Personen erlassen und diesen eröffnet haben, durch Anwendung gesetzlicher Zwangsmittel zur Ausführung zu bringen. Ausgeschlossen ist daher die Ungehorsamsstrafe zur Erzwingung einer Handlung, deren Unterlassung den Tatbestand eines Vergehens oder einer Übertretung bildet. Denn zur Erzwingung einer solchen Handlung kann die strafgerichtliche Verfolgung eingeleitet werden, und es ist schon durch die Möglichkeit des strafrichterlichen Einschreitens gegen Zuwiderhandlungen ein zur Beugung des rechtswidrigen Willens vollkommen ausreichendes Verfahren zur Verfügung gestellt. Abgesehen hiervon bleibt aber in Bayern nach allgemeinen Grundsätzen das Recht der Verwaltungsbehörde bestehen, ihre Verfügungen nötigenfalls durch körperlichen Zwang in Vollzug zu setzen. Sie erscheinen deshalb auch berechtigt, ihren Beschluß auf Einziehung des Führerscheins durch dessen Wegnahme zu vollstrecken (vgl. Riedel-Suttner Pol.-StGB. Art. 21 Bem. 3 S. 79. Weiter hat gemäß Art. 20 Abs. 2 PolStGB. die zuständige Polizeibehörde das Recht, den Führerschein, dessen Einziehung gesetzlich zulässig ist (vgl. oben Bem. II) mit vorläufigem Beschlag zu belegen.

Abzuliefern ist der Schein nicht etwa an die Behörde, die ihn ausgestellt hat, sondern an die, die dem Führer die Fahrerlaubnis entzogen hat. Ebenso Krause § 4 Bem. 6.

IV. **Führer ausländischer Fahrzeuge.** Über diesen Begriff vgl. § 2 Bem. II, 8. Nach § 27 Abs. 2 BV. kann Personen, die nur während eines vorübergehenden Aufenthalts in dem Gebiete des Deutschen Reichs ein Kraftfahrzeug führen, aus Gründen, die nach Abs. 1 die Entziehung der Fahrerlaubnis rechtfertigen, die Führung des Kraftfahrzeugs durch Verfügung der zuständigen höheren Verwaltungsbehörde jederzeit untersagt werden; die Untersagung ist für das ganze Reich wirksam. § 15 der BV. vom 21. April 1910 über den internationalen Verkehr mit Kraftfahrzeugen hat zwar den den internationalen Verkehr betreffenden § 36 der BV. vom 3. Februar 1910 aufgehoben, den die gleiche Frage behandelnden § 27 Abs. 2 BV. aber nicht erwähnt. Gleichwohl ist anzunehmen, daß die Vorschrift des § 27 Abs. 2 BV., wenigstens soweit es sich um außerdeutsche Fahrzeuge mit einem internationalen Fahrausweis handelt, Geltung nicht mehr beanspruchen kann, weil die BV. vom 21. April 1910 in dem § 8 diesen Fall besonders geregelt hat. Danach kann die Anerkennung des sowohl das Fahrzeug wie den Führer legitimierenden internationalen Fahrausweises durch die höhere Verwaltungsbehörde (in Bayern wieder die Distriktsverwaltungsbehörde nach § 8 VollzBek. v. 28. April 1910) dann versagt werden, wenn den Anforderungen, auf Grund deren er nach den Grundsätzen der Art. 1 und 2 des internationalen Abkommens erteilt ist, augenscheinlich nicht mehr genügt wird oder wenn der Besitzer oder Führer des Kraftfahrzeuges nicht Angehöriger eines der Staaten ist, auf die das internationale Abkommen Anwendung findet. Wenn die Versagung der Anerkennung in den Eigenschaften des Führers ihren Grund hat, so ist diesem zugleich die Führung des Kraftfahrzeugs im Gebiete des deutschen Reiches zu untersagen. Der Ausschluß des Führers ist in dem internationalen Fahrausweis ersichtlich zu machen, eine Einziehung nach § 4 AG. ist hier ausgeschlossen, also auch eine Bestrafung nach § 24 Ziff. 3 nicht möglich, wohl aber nach § 24 Ziff. 2.

Der Ausschluß hat nicht die Wirkung, daß nun der Ausgeschlossene im deutschen Reich überhaupt nicht mehr als Führer tätig werden könnte, sondern hat nur zur Folge, daß er auf Grund des bisherigen Fahrausweises in Deutschland nicht mehr tätig werden darf. Daß die Wirkung des Ausschließungsbeschlusses in dieser Weise beschränkt ist, folgt schon aus dem Wortlaut des § 8; dem Führer wird nicht wie nach § 4 AG. die Fahrerlaubnis schlechthin entzogen, sondern es wird ihm nur die Führung „des Fahrzeuges", also doch wohl nur die Führung des Fahrzeuges, auf das sich der Fahrausweis bezieht, untersagt. Der Grund für diese Beschränkung ist klar. Der Beschluß der deutschen Behörde ist für den ausländischen Staat in keiner Weise bindend; die Wiederaufstellung des Ausgeschlossenen als Führer in einem anderen Fahrausweis ist also möglich. Die deutsche Behörde kann allerdings auch dem neuen Fahrausweis wegen der Eigenschaften des Führers die Anerkennung versagen und auf Grund dieser neuerlichen Versagung dem Führer auch die Führung dieses Kraftfahrzeuges untersagen. Dabei kann die deutsche Behörde zweifellos auch die Tatsachen, die das erste mal zur Untersagung führten, auch für ihren zweiten Beschluß verwerten, soweit diese Tatsachen noch jetzt die Annahme rechtfertigen, daß der Führer nicht die Eigenschaften besitzt, die eine hinreichende Gewähr für die öffentliche Sicherheit bieten (Art. 2 Int. Abk.).

Teilweise anders liegt der Fall, wenn es sich um ein außerdeutsches Fahrzeug ohne internationalen Fahrausweis handelt.

Hier kann nach § 10c der VV. zum Int. Abk. v. 21. April 1910 der durch § 14 Abs. 3 der VV. v. 3. Februar 1910 vorgeschriebene Führerschein durch entsprechende ausländische Zeugnisse ersetzt werden, sofern diese von dem zuständigen deutschen Konsul mit einem Anerkennungsvermerk versehen sind. Die vom Konsul zu betätigende Anerkennung kann nicht die Bedeutung haben, daß der Konsul die Geeignetheit des Führers zu prüfen und gegebenenfalls die Anerkennung zu verweigern hätte, sondern der Anerkennungsvermerk soll nur die Echtheit des Zeugnisses dartun, ebenso Isaac S. 230 Ziff. 9. Über den Ausschluß der Führer solcher Fahrzeuge enthält die Verordnung vom 21. April 1910 keine Vorschriften. Für diese Fälle wird also auf den § 27 Abs. 2 VV. v. 3. Februar 1910 zurückzugreifen sein. Die hiernach verfügte Untersagung der Führung des Fahrzeugs wirkt ebenfalls nicht weiter als dies bei dem vorhergehenden Fall (Fahrzeug mit internationalem Fahrausweis) der Fall ist. Der Führer kann also auf Grund des früheren Zeugnisses in Deutschland seinen Beruf nicht mehr ausüben; denn dieses Zeugnis ist nach § 4 AG. einzuziehen. Aber die Ausstellung eines neuen Zeugnisses durch die ausländische Behörde ist möglich; der Konsul kann die Anerkennung dieses Zeugnisses nicht etwa auf Grund des früheren Ausschlusses verweigern, sondern es ist Sache der zuständigen höheren Verwaltungsbehörde, über eine Wiederausschließung des Führers trotz des neuen Zeugnisses zu befinden. Wer also trotz früheren Ausschlusses auf Grund eines neuen internationalen Fahrausweises oder eines neuen Zeugnisses wiederum im deutschen Reich als Führer eines vorübergehend hier sich aufhaltenden Fahrzeugs tätig wird, vergeht sich nicht gegen § 24 AG.

In beiden Fällen ist von der Untersagung der Sammelstelle in Berlin Mitteilung zu machen (Ziff. VI Abs. 4 PrüfAnw.).

Über die örtlich zuständige Behörde enthält weder das Int. Abk. noch die VV. eine Bestimmung. Der Beschluß wird von jeder höheren Verwaltungsbehörde erlassen werden können, in deren Bezirk der Führer sich gerade aufhält; ebenso Neukirch-Rosenmeyer § 4 Bem. 7; Seuffert § 4 Bem. 6.

V. **Führer der Militärverwaltung** (vgl. § 6 Bem. IV). Für die Entziehung der Erlaubnis zum Führen von Kraftfahrzeugen gelten nach § 33 VV. die besonderen Vorschriften unter

Ziff. VIII der Anweisung über die Prüfung der Führer. Danach bestimmen die Kriegsministerien die militärischen Dienststellen, die zur Entziehung der Fahrerlaubnis berechtigt sind. Die Entziehung ist nicht davon abhängig, daß die in § 4 AG. erwähnten Voraussetzungen vorliegen. Für Bayern, das hier nach § 6 Abs. 4 AG. eine Sonderstellung einnimmt, ist nach Ziff. I, 5 der VollzBek. das Eisenbahnbataillon zur Entziehung der Fahrerlaubnis berechtigt.

VI. Für **Führer der Postverwaltung** (vgl. § 6 Bem. IV) enthält die BV. eine gleiche Bestimmung wie für die Führer der Militärkraftfahrzeuge nicht; sie sind also nach der allgemeinen Regel des § 4 zu behandeln. Auch die BayVollzBek. enthält zwar in Ziff. I, 5 eine Vorschrift über die Zulassung von Führern der Postverwaltung, dagegen nicht über die Entziehung der Fahrerlaubnis.

§ 5.

Gegen die Versagung der Fahrerlaubnis ist, wenn sie aus anderen Gründen als wegen ungenügenden Ergebnisses der Befähigungsprüfung erfolgt, der Rekurs zulässig. Das Gleiche gilt von der Entziehung der Fahrerlaubnis; der Rekurs hat keine aufschiebende Wirkung.

Die Zuständigkeit der Behörden und das Verfahren bestimmen sich nach den Landesgesetzen und, soweit landesgesetzliche Vorschriften nicht vorhanden sind, nach den §§ 20, 21 der Reichsgewerbeordnung.

Entw. I —; Entw. II § 16; Begr. S. 19 ff. Komm. B. S. 34.

I. **Rekursgründe.** Die Erlaubnis zum Führen von Kraftfahrzeugen ist nach § 2 AG. von einer doppelten Voraussetzung abhängig, von dem Bestehen einer Prüfung und weiter von dem Nichtvorliegen von Tatsachen, die den Antragsteller zum Führen von Kraftfahrzeugen ungeeignet erscheinen lassen. Wird die Zulassung versagt wegen Nichtbestehens der Prüfung, so ist gegen diesen Beschluß ein Rechtsmittel nicht gegeben, der Zurückgewiesene hat nur die Möglichkeit, die Prüfung zu wiederholen (vgl. Ziff. VI der PrüfAnw.). Erfolgt dagegen die Verweigerung der Zulassung, weil Tatsachen vorliegen, die den Antragsteller ungeeignet erscheinen lassen, dann ist gegen diese Entscheidung der Rekurs zulässig. Ebenso ist die Entscheidung, die einem bereits zugelassenen Führer die Fahrerlaubnis entzieht, mit Rekurs anfechtbar.

Die Regierungsvorlage wollte den Rekurs nur gegen die Entziehung der Fahrerlaubnis stattfinden lassen, nicht auch gegen die Versagung; die jetzige Fassung beruht auf einem Beschlusse der Reichstagskommission.

Zur Begründung des Rekurses kann der Beschwerdeführer entweder geltend machen, daß die Tatsachen, auf die die Behörde ihre Annahme von der Ungeeignetheit des Beschwerdeführers zur Führung von Kraftfahrzeugen stützte, überhaupt nicht vorliegen, oder er kann zwar zugeben, daß diese Tatsachen an und für sich vorliegen, kann aber seinen Rekurs damit begründen, daß diese Tatsachen den Schluß auf die Ungeeignetheit seiner Person nicht rechtfertigten.

Folgende Fälle kommen in Betracht:

1. Zurückweisung eines nach § 2 AG. gestellten Antrags auf Zulassung als Führer.

2. Versagung der Ausstellung eines neuen Führerscheins an dem nach bisherigem Recht als Führer Zugelassenen (Ziff. VII Abs. 4 der PrüfAnw.).

3. Entziehung der Fahrerlaubnis nach § 4 AG., und zwar gleichviel, ob diese Entziehung dauernd oder nur für bestimmte Zeit ausgesprochen wurde.

4. Über den Fall, daß einem zeitweilig ausgeschlossenen Führer die nachgesuchte Wiederzulassung wegen Nichteintritts der gesetzten Bedingungen versagt oder nachträglich auf dauernde Entziehung der Fahrerlaubnis erkannt wird vgl. § 4 Bem. III, 1.

5. Bei Führern ausländischer Fahrzeuge spricht § 27 Abs. 2 BV. und ebenso § 8 Abs. 3 BV. über den internationalen Verkehr von Kraftfahrzeugen nicht von einer Entziehung der Fahrerlaubnis, sondern von einer Untersagung der Führung des Kraftfahrzeugs (vgl. § 4 Bem. IV). Darüber, ob und in welcher Weise dieser Beschluß auf Untersagung anfechtbar ist, enthalten die angeführten BV. keine Bestimmung. Es ist aber nicht anzunehmen, daß das Gesetz den in § 5 gewählten Ausdruck „Entziehung der Fahrerlaubnis" in Gegensatz stellen wollte zu der „Untersagung der Führung des Kraftfahrzeuges". Tatsächlich kommt auch die letztere in ihrer Wirkung wenigstens einer für bestimmte Zeit ausgesprochenen Entziehung der Fahrerlaubnis gleich. Es wird deshalb auch für diesen Fall die Einlegung des Rekurses für zulässig zu halten sein. Ebenso Neukirch-Rosenmeyer § 5 Anm. 1; a. M. Seuffert § 5 Bem.

6. Führer von Kraftfahrzeugen der Militär- und Postverwaltung. Soweit auf Grund der Anordnungen des Bundesrats die Militär- und Postverwaltung Personen, die sie als Führer von Kraftfahrzeugen verwenden, die Fahrerlaubnis versagt oder entzogen haben, finden die Vorschriften des § 5 keine Anwendung.

Die Anweisung über die Prüfung der Führer von Kraftfahrzeugen enthält in Ziff. VIII nur bezüglich der Erteilung und Entziehung der Fahrerlaubnis durch die Militärverwaltung besondere Vorschriften: hier ist also der Rekurs nach § 5 ausgeschlossen. Die Entziehung der Fahrerlaubnis ist ein Akt der Kommandogewalt des Vorgesetzten; dagegen ist nur die Dienstaufsichtsbeschwerde zulässig. Bezüglich der Postverwaltung ist in der BV. und in der PrüfAnw. eine Regelung nicht erfolgt; Führern der Postverwaltung steht also gegen die Entziehung der Fahrerlaubnis, die sich nach § 4 AG. regelt, der Rekurs nach § 5 zu (vgl. § 2 Bem. II, 6 c und § 4 Bem. V und VI). Eine Ausnahmestellung nimmt hier wiederum Bayern ein. Hier ist für Führer der Militärverwaltung das Verfahren durch Ziff. I, 5, Ziff. II, § 14 Nr. 1 Abs. V der BayVollzBek. geregelt; Rekurs nach § 5 AG. ist also ausgeschlossen. Was die Führer der Postverwaltung in Bayern anlangt, so trifft die BayVollzBek. Vorschriften über die Entziehung der Fahrerlaubnis nicht (vgl. § 4 Bem. VI); es verbleibt hier also bei Anwendung des § 5 AG.

II. **Rekursverfahren.** Hinsichtlich der für den Rekurs zuständigen Behörden und hinsichtlich des Verfahrens sollen in erster Linie die Landesgesetze maßgebend sein. Die in den meisten Bundesstaaten bestehenden Gesetze werden (Begr. S. 20) meistens genügen, um eine angemessene Gestaltung der Rekursinstanz und des Verfahrens zu sichern, ohne daß es dazu des Erlasses neuer landesgesetzlicher Vorschriften bedarf. Wenn in den geltenden Gesetzen allgemein, also nicht bloß für bestimmte Gegenstände, die Frage geregelt ist, wie die Entscheidungen der Behörde, die zur Erteilung und Entziehung der Fahrerlaubnis ermächtigt ist, angefochten werden können, so folgt von selbst, daß die betreffenden Vorschriften auch auf die hier in Frage stehende Entscheidung Anwendung finden. Eine abweichende Regelung ist sebstverständlich nicht ausgeschlossen. Soweit indessen die Landesgesetze das Rekursverfahren nicht allgemein geordnet haben und auch nicht für den vorliegenden Fall besonders regeln, sieht das Gesetz die Anwendung des in den §§ 20, 21 GewO. bestimmten Verfahrens vor. Diese Paragraphen der GewO. lauten:

GewO. § 20. Gegen den Bescheid ist Rekurs an die nächstvorgesetzte Behörde zulässig, welcher bei Verlust desselben binnen vierzehn Tagen, vom Tage der Eröffnung des Bescheids an gerechnet, gerechtfertigt werden muß.

Der Rekursbescheid ist den Parteien schriftlich zu eröffnen und muß mit Gründen versehen sein.

§ 21. Die näheren Bestimmungen über die Behörden und das Verfahren, sowohl in der ersten als in der Rekurs-Instanz, bleiben den Landesgesetzen vorbehalten. Es sind jedoch folgende Grundsätze einzuhalten:

1. In erster oder in zweiter Instanz muß die Entscheidung durch eine kollegiale Behörde erfolgen. Diese Behörde ist befugt, Untersuchungen an Ort und Stelle zu veranlassen, Zeugen und Sachverständige zu laden und eidlich zu vernehmen, überhaupt den angetretenen Beweis in vollem Umfange zu erheben.
2. Bildet die kollegiale Behörde die erste Instanz, so erteilt sie ihre Entscheidung in öffentlicher Sitzung, nach erfolgter Ladung und Anhörung der Parteien, auch in dem Falle, wenn zwar Einwendungen nicht angebracht sind, die Behörde aber nicht ohne weiteres die Genehmigung erteilen will, und der Antragsteller innerhalb vierzehn Tagen nach Empfang des die Genehmigung versagenden oder nur unter Bedingungen erteilenden Bescheids der Behörde auf mündliche Verhandlung anträgt.
3. Bildet die kollegiale Behörde die zweite Instanz, so erteilt sie stets ihre Entscheidung in öffentlicher Sitzung, nach erfolgter Ladung und Anhörung der Parteien.
4. Als Parteien sind der Unternehmer (Antragsteller), sowie diejenigen Personen zu betrachten, welche Einwendungen erhoben haben.
5. Die Öffentlichkeit der Sitzungen kann unter entsprechender Anwendung der §§ 173 bis 176 des Gerichtsverfassungsgesetzes ausgeschlossen oder beschränkt werden.

Die in den §§ 20, 21 GewO. aufgestellten Bestimmungen enthalten das Mindestmaß der durch die Landesgesetzgebung zu gewährenden Garantien; nach diesen Vorschriften muß unter allen Umständen das Verfahren in 1. und 2. Instanz gestaltet werden; dagegen steht es den Landesgesetzgebungen frei, eine Erhöhung dieser Garantien, wie namentlich Zulassung der Berufung an einen Verwaltungsgerichtshof als dritte Instanz zu gewähren (Schmid-Wagner § 5 S. 52).

Neben dem Rekurs können die Landesgesetzgebungen nicht etwa auch den Zivilklageweg zulassen (Schmid-Wagner § 5 S. 52, Krause § 5 Bem. 4, Neukirch-Rosenmeyer § 5 Anm. 1).

Der Rekurs hat keine aufschiebende Wirkung; die verfügte Entziehung der Fahrerlaubnis bleibt also trotz Einlegung des Rekurses einstweilen in Kraft. Die Rücksicht auf den Schutz des Publikums ließ eine aufschiebende Wirkung des Rekurses als untunlich erscheinen. Eine in der Kommission gegebene Anregung, man solle demgegenüber zum Schutze des Betroffenen, im Falle, daß seine Nichtschuld erwiesen werde, auch die Entschädigung für die unschuldig erlittene Entziehung einführen, wurde wieder fallen gelassen. Die Landesgesetzgebung ist nicht befugt, dem Rekurs aufschiebende Wirkung beizulegen. Das Rechtsmittel des Rekurses steht nach § 5 AG. nur dem zu, dem die Erteilung der Fahrerlaubnis versagt oder dem die erteilte Erlaubnis wieder entzogen worden ist; dritte Personen, auch wenn sie ein persönliches Interesse an der Zulassung des Führers haben, sind nicht aktiv legitimiert. Doch kann die Landesgesetzgebung auch dritten Personen oder Behörden das Rekursrecht einräumen (Schmid-Wagner § 5 S. 54).

Aus der Rekursschrift muß ersichtlich sein, in welcher Beziehung sich der Rekurrent durch den angefochtenen Bescheid beschwert erachtet und welche Änderung des Bescheides er beantragt; dagegen erscheint eine nähere Ausführung der Beschwerde durch Erörterung der Gründe, aus denen die Beschwerde in rechtlicher und tatsächlicher Beziehung sich als gerechtfertigt darstellt, keineswegs erforderlich (BayVerwGH. 30. Juli 03; 22. Februar 05 und 28. April 09 bei Reger Bd. 24, 14; E.Bd. 3, 218; Bd. 29, 331.

Für die Berechnung der Rekursfrist gelten die §§ 186 ff. BGB. Danach wird der Tag der Zustellung nicht mitgerechnet; fällt der letzte Tag der Frist auf einen Sonntag oder allgemeinen Feiertag, so tritt an dessen Stelle der nächstfolgende Werktag. Die landesgesetzlich (z. B. durch Art. 22 Abs. 6 BayVerwGH.) erfolgte Verweisung auf die Vorschriften der ZPO. ist belanglos, da § 222 ZPO. selbst wieder auf das BGB. verweist.

In Bayern hat nach Ziff. I, 1 der VollzBek. in den Fällen des Rekurses gegen die Versagung oder Entziehung der Fahrerlaubnis bei den Kgl. Regierungen, Kammern des Innern, das in § 53 der Verordnung vom 29. Mai 1892 (GVBl. S. 61) angeordnete Verfahren einzutreten. Soweit Privatchauffeure in Frage kommen, ist eine weitere Beschwerde gegen den Bescheid der Regierung an den Verwaltungsgerichtshof nicht möglich, da nach Art. 8 Ziff. 8 VerwGHG. die Zuständigkeit dieses Gerichtshofs nur dann gegeben ist, wenn es sich um die Befugnis zum Gewerbebetrieb auf Grund der Gewerbeordnung handelt. Aber auch, soweit es sich um Berufsführer handelt, sind Beschwerden in den Fällen des § 37 GewO. sachlich der Zuständigkeit des Verwaltungsgerichtshofes entrückt, wenn durch die ortspolizeiliche Vorschrift sowohl das Betreiben als auch die Untersagung des Betriebes dem freien polizeilichen Ermessen anheimgestellt und dieses Ermessen in keiner Weise durch Feststellung bestimmter maßgebender Tatsachen begrenzt ist (BayVerwGH. 10. Februar 80 Bd. 1, 137; Landmann-Rohmer GewO. Bd. I, S. 379 f.).

§ 6.

Der Bundesrat erläßt:

1. **die zur Ausführung der §§ 1 bis 5 erforderlichen Anordnungen sowie die Bestimmungen für die Zulassung der Führer ausländischer Kraftfahrzeuge;**
2. **die sonstigen zur Erhaltung der Ordnung und Sicherheit auf den öffentlichen Wegen oder Plätzen erforderlichen Anordnungen über den Verkehr mit Kraftfahrzeugen, insbesondere über die Prüfung und Kennzeichnung der Fahrzeuge und über das Verhalten der Führer.**

Soweit auf Grund der Anordnungen des Bundesrats die Militär- und Postverwaltung Personen, die sie als Führer von Kraftfahrzeugen verwenden, die Fahrerlaubnis versagt oder entzogen haben, finden die Vorschriften des § 5 keine Anwendung.

Soweit der Bundesrat Anordnungen gemäß Abs. 1 nicht erlassen hat, können solche durch die Landeszentralbehörden erlassen werden.

Die Anordnungen des Bundesrats sind durch das Reichsgesetzblatt zu veröffentlichen. Sie kommen in Bayern nach

näherer Bestimmung des Bündnisvertrags vom 23. November 1870 (Bundes-Gesetzbl. 1871 S. 9) unter III §§ 4, 5, in Württemberg nach näherer Bestimmung des Bündnisvertrags vom 25. November 1870 (Bundes-Gesetzbl. 1870 S. 654) unter Art. 2 Nr. 4 zur Anwendung.

Entw. I. — Entw. II § 17; Begr. S. 20; Komm.-B. S. 35 ff.; StenB. S. 7753, 7794.

I. **Zuständigkeit des Bundesrats.** Nach dem Entwurf sollte der Erlaß der Ausführungsbestimmungen den Landeszentralbehörden überlassen werden. Im Interesse der wünschenswerten Einheitlichkeit der Anordnungen wurde aber in den Kommissionsberatungen die jetzige Fassung gewählt. Über die in Abs. 1 Ziff. 1 und 2 gezogenen Grenzen hinaus darf der Bundesrat keine Anordnungen treffen; sie sind, sofern sie nicht in einem anderen Reichsgesetz ihre Stützen haben, rechtsungültig. Unter sonstigen Anordungen im Sinne des Abs. 1 Ziff. 2 sind nur solche allgemeiner Art zu verstehen, nicht etwa solche, die sich auf besondere örtliche Verhältnisse beziehen.

Die in Ziff. 1 und 2 erwähnten Bestimmungen und Anordnungen sind nunmehr durch die Bundesrats-Verordnung vom 3. Februar 1910 (RGBl. S. 389) getroffen. Absatz H. dieser Verordnung, der sich auf den Verkehr über die Reichsgrenze und im Zollgrenzbezirke bezog, ist aber bereits wieder außer Kraft gesetzt. An seine Stelle ist mit Wirkung ab 1. Mai 1910 die Pariser Konvention über den internationalen Verkehr mit Kraftfahrzeugen vom 11. Oktober 1909, sowie die hiezu ergangene Bundesratsverordnung vom 21. April 1910 getreten. Für Bayern vgl. noch die MinBek. vom 28. 4. 10, MinABl. 10, 334. Die Anordnungen des Bundesrats sind nach Abs. 4 durch das Reichsgesetzblatt zu veröffentlichen.

Die im Jahre 1906 vom Bundesrat erlassenen und in den einzelnen Bundesstaaten im Verordnungsweg eingeführten Grundzüge stellten kein Reichsrecht dar, da eine Zuständigkeit des Bundesrats zur Regelung der Materie weder durch Art. 7 Abs. 2 der Reichsverfassung noch durch besondere reichsgesetzliche Delegation gegeben war; es war also dadurch nicht formell, sondern nur materiell gemeines Recht geschaffen. Anders die Bundesratsverordnung von 1910, die auch formell Reichsrecht schafft.

II. Eine **Zuständigkeit der Landeszentralbehörden** (in Bayern des Staatsministeriums des Innern) für die unter

Abs. 1 fallenden Anordnungen ist gegeben, soweit der Bundesrat von seinem Anordnungsrecht keinen Gebrauch macht. Der Bundesrat kann freilich die landesrechtlichen Bestimmungen jederzeit durch neue im Rahmen des Abs. 1 sich bewegende Anordnungen wieder außer Kraft setzen.

Da die BV. in § 2 Abs. 3 die Anwendung ihrer Vorschriften auf Straßenlokomotiven, Straßenwalzen, Zugmaschinen ohne Güterladeraum, deren betriebsfertiges Eigengewicht, und Lastkraftwagen, deren Gesamtgewicht (einschließlich Ladung) 9 Tonnen übersteigt, sowie auf selbstfahrende Arbeits- und Werkzeugmaschinen ausschließt, diese Fahrzeuge aber gleichfalls als Kraftfahrzeuge zu erachten sind (vgl. § 1 Bem. I, 5 u. bay. VollzBek. II zu § 2), so sind insoweit die Landeszentralbehörden zur Regelung zuständig. Weiter erklärt die BV. selbst in einzelnen Punkten die Landeszentralbehörden für zuständig; es gehören hierher § 2 Abs. 1 (Umfang der Anwendung der für den Verkehr von Fuhrwerken und Fahrrädern auf öffentlichen Wegen oder Plätzen bestehenden Vorschriften auf die Kraftfahrzeuge), § 23 Abs. 1, der den Landeszentralbehörden das Recht gibt, den Verkehr von Kraftfahrzeugen auf Wegstrecken, die dem Durchgangsverkehr dienen, zu regeln (vgl. Bem. III), weiter § 24 Abs. 2 über die Genehmigung von Zuverlässigkeitsfahrten und ähnlichen Veranstaltungen zu Prüfungszwecken.

III. **Zuständigkeit anderer Behörden** (vgl. Neukirch-Rosenmeyer § 21 Anm. 3). Neben dem Bundesrat und den Landeszentralbehörden sind auch die höheren Verwaltungsbehörden und die Ortspolizeibehörden zum Erlaß von Anordnungen auf dem Gebiet des Kraftfahrzeugverkehrs befugt, aber nur insoweit als ihnen dieses Recht, sei es durch das Gesetz, sei es durch die BV. oder die Ausführungsbestimmungen ausdrücklich übertragen ist. In Betracht kommt hier der § 2 Abs. 3 A.G., der den Ortspolizeibehörden die Befugnis einräumt, auf Grund des § 37 GewO. für die im öffentlichen Fahrbetrieb verwendeten Kraftfahrzeuge und ihre Führer weitergehende Anordnungen zu treffen. Weiter schlägt hier ein der § 23 BV. Hienach können die Polizeibehörden durch allgemeine polizeiliche Vorschriften oder durch besondere für den einzelnen Fall getroffene polizeiliche Anordnungen, soweit der Zustand der Wege oder die Eigenart des Verkehrs es erfordert, den Verkehr mit Kraftfahrzeugen überhaupt oder mit einzelnen Arten auf bestimmten Wegen, Plätzen und Brücken verbieten oder beschränken. Für Wegestrecken, die dem Durchgangsverkehr dienen, steht aber dieses Recht nur den Landeszentralbehörden zu, die jedoch ihre Befugnis auf die höhere Verwaltungsbehörde übertragen können.

Die bayer. VollzBek. II zu § 23 erörtert eingehend die Voraussetzungen, unter denen der Erlaß solcher Absperrungen oder Beschränkungen zulässig sein soll. Die Möglichkeit des Scheuens der Zugtiere allein ist kein ausreichender Sperrungsgrund. Auch ist die Sperrung sämtlicher Wege eines Orts- oder Gemeindebezirks oder aller Wege einer bestimmten Klasse unzulässig; es soll nicht die Durchfahrt durch ganze Orte unmöglich gemacht werden. Außerdem wird den Polizeibehörden zur Pflicht gemacht, bei Besitzern von Kraftfahrzeugen, von denen eine richtige und rücksichtsvolle Fahrweise zu erwarten ist, widerruflich eine Ausnahme zu gestatten, insbesondere, wenn solche Personen in den gesperrten Straßen wohnen oder das Kraftfahrzeug für ihre Berufsausübung (Ärzte) benützen.

Verbote und Beschränkungen für Wegestrecken, die dem Durchgangsverkehr dienen, können nach bay. Vollz. Bek. II zu § 23 Ziff. 5 nur vom Staatsministerium des Innern oder von den Kreisregierungen, also nicht von den Distriktsverwaltungsbehörden erlassen werden. Allgemeine Normen dafür, was unter „dem Durchgangsverkehr dienenden Wegestrecken" zu verstehen sei, lassen sich kaum aufstellen. Es sollen durch Benehmen der bayerischen mit den Behörden der angrenzenden Bundesstaaten Unterlagen für die Feststellung der hierher gehörigen Wegestrecken gewonnen werden.

Soweit es sich um Anordnungen von Verkehrsbeschränkungen handelt, die nicht unter § 23 Abs. 1 BV. fallen, die also ihren Grund nicht in dem Zustand der Wege oder der Eigenart des Verkehrs, sondern in „anderen besonderen Verhältnissen", z. B. der Nähe von Schulen, Kirchen, Behörden haben, sind nur die höheren Verwaltungsbehörden, in Bayern nur die Distriktsverwaltungsbehörden und die ihnen vorgesetzten Stellen zuständig.

Polizeiliche Vorschriften, durch die wegen des Zustandes der Wege oder der Eigenart des Verkehrs eine Höchstgeschwindigkeit von weniger als 15 km in der Stunde festgesetzt wird, dürfen nur für solche Kraftfahrzeuge erlassen werden, deren Gesamtgewicht 5,5 Tonnen übersteigt; zuständig sind hier nur die höheren Verwaltungsbehörden (in Bayern die Distriktsverwaltungsbehörden und die ihnen vorgesetzten Stellen). Wo jedoch für den allgemeinen Fuhrwerksverkehr beschränkende Vorschriften gelten (z. B. Schrittfahren auf Brücken, bei Toren usw.), finden solche gemäß § 2 Abs. 1 BB. auch auf sämtliche Kraftfahrzeuge Anwendung.

In Bayern sind durch die Vollz. Bek. II zu § 23 Ziff. 9 sämtliche bisher erlassenen ober-, distrikts- und ortspolizeilichen Vorschriften, wonach die Benützung von Wegen, Plätzen und Brücken für Kraftfahrzeuge verboten oder beschränkt ist, vom 1. Mai 1910 ab außer Kraft gesetzt. Soweit die Vorschriften aufrecht erhalten werden sollen, müssen sie sonach von neuem erlassen werden. Diese Aufhebung ist erfolgt, weil durch § 6 AG., § 23 BB. die hierhergehörigen Vorschriften auf eine neue rechtliche Grundlage gestellt und deshalb eine Nachprüfung der Gültigkeit aller bisher erlassenen Vorschriften notwendig gewesen wäre.

IV. **Führer der Militär- und Postverwaltung.** Über ihre Stellung vgl. § 2 Bem. II, 6 b u. c, § 4 Bem. 5, § 5 Bem. I 6. Die Vorschrift des § 6 Abs. 2, die eine Einschränkung des Rekursrechtes bezweckt, bezieht sich nur auf Personen, die von der Militär- oder Postverwaltung als Führer von Kraftfahrzeugen verwendet werden; dazu gehören nicht solche Fahrer, die zwar im Militär- oder Postdienste stehen, aber nur außerdienstlich ein Kraftfahrzeug führen (Krause § 6 Bem. 8). Die Verfügungen der Post- und Militärbehörden auf Entziehung der Fahrerlaubnis haben die gleiche Wirkung wie die von einer Zivilbehörde ausgesprochene Entziehung. Die Entziehung gilt also nicht etwa nur für die Zeit der Beschäftigung des Ausgeschlossenen bei der Post- oder Militärbehörde, sondern wirkt, sofern sie nicht auf eine bestimmte Zeit beschränkt ist, auch nach der Entlassung aus dem Militär- oder Postdienst fort (Krause a. a. O., Gordan § 6 Bem. 4.)

V. **Bayern und Württemberg.** Durch die in § 6 Abs. 4 angeführten Bündnisverträge sind Bayern Reservatrechte auf militärischem und postalischem Gebiet, Württemberg solche auf postalischem Gebiete eingeräumt. Die für Bayern maßgebenden Art. III §§ 4 und 5 des Bündnisvertrags vom 23. 11. 70 lauten:

§ 4. „Das Königreich Bayern behält die freie und selbständige Verwaltung seines Post- und Telegraphenwesens".

§ 5. „Das bayerische Heer bildet einen in sich geschlossenen Bestandteil des deutschen Bundesheeres mit selbständiger Verwaltung unter der Militärhoheit Seiner Majestät des Königs von Bayern, im Kriege unter dem Befehle des Bundesfeldherrn".

Danach ist also für Bayern auf dem Gebiete des Post- und Militärwesens der Bundesrat zur Erlassung von Vorschriften für Kraftfahrzeuge nicht befugt. Der Erlaß der Vorschriften steht den Landesbehörden zu.

Das Reservatrecht beider Staaten erstreckt sich nur auf die Regelung des Kraftfahrzeugwesens im inneren Dienst der genannten Behörden, nicht auf die Regelung der Beziehungen der Post- und Militär-Kraftfahrzeuge zum Publikum. Die Bestimmungen des Abschnitt II und III AG. finden also ohne weiteres auch in Bayern und Württemberg Anwendung.

II. **Haftpflicht.**

Die Vorschriften über die zivilrechtliche Haftpflicht sind im wesentlichen den Bestimmungen des Reichshaftpflichtgesetzes nachgebildet, insbesondere stimmen die §§ 10, 11, 13 wörtlich mit den Bestimmungen des Haftpflichtgesetzes überein. Eine prinzipielle Verschiedenheit der Haftungsgrundsätze ergibt sich daraus, daß das AG. an Stelle des im Haftpflichtgesetz verwendeten Begriffs der höheren Gewalt die Haftung des Halters bei Vorliegen eines unabwendbaren Ereignisses ausschließt. Die Aufnahme dieses Rechtsbegriffs ist im wesentlichen darauf zurückzuführen, daß der Reichstag die vom Reichsgericht dem Begriff der höheren Gewalt gegebene Auslegung, wonach solche Unfälle, die mit einer gewissen Häufigkeit vorkommen, mit denen also das Eisenbahnunternehmen von vorneherein rechnen muß, die Einrede der höheren Gewalt nicht begründen sollten, für irrig hält. In einem Punkt geht die Haftung nach dem AG. weiter als die nach dem Haftpflichtgesetz, insofern nämlich der Fahrzeughalter auch für den durch sein Fahrzeug angerichteten Sachschaden aufzukommen hat. Dagegen ist in mehreren anderen Richtungen die Haftung des Fahrzeughalters gegenüber der des Eisenbahnunternehmens eine wesentlich beschränktere. In Betracht kommt hier in erster Linie der § 12, der — eine ziemliche Neuheit im Rechtsleben — den Fahrzeughalter bei Verletzung oder Tötung einer Person nur bis zu einem Kapitalbetrag von 50 000 Mk bezw. bis zu einem Rentenbetrag von 3000 Mk., bei Verletzung oder Tötung mehrerer Personen bis 150 000 Mk. Kapital oder 9000 Mk. Rente, bei Sachschäden nur bis 10 000 Mk. haften läßt. Weiter ist hier von Bedeutung die Vorschrift des § 8 Ziffer 1, der den Kreis der Ersatzberechtigten einschränkt, indem er einen Ersatzanspruch versagt, wenn zur Zeit des Unfalls der Verletzte oder die beschädigte Sache durch das Fahrzeug befördert wurde oder der Verletzte bei dem Betriebe des Fahrzeugs tätig war. Damit ist also gerade die Personenklasse, die bei der Haftung des Eisenbahnunternehmens am häufigsten und in erster Linie in Betracht kommt, nämlich die Klasse der Passagiere, aus der Reihe der Ersatzberechtigten ausgeschieden. Die Haftpflicht ist ferner beschränkt durch die Bestimmung des § 8 Ziff. 2, wonach bei langsam fahrenden Lastautomobilen (Fahrzeug mit einer Maximalgeschwindigkeit von 20 km in der Stunde auf ebener Straße) eine Haftung nach den Grundsätzen des AG. nicht eintritt, sodaß insoweit Halter und Führer nur beim Nachweis eines sie treffenden Verschuldens nach § 823 BGB. haften. § 9 stellt klar, was auch schon für das Haftpflichtgesetz von der herrschenden Meinung angenommen, von mancher Seite allerdings bestritten war, daß bei der Frage der Haftpflicht und ihres Umfangs auch ein konkurrierendes Verschulden des Verletzten nach Maßgabe des § 254 BGB. in Betracht zu ziehen ist.

Die Verjährung des Haftpflichtanspruchs ist in § 14 geregelt, und zwar abweichend vom Haftpflichtgesetz; denn während das letztere Gesetz die Verjährung mit dem Tage des Unfalls beginnen läßt, läuft nach § 14 die Verjährungsfrist ebenso wie in § 852 BGB. erst, wenn der Ersatzberechtigte von dem Schaden und von der Person des Ersatzpflichtigen Kenntnis erhalten hat.

Eine wesentliche, im Interesse des durch die ihm obliegende Beweislast beschwerten Fahrzeughalters gelegene Neuerung bringt § 15, der den Ersatzberechtigten seiner Ansprüche auf Grund des AG. für verlustig erklärt, sofern er nicht binnen einer Ausschlußfrist von 2 Monaten — beginnend mit seiner Kenntnis von dem Schaden und der Person des Ersatzpflichtigen — dem Ersatzpflichtigen den Unfall mitteilt, um diesen dadurch in den Stand zu setzen, rechtzeitig zur Führung des Entlastungsbeweises das notwendige Material sammeln zu können.

Im Falle eines Verschuldens des Ersatzpflichtigen bleiben nach ausdrücklicher Vorschrift des § 16 die reichsgesetzlichen Vorschriften unberührt, nach denen der Fahrzeughalter für den durch das Fahrzeug verursachten Schaden im weiteren Umfang als nach den Vorschriften dieses Gesetzes haftet oder nach welchen ein anderer für den Schaden verantwortlich ist. In Betracht kommen hier neben einer etwaigen Haftung aus dem Transportvertrag die §§ 823, 831 BGB. wegen Haftung aus unerlaubter Handlung. Bei dieser auf einem Verschulden beruhenden

Haftung fallen die für den Haftpflichtanspruch aus dem AG. geltenden Beschränkungen hinsichtlich des Umfangs der Haftpflicht weg. Es kommt also einerseits die quantitative Haftungsbeschränkung des § 12 AG. in Wegfall, und es ist anderseits — abweichend vom AG. — auch ein Anspruch nach § 847 BGB. (Schmerzensgeld) und nach § 845 BGB. gegeben. Es ist ferner der Kreis des Ersatzberechtigten ein größerer, insofern die Einschränkung des § 8 Ziff. 1 AG. keine Anwendung findet, und es können endlich abweichend vom AG. außer dem Halter und dem Führer auch andere Personen als Ersatzpflichtige in Betracht kommen.

Ist ein Schaden durch mehrere Kraftfahrzeuge verursacht worden, so haften die Halter dem dabei verletzten unbeteiligten Dritten als Gesamtschuldner. Für die Ausgleichungspflicht der mehreren Halter gibt § 17 eine besondere Vorschrift. Danach geschieht die Ausgleichung nicht nach Maßgabe des § 426 BGB., sondern es ist hier ein dem § 254 BGB. entsprechender Maßstab anzulegen.

§ 18 betrifft die Haftung des Führers, dem das Gesetz die Möglichkeit gibt, sich durch Führung des Beweises, daß der Schaden nicht durch sein Verschulden verursacht sei, zu befreien.

§ 19 sieht in gleicher Weise, wie das eine Reihe anderer Reichsgesetze getan hatte, für alle aus dem AG. entstehenden Rechtsstreitigkeiten die Zuständigkeit des Reichsgerichts als Revisionsinstanz vor, während endlich § 20 mit Rücksicht auf die bisher schwankende Rechtsprechung für Klagen aus dem AG. auch das Gericht für örtlich zuständig erklärt, in dessen Bezirk das schädigende Ereignis stattgefunden hat.

§ 7.

Wird bei dem Betrieb eines Kraftfahrzeuges ein Mensch getötet, der Körper oder die Gesundheit eines Menschen verletzt oder eine Sache beschädigt, so ist der Halter des Fahrzeugs verpflichtet, dem Verletzten den daraus entstehenden Schaden zu ersetzen.

Die Ersatzpflicht ist ausgeschlossen, wenn der Unfall durch ein unabwendbares Ereignis verursacht wird, das weder auf einem Fehler in der Beschaffenheit des Fahrzeugs noch auf einem Versagen seiner Verrichtungen beruht. Als unabwendbar gilt ein Ereignis insbesondere dann, wenn es auf

das Verhalten des Verletzten oder eines nicht bei dem Betriebe beschäftigten Dritten oder eines Tieres zurückzuführen ist und sowohl der Halter als der Führer des Fahrzeugs jede nach den Umständen des Falles gebotene Sorgfalt beobachtet hat.

Wird das Fahrzeug ohne Wissen und Willen des Fahrzeughalters von einem anderen in Betrieb gesetzt, so ist dieser an Stelle des Halters zum Ersatze des Schadens verpflichtet.

Entw. I § 1; Entw. II § 1. Begr. S. 8 f. 12 f. Komm. B. S. 5 ff. StenB. S. 5267 f., 5271 f., 5275, 5277, 5280, 7759 ff.

I. **Rechtliche Natur der Haftpflicht.**

Die Regierungsvorlage von 1906 legte im Anschluß an die Grundsätze über die Haftung der Eisenbahnen und in fast wörtlicher Anlehnung an den § 1 des HaftpflG. den Betriebsunternehmern die Ersatzpflicht für alle bei dem Betriebe eines Kraftfahrzeuges entstehenden Schäden auf, soweit nicht der Unfall durch höhere Gewalt oder eigenes Verschulden des Verletzten verursacht war. Der Entwurf von 1908 wollte abweichend hiervon die Haftpflicht in allen den Fällen ausschließen, wo „der Schaden weder durch ein Verschulden des Fahrzeughalters oder einer von ihm zur Führung des Fahrzeuges bestellten oder ermächtigten Person noch durch die fehlerhafte Beschaffenheit des Fahrzeuges oder Versagen seiner Verrichtungen verursacht worden ist". Damit war das im ersten Entwurf angenommene Prinzip der unbedingten Gefährdehaftung verlassen und an seine Stelle eine Verquickung des Gefährdungsprinzips mit dem Verschuldungsprinzip getreten, sodaß die Haftpflicht des Fahrzeughalters in vielfachen Fällen von dem Vorliegen eines Verschuldens abhängig oder wenigstens auf die Präsumtion eines Verschuldens zurückzuführen gewesen wäre. Die Fassung, die das Gesetz nach den Abänderungs-Vorschlägen der Kommission dann endgültig erhalten hat, kehrt im wesentlichen wieder zu dem Prinzip der Gefährdehaftung zurück und statuiert in Abs. 1 des § 7 die unbedingte und unmittelbare Haftpflicht des Fahrzeughalters, wenn die tatsächliche Voraussetzung des Vordersatzes „die Körperverletzung oder Tötung eines Menschen oder Beschädigung einer Sache bei dem Betrieb eines Kraftfahrzeuges" vorliegt.

Damit stellt sich das Gesetz auf dieselbe Grundlage wie das HaftpflG. Es fragt sich nun, ist diese Haftung des Fahrzeughalters eine Haftung aus unerlaubter Handlung oder ist sie eine obligatio ex lege? Für das Gebiet des HaftpflG. hatte sich Theorie und Praxis (Westerkamp in Endemanns Handbuch III S. 640 f., Eger, HaftpflG. § 1 Anm. 1, ROHG. Bd. 12 S. 78, Bd. 13 S. 68, Bd. 21 S. 279 und 363) überwiegend auf den letzteren Standpunkt gestellt und erklärt, nach dem Gesetz hafte der Unternehmer ganz unabhängig von eigenem Verschulden, ganz unabhängig von dem Verschulden seiner Angestellten, ja er werde nicht einmal frei durch den Nachweis, daß der Unfall ohne alles Verschulden seinerseits durch Zufall herbeigeführt sei, und nur durch den Nachweis höherer Gewalt oder eigener Verschuldung des Verletzten vermöge er sich zu liberieren, es sei also die Obligation des § 1 lediglich an den Zustand des Betriebs einer Eisenbahn geknüpft und deshalb als obligatio ex lege zu erachten. Auch das Reichsgericht hat in seinem Urteil vom 13. Februar 02 (RGZ. 50, 408) diesen Standpunkt vertreten.

Er ist auch für unser Gesetz der richtige. Die Haftpflicht des Fahrzeughalters beruht nicht auf einem Verschulden, auch nicht auf einem präsumierten Verschulden, sondern nur auf dem Gesetz, wird also allein durch die Tatsache begründet, daß bei dem Betrieb des Fahrzeugs und in ursächlichem Zusammenhang mit ihm ein Schaden entstanden ist. An dieser rechtlichen Natur des Haftpflichtanspruchs wird auch nichts dadurch geändert, daß das Reichsgericht sich veranlaßt sah, für den rechtlich gleichstehenden Anspruch aus dem HaftpflG. in gewisser Richtung auch die Vorschriften des BGB. über die unerlaubten Handlungen als anwendbar zu erklären. So RG. 24. November 02 RGZ. 53, 114 und 27. Juni 04 RGZ. 58, 335, die aussprechen, daß die dem Eisenbahnunternehmen in § 1 HaftpflG. auferlegte Haftung wenigstens im Sinne des § 840 Abs. 3 BGB. als Haftung aus unerlaubter Handlung zu erachten sei, dabei aber ausdrücklich (RG. 8. Februar 04, RGZ. 57, 52) hervorheben, daß „die in § 1 HaftpflG. auferlegte Pflicht eine Deliktsobligation im eigentlichen Sinne sicher nicht sei". Es gehört hierher weiter das Urteil des RG. 20. März 05, RGZ. 60, 300, JW. 05, 317, das ausführt: „Der Begriff der unerlaubten Handlung ist ein solcher des materiellen Rechts, also nach BGB. zu bestimmen. Der Titel 25 des II. Buches des BGB. begreift nur unter der Gesamtbezeichnung „unerlaubte Handlungen" die Verpflichtungen aus einem positiv festzustellenden schuldhaften Verhalten (§§ 823—826, 839), wie solche aus einem vermuteten, durch Gegenbeweis zu widerlegenden Verschulden (§§ 831/832, 836), daneben aber auch Tatbestände einer bloß objektiven Haftung, die weder den Nachweis eines Verschuldens des Ersatzpflichtigen erfordern noch auch nur den Gegenbeweis eines Nichtvorhandenseins zulassen (§§ 829, 835 und der jetzt allerdings geänderte § 833). Die §§ 833, 835 enthalten Fälle einer sog. Gefährdungshaftung. Wer in seinem Interesse durch von ihm unterhaltene Einrichtungen seine Mitmenschen oder deren Eigentum gewissen Gefahren aussetzt, muß auch den Schaden ersetzen, der infolge dieser Gefährdung entstanden ist. Zu den auf dem Gedanken einer solchen Gefährdungshaftung beruhenden Gesetzen gehört nun auch § 1 HaftpflG. Im eigentlichen juristischen Sinne stellt sich zwar die Verpflichtung aus § 1 HaftpflG. nicht als Deliktsobligation, wenn auch nur mit vermutetem Verschulden dar; in einem allgemeinen Sinne indessen muß die bei Beratung des Gesetzes zutage getretene Auffassung, daß der Schwerpunkt des Gesetzes in einem im Schadensfall zu vermutenden Verschulden des Betriebsunternehmers gelegen sei, als richtig anerkannt werden; weil bei dem Stand der Technik und der großen Menge von Hilfsmitteln meist Unfälle sich durch Sorgfalt im Betriebe in der Regel vermeiden lassen, ist es berechtigt, den Betriebsunternehmer schlechthin für danach eintretende Unfälle haften zu lassen, soferne nicht eigenes Verschulden des Verletzten oder höhere Gewalt den Unfall verursacht haben. In dieser Anerkennung des Einwands der höheren Gewalt liegt jener Gedanke einer allgemeinen Schuldvermutung, daß alles, was voraussehbar ist, auch durch Aufwendung größtmöglicher Sorgfalt im Betrieb verhütet werden kann, eingeschlossen. Insofern steht § 1 HaftpflG. zwischen den auf vermutetem Verschulden im eigentlichen Sinne und den auf reiner Gefährdung beruhenden Schadens-Haftungsgesetzen in der Mitte". Das Urteil verwirft zwar die in RGZ. 50, 408 vertretene Auffassung, als wenn die Bestimmungen der §§ 829, 833, 835 nur rein äußerlich dem Titel über die unerlaubten Handlungen angefügt seien, enthält aber gleichwohl wieder den Vorbehalt, daß die Haftpflicht aus § 1 keine Deliktsobligation im eigentlichen juristischen Sinne sei. Vgl. Gordan § 7 Anm. 7 S. 46 ff.; Waldeck § 7 S. 29; Schmid-Wagner S. 69 ff.

II. **Betrieb eines Kraftfahrzeuges.** Die Fassung des Gesetzes, daß für die „beim Betriebe eines Kraftfahrzeuges" entstehenden Unfälle gehaftet werden müsse, ist unter Abweichung von der ursprünglichen Fassung des Entwurfs absichtlich dem § 1 Reichs-Haftpflichtgesetzes nachgebildet. Aus dieser bewußt herbeigeführten Übereinstimmung ergibt sich zwar als Wille des Gesetzgebers, daß die durch Rechtsprechung und Literatur dem Begriff „Betrieb" im Sinne des Haftpflichtgesetzes gegebene Auslegung auch für unser Gesetz Verwendung finden solle; doch darf dabei nicht übersehen werden, daß der Betrieb eines Eisenbahnunternehmens begrifflich und sprachlich etwas anderes bedeutet als Betrieb eines Kraftfahrzeugs. Es ist schon von dem Schweizer Bundesrat in seinem Bericht an die Bundesversammlung über die Unterstellung der Kraftfahrzeuge unter die Haftpflicht der Eisenbahnen vom 15. Dezember 1902 darauf hingewiesen worden, daß man von dem Betrieb von Automobilen eigentlich überhaupt nicht reden, daß man zwar eine Eisenbahn, nicht aber ein Automobil betreiben könne. Der Betrieb einer Eisenbahn als der Betrieb eines Unternehmens erschöpft sich nicht in der Bewegung eines einzelnen Zugs, sondern umfaßt einen ganz bestimmt abgegrenzten Komplex von ineinandergreifenden Einrichtungen und Handlungen, während bei dem Betrieb e i n e s Kraftfahrzeugs (und nur von diesem, nicht von einem Kraftfahrbetrieb spricht das Gesetz) von einem dem Eisenbahnunternehmen analogen Unternehmen nicht die Rede sein kann. Unter Betrieb im Sinne des Haftpflichtgesetzes ist der Inbegriff derjenigen Funktionen des Eisenbahngewerbes zu verstehen, welche demselben die ihm eigentümliche Gefährlichkeit verleihen; nur Verletzungen bei solchen Funktionen, die dem Eisenbahngewerbe im Vergleich mit allen anderen Transportgewerben die ihm eigentümliche Gefährlichkeit verleihen und somit bei letzteren nicht in gleichgefährlicher Weise vorzukommen pflegen, fallen unter das Haftpflichtgesetz. Daher ist unter Betrieb zwar nicht der gesamte Eisenbahnverkehr, nicht der Gesamtbetrieb der Eisenbahnen im weitesten Sinne gemeint, es fallen also z. B. die kaufmännischen Manipulationen nicht darunter; sondern unter Betrieb im Sinne des § 1 HaftpflG. ist nur der technische Betrieb, d. h. die Tätigkeit oder Wirksamkeit der Betriebsmittel zu verstehen. Diese Tätigkeit ist aber (vgl. E g e r S. 19) nicht identisch mit der Ortsbewegung oder Beförderung; es ist nicht notwendig, daß sich die Betriebsmittel in lokaler Bewegung befinden, noch weniger, daß sie zur regelmäßigen Beförderung verwendet werden oder überhaupt unmittelbar zum Transport dienen. Der Betrieb einer Eisenbahn ruht nicht, auch wenn sich einzelne Wagen oder Maschinen zeitweilig außer Betrieb befinden. Der Betrieb eines Kraftfahrzeugs dagegen ist anders wie der Eisenbahnbetrieb nicht durch einen äußeren Apparat bedingt; das Halten eines Kraftfahrzeuges begründet keinen Betrieb derart, daß alle einzelnen Fälle der Benutzung eines Fahrzeugs Glieder in der Kette eines einheitlichen fortgesetzten Betriebes wären. Ein Betrieb des Kraftfahrzeugs im Sinne des AG. findet nur statt, wenn und solange das Kraftfahrzeug selbst sich im Betrieb befindet. Kirchner § 7 Bem. II 1 S. 29. Die dem Entwurf I von 1906 beigegebene Begründung sprach davon, daß die Gefährdung des Publikums durch Kraftfahrzeuge erst eintrete, wenn ein Fahrzeug zur Verwendung gelangt, und in Gebrauch gesetzt werde. Gegen diese durch die Verwendung einer Ingebrauchsetzung drohende Gefährdung sollte das Publikum geschützt werden. Mit Recht hebt deshalb Krause § 7 Bem. 1 S. 51 hervor, daß unter Betrieb im Sinne des § 7 eben das zu verstehen sei, was die Motive zum 1. Entwurf durch die Worte „Verwendung und Ingebrauchsetzung" umschrieben; betrieben wird also ein Kraftfahrzeug, wenn es verwendet und im Gebrauch gesetzt wird, und da die Verwendung eines Kraftfahrzeugs denselben Zweck verfolgt wie die jedes anderen Fahrzeugs, nämlich die Fortbewegung, das Fahren, so liegt der Betrieb eines Kraftfahrzeugs in der Fortbewegung durch die ihm innewohnende Maschinenkraft und in der Ingebrauchsetzung hierzu.

Nicht unter den Begriff des Betriebs fallen die den Betrieb nur vorbereitenden Handlungen. Die Reinigung des Fahrzeugs, die Instandsetzung seiner einzelnen Bestandteile für die beabsichtigte Fahrt, Schmieren der Maschine, Auffüllen des Benzin- und Ölbehälters, des Kühlers, Auflegen der Pneumatiks, das Beladen des Fahrzeugs. Dagegen beginnt der Betrieb nicht erst in dem Moment, wo das Fahrzeug sich durch die Maschinenkraft in Bewegung setzt, sondern es gehört auch schon diejenige unmittelbare Vorbereitung, die notwendig ist, um die Inbewegungsetzung des Fahrzeugs durch die Maschinenkraft herbeizuführen, also das Ankurbeln des Motors, zu den Betriebshandlungen, sofern dasselbe zum Zweck der Inbewegungsetzung des Fahrzeugs erfolgt. Wird lediglich angekurbelt um den Motor allein laufen zu lassen, ohne daß eine Bewegungstätigkeit beabsichtigt ist, dann liegt eine Betriebshandlung nicht vor. Kirchner § 7 Bem. II 1 S. 32, Neukirch-Rosenmeyer Anm. 3 S. 44. Ist dagegen der Motor zum Zwecke der Fortbewegung angekurbelt, dann hat damit der Betrieb begonnen und ein Unfall, der sich nach dem Ankurbeln ereignet, ist auch dann ein Betriebsunfall, wenn er eintritt, ehe sich das Fahrzeug in Bewegung gesetzt hat. Der Betrieb dauert fort solange das durch die Maschinenkraft in Bewegung gesetzte Fahrzeug sich in Bewegung befindet; auch dann, wenn das Fahrzeug unter zeitweiser Ausschaltung des Motors sich infolge des durch den Motor gewonnenen Antriebs, oder bei geneigter Fahrbahn infolge der Schwerkraft weiterbewegt, ist es im Betrieb. Anders liegt die Sache dann, wenn das Fahrzeug nicht durch die Maschinenkraft in Bewegung gesetzt worden ist. Wird ein Automobil durch Menschen aus der Garage gezogen oder wird ein unterwegs defekt gewordenes Automobil durch Pferde heimbefördert, dann kann von dem Betrieb eines Kraftfahrzeugs kein Rede sein. Das Gleiche gilt, wenn ein in völliger Betriebsruhe befindliches Kraftfahrzeug durch Zufall oder durch äußere Einwirkung, Sturm, Anstoßen durch fremde Hand oder durch andere Fahrzeuge auf abschüssiger Bahn in Bewegung gesetzt wird. Kirchner S. 31, Krause S. 53, Neukirch-Rosenmeyer S. 44, a. M. Gordan S. 31. Selbst dann, wenn diese Bewegung eine beabsichtigte ist z. B. der Fahrer läßt sein, defekt gewordenes, schon vorher auf ebener Straße völlig außer Betrieb gekommenes Fahrrad, um sich das Schieben zu ersparen, eine abschüssige Straße hinablaufen, liegt der Betrieb eines Kraftfahrzeuges nicht vor; ebenso nicht, wenn ein Kraftfahrrad, dessen Maschine völlig defekt ist, lediglich durch die Pedale weiter bewegt wird. A. M. Neukirch-Rosenmeyer § 7 Anm. 2 S. 44 und Gordan § 7 Bem. 1 S. 30. Die von Gordan angeführte Entscheidung des OLG. Braunschweig vom 23. 1. 06 DJZ. 07, 25 spricht zwar aus, daß ein Motorfahrrad, das unter Abstellung des Motors nur mit den Pedalen fortbewegt wird, als Kraftfahrzeug zu gelten hat; doch handelte es sich bei dem in dem Urteil zur Entscheidung stehenden Fall nur um die Auslegung einer Polizei-Verordnung, die für Kraftfahrzeuge das Fahren auf bestimmten Wegen verbot. Die Frage, ob eine derartige Fortbewegung als Betrieb eines Kraftfahrzeugs zu erachten ist, ist damit m. E. nicht entschieden. Ein Fahrzeug, das nach Beendigung der Fahrt in völliger Betriebsruhe, also insbesondere unter Abstellung des Motors auf der Straße steht, ist nicht mehr im Betrieb. Das gilt nicht nur für ein Privatautomobil, sondern ebenso für die betriebsbereit, oder in Betriebsruhe auf öffentlichen Plätzen stehenden Automobildroschken; denn wenn auch der Betrieb des Droschkenunternehmens durch die Betriebspausen einzelner zu ihm gehöriger Fahrzeuge keine Unterbrechung erleidet, so kann doch von einem Betrieb des einzelnen auf dem Halteplatz stehenden Kraftfahrzeugs (und auf den Betrieb des einzelnen Fahrzeugs stellt das Gesetz ab) keine Rede sein.

Wenn einerseits der Betrieb schon vor der Bewegung mit dem Ankurbeln des Motors einsetzt, so erreicht er anderseits sein Ende nicht immer schon mit dem Aufhören der Bewegung; vielmehr dauert der Betrieb fort, wenn das Fahrzeug ohne Abstellen des Motors anhält. Die Begründung zum Entwurf II sagt ausdrücklich: „im Betrieb befindlich ist das Fahrzeug auch dann, wenn es z. B. bei Fahrtunterbrechungen ohne völlige Abstellung des Motors zur Fahrt bereit steht." Der Betrieb ist erst dann beendet, wenn sowohl die Bewegung des Fahrzeugs als auch die Tätigkeit des Motors aufgehört hat. Erfolgt allerdings das Anhalten und Ausschalten des Motors nicht in der Absicht, die Fahrt und damit den Betrieb zu beendigen oder auf längere Zeit zu unterbrechen, sondern weil z. B. die Verkehrsverhältnisse den Führer zum Anhalten nötigen, dann hat der Wagen als noch im Betrieb befindlich zu gelten. Ein Wagen, der mitten im Straßenverkehr anhält, um jeden Augenblick wieder weiter zu fahren, hat seinen Betrieb nicht beendigt; ein während eines solchen Haltens eintretender Unfall ist Betriebsunfall und zwar auch dann, wenn im Zeitpunkt des Unfalls eine momentane, völlige Betriebsruhe der Maschine und des Wagens eingetreten ist.

Ebenso wie die den Betrieb vorbereitenden Handlungen, gehören auch die Handlungen nicht zum Betrieb, die nach Beendigung einer Fahrt am Fahrzeug vorgenommen werden, um es für spätere Betriebstätigkeit wieder in Stand zu setzen (Reinigungs-, Reparatur-Arbeiten).

Wesentlich anders faßt Gordan S. 31 f. den Begriff des Betriebs auf. Er sagt: „Man muß annehmen, daß sich ein Fahrzeug stets dann im Betrieb befindet, wenn entweder seine maschinellen Einrichtungen sich in Tätigkeit befinden oder das Fahrzeug sonst in eine solche Beziehung zum öffentlichen Verkehr gesetzt ist, daß die Eigenart und die besondere Gefährlichkeit des Fahrzeugs auf den öffentlichen Verkehr einzuwirken in der Lage sind. Hienach würde ein Kraftfahrzeug, das unter Abstellung des Motors auf öffentlicher Straße steht, immer als im Betriebe befindlich zu gelten haben, unbeschadet des Umstandes, daß bei einem Unfall die Haftung aus dem Gesetze nur dann begründet ist, wenn die Eigentümlichkeiten des Betriebes ihn verursacht haben, nicht aber, wenn der Unfall sich zwar an dem Kraftfahrzeug zugetragen hat, jedoch der Betrieb gar nicht äußerlich in die Erscheinung tritt. Wollte man unter allen Umständen Fahrzeuge, die ohne Bewegung des Motors an öffentlichen Stellen stehen, als nicht im Betriebe befindlich betrachten, so würden etwaige Explosionen, die sich durch Unvorsichtigkeit bei den Benzinmotoren ereignen, nicht unter die Haftpflicht fallen, was nicht gemeint sein kann". Ich kann diese Umschreibung des Begriffs der Betriebstätigkeit nicht für zutreffend halten. Es wird dadurch in den Begriff des Betriebs ein Moment hineingetragen, das für die Frage, ob ein Betriebsunfall und damit eine Haftpflicht gegeben ist, nicht von Bedeutung ist, nämlich der Umstand, ob das Fahrzeug auf den öffentlichen Verkehr einzuwirken in der Lage ist. Für die Frage der Haftpflicht des Fahrzeughalters ist es — das gibt auch Gordan zu — gleichgültig, ob sich der Unfall auf öffentlicher Straße ereignet oder nicht. Der Fahrzeughalter, dessen Fahrzeug bei einer Fahrt in seinem privaten Park explodiert und dabei eine fremde Person verletzt, haftet geradeso als wenn der Unfall sich auf öffentlicher Straße abgespielt hätte. Es kann deshalb der Umstand, ob das Fahrzeug auf den öffentlichen Verkehr einzuwirken in der Lage ist auch nicht für die Bestimmung der Begriffe Betriebsunfall und Betrieb von Bedeutung sein; vielmehr ist grundsätzlich der Betrieb in privaten Grundstücke geradeso zu beurteilen wie der auf öffentlichen Straßen. Gleichwohl pflichte ich Gordan bei, wenn er erklärt, es könne nicht Absicht des Gesetzgebers gewesen sein, einen auf öffentlicher Straße erfolgenden, durch ein stille stehendes Fahrzeug herbeigeführten Unfall, z. B. eine Explosion, unter allen Umständen von der Haftung nach § 7 auszunehmen. Solche Explosionen eines stille stehenden, also nicht im Betrieb befindlichen Fahrzeugs können allerdings unter § 7 subsumiert werden. Die Möglichkeit hiefür gibt die Fassung des Gesetzes „beim Betrieb". Der Entwurf hatte statt dessen die Fassung „durch ein im Betrieb befindliches Fahrzeug"; danach hätte man einen Betriebsunfall nur dann annehmen können, wenn gerade im Moment des Unfalls das Fahrzeug im Betrieb befindlich war. Die Fassung „beim Betrieb" verlangt eine solche Auslegung nicht; es ist nicht notwendig, daß eine Betriebshandlung selbst unmittelbar im Augenblick des Unfalls vorgenommen worden ist, sondern der durch die Worte „bei dem Betrieb" verlangte zeitliche, örtliche und kausale Zusammenhang zwischen dem Betrieb und dem Unfall liegt auch dann vor, wenn der Unfall auf eine kurz vorher abgeschlossene Betriebstätigkeit zurückzuführen ist, z. B. die Explosion zwar nach Stillestehen des Fahrzeugs erfolgt, die Entzündung des Benzins aber in der vorausgegangenen Tätigkeit der Maschine ihre Ursache hat, durch die unmittelbar vorausgegangene schnelle Bewegung eine Erhitzung der Teile verursacht ist, oder wenn der Unfall erfolgt bei einer Tätigkeit, die unmittelbar den Betrieb des Fahrzeugs vorbereiten oder die Weiterausübung des nur vorübergehend unterbrochenen Betriebs ermöglichen sollte. Mußte z. B. das Fahrzeug wegen einer Störung der Maschine mitten in seiner Fahrt halten und ereignet sich nun bei den Versuchen des Führers, die Störung zu beseitigen, eine Explosion, dann ist die Haftpflicht des Halters gegeben; denn der Unfall ist erfolgt bei dem Betrieb (vgl. RG. 3. 12. 03 RGZ. 56, 265).

Von dem gleichen Gedanken gehen offenbar Neukirch-Rosenmeyer aus. Bei ihnen heißt es § 7 S. 45: „Fraglich kann sein, ob ein Betriebsunfall vorliegt, wenn beim stehenden Wagen, dessen Motor zum Zwecke der Beendigung der Bewegung abgestellt ist, ein Luftschlauch platzt. Das ist zu verneinen. Auch hier entfällt der Moment der besonderen Gefährlichkeit. Platzt aber der Luftschlauch im Augenblick des Haltens oder derart nach dem Aufhören der Maschinentätigkeit, daß das Platzen in der Bewegung oder Maschinenkraft seine Ursache hat — das ist Tatfrage — so dürfte man sehr wohl einen Unfall beim Betrieb annehmen können.“ Ob dann dieser Betriebsunfall — Explosion, Platzen des Luftschlauchs — erfolgt, während das Fahrzeug auf öffentlicher Straße steht und in der Lage ist, auf den öffentlichen Verkehr einzuwirken, oder ob er sich zuträgt auf einem privaten Grundstück des Halters, ist für den Begriff des Betriebsunfalls belanglos.

Gleichgültig für den Begriff des Betriebs ist das Maß der Geschwindigkeit; auch ein Kraftwagen, der nicht rascher fährt als ein gewöhnliches Fuhrwerk, ist im Betrieb. Ebenso kommt es nicht darauf an, ob der Wagen von der zuständigen Behörde zum Verkehr zugelassen ist oder nicht.

Unerheblich ist ferner, wie schon erwähnt, ob der Unfall sich auf öffentlichen Straßen und Wegen, oder in privaten Räumen (Höfen, Rennbahnen) ereignet (zweifelnd Hallbauer § 7 Bem. 7 S. 9).

Im Betrieb ist das Fahrzeug nicht nur dann, wenn es von dem Führer gelenkt wird, sondern es bleibt auch im Betrieb, wenn der Führer, um sich zu retten, abspringt und der Wagen nun ohne Leitung weiter fährt. Es ist zum Begriff des Betriebs auch nicht notwendig, daß er auf lange Dauer berechnet ist oder einem vernünftigen oder erlaubten Zweck dient. Ein Automobilbetrieb liegt auch vor, wenn (Hallbauer a. a. O. S. 9) ein übermütiger Mensch auf ein ruhig dastehendes Kraftfahrzeug aufspringt, um damit ein paarmal auf und ab zu fahren, oder wenn der Dieb mit dem gestohlenen Wagen entflieht. Auch der ordnungswidrige Betrieb ist Betrieb im Sinne des § 7. Auch die Aufnahme von Fahrgästen oder Frachtgütern ist kein notwendiges Begriffsmerkmal des Betriebs.

Nicht jeder Unfall begründet die Haftung aus § 7, sondern nur solche Unfälle, die auf die besonderen, dem Kraftfahrzeugbetriebe eigentümlichen Gefahren zurückzuführen sind. Damit soll aber nicht gesagt sein, daß die Haftpflicht des Fahrzeughalters auf solche Unfälle beschränkt sei, die nur und ausschließlich bei Kraftfahrzeugen sich ereignen und nicht auch bei anderen Betrieben vorkommen können. Es kommt vielmehr bloß darauf an, ob der eingetretene Unfall sich als eine Folge derjenigen Betriebsweise und Betriebsmittel darstellt, in welchen die Eigentümlichkeit des Kraftfahrzeugbetriebs besteht (Eger, HaftpflG. S. 18, 19; RG. 20. 4. 86, Bolze 4 Nr. 390; RG. 29. 2. 92 EisenbE. 9. 165. Als Momente, die dem Betriebe eines Kraftfahrzeugs die ihm eigentümliche besondere Gefährlichkeit verleihen, kommen in Betracht: die erhebliche Geschwindigkeit, die in Verbindung mit dem Umstand, daß die Fahrzeuge nicht an Schienen gebunden sind, es den begegnenden Personen und Fuhrwerken erschweren, den Lauf des Fahrzeugs vorher zu berechnen, weiter die Schwere des Wagens, die durch die Tätigkeit des Motors, der Hupensignale, des Auspuffens, der Fehlzündungen, sowie bei etwaigem Platzen der Luftschläuche entstehenden Geräusche, der komplizierte Mechanismus des Fahrzeugs, bei dem geringe Fehler in der Beschaffenheit oder Zusammensetzung der einzelnen Teile, oder kleine Störungen die Lenkbarkeit der Maschine erheblich beeinträchtigen können, die Explosionsgefahr, das Ausströmen von Gasen, das blendende Licht der Scheinwerfer.

Entsteht bei einem durch Automobile zur Beförderung von Personen und Gütern hergestellten Verbindung dadurch ein Unfall, daß bei dem Abladen von Gütern auf einer Zwischenstation eine Person verletzt wird, so ist eine Haftung aus § 7 nicht gegeben, denn von einem Betrieb des Kraftfahrzeugs ist hier keine Rede (Krause § 7 S. 52; Neukirch-Rosenmeyer § 7 Anm. 1 S. 42, 43).

III. **Kausalzusammenhang** (vgl. § 11 Bem. V, § 10 Bem. IV, 4, § 9 Bem. V, 3). „Bei dem Betrieb" muß sich der Unfall ereignet haben. Der Entwurf hatte statt dessen die Fassung „durch ein im Betrieb befindliches". Die Änderung erfolgte, um den nach der Fassung des Entwurfs möglichen Zweifel zu beseitigen, daß nicht nur der unmittelbare, sondern auch der mittelbare Schaden zu ersetzen sei. Der Schadensersatzanspruch ist also nicht dadurch bedingt, daß der Unfall durch eine körperliche Berührung des Verletzten oder der beschädigten Sache mit dem Fahrzeug herbeigeführt sei; nicht nur der ist schadensersatzberechtigt, der von dem Fahrzeug überfahren wird, sondern in gleicher Weise auch der, der erschreckt durch ein plötzlich hinter ihm auftauchendes Fahrzeug auf die Seite springt und dadurch zu Fall und zu Schaden kommt.

Um einen Schaden als durch einen Umstand oder infolge eines Umstandes entstanden anzunehmen, muß jedenfalls feststehen, daß der betreffende Schaden ohne den Umstand nicht eingetreten wäre; es muß also der Umstand die conditio sine qua non des eingetretenen Schadens sein. Das allein genügt aber nicht; vielmehr verlangt das gesunde Rechtsgefühl noch ein weiteres Erfordernis. Darüber, wie dieses Erfordernis zu bestimmen sei, sind verschiedene Ansichten aufgestellt worden. Gemeinsam ist ihnen allen der Gedanke, daß Schadensfolgen eines Umstandes im Rechtssinne dann nicht als aus diesem Umstand entstanden anzunehmen sind, wenn die Möglichkeit des Eintritts eine so entfernt liegende war, daß sie nach der Auffassung des Lebens vernünftigerweise nicht in Betracht gezogen werden kann (Planck BGB. § 249 Bem. 2b).

Während aber die einen, so namentlich die sog. Bewirkungstheorie und die Birkmeyer'sche Lehre von der sog. „wirksamsten Bedingung" (Gerichtssaal 37, 257 ff.) in den Zusammenhang der Dinge selbst eindringen wollen, und das Kriterium in der Verschiedenheit des inneren genetischen Verhältnisses zum Erfolg finden, nehmen andere den Ausgang von der äußeren historischen Verkettung der Tatsachen und suchen aus ihr durch eine generelle, über den Einzelfall hinausgehende Betrachtung den maßgebenden Unterschied in den Erfolgsbeziehungen zu gewinnen. Es ist die von Kries (Vierteljahrsschrift f. wissenschaftl. Philosophie 12, 179 u. Ztsch. f. d. ges. StrR. 9, 528) und Rümelin (Archiv f. Ziv.-Praxis 90, 171) vertretene Lehre von der adäquaten Verursachung, welche aus der durch die historisch generelle Betrachtung genommenen Erkenntnis, daß gewissen Erscheinungen gewisse Veränderungen mit einiger Häufigkeit folgen, eine Prognose bildend, als Ursache diejenige Bedingung bezeichnen, die einen Erfolg wie den eingetretenen mit einer gewissen Wahrscheinlichkeit — diese im Sinne einer nicht ganz unerheblich gesteigerten Möglichkeit verstanden — erwarten läßt. Wo festgestellt ist, daß ein Moment eine conditio sine qua non für einen Erfolg war, da hat man also doch noch zu unterscheiden, ob der Zusammenhang mit dem Erfolg ein zu verallgemeinernder oder nur eine Eigentümlichkeit des vorliegenden Falles war, ob das Moment, wie man zu sagen pflegt, allgemein geeignet war, eine Tendenz besaß, einen Erfolg solcher Art hervorzubringen (adäquate Ursache, adäquate Folge) oder ob es nur zufälligerweise die Auslösung desselben geworden ist (zufällige Ursache, zufällige Folge). Ein Schaden kann also im Rechtssinne nicht als Folge des Unfalls betrachtet werden, wenn der Unfall seiner Natur nach für die Entstehung des Schadens ganz indifferent war und nur infolge anderer außergewöhnlicher Umstände zu einer Bedingung des Schadens wurde.

Nur die Bedingung gilt als kausal für den Erfolg, die nach der Regel des Lebens und der Erfahrung der Wissenschaft von vornherein geeignet ist, sei es für sich, sei es in Verbindung mit anderen gegebenen Bedingungen, den eingetretenen Erfolg herbeizuführen und zu fördern. Stellt sich der Umstand auch bei einer Verallgemeinerung des konkreten Tatbestandes, d. h. wenn man von besonderen außergewöhnlichen Umständen, die im gegebenen Falle vielleicht mitgewirkt haben, absieht und dafür beliebige andere, nach den Grundsätzen der Lebenserfahrung normale Tatbestände unterstellt, als kausal für den Schaden dar, sodaß ihm eine allgemeine Richtung auf die Herbeiführung dergleichen ihm adäquaten schädlichen Erfolge zuzusprechen ist, dann ist im Rechtssinn ein Kausalzusammenhang gegeben.

Auch das Reichsgericht hat sich in seinen Urteilen vom 20. 2. 02 RGZ. 50. 219 (222), 14. 10. 09 BayRpflZ. 10, 58, 29. 12. 09 LZ. 10, 304 ausdrücklich zur Theorie der adäquaten Ursache bekannt. In ähnlicher Weise sagt das RG. 3. 5. 10 JW. 10, 650: „Nach der feststehenden Rechtsprechung des Reichsgerichts braucht ein bestimmter tatsächlicher Umstand nicht die alleinige Ursache eines eingetretenen Schadens zu sein, damit die vom Gesetze an den Eintritt des Schadens geknüpfte Rechtsfolge eintritt, vielmehr genügt es, daß er eine der mehreren zusammenwirkenden Ursachen, also eine bloß mitwirkende Ursache für den schädigenden Erfolg darstellt, soferne nur nicht die Verbindung zwischen beiden so lose ist, daß nach der Auffassung des Lebens der eingetretene Schaden nicht mehr als eine Folge auch der mitwirkenden Ursache in Betracht gezogen wird". Ebenso RG. 19. 6. 08, JW. 08, 526.

Was den Beweis des Kausalzusammenhangs anlangt, so muß selbstverständlich das Verhältnis der conditio sine qua non nachweisbar sein. Die Ersatzpflicht fällt also weg, wenn eine sichere Verfolgung und Feststellung des Kausalzusammenhangs aus irgend einem Grunde, z. B. wegen Ablaufs längerer Zeit, nicht mehr möglich ist. Für die Beweiswürdigung kommt § 287 ZPO. in Betracht, der, wie in der Praxis anerkannt ist (RG. 24. 2. 82 RGZ. 6, 356) auch auf den Beweis des Kausalzusammenhangs Anwendung findet. Daraus ergibt sich, daß die Darlegung eines mathematisch sicheren Zusammenhangs nicht notwendig ist; auch ein Wahrscheinlichkeitsbeweis kann genügen, so z. B. dann, wenn zwar die abstrakte Möglichkeit gegeben ist, daß die Handlung, auf die vom Kläger der Erfolg zurückgeführt werden will, unerheblich und der Erfolg auf eine andere Ursache zurückzuführen sein könnte, wenn aber im praktischen Leben niemand mit einer solchen Möglichkeit rechnen würde; hier darf nicht der strikte Beweis des Kausalzusammenhangs verlangt werden. Auch braucht nicht nachgewiesen zu werden, daß der Unfall die einzig mögliche Ursache des Schadens ist. Es genügt ein jeden vernünftigen Zweifel ausschließender Grad von Wahrscheinlichkeit des ursächlichen Zusammenhangs (RG. 14. 1. 85 RGZ. 15. 339; 21. 3. 92 RGZ. 29, 120; 27. 5. 92 Seuff A. 48 Nr. 29; 2. 10. 03 JW. 03, 384; 13. 1. 08 JW. 08, 196).

Der objektive ursächliche Zusammenhang erfordert nicht mehr, als daß Anfang und Ende — die erste einen kausalen Verlauf einleitende Tatsache und die Wirkung — durch eine ununterbrochene Kette von mitwirkenden Tatsachen verknüpft sind. Ob jedes einzelne Glied der Kette in seiner genauen Gestaltung erkannt werden kann, erscheint gleichgültig, wenn die verbindenden Glieder nur insoweit erkannt werden können, daß das Dazwischentreten eines dem bisherigen natürlichen Verlauf fremden, neuen Kausalitätsmomentes ausgeschlossen erscheint (RG. 19. 3. 00 JW. 00, 396).

Abgesehen von dem inneren ursächlichen Zusammenhang setzt § 7 aber auch einen äußeren zeitlichen und örtlichen Zusammenhang des Unfalls mit einem bestimmten Betriebsvorgange voraus (RG. 6. 7. 03 JW. 03, 345; 29. 6. 03 RGZ. 55, 230; 28. 2. 07 Soergel Rspr. 07, 930 Ziff. 18, JW. 07, 276; 2. 3. 08 JW. 08, 306). Dazu ist, wie schon eingangs hervorgehoben wurde, nicht erforderlich, daß die Betriebstätigkeit des Fahrzeugs unmittelbar den Schaden hervorgerufen hat. Auch für den mittelbar hervorgerufenen Unfall soll der Fahrzeughalter haften. Es genügt, wenn der Unfall ohne Berührung des Verletzten mit dem Fahrzeug durch Vermittelung einer von der Betriebsursache in Bewegung gesetzten Zwischenursache herbeigeführt wird (RG. 17. 11. 85 Bolze 2 Nr. 615 EisenbE. 4, 336; 13. 4. 96 EisenbE. 13, 156; 12. 5. 02 Recht 02 Nr. 1627; 11. 4. 06 JW. 06, 349; 25. 3. 07 JW. 07, 307; 21. 11. 07 JW. 08, 40; 9. 12. 07 JW. 08, 41). Der notwendige Zusammenhang ist also z. B. auch dann gegeben, wenn die Körperverletzung oder Tötung einer Person dadurch herbeigeführt wird, daß durch das Geräusch des Kraftwagens ein Pferd scheu wird und dieses dann unmittelbar den Schaden zufügt (5. 1. 87 RGZ. 19, 37; Urteil ohne Datum in JW. 96, 305; 24. 11. 02 RGZ. 53, 115; RG. 11. 12. 05 RGZ. 62, 146; RG. 21. 4. 10 Recht 10 Nr. 2306).

Stößt ein in der Fahrt begriffenes Kraftfahrzeug an ein Gebäude und trifft ein durch den Stoß losgelöster Stein einen Menschen, so ist der Kausalzusammenhang gegeben. Dagegen ist der notwendige Kausalzusammenhang nicht gegeben, wenn das Herabfallen des Steines zwar auf die ständigen Erschütterungen durch das regelmäßig vorbeifahrende Fahrzeug zurückzuführen ist, der Fall selbst, der den Schaden verursacht hat, aber zeitlich ganz zufällig ohne erkennbare Beziehung zu einem bestimmten Betriebsvorgang erfolgt ist (RG. 29. 6. 03 RGZ. 55, 231, EisenbE. 20, 184; 18. 6. 03 EisenbE. 21, 351; 13. 7. 04 EisenbE. 21, 179).

Auch ein Unfall infolge eines durch den Betrieb hervorgerufenen Schreckens kann ein Betriebsunfall sein. Ein in der Dunkelheit mit großer Geschwindigkeit heranrasendes Fahrzeug ruft erfahrungsgemäß bei einem Fußgänger, wenn er nicht beurteilen kann, ob er nicht in der Gefahr schwebt, erfaßt zu werden, eine Schreckempfindung hervor, der unwillkürlich nachgebend er zur Seite springt. Verunglückt er bei diesem Sprung, so ist der Betrieb die adäquate Ursache des Schadens; die seelische Einwirkung findet direkt von Betriebsvorgängen zur Person statt (RG. 14. 10. 09 BayRpflZ. 10, 58, EisenbE. 26, 207, JW. 09, 135; vgl. RG. 4. 1. 08 JW. 08, 106; Kirchner § 7

S. 41). Anders ist der Fall zu beurteilen, wenn eine Person infolge des Schrecks über die Nachricht von einem Automobilunfall, den ein Dritter erleidet, geisteskrank wird (RG. 2. 3. 08 RGZ. 68, 47, JW. 08, 306, EisenbE. 24, 390). Das erwähnte Urteil führt aus: „Allerdings ist die Gesundheitsschädigung des Klägers auf einen bestimmten Betriebsvorgang zurückzuführen, aber es fehlt an dem näheren Zusammenhang mit dieser Ursache, der verlangt werden muß. Der Kläger hat den Unfall nicht unmittelbar mit erlebt; dieser hat auf ihn nur mittelbar dadurch, daß er von ihm erfahren hat, und durch den Eindruck, den die Folgen auf sein Gemüt gemacht haben, gewirkt. Bei dieser Art von Kausalität ist es ein unwesentlicher und ganz äußerlicher Umstand, daß die Wirkung mit der Ursache örtlich und zeitlich nahe zusammenlag, daß z. B. der Kläger den Unfall im Wartesaal erfuhr.

Von einem Betriebsunfall kann keine Rede sein, wenn es überhaupt an einer Betriebsäußerung des Kraftfahrzeugs fehlt. Anstoßen in der Dunkelheit an ein stehendes Fahrzeug oder Überfahrenwerden von einem durch Menschenkraft bewegten Motorzweirade fällt nicht unter § 7, ersterer Fall selbst dann nicht, wenn das Fahrzeug, weil es nur momentan stille steht, als noch im Betrieb befindlich zu gelten hat. Ebensowenig ist ein Betriebsunfall dann gegeben, wenn das Pferd nur vor der ungewohnten Form des unter völliger Abstellung des Motors auf der Straße haltenden Kraftfahrzeugs scheut; denn auch hier ist der Betrieb nicht in die äußere Erscheinung getreten (RG. 13. 5. 07 JW. 07, 394, EisenbE. 24, 66; 1. 10. 07 EisenbE. 24, 183). Ebenso sind die Fälle zu behandeln, wo zwar eine Betriebsäußerung des Fahrzeugs vorliegt, wo aber diese Betriebsäußerung für den Unfall nicht ursächlich war, wenn z. B. ein Fuhrwerk von hinten auf das im Betrieb befindliche Kraftfahrzeug auffährt, es sei denn, daß das plötzliche Anhalten oder die plötzliche Verminderung der Geschwindigkeit des Kraftfahrzeugs den Anlaß zu dem Zusammenstoß gegeben hat (RG. 22. 3. 06 JW. 06, 316; Kirchner § 7 S. 34, 35).

Auch dadurch, daß eine freiwillige Handlung auf Seite des Verletzten zur Entstehung des Unfalls mitgewirkt hat, wird der notwendige Kausalzusammenhang zwischen dem schädigenden Betriebsereignis und dem Unfall nicht ausgeschlossen. Greift also jemand ein, um einen Dritten von einem Kraftfahrzeug Bedrohten aus dieser gefährlichen Situation zu retten und erleidet der Retter selbst dabei einen Unfall, so ist dieser Unfall vom Halter zu vertreten; eine Minderung oder völlige Beseitigung der Haftpflicht kann aber nach § 9 AG. eintreten, wenn den Verletzten ein mitwirkendes Verschulden trifft. Das Nähere vgl. § 9 Bem. IV 1 c. Das Gleiche gilt, wenn die Handlung des Verletzten nicht der Rettung eines anderen, sondern der Rettung seiner eigenen von einem Kraftfahrzeug bedrohten Person gilt, wenn der Verletzte z. B. auf der Flucht vor einem unversehens herannahenden Kraftwagen von einem anderen Fuhrwerk überfahren wird. Der Fahrzeughalter haftet auch hier, sofern er durch sein Kraftfahrzeug den Verletzten in die gefährliche, den Verletzten zur Flucht nötigende Lage gebracht hat. Natürlich kann aber auch hier ein mitwirkendes Verschulden nach § 9 die Haftpflicht des Halters ganz oder teilweise beseitigen. Vgl. § 9 Bem. IV 1 e.

Das Gesetz spricht von dem Ersatz des daraus, d. h. aus dem Unfall entstehenden Schadens und bringt damit zum Ausdruck, daß wie einerseits zwischen dem schädigenden Betriebsereignis und dem Unfall so auch andererseits zwischen dem Unfall und dem Schaden ein ursächlicher Zusammenhang gegeben sein muß. Über den Unterschied der drei hier in Betracht kommenden Momente vgl. § 7 Bem. IV 1. Daß der Schaden die alleinige und ausschließliche Folge des Unfalls sei, ist dazu nicht nötig. Der Umstand, daß auf Seiten des Verletzten für die nach dem Unfall eingetretene Erkrankung eine körperliche Disposition bestand, schließt den Kausalzusammenhang zwischen Unfall und Erkrankung nicht aus. RG. 16. 11. 81 RGZ. 6, 1; 11. 4. 00 JW. 00, 421; 5. 12. 02 JW. 03, 30; 13. 10. 05 JW. 05, 690; 1. 2. 09 EisenbE. 25, 463; vgl. aber auch RG. 19. 2. 07 JW. 07, 210; 17. 3. 08 JW. 08, 346; 14. 4. 08 und 7. 7. 0 bei Warneyer, Jahrb. 08, 57. Das Nähere § 11 Bem. V.

Die Frage, ob die ungünstigen Wirkungen des Prozesses über den Entschädigungsanspruch auf den Gesundheitszustand des Verletzten als Unfallsfolge zu erachten und deshalb von dem Haftpflichtigen zu vertreten sind, ist vom Reichsgericht verschieden beantwortet worden. Das Urteil vom 5. 3. 06 JW. 06 231 hatte ausgeführt: „Die Schadensfolgen würden allerdings nicht eingetreten sein, wenn der Unfall, der zu dem Prozeß geführt, sich nicht ereignet hätte; allein durch solchen bloß äußerlichen tatsächlichen Zusammenhang wird die notwendige innere Beziehung zwischen dem Verschulden des Beklagten und dem Schaden noch nicht hergestellt; ein adäquater

Kausalzusammenhang ist damit noch nicht begründet, daß der vom Beklagten zu vertretende Unfall den Anlaß zu dem späteren Rechtsstreit gegeben hat". Dagegen hat RG. 19. 6. 08 JW. 08 526, EisenbE. 25, 180 und 14. 4. 08 JW. 08, 405 den Kausalzusammenhang für gegeben erachtet.

Gegen diese Ansicht wendet sich Kaiser in JW. 09, 33. Seine Befürchtung, daß der Verletzer, der wegen der offensichtlich unmäßigen Ansprüche des Verletzten zum Rechtsstreit gedrängt wird, schließlich doch das Übermaß zahlen muß, wenn infolge der Prozeßaufregung der Verletzte wirklich in dem ursprünglich behaupteten Umfang geschädigt wird, scheint mir allerdings unbegründet; denn der Verletzte, der offenbar unbillige Schadensansprüche erhebt und nun infolge der Prozeßaufregung weitere Nachteile erleidet, hat diese letzteren durch sein eigenes Vorgehen selbst verschuldet, sodaß § 9 AG. Anwendung findet. Dagegen wird man Kaiser beistimmen müssen, wenn er gegen das Reichsgericht ausführt: „Verletzung sowohl wie Prozeßaufregung führen zur Schädigung desselben Rechtsgutes und zwar nach derselben Richtung. Trotzdem ist und bleibt aber der Zusammenhang ein rein äußerer. Die beiden Ursachen stehen unter sich ebensowenig im mittelbaren Zusammenhang wie in den anderen Fällen, wo z. B. wegen Lieferung vertragswidriger Ware auf Schadensersatz geklagt ist und der Kläger nun infolge der Aufregung über den Prozeß erkrankt. Der Rechtsstreit ist nicht mittelbare Folge der Verletzung im Rechtssinne, sondern Verletzung und Rechtsstreit, und zwar jedes für sich, beschädigen den Körper unabhängig voneinander. Ihre Wirkung ist gleichartig, aber ausscheidbar. Der Rechtsstreit ist nicht die Fortwirkung der Verletzung, sondern eine neue ganz selbständige Quelle des Schadens. Daß sie nach der gleichen Richtung strömt, ist Zufall und darf nicht dazu verführen, einen inneren Zusammenhang anzunehmen". Vgl. auch Eger in BayRpflZ. 4, 435 und Krückmann in Iherings Jahrb. 55, 126.

Ist die Beschädigung der Gesundheit des Klägers durch das Zusammenwirken zweier Ursachen entstanden, hat also z. B. außer dem schädigenden Betriebsereignis noch die Vernachlässigung der Wunde seitens des Verletzten mitgewirkt, sodaß jede der beiden Ursachen zur Hervorbringung des schädlichen Erfolges unbedingt nötig war und eine der beiden Ursachen für sich allein den Erfolg nicht hervorbringen konnte, dann kann von einer Aufhebung oder Unterbrechung des ursächlichen

Zusammenhangs zwischen dem Unfall und dem Schaden keine Rede sein, der Unfall hat den Schaden mit verursacht. Davon verschieden ist die Frage, inwieweit der Schadensanspruch des Verletzten mit Rücksicht auf das ihn bei Behandlung der Wunde treffende Verschulden nach § 9 AG. in Wegfall kommt (RG. 9. 12. 09 JW. 10, 65; vgl. § 9 Bem. IV 2). Lehnt der Verletzte unzulässigerweise die Ergreifung einer anderen Tätigkeit, die ihm eine teilweise Verwertung seiner gebliebenen Erwerbskraft gestattet, ab, so fehlt es insofern an dem Kausalzusammenhang zwischen Unfall und Erwerbsverlust (RG. 28. 6. 09 JW. 09, 495; vgl. § 11 Bem. VII). Dagegen ist der Kausalzusammenhang gegeben, wenn der Tod durch eine infolge des Unfalls notwendig in der Narkose zu vollziehende Operation herbeigeführt wird (RG. 25. 10. 07 JW. 07 750, EisenbE. 24, 276), es sei denn, daß ein Kunstfehler des Arztes oder die abnorme körperliche Beschaffenheit des Verletzten die Todesursache bildet (JW. 25. 10. 07, JW. 07, 750). Über die Operationspflicht des Verletzten vgl. § 9 Bem. IV 2 und § 10 Bem. I 6.

IV. **Unfall.**

1. **Begriff des Unfalls** (vgl. § 8 Bem. II 1). Voraussetzung der Haftung ist, daß der Betrieb einen Unfall (§ 7 Abs. 2) verursacht hat. Der § 7 Abs. 1 gebraucht den Ausdruck Unfall nicht, sondern erwähnt statt dessen die einzelnen unter das Gesetz fallenden Unfallarten (Tötung, Körperverletzung, Sachbeschädigung). Unter Unfall ist also ebenso wie in § 1 HaftpflG. (vgl. Eger, HaftpflG. S. 122 ff.) nicht das schädigende Betriebsereignis zu verstehen, ebenso nicht der Schaden, sondern die Verletzung oder Beschädigung einer Person oder Sache, die durch ein mit dem Betrieb in Verbindung stehendes Ereignis verursacht wird. Der Unfall ist also nicht das Betriebsereignis selbst, sondern die Folge eines Betriebsereignisses und ebenso ist der Schaden erst wieder die Folge des Unfalls. Die Fassung des Gesetzes, das in Abs. 1 von Tötung, Körperverletzung und Sachbeschädigung spricht und dann in Abs. 2 diese drei Begriffe in dem Worte „Unfall" zusammenfaßt, läßt deutlich ersehen, daß nur diese Auslegung des Begriffes „Unfall" die richtige ist. Das Betriebsereignis (Explosion des Motors) braucht einen Unfall gar nicht im Gefolge zu haben und ebenso braucht der Unfall noch keinen nach dem AG. zu ersetzenden Schaden nach sich zu ziehen (vgl. das von Krause § 7 Bem. 11 S. 65 gewählte Beispiel, daß eine gegenüber niemanden unterhalts-

pflichtige Person von dem Automobil in den Fluß gestoßen und der Leichnam nicht gefunden wird).

In der Regel wird der äußere Vorgang, das Betriebsereignis, mit dem Zeitpunkt der gesundheitsschädlichen Wirkung auf den Körper zusammentreffen; aber notwendig ist das nicht. Die Verletzung, d. i. der Unfall, kann vielmehr auch später eintreten. Man denke an den Fall, daß durch die Explosion des Kraftwagenmotors ein Pferd scheu wird, durchgeht und nach längerem Laufe einen Menschen überrennt (vgl. § 8 Bem. II).

Für den Begriff des Unfalls ist es wesentlich, daß die Gesundheits- bezw. Sachbeschädigung durch ein einzelnes, plötzlich eingetretenes, also zeitlich bestimmtes Ereignis verursacht ist, nicht aber das Endergebnis der eine längere Zeit andauernden, regelmäßigen Einwirkung des Betriebs bildet (6. 7. 88 RGZ. 21, 78, JW. 88, 332; 24. 3. 92 RGZ. 29, 42, EisenbE. 4, 169; 8. 2. 98 EisenbE. 14 358; 3. 7. 99 RGZ. 44, 257; 7. 10. 01 EisenbE. 18, 266; 29. 6. 03 RGZ. 55, 229). Eine Reihe nicht auf ein solches zeitlich bestimmbares Ereignis zurückzuführender, vielmehr auf einen längeren Zeitraum sich verteilender Einwirkungen, durch deren Fortsetzung und Zusammenwirken erst allmählich eine Beschädigung der Gesundheit sich entwickelt, läßt keinen Anspruch aus dem AG. zur Entstehung gelangen. Als ein Unfall, auf den die Bestimmungen des AG. Anwendung zu finden hätten, kann es z. B. nicht erachtet werden, wenn die vom Kläger behauptete nervöse Erkrankung darauf zurückzuführen ist, daß er seine Wohnung und Arbeitsstätte neben einer viel benützten Garage oder an einer von Kraftwagen viel befahrenen Straße hatte und dadurch ständig dem Lärm und Geräusch des Kraftwagenbetriebs ausgesetzt war.

Aus dem gleichen Grunde ist die ordnungsmäßige Abnutzung der dem Kraftwagenverkehr geöffneten Straßen nicht als Sachbeschädigung anzusehen; ebensowenig die Beschädigung, die ein Haus durch das ständige Vorbeifahren schwerer Lastautomobile und die dadurch verursachte Erschütterung erleidet. Auch der Umstand, daß die an einer früher ruhigen, jetzt von Kraftwagen vielfach befahrenen Straße gelegenen Grundstücke durch die Einwirkung des Kraftwagenverkehrs (Lärm und Staub) entwertet werden, kann, ganz abgesehen davon, daß eine solche Verminderung des „Wertes" keine Beschädigung der „Sache" bildet, als Unfall deshalb nicht erachtet werden, weil die Wertsminderung nicht durch ein individuell bestimmtes Ereignis verursacht ist. Die sogenannten Immissionen, d. h. die Zuführung von Gasen, Dämpfen, Rauch, Ruß, Wärme, Geräusch, Erschütterungen können zwar auch im Kraftwagenverkehr abgewehrt werden, soweit die Voraussetzungen der §§ 906—1004 BGB. gegeben sind; eine Schadensersatzklage auf Grund des AG. können sie aber nicht begründen (Gordan § 7 Bem. 5 S. 43).

Die Fassung des § 14 Abs. 1 AG., wonach die Schadensersatzansprüche in 30 Jahren von dem Unfall ab verjähren, bestätigt die Richtigkeit der hier vertretenen Ansicht; denn diese Berechnung der Verjährungsfrist setzt voraus, daß der Unfall stets auf einen bestimmten Tag fallen muß und sich nicht über einen längeren Zeitraum erstrecken kann. Ebenso für das HaftpflG. Eger S. 65 unter Hinweis auf die Fassung des § 8 HaftpflG.

Dagegen ist es für den Begriff des Unfalls gleichgültig, ob die Folgen des einmal eingetretenen Unfalls (der Schaden) sich auf einmal zeigen oder erst allmählich hervortreten. Plötzlich, d. h. in einem bestimmt begrenzten, verhältnismäßig kurz bemessenen Zeitraum fallend muß nur die Einwirkung auf den Körper sein (RG. 7. 10. 01 EisenbE. 18, 267). Und ebenso wird nicht notwendig ein ungewöhnliches Ereignis vorausgesetzt, es genügt auch ein im regelmäßigen Betrieb vorkommendes, wenn es nur zeitlich bestimmbar ist (Reindl, HaftpflG. § 1 S 37).

Leidet jemand infolge der bei einem Unfall erhaltenen Verletzung (Schädelbruch) an Epilepsie und kommt nun bei einem auf die Epilepsie zurückzuführenden Schwindelanfall zu Fall und zu Schaden, so ist der ursächliche Zusammenhang zwischen diesem Schaden und dem Unfall gegeben. RG. 4. 1. 09 EisenbE. 25, 395.

Als Unfälle, für die der Fahrzeughalter zu haften hat, kommen in Betracht

2. **die Tötung eines Menschen.**

a) Mit dem Wort „Mensch" ist gemeint ein Mensch im Sinne des § 1 BGB.; es muß also die Geburt vollendet sein. Aus der Abtötung oder Verletzung der menschlichen Frucht im Mutterleib gelegentlich eines der Mutter zustoßenden Unfalls, kann zwar die Mutter, soweit sie selbst körperlich durch die Frühgeburt geschädigt wurde, einen Haftpflichtanspruch herleiten. Dagegen kann auf die Tötung der Frucht nicht deshalb ein Anspruch gegründet werden, weil das getötete Kind später unterhaltspflichtig geworden wäre. Fraglich ist, ob dem Kinde selbst, das infolge des als Embryo erlittenen Unfalls als Krüppel zur Welt kommt, ein Anspruch nach dem AG. zusteht. Die Fassung des Gesetzes spricht dagegen, da ein Embryo nicht unter dem Begriff „Mensch" fällt. Man wird aber gleichwohl in einem solchen Fall dem als Krüppel auf die Welt Kommenden den Schadensersatzanspruch nicht versagen dürfen. Im übrigen kommt es auf bestimmte Eigenschaften des Menschen nicht an. Die Tötung oder Verletzung jedes Wesens, das als rechtsfähiger Mensch im Sinne des § 1 BGB. zu erachten ist, begründet die Haftpflicht. Eine Ausnahme macht § 8 Ziff. 1 für die Personen, die z. Zt. des Unfalles durch das Fahrzeug befördert wurden oder beim Betrieb des Fahrzeugs tätig waren. Dagegen schließt ein bestehendes Dienstverhältnis zwischen dem Verletzten und dem Fahrzeughalter die Haftpflicht des letzteren dann nicht aus, wenn zur Zeit des Unfalls eine Tätigkeit des Verletzten bei dem Betrieb nicht stattfand. Auch der in seinem eigenen Fahrzeug fahrende Halter, der beim Zusammenstoß mit einem anderen Kraftfahrzeug verletzt wird, kann nach § 17 AG. schadensersatzberechtigt sein, und ebenso ist ein Schadensersatzanspruch des Halters im Falle des § 7 Abs. 3 möglich, wenn ein Dritter ohne Wissen und Willen das Fahrzeug in Betrieb setzt und dabei den Halter verletzt.

b) Tötung. Zum Begriff der Tötung wird nichts weiter verlangt, als daß der Tod mit dem Betriebsunfall in ursächlichem Zusammenhang steht. Es ist nicht Erfordernis, daß der Tod durch Berührung mit dem Kraftwagen selbst herbeigeführt wird (RG. 27. 1. 80 RGZ. 1, 49; 29. 11. 88 JW. 89, 25; vgl. oben Kausalzusammenhang Bem. III); er muß nur beim Betrieb erfolgt sein, d. h. es muß die den Tod herbeiführende Verletzung durch Vermittlung einer von der Betriebsursache in Bewegung gesetzten Zwischenursache herbeigeführt sein. Es ist weiter nicht nötig, daß der Unfall sofort den Tod des Verletzten zur Folge gehabt hat. Auch dann, wenn der Tod erst längere Zeit nach dem Unfall, nach längerem Krankenlager, möglicherweise sogar nach einer scheinbar eingetretenen Besserung, als Folge der bei dem Unfall erlittenen Verletzung eintritt, ist der Begriff der Tötung gegeben (arg. § 10, der von „versuchter Heilung spricht"). Es genügt, daß der Tod eine der allmählich eingetretenen Folgen des Unfalls ist (RG. 6. 7. 88 JW. 88, 332). Also auch die Körperverletzung mit tötlichem Ausgang gehört hierher. Der Zusammenhang zwischen Unfall und Tod ist auch dann gegeben, wenn sich infolge des Unfalls ein geistiges Leiden entwickelt hat und der so Erkrankte in diesem Zustande seinem Leben durch Selbstmord ein Ende macht (Waldeck § 7 Anm. 12 S. 34), ebenso wenn die durch den Unfall herbeigeführte Verletzung eine Operation notwendig macht und der Tod bei der Operation eintritt, es sei denn, daß der Arzt sich bei der Operation einen Kunstfehler zuschulden kommen ließ (RG. 15. 10. 07 RGZ. 66, 407 und oben Bem. III). Eine Haftpflicht des Fahrzeughalters für Tötung beim Betrieb ist dann nicht anzunehmen, wenn zwar nach der Natur der Verletzung der Tod als Folge hätte eintreten müssen, diese Folge aber dennoch nicht eintrat, weil der Verletzte vorher aus irgend einem anderen Grunde starb. In solchen Fällen wird der Fahrzeughalter nur für die Kosten der Heilungsversuche, soweit sie die Verletzungen betreffen, aufzukommen haben (vgl. Eger, HaftpflG. S. 78).

3. **Verletzung des Körpers oder der Gesundheit.** Der Begriff der Verletzung des Körpers oder der Gesundheit deckt sich mit dem strafrechtlichen Begriff der Körperverletzung (§§ 223 ff. StGB.). Eine Ersatzpflicht besteht nicht nur für äußerliche Verletzungen des Körpers, wie Verwundungen, Verstümmelungen, sondern auch für alle Störungen aller Verrichtungen der äußeren und inneren Organe des Körpers; es fällt also namentlich auch die traumatische Neurose unter die Haftpflicht. Daß auch die Verletzung der psychischen Gesundheit hierher gehört, und daß die körperliche Gesundheit auch durch psychische Eindrücke, z. B. Schreck, verletzt werden kann, steht außer Zweifel (RG. 24. 2. 05 JW. 05, 235, EisenbE. 22, 56). Während aber nach dem StGB. schon die Verursachung bloßen körperlichen Mißbehagens und Schmerzes als Körperverletzung zu erachten ist, fallen nach dem gegenwärtigen Gesetz Körperverletzungen und Gesundheitsschädigungen nur ins Gewicht, soweit sie eine Einwirkung auf das Vermögen des Betroffenen haben. Die Krankheitserscheinungen brauchen nicht zeitlich unmittelbar nach dem Unfall aufzutreten, auch erst später auftretende Erkrankungen begründen die Haftpflicht, vorausgesetzt, daß der ursächliche Zusammenhang erweislich ist. Die Verursachung eines körperlichen Schmerzes ist zum Begriff der Körperverletzung nicht notwendig; auch eine solche Verletzung der körperlichen Integrität, die einen körperlichen Schmerz nicht verursacht, wie z. B. der durch eine Benzinstichflamme herbeigeführte Verlust des

Zopfes gehört hierher (vgl. hierzu Olshausen StGB. § 223 4a und 6b). Doch ist auch hierbei zu beachten, daß nach dem AG. nur Ersatz für Minderung oder Aufhebung der Erwerbsfähigkeit, nicht aber für eine bloße körperliche Entstellung zu leisten ist. In dem erwähnten Fall wird also meistens ein Ersatz ausgeschlossen sein. Möglich ist allerdings, daß die körperliche Entstellung (Verlust des Haares) der Verletzten die Ausübung ihres bisherigen Erwerbs (z. B. als Kellnerin) unmöglich macht oder erschwert und so einen Vermögensnachteil herbeiführt. Gesundheitsschädigung setzt nicht notwendig die Schädigung einer noch intakten Gesundheit voraus; der Betriebsunfall braucht also nicht die alleinige Ursache der Gesundheitsschädigung zu sein, die Verschlimmerung eines bereits bestehenden Leidens, die für den Verletzten eine weitere Minderung der bis dahin, wenn auch nur teilweise bestehenden Erwerbsfähigkeit zur Folge hat, begründet gleichfalls die Haftpflicht. Die Haftpflicht tritt insbesondere auch ein, wenn durch den Unfall bei dem Verletzten ein Leiden ausgelöst wird, zu dem bei ihm bereits eine körperliche Disposition bestand (vgl. § 7 Bem. III, § 11 Bem. V).

Darüber, daß die Körperverletzung die Folge eines einzelnen zeitlich bestimmten Ereignisses sein muß und daß solche Erkrankungen, die die Folge einer länger andauernden Einwirkung eines Kraftwagenbetriebs sind, nicht als Körperverletzung im Sinne des AG. zu erachten sind, vgl. oben Bem. IV, 1.

4. **Sachbeschädigung.** Die Haftung des Fahrzeughalters für Sachschäden ist gegenüber dem Haftpflichtgesetz, das nur eine Haftung für Personenschäden kennt, eine wesentliche Neuerung (vgl. § 25 preuß. Eisenbahngesetzes v. 3. Nov. 1838 und für Bayern Art. 58 AG. z. BGB. vom 9. Juni 1899, die, ebenso wie die meisten anderen deutschen Staaten, eine landesrechtliche Haftung der Eisenbahnen für Sachschäden eingeführt haben)

Der Begriff der Sache ergibt sich aus § 90 BGB.; es ist darunter zu verstehen jeder körperliche Gegenstand. Sowohl bewegliche wie unbewegliche Gegenstände kommen in Betracht.

Auch eine Sachgesamtheit als solche kann beschädigt werden. Wird also z. B. ein Bienenschwarm auseinander getrieben, dann liegt eine Sachbeschädigung vor, auch wenn die einzelnen Tiere weder getötet noch beschädigt wurden (Olshausen StGB. § 303 Anm. 1).

Im Unterschied von dem strafrechtlichen Begriff der Sachbeschädigung im Sinne des § 303 StGB., für dessen Anwendung es gleichgültig ist, ob die beschädigte Sache einen Vermögenswert hat oder nicht, ist eine Haftpflicht nach dem AG. nur dann gegeben, wenn durch die Sachbeschädigung dem Verletzten ein Vermögensnachteil erwachsen ist.

Abweichend von § 303 StGB., der nur die Beschädigung einer fremden Sache mit Strafe bedroht, spricht § 7 AG. schlechthin von dem Beschädigen einer Sache. Kirchner § 7 Bem. V S. 46 schließt daraus, daß auch die Beschädigung einer dem Halter oder sonstigen Haftpflichtigen selbst gehörigen Sache dessen Ersatzpflicht begründen kann, wenn ein anderer auf Grund seiner Rechtsbeziehungen zur Sache als der Verletzte erscheint. Ebenso Gordan S. 42, Schmid-Wagner § 7 Bem. 9b S. 107; a. M. Neukirch-Rosenmeyer § 7 Anm. 9 S. 50, die unter Sachen im Sinne des Gesetzes nur fremde Sachen verstehen wollen. Es mag den letzteren zugegeben werden, daß für den Gesetzgeber ein besonderer Anlaß, den an einer Sache dinglich Berechtigten (nur obligatorisch Berechtigte kommen überhaupt nicht in Betracht, vgl. unten Bem. VI) im Falle der Beschädigung der Sache durch den Eigentümer einen Haftpflichtanspruch zu gewähren, nicht bestand, weil der dinglich Berechtigte bereits auf Grund seiner übrigen Rechtsbeziehungen zu dem Eigentümer genügend geschützt sein wird. Auch folgte das AG., indem es eine Haftung des Fahrzeughalters für Sachschäden einführte, nur der kraft Landesgesetzes in einem großen Teil Deutschlands bestehenden Anordnung, wonach die Eisenbahnen für Sachschäden aufzukommen haben, und diese Landesgesetze sprechen (vgl. Art. 58 Bay. AGzBGB., Art. 74 hess. AGzBGB., § 25 preuß. Eisenbahngesetzes) nur von fremden Sachen. Aber gerade daraus, daß das gegenwärtige Gesetz von diesen Landesgesetzen abweicht und von Beschädigung einer Sache schlechthin spricht, wird man schließen müssen, daß es weiter als die Landesgesetze gehen und auch die Beschädigung der eigenen Sache zugunsten des dinglich Berechtigten der Haftpflicht unterstellen wollte.

Unter Sachbeschädigung ist eine solche Einwirkung auf die Sache zu verstehen, durch die ihre Substanz alteriert, ihre Unversehrtheit aufgehoben und dadurch ihre Brauchbarkeit herabgemindert wird. Doch wird dazu nicht notwendig ein Eingriff in den äußerlich wahrnehmbaren Bestand erfordert; wenn ein Pferd infolge eines Unfalls, wenn auch ohne äußere Verletzungen, nervös wird, so liegt auch hierin eine Sachbeschädigung (RG. 28. 2. 05 RGStr. 37, 412). Die Inbrandsetzung einer Sache durch Funkenflug begründet, ebenso wie nach § 25 preuß. Eisenbahngesetzes, die Haftung des Automobilhalters (RG. 17. 1. 05, JW. 05, 131).

Darüber, daß Entwertung eines Grundstücks infolge des durch den Automobilverkehr erzeugten Lärms und Staubs nicht hierher gehört, vgl. oben Bem. IV, 1.

Zweifelhaft kann sein, ob das Beschmutzen einer Sache eine Beschädigung derselben enthält. Die bei der Beratung des Gesetzes (StenB. S. 7760, 7761) geäußerte Ansicht, daß eine Haftung nicht begründet sei, wenn durch den Staub, aufspritzenden Straßenschmutz die Kleider der Passanten beschädigt werden (vgl. Gordan § 7 Bem. 5 S. 42, Bem. 11 S. 52) ist in dieser Allgemeinheit nicht richtig. Sofern das Beschmutzen einer Sache eine Beschädigung derselben darstellt, ist vielmehr auch hier bei Haftung des Halters gegeben. Eine Sachbeschädigung ist aber im Falle des Beschmutzens dann anzunehmen, wenn der Schmutz die Sache selbst angreift, wie solches beim Beschmutzen von Wäsche stets der Fall sein wird (vgl. Olshausen § 303 Bem. 4c). Allerdings wird der Halter dem Anspruch häufig mit dem Einwand begegnen können, daß der Geschädigte die Sachbeschädigung selbst verschuldet habe; denn das Straßenpublikum ist natürlich verpflichtet, gebührend Obacht zu geben und den Kraftfahrzeugen weit genug auszuweichen. Man kann von dem Führer nicht verlangen, daß er jedesmal die Fahrt verlangsame, nur um das Bespritzen der Straßenpassanten zu verhüten. Auch Krause § 7 Bem. 1 S. 55 nimmt an, daß auch die Beschmutzung von Kleidern der Passanten den Halter haftpflichtig machen kann. Doch ist hiebei zu beachten, daß das Beschmutzen die Folge eines Betriebs**unfalls** sein muß; andernfalls tritt eine Haftung nach dem AG. nicht ein. So haftet z. B. der Fahrzeughalter nicht, wenn der im normalen Betrieb aufgewirbelte Staub die Kleider eines Passanten beschmutzt.

Der Beschädigung ist die vollständige Vernichtung und ebenso die Entziehung der Sache, z. B. die Sache wird bei der infolge des Zusammenstoßes herrschenden Verwirrung gestohlen, gleichzustellen (Staudinger § 833 BGB; ebenso Krause § 7 Bem. 6 S. 59; a. M. Kirchner Bem. V, 347).

Über Umfang und Art des Schadensersatzes bei Sachbeschädigung vgl. unten Bem. VII und § 12 Bem. V.

Darüber, wer im Falle der Sachbeschädigung zur Geltendmachung des Ersatzanspruchs legitimiert ist, vgl. unten Bem. VI.

V. **Fahrzeughalter.** Der Entwurf von 1906 hatte im Anschluß an die Fassung des Haftpflichtgesetzes die Haftung dem Betriebsunternehmer auferlegt. Gegen diesen Ausdruck wurde mit Recht das Bedenken erhoben, daß es dem Sprachgebrauch fremd sei, den Besitzer eines Luxusautomobils als Betriebsunternehmer zu bezeichnen, daß sich vielmehr mit diesem Worte leicht der Begriff des gewerblichen Unternehmens verbinde, der hier nicht in Frage komme. Deshalb setzte der Entwurf von 1908 an die Stelle des Betriebsunternehmers den Fahrzeughalter. Zur Begründung dieser Änderung weisen die Motive zu dem Entwurfe darauf hin, es entspreche der auch im Verkehr üblichen Ausdrucksweise, von demjenigen zu reden, der ein Fahrzeug „hält", außerdem sei dieser Ausdruck bereits durch § 833 BGB. in die Rechtssprache eingeführt. Dieser Hinweis auf den Begriff des Tierhalters rechtfertigt die Annahme, daß der Gesetzgeber die vom Reichsgericht in seiner bisherigen Rechtsprechung dem Begriff des Tierhalters gegebene Auslegung auch zur Auslegung des Begriffs „Fahrzeughalter" herangezogen wissen will, und tatsächlich haben die Motive auch ausdrücklich erklärt, daß die bisherige Rechtsprechung über den Begriff des Tierhalters auch für den Begriff des Fahrzeughalters verwendet werden könne.

Die Ansichten über den Begriff des Tierhalters gingen ursprünglich weit auseinander. Während nach Isay in Iherings Jahrb. 39, 315 ff. und Kipp-Windscheid S. 926 Nr. 3 nur der Gewaltbegriff bezw. Eigenbesitz entscheiden sollte, sodaß auch der Verpächter, der Nießbrauchbesteller unter den Begriff des haftpflichtigen Tierhalters gefallen wären, wollten Cosack BGB. § 166 I, 1a und Dernburg BGB. § 396, IV, 1 ganz im Gegenteil auf den unmittelbaren Besitz am Tiere abstellen. Mit Recht hat man demgegenüber hervorgehoben, daß es auf die Art der Besitzerstellung nicht ausschließlich ankommen könne. Da weder das BGB. selbst noch die Motive hierzu eine Erklärung des Begriffs „Tierhalter" enthalten, ist man bei Auslegung des Begriffs auf den gewöhnlichen Sprachgebrauch zurückgegangen. Dem Sprachgebrauch entspricht aber die Annahme, daß die Bezeichnung, jemand halte ein Tier, allgemein auf den anwendbar ist, der im eigenen Interesse durch Gewährung von Obdach und Unterhalt die Sorge für das Tier übernommen hat und zwar nicht bloß zu einem ganz vorübergehenden Zwecke, sondern auf einen Zeitraum von gewisser Dauer (RG. 3. 7. 02 RGZ. 52, 117; 27. 11. 02 Gruchots Beitr. 47, 404; 2. 7. 03 RGZ. 55, 163; OLG. Cassel 1. 2. 04 OLG. 9, 42, Seuff A. 59 Nr. 257; 20. 11. 05 JW. 06, 62, RGZ. 62, 79; 15. 2. 06 JW. 06, 197). Nimmt man hinzu, was RGZ. 55, 163 hervorhebt, daß es sich bei dem Halten immer um ein tatsächliches Verhältnis handelt, so ist das Wesen dieses Verhältnisses darin zu erblicken, daß das Tier von dem gehalten wird, der es in seinem Wirtschaftsbetrieb oder — im weitesten Sinne verstanden — in seinem Haushaltungsbetrieb eingestellt hat, um es auf diese Weise dauernd für seine Zwecke dienstbar zu machen (vgl. RGZ. 62, 79 u. 81).

In gleicher Weise ist also Halter des Fahrzeugs der, der das Fahrzeug nicht nur ganz vorübergehend in seinem Wirtschaftsbetrieb eingestellt hat, der also wirtschaftlich den Nutzen des Fahrzeugs zieht und in der Lage ist, über die wirtschaftliche Verwendung des Fahrzeugs zu disponieren, während er auf der anderen Seite auch die Sorge und Verantwortung für Bedienung und Unterhaltung des Fahrzeugs übernommen hat. Drei Momente kommen also für die Begriffsbestimmung als wesentlich in Betracht:

a) Nutzung des Fahrzeugs im eigenen Interesse,
b) Pflicht zur Instandhaltung und Unterhaltung des Fahrzeugs und
c) nicht ganz vorübergehende Dauer der Nutzung (vgl. OLG. Jena 8. 1. 02 Seuff A. 58, Nr. 5; OLG. Naumburg 22. 5. 03 Seuff A. 58 Nr. 210; RG. 15. 2. 06 JW. 06, 197; 2. 7. 03 RGZ. 55, 163).

Damit übereinstimmend sagen die Motive zum AG.

„Als Fahrzeughalter ist anzusehen, wer das Kraftfahrzeug für eigene Rechnung in Gebrauch hat, insbesondere den Führer anstellt, die Betriebsmittel beschafft und die Reparaturen vornehmen läßt, ohne daß es dabei einen Unterschied begründet, ob er Eigentümer des Fahrzeugs ist oder als Nießbraucher, Pächter, Mieter, Entleiher usw. das Fahrzeug verwendet. Nicht als Halter des Fahrzeugs hat dagegen derjenige zu gelten, dem lediglich die Benutzung des Fahrzeugs, sei es entgeltlich, sei es unentgeltlich, überlassen wird, während der Überlassende nach wie vor die Kosten trägt, die durch die Aufbewahrung, Unterhaltung und Benutzung des Fahrzeugs verursacht werden. Durch eine solche Überlassung des Gebrauchs wird die Rechtsstellung des Fahrzeughalters nicht berührt; er haftet daher auch für die Schäden, die bei der Verwendung des Fahrzeugs durch den anderen verursacht werden. Dies ist nicht unbillig, denn die Verwendung ist hier auf den Willen des Fahrzeughalters zurückzuführen, und wenn man diesen von der Haftung befreien wollte, würde es an jeder Gewähr dafür fehlen, daß der Beschädigte in der Lage ist, sich an einen zahlungsfähigen Schuldner zu halten". Im einzelnen ist folgendes hervorzuheben:

Da es sich um ein rein tatsächliches Verhältnis handelt, braucht der Halter nicht mit dem Eigentümer identisch zu sein (RG. 2. 7. 03 RGZ. 55, 164, 165). Ist z. B. an dem Fahrzeug ein Nießbrauch bestellt, so ist der Nießbraucher, nicht der Eigentümer als Halter anzusehen; ebenso für den Tierhalter Bernhöft in Bernhöft und Binder, Beitr. 1, 4 ff. Das Gleiche gilt bei Bestellung eines Nutzpfandes (§ 1213 BGB.). Hat der bisherige Eigentümer das Fahrzeug fiduziarisch an einen anderen zu dessen Sicherung übertragen und hat der andere die Nutzung und den Gebrauch des Fahrzeugs dem Übereigner überlassen, so ist der Übereigner Halter, nicht aber der fiduziarische Eigentümer (Hallbauer AG. S. 212 Ziff. 2b). Der Käufer, der ein Fahrzeug erwirbt, nicht um es für seinen Wirtschaftsbetrieb zu benutzen, sondern in der Absicht, es sofort wieder weiter zu verkaufen, ist gleichwohl Halter; wenn auch die Absicht des Käufers nicht auf ein dauerndes Verhältnis zu dem Fahrzeug gerichtet ist, so hängt doch die Beendigung dieses Verhältnisses von ungewissen, zukünftigen Ereignissen ab; solange, bis sich die Möglichkeit eines Verkaufes bietet, hat der Käufer die volle Verfügungsgewalt über das Fahrzeug und wird natürlich in seinem eigenen Interesse für dessen Instandhaltung sorgen (Kirchner § 7 Bem. VI, 1 S. 48; Staudinger BGB. § 833 Bem. 5d). Bei einem Kauf unter Eigentumsvorbehalt bleibt nicht der Verkäufer Halter, sondern es geht die Haltereigenschaft auf den Käufer über, der das Fahrzeug für seine Zwecke wirtschaftlich nützt und für seine Instandhaltung sorgt (Hallbauer AG. S. 212 Bem. 2a).

Auch bei einem Kauf auf Probe wird der Käufer Halter. OLG. Cassel 1. 2. 04 SeuffA. 59 Nr. 257; OLG. Naumburg 22. 5. 03 SeuffA. 58 Nr. 210; OLG. Zweibrücken 7. 7. 08 Bay. RpflZ. 08 363. Wird der Vertrag aufgelöst und das Fahrzeug dem Verkäufer zurückgebracht und ereignet sich bei dem Rücktransport des Fahrzeugs zum Verkäufer, der durch den Käufer oder dessen Angestellte besorgt wird, ein Unfall, so haftet hiefür noch der Käufer als Halter; denn der Verkäufer hat das Fahrzeug noch nicht tatsächlich wieder übernommen und ist deshalb noch nicht wieder Halter geworden. OLG. Cassel 1. 2. 04 Seuff A. 59 Nr. 257. Wenn das Automobil Zubehör eines Gewerbebetriebs oder eines Landgutes ist und als solches vom Pächter des Gewerbebetriebs oder des Landgutes benützt wird, dann ist der Pächter und nicht der Verpächter als Halter zu betrachten (Hallbauer, AG. S. 212 Bem. 2 c; Bernhöft in Bernhöft und Binder, Beitr. 1, 4 ff.)

Bei Miete eines Kraftfahrzeugs ist die Frage, wer als Halter anzusehen sei, je nach Lage des einzelnen Falles verschieden zu beantworten (vgl. Hallbauer S. 212 Bem. 2d). Erfolgt die Miete in der Weise, daß dem Mieter das betriebsfertige Fahrzeug nebst Führer vom Automobilbesitzer gestellt wird und der Mieter sich um das Fahrzeug in keiner Weise zu kümmern hat, dann liegt nicht sowohl Sachmiete vor als vielmehr ein Dienstvertrag ev. auch Werkvertrag und in diesem Fall ist der Vermieter und nicht etwa der Mieter Halter (RG. 15. 2. 06 JW. 06 197). Dabei ist der Umstand gleichgültig, daß der vom Vermieter gestellte Führer den Weisungen des Mieters nachzukommen hat. Das gilt nicht nur dann, wenn es sich um die Ausführung einer einzelnen Fahrt handelt, sondern in gleicher Weise auch in dem Fall, wenn die Miete des Wagens für eine längere Zeit und für eine ganze Reihe von Fahrten erfolgt; z. B. ein Arzt mietet ein Auto in der Weise, daß ihm das Fahrzeug von dem Besitzer gegen einen bestimmten Preis täglich für soundsoviel Stunden samt Chauffeur gestellt wird und die Instandhaltung des Fahrzeugs dem Vermieter überlassen bleibt. Anders liegt der Fall bei der Sachweite oder Leihe. Wird hier das Fahrzeug in der Weise vermietet, daß es vollständig der Verfügung des Mieters unterstellt wird, sodaß also dieser für die Instandhaltung und Unterbringung des Fahrzeugs zu sorgen, dessen Bedienung zu beschaffen hat und allein über die Verwendung bestimmt, dann ist der Mieter Halter; denn das Fahrzeug ist von dem Wirtschaftsbetrieb des Vermieters vollständig losgelöst, wenn dieser auch in Gestalt des Mietzinses eine Nutzung aus dem Fahrzeug zieht (vgl. über die beiden erörterten Arten der Miete auch die Verfügung des preuß. Finanzministers vom 17. 11. 06 betr. die Lösung von Steuerkarten für gemietete Kraftfahrzeuge, abgedruckt bei Isaac S. 328 f.). Um die Haltereigenschaft des Mieters in den zuletzt erörterten Fällen anzunehmen, ist aber weiter notwendig, daß es sich bei der Miete um ein Verhältnis von einer gewissen Dauer handelt; denn nur dann kann auch die Frage der Instandhaltung von Bedeutung werden. So wenig der Sonntagsreiter Tierhalter ist (Königslöw in JW. 02, 61 u. 240; OLG. Kiel bei Neumann, Jahrb. 7 S. 371 § 833 1 d; OLG. Jena 15. 1. 02 OLG. 4, 246; Kirchner § 7 Bem. VI 1 S. 51), ebensowenig ist der, der sich ein Motorrad nur zu einer bestimmten Fahrt, also zu einem vorübergehenden Zwecke mietet, Fahrzeughalter (Kirchner § 7 Bem. VI 2 S. 56). Auch wenn der Verwalter einer Gewerkschaft oder eines Gutes das Auto der Gewerkschaft oder des Gutsherrn einmal im eigenen Interesse zu einer Ausfahrt benutzt, bleibt der Herr bezw. die Gewerkschaft Fahrzeughalter (RG. 27. 11. 02 Gruchots Beitr. 47, 404; 3. 7. 02 RGZ. 52, 118). Das Gleiche wird man annehmen müssen, wenn es sich um Miete eines Wagens für eine einzige bestimmte Fahrt handelt. Und auch dann, wenn der Mieter das Fahrzeug zu einer mehr oder minder genau übersehbaren Zahl konkreter Benutzungshandlungen unter Vorbehalt der sonstigen allgemeinen Benützung durch den Vermieter erhalten hat, wird der Mieter nicht Halter, sondern bleibt die Haltereigenschaft des Vermieters aufrecht erhalten (vgl. Oertmann, Recht der Schuldverhältnisse § 833 Bem. 3 d S. 975). In ähnlicher Weise hat das OLG. Cassel 12. 11. 08. Recht 09 Nr. 64 ausgeführt: „Hat der Vater seinem Sohne mit seinem Landgut und Inventar auch mehrere Pferde übergeben, sich aber in dem Übergabsvertrag vorbehalten, daß sein Sohn ihm auf Verlangen jederzeit Pferde für Fuhren auf seine, des Vaters, eigene Rechnung zu stellen habe, so haftet für den von einem solchen Pferde während der Benützung durch den Vater angerichteten Schaden der Sohn als Tierhalter.“ Nun hat allerdings das Reichsgericht (Urteil vom 20. 11. 1905 RGZ. 62, 79, JW. 06, 62) in einem Fall, wo jemand sich der tatsächlichen Herrschaft über das Tier dadurch entäußerte, daß er es einem andern ohne Entgelt vorübergehend zum Gebrauch überließ und dieser andere das Tier in seinen Wirtschaftsbetrieb einstellte, die Tierhaltereigenschaft des Verleihers verneint. Mit Recht ist dieses Urteil (Planck, BGB. Bd. 2 S. 1019) als bedenklich bezeichnet worden. Die vorübergehende Einstellung des Tieres bezw. des Kraftfahrzeuges in den Wirtschaftsbetrieb des Entleihers kann dessen Haltereigenschaft noch nicht begründen, weil hierzu ein Verhältnis von einer gewissen Dauer vorausgesetzt wird. Was das Kraftfahrzeuggesetz anlangt, so scheint mir § 7 Abs. 3 direkt gegen die Übertragung dieses Urteils auf unser Gesetz zu sprechen. Wenn § 7 Abs. 3 bestimmt, daß bei einer ohne Wissen und Willen des Halters durch einen Dritten erfolgten Inbetriebsetzung des Fahrzeugs der Dritte an Stelle des Halters haftet, so liegt darin implicite ausgesprochen, daß durch dieses unbefugte Eingreifen des Dritten der Fahrzeughalter seine Eigenschaft als Halter nicht verloren hat; er bleibt Halter, nur seine Haftpflicht wird aus Billigkeitsgründen beseitigt. Hebt aber nicht einmal die wider seinen Willen erfolgte vorübergehende Verfügungsentziehung die Haltereigenschaft auf, so kann von einem Verlust dieser Eigenschaft umsoweniger die Rede sein, wenn der Halter selbst freiwillig vorübergehend zugunsten eines Dritten sich seines Verfügungsrechts, wenn auch ohne Entgelt begibt. Über die hier besprochene Entscheidung des Reichsgerichts vgl. auch Kirchner § 7 Bem. VI 1 S. 49; Neukirch-Rosenmeyer § 7 Anm. 14 a S. 52.

Aus den gleichen Gründen wird der Kaufsliebhaber, dem das Fahrzeug zu einer Probefahrt überlassen wird, nicht als Halter anzusehen sein und zwar gilt das nicht nur für den Fall, daß das Fahrzeug während der Probefahrt von dem Personal des Verkäufers gelenkt wird (vgl. RG. 15. 2. 06 JW. 06, 197), sondern auch dann, wenn der Kaufsliebhaber selbst das Fahrzeug fährt. Damit stimmt überein das Urteil des OLG. Hamburg vom 16. 1. 09, Recht 09 Nr. 834, wonach der, der ein Tier von dem Eigentümer nur für wenige Stunden in Verwahrung nimmt, um sich über die Frage eines eventuellen Ankaufes schlüssig zu machen, nicht als Halter anzusehen ist (a. M. Hallbauer, AG. § 7 Bem. 8 b S. 10). Auch der Käufer, der das gekaufte Fahrzeug noch nicht übergeben erhalten hat, ist nicht der Halter. OLG. Hamburg 22. 5. 06 OLG. 14, 44.

Der Wirt, der Hausknecht, der Autogaragebesitzer, bei denen das Fahrzeug eingestellt wird, sind nicht Halter. Wenn sie auch dem Wagen Obdach und vielleicht auch ein gewisses Maß von Pflege und Bedienung angedeihen lassen, so haben sie das nicht in eigenem Interesse, sondern ausschließlich im Interesse des Besitzers getan; es ist dann aber auch ihre Fürsorge nur von vorübergehender Dauer (OLG. München 7. 11. 05, SeuffA. 61 Nr. 174). Allerdings beziehen die genannten Personen für die Versorgung des Fahrzeugs eine Vergütung;

darin kann aber nicht das eigene Interesse, das der Halter an der Versorgung des Fahrzeugs hat, erblickt werden. Vielmehr muß ein eigentliches Unternehmerinteresse gegeben sein. Deshalb ist in den Fällen, in denen der Besorger des Fahrzeugs, z. B. kraft eines Gesindeverhältnisses oder kraft eines Vertretungsverhältnisses (für den an sich nicht handlungsfähigen Eigentümer) die Sorge für das Fahrzeug übernimmt, der Besorger nicht Halter (OLG. Karlsruhe 16. 5. 04 DJZ. 06, 152). So ist z. B. eine Ausstellungsleitung, die lediglich Verkäufe vermittelt, ohne Provision zu erhalten, oder der Verkäufer, der dem Käufer auf dessen eigenem Fahrzeug Unterricht erteilt, nicht Halter (vgl. RG. 11. 4. 07 RGZ. 66, 1). Auch der Fabrikant, der an einem einem Dritten gehörigen Fahrzeug in dessen Auftrag eine Reparatur vornimmt und nach dieser Beendigung das Fahrzeug auf seine nunmehrige Tauglichkeit durch eine Fahrt erprobt, ist nicht Halter.

Dagegen ist der Verkaufskommissionär, dem das Fahrzeug zum Verkauf gegen Provision übergeben ist, Halter (Neukirch-Rosenmeyer § 7 Bem. 10 und 12, RG. 22. 5. 03 Recht 03 Nr. 1835).

Einen besonderen Fall behandelt das Urteil des RG. vom 26. 5. 10 JW. 10,706. Hier hatte der Kläger von dem Beklagten ein in dessen Stall stehendes Pferd gekauft und bezahlt, das Pferd aber noch für einige Minuten im Stall stehen lassen und dort einem Dritten gezeigt. Bei dieser Gelegenheit wurde der Käufer von dem Pferde geschlagen. Das Berufungsgericht erklärte den Verkäufer für haftbar. Das Reichsgericht erkannte, der Käufer sei zwar zur Zeit des Unfalls schon Eigentümer gewesen, damit sei aber die vom Eigentume nicht abhängige Tierhaltereigenschaft noch nicht gegeben; für die letztere komme es im wesentlichen darauf an, wer in eigenem Interesse durch Gewährung von Obdach und Unterhalt die Sorge für das Tier bis zu dem Zeitpunkt des Unfalls übernommen habe. Das Urteil fährt dann fort: „Nach der tatsächlichen Feststellung des Berufungsgerichts ging die Willensmeinung der Parteien dahin, der Kläger als Käufer sollte und wollte das im Stall des Beklagten stehende Pferd schon nach Verlauf weniger Minuten mitnehmen, für diese kurze Zeit dachten die Parteien nicht an den Abschluß eines besonderen Verwahrungsvertrags, der Beklagte sollte bis zur tatsächlichen Mitnahme des Pferdes auch in eigenem, der Erfüllung des Kaufvertrags dienenden Interesse die Fürsorge für das Pferd behalten. Eine derartige Regelung ist an sich möglich, sie läuft dahin hinaus, daß dem bisherigen Zustand der Gewährung von Obhut und Fürsorge im Stalle des Beklagten entsprechend der Beklagte bis zur Fortführung des Pferdes durch den Kläger Tierhalter bleiben soll". Die hier vom Reichsgericht unterstellte Willensmeinung der Parteien dürfte wohl in der Regel nicht gegeben sein, vielmehr werden die Parteien davon ausgehen, daß mit Übertragung des Eigentums on den Käufer, der letztere auch Halter geworden ist und daß die weitere Verwahrung des bereits übereigneten Tieres durch den Verkäufer nur im Interesse des Käufers als des Halters erfolgt. Zu der Annahme, daß der Käufer bereits Eigentümer geworden sei, konnte das RG. doch nur gelangen, wenn es davon ausging, daß das Pferd dem Käufer schon übergeben gewesen sei, dann hatte aber der Verkäufer seine Verpflichtung aus dem Kaufvertrag erfüllt und die weitere Annahme, daß die weitere Verwahrung des Tieres im Stalle auch im eigenen, der Erfüllung des Kaufvertrags dienendem Interesse des Verkäufers geschah, geht dann fehl; es bleibt dann vielmehr nur die Annahme übrig, daß die Weiterverwahrung auf Grund eines stillschweigend geschlossenen Verwahrungsvertrags erfolgte.

Da es sich bei dem Halten eines Kraftfahrzeuges um ein rein tatsächliches Verhältnis handelt und die Haftpflicht von einem Verschulden nicht abhängig ist, so kann auch ein Geschäftsunfähiger oder in der Geschäftsfähigkeit Beschränkter Halter sein. Ebenso Krause § 7 Bem. 7 S. 62; Neukirch-Rosenmeyer § 7 Anm. 12; Waldeck § 7 Anm. 19 S. 38; Bernhöft in Bernhöft u. Binder, Beitr. 1, 4 ff.; Staudinger, BGB. § 833 Nr. 5 e; a. M. Hallbauer § 7 Bem. 11 S. 12.

Wird ein Fahrzeughalter plötzlich geisteskrank oder sonst geschäftsunfähig, so bleibt er gleichwohl Halter. Ereignet sich infolge der während der Fahrt ausbrechenden Geisteskrankheit ein Unfall, dann entsteht die Frage, ob wegen Vorliegens eines unabwendbaren Ereignisses die Haftung ausgeschlossen ist (vgl. unten Bem. VIII).

Weil es sich bei dem Halten des Fahrzeugs um ein tatsächliches Verhältnis handelt, ist es auch gleichgültig, ob das Rechtsgeschäft, auf Grund dessen sich jemand im Besitz und Genuß des Fahrzeugs befindet, rechtswirksam ist oder nicht.

Ebenso wie die Geschäftsfähigkeit, ist für die Frage, wer als Halter anzusehen sei, der Umstand bedeutungslos, zu welchem Zweck der Kraftwagen im Momente des Unfalls benützt wurde. Wird also z. B. ein Mitglied des Deutschen freiwilligen Automobil-Korps zu einer Dienstleistung eingezogen, so bleibt er Halter und deshalb für Unfälle haftbar. Das Gleiche gilt, wenn von einem Kraftfahrzeug, auf dem die in §§ 2, 3 AG. vorgeschriebene Fahrerprüfung vorgenommen wird, ein Schaden verursacht wird. Auch hier haftet der Halter. In beiden Fällen kann er dem Haftpflichtanspruch nicht mit der Einrede begegnen, daß der Wagen den Schaden während Ausübung einer gesetzlichen Pflicht oder Erfüllung einer obrigkeitlichen Anordnung angerichtet hat (RG. 2. 7. 03 RGZ. 55, 106; 6. 6. 04 JW. 04, 408; 14. 6. 06 JW. 06, 466).

Der Besitzdiener (§ 855 BGB.) wird regelmäßig nicht Halter sein; das gilt auch von dem angestellten Chauffeur, insbesondere auch von den seitens einer Automobilgesellschaft gegen feste Bezüge angestellten Chauffeuren. Ist dagegen der Lenker einer Automobildroschke von dem Eigentümer in der Weise angestellt, daß Eigentümer und Führer sich nach einem gewissen vereinbarten Prozentsatz in die Einnahme teilen, dann haben beide als Halter zu gelten. Neukirch-Rosenmeyer § 7 Anm. 14, Krause § 7 Bem. 7 S. 61, Krause a. a. O. hält weiter in dem Fall, daß der Kutscher dem Fuhrmann täglich eine bestimmte Summe abliefert, dagegen aber die gesamte Einnahme für sich behalten darf, den Kutscher für den Alleinhalter. Man wird dabei nicht übersehen dürfen, daß möglicherweise diese Art der Gewinnverteilung von dem Fahrzeugbesitzer gewählt wird, um den Ersatzberechtigten an Stelle des leistungsfähigen Besitzers in der Person des Kutschers eine regelmäßig nicht leistungsfähige Person gegenüber zu stellen und so die Schadensersatzansprüche illusorisch zu machen. Kommt eine solche beabsichtigte Gesetzesumgehung in Frage, dann wird man gleichwohl an der Haltereigenschaft des Besitzers festhalten müssen.

Bei Miteigentum an einem Kraftfahrzeug ist nicht jeder Miteigentümer auch ohne weiteres als Halter anzusehen (vgl. § 17 Bem. III 4). Doch ist selbstverständlich eine Mehrheit von Haltern für ein Fahrzeug denkbar, die gemäß §§ 830, 841 BGB. als Gesamtschuldner haften. Haben mehrere Miteigentümer die Ausnützung des Fahrzeugs in zeitlich bestimmter Weise geteilt, sodaß bald der eine, bald der andere als Halter zu gelten hat, dann haftet jeweils derjenige Miteigentümer allein, der zur Zeit des Unfalls Halter war (Hallbauer Bem. 1 S. 11; Krause § 7 Bem. 7 S. 62; a. M. Waldeck

§ 7 Anm. 21 S. 39). Bringt eine Ehefrau ein ihr gehöriges Kraftfahrzeug in die Ehe ein, und untersteht dieses Fahrzeug dem Verwaltungs- und Nutzungsrecht des Ehemanns, so ist der Ehemann Halter. Das Gleiche gilt von einem dem Kind gehörigen, aber dem Nutznießungsrecht des elterlichen Gewalthabers unterstehenden Fahrzeuge. Leben die Eheleute in Errungenschaftsgemeinschaft und dient das Fahrzeug den Zwecken der Errungenschaftsgemeinschaft, dann gilt nur der Ehemann als Halter (OLG. Cöln 23. 1. 08 Recht 08 Nr. 977).

Wenn dagegen das Fahrzeug zu dem von der Ehefrau ausgeübten Gewerbe dient, dann ist die Ehefrau Halter, und zwar selbst dann, wenn der Ehemann als ihr Geschäftsführer tätig ist (Hallbauer § 7 Bem. 8 S. 9). Das Gleiche gilt bezüglich des Kraftfahrzeugs, das ein minderjähriges Kind in dem von ihm selbständig geführten Geschäfte (§§ 112, 1561 Ziff. 1 BGB.) verwendet.

Die bloß vorübergehende Verfügungsentziehung hebt, wie schon oben ausgeführt, die Haltereigenschaft nicht auf; wenn dagegen ein Dieb sich das Fahrzeug aneignet, so endet damit die Haltereigenschaft des Bestohlenen (Kirchner § 7 Bem. VI 2 S. 54, Schmid-Wagner § 7 Bem. 4 S. 98; Linckelmann, Schadensersatzpflicht S. 86).

Nicht nur natürliche, auch juristische Personen können als Halter in Betracht kommen. So ist der Staat (Postfiskus) oder die Gemeinde Halter der Motorräder, die dienstlich, als dienstliches Eigentum von den Post- oder Telegraphenboten, Gendarmen, Schutzleuten benützt werden. Schafft sich dagegen ein Beamter, der ein jährliches Reiseaversum bezieht, selbst ein Kraftfahrzeug, wenn auch zur Benützung für seine Dienstreisen an, so ist der Beamte Halter. Vgl. KG. 21. 1. 02 OLG. 4, 248 (über die Stellung des fahrenden Landbriefträgers, der das Pferd selbst anzuschaffen, zu erhalten und nötigenfalls für dessen Ersatz zu sorgen hat), RG. 2. 7. 03 RGZ. 55, 164, JW. 03, Beil. 110, DJZ. 03, 454 (über den Halter des Gendarmenpferdes in Preußen).

Wird das Kraftfahrzeug gepfändet, so hört damit die Haltereigenschaft des Pfandschuldners auf, weil ihm durch die Pfändung für unbestimmte Zeit die Möglichkeit entzogen ist, das Fahrzeug in seinem Wirtschaftsbetrieb zu benützen (OLG. Colmar 14. 3. 06 OLG. 14, 50).

VI. **Verletzter.** Als Ersatzberechtigter wird ausdrücklich nur der Verletzte genannt. Personen, die durch den Unfall nur mittelbar

Nachteil erleiden, können aus § 7 keinen Ersatzanspruch herleiten. Im Falle der Körperverletzung ist also nur der körperlich Verletzte ersatzberechtigt, nicht etwa auch die Personen, denen infolge der Körperverletzung die Dienste entgehen, zu denen ihnen der Verletzte im Hauswesen oder Gewerbe verpflichtet war (§ 845 BGB.). Ebenso hat der Vater des verletzten Kindes keinen selbständigen Ersatzanspruch dafür, daß das Kind infolge der Verletzung höheren Anspruch an die Unterhaltspflicht des Vaters stellt (vgl. Vorbem. vor § 10, § 11 Bem. VI). Im Falle der Tötung ist durch § 10 Abs. 1 Satz 2 und Abs. 2 der Kreis der Ersatzberechtigten über die Person des unmittelbar Verletzten hinaus erweitert worden, indem sowohl der zur Tragung der Beerdigungskosten Verpflichtete als auch der, dem gegenüber der Getötete unterhaltspflichtig war oder werden konnte, für ersatzberechtigt erklärt werden.

Darüber, wer im Falle der Sachbeschädigung als Verletzter zu betrachten ist, enthält das Gesetz keine Bestimmung, wie ja auch der Umfang und die Art des Schadensersatzes, abgesehen von § 12, im AG. keine ausdrückliche Regelung gefunden hat. Ebenso wie Umfang und Art des Schadensersatzes beim Mangel einer Regelung durch unser Gesetz nach Maßgabe der Vorschriften des BGB. festzusetzen sind (vgl. unten Bem. VII), wird man auch die Frage, wer schadensersatzberechtigt ist, auf Grund der Bestimmungen des BGB. entscheiden müssen. Es kommt hier der § 823 BGB. in Betracht, wonach schadensersatzpflichtig ist, wer widerrechtlich das Eigentum oder ein sonstiges Recht eines anderen verletzt. Es ist nun allgemein anerkannt, daß unter „sonstiges Recht" bloße obligatorische Rechtsverhältnisse nicht zu verstehen sind und daß also bloße Forderungsberechtigte einen Schadensersatzanspruch nach § 823 BGB. nicht geltend machen können. Gibt aber nicht einmal das BGB. den Forderungsberechtigten einen Ersatzanspruch, so ist noch viel weniger anzunehmen, daß das Spezialgesetz, das ohnehin die Haftungspflicht gegenüber den Grundsätzen des BGB. in wesentlichen Punkten beschränkt, hier eine über den Rahmen des BGB. hinausgehende Haftung zugunsten der bloß obligatorisch Berechtigten schaffen wollte. Eine Ausnahme ist zu machen zugunsten des Mieters, Pächters und ähnlicher Personen, die gleichzeitig im Besitz der Sache sich befinden, an der sie obligatorisch berechtigt sind. Das RG. hat in seinem Urteil vom 28. Dezember 1904 (RGZ. 59, 326), ohne allerdings die Frage selbst ausdrücklich zu entscheiden, hierüber ausgeführt: „Mit der Übergabe der Mietsache entwächst das Recht des Mieters den rein obligatorischen Rechten. Es bestehen nicht mehr bloß zwischen den obligatorisch Verbundenen Rechte und Pflichten, sondern jedermann hat das durch den Besitz erkennbare Mietrecht zu achten. Ist das aber der Fall, dann kann nicht zweifelhaft sein, daß der schädigende widerrechtliche Eingriff von Personen, die nicht im obligatorischen Verband stehen, Schadensersatzansprüche erzeugen kann. Es läßt sich die Ansicht rechtfertigen, daß das infolge der Besitzeinräumung von jedermann zu achtende Recht des Mieters auf ungestörte Benutzung der Mietsache zu den mit dem Mietvertrag verfolgten Zwecken, eben weil es von jedermann geachtet werden muß, zu den absoluten Rechten gehört, von denen § 823 Abs. 1 handelt (vgl. Krause § 7 Bem. 9 S. 63).

Handelt es sich um die Beschädigung einer beweglichen Sache, so kann der Schadensersatz gemäß § 851 BGB., der entsprechend der in Bem. I erläuterten rechtlichen Natur des Haftpflichtanspruchs Anwendung findet, an den geleistet werden, in dessen Besitze sich die Sache zurzeit der Entziehung oder der Beschädigung befunden hat. Durch diese Leistung wird der Ersatzpflichtige auch dann befreit, wenn ein dritter Eigentümer der Sache war oder ein sonstiges Recht an der Sache hatte, es sei denn, daß ihm das Recht des Dritten bekannt oder infolge grober Fahrlässigkeit unbekannt ist.

VII. **Schaden.** Über den notwendigen Kausalzusammenhang zwischen Unfall und Schaden vgl. oben Bem. III.

Nicht die Tatsache der Körperverletzung, Tötung oder Sachbeschädigung an und für sich macht den Fahrzeughalter haftpflichtig, sondern die Haftung ist nur gegeben, wenn die Körperverletzung usw. einen Schaden, d. h. eine ungünstigere Gestaltung der Vermögenslage zur Folge hat. Das braucht nicht notwendig der Fall zu sein. Eine Körperverletzung kann derart leicht sein, daß sie ohne jede ärztliche Behandlung, ohne jede Beschränkung der Erwerbsfähigkeit heilt und also dem Verletzten einen pekuniären Schaden nicht verursacht. Anderseits kann auch eine eintretende Beschränkung der Erwerbsfähigkeit für den Verletzten unter Umständen keinen Schaden bedeuten, z. B. weil er infolge seiner günstigen Vermögensverhältnisse seine Erwerbsfähigkeit doch nie ausgenützt hätte (vgl. § 11 Bem. VII). Nicht notwendig ist, daß der Schaden unmittelbar nach dem Unfall eintritt, auch ein später in die Erscheinung tretender

Schaden verpflichtet den Halter zum Ersatz, sofern nur der ursächliche Zusammenhang gegeben ist.

Für den Fall der Tötung und Körperverletzung ist in § 10 und 11 der Umfang des Schadensersatzes genau geregelt.

Dagegen enthält das Gesetz für den Fall einer Sachbeschädigung keine Vorschriften über Art und Weise sowie Umfang des zu leistenden Schadensersatzes. Mangels solcher spezieller Vorschriften haben deshalb die Vorschriften des BGB. §§ 249 ff. Anwendung zu finden. Der Haftpflichtige ist deshalb verpflichtet, den Zustand herzustellen, der bestehen würde, wenn der zum Ersatz verpflichtende Umstand nicht eingetreten wäre. Der Geschädigte kann statt der Herstellung den dazu erforderlichen Geldbetrag verlangen; er kann dem Haftpflichtigen zur Herstellung eine angemessene Frist bestimmen mit der Erklärung, daß er nach Ablauf der Frist die Herstellung ablehne. Soweit eine Herstellung nicht möglich oder zur Entschädigung des Berechtigten nicht genügend oder endlich wegen fruchtlosen Ablaufs der für die Herstellung gesetzten Frist ausgeschlossen ist, ist der Schadensersatz in Geld zu leisten. In den Fällen, in denen die Herstellung nur mit unverhältnismäßigen Aufwendungen möglich ist, steht dem Haftpflichtigen das Recht zu, den Gläubiger in Geld zu entschädigen. Aus der Vorschrift des § 12, die nur die Maximalhöhe des zu leistenden Schadensersatzes festsetzt, darf nicht gefolgert werden, daß Naturalrestitution überhaupt ausgeschlossen sei (Hallbauer S. 19; Kirchner S. 61; Gordan S. 51; a. M. Krause § 7 S. 64, § 12; vgl. unten § 12 Bem. V). Was den Umfang der Schadensersatzpflicht anlangt, so beschränkt sich die Ersatzpflicht des Fahrzeughalters nicht auf den unmittelbaren Schaden, den der Eigentümer der Sache durch die notwendige Wiederherstellung oder Neuanschaffung der beschädigten oder zerstörten Sache erleidet, sondern auch der weitere mittelbare Schaden, der dem Sacheigentümer durch den Unfall etwa infolge Verdienstentgangs oder durch die Zahlung einer Leihgebühr für eine entsprechende Ersatzsache während der Zeit der Ausbesserung der beschädigten oder bis zur Neuanschaffung an Stelle der zerstörten Sache zugefügt wird ist zu ersetzen (Seuffert § 7 Bem. 6). Hätte der Gesetzgeber eine Beschränkung des Schadensersatzanspruches auf den unmittelbaren Schaden beabsichtigt, so würde er eine andere Fassung des Gesetzes gewählt und im Anschluß an die Fassung des Art. 58 AGzBGB. und § 25 preuß. EisenbG.

v. 3. 11. 38 ausgesprochen haben, daß nur der Schaden an der fremden Sache zu ersetzen sei (Krause § 7 Bem. 9 S. 63; Gordan S. 51). Eine Beschränkung des Schadensersatzes für Sachschaden auf den gemeinen Wert, wie das nach § 457 HGB. bei der Haftung der Eisenbahn für Beschädigung oder Verlust von Frachtgütern der Fall ist, findet hier nicht statt.

VIII. **Umfang der Haftung, Höhere Gewalt, Unabwendbares Ereignis.**

Die Haftung des Fahrzeughalters ist zwar, soweit die Haftungsvoraussetzungen in Frage kommen, ebenso wie die des Eisenbahnunternehmens eine erheblich gesteigerte, sie ist aber keine unbeschränkte. Während aber § 1 des Reichshaftpflichtgesetzes die Haftung des Eisenbahnunternehmers in Wegfall kommen läßt, wenn der Unfall durch höhere „Gewalt" verursacht wurde, kennt das KG. den Begriff der höheren Gewalt nicht, sondern hat an seiner Stelle das „unabwendbare Ereignis" als Haftungsausschlußgrund aufgestellt. Es ist deshalb notwendig, die Bedeutung und den Unterschied dieser beiden Rechtsbegriffe klarzustellen.

1. Den Begriff der **höheren Gewalt** hat der Gesetzgeber nicht bloß in § 1 des Reichshaftpflichtgesetzes verwendet; er kommt ebenso in § 456 HGB., §§ 203, 701 BGB., § 11 PostG., § 16 Ges. betr. die Nationalität der Kauffahrteischiffe vor. Er ist, wie anläßlich der Beratung des Reichshaftpflichtgesetzes anerkannt und auch wiederholt vom Reichsgericht ausgesprochen wurde (vgl. RG. 15. 1. 81 EisenbE. 1, 360; 23. 3. 88 RGZ. 21, 13, EisenbE. 6, 218; RG. 5, 103 Gruchots Beitr. 47, 442) gleichbedeutend mit dem in § 25 preuß. Eisenbahngesetzes v. 3. 11. 38 gebrauchten Ausdruck „unabwendbarer äußerer Zufall". Eine gesetzliche Definition des Begriffes „höhere Gewalt" ist nirgends gegeben. Jedoch ist Literatur und Rechtsprechung darüber einig, daß darunter alle von außen, d. h. von außerhalb des Betriebsunternehmens, kommenden schadenstiftenden Ereignisse zu verstehen sind, die auch durch die äußerste nach den gegebenen Umständen gebotene Vorsicht und durch die zweckmäßigsten Vorkehrungen, soweit diese noch zu dem durch sie zu erreichenden Erfolg nach der Verkehrsanschauung in vernünftigem Verhältnisse stehen, nicht abgewendet noch in ihren Folgen unschädlich gemacht werden können (RG. 28. 1. 01 JW. 01, 165). Es kommt somit immer auf den einzelnen Fall an, ob ein Ereignis als höhere Gewalt aufzufassen ist.

Ein Doppeltes gehört zum Begriff der höheren Gewalt:

a) Das schadenstiftende Ereignis muß von außen kommen. „Äußerer“ unabwendbarer Zufall sagt § 25 preuß. EisenbG. und grenzt damit das Gebiet ab gegen den sog. inneren Zufall, der, wenn auch unabwendbar, die Einrede der höheren Gewalt nicht zu begründen vermag. Die vernünftige Verkehrsanschauung erfordert nämlich für das Gebiet des Eisenbahnwesens einen so hohen Grad der Haftung des Unternehmers, daß er für das fehlerfreie Funktionieren aller Organe seines Betriebes, Menschen und Sachen, unbedingt einstehen muß. Die Funktionen seiner Leute und Betriebsmittel stehen in so enger Beziehung zu seinen eigenen Handlungen, daß rechtlich der Unternehmer, seine Leute und seine Betriebsmittel, überhaupt alle seine Betriebsorgane, als ein untrennbares Ganzes erscheinen; die Berufung auf höhere Gewalt setzt tadelloses Funktionieren aller Organe, der Leute und der Betriebsmittel, voraus; Mängel in diesen Stellen, wenn sie dem Unternehmer ohne sein Verschulden unbekannt waren, bilden den sog. inneren Zufall, der den Einwand der höheren Gewalt ausschließt (RG. 13. 4. 80 RGZ. 1, 253; RG. 22. 7. 03 JW. 03, 316, EisenbE. 20, 184). Danach haftet also der Eisenbahnunternehmer nicht nur für seine eigenen Handlungen, er haftet auch für das Verhalten seiner Vertreter und Gehilfen schlechthin, ohne daß entweder auf seiner Seite noch auf Seiten der Gehilfen oder Vertreter ein Verschulden vorliegen muß; und er haftet endlich für alle Mängel seiner Werkzeuge und Betriebseinrichtungen, mögen auch diese Mängel selbst bei sorgfältiger Untersuchung unentdeckt geblieben sein. So haftet die Bahn z. B. unbedingt für eine durch Achsenbruch verursachte Entgleisung; sie haftet ebenso, wenn eine plötzlich eingetretene, nicht voraussehbare geistige Erkrankung des Lokomotivführers die Entgleisung herbeigeführt hat. Ein Ausschluß der Haftung könnte in diesen beiden Fällen nur dann in Frage kommen, wenn das Versagen der Funktionen (Achsenbruch, Geisteskrankheit) auf ein plötzlich aufgetretenes, nicht vermeidbares äußeres Ereignis zurückzuführen wäre, wenn z. B. die Achse durch eine auf die Schiene geworfene Bombe gebrochen oder wenn die Geisteskrankheit des Führers durch einen Blitzschlag verursacht wurde (Eger, Haftpfl. S. 134; Cosack HR. 6. Aufl. § 90 S. 411; Staub § 456 Anm. 8; Gordan S. 54). Diesem inneren Zufall stehen die von außen kommenden Ereignisse entgegen, d. h. die Ereignisse, die außerhalb des Betriebs entstanden und von außen her in den Betrieb eingreifen. Dazu gehören nicht bloß Elementarereignisse (Sturm, Blitz, Überschwemmung, Brand und Erdbeben), sondern ebenso gut solche Ereignisse, die auf die Einwirkung Dritter außerhalb des Betriebs stehender Personen zurückzuführen sind, wie verbrecherische Eingriffe, Diebstahl, Raub, Bombenattentate. Um aber das gewaltsame Eingreifen eines Dritten in den Betrieb als höhere Gewalt erscheinen zu lassen, bedarf es des Nachweises, daß dieses Eingreifen nicht nur an sich mit rationellen Mitteln unabwendbar, sondern auch in seinen Folgen nicht unschädlich zu machen war (RG. 9. 10. 02 JW. 02, 591; RG. 13. 10. 04 JW. 04, 577). Auch Handlungen Geisteskranker, die sich in Tötungsabsicht vor dem Eisenbahnzug auf die Schienen werfen, das unverständige Gebaren der Kinder, die der Gefahr nicht achtend vor dem Wagen der elektrischen Straßenbahn über die Geleise laufen, können den Einwand der höheren Gewalt begründen (vgl. aber unten 1c). In gleicher Weise ist einem durch eine plötzliche Ohnmacht oder einen epileptischen Anfall herbeigeführten Sturz des Verunglückten der Charakter eines unabwendbaren äußeren Zufalls beizulegen (vgl. RG. 23. 3. 88 RGZ. 21, 19, JW. 88, 197; RG. 8. 6. 06 JW. 06, 481).

b) Zweites Begriffsmerkmal der höheren Gewalt ist: es muß sich handeln um Ereignisse, die ungeachtet aller irgend möglichen und durch die Umstände gebotenen Vorsicht weder abzuwenden sind, noch in ihren Folgen unschädlich gemacht werden können. Bei Beurteilung der Frage, ob ein Ereignis unabwendbar ist oder nicht, ist aber nicht ein abstrakter, sondern ein relativer Maßstab anzulegen. Es kommt nicht darauf an, ob die Abwendung des schädigenden Ereignisses oder seiner Folgen überhaupt (in abstracto) möglich ist, sondern ob die Abwendung bei den gegebenen Verhältnissen durch die äußerste, diesen Umständen angemessene Sorgfalt und durch Mittel, deren Anwendung dem Haftpflichtigen vernünftigerweise zugemutet werden durfte, erreicht werden konnte. Von dem Haftpflichtigen muß allerdings nachgewiesen werden, daß auch mit Aufgebot der äußersten Vorsicht und Sorgfalt und Aufwendung aller Kräfte, die dem Menschen überhaupt zu Gebote stehen, das schädigende Ereignis nicht abgewendet oder unschädlich gemacht werden konnte. Aber hierbei kommen doch nur solche Mittel in Betracht, deren Anwendung überhaupt möglich ist, ohne den wirtschaftlichen Erfolg des Unternehmers vollständig auszuschließen. Es ist deshalb an der Auffassung festzuhalten, nach welcher bei der Beurteilung der Frage der Abwendbarkeit auf die Verhältnisse des Einzelfalles, insbesondere auf das Verhältnis zwischen dem anzustrebenden Erfolg und den aufzuwendenden Mitteln Rücksicht zu nehmen ist (RG. 23. 3. 88 RGZ. 21. 13; 8. 12. 90, Bolze 11 Nr. 190; 20. 12. 98 JW. 99, 52; 28. 1. 01 JW. 01, 164; 22. 7. 03 JW 03, 317; 20. 3. 05 RGZ. 60, 301 (304).

c) Abweichend von dieser vom Reichsgericht, insbesondere in seinem Urteil vom 23. 3. 88 (RGZ. 21, 13) vertretenen Ansicht behauptet Exner (Der Begriff der höheren Gewalt), es komme auf das Verhältnis zwischen dem anzustrebenden Erfolg und den hierzu erforderlichen Mitteln nicht an, sondern lediglich auf den objektiven Bestand der Erscheinungen, es sei also bei Entscheidung der Frage, ob etwas abwendbar sei, ein abstrakter Maßstab zu Grunde zu legen. Diese Exnersche Ansicht wird in dem erwähnten Urteil unter Bezugnahme auf die bisherige Judikatur des Reichsgerichts und Reichsoberhandelsgerichts ausdrücklich als irrig verworfen.

Gleichwohl haben die Ausführungen Exners wesentlichen Einfluß auf die neuere Judikatur des Reichsgerichts gewonnen. Es hat nämlich das Reichsgericht seit Jahren in ständiger Rechtsprechung den Satz vertreten, daß Ereignisse, die mit einer gewissen Häufigkeit bei einem Betrieb vorzukommen pflegen und nach der Natur des Betriebes nicht vermeidbar sind, die der Betriebsunternehmer daher von vorneherein in Aussicht zu nehmen hat, als mit diesem Betrieb und seinen Gefahren im Zusammenhang stehend angesehen und vom Unternehmer nach § 1 HaftpflG. vertreten werden müssen (RG. 29. 3. 84 RGZ. 11, 146; 5. 1. 87 RGZ. 19, 37; 9. 2. 93 SeuffA. 48 Nr. 245; 5. 11. 94 SeuffA. 50 Nr. 250; 12. 6. 99 RGZ. 44, 27; 9. 1. 02 RGZ. 50, 94; 11. 5. 03 RGZ. 54, 406; 1. 10. 03 JW. 03, 403). Es ist daran festzuhalten, führt das RG. 1. 3. 94 EisenbE. 10, 270 und 21. 3. 94 EisenbE. 12, 8 aus, daß solche Unfälle nicht einer höheren Gewalt zuzuschreiben sind, die lediglich in der gefährdenden Natur des Unternehmens selbst oder in einer vom Eisenbahnunternehmen selbstgeschaffenen gefährlichen Lage ihren Grund haben. Zu den durch den Eisenbahnbetrieb selbst herbeigeführten, daher nicht als höhere Gewalt anzusehenden Gefahren gehöre das Scheuwerden von Zugtieren. In gleicher Weise hat das Reichsgericht das Vorliegen höherer Gewalt verneint bei Unfällen die durch den Unverstand von Kindern entstehen, bei Zusammenstößen zwischen Straßenbahnen und anderen Fahrzeugen, die an der Seite oder von hinten unvorhersehbar den Straßenbahnwagen anfahren. Dabei ist es nach der Auffassung des RG. ohne Bedeutung, daß es dem Unternehmer unmöglich war, mit Hilfe der nach dem gegenwärtigen Stand der Technik bekannten, mit der Aufrechthaltung des Betriebs zu vereinbarenden Einrichtungen den Unfall zu verhüten; liege diese Unmöglichkeit vor, so trage eben insoweit der Eisenbahnunternehmer die Gefahr. In gleicher Weise hat das Reichsgericht Unfälle, die im Bahnbetrieb durch die Ratlosigkeit und Bestürzung des Verletzten verursacht worden sind, nicht als Fall höherer Gewalt erachtet, wenn die Bestürzung und das sachwidrige Verhalten des Verletzten gerade durch die mit dem Bahnbetrieb verbundene Gefahr verursacht wurde (RG. 14. 11. 06 JW. 02, 31; RG. 9.1.02 RGZ. 50, 92). Vgl. über die Rechtsprechung des Reichsgerichts auch Wussow in EisenbE. 23, 214.

Gegen diese Auslegung des Begriffs der höheren Gewalt wandte sich Eger, HaftpflG. S. 146: „Die Annahme widerspricht unverkennbar den bisher streng festgehaltenen Grundsätzen des Rezeptums, wonach die Verantwortlichkeit für die von außen kommenden Ereignisse den Unternehmer dann nicht trifft, wenn er die Unabwendbarkeit des Ereignisses sowie die Unvermeidlichkeit der Folgen desselben mit wirtschaftlich möglichen und rationellen Mitteln nachweist. Es ist nicht angängig, hiervon bei Ereignissen, die sich auf die gefährliche Natur des Unternehmens selbst gründen, eine Ausnahme zu machen. Denn alsdann würde der bei weitem größte Teil der bei gefährlichen Unternehmungen sich ereignenden Unfälle hierunter fallen. Schließt man Ereignisse nur deshalb, weil sie mit einer gewissen Häufigkeit bei einem Betrieb vorkommen, weil der Unternehmer mit ihnen von vornherein rechnen muß oder weil sie nach der gefährlichen Natur des Betriebs in der Regel nicht vermeidbar sind, von den Fällen der höheren Gewalt ohne weiteres und absolut aus, so verläßt man den grundsätzlich bisher anerkannten relativen Maßstab, nach welchem die Unvermeidlichkeit eines schädigenden Ereignisses und seiner Folgen zu beurteilen ist und adoptiert einen absoluten Maßstab, ohne daß für diese prinzipielle Änderung triftige Gründe vorhanden sind. Sowohl die Häufigkeit wie die Unvermeidlichkeit eines Ereignisses sind relative Faktoren, und es gibt kein Ereignis, das nach der Natur des Betriebs absolut unvermeidlich wäre. Es kommt hiernach, gleichviel ob es sich um einen der gefährlichen Natur des Betriebs eigentümlichen oder nicht damit zusammenhängenden Unfall handelt, stets nur auf die Möglichkeit der Abwendung des Ereignisses selbst oder seiner Folgen durch rationelle wirtschaftliche Mittel je nach dem Stande der Technik usw. an".

2. **Unabwendbares Ereignis.** Auch in der Kommissionsberatung wurde die vorstehend unter Bem. VIII, 1c besprochene Judikatur des Reichsgerichts, die zu einer wesentlichen Einschränkung des Begriffs der höheren Gewalt geführt hatte, als abwegig bezeichnet und deshalb vorgeschlagen, an die Stelle des Begriffs der höheren Gewalt den des unabwendbaren Ereignisses zu setzen. Man erklärte dabei, unter unabwendbarem Ereignis sei zu verstehen einmal die höhere Gewalt im Sinne der herrschenden Theorie und Judikatur und ferner ein sonstiges äußeres unabwendbares Ereignis; der Begriff geht also weiter als der Begriff der höheren Gewalt. Er ist klar, welche Rechtsanschauung durch die Einführung dieses neuen Begriffes des unabwendbaren Ereignisses besonders bekämpft werden sollte. Sie richtet sich gegen die Anschauung des Reichsgerichts, daß alle Fälle, die beim Betrieb mit einer gewissen Häufigkeit eintreten, und deshalb vom Betriebsunternehmer von vornherein in Aussicht zu nehmen sind, unter keinen Umständen als höhere Gewalt zu erachten seien. Für die Entscheidung der Frage, ob ein unabwendbares Ereignis vorliegt, ist es deshalb ohne Bedeutung, ob sich derartige Ereignisse bei dem Betrieb von Kraftfahrzeugen häufig ereignen oder nicht. Um klar zu stellen, daß diese vom Reichsgericht anders beurteilten Fälle (Scheuen von Pferden, Überfahren von Kindern, Zusammenstöße mit anderen Fahrzeugen, Verunglücken eines in Bestürzung oder Schrecken geratenen Passanten) recht wohl geeignet sind, die Haftung des Fahrzeughalters auszuschließen, hat das Gesetz ausdrücklich bestimmt, daß als unabwendbar ein Ereignis insbesondere dann gilt, wenn es auf das Verhalten des Verletzten oder eines nicht bei dem Betrieb beschäftigten Dritten oder eines Tieres zurückzuführen ist und sowohl der Halter als der Führer des Fahrzeugs jede nach den Umständen des Falles gebotene Sorgfalt beobachtet hat. Die Aufzählung dieser Fälle in § 7 Abs. 2 Satz 2 ist, wie das Wort „insbesondere" sicher erkennen läßt, keine erschöpfende; sie schließt die Unterstellung anderer Fälle unter den Begriff des unabwendbaren Ereignisses nicht aus, soweit nur die im Schlußsatz hervorgehobene Beobachtung jeder nach den Umständen des Falles gebotenen

Sorgfalt seitens Führer und Fahrzeughalter nicht geeignet war, den Eintritt des Ereignisses zu verhindern. Es gelten also insoweit für den Begriff des unabwendbaren Ereignisses dieselben Voraussetzungen, wie sie oben Bem. VIII, 1b für die höhere Gewalt aufgestellt sind. Ein unabwendbares Ereignis ist ohne Rücksicht darauf, ob Ereignisse der fraglichen Art beim Fahrzeugbetrieb mit einer gewissen Häufigkeit eintreten, oder nicht immer dann gegeben, wenn der Eintritt auch durch die äußerste, nach den gegebenen Umständen gebotenen Vorsicht und durch die zweckmäßigsten Vorkehrungen nicht verhindert noch seine Folgen unschädlich gemacht werden konnten. Wenn das RG. 23. 3. 88 RGZ. 21. 13 (vgl. oben Bem. VIII, 1b) dabei den Satz aufstellt, daß dabei nur solche Mittel in Betracht kommen, deren Anwendung überhaupt möglich ist, ohne den wirtschaftlichen Erfolg des Unternehmens vollständig auszuschließen, so kann dieses Kriterium bei Kraftfahrzeugen, bei denen es sich um ein wirtschaftliches Unternehmen häufig gar nicht handelt, natürlich nicht verwertet werden. An seine Stelle hat die vom RG. auch an anderen Orten, z. B. RG. 2.12.79, Seuff A. 35, Nr. 582, als Haftungsmaßstab verwendete Verkehrsanschauung zu treten (vgl. Neukirch-Rosenmeyer § 7 Bem. 22a). Über das Maß der zu beobachtenden Sorgfalt vgl. unten Bem. VIII, 6.

Es fragt sich nun, ob auch das andere, oben Bem. VIII, 1a für die höhere Gewalt aufgestellte Begriffsmerkmal, Vorliegen eines von außen kommenden Ereignisses, für den Begriff des unabwendbaren Ereignisses zutrifft oder ob als unabwendbar auch solche Ereignisse in Betracht kommen können, die nicht als äußerer, sondern als innerer Zufall zu gelten haben. In der Kommission hat man zwar betont, daß man unter unabwendbarem Ereignis neben den Fällen der höheren Gewalt im Sinne der herrschenden Ansicht „ein sonstiges" äußeres unabwendbares Ereignis zu verstehen habe. In das Gesetz hat aber das Wort „äußeres" eine Aufnahme nicht gefunden. Der Grund dafür ist offenbar in folgendem zu suchen. Das Reichsgericht hatte seine Ansicht, daß bei dem Eisenbahnbetrieb mit einer gewissen Häufigkeit vorkommende Unfälle als höhere Gewalt nicht zu erachten seien, damit begründet, daß derartige Vorgänge sich nicht als äußere charakterisieren. So hatte RG. 21. 1. 07 EisenbE. 23, 305 BayRpflZ. 07, 193, Recht 07 Nr. 539 ausgeführt: „Eine durch Schlaftrunkenheit bewirkte vorübergehende Bewußtlosigkeit, in der das Geleise einer Straßenbahn überschritten wird, ist kein von außen her in den Betrieb eingreifendes Ereignis, sondern lediglich ein Vorgang, der die durch den Bahnbetrieb geschaffene Gefahr, daß das in den Straßen verkehrende Publikum überfahren werde, wirksam macht, daher keine höhere Gewalt (vgl. auch RG. 4. 2. 04 JW. 04, 183, EisenbE. 20, 346). Gerade derartige Fälle sollten aber nach der Absicht der Kommission unter Umständen als unabwendbare Ereignisse gelten. Man mußte deshalb vermeiden, im Gesetze von einem „äußeren" unabwendbaren Ereignis zu reden, da dadurch die Gefahr geschaffen worden wäre, daß derartige Vorgänge unter Verneinung ihrer Natur als „äußerer" in Übereinstimmung mit der von der Kommission verworfenen Rechtsprechung des Reichsgerichts als „innerer" Zufall erklärt und damit ihre Unterstellung unter den Begriff des „unabwendbaren Ereignisses" prinzipiell abgelehnt werden konnte.

Das war der Grund, warum man den Beisatz „äußeres" wegließ, nicht aber wollte die Kommission durch diese Weglassung zum Ausdruck bringen, daß das Moment des Eintretens von außen für den Begriff des unabwendbaren Ereignisses belanglos und grundsätzlich auch der innere Zufall unter diesen Begriff zu unterstellen sei. Die Einführung des Begriffes „unabwendbares Ereignis" an Stelle des bisher üblichen der „höheren Gewalt" ist nur durch die oben unter c besprochene Judikatur des Reichsgerichts veranlaßt worden; im übrigen war man darüber einig, daß für das unabwendbare Ereignis ebenso wie bisher für die höhere Gewalt das von außen her in den Betrieb Eingreifen wesentliches Begriffsmerkmal sei. Das ergibt sich aus der bereits angeführten Stelle des Kommissionsberichts, daß unter unabwendbaren Ereignissen neben den Fällen der höheren Gewalt ein sonstiges äußeres unabwendbares Ereignis zu verstehen sei. Das Moment des Eintritts von außen her ist demnach zum Begriff auch des unabwendbaren Ereignisses notwendig. Der sog. innere Zufall hat bei der Begriffsbestimmung des unabwendbaren Ereignisses auszuscheiden (a. M. Waldeck § 7 Anm. 29b; Kirchner S. 79; Gordan S. 53). Für einen großen Teil der sog. inneren Zufälle ist übrigens die Frage ihrer Unterstellung unter den Begriff des unabwendbaren Ereignisses durch das Gesetz selbst noch ausdrücklich entschieden, indem § 7 Abs. 2 Satz 1 vorschreibt: „Die Ersatzpflicht ist ausgeschlossen, wenn der Unfall durch ein unabwendbares Ereignis verursacht wird, das weder auf einen Fehler in der Beschaffenheit des Fahrzeugs noch auf einem

Versagen seiner Verrichtungen beruht". Damit steht fest, daß der Fahrzeughalter jede fehlerhafte Beschaffenheit seines Fahrzeugs und jedes Versagen der Funktionen des Fahrzeugs unter allen Umständen zu vertreten hat und sich gegenüber einem Unfall, der auf eine dieser beiden Ursachen zurückzuführen ist, nie auf die Unabwendbarkeit des Ereignisses berufen darf.

Beruht das den Unfall herbeiführende Ereignis auf dem Verhalten des Fahrzeughalters, des Führers oder einer anderen bei dem Betrieb beschäftigten Person, so liegt gleichfalls ein sog. innerer Zufall vor (vgl. oben Bem. VIII, 1a). Zwar fehlt es hier an einer besonderen positiven Gesetzesbestimmung, daß auch diese Fälle aus dem Begriff des unabwendbaren Ereignisses auszuscheiden sind, doch kann das nach dem eben Erörterten nicht zweifelhaft sein.

Das Resultat der Einführung des Begriffes des unabwendbaren Ereignisses an Stelle der höheren Gewalt ist also folgendes: Nach der Rechtsprechung des Reichsgerichts bedeutet höhere Gewalt ein außerordentliches Ereignis, das selbst bei Anwendung aller nach Lage des Falles möglichen Vorkehrungen und Vorsicht nicht abgewendet werden kann; abgesehen von dem Moment des „von außen her Eingreifens" charakterisieren also 2 Umstände das Wesen der höheren Gewalt: die Außerordentlichkeit des Ereignisses und dessen Unabwendbarkeit; gewöhnliche Zufälle sind zwar bisweilen auch unabwendbar, doch kann bei ihnen von vis major keine Rede sein (z. B. Schneeverwehungen, heftige Regengüsse im Gegensatz zu Wolkenbrüchen, Schneelawinen, Windhosen). Für den Eisenbahnverkehr bedeuten also nach der Rechtsprechung des Reichsgerichts die erstgenannten Ereignisse keine Entlastung, weil sie keine außerordentlichen Ereignisse sind. Anders für den Fahrzeughalter, da zu dem Begriff des unabwendbaren Ereignisses das Moment der Außerordentlichkeit nicht gehört. Aus diesem Umstand ist aber nun nicht zu schließen, daß der unabwendbare Zufall dem gewöhnlichen Zufall gleichzustellen sei. Es genügt eben nicht, daß das schädigende Ereignis ohne Verschulden des Haftpflichtigen (zufällig) eingetreten ist, sondern es wird der positive Beweis gefordert, daß das Ereignis trotz Beobachtung aller nach Lage der Sache gebotenen Vorsichtsmaßregeln in Behandlung und Führung des Fahrzeugs nicht abgewendet werden konnte. Damit ist das Postulat jeder menschenmöglichen Diligenz, einer besonders qualifizierten, sachgemäßen Sorgfalt des Halters und Führers ausgesprochen. Wird die Anwendung dieser Sorgfalt nicht bewiesen, so erscheint der Nachweis der Unabwendbarkeit des Ereignisses nicht geliefert und die Haftpflicht tritt ein. Dabei ist der bereits betonten Besonderheit zu gedenken, daß die spezielle Gefahr eines Versagens der Verrichtungen oder eines objektiven Fehlers der Beschaffenheit des Fahrzeugs, auch wenn sie unabwendbar war, stets auf Rechnung des Halters gestellt wird (vgl. Randa in Goldschmidt Ztsch. 64, S. 442 ff.).

3. **Fehler in der Beschaffenheit des Fahrzeugs oder Versagen seiner Verrichtungen.** Die Begründung des Gesetzentwurfs hebt hervor: „Eine besondere Gefahr des Automobilbetriebs liegt darin, daß der Mechanismus des Automobils ein ungleich verwickelterer ist als der der übrigen Fahrzeuge; geringe Fehler in der Beschaffenheit oder Zusammensetzung der einzelnen Teile, kleine Störungen in ihrer Funktion können die Lenkung der Maschine plötzlich unmöglich machen. Dazu tritt bei dem größeren Teil der jetzt üblichen Automobile die Explosionsgefahr. Für die Betriebssicherheit seines Fahrzeugs muß daher der Halter ohne Rücksicht auf sein Verschulden aufkommen. Er muß aufkommen für Fehler in der Konstruktion, für Mängel im Material sowie für Ordnungswidrigkeiten, die bei dem Zusammenwirken der Bestandteile des Fahrzeugs eintreten, wie Versagen der Steuerung, Platzen der Luftreifen, Explosion, Selbstentzündung". Fehler in der Beschaffenheit und Versagen der Verrichtungen (Verrichtungen ist der deutsche Ausdruck für Funktionen) stellen keinen Gegensatz dar; häufig wird das Versagen der Verrichtungen nur die Folge einer fehlerhaften Beschaffenheit des Fahrzeugs sein. Allerdings kann das Versagen der Verrichtungen auch auf andere Umstände, wie Eindringen von Staub, schlechte Beschaffenheit der Wege zurückzuführen sein und kann sich also auch bei einem fehlerfreien Kraftfahrzeug einstellen. Dadurch, daß neben den Fehlern in der Beschaffenheit auch das Versagen der Verrichtungen ausdrücklich hervorgehoben ist, ist klargestellt, daß auch die Fälle hierher gehören, in denen bei einem völlig fehlerfreien Fahrzeug durch ein völliges oder teilweises Versagen seiner Verrichtungen ein Unfall eintritt. Für die Mängel seines Fahrzeugs haftet der Fahrzeughalter unbedingt; es ist gleichgültig, ob er sie kannte oder ob er sie überhaupt kennen konnte; es ist ebenso gleichgültig, ob die Fehler zu beseitigen oder zu vermeiden waren oder nicht. Er kann sich also auch nicht darauf berufen, daß er ohne sein Verschulden vom Fabrikanten des Fahrzeugs schlecht bedient worden

sei. Ebenso genügt zur Entlastung des Fahrzeughalters nicht der Nachweis, daß das Fahrzeug entsprechend dem § 1 AG. von der Behörde geprüft und daß dabei ein Fehler nicht gerügt worden sei. Belanglos ist auch, an welchem Teil des Fahrzeugs die Fehler auftreten; sie können sich ebensowohl an der Maschine wie an der Bremse, der Steuerung, den Rädern und ihrer Bereifung, den Achsen, Ventilen oder an den Laternen oder der Hupe zeigen. Ein Unfall, der dadurch herbeigeführt wird, ist, daß die Hupe versagt, ist also vom Fahrzeughalter unbedingt zu vertreten. Ebenso ein Unfall infolge Versagens der Bremse; wie das RG. in dem auch für das AG. zutreffenden Urteil vom 22. 6. 88 EisenbE. 6, 222 ausführt, liegt hier ein Konstruktions- oder Materialfehler vor, den der Halter zu vertreten hat, da er verpflichtet ist, nur solche Vorrichtungen zu verwenden, die die Sicherheit des Publikums absolut sicher stellen. In gleicher Weise wie nach RG. 29. 3. 84 RGZ. 11, 146 die Eisenbahn für das Ausströmen von Kohlenstaub aus der Lokomotive und eine dadurch herbeigeführte Verletzung einstehen muß, haftet auch der Fahrzeughalter für eine Verletzung oder Sachbeschädigung, die auf ausspringende Feuerfunken, ausfließendes Benzin oder ausströmendes Gas zurückzuführen sind. Der Bruch einer Radbereifung macht den Fahrzeughalter selbst dann haftpflichtig, wenn er den Witterungseinflüssen, Frost u. a. zuzuschreiben ist. Es gilt das Gleiche, was das RG. 30. 6. 83 EisenbE. 3. 86, JW. 83, 230 bezüglich des Bruchs eines Radreifens ausführt: „Es mag sein, daß den Beklagten in Bezug auf den eingetretenen Bruch des Radreifens überall kein Verschulden zur Last gelegt werden kann, daß derselbe also lediglich als unabwendbarer Zufall angesehen werden muß. Allein es fehlt an dem Nachweise eines äußeren, d. h. auch von objektiven unverschuldeten Betriebsfehlern unabhängig wirkenden Zufalls. Wenn in einem Eisenbahnzug infolge plötzlichen Temperaturwechsels ein einzelner Radreifen bricht, weil ihm die Fähigkeit des erforderlichen Widerstandes mangelt, während alle übrigen Radreifen desselben Zugs diese Fähigkeit besitzen, so kann jenem Mangel, also einer unregelmäßigen Beschaffenheit des einzelnen Reifens, an sich die Eigenschaft eines objektiven Fehlers nicht abgesprochen werden". Wird ein Passant dadurch verletzt, daß infolge der Erschütterung beim Fahren ein Gepäckstück aus der für die Unterbringung des Gepäcks bestimmten Vorrichtung sich loslöst und herabstürzt, so haftet der Fahrzeughalter unbedingt und kann sich nicht darauf berufen, daß das Gepäckstück ordnungsmäßig befestigt war (Kirchner § 7 Bem. XI 13). Das Gleiche gilt, wenn sich durch die Erschütterung beim Fahren die Türen des Wagens öffnen und einen Passanten verletzen.

Wie bereits erwähnt, muß das Fahrzeug so beschaffen sein, daß es die Sicherheit des Publikums absolut sicherstellt. Wenn also infolge von Witterungseinflüssen (schlüpfrige Straßen, dichter Nebel) eine Betriebsstörung eintritt (Schleudern des Wagens), so geht ein dadurch verursachter Unfall zu Lasten des Fahrzeughalters; denn von einem betriebssicheren Fahrzeug muß verlangt werden, daß es jede vorauszusehende durch die Witterung eintretende Störung überwindet. Die Anbringung von Gleitschutzvorrichtungen gibt dem Führer die Möglichkeit, sich gegen derartige Vorkommnisse zu sichern. Ebenso ist zu entscheiden, wenn das Versagen des Fahrzeugs auf die schlechte Beschaffenheit der Straße zurückzuführen ist. Deshalb ist die Haftung des Fahrzeughalters auch gegeben, wenn die Pneumatik oder ein anderer Teil des Fahrzeugs infolge Eindringens von Nägeln oder spitzen Gegenständen, die auf der Straße liegen, beschädigt wird; es handelt sich um eine spezielle Gefahr des Automobilbetriebs, die durch die eigentümliche und wenig zuverlässige Art der Bereifung verursacht wird (Kirchner § 7 Bem. XI 3; Neukirch-Rosenmeyer § 7 Bem. 25). Soweit allerdings das Versagen der Vorrichtungen auf den verbrecherischen Eingriff eines Dritten zurückzuführen ist, entfällt die Haftung des Fahrzeughalters, vorausgesetzt natürlich, daß dieser verbrecherische Eingriff nicht durch die dem Halter und Führer obliegende Sorgfaltspflicht abgewehrt oder in seinen Folgen unschädlich gemacht werden konnte. Hat z. B. ein unbefugter Dritter vor Antritt der Fahrt böswilligerweise an den Vorrichtungen des Fahrzeugs etwas geändert, so wird der Fahrzeughalter für einen hierdurch herbeigeführten Unfall gleichwohl zu haften haben, weil ihm die Pflicht obliegt, vor Beginn der Fahrt den Zustand seines Fahrzeugs genau zu untersuchen (vgl. § 16 Bem. III 1a γ). Anders, wenn während einer kurzen Fahrtunterbrechung ein Dritter eine nicht ohne weiteres erkennbare Beschädigung des Fahrzeuges vornimmt; denn eine Untersuchung auch nach jeder kurzen Fahrtunterbrechung kann dem Halter für die Regel nicht zugemutet werden. Ein verbrecherischer Eingriff eines Dritten kann den Fahrzeughalter auch dann nicht befreien, wenn er derart unbedeutend war, daß ein betriebssicheres Fahrzeug gleichwohl ordnungsmäßig hätte funktionieren müssen (Neukirch-Rosenmeyer § 7 Bem. 25).

Den verbrecherischen Eingriffen eines Dritten stehen gleich plötzliche unvorhergesehene, in ihrem Eintritt wie in ihren Folgen unabwendbare, von außen her in den Betrieb eingreifende Ereignisse, die ein Versagen der Verrichtungen zur Folge haben, wie Sturm, Wolkenbruch, Schneelawinen. Aber auch hier ist jedesmal noch zu untersuchen, ob bei Aufwendung der gebotenen Sorgfalt und bei Einstellung des Betriebs die Gefahr nicht hätte abgewendet werden können.

Den Fahrzeughalter trifft die Beweislast, daß der Unfall nicht auf einem Fehler in der Beschaffenheit des Fahrzeugs noch auf einem Versagen seiner Verrichtungen beruht. Ergibt eine nach dem Unfall vorgenommene Untersuchung des Fahrzeugs dessen fehlerhafte Beschaffenheit, so tritt regelmäßig die Haftung des Halters ein und zwar selbst dann, wenn daneben noch andere Momente in Frage kommen, die für den Unfall gleichfalls kausal gewesen sein können. Befreien kann sich der Halter in einem solchen Fall nur durch den strikten Nachweis, daß die Mängel des Fahrzeugs in keinem ursächlichen Zusammenhang mit dem Unfall stehen können. Beruht aber der Unfall z. B. auf dem Zusammenwirken eines Naturereignisses und eines Fehlers in der Beschaffenheit des Fahrzeugs, dann haftet der Halter.

4. **Durch das Verhalten des Fahrzeughalters, des Führers oder einer anderen bei dem Betrieb beschäftigten Person herbeigeführte Unfälle.**

Es ist bereits oben, Bem. VIII 2, erwähnt, daß für diese Fälle, die sich ebenso wie die auf einen Fehler in der Beschaffenheit des Fahrzeugs oder Versagen seiner Verrichtungen zurückzuführenden Unfälle als sog. innerer Zufall charakterisieren, eine positive Gesetzesbestimmung, die sie den vorbezeichneten Fällen gleichstellte, fehlt. Für das Gebiet des Reichshaftpflichtgesetzes hat das Reichsgericht die Gleichstellung der beiden Fälle damit begründet, daß rechtlich der Unternehmer, seine Leute und seine Betriebsmittel, überhaupt alle seine Betriebsorgane als ein untrennbares Ganze erscheinen (RG. 22. 7. 03 EisenbE. 20, 184), sodaß also ein Mangel in dem Funktionieren des Wagenmaterials ebenso behandelt werden konnte wie ein Mangel in dem Funktionieren der Angestellten. Eine analoge Anwendung dieses Rechtsgrundsatzes auf unser Gesetz verbietet sich nach dem Wortlaut des § 7, der nur von einem Versagen der Verrichtungen des Fahrzeugs (nicht etwa des Betriebes) spricht (a. M. Gordan S. 53, 54; dagegen Neukirch-Rosenmeyer § 7 Bem. 26). Auch daraus, daß § 7 Abs. 2 Satz 2 als möglicherweise haftbefreiend nur das Verhalten eines bei dem Betriebe nicht beschäftigten Dritten erwähnt, darf per argumentum e contrario noch nicht geschlossen werden, daß das Verhalten der bei dem Betrieb beschäftigten Personen nie haftbefreiend wirken könne; denn dieser Satz 2 gibt nur Beispiele für das Vorliegen von unabwendbaren Ereignissen, würde also nicht ausschließen, daß auch andere dort nicht aufgezählte Fälle als unabwendbar zu erachten sind. Dagegen spricht die oben Bem. VI 2 erörterte Entstehungsgeschichte des Gesetzes dafür, daß diese Fälle als unabwendbare Ereignisse nicht aufgefaßt werden können, daß vielmehr dem Fahrzeughalter gegenüber Handlungen seiner Betriebsangestellten der Einwand der Unabwendbarkeit unbedingt abgeschnitten werden wollte, ohne Unterschied, ob das Verhalten des Angestellten schuldhaft war oder nicht. Im Resultat der gleichen Ansicht die sämtlichen Kommentare mit Ausnahme Waldecks und zwar auch die, das wie Kirchner S. 79 und Gordan S. 53 der Meinung sind, daß der Begriff des unabwendbaren Ereignisses auch die Vorschützung eines von innen kommenden Unfalls rechtfertige.

Was den Führer anlangt, so ist ja ohnehin der Fahrzeughalter regelmäßig für alle von diesem ausgehenden Handlungen verantwortlich; das folgt aus dem Schlußsatz des § 7 Abs. 2, wonach der Halter haftet, wenn der Führer nicht jede nach den Umständen des Falles gebotenen Sorgfalt beobachtet hat. Daß an das Maß der vom Führer zu beobachtenden Sorgfalt besonders hohe Anforderungen zu machen sind, steht außer Zweifel. Der Halter ist danach sicher verantwortlich, wenn der Führer infolge seiner Angetrunkenheit einen Unfall herbeiführt; er haftet ebenso, wenn der Führer z. B. infolge beruflicher Überanstrengung oder infolge reichlichen Biergenusses auf der Fahrt erkrankt oder vom Schlage getroffen wird und nun hierdurch ein Unfall herbeigeführt wird. Denn der Führer konnte und mußte sich bei Anwendung der von ihm zu verlangenden Sorgfalt und Vorsicht sagen, daß er unter diesen Umständen den Antritt oder die Fortsetzung der Fahrt aufgeben müsse. Aber der Halter haftet weiter — und das ist aus dem Schlußsatz des Abs. 2 allein nicht zu folgern — auch für Handlungen des Führers, die diesem als Verschulden nicht angerechnet werden können. Der Fahrzeughalter kann sich also nicht darauf berufen, dem Führer habe es an der nötigen körperlichen Kraft zur Abwendung des Unfalls gefehlt. Wenn der Führer auf der Fahrt plötzlich geisteskrank oder bewußtlos oder sonst körperlich unwohl wird, ohne daß er diesen Zustand durch eine vorausgegangene Handlung schuldhaft herbeigeführt hat, und es wird durch diesen Zustand des Führers ein Unfall verursacht, so hat der Halter hierfür einzutreten, wie das in gleicher Weise der Eisenbahnunternehmer für seine Betriebsangestellten zu tun hat (vgl. oben Bem. VIII 1 a; a. M. sämtliche Kommentare meist unter Bezugnahme auf das Urteil des RG. vom 13. 4. 80 RGZ. Bd. 1, 254. Gegen dieses Urteil vgl. Cosack, HR. 6. Aufl. § 90 S. 411; Staub HGB. § 456 Anm. 8.

Dagegen ist die Haftung des Halters natürlich ausgeschlossen, wenn die Geisteskrankheit oder der Tod des Führers auf einen nicht voraussehbaren, von außen eingreifenden Vorgang (Blitzschlag) zurückzuführen ist. Daß neben dem Führer auch für solche Fälle ein Ersatzmann auf dem Fahrzeug vorhanden sein muß, kann anders wie bei den Eisenbahnen (Eger S. 137) vom Halter nicht verlangt werden (Neukirch-Rosenmeyer § 7 Anm. 22a). Das Gleiche gilt für die von Krause S. 75 aufgeführten Fälle, daß ein Wurf, Schlag oder Insektenstich auf den die Steuerung oder Bremse führenden Arm, ein von einem Passagier durch Würgen des Chauffeurs am Halse versuchtes Attentat Lenk- und Steuerungshandlungen zur Folge hat, die, wenn auch Betriebshandlungen, als höhere Gewalt anzusehen sind. Dagegen bleibt die Haftung des Halters bestehen, wenn der an dem Unfall kausale Tod des Führers auf einen Fehler in der Beschaffenheit des Fahrzeugs (z. B. eine Explosion) zurückzuführen ist (vgl. Staudinger BGB. § 203 Anm. 4).

Bei dem Betrieb beschäftigt ist nicht nur der Führer, sondern auch der Schaffner eines Kraftomnibus, die einem Automobillastzug beigegebenen Begleiter und Bremser (Kirchner § 7 Bem. XIV, Seuffert § 7 Bem. 13), ebenso die Handwerker, die der Chauffeur zur Vornahme einer Reparatur an dem unterwegs defekt gewordenen Fahrzeug hinzuzieht. Auch für sie haftet der Halter ebenso wie für den Führer. Soweit diese Personen übrigens in die Bewegung des Fahrzeugs eingreifen, also z. B. die Bremsen bedienen, sind sie ohnehin rechtlich als Führer zu erachten (vgl. § 18 Bem. I).

Das für den Unfall ursächlich gewordene Verhalten des Angestellten muß aber im Zusammenhang mit der ihm beim

Betriebe des Fahrzeugs zugewiesenen Beschäftigung stehen; nur die Handlungen, die von dem Angestellten im Betrieb vorgenommen wurden, fallen nicht unter den Begriff des unabwendbaren Ereignisses (RG. 13. 4. 80 RGZ. 1, 254). In Beziehung auf die außerdienstlichen Handlungen stehen die Betriebsangestellten dritten Personen gleich; ihre Handlungen können also insoweit die Einrede des unabwendbaren Ereignisses begründen. Handlungen der Angestellten im Betriebe liegen vor, wenn sie die ihnen vom Halter aufgetragenen Betriebsgeschäfte erledigen und in deren Ausführung tätig sind, gleichviel, ob sie diese Geschäfte im Sinne ihres Dienstherrn und auftragsgemäß verrichten oder ob sie nach eigenem Gutdünken handeln (Krause § 7 S. 75).

5. **Die in Abs. 2 Satz 2 besonders hervorgehobenen Fälle** haben eine ausdrückliche Erwähnung im Gesetze nur mit Rücksicht auf die abweichende Rechtsprechung des Reichsgerichts (vgl. oben Bem. VI, 1c) gefunden; sie würden auch ohne diese Hervorhebung unter den Begriff des unabwendbaren Ereignisses fallen, da der vom Reichsgericht zur Begründung seiner Rechtsprechung betonte Gesichtspunkt, daß derartige Fälle beim Betriebe von Kraftfahrzeugen mit einer gewissen Häufigkeit wiederkehren und bei der Natur des Betriebs unvermeidlich sind, nicht genügt, um sie auszunehmen, vielmehr die Einführung des Begriffes des „unabwendbaren Ereignisses" an Stelle der „höheren Gewalt" gerade auf die Absicht zurückzuführen ist, auch diese Fälle als Haftungsausschließungsgründe gelten zu lassen. Voraussetzung ist natürlich, auch für diese Fälle, daß die Begriffsmerkmale des unabwendbaren Ereignisses gegeben sind. Ist deshalb der Unfall daneben auf einen Fehler in der Beschaffenheit des Fahrzeugs, ein Versagen seiner Verrichtungen oder auf das Verhalten einer bei dem Betrieb beschäftigten Person zurückzuführen, dann liegt eine Unabwendbarkeit nicht vor.

a) **Verhalten des Verletzten.** Auch das Verhalten des Verletzten ist geeignet, die Haftpflicht des Fahrzeughalters auszuschließen, sofern er weiter den Nachweis erbringt, daß sowohl er wie der Führer des Fahrzeugs jede nach den Umständen des Falles gebotene Sorgfalt beobachtet hat, und zwar kommt hier nicht etwa nur ein Verhalten des Verletzten in Betracht, das diesem als Schuld angerechnet werden kann, sondern es genügt auch ein Verhalten, dem ein Verschulden nicht zu Grunde liegt. Das schuldhafte Verhalten des Verletzten ist auch nach

§ 9 A. 9 von Bedeutung für die Haftpflicht des Fahrzeugunternehmers. Über den Unterschied beider Vorschriften vgl. § 9 Bem. II, 2. Vermag der Fahrzeughalter nachzuweisen, daß der Unfall auf ein Verschulden des Verletzten zurückzuführen ist und gelingt ihm weiter der Beweis, daß sowohl er wie der Führer jede nach den Umständen des Falles gebotene Vorsicht beobachtet haben, so gilt das Verschulden des Verletzten als unabwendbares Ereignis, und es entfällt damit die Haftung des Fahrzeughalters. Gelingt dagegen dem Halter zwar der Nachweis, daß der Verletzte schuldhaft gehandelt hat, kann er aber den weiteren Beweis über die Beobachtung der nach § 7 Abs. 2 Schlußsatz ihm und dem Führer obliegenden Sorgfaltspflicht nicht erbringen, dann ist, weil ein unabwendbares Ereignis nicht vorliegt, an sich die Haftung des Halters gegeben; es kann aber gemäß § 9 AG. bezw. § 254 BGB. die Verpflichtung des Halters zum Schadensersatz bezw. der Umfang des zu leistenden Ersatzes ermäßigt werden, ja unter Umständen sogar ganz in Wegfall kommen.

Zu beachten ist übrigens auch, daß § 9 von einem mitwirkenden Verschulden des Verletzten bei Entstehung des Schadens § 7 aber von einem Verursachen des Unfalls durch das Verhalten des Verletzten spricht. Schaden und Unfall sind nicht identisch (vgl. oben Bem. IV). Über die Auslegung der Worte „bei Entstehung des Schadens" vgl. § 9 Bem. II, 3. Ein dem Unfall nachfolgendes Verschulden des Verletzten kann zwar die Anwendung des § 9, nicht aber die des § 7 Abs. 2 rechtfertigen, und ein dem Unfall nachfolgendes, für die Entstehung des Schadens kausales, aber nicht schuldhaftes Verhalten des Verletzten ist auf die Haftpflicht des Fahrzeughalters überhaupt ohne Einfluß.

Wie schon betont, kann nicht nur ein Verschulden des Verletzten, sondern auch ein solches Verhalten des Verletzten, das als Schuld nicht angerechnet werden kann, die Einrede des unabwendbaren Ereignisses begründen. Es genügt also auch das Verhalten eines Unzurechnungsfähigen, eines Geisteskranken oder das Verhalten von Kindern, bei denen von einem Verschulden keine Rede sein kann. Daß der Begriff Verhalten bloß das rein tatsächliche Verhalten ohne Rücksicht auf Zurechenbarkeit oder Verschulden bedeutet, beweist die Gleichstellung des Verhaltens des Verletzten und des Dritten mit dem Verhalten eines Tieres. Auch die Fälle gehören hierher, wo der Verletzte infolge einer plötzlich auftretenden Erkrankung, eines epileptischen Anfalles, einer Ohnmacht die Besinnung verliert und infolgedessen unter das Kraftfahrzeug gerät.

Voraussetzung für Ausschluß der Haftpflicht ist, daß das Verhalten des Verletzten, was der Fahrzeughalter zu beweisen hat, für den Unfall kausal und zwar ausschließlich kausal war. Gelingt dieser Beweis nicht, ergibt sich z. B. die Möglichkeit, daß ein bei dem Fahrzeug entdeckter Fehler den Unfall herbeigeführt hat, dann verbleibt es bei der Haftung des Halters (vgl. oben Bem. VIII, 3). Ein non liquet in dem Beweis geht zuungunsten des Fahrzeughalters (vgl. unten Bem. X).

Dem Verhalten des Verletzten wird, sofern es sich um Sachbeschädigung handelt, in analoger Anwendung der Vorschrift des § 9 das Verhalten dessen gleichzustellen sein, der die tatsächliche Gewalt über die Sache ausübt.

Im einzelnen kommen hier folgende Fälle in Betracht: Das Überfahren von unmündigen Kindern, insbesondere von Kindern unter 7 Jahren, die infolge ihres unvorsichtigen Verhaltens und weil sie mit den Gefahren des Kraftfahrzeugverkehrs nicht vertraut sind, unter ein solches Fahrzeug geraten. Das Reichsgericht hatte in den gleich gelagerten Fällen, wo Kinder unter 7 Jahren von einem Straßenbahnwagen überfahren wurden, das Vorliegen einer höheren Gewalt regelmäßig verneint, weil auf das unvorsichtige Verhalten von Kindern unter 7 Jahren der Einwand der höheren Gewalt nicht gegründet werden könne und weil es sich um Ereignisse handle, die mit einer gewissen Häufigkeit bei dem Betrieb wiederkehrend in der gefährdenden Natur des Eisenbahnbetriebs selbst ihren Grund haben. Vgl. Urteil v. 13. 4. 80 RGZ. 1, 276; 18. 9. 85 RGZ. 14, 82; 5. 1. 87 RGZ. 19, 37 (42); 9. 12. 87 EisenbE. 6, 102; 23. 3. 88 RGZ. 21, 19; 12. 6. 99 RGZ. 44, 27; 11. 5. 03; JW. 03, 273 RGZ. 54, 404; 4. 2. 04 JW. 04, 183, EisenbE. 20, 346; 3. 11. 04 Gruchots Beitr. 49, 1103; 10. 11. 04 JW. 05, 57, EisenbE. 21, 59). Diese Rechtsprechung des Reichsgerichts läßt sich für das Gebiet des AG. nicht aufrecht erhalten.

Natürlich wird der Lenker eines Kraftfahrzeugs in dieser Beziehung ganz besondere Vorsicht walten lassen müssen. Bemerkt er Kinder in seiner Fahrbahn, so wird er die Fahrgeschwindigkeit immer soweit ermäßigen müssen, daß er sofort anhalten kann, denn er muß damit rechnen, daß Kinder in ihrem Unverstande noch im letzten Moment die Fahrbahn kreuzen.

Ebenso kann ein plötzlicher Ohnmachtsanfall oder Schlaftrunkenheit des Verletzten entgegen der vom RG. 21. 1. 07

EisenbE. 23. 305, BayRpflZ. 07, 193; 4. 3. 07 EisenbE. 23, 398, JW. 07, 276 vertretenen Anschauung den dadurch herbeigeführten Unfall als unabwendbar erscheinen lassen.

Das Gleiche gilt, wenn der Verletzte infolge Bestürzung oder Schreckens zweckwidrig gehandelt und dadurch selbst seine Verletzung herbeigeführt hat; anders für das HaftpflG. das RG. 14. 11. 01, JW. 02, 31.

b) **Verhalten eines nicht bei dem Betriebe beschäftigten Dritten.** Darüber, wie die Beweislast hier verteilt ist, sowie darüber, daß nicht nur schuldhaftes, sondern jedes Verhalten eines Dritten, also auch das Verhalten unzurechnungsfähiger Personen oder von Kindern hierher gehört, vgl. die Bem. VIII, 5a. Dritter ist jede nicht bei dem Betrieb beschäftigte Person, also sowohl Fahrgäste, die zurzeit des Unfalls durch das Fahrzeug befördert werden als auch dem Betrieb ganz fern Stehende. Auch im Dienst des Fahrzeughalters stehende und sonst bei dem Betrieb beschäftigte Personen sind Dritte, wenn sie im konkreten Falle im Betrieb nicht beschäftigt waren. Wenn aber die Handlung des Dritten, wenn er auch gerade zurzeit des Unfalls nicht bei dem Betrieb beschäftigt war, sich nur als eine Nachwirkung einer Handlung darstellt, die der Dritte begangen oder begonnen hat, während er noch bei dem Betrieb beschäftigt war, so gilt er als beteiligt (Gordan § 7 Bem. 15).

Sofern das Verhalten des Dritten sich als unabwendbares Ereignis darstellt, muß der Verletzte Handlungen seiner Vertreter oder Gehilfen oder sonstiger dritter Personen, wenn der Unfall auf sie zurückzuführen ist, gegen sich gelten lassen. Ist also der Vater daran schuld, daß sein Kind überfahren wird, so beseitigt das Verschulden des Vaters, soweit dem Halter der übrige Entlastungsbeweis gelingt, den Anspruch des Kindes (vgl. § 9 Bem. II, 4).

Hierher gehören zum Teil Fälle, die auch das Reichsgericht als höhere Gewalt im Sinne des HaftpflG. angesehen hatte, wie z. B. das gewaltsame Eingreifen eines Dritten in den Betrieb (Entgleisen eines Eisenbahnzugs infolge verbrecherischen Anschlags vgl. RG. 9. 10. 02 JW. 02 591, EisenbE. 19. 258; 13. 10. 04 JW. 04, 577, SeuffA. 60 Nr. 170; RG. 7. 12. 08 RGZ. 70, 98, JW. 09, 80, EisenbE. 25, 319). Weiter gehört aber auch eine ganze Reihe von Unfällen hierher, bei denen das RG. das Vorliegen einer höheren Gewalt verneint hatte. Wirft z. B. ein Fahrgast einen Gegenstand aus dem Kraftfahrzeug, und wird dadurch ein neben der Fahrbahn Stehender verletzt, so ist der Fahrzeughalter nicht haftpflichtig; anders für das HaftpflG. RG. 15. 5. 05 JW. 05, 405. Ebensowenig haftet der Fahrzeughalter, wenn eine Person von einer anderen (ein Kind von einem anderen Kind) in die Fahrbahn des Fahrzeugs gestoßen wird und dadurch verunglückt, oder wenn der Verletzte aus Angst vor der Verfolgung eines Dritten in ein Kraftfahrzeug hineinrennt. Auch hier hatte das RG. 26. 9. 04 Gruchot 49, 106; 25. 1. 08, JW. 08, 210 anders entschieden. Es kann also insbesondere ein unabwendbares Ereignis dann angenommen werden, wenn ein Dritter infolge Bestürzung eingreift und durch sein Eingreifen (Versuch, den die Straße Überschreitenden zurückzuhalten, wodurch dieser zu Fall kommt und von dem Automobil überfahren wird) den Unfall herbeiführt; auch hier läßt sich die gegenteilige Entscheidung des RG. 17. 1. 00 EisenbE. 23, 393, Recht 07 Nr. 668 für unser Gesetz nicht aufrecht halten. Ferner kann ein unabwendbares Ereignis dann vorliegen, wenn der Unfall dadurch herbeigeführt wird, daß das Kraftfahrzeug mit einem plötzlich aus einem Hause rückwärts herausgeschobenen Wagen oder sonstwie mit einem anderen Fahrzeug zusammenstößt; anders das RG. 9. 1. 02 RGZ. 50, 95, JW. 02, 136; 1. 10. 03 JW. 03, 403; 30. 1. 08 EisenbE. 25, 41. So ist Annahme eines unabwendbaren Ereignisses ferner dann möglich, wenn in einem Menschengedränge eine Person von den Nachdrängenden unter das Kraftfahrzeug geschoben wird (RG. 13. 10. 04 JW. 04, 577; 27. 3. 88 EisenbE. 6, 222; vgl. Krause § 7 S. 73). Eine Haftung des Halters würde im letzteren Falle dann gegeben sein, wenn der Führer das Gedränge von weitem erkennen konnte, denn dann hätte er vorsichtigerweise anhalten und den weiteren Verlauf abwarten sollen.

c) **Verhalten eines Tieres.** Auch durch den Nachweis, daß der Unfall durch das Verhalten eines Tieres verursacht sei, kann der Fahrzeughalter seine Haftpflicht abwenden, sofern ihm auch der weitere Nachweis gelingt, daß sowohl er wie der Führer jede nach den Umständen des Falles gebotene Sorgfalt beobachtet haben. Das hatte auch das Reichsgericht schon anerkannt, allerdings nur für den Fall, daß das Scheuwerden der Tiere nicht auf eine Betriebsäußerung der Eisenbahn zurückzuführen war. Für diesen Fall hatte das RG. 3. 12. 06 JW. 07, 58, EisenbE. 23, 386, RGZ. 64, 404 ausgesprochen: „Höhere Gewalt liegt vor beim Zusammenstoß eines Straßenbahnwagens mit einem führerlosen Lastwagen, dessen Pferde scheu geworden, im vollen Laufe daherrasen. Ein solcher in seiner Ursache und seiner Wirkung einem elementaren Ereignis gleichkommender, auf den Betrieb von außen einwirkender Vorgang muß als ein ungewöhnliches, mit dem Straßenbahnbetrieb nicht schon seiner Natur nach verknüpftes Ereignis — wie letzteres der Fall ist beim Zusammenstoß eines Straßenbahnwagens mit einem gelenkten Fahrzeug in verkehrsreicher Straße — angesehen werden, und er hat daher als höhere Gewalt zu gelten, wenn die schädigende Einwirkung auch durch die äußerste Vorsicht nicht abzuwenden war". Dagegen hatte das Reichsgericht den Einwand der höheren Gewalt für unzulässig erklärt, wenn das Scheuwerden der Pferde durch die unmittelbare Einwirkung des Betriebes selbst (Geräusch, Dampf) verursacht worden war, weil hier der Unfall in der eigentümlichen, gefährlichen Natur des Betriebs liege und deshalb auf höhere Gewalt nicht zurückgeführt werden könne (RG. 5. 1. 87 RGZ. 19, 37; 25. 11. 89 EisenbE. 8, 9; 23. 2. 91 EisenbE. 8, 245; 12. 11. 91 EisenbE. 9, 109; 10. 5. 92 EisenbE. 10, 197; 1. 3. 94 EisenbE. 10, 270; 21. 3. 94 EisenbE. 12, 8; 9. 11. 08 EisenbE. 25, 377). Die letzteren Entscheidungen können für unser Gesetz keine Anwendung finden. Vielmehr kann auch in diesen Fällen ein die Haftung ausschließendes, unabwendbares Ereignis erblickt werden, also z. B., wenn das Tier infolge des von dem Fahrzeug ausgehenden Geräusches (vgl. aber § 20 BV.) oder über die ihm ungewohnte Gestalt des Fahrzeugs oder den Benzingeruch, die blendenden Laternen, die vorgeschriebenen Signale, erschrickt (vgl. aber § 19 Abs. 2 BV.). Nur dann, wenn das Scheuen der Tiere auf einen Fehler in der Beschaffenheit des Fahrzeugs oder auf ein Versagen seiner Verrichtungen, z. B. auf eine durch ein äußeres Ereignis nicht veranlaßte Explosion zurückzuführen ist, oder wenn das Verhalten eines bei dem Betrieb des Kraftfahrzeugs Beschäftigten auf das Verhalten des Tieres eingewirkt hat, kann von einem Haftungsausschlusse natürlich keine Rede sein.

Hat das Tier bei seinem Verhalten dem Willen des Lenkers gehorcht, so ist nicht sein Verhalten, sondern das des Lenkers maßgebend (vgl. RG. 6. 202 RGZ. 50, 180; 20. 2. 02 RGZ. 50, 219; 26. 2. 03 RGZ. 53, 73). Im übrigen ist aber jedes Verhalten des Tieres genügend; es kommt nicht nur das Scheuwerden, sondern ebenso ein rein passives Verhalten in Betracht. Ein willkürliches Handeln des Tieres, wie es § 833 BGB. verlangt, wird nicht gefordert; also auch dann, wenn ein äußeres Ereignis auf den Körper oder die Sinne des Tieres mit einer Gewalt eingewirkt hat, der Tiere der in Frage kommenden Art nach physiologischen Gesetzen nicht widerstehen können und wenn es im Zustande eines solchen Zwangs den Unfall verursacht hat, liegt ein Verhalten im Sinne des § 7 vor (vgl. hiezu Neukirch-Rosenmeyer § 17 Anm. 3 S. 193).

6. **Maß der vom Fahrzeughalter und Führer zu beachtenden Sorgfalt** (vgl. § 16 Bem. III).

Um ein Ereignis als unabwendbar erscheinen zu lassen, muß der Fahrzeughalter in allen Fällen nicht bloß in den in Abs. 2 Satz 2 aufgeführten nachweisen, daß er sowohl wie der Führer jede nach den Umständen des Falles gebotene Sorgfalt beobachtet hat. Nur durch diesen Nachweis kann er sich seiner Haftpflicht entziehen. Ist der Unfall auf einen Mangel des Fahrzeugs, ein Versagen seiner Verrichtungen zurückzuführen, so ist ihm dieser Entlastungsbeweis versagt und ebenso haftet er unbedingt für falsche Maßnahmen des Führers, auch wenn ihn bei der Wahl und Beaufsichtigung des Führers nicht das mindeste Verschulden trifft.

Nachgewiesen muß werden, daß der Halter und der Führer die verlangte Sorgfalt beobachtet haben. Es genügt nicht für den Wegfall der Haftung, daß der Führer die Beobachtung der erforderlichen Sorgfalt bei der Lenkung des Fahrzeugs dartut. Allerdings wird praktisch in den meisten Fällen mit dem Entlastungsbeweis des Führers auch der des Halters erbracht sein. Doch wird in den Fällen, wo der Halter mitgefahren ist, immer noch zu prüfen sein, ob er nicht zu einem Eingreifen verpflichtet und in der Lage war. Ist umgekehrt nachgewiesen, daß der Führer die nötige Sorgfalt nicht beobachtete, so ist eine weitere Prüfung, ob der Halter diese Sorgfalt beobachtet hat, überflüssig, da der Halter für jeden Fehler des Führers wie für sein eigenes Verschulden einzustehen hat.

Die nach den Umständen des Falles gebotene Sorgfalt ist zu beobachten. Es kommt also jeweils auf die Umstände des einzelnen Falles an. Der Umstand, daß gewisse Unfälle im Betrieb mit einer ziemlichen Häufigkeit wiederkehren und der gefährlichen Natur gerade dieses Unternehmens eigentümlich sind, verschließt dem Halter nicht die Möglichkeit, auch gegenüber einem solchen Ereignis sich durch den Sorgfaltsnachweis zu entlasten. Natürlich ist aber der Umstand, daß das in Frage stehende Ereignis bei dem Betrieb eines Kraftfahrzeugs häufiger eintritt, von Bedeutung für die Frage, welches Maß von Sorgfalt Halter und Führer aufzuwenden haben. Auf solche Unfälle müssen sie besonders gerüstet sein; hier müssen sie alle nach Lage der Sache möglichen Vorbeugungsmaßregeln treffen.

Zu den Umständen des Falles, die für das Maß der anzuwendenden Sorgfalt ausschlaggebend sind, gehören z. B. die Wegverhältnisse (breite, enge, verkehrsreiche oder verkehrsarme Straßen), die Witterungsverhältnisse (durch andauernden Regen schlüpfrig gewordene Straßen, Nebel, der das Durchdringen der Wagenlaternen erschwert). Selbst ein plötzlich eintretender Nebel kann den Führer wohl kaum entlasten; denn er muß hier mit der Möglichkeit einer Schädigung von Menschen oder Sachen rechnen und deshalb alle möglichen Hilfsmittel anwenden, unter Umständen auch die Fahrt völlig einstellen. Auch muß der Führer damit rechnen, ob die Bewohner der Gegend, die er durchfährt, an Kraftfahrzeuge gewöhnt sind oder nicht.

Die Fassung des Gesetzes („jede" Sorgfalt) läßt klar ersehen, daß mehr erfordert wird als der Nachweis mangelnden Verschuldens. Es genügt nicht, daß Führer und Halter die gewöhnliche im Verkehr erforderliche Sorgfalt beobachtet haben; vielmehr wird von ihnen, weil sie sich eines mit gemeiner Gefahr verbundenen Beförderungsmittels auf den öffentlichen Straßen bedienen, ein besonders hoher Grad von Vorsicht und Aufmerksamkeit verlangt. Wer bis zur höheren Gewalt haftet, muß nachweisen, daß auch mit Aufbietung der äußersten Vorsicht und Sorgfalt und Aufwendung aller Kräfte, die dem Menschen überhaupt zu Gebote stehen, das schädigende Ereignis nicht abgewendet oder unschädlich gemacht werden konnte (RG. 23. 3. 88 RGZ. 21, 17). Es genügt also zur Entlastung auch nicht die Beobachtung der polizeilichen Vorschriften; sie stellen nur eine Mindestgrenze der an den Halter und Führer zu machenden Anforderungen dar, bei deren Nichteinhaltung zweifellos ein Verschulden vorliegt (vgl. § 16 Bem. III 1 a β). Die Nichtbeachtung einer polizeilichen Vorschrift macht den Halter fast unter allen Umständen haftbar; denn sobald er gegen eine solche als Schutzgesetz im Sinne des § 823 Abs. 2 sich darstellende Vorschrift verstoßen hat, kann er regelmäßig nicht behaupten, daß er jede nach den Umständen des Falles gebotene Sorgfalt beobachtet hat. Voraussetzung ist dabei natürlich, daß die Nichtbeachtung der fraglichen Polizeivorschrift für den Eintritt des Unfalls allein oder neben anderen mitwirkenden Umständen kausal war. Dem Halter ist also der Nachweis verstattet, daß der Unfall sich auch bei strikter Beobachtung der Polizeivorschrift zugetragen haben würde. Ebenso kann er sich entlasten durch den Nachweis, daß in dem konkreten Fall die Nichteinhaltung der Vorschrift durch die Sachlage geboten war; daß er z. B.

durch das Verhalten des Verletzten oder eines Dritten genötigt war, nach links anstatt wie Vorschrift nach rechts auszuweichen (vgl. § 16 Bem. III 1a β). Selbst dann, wenn an dem Unfall ein Fahrzeug beteiligt war, dem die nach § 1 AG. notwendige Zulassung zum Verkehr fehlte, muß dem Halter der Nachweis offen stehen, daß das Fahrzeug den in der Verordnung gestellten Anforderungen entsprach, daß deshalb seine Benützung eine Verletzung der gebotenen Sorgfalt nicht enthält. Anders verhält es sich, wenn das Fahrzeug von einem Führer gelenkt wurde, dem die Fahrerlaubnis nach § 2 nicht erteilt oder wieder entzogen war. Die Verwendung einer solchen, von der Verwaltungsbehörde für ungeeignet befundenen Person ist stets als eine Nichtbeobachtung der gebotenen Sorgfalt aufzufassen; der Beweis, daß die Bestellung des Führers keinen solchen Verstoß begründe, ist dem Halter ohne weiteres abgeschnitten (Neukirch § 7 Bem. 28, § 16 Bem. 11; RG. 12. 11. 06 JW. 07, 16).

Dagegen geht die dem Halter und Führer auferlegte Sorgfaltspflicht nicht soweit, daß er zur Verhütung eines Unfalls auch solche Mittel anwenden müßte, die den wirtschaftlichen Erfolg des ganzen Betriebs in Frage stellen würden. Es ist bereits oben Bem. VIII 1a hervorgehoben worden, daß die aufzuwendenden Mittel zu dem angestrebten Erfolg in einem angemessenen Verhältnis stehen müssen. Der Führer braucht also nicht sein Fahrzeug in einen Graben zu lenken, um das Überfahren eines Huhnes zu verhüten.

IX. **Ohne Wissen und Willen des Halters erfolgte Inbetriebsetzung des Fahrzeugs.**

Das RG. 18. 4. 07 JW. 07, 340 hatte schon für das HaftpflG. Bedenken gegen die Annahme eines Betriebsunfalls getragen in einem Falle, wo unberufene Dritte die Transportmittel der Bahn in Bewegung gesetzt hatten. Auch die Begründung zum Entwurf II hatte erklärt, es würde offenbar der Billigkeit widersprechen, wollte man die Haftung dem Halter auch dann auferlegen, wenn das Fahrzeug ohne sein Wissen und Willen von einem anderen in Betrieb gesetzt wurde. Der Abs. 3 hat in der Kommission zu einer Erörterung nicht Anlaß gegeben; er wurde unverändert angenommen. Eine ähnliche Vorschrift enthält § 1 Abs. 4 des österreichischen Automobil-Haftpflichtgesetzes vom 9. August 1908, der lautet: „War das Kraftfahrzeug zur Zeit des schädigenden Ereignisses zufolge rechtswidrigen Vorganges der Verfügung des Eigentümers oder Betriebsunternehmers entzogen, so haftet an seiner Stelle jener, der diese Verfügung ausübt".

1. Ohne Wissen und Willen des Fahrzeughalters muß die Inbetriebsetzung erfolgt sein. Der Fahrzeughalter darf von der Inbetriebsetzung durch den anderen weder gewußt noch darf er sie gewollt haben. Weiß der Halter von der Inbetriebsetzung, sieht er z. B. während eines Aufenthalts in einem Laden, wie ein Dritter mit dem vor dem Laden stehengelassenen Fahrzeug davon fährt, so wird er durch dieses Wissen allein noch nicht haftpflichtig; er haftet nur, wenn er das Tun des Dritten billigt. Hatte er trotz seines Wissens nicht mehr die Möglichkeit und die Zeit, die Benützung seitens des Dritten zu verhindern, so findet Abs. 3 Anwendung. Der Auftrag oder die Erlaubnis zur Inbetriebsetzung kann eine ausdrückliche sein, sie kann auch stillschweigend durch schlüssige Handlungen erteilt werden und also auch darin gefunden werden, daß der Halter, der sieht, wie ein anderer sein Fahrzeug in Betrieb setzt, dies nicht verhindert, obgleich er hiezu in der Lage ist. So kann die Erlaubnis auch darin gefunden werden, daß der Halter bisher ständig die Benützung des Fahrzeugs durch den anderen unbeschränkt duldete.

Nicht notwendig ist dagegen, daß der andere bei Inbetriebsetzung des Fahrzeugs widerrechtlich handelte. Auch wer im Irrtum ein fremdes Fahrzeug in Betrieb setzt, sei es weil er es fälschlich für das seine hielt oder weil er sich zu seinem Vorgehen für berechtigt hielt, z. B. irrtümlich das Einverständnis des Halters annahm, haftet nach Abs. 3.

Ist die Inbetriebsetzung des Fahrzeugs ohne Wissen und Willen des Halters erfolgt, so wird dieser von der Haftung selbst dann frei, wenn er bei genügender Aufmerksamkeit in der Lage gewesen wäre das unbefugte Vorgehen des Dritten bei Zeiten zu erfahren und zu verhindern. Hat also der Halter durch sein fahrlässiges Verhalten, z. B. ungenügende Überwachung oder Verwahrung des Fahrzeugs das Vorgehen des Dritten selbst ermöglicht, so kann er zwar unter Umständen für den durch den Dritten angerichteten Unfall nach § 823 BGB. verantwortlich gemacht werden; eine Haftung auf Grund des AG. ist aber ausgeschlossen und zwar auch dann, wenn der Halter gewußt haben sollte, daß Fehler in der Beschaffenheit des Fahrzeugs oder ein Versagen gewisser Verrichtungen desselben mit Sicherheit einen Unfall herbeiführen müßten. Der Fahrzeughalter kann also auf Grund des § 823 BGB., nicht aber nach dem AG. haftbar sein, wenn er sein Fahrzeug unbeaufsichtigt und ohne die in § 4 Ziff. 6 BV. erwähnte Sperrvorrichtung in Tätigkeit zu setzen, auf der Straße stehen ließ oder wenn er einem Chauffeur, der schon früher eigenmächtig Fahrten gemacht hat, die Verwahrung des Fahrzeugs beläßt (RG. 12. 6. 06 Ziff. 16 der Beilage C zum KommB.).

In wessen Interesse das Fahrzeug benutzt wird, ist gleichgültig. Auch dann, wenn der Eigenmächtige es im Interesse des Halters benützt, oder ohne dessen Erlaubnis oder gar wider seinen Willen, wird der Halter von der Verantwortung frei (Kirchner § 7 Bem. XVII 2 S. 87).

2. Ein anderer muß das Fahrzeug in Betrieb gesetzt haben. Der andere kann ein Fremder sein, aber ebensogut ein Familienangehöriger des Halters, dem überhaupt oder für bestimmte Fälle die Benützung des Fahrzeugs durch den Halter untersagt war. Auch der eigene Chauffeur des Halters kommt als anderer in Betracht; setzt er also ohne Wissen und Willen des Halters das Fahrzeug in Betrieb, so haftet er nach Abs. 3 an Stelle des Halters; daneben ist auch noch seine Haftung nach § 18 AG. als Führer gegeben. Hat der Chauffeur das Fahrzeug mit Wissen und Willen des Halters in Betrieb gesetzt und eignet sich unterwegs ein Dritter gegen den Willen des Chauffeurs und des Halters die vorübergehende Benützung des vom Chauffeur z. B. vor einem Hause stehen gelassenen Fahrzeugs an, so muß die Haftung des Halters in Wegfall kommen und an seiner Stelle der Dritte nach Abs. 3 haften. Denn, wenn der Halter nicht einmal für den Fall haftet, daß ihm selbst, sei es auch infolge seiner eigenen Fahrlässigkeit in Verwahrung und Überwachung des Fahrzeugs, ein Dritter vorübergehend das Fahrzeug gegen seinen Willen entzieht, dann kann von einer solchen Haftung noch viel weniger die Rede sein, wenn der Dritte das Fahrzeug dem Chauffeur entzieht und zwar auch dann nicht, wenn den Chauffeur hiebei ein Verschulden treffen sollte. Insoweit enthält also Abs. 3 eine Durchbrechung des Grundsatzes, daß der Halter für das Verhalten seines Führers unbedingt einzustehen hat. Es fragt sich, ob eine Befreiung des Halters gemäß Abs. 3 auch dann Platz greift, wenn der Chauffeur das Fahrzeug mit Wissen und Willen des Halters in Betrieb gesetzt hat, nun aber unterwegs entgegen dem ausdrücklichen Willen seines Dienstherrn aus freien Stücken die Führung des Fahrzeugs einem anderen überläßt. Tatsächlich verstößt ja der Betrieb des Fahrzeugs, soweit er durch diesen

Dritten erfolgt, auch gegen den Willen des Halters. Aber die Inbetriebsetzung des Fahrzeugs durch seinen Chauffeur ist mit Wissen und Willen des Halters erfolgt. Dadurch, daß der Halter dem Chauffeur die Erlaubnis zur Inbetriebnahme des Fahrzeugs erteilte, hat er selbst die Gefahr für den Verkehr geschaffen; er muß haften, wenn bei dieser von ihm genehmigten Inbetriebsetzung sich durch das Verhalten seines Angestellten z. B. durch die Überlassung der Führung des Fahrzeugs an eine ungeübte Person ein Unfall ereignet. Natürlich haftet der Halter auch, wenn er seinen Chauffeur beauftragt, eine ganz bestimmte Fahrt zu unternehmen und dieser nun eine ganz andere Fahrt ausführt (Neukirch-Rosenmeyer § 7 Anm. 38, Krause § 7 Bem. 13); denn auch hier ist die Inbetriebsetzung mit Wissen und Willen des Halters erfolgt; eine Abweichung von den Weisungen des Halters über die Art und Weise der Betriebsausführung begründet nicht die Anwendbarkeit des Abs. 3.

Wer ein Kraftfahrzeug zur Benützung mietet, setzt es nicht in Betrieb, haftet also auch nicht nach Abs. 3, wenn dem Chauffeur, mit dem er den Mietvertrag abschloß, die Ausführung dieser Fahrt verboten war. Anders ist aber der Fall zu beurteilen, wenn der Mieter bei Abschluß des Vertrags wußte, daß diese Benützung des Fahrzeugs gegen den Willen des Halters verstoße. Denn auch der setzt ein Fahrzeug in Betrieb, der zwar die hierzu nötigen Verrichtungen (Ankurbeln usw.) nicht selbst mit eigener Hand vornimmt, aber sich bewußt die Rechte des Fahrzeughalters anmaßt und damit zu erkennen gibt, daß er wie der Halter über das Fahrzeug verfügen will. Es haben hier die strafrechtlichen Grundsätze über Mittäterschaft und intellektuelle Urheberschaft entsprechende Anwendung zu finden. War also dem Chauffeur bekannt, daß der Dritte, der sich gegen den Willen des Halters als zur Verfügung über das Fahrzeug berechtigt ausgab, eine solche Berechtigung nicht besitze, so haben beide als Mittäter das Fahrzeug in Betrieb gesetzt und haften nach Abs. 3. Hat der Führer das Fehlen der Berechtigung des Dritten nicht gekannt, so haftet der Dritte an Stelle des Halters nach Abs. 3, der Führer nur nach § 18 AG. Neukirch-Rosenmeyer § 7 Bem. 37 S. 79; Kirchner § 7 Bem. XVII, 4, der allerdings den Mieter eines Kraftfahrzeugs selbst dann nicht an Stelle des Halters haften lassen will, wenn er bei Abschluß des Vertrags wußte, daß der Chauffeur das Fahrzeug ohne Wissen und Willen des Halters in Betrieb setzte.

3. Haftung des anderen. Der andere haftet an Stelle des Halters, also offenbar auch in der gleichen Weise wie der Halter. Er haftet also nach Maßgabe des § 7 Abs. 1 und kann sich nur im Rahmen des § 7 Abs. 2 von seiner Haftung befreien durch den Nachweis, daß der Unfall durch ein unabwendbares Ereignis verursacht worden sei. Auf seine Haftung finden weiter auch die Vorschriften der §§ 8 ff. Anwendung. Neben seiner Haftung auf Grund des AG. kann auch gemäß § 16 AG seine Haftung aus Verschulden nach Maßgabe des BGB. in Frage kommen. Hat er das Fahrzeug selbst geführt, so haftet er neben § 7 Abs. 3 auch als Führer aus § 18 AG.

Das Gesetz knüpft die Haftung des anderen aus § 7 Abs. 3 an keine anderen Voraussetzungen als an die auch für die Haftung des Halters maßgebenden. Die bloße Tatsache, daß die Inbetriebsetzung gegen Wissen und Willen des Halters erfolgte, macht den anderen haftbar, ohne Rücksicht darauf, ob ihn ein Verschulden trifft. Die Haftung aus Abs. 3 trifft deshalb auch einen Geschäftsunfähigen oder in der Geschäftsfähigkeit Beschränkten (a. M. Waldeck § 7 Bem. 22; Hallbauer S. 12 verneint die Haftung eines Geisteskranken oder eines Kindes unter 7 Jahren, will aber Personen über 7 Jahren unbedingt nach § 7 Abs. 3 haften lassen.

4. Stellung des Halters. Der andere haftet an Stelle des Halters. Damit ist schon zum Ausdruck gebracht, daß der andere nicht Halter ist, daß vielmehr der bisherige Halter auch fernerhin Halter bleibt, wenn auch seine zivilrechtliche Haftung zeitweilig aufgehoben ist. Daraus folgt weiter, daß Abs. 3 nur die Fälle im Auge hat, bei denen es sich um eine vorübergehende Gebrauchsanmaßung handelt; denn wenn die Entziehung des Fahrzeugs eine dauernde ist, wenn z. B. dem Halter das Fahrzeug gestohlen wird, so endet damit ohnehin die Haltereigenschaft des bisherigen Besitzers, sodaß seine Haftpflicht auch ohne der Vorschrift des Abs. 3 in Wegfall kommt.

Ist die Inbetriebsetzung des fremden Fahrzeugs eine schuldhafte Besitzstörung, so ist der andere dem Halter aus §§ 823, 858 BGB. haftbar.

X. **Beweislast** (vgl. oben Bem. VI, 3, 5a; § 9 Bem. V, 3). Die Fassung des Absatz 2: „Die Ersatzpflicht ist ausgeschlossen, wenn" bringt zum Ausdruck, daß den Fahrzeughalter die Beweislast trifft, wenn er behauptet, daß seine Haftpflicht gemäß Abs. 2 ausgeschlossen sei. Der Verletzte hat, abgesehen von dem Nachweis, daß der Beklagte der Halter bezw. Führer war, zur Begründung seines Schadensersatzanspruchs nur zu beweisen, daß sich bei dem Betrieb des Kraftfahrzeugs ein Unfall ereignet hat und daß im örtlichen und zeitlichen Zusammenhang mit diesem Unfall ein Schaden unter Umständen entstanden ist, die ganz allgemein auf die Möglichkeit eines ursächlichen Zusammenhangs zwischen Betrieb und Unfall hinweisen. In der Regel muß es also genügen, daß dem Richter Tatsachen dargetan werden, aus denen er schließen kann, daß erfahrungsgemäß und nach dem natürlichen Laufe der Dinge der Schaden durch diese Tatsachen verursacht worden ist; des Nachweises der Abwesenheit aller sonst noch denkbaren Ursachen, die den Schaden herbeigeführt haben könnten, bedarf es nicht. Will der Haftpflichtige den Anspruch ablehnen, so muß er die kausalen Beziehungen zwischen dem Unfall und seiner Vorgeschichte aufklären und nachweisen, daß ein gesetzlicher Befreiungsgrund vorliegt. Er hat also darzutun, daß der Unfall auf ein Verhalten des Verletzten oder eines Tieres oder eines bei dem Betrieb nicht beschäftigten Dritten zurückzuführen oder daß ein Fehler in der Beschaffenheit des Fahrzeugs oder ein Versagen seiner Verrichtungen nicht die Ursache des Unfalls sei; er hat weiter den Beweis zu erbringen, daß er und der Führer jede nach den Umständen des Falles gebotene Sorgfalt beobachtet haben. Der Verletzte ist nicht verpflichtet, seinerseits darzulegen, daß und welche Vorkehrungen der Haftpflichtige zur Abwendung des schädlichen Erfolgs hätte treffen können (RG. 9. 10. 02 JW. 02, 591). Gelingt dem Halter dieser Entlastungsbeweis nicht, dann haftet er, und das gilt insbesondere auch dann, wenn der geführte Entlastungsbeweis ein klares und überzeugendes Bild von dem Hergang des Unfalls nicht ergeben hat. Ein non liquet geht stets zugunsten des Verletzten (RG. 2. 1. 83 EisenbE. 2, 426; 13. 3. 83 EisenbE. 3, 29; 7. 4. 88 EisenbE. 6, 281; 16. 9. 90 EisenbE. 8, 51; 30. 6. 91 EisenbE. 8, 375; 23. 3. 93 EisenbE. 11, 197; 10. 7. 02 JW. 02, 446, EisenbE. 19, 148; 1. 2. 04 EisenbE. 21, 32; 30. 5. 04 JW. 04, 406; 14. 5. 06 JW. 06, 437; 1. 6. 08 JW. 08, 495; 24. 5. 09 JW. 09, 429; vgl. § 9 Bem. IV, 3). Eine Ausnahme ist dann zu machen, wenn der Unfall zwar nicht völlig aufgeklärt ist, die Sachlage mit aber höchster Wahrscheinlichkeit darauf hinweist, daß der Verletzte ohne eigene Schuld nicht verunglückt sein kann. In einem solchen Falle kann dem Fahrzeughalter ein weiterer besonderer Nachweis des Verschuldens des Verletzten nicht angesonnen werden, vielmehr ist es hier Sache des

Verletzten, darzutun, daß der Unfall nicht auf die von ihm verschuldeten Umstände zurückzuführen sei (RG. 3. 7. 99 JW. 99, 542; 13. 2. 05 RGZ. 60, 147 (151); 9. 10. 05 JW. 05, 696; 14. 5. 06 JW. 06, 437; 1. 6. 08 JW. 08, 496). Die bloße Erklärung des Verletzten unmittelbar nach dem Unfall, er sei schuld an dem Unglück, genügt zum Beweis eines Verschuldens des Verletzten nicht ohne weiteres, und insbesondere dann nicht, wenn diese Äußerung nicht ein Geständnis von Tatsachen enthält, sondern eine Meinung ausdrückt (RG. 9. 4. 80 EisenbE. 1, 144; Eger HaftpflG S. 117).

Wird im Falle des Abs. 3 der Halter in Anspruch genommen, so trifft ihn die Beweislast dafür, daß das Fahrzeug ohne sein Wissen und Willen in Betrieb gesetzt worden sei; wird die Klage nicht gegen den Halter, sondern gegen den anderen gerichtet, so muß der Verletzte dartun, daß der andere das Fahrzeug ohne Wissen und Willen des Halters in Betrieb gesetzt hat (Neukirch-Rosenmeyer § 7 Anm. 41, Waldeck § 7 Anm. 49). Der andere, der an Stelle des Halters haftet, hat dieselbe Beweislast, wie sie in den Fällen des Abs. 2 den Halter trifft.

§ 8.

Die Vorschriften des § 7 finden keine Anwendung:

1. **wenn zurzeit des Unfalls der Verletzte oder die beschädigte Sache durch das Fahrzeug befördert wurde oder der Verletzte bei dem Betriebe des Fahrzeugs tätig war;**
2. **wenn der Unfall durch ein Fahrzeug verursacht wurde, das nur zur Beförderung von Lasten dient und auf ebener Bahn eine auf 20 Kilometer begrenzte Geschwindigkeit in der Stunde nicht übersteigen kann.**

Entw. I § 6; Entw. II § 2; Begr. S. 13; KommB. S. 10 ff.; StenB. S. 5267, 5268, 5274, 5278, 5279, 7757 ff., 7762 f., 7770.

I. **Vorbemerkung.** Schon der Entwurf von 1906 hatte 2 Ausnahmen von den in § 7 aufgestellten Haftungsgrundsätzen vorgesehen, die mit einer geringfügigen, nur redaktionellen Änderung bezüglich der Ziffer 1 (hierüber siehe unter Bem. II, 3b) in den Entwurf von 1908 übergingen, in der Kommissionsberatung zwar vielfache und erhebliche Bedenken erregten, aber dann doch Annahme fanden. Von diesen beiden Ausnahmen betrifft die erste den Kreis der nach dem AG. ersatzberechtigten Personen (§ 8 Ziff. 1, der unverändert in der Fassung des Entwurfs II angenommen wurde), während die zweite Ausnahme den Kreis der dem Gesetze unterstehenden Kraftfahrzeuge einschränkt. Die Ziffer 2 des § 8 hat nicht unverändert Annahme gefunden. Der Entwurf hatte die Unanwendbarkeit der Haftpflichtgrundsätze des AG. für alle langsam fahrenden Kraftfahrzeuge einführen wollen; das Gesetz läßt nur die zur Beförderung von Lasten dienenden Kraftfahrzeuge haftfrei. Ferner hatte der Entwurf die Bestimmung der Geschwindigkeitsgrenze dem Bundesrat überlassen wollen, wogegen jetzt das Gesetz selbst die Maximalgeschwindigkeit auf 20 km bestimmt. Ebenso ist die im Entwurf als Bedingung des Haftungsprivilegs vorgesehene amtliche Prüfung weggefallen. Zur Rechtfertigung der beiden Ausnahmen wurde in der Begründung des Gesetzes ausgeführt: „Die verschärfte Haftung des Automobilhalters bezwecke nur, das Publikum vor den ihm aufgedrungenen Gefahren des Automobilbetriebes zu schützen; deshalb müßten die Fälle ausscheiden, in welchen der Verletzte die Gefahr freiwillig übernommen habe; für den Fall, daß das Fahrzeug zur Beförderung des Verletzten oder der beschädigten Sache diente oder der Verletzte bei dem Betrieb des Fahrzeugs tätig gewesen sei, solle es demgemäß bei den allgemeinen Vorschriften des bürgerlichen Rechts verbleiben. Was die zweite Ausnahme anlange, so seien Kraftfahrzeuge, die eine bestimmte Geschwindigkeitsgrenze vermöge ihrer Konstruktion nicht überschreiten könnten, nicht wesentlich gefährlicher als die Fuhrwerke, die durch tierische Kraft bewegt werden; die Grenze der zulässigen Geschwindigkeit im Gesetz festzulegen, empfehle sich nicht; es müsse hier die Möglichkeit gelassen werden, den Erfahrungen, die der Verkehr an die Hand gebe, zu folgen".

Demgegenüber wurde in der Kommissionsberatung folgendes betont: Die Vorschrift, daß die beförderte Person keinen Ersatzanspruch haben soll, stehe im direkten Widerspruch mit dem Reichshaftpflichtgesetz. Die Benützung des Automobils sei aber vielfach überhaupt gar keine freiwillige Entschließung. Der angestellte Chauffeur werde geradezu vogelfrei; denn durch das Unfallversicherungsgesetz sei er nicht geschützt. Die Chauffeure seien abhängig vom Arbeitgeber und müßten das Tempo fahren, das dieser wolle. Bei Droschkenunternehmungen seien sie durch die Art der Bezahlung — Tantiemen — gezwungen, möglichst viele Fuhren zu machen und daher auch so schnell als möglich zu fahren. Die Fassung der Regierungsvorlage entspreche bezüglich der Ziffer 1 auch gar nicht den beigegebenen Motiven; denn nach den Motiven sollten nur die Fälle ausscheiden, in denen der Verletzte die Gefahr freiwillig übernommen habe; nach der Fassung des Entwurfs schieden dagegen auch die Fälle aus, in denen ein Fahrgast unfreiwillig — z. B. die Entführte, der Geisteskranke, das willenlose Kind, der Betrunkene, der Gefangene — in einem Kraftfahrzeug transportiert werde. Die durch Ziffer 2 gemachte Ausnahme ferner sei rein willkürlich und wäre nur gerechtfertigt, wenn die Gefährlichkeit des Automobils nur in der Schnelligkeit bestände. Wenn z. B. ein Pferd infolge des Automobils scheue und Schaden nehme, so dürfe es doch nicht unterschiedlich sein, ob das Automobil eine beschränkte oder unbeschränkte Haftung habe. Es gäbe doch noch andere Gefährlichkeitsmomente im Automobilbetriebe; die Ausnahmebestimmung der Ziffer 2 stände im Widerspruch mit den Motiven des Gesetzes, nach denen die Gefahr des Automobilbetriebs nicht nur in der Schnelligkeit, sondern auch in anderen Ursachen — Lärm, Geräusch, Explosion, Versagen seiner Verrichtungen, fehlerhafte Beschaffenheit — bestände. Die Geschwindigkeit dürfe nicht einen Maßstab für die Haftpflicht bilden; denn auch Automobile mit in der Ebene sehr begrenzter Geschwindigkeit könnten beim Bergabfahren eine rasende Schnelligkeit annehmen. Die Geschwindigkeitsgrenze dürfe auch nicht für alle Fälle gleich festgelegt werden und müsse relativ verschieden sein, je nach der Örtlichkeit, daher müßte in den Bestimmungen ein weiterer Spielraum gelassen werden.

Von Seite der Regierungsvertreter wurde erwidert: Die Haftpflicht der Eisenbahnen beruhe auf ganz anderen Gründen als die Haftpflicht der Kraftfahrzeuge. Bei der Eisenbahn handle es sich um Haftung für den Transport von Personen und Gütern, das AG. bezwecke den Schutz der Straße. Während der Eisenbahn die Fahrbahn selbst gehöre, sie mithin in der Lage sei, sie zu schützen, abzusperren und jeden entgegenkommenden Zug dirigieren zu können, gehöre dem Automobilfahrer die Straße nicht; er sei auch gar nicht in der Lage, auf ein entgegenkommendes Fahrzeug einwirken zu können. Das AG. wolle lediglich den Teil der Bevölkerung schützen, der auf Straßen und Wegen in seinem gewohnten Verkehre gefährdet werde. Die Führer der Kraftwagen nebst ihren Gehilfen und die Insassen der Wagen durch eine gesetzliche Haftpflicht, die über den allgemeinen Rechtsschutz hinausgehe, besonders zu schützen, sei durch kein Bedürfnis geboten, führe in der praktischen Gestaltung zu großen Schwierigkeiten und bringe dem öffentlichen Verkehr empfindliche, von der Bevölkerung selbst nicht gewollte Nachteile. Die Zahl der Fälle, in denen Insassen der Kraftwagen durch Unfälle auf der Fahrt erheblich verletzt wurden, sei viel geringer, als man gemeiniglich glaube; wahrscheinlich sei die Zahl der Unfälle, die infolge des Scheuens von Pferden entstehen und für die Wageninsassen Beschädigungen nach sich ziehen, größer als die Zahl der Unfälle, bei welchen die Insassen der Kraftwagen Schaden erleiden, und doch denke niemand an besondere gesetzliche Schutzbestimmungen für den gewöhnlichen Wagenverkehr. Ebensowenig wie den Insassen könne auch denjenigen ein Anspruch aus dem AG. zuerkannt werden, die im Dienste oder im Auftrage des Wagenhalters ein Kraftfahrzeug führen oder begleiten. Es sei richtig, daß die Führer der Kraftfahrzeuge mehr gefährdet seien als die Insassen; richtig sei aber auch, daß sie in zahlreichen Fällen einen Teil der Schuld an dem Unfall tragen, durch den sie verletzt wurden, und diese Mitschuld lasse sich ausreichend selten feststellen. Würde man den Wagenführern einen Haftpflichtanspruch zugestehen, so würde die Nachlässigkeit oder Unvorsichtigkeit bei der Wagenführung nur gefördert werden. Vor allem komme aber in Betracht, daß Führer wie Begleiter der Kraftwagen in großem Umfange, nämlich, soweit es sich um Angestellte im Transportgewerbe handelt, gedeckt seien durch die Unfallversicherung; es sei doch unmöglich, ihnen neben dem Anspruch aus der Unfallversicherung auch noch einen Anspruch aus diesem Gesetze zuzubilligen. Soweit die Unfallversicherung den Bediensteten der Kraftfahrzeuge zurzeit noch keine Entschädigung sichere, könne nur erwogen werden, die Grenzen der Unfallversicherung zu erweitern. (Der Entwurf einer Reichsversicherungsordnung schreibt bereits vor, daß die Chauffeure dem Versicherungszwang unterliegen.) Der Chauffeur habe doch aus freien Stücken seinen Beruf erwählt und fahre kraft des von ihm erwählten Berufs; die sonstigen Bediensteten seien nicht in Unkenntnis ihrer Obliegenheiten, bevor sie ihren Dienst übernehmen; in der Heranziehung zu Kraftwagenfahrten liege tatsächlich nichts, was sie als einen Zwang empfinden. Übrigens seien die Angestellten des Automobilhalters durch die gesetzlichen Vorschriften über den Dienstvertrag mehr als das Straßenpublikum geschützt, da der Automobilhalter als Dienstberechtigter ihnen für die Verwendung eines nicht betriebssicheren Automobils und für ein Verschulden des Chauffeurs nach §§ 618, 278 BGB. hafte. Wollte man dem Chauffeur einen Haftpflichtanspruch gewähren, so würde das unter Umständen zu sonderbaren Konflikten führen. Sei nämlich mit dem Chauffeur zusammen auch ein Straßenpassant verletzt und klage der letztere gegen den Chauffeur, so müsse der Chauffeur beweisen, daß ihn kein Verschulden an dem Unfall treffe; klage der Chauffeur nun seinerseits gegen den Halter, so würde, wenn man dem Chauffeur einen Haftpflichtanspruch geben würde, der Halter zu beweisen haben, daß der Unfall auf das Verhalten des Chauffeurs zurückzuführen sei; beide Resultate seien miteinander unvereinbar.

Zu Ziffer 2 wurde von seiten der Regierungsvertreter noch besonders bemerkt: Der Zweck dieser Bestimmung sei insbesondere, die gewerblichen Automobile zu schützen, und zwar, um denselben die Möglichkeit des Abschlusses einer Haftpflichtversicherung zu geben. Die Größe der Geschwindigkeit eines Automobils sei sehr wohl für den Gesetzgeber bestimmend; je geringer die Geschwindigkeit, je weniger dringend das Einschreiten des Gesetzgebers. Die Zahl der durch Explosion und andere Ursachen entstandenen Unfälle sei unbedeutend gegenüber den durch die Geschwindigkeit hervorgerufenen. Die Statistik lasse erkennen, daß die Lastautomobile nur wenig Schaden anrichteten. Da sie sich durch Flucht bei einem Unfalle nicht leicht der Feststellung entziehen könnten, so sei eine Beweisnot in solchem Falle auch nicht vorhanden. Soweit die Fahrzeuge eine sonst ungewöhnliche Schnelligkeit besitzen, sei es wohl gerechtfertigt, sie mit einer besonderen Haftpflicht zu belasten; wie wolle man es aber rechtfertigen, für Kraftwagen, die nicht schneller als andere Gefährte laufen, dennoch eine Haftpflicht einzuführen, an die man für den übrigen, ebenso schnellen Wagenverkehr nicht denke. Eine Streichung der Ziffer 2 würde zur Folge haben, daß Lastautomobile nicht mehr vom Publikum angeschafft werden würden; die Heeresverwaltung habe aber ein großes Interesse, solche für den Kriegsfall zur Verfügung zu haben, um die Verpflegung der Armee sicher stellen zu können.

Mit Rücksicht auf die letztere Bemerkung der Regierungsvertreter wurde dann aus der Kommission bei der zweiten Lesung der Antrag gestellt, die Ausnahme der Ziffer 2 auf Fahrzeuge zu beschränken, die nur zur Beförderung von Lasten dienen; denn, wenn man die Ausnahme der Ziff. 2 mit der nationalen Bedeutung begründe, die das Lastautomobil im Kriegsfalle für die Heeresverwaltung habe, dann dürfe man auch nicht weitergehen, als dies Bedürfnis der Heeresverwaltung gehe. Vom Regierungstische wurde zwar entgegnet, für die Beschränkung auf Lastautomobile läge kein innerer Grund vor und man möge doch bedenken, daß ein Lastautomobil in vielen Fällen auch zum Transport von Personen, z. B. der Arbeiter zur Fabrik, benutzt werde. Doch fand der Antrag der Kommission, ebenso wie ein weiterer Antrag, der die zulässige Geschwindigkeitsgrenze in das Gesetz selbst aufnahm, Annahme.

Gegenüber der unter Ziff. 1 fallenden Personen und Sachen, sowie bei den unter Ziff. 2 gehörigen Lastautomobilen findet eine Haftung des Halters oder Führers also nur auf Grund Vertrags oder wegen unerlaubter Handlung (§§ 823, 831 BGB.) statt.

II. **Zu Ziffer 1.**

1. Voraussetzung ist, daß die unter Ziff. 1 fallenden Personen **zur Zeit des Unfalls** durch das Fahrzeug befördert wurden oder bei dem Betrieb tätig waren. Unter Unfall im Sinne des § 8 Ziff. 1 ist zu verstehen die Tötung oder Verletzung der Gesundheit oder des Körpers eines Menschen oder die Beschädigung einer Sache. Es ist also zu unterscheiden zwischen dem Unfall und dem ihm vorausgehenden, den Unfall veranlassenden Betriebsereignis (vgl. § 7 Bem. IV). Wenn der Verletzte zwar zu der Zeit, wo das den Unfall herbeiführende Ereignis sich zutrug, in dem Fahrzeug befördert wurde oder bei dessen Betrieb tätig war, wenn aber im Zeitpunkt des Unfalls selbst die Beförderung (vgl. unten Bem. II 3 b) oder seine Tätigkeit bei dem Betrieb beendet war, dann findet § 8 Ziff. 1 keine Anwendung; es tritt vielmehr die Haftpflicht nach Maßgabe des § 7 ein. Häufig, sogar regelmäßig wird ja das schädigende Betriebsereignis und der Unfall zeitlich und örtlich zusammenfallen; doch ist das keineswegs notwendig, vielmehr ein Auseinanderfallen beider Momente recht wohl denkbar. Wird z. B. durch das Auspuffen der Gase ein dem Automobil entgegen kommendes Pferd scheu und verletzt den inzwischen ausgestiegenen Fahrgast des Automobils, so fallen das Betriebsereignis (Auspuffen der Gase) und Unfall zeitlich auseinander. Weitere Beispiele des Auseinanderfallens von Unfall und Betriebsereignis vgl. Krause § 8 Bem. 2 (ein während der Fahrt in das Auslaßventil gelangter Fremdkörper führt nach Beendigung der Fahrt durch Explosion eine Verletzung des ausgestiegenen Fahrgastes herbei oder ein schon während der Fahrt eingetretenes Leck des das Benzin zum Vergasen führenden Zuleitungsrohres führt nach Fahrtbeendigung, weil

das Benzin auf eine weggeworfene brennende Zigarre tropft, zu einer Explosion). Daß die Folgen des Unfalls vielleicht erst später zutage treten, ist belanglos. Wird der Fahrgast aus dem Wagen herausgeschleudert, so ist ein Ersatzanspruch nach dem AG. ausgeschlossen, auch wenn er ohne wahrnehmbare Verletzung sich wieder erhebt und die Folgen des Sturzes sich erst später bemerkbar machen. Fraglich könnte die Entscheidung sein, wenn der aus dem Wagen geschleuderte Fahrgast durch den Sturz selbst keine Verletzung erleidet, aber, noch bevor er wieder aufstehen kann, von einem durch das gleiche Betriebsereignis (Explosion) scheu gewordenen Pferde geschlagen wird. Der ganze Vorfall erscheint aber auch hier derart einheitlich, daß die Anwendung der Ziff. 1 gerechtfertig erscheint.

2. **Der Verletzte oder die beschädigte Sache.**

Verletzter im Sinne des § 8 Ziff. 1 ist der Getötete oder der an seiner Gesundheit oder seinem Körper Geschädigte. Die in § 10 Abs. 2 AG. aufgeführten Personen, denen durch den Tod des Unterhaltspflichtigen das Recht auf Unterhalt entzogen wurde, sind zwar durch den Unfall auch geschädigt und mittelbar verletzt, gehören aber nicht zu den Personen, die § 8 Ziff. 1 zu den Verletzten rechnet. Wird also ein nicht in dem Automobil befindlicher Unterhaltspflichtiger getötet, so wird der Anspruch des Unterhaltsberechtigten nicht dadurch ausgeschlossen, daß er zur Zeit der Tötung des Unterhaltspflichtigen Insasse des den Unfall verursachenden Kraftfahrzeuges war. Ebenso fällt, wenn eine nicht mit dem Automobil beförderte Sache beschädigt wurde, der auf das AG. gestützte Ersatzanspruch des Eigentümers nicht deshalb weg, weil er selbst z. Zt. des Unfalls durch das Kraftfahrzeug befördert wurde. Dagegen ist bei Tötung eines z. Zt. des Unfalls durch das Kraftfahrzeug beförderten Fahrgastes ein Anspruch des zur Tragung der Beerdigungskosten Verpflichteten auf Ersatz dieser Kosten (§ 10 Abs. 1) nicht gegeben, ebensowenig wie ein Anspruch des nach § 10 Abs. 2 Unterhaltsberechtigten.

3. **Durch das Fahrzeug beförderte Personen.**

Sie stehen im Gegensatze zu den bei dem Betrieb des Fahrzeugs tätigen Personen (Bem. II 4); es sind (Gordan § 8 Bem. 2 S. 63) „die passiven Insassen" des Fahrzeugs gemeint.

a) Personenkreis. Die Begründung des Gesetzes (vgl. oben Bem. I) sprach zwar nur von den Personen, die die Gefahr freiwillig übernommen haben. Es kann aber nach den in der Kommissionsberatung gefallenen Äußerungen kein Zweifel darüber bestehen, daß damit der Kreis der unter § 8 Ziff. 1 fallenden Personen nicht erschöpft ist, daß es vielmehr ganz gleichgültig ist, ob der Beförderte sich freiwillig oder gegen seinen Willen auf dem Fahrzeug befand, ob der Beförderung ein Vertrag zu Grunde liegt oder ob es sich um einen aus Gefälligkeit mitgenommenen Fahrgast handelt. Es wurde bei der Kommissionsberatung ausdrücklich hervorgehoben, daß nach der Fassung des Gesetzes der § 8 auch die Fälle trifft, in denen ein Fahrgast unfreiwillig, z. B. die Entführte, der Geisteskranke, das willenlose Kind, der Betrunkene, der Gefangene in einem Kraftfahrzeug transportiert werden. Auch die Personen, die nicht ganz freiwillig sich des Kraftwagens zur Beförderung bedienen, z. B. das Haus- und Geschäftspersonal des Halters, die Postbeamten auf den Postautos, Soldaten auf Militärkraftfahrzeugen, Feuerwehrleute, die auf einem Automobil zur Brandstätte befördert werden, fallen unter § 8 Ziff. 1. Verschiedene in der Kommission gestellte Anträge lassen diese Ausdehnung des § 8 klar erkennen. Es sind der in der ersten Lesung angenommene, später aber wieder beseitigte Antrag auf Beifügung des Zusatzes: „außer, wenn die Beförderung oder die Bedienung des Fahrzeugs im Dienste oder Auftrag einer der haftpflichtigen Personen geschah", sowie der in der zweiten Lesung gestellte aber abgelehnte Antrag (Nr. 8), den Abs. 1 wie folgt zu fassen: „Die Vorschriften des § 1 (jetzt § 7) finden keine Anwendung, wenn zur Zeit des Unfalls der Verletzte bei dem Betrieb des Fahrzeugs tätig war oder eine Beförderung des Verletzten oder der geschädigten Sache durch das Fahrzeug erfolgte, es sei denn, daß dies Tätigsein oder die Beförderung unfreiwillig oder im Dienste oder Auftrag der haftpflichtigen Personen erfolgte".

b) **Beförderung.** Während der Entwurf von 1908 mit dem Gesetz wörtlich übereinstimmt, hatte der Entwurf von 1906 § 6 davon gesprochen, daß die Vorschriften des Gesetzes keine Anwendung finden sollen, „wenn zur Zeit des Unfalls das Fahrzeug zur Beförderung des Verletzten dient". Die Begründung des Entwurfes II gibt keinen Aufschluß darüber, warum man diese abweichende Fassung wählte. Doch ist aus der oben Bem. I wiedergegebenen Begründung zu § 8 mit Sicherheit zu entnehmen, daß es sich um eine rein redaktionelle Änderung des Gesetzes handelt, mit der eine Änderung des Grundgedankens in keiner Weise beabsichtigt war. Das ergibt sich klar daraus, daß die Motive wieder von dem Fall reden, wo das Fahrzeug zur

Beförderung des Verletzten dient, also beide Ausdrücke als gleichbedeutend gebrauchen.

Was ist nun unter Beförderung zu verstehen? Wollte man Gewicht legen auf die Begründung des Gesetzes, daß die freiwillige Übernahme der Gefahr, also die freiwillige Annäherung an den Gefahrenbereich des Fahrzeugs den Haftanspruch ausschließt, dann müßte man sagen, eine solche freiwillige Annäherung an den Gefahrenbereich liegt auch nach Abschluß der eigentlichen Beförderung dann noch vor, wenn der ausgestiegene Beförderte z. B. zur Bezahlung des Fahrgeldes in der Nähe des Fahrzeugs weilt. Tatsächlich vertritt auch Gordan § 8 Bem. 3 S.64 die Ansicht, daß an der Eigenschaft eines Fahrgastes dadurch nichts geändert wird, daß die betreffende Person, als der Unfall sich ereignete, das Fahrzeug schon verlassen hatte, wenn nur der Unfall mit der Beförderung noch im direkten Zusammenhang steht. Der gleiche Grund müßte dann dazu führen, auch die Person, die sich z. B. zwecks Abschließens eines Beförderungsvertrags einem Fahrzeug genähert hat, der Ziff. 1 zu unterstellen, weil auch ein hiebei sich erreichender Unfall mit der Beförderung in direktem Zusammenhang steht. Zweifellos würde man damit aber dem § 8 Ziff. 1 eine vom Gesetzgeber gar nicht gewollte Ausdehnung geben. Der Fahrgast, der befördert werden will, und sich deshalb dem Fahrzeug nähert, ist nicht eine Person, die „befördert wurde“ und nur solche fallen unter Ziff. 1. Zudem ist von einer freiwilligen Übernahme der Gefahr nur bei einem Teil der unter Ziff. 1 fallenden Personen die Rede; die Motive stimmen hier nicht mit dem Gesetze. Es kann ihnen deshalb eine Bedeutung für die Auslegung des letzteren nicht beigelegt werden.

Maßgebend ist vielmehr nur der reine tatsächliche Akt der Beförderung. Bedeutungslos ist, ob der Unfall während des Bestehens des Beförderungsvertrags erfolgte, z. B. während der ausgestiegene Passagier in Erfüllung des Vertrags den Chauffeur bezahlte; denn ein Vertrag wird für den Fall der Ziff. 1 nicht vorausgesetzt. Der Akt der Beförderung beginnt erst mit dem Moment, in dem das Fahrzeug sich in Bewegung setzt; vorher kann von einer Beförderung keine Rede sein, da die Beförderung begrifflich eine Ortsveränderung voraussetzt. Steigt ein Fahrgast in ein noch nicht im Betrieb befindliches Fahrzeug ein und erleidet er z. B. durch Anstoßen eines gewöhnlichen Fuhrwerks einen Unfall bevor sein Fahrzeug in Betrieb gesetzt wurde, so liegt kein Betriebsunfall vor und scheidet deshalb die Anwendung der §§ 7 ff. ohnehin aus. Aber auch dann, wenn das Fahrzeug, in das der Fahrgast einsteigen will, schon angekurbelt ist, ist eine Beförderung noch nicht gegeben. Verunglückt der Fahrgast also durch eine während des Einsteigens sich ereignende Explosion, dann ist die Haftpflicht nach dem AG. gegeben. Beendet ist die Beförderung mit dem Moment, in dem der Fahrgast das Fahrzeug, nachdem er am Bestimmungsort angekommen ist, verläßt, eventuell, falls das Fahrzeug schon vorher außer Betrieb gesetzt wurde schon mit diesem Zeitpunkt. Ebenso Kirchner § 8 Bem. 3 S. 92; Waldeck § 8 Bem. 3 S. 58; Krause § 8 Bem. 6 S. 93 f. Ein nach dem Aussteigen des Fahrgastes vorkommender Unfall kann unter keinen Umständen die Anwendung des § 8 Ziff. 1 rechtfertigen. Es ist insbesondere Krause a. a. O. beizupflichten, wenn er ausführt, der nach dem Aussteigen während des Zahlens des Fahrgeldes durch eine Motorexplosion verunglückte Fahrgast sei nach dem AG. schadensersatzberechtigt; denn zur Zeit des Unfalls wurde der Fahrgast nicht mehr durch das Fahrzeug befördert, das Fahrzeug diente, was dasselbe heißt, in diesem Zeitpunkt nicht mehr seiner Beförderung. Daß die Zahlung zur Erfüllung des Beförderungsvertrags gehörte, ist, wie bereits hervorgehoben, gleichgültig.

Fraglich kann die Entscheidung sein, wenn eine Fahrtunterbrechung stattfindet, wenn z. B. der Fahrgast vor Erreichung des endgültigen Zieles vorübergehend das im Betrieb bleibende Fahrzeug verläßt und nun nach Verlassen verletzt wird. Die Meinungen über die Beurteilung dieses Falles gehen auseinander. Waldeck § 8 Bem. 3 S. 58 will dem Fahrgast, der sich z. Zt. des Unfalls nicht mehr auf dem Fahrzeug befindet, auch dann, wenn er nur vorübergehend ausgestiegen ist, den Haftungsanspruch nach dem AG. gewähren; ebenso Hallbauer § 8 Bem. 4 S. 25. Dagegen erklärt Krause § 8 Bem. 6 S. 93 f. (vgl. auch Gordan § 8 Bem. 3 S. 64 und Neukirch-Rosenmeyer § 8 Bem. 3 S. 82), daß auch in solchen Fällen der § 8 Platz zu greifen habe, weil die Beförderung noch nicht beendet sei, das Fahrzeug also noch der Beförderung des Verletzten diene. Man wird der Ansicht Krauses beizutreten haben. Für sie sprechen nicht nur die von Krause hervorgehobenen Gründe, zu denen insbesondere auch der gehört, daß andernfalls auch bei zeitweiligem Stillhalten des Fahrzeugs, ohne daß der Fahrgast seinen Platz verläßt, von einer Beförderung im Sinne des § 8 nicht mehr gesprochen werden könnte, sondern es spricht für sie auch die Analogie mit dem Fall einer Verletzung der bei dem Betrieb tätigen Personen. Beide Personenklassen, die durch das Fahrzeug Beförderten und die bei seinem Betrieb Tätigen sollen nach der Absicht des Gesetzgebers offenbar gleich behandelt werden; das ergibt sich daraus, daß sie unter der gleichen Ziffer des § 8 zusammengefaßt sind. Wenn nun aber der Chauffeur bei zeitweiligem Anhalten des Fahrzeugs untersucht und hiebei verunglückt, z. B. durch eine Explosion, so war er z. Zt. des Unfalls zweifellos bei dem Betrieb tätig, sodaß der Fall also nach § 8 zu beurteilen ist. Anders ist nur dann zu entscheiden, wenn bei dem zeitweiligen Anhalten der Motor völlig abgestellt wurde und der Unfall sich während dieser Abstellung ereignete. Das Fahrzeug befand sich dann nicht mehr im Betrieb (vgl. § 7 Bem. II), der verletzte Angestellte war also im Moment des Unfalls nicht bei dem Betrieb tätig und ebenso diente in diesem Augenblick das Fahrzeug nicht der Beförderung des Fahrgastes; es sollte zwar eine spätere Weiterbeförderung stattfinden, im gegebenen Zeitpunkt war aber der Beförderungsakt unterbrochen.

c) Beförderung durch das Kraftfahrzeug. Voraussetzung ist Identität des Fahrzeugs, mit dem die Beförderung erfolgt, mit dem Fahrzeug, bei dessen Betrieb der Unfall geschah. Bei Zusammenstoß mehrerer Fahrzeuge trifft § 17 zu; die Insassen des einen Fahrzeugs können also bei Vorhandensein der Voraussetzungen des § 7 gegen den Halter und Führer des anderen Fahrzeugs ihre Ansprüche geltend machen (Waldeck § 8 Bem. 6 S. 59). Der Beförderung durch das Fahrzeug steht gleich Beförderung durch einen Anhängewagen (Krause § 8 Bem. 6 S. 94; Hallbauer § 8 Bem. 3 S. 24).

4. **Bei dem Betrieb des Fahrzeugs tätige Personen.** Hierher gehören insbesondere der Chauffeur und die übrigen von dem Halter für den Betrieb des Fahrzeugs angestellten Personen, z. B. Omnibusschaffner, Kontrolleur, auch ein Hilfsmonteur, der nicht selbst lenkt, sondern nur Hilfsdienste leistet. Aber nicht nur Angestellte des Halters, sondern auch solche Personen, die, ohne Angestellte zu sein, im Auftrag des Halters oder vielleicht auch ohne Auftrag, z. B zum Zweck freiwilliger Hilfeleistung tätig werden, fallen unter § 8. Voraussetzung ist aber, daß sie bei dem Betrieb des Fahrzeugs tätig waren, und zwar zur Zeit des Unfalls. Der bereits abgelöste Schaffner

oder Wagenführer, der auf dem Halteplatz durch eine Explosion des Fahrzeugs verletzt wird, war nicht mehr bei dem Betrieb tätig. Das Fahrzeug ist im Betrieb nicht nur, wenn es sich in Fahrtbewegung befindet, sondern bereits von dem Moment an, wo die Maschine zwecks Antritt einer Fahrt in Gang gesetzt ist (vgl. über den Begriff des Betriebs § 7 Bem. II). Wer also von diesem Moment an an dem Fahrzeug tätig wird, fällt unter § 8; also gehören hierher nicht bloß die Personen, deren Beruf in dem Mitfahren besteht, wie Schaffner, Kontrolleur, sondern auch z. B. Personen, die den angekurbelten Wagen noch einmal vor Fahrtbeginn untersuchen.

Der Begriff des Tätigseins bei dem Betrieb erfordert also nicht ein Befinden auf oder in dem Automobil. Wer den ohne Abstellung des Motors zum Stehen gebrachten Wagen auf kurze Zeit verläßt, um nach einem von ihm vermuteten Defekte zu suchen, und während dieser Untersuchung durch eine Explosion oder dadurch verletzt wird, daß der Wagen infolge Versagens seiner Verrichtungen von selbst sich wieder in Bewegung setzt, war auch bei dem Betrieb tätig, denn seine Tätigkeit diente dem Betrieb. Dagegen wird § 8 Ziff. 2 nicht einschlagen, wenn sich der Führer, um mit Erlaubnis des Halters ein ihn selbst betreffendes Geschäft zu erledigen, unter Abgabe der Leitung des Fahrzeugs an einen sachkundigen Fahrgast in ein benachbartes Haus begeben hat und beim Wiederherauskommen von dem Fahrzeug, dessen interimistischer Leiter hin- und hergefahren ist, erfaßt und verletzt wird. Hier ist der Führer nicht anders zu behandeln wie jeder Passant (so Hallbauer Sächs. Arch. 4, 470). Ebenso fallen nicht unter Ziff. 2 solche Personen, die nach Fahrtunterbrechung mit völliger Abstellung des Motors an dem Wagen eine Reparatur vornehmen; wenn also z. B. ein Automobilfahrer unter Unterbrechung der Fahrt eine Reparatur bei einem Mechaniker vornehmen läßt und hierbei der Mechaniker verletzt wird, so hat er keinen Anspruch nach dem AG.

Von dem Betrieb zu unterscheiden sind die Handlungen, die nur dazu dienen, das Fahrzeug betriebsfertig zu machen und zu einer Fahrt bereit zu stellen (Vorbereitungshandlungen für eine Fahrt) und ebenso die nach Beendigung der Betriebs an dem Fahrzeug vorgenommenen, zur Reinigung, Wiederinstandsetzung und Reparatur erforderlichen Arbeiten. In solchen Betriebspausen sich ereignende Unfälle fallen nicht unter § 8. Es ist dabei bedeutungslos, ob der in einer Betriebspause Verletzte vorher während des Betriebs an dem Fahrzeug tätig war;

denn Voraussetzung für Anwendung des § 8 ist Tätigsein bei dem Betrieb zur Zeit des Unfalls. Das Fahrzeug, bei dessen Betrieb der Verletzte tätig war, muß (vgl. oben Bem. II, 3c) identisch sein mit dem Fahrzeug, bei dessen Betrieb der Unfall sich zutrug. Bei Zusammenstoß mehrerer Kraftfahrzeuge findet § 17 Anwendung.

5. **Durch das Fahrzeug beförderte Sachen** (vgl. auch oben Bem. II, 2). Bei ihrer Beschädigung gilt das Gleiche, was oben Bem. II, 3a ausgeführt wurde. Es ist gleichgültig, ob sie mit Wissen und Willen des Eigentümers durch das Fahrzeug befördert wurden, oder ob die Beförderung ohne, vielleicht sogar gegen seinen Willen geschah. Auch wenn die Sache gestohlen war und von dem Dieb mit dem Fahrzeug weiter befördert wurde, ist § 8 Ziff. 1 gegeben. Werden Sachen eines bei dem Betrieb Beschäftigten anläßlich dieser Beschäftigung beschädigt, dann greift eine Haftung nach § 7 nicht Platz (Neukirch-Rosenmeyer § 8 Anm. 4 S. 83). Es wäre doch unlogisch, wenn der bei dem Betrieb Beschäftigte für die erlittene Körperverletzung keinen Anspruch nach dem AG. erheben könnte, wohl aber für den dabei gehabten Sachschaden, z. B. die Beschädigung seiner Kleider.

III. **Zu Ziffer 2.**

1. Die Ausnahme der Ziffer 2 kommt nur solchen Fahrzeugen zugute, die nur zur Beförderung von Lasten dienen, d. h., die nach ihrem Bau ausschließlich zur Beförderung von Lasten bestimmt sind. Die Anwesenheit des Führers hebt selbstverständlich diese Eigenschaft nicht auf, und ebenso ist die Anwesenheit anderer Personen auf dem Fahrzeug gleichgültig, sofern diese nicht zwecks Beförderung ihrer Person, sondern zum Zweck der Beförderung, zum Auf- und Abladen der Güter, also als Transportbegleiter des Ladeguts mitfahren. Ebenso erfährt der Charakter eines Fahrzeugs als Lastautomobil dadurch keine Veränderung, daß das für die Personenbeförderung nicht bestimmte und hierfür nicht eingerichtete Fahrzeug ausnahmsweise einmal zur Beförderung von Personen benützt wird. Es kommt auf die regelmäßige Zweckbestimmung an. Dagegen fallen Personenfahrzeuge selbst dann nicht unter Ziff. 2, wenn sie nur die in Ziff. 2 bestimmte Maximalgeschwindigkeit besitzen sollten und in einem Einzelfall nur der Beförderung von Lasten dienten. Und ebenso findet § 8 Ziff. 2 keine Anwendung auf die Fahrzeuge, die nicht lediglich zur Beförderung

von Lasten, sondern daneben auch zum Personentransport bestimmt sind, z. B. Automobile der Feuerwehr, gleichzeitig als Paket- und Personenpost dienende Postwägen. So übereinstimmend sämtliche Kommentare; a. M. nur Damm § 8 Bem. 8 S. 83, der auch ein nur in einem Einzelfall eine Person beförderndes Lastfahrzeug von dem Haftungsprivileg des § 8 Ziff. 2 ausnehmen will.

2. Weitere Voraussetzung für die Anwendung des § 8 Ziff. 2 ist, daß die Fahrzeuge auf ebener Bahn eine auf 20 Kilometer begrenzte Geschwindigkeit in der Stunde nicht übersteigen können. Nur solche Fahrzeuge fallen also unter Ziff. 2, die vermöge ihres Baues und ihrer Konstruktion gar nicht in der Lage sind, eine größere Fahrgeschwindigkeit auf ebener Bahn anzunehmen. Nicht die Durchschnittsleistung des Fahrzeugs ist maßgebend, sondern das Fahrzeug muß, und zwar ohne Rücksicht darauf ob es beladen ist oder nicht, unter normalen Verhältnissen auf ebener Erde mehr als 20 km pro Stunde nicht erreichen können. Der Umstand, daß ein Fahrzeug, das an sich zu einer höheren Geschwindigkeit geeignet ist, zur Zeit des Unfalls aus anderen Gründen, z. B. wegen eines Motordefektes, nicht mehr als 20 km fahren konnte, genügt zur Anwendung der Ziffer 2 nicht Umgekehrt wird die Anwendung der Ziffer 2 dadurch nicht ausgeschlossen, daß das nach seinem Bau zu einer höheren Geschwindigkeit nicht fähige Fahrzeug zur Zeil des Unfalls infolge anderer Umstände, z. B. weil es sich auf abschüssiger Bahn bewegte, oder weil es von einem Orkan vorwärts getrieben wurde, rascher als 20 km fuhr.

Der Entwurf hatte als weitere Voraussetzung der Ziffer 2 verlangt, daß das Fahrzeug auf diese Maximalgeschwindigkeit „amtlich geprüft sei". Diese Worte sind im Gesetz weggelassen worden. Die amtliche Prüfung oder gar die Anbringung einer entsprechenden amtlichen Bescheinigung an dem Fahrzeug, wie sie nach dem § 5 des österreichischen Gesetzes verlangt wird, sind also nicht Bedingung für Anwendung der Ziffer 2 (a. M. nur Schmid-Wagner § 8 Bem. 8 S. 180). Vielmehr genießt auch ein nicht amtlich geprüftes Fahrzeug das Haftungsprivileg, sofern der Halter nachweist, daß es nach seinen technischen Einrichtungen nicht rascher als 20 km fahren kann. Die Bundesrats-Verordnung von 1910 hat die Führung eines besonderen Kennzeichens für die in § 8 Ziffer 2 genannten

Fahrzeuge nicht angeordnet. Selbst wenn eine spätere Verordnung die Führung eines solchen Kennzeichens anordnen sollte, würde die Unterlassung der Führung den Verlust des Haftungsprivilegs noch nicht zur Folge haben; es könnte also recht wohl ein Führer nach § 23 AG. strafbar sein, ohne daß dies auf seine Befreiung von der Haftpflicht gemäß § 8 Ziff. 2 einen Einfluß hätte.

3. Die Bestimmung der Ziffer 2 hat nun zur Folge, daß bei Unfällen, die durch Fahrzeuge der in Ziffer 2 bezeichneten Art herbeigeführt wurden, eine Haftung nach dem AG. nicht gegeben ist. Selbstverständlich wird dadurch eine Haftung nach §§ 823 696 nicht ausgeschlossen und ebenso ist es klar, daß die Bestimmungen des ersten und dritten Teils des AG. auf die in Rede stehenden Fahrzeuge Anwendung zu finden haben. Es ist also auch für die hier genannten Lastautomobile die durch § 1 AG. eingeführte Zulassung nötig und es kann auch die strafrechtliche Verfolgung des Halters oder Führers Platz greifen, wenn der Führer das vorgeschriebene Führerzeugnis nicht bei sich führt, oder wenn eine nicht von der zuständigen Behörde zugelassene Person das Fahrzeug führt (§ 24 AG.) oder wenn an dem Kennzeichen eine unter § 25 AG. fallende Handlung vorgenommen wird.

4. Das Gesetz spricht in Ziffer 2 von einem „durch ein Fahrzeug" verursachten Unfall. Die Fassung entspricht der früheren Fassung des § 7. Es ist aber unbedenklich anzunehmen, daß die Worte nichts anderes bedeuten, als was § 7 jetzt durch die Worte „bei dem Betrieb eines Kraftfahrzeuges" ausdrückt.

IV. **Beweislast.** Es ist nicht Sache des einen Haftpflichtanspruch geltend machenden Verletzten, nachzuweisen, daß die Haftausschließungsgründe des § 8 nicht vorliegen. Vielmehr hat umgekehrt der in Anspruch genommene Haftpflichtige nachzuweisen, daß die verletzte Person oder die beschädigte Sache unter § 8 Ziffer 1 fällt oder daß der Unfall beim Betrieb eines Kraftfahrzeugs von der in Ziffer 2 erwähnten Beschaffenheit sich zugetragen hat. In der für jedes Fahrzeug auszustellenden Zulässigkeitsbescheinigung sind zwar die Art der Kraftquelle und die Pferdestärken der Maschine anzugeben, nicht aber die Maximalgeschwindigkeit des Fahrzeugs. Selbst wenn in der Zulässigkeitsbescheinigung oder in dem nach § 5 Abs. 2 BV. bei dem Antrag um Zulassung vorzulegenden

Gutachten eine Angabe über die mögliche Maximalgeschwindigkeit enthalten sein sollte, kann der Hinweis auf diese Urkunden zur Erbringung des nach § 8 Ziffer 2 verlangten Beweises nicht genügen, weil die Möglichkeit besteht, daß der Fahrzeughalter nach Zulassung an dem Fahrzeug eine Änderung vorgenommen hat.

§ 9.

Hat bei der Entstehung des Schadens ein Verschulden des Verletzten mitgewirkt, so finden die Vorschriften des § 254 des Bürgerlichen Gesetzbuchs mit der Maßgabe Anwendung, daß im Falle der Beschädigung einer Sache das Verschulden desjenigen, welcher die tatsächliche Gewalt über die Sache ausübt, dem Verschulden des Verletzten gleichsteht.

Entw. II § 3; Begr. S. 14, KommB. S. 20.

I. **Vorbemerkung:**

Die Motive zu dem Gesetzentwurf enthalten zur Begründung des § 9 folgende Ausführungen:

„Das BGB. stellt bei den allgemeinen Vorschriften über den Schadensersatz im § 254 den Grundsatz auf, daß, wenn bei Entstehung eines Schadens ein Verschulden des Verletzten mitgewirkt hat, die Verpflichtung zum Ersatze sowie der Umfang des zu leistenden Ersatzes von den Umständen, insbesondere davon abhängt, inwieweit der Schaden, vorwiegend von dem einen oder dem anderen Teile verursacht worden ist. Diese Bestimmung muß auch gegenüber der besonderen Ersatzpflicht, die der Entwurf einführt, zur Anwendung kommen. Die Vorschrift des § 3 (jetzt § 9) setzt dies außer Zweifel: sie gibt zugleich für den Fall, daß wegen Sachbeschädigung Ersatz zu leisten ist, der Bestimmung eine erweiterte Anwendung. Hier wird ein bei der Entstehung des Schadens mitwirkendes Verschulden oft nicht dem Verletzten selbst, sondern einem Angestellten oder sonstigen Vertreter zur Last fallen, in dessen Obhut sich die Sache befand. Ob dieser Fall schon durch die Vorschrift des § 254 BGB. gedeckt wird, ist bestritten; bei der praktischen Bedeutung der Frage empfiehlt es sich, sie für den Bereich des Entwurfs besonders zu regeln. Gegenüber der verschärften Haftpflicht des Automobilhalters kann überhaupt das Verschulden des Inhabers der Sache billigerweise nicht unberücksichtigt bleiben und der Entwurf bestimmt deshalb, daß ein solches Verschulden dem eigenen Verschulden des Verletzten im Sinne des § 254

BGB. gleichsteht. Die Bestimmung schließt sich dem Vorgang einer größeren Anzahl von Landesgesetzen an, welche die Haftpflicht der Eisenbahnen mit der gleichen Maßgabe auf Sachschäden ausdehnen".

Auch ohne die ausdrückliche Vorschrift des § 9 würde man in Übereinstimmung mit der von Theorie (Planck BGB. § 254 Anm. 1) und Praxis (RG. 24. 11. 02 RGZ. 53, 75; RG. 28. 5. 06 JW. 06, 459; RG. 9. 11. 03 RGZ. 56, 154) für das Haftpflichtgesetz vertretenen Ansicht dazu gekommen sein, den § 254 BGB. auch für die Haftpflicht aus dem AG. anzuwenden.

II. **Voraussetzung** für Anwendung des § 9 AG. ist ein **mitwirkendes Verschulden des Verletzten bei der Entstehung des Schadens.**

1. **Verschulden:** Schuldhaft ist eine Handlung, die vorsätzlich auf Herbeiführung oder Vergrößerung des Schadens gerichtet war oder bei der der Beschädigte diejenige Sorgfalt unterlassen hat, die nach der Auffassung des Verkehrs ein ordentlicher Mensch einzuwenden hat, um Schaden von sich abzuwenden oder zu vermindern. Dabei darf nach der Regel des Lebens erwartet werden, daß der Beschädigte nicht nur nicht positiv mitwirkt zur Herbeiführung des ihn schädigenden Erfolgs, sondern daß er auch alles unterläßt, was diesen Erfolg fördern kann, ja daß er nach Treu und Glauben alle Vorkehrungen trifft, die geeignet sind, den Schaden noch nach Möglichkeit abzuwenden bezw. dessen Umfang zu begrenzen.

Das Gesetz gibt für die Frage, ob eine Handlung oder Unterlassung fahrlässig ist, einen abstrakten Maßstab: die im Verkehr erforderliche Sorgfalt.

Das Maß ist genommen von dem durch den Verkehr bedingten Verhalten der Allgemeinheit, und gefordert wird die Sorgfalt, die im gesunden normalen Verkehr allgemein für erforderlich und genügend gehalten wird. Damit ist zwar die Berufung auf übliche Mißbräuche ausgeschlossen, aber da sich die im Verkehr übliche Sorgfalt in der Regel mit der erforderlichen decken wird, ist insoweit die Berufung auf die Üblichkeit beachtlich, als sie dem normalen Verkehr entspricht (RG. 11. 5. 04 JW. 04, 357, Gruchots Beitr. 48, 789; RG. 9. 4. 06 JW. 06, 351). Insofern die Anforderungen des Verkehrs den Maßstab für die anzuwendende Sorgfalt abgeben, erleidet der Begriff der Fahrlässigkeit eine doppelte Beschränkung. Einmal ist es zulässig, Gefahren zu dulden, die der Verkehr unabweislich mit sich bringt. Sodann darf die im gesunden und normalen Verkehr gewonnene Erfahrung dem einzelnen die Grundlage geben für sein Urteil über die Gefährlichkeit oder Zulässigkeit seines Verfahrens (RG. 9. 5. 03 DJZ. 03, 345; RG. 11. 5. 04 JW. 04, 356). Die Anforderung an die im Verkehr erforderliche Sorgfalt darf nicht so hoch gespannt werden, daß auch jede entfernte Möglichkeit in Betracht gezogen werden müßte (RG. 10. 10. 04 JW. 04, 572; RG. 24. 10. 04 Recht 04, Nr. 2592; OLG. Kiel 24. 1. 06 Recht 06 Nr. 305).

Grundsätzlich entscheiden bei Prüfung der Frage, ob die im Verkehr erforderliche Sorgfalt gewahrt sei, objektive Gesichtspunkte. Es kommt also, soweit nicht, wie z. B. bei Kindern unter 7 Jahren, Fehlen der Zurechnungsfähigkeit oder, wie bei Personen zwischen 7 und 18 Jahren, Mangel der erforderlichen Einsicht in Frage steht, bei sonst normalen Personen über 18 Jahren auf die individuelle Beschaffenheit, auf besondere persönliche Eigenschaften des Verletzten nicht an (Eger Haftpfl. G. 154c); insbesondere ist bei Entscheidung der Frage, ob solche Personen fahrlässig gehandelt haben, auf das Maß ihrer Einsicht und Erfahrung keine Rücksicht zu nehmen. Der Taube, der Stumme, der körperlich Gebrechliche, die als solche deliktsfähig und voll verantwortlich sind, können sich also nicht damit exkulpieren, daß sie vermöge ihres körperlichen Zustandes die erforderliche Sorgfalt nicht hätten beobachten können (RG. 11. 5. 04 JW. 04, 357; 2. 1. 05 DJZ. 05, 219, Gruchots Beitr. 49, 1108; 9. 4. 06 JW. 06, 351; 23. 5. 08 JW. 08, 494 RGZ. 68, 422).

Die Frage, welche Sorgfalt der Verkehr erfordert, kann aber nicht abstrakt, sondern nur nach Lage des Einzelfalles beantwortet werden; der aufgestellte abstrakte Maßstab schließt demnach nicht aus, daß im Einzelfall die besonderen Umstände, unter denen die Handlung oder Unterlassung erfolgte, in Rücksicht zu ziehen sind. Es ist dann die Frage dahin zu stellen, wie sich in gleicher Lage ein verständiger gewissenhafter Mensch benommen hätte, wobei aber nicht zu vergessen ist, daß es Lebenslagen gibt, wo auch ein solcher Mann gehindert ist, allseitig seiner Pflichten sich bewußt zu bleiben und auf deren Erfüllung bedacht zu sein (RG. 14. 12. 00 JW. 01, 40; RG. 11. 5. 04 JW. 04, 357; RG. 25. 1. 06 JW. 06, 160; 30. 5. 06 JW. 06, 459).

Man würde fehlgehen, wenn man bei den oben erwähnten Personenklassen (Tauben, Stummen, körperlich Gebrechlichen) zu ihrer Entlastung den Nachweis genügen lassen wollte, daß sie die von einem normalen, d. h. von einem körperlich intakten Menschen zu verlangende Sorgfalt auch ihrerseits beobachtet hätten. Nicht wie sich der normale, körperlich gesunde und kräftige Mensch zu verhalten hätte, ist maßgebend, sondern was ein vorsichtiger Mann unter Berücksichtigung der konkreten Sachlage, also im gegebenen Falle auch unter Berücksichtigung seines körperlichen Zustandes, seines Alters, zu tun hatte, um den billigen Anforderungen des normalen und gesunden Verkehrs gerecht zu werden. Danach kann aber nicht zweifelhaft sein, daß z. B. ein körperlich gebrechlicher oder schwerhöriger Mann, der vor einem Kraftfahrzeug die Straße zu kreuzen sucht, schon möglicherweise fahrlässig handelt, während das gleiche Verhalten bei einem rüstigen Individuum gegen die erforderliche Sorgfalt nicht verstößt (RG. 22. 6. 03 EisenbE. 20, 179; 30. 1. 05 JW. 05, 170; RG. 1. 2. 07 EisenbE. 24, 36; OLG. Hamburg 4. 11. 04 OLG. 10, 158). Auf der anderen Seite werden Leute, die kraft ihres Berufes mit den besonderen, durch den Straßen- und Fuhrwerksverkehr gegebenen Gefahren seit langem vertraut und diese Gefahren gewohnt sind, ohne sich einer Fahrlässigkeit schuldig zu machen, noch manches tun können, was ein anderer mit den Verkehrsverhältnissen weniger vertrauter Mensch nicht tun dürfte; nicht etwa deshalb, weil sie infolge Gewöhnung an die Gefahr den Maßstab für die erforderliche Sorgfalt verloren haben, sondern weil sie durch diese Gewöhnung den Gefahren kaltblütiger gegenüber stehen und deshalb rascher ruhigeren Blutes das zur Abwendung Nötige tun können. Es kommen hier insbesondere Schutzleute, Straßenreiniger u. a. in Betracht, die infolge ihres Berufs ihren Platz mitten im Straßengetriebe haben und ihren Beruf gar nicht erfüllen könnten, wenn sie mit der gleichen Ängstlichkeit und Vorsicht wie der gewöhnliche Passant zu Werke gehen wollten (Eger, Haftpfl. S. 155 f.; Gordan § 9 Bem. 2 S. 68; Kirchner § 9 Bem. II, 8 S. 106; ROHG. 17. 1. 76 Bd. 19, 294; ROHG. 25. 6. 77 Bd. 22, 313).

Verschulden setzt nicht ein Verhalten des Beschädigten voraus, das gegenüber irgend einem anderen eine vertragliche oder außervertragliche Rechtswidrigkeit enthält; es genügt vielmehr, wenn der Beschädigte das Maß von Aufmerksamkeit und Sorgfalt nicht betätigt hat, das nach Lage der Sache zur Wahrnehmung seiner eigenen Interessen geboten war. Ebenso genügt z. B. Übernahme einer Aufgabe, der man nicht gewachsen ist (RG. 2. 10. 02 JW. 02 Beil. 270; RG. 10. 3. 03 JW. 03 Beil. 67; OLG. Marienwerder 13. 10. 03 Jur. Mon.-Schr. f. Posen 04, 93).

Das Verschulden setzt begriffsmäßig zwar nicht Geschäftsfähigkeit, wohl aber Deliktsfähigkeit voraus. Eine Handlung des Beschädigten, die dieser im Zustande der Bewußtlosigkeit oder in einem die freie Willensbestimmung ausschließenden Zustande krankhafter Störung der Geistestätigkeit vorgenommen hat, ist daher keine schuldhafte im Sinne des § 9. Ebenso müssen § 827 Abs. 2 und § 828 BGB. Anwendung finden (RG. 3. 3. 86 Gruchots Beitr. 30, 864; RG. 11. 5. 03 RGZ. 54, 407; 7. 12. 05 JW. 06, 55; 29. 1. 06 JW. 06, 192; 18. 6. 08 JW. 08, 522). Hat sich also jemand durch geistige Getränke oder ähnliche Mittel in einen vorübergehenden Zustand der Bewußtlosigkeit oder der Willensunfreiheit versetzt, so ist er in gleicher Weise, wie wenn ihm Fahrlässigkeit zur Last fiele, verantwortlich; es sei denn, daß er ohne sein Verschulden in den Zustand geraten ist (RG. 3. 3. 86 Bolze 2 Nr. 378 EisenbE. 5, 142; RG. 3. 3. 05 JW. 05, 229). Kinder unter 7 Jahren sind von jeder Verantwortung frei (RG. 11. 5. 03 RGZ. 54, 407 JW. 03 Beil. 90; 7. 12. 05 JW. 06, 55 Gruchots Beitr. 50, 1139; 29. 1. 06 Recht 06 Nr. 1042, JW. 06, 192; 18. 6. 08 JW. 08, 522; OLG. Colmar 3. 1. 07 EisenbE. 25, 3). Personen zwischen 7 und 18 Jahren und Taubstumme sind verantwortlich, wenn sie die zur Erkenntnis der Verantwortlichkeit erforderliche Einsicht besessen haben (RG. 5. 5. 02 RGZ. 51, 275; 10. 4. 03 EisenbE. 20, 71; 1. 11. 04 RGZ. 59, 221; 12. 10. 03 JW. 03 Beil. 122; 7. 12. 05 JW. 06, 55, EisenbE. 22, 302; 27. 5. 08 EisenbE. 25, 76). Da es sich hier nicht um eine Schädigung Dritter, sondern um eine Selbstbeschädigung der Kinder handelt, wird sich die im Gesetze verlangte Einsicht zur Erkenntnis der Verantwortlichkeit mit der Einsicht in die Erkenntnis von der Gefährlichkeit der fraglichen Handlung im allgemeinen decken (RG. 31. 5. 06 JW 06, 472); doch muß sich der Verletzte immerhin nicht bloß der Gefährlichkeit seines Tuns, sondern auch dessen bewußt gewesen sein, daß er für die schädlichen Folgen daraus in irgend einer Weise einstehen müsse (RG. 30. 10. 07 Recht 07 Nr. 3772). Soferne Mitverschulden eines Kindes über 7 Jahre in Frage kommt, ist zwar nicht bei der Prüfung, ob ein Verschulden vorliegt, wohl aber bei Bemessung des Grades des Verschuldens auf das jugendliche Alter und die individuellen Verhältnisse der kindlichen Einsicht und Erfahrung Rücksicht zu nehmen (RG. 30. 4. 03 JW. 03 Beil. 76; 28. 5. 03 JW. 03, Beil. S. 101; 27. 5. 08 Recht 08 Nr. 2628; RG. 23. 5. 08 RGZ. 68, 423, JW. 08 S. 494; 18. 10. 09 Gruchot Beitr. 54, 622). Läßt ein normaler zwölfjähriger Knabe bei seinem Spiele auf verkehrsreicher Straße die ihm zuzumutende Vorsicht gegen erkennbare Gefahren außer acht, so trifft ihn Verschulden (RG. 23.5. 03 Recht 03 Nr. 2630). Dagegen hat das RG. 25. 1. 08 Recht 08 Nr. 1085 in einem Falle, wo ein 10jähriges Mädchen von einem es verfolgenden Knaben bedroht, blindlings gegen ein Kraftfahrzeug anlief, das Vorliegen eines Verschuldens verneint. Doch kann der letztere Fall möglicherweise unter § 7 Abs. 2 Satz 2 fallen (vgl. auch unten Bem. IV 1 c).

Bezüglich betrunkener Personen ist bereits hervorgehoben, daß selbstverschuldete Trunkenheit niemals als Entschuldigungsgrund dienen kann. Zur Anwendung des § 9 genügt aber nicht schon der bloße Nachweis, daß der Verletzte zur Zeit des Unfalls betrunken gewesen sei; es muß weiter dargetan sein, daß der Betrunkene gegen die im Verkehr erforderliche Sorgfalt verstoßen und dadurch zur Herbeiführung des Unfalls beigetragen habe (RG. 27. 2. 02 JW. 02 Beil. S. 212, EisenbE. 19, 50). Eine Verursachung des Schadens durch einen verunglückten Betrunkenen ist dann nicht anzunehmen, wenn auch ein Nüchterner hätte verunglücken können (RG. 27. 2. 02 JW. 02, 212). Wenn ein Fußgänger infolge Betrunkenheit unter ein auf hellerleuchteter Straße in gerader Richtung und mit gewöhnlicher Geschwindigkeit fahrendes Automobil gerät, so wird darin ein Verschulden und zwar ein grobes Verschulden zu finden sein (RG. 21. 5. 08 Recht 08 Nr. 2543; RG. 8. 10. 08 JW. 08, 678).

§ 829 BGB. (Ersatzpflicht der nach §§ 827, 828 nicht Verantwortlichen) kommt für den Fall des § 254 BGB. nicht in Betracht, weil es sich hier um eine singuläre Vorschrift handelt, deren analoge Anwendung nicht zulässig ist (RG. 12. 10. 03 JW. 03 Beil. 122; 1. 11. 04 RGZ. 59, 222; a. M. Neukirch-Rosenmeyer § 9 Bem. 7 S. 90).

Man ist für die Auslegung des § 254 BGB. darüber einig, daß der Verletzer ein Verschulden nicht begangen zu haben braucht, daß also auch dann, wenn es sich um eine Gefährdehaftung handelt, wenn eine Eisenbahn, ein Kraftwagen, ein Tierhalter den Schaden angerichtet hat, die Ausgleichung nach § 254 BGB. zu erfolgen hat. Dagegen ist es anderseits mit Rücksicht auf die

Fassung des Gesetzes, das von einem Verschulden des Beschädigten spricht, streitig gewesen, ob der Verletzte in den erwähnten Fällen einer ihn treffenden Gefährdehaftung sich die Anrechnung gefallen lassen muß oder ob er ein Verschulden begangen haben muß. Es hat sich aber immer mehr die Ansicht Bahn gebrochen (vgl. RG. 19. 10. 05 JW. 05, 734; RG. 11. 11. 07 JW. 08, 40, RGZ. 67, 120), daß die Entscheidung in dem ersteren Sinne zu treffen sei. Mit vollem Recht; denn es ist schlechterdings nicht abzusehen, weshalb der Tierhalter, der für Schäden, die das Luxustier anrichtet, ohne Verschulden haftet, nicht auch ohne Verschulden zur Ausgleichung verpflichtet sein soll, wenn das Tier seinerseits beschädigt worden ist. In allen Fällen der Kausalhaftung, also wenn die Eisenbahn, ein Kraftwagen, ein Luxustier beschädigt worden ist, wird die Rechtsstellung des Eigentümers dessen, was beschädigt ist, nach § 254 BGB. vom Gericht gewürdigt und daraufhin geprüft, ob eine Anrechnung vorzunehmen ist. Nicht anders liegt die Frage da, wo die Gefährdehaftung sich auf die Umkehrung der Beweislast beschränkt. Also auch der Bauer, dem ein Ochse auf dem Acker durch die Schuld eines Dritten oder hier durch ein Kraftfahrzeug verletzt worden ist, muß sich die Anrechnung nach § 254 BGB. gefallen lassen; doch kann er die Anrechnung ausschließen durch den Nachweis, daß er mit Sorgfalt sein Tier beaufsichtigt hat. Vgl. § 17 AG. Bem. III 1 d; Neukirch-Rosenmeyer § 17 Anm. 2 S. 190; Dungs in Gruchots Beitr. 54, 546.

2. Ein **mitwirkendes Verschulden** des Verletzten muß vorliegen. Das Verschulden des Verletzten muß also kausal gewesen sein. Wäre der Unfall auch ohne Verschulden des Verletzten geradeso eingetreten, dann ist eine Kausalität nicht gegeben; deshalb z. B. keine Verursachung des Unfalls durch eigenes Verschulden des betrunken gewesenen Verletzten, wenn bei der mangelhaften Beleuchtung auch ein nüchterner Mensch unter das Fahrzeug hätte geraten können (RG. 27. 2. 02 JW 02 Beil. 212). Aber die schuldhafte Handlung des Verletzten darf nicht die alleinige Ursache für den eingetretenen Schaden gewesen sein, sondern sie muß nur zu dem Schadenseintritt mitgewirkt haben. Der Eintritt des Schadens muß also weiter auch im Kausalzusammenhang stehen mit dem zum Schadensersatz verpflichtenden Verhalten des Schädigers. Liegt zwar ein zum Schadensersatz verpflichtender Umstand auf Seite des Fahrzeughalters vor, hat derselbe aber infolge des Dazwischentretens einer schuldhaften Handlung des Beschädigten den Scha-

den nicht wirklich herbeigeführt, ist dieser vielmehr lediglich als Folge der Handlung des Beschädigten anzusehen, dann findet § 9 keine Anwendung. Kausalität und mitwirkendes Verschulden sind streng auseinanderzuhalten. Selbst ein mitwirkendes grobes Verschulden des Verletzten schließt nicht ohne weiteres die Kausalität der Handlung dessen aus, der eine wesentliche Bedingung zu dem schädigenden Ereignis gesetzt hat (RG. 11. 2. 09 EisenbE. 26, 43).

In diesem Zusammenhang ist auch das **Verhältnis des § 9 zu §§ 7 Abs. 2 und § 17 zu erörtern** (vgl. § 7 Bem. VIII). Auch § 7 räumt dem Verhalten des Verletzten einen Einfluß auf die Haftpflicht des Fahrzeughalters ein und zwar jedem Verhalten des Verletzten, nicht etwa bloß dem schuldhaften Verhalten. Ist nämlich der Unfall auf das Verhalten des Verletzten zurückzuführen und kann der Haftpflichtige, der diesen Nachweis zu führen hat, weiter dartun, daß sowohl der Halter als der Führer des Fahrzeugs jede nach den Umständen des Falles gebotene Sorgfalt beobachtet hat, dann entfällt die Haftpflicht vollständig. Kann der Haftpflichtige diesen Nachweis bezüglich der Beobachtung aller Sorgfalt nicht erbringen und stellt sich das Verhalten des Verletzten nicht als schuldhaft dar, dann trifft den Fahrzeughalter allein die Haftpflicht in Gemäßheit des § 7; eine Anwendung des § 9 ist nur möglich, wenn das Verhalten des Verletzten schuldhaft war. Aber auch dann, wenn dem Ersatzpflichtigen der ihm nach § 7 Abs. 2 Satz 2 am Ende obliegende Sorgfaltsbeweis gelingt, wenn aber neben dem nicht schuldhaften Verhalten des Verletzten noch ein anderes Ereignis bei der Herbeiführung des Unfalls mitgewirkt hat, das als unabwendbar im Sinne des § 7 Abs. 2 Satz 1 nicht anzusehen ist, z. B. ein Fehler in der Beschaffenheit des Fahrzeugs oder ein Versagen seiner Verrichtungen, ist der Fahrzeughalter allein haftpflichtig; eine Verteilung des Schadens nach § 9 AG. wäre nur möglich, wenn ein Verschulden des Verletzten nachzuweisen wäre. **Gordan** § 9 Bem. 2 S. 66 führt als Beispiel an, „ein Trunkener bleibt plötzlich vor dem herannahenden Kraftfahrzeug mitten auf der Straße stehen. Der Führer des Fahrzeugs wendete zwar alle Sorgfalt an, um das Fahrzeug vorbeizulenken, im entscheidenden Moment funktioniert aber die Lenkvorrichtung nicht und der Betrunkene wird überfahren". Die Unterstellung dieses Falles unter § 7 (ausschließliche Haftung des Führers) ist natürlich nur richtig, wenn das Verhalten des Trunkenen nicht schuldhaft war. Wer sich freiwillig in den Zustand der Trunkenheit versetzt und in diesem Zustand eine nach den Umständen des Falls pflichtwidrige Handlung vornimmt, handelt aber schuldhaft (RG. 3. 3. 05 JW. 05, 229), sodaß der § 9 auf ihn Anwendung findet. Zweifelhaft hätte die Entscheidung über die Haftpflicht in den Fällen sein können, wo dem Fahrzeughalter ein Tierhalter, ein Eisenbahnunternehmer oder ein zweiter Fahrzeughalter als Ersatzberechtigter gegenüber steht; hier greift § 17 ein, der unter Anlehnung an § 254 BGB. eine entsprechende Verteilung des Schadens ermöglicht.

3. Bei der **Entstehung des Schadens** muß das Verschulden des Beschädigten mitgewirkt haben. Entstanden ist aber der Schaden nicht immer schon mit der schädigenden Handlung (vgl. § 7 Bem. IV). Seine Entstehung beginnt allerdings frühestens mit der schädigenden Handlung, aber beendigt ist die Entstehung erst dann, wenn die Folgen der schädigenden Handlung abgeschlossen sind. Unter Entstehung des Schadens ist also die Entwickelung des Schadens von seinem ersten Auftreten an zu verstehen. Es ist deshalb an sich gleichgültig, ob das Verschulden des Verletzten bei Vornahme der schädigenden Handlung oder Unterlassung selbst, bei der Entstehung ihrer ersten oder bei der Entstehung jeder weiteren schädlichen Folge mitgewirkt hat, wenn nur ein ursächlicher Zusammenhang zwischen der schädigenden Handlung des Verletzten und den schädlichen Folgen besteht (S c h o l l m e y e r, BGB. § 254 S. 41 f.). Das Verschulden des Verletzten kann also sowohl zeitlich vor dem Unfall liegen und den Eintritt des Unfalls mit herbeiführen; es kann aber auch dem Unfall nachfolgen und nur den Eintritt und die Höhe der Schadensfolgen beeinflussen. Das zeitlich vor dem Unfall liegende Verschulden kann möglicherweise nicht unter § 9, sondern unter § 7 fallen, dagegen kann das dem Unfall nachfolgende Verschulden nur unter § 9 fallen (vgl. K r a u s e § 9 Bem. 2 S. 99).

4. Um ein Verschulden **des Verletzten** muß es sich handeln, also um ein Verschulden der Person, die bei dem Unfall an ihrem Körper oder an ihrer Gesundheit geschädigt oder deren Sachen bei dem Unfall beschädigt wurden. Im Fall einer Tötung gelten als Verletzte aber auch die in § 10 Abs. 2 AG. aufgeführten Personen, denen durch den Unfall das Recht auf Unterhalt entzogen wurde; im Fall einer Tötung kann also der Anspruch der in § 10 Abs. 2 genannten Personen nicht nur dann

ganz oder teilweise wegfallen, wenn dem Getöteten selbst ein mitwirkendes Verschulden, sei es bei Herbeiführung des Unfalls oder bei Nichtbeseitigung seiner Folgen, zur Last fällt, sondern ebenso dann, wenn ein konkurrierendes Verschulden des Unterhaltsberechtigten in Mitte liegt. Hat also der Unterhaltsberechtigte den Unfall durch sein schuldhaftes Verhalten selbst mit herbeigeführt oder hat er durch sein schuldhaftes Verhalten nach dem Unfall z. B. durch Vernachlässigung der ihm gegenüber dem Verletzten obliegenden Sorgepflicht dazu beigetragen, daß die Verletzung einen tötlichen Ausgang nahm, dann findet § 9 AG. Anwendung (RG. 18. 5. 03 RGZ. 55, 24, 32; 18. 3. 07 RGZ. 65, 313; Hallbauer § 7 Bem. 18 S. 18; vgl. unten § 10 Bem. V 1).

§ 254 Abs. 2 Satz 2 bestimmt weiter, daß die Vorschrift des § 278 BGB. entsprechende Anwendung finde. § 278 BGB. lautet:

> Der Schuldner hat ein Verschulden seines gesetzlichen Vertreters und der Personen, deren er sich zur Erfüllung seiner Verbindlichkeit bedient, in gleichem Umfange zu vertreten wie eigenes Verschulden."

Es herrscht nun in Rechtsprechung und Literatur völliges Einverständnis darüber, daß § 278 BGB. im Falle eines mitwirkenden Verschuldens stets dann Anwendung findet, wenn zwischen den Beteiligten bereits ein Vertrags- oder ein sonstiges Schuldverhältnis besteht. Aber auch in den Fällen außervertraglicher Schadenszufügung geht die fast einstimmige Ansicht dahin, daß jedenfalls von der Begehung der schadenstiftenden Handlung an der Geschädigte für das Verschulden seiner Angestellten oder Vertreter einzustehen habe (RG. 17. 1. 08 Recht 08 Nr. 945, OLG. Naumburg 10. 2. 09 Recht 09 Nr. 803).

Das RG. 29. 1. 06 RGZ. 62, 346 sagt in dieser Beziehung: „Durch die unerlaubte Handlung treten Schädiger und Verletzter zueinander in gewisse Rechtsbeziehungen; es ist auf der einen Seite ein Gläubiger-, auf der anderen Seite ein Schuldverhältnis, wenn der Schaden schon eingetreten ist, bereits entstanden, wenn er noch droht, doch im Entstehen begriffen und aus diesem ursächlich begründeten Gläubigerverhältnis können nach den Grundsätzen von Treu und Glauben gewisse Diligenzpflichten gegen den anderen Teil für den Beschädigten abgeleitet werden, die in ausdrücklicher positiver Bestimmung hinsichtlich der Abwendung und Minderung des Schadens das Gesetz in Abs. 2 des § 254 BGB. dem Beschädigten dem Schädiger gegenüber auferlegt. Insoweit es sich daher um die Abwendung eines aus der bereits verursachten unerlaubten Handlung drohenden oder um die Minderung eines daraus schon entstandenen Schadens handelt, stellen die bezeichneten Diligenzpflichten nach § 254 Abs. 2 BGB. sich als Verpflichtungen gegenüber der Person des Schädigers im Sinne des § 278 BGB. dar, die dessen entsprechende Anwendung auch außerhalb des Gebietes der rechtsgeschäftlichen Verbindlichkeiten gestatten und rechtfertigen." Dagegen ist die Anwendbarkeit des § 278 BGB. streitig für die Fälle, wo ein solches Schuldverhältnis die Parteien noch nicht verknüpft, wo es sich also um das Verschulden des Gehilfen handelt, das nur zur Entstehung des Schadens (§ 254 Abs. 1 BGB.) mitgewirkt hat. Während Planck, BGB. § 254 Anm. 5, Oertmann, Recht der Schuldverhältnisse S. 46, Przibilla in JW. 09 S. 179 und die weiter dort S. 180 Nr. 1 angeführten Schriftsteller, ebenso OLG. Kiel 9. 4. 10 SeuffA. 65 Nr. 158, Dungs in Gruchots Beitr. 54, 547, auch für diese Fälle den § 278 BGB. angewendet wissen wollen, hat das RG. 11. 5. 03 RGZ. 54, 407; 26. 9. 03 RGZ. 55, 316; 29. 1. 06 RGZ. 62, 346, die Anwendbarkeit des § 278 für diese Fälle verneint, weil § 278 BGB. die Haftung eines Schuldners für das Verschulden seines gesetzlichen Vertreters und seiner Hilfspersonen nur dann begründe, wenn diese in Erfüllung einer Verbindlichkeit gefehlt haben, also ein bestehendes Schuldverhältnis voraussetze und diese Voraussetzung auch für die in § 254 Abs. 2 BGB. vorgesehene entsprechende Anwendung des § 278 verlangt werden müsse.

Die von Przibilla a. a. O. S. 181 ff. gemachten Ausführungen lassen m. E. die Ansicht des Reichsgerichts als unzutreffend erscheinen und zwingen zu dem Schluß, daß der Geschäftsherr auch dann sich den Einwand aus § 254 BGB. gefallen lassen muß, wenn nicht ihm selbst, wohl aber seinem gesetzlichen Vertreter oder seinen Hilfspersonen ein mitwirkendes Verschulden zur Last fällt, gleich gültig, ob vor, bei oder nach Begehung der unerlaubten Handlung. Die gleiche Ansicht vertreten für das AG. Neukirch-Rosenmeyer § 9 Bem. 7c, Waldeck § 9 Bem. 11, letzterer unter dem Hinweis darauf, daß nach § 7 Abs. 2 das Verhalten eines Dritten unter Umständen die Haftpflicht des Fahrzeughalters gänzlich in Wegfall bringen kann und daß umsomehr das Verschulden eines von dem Beschädigten beigezogenen Gehilfen eine Minderung der Haftung des Schädigers herbeiführen müsse.

Es kann also gegenüber dem Anspruch eines verletzten Kindes der Halter sich darauf berufen, daß der gesetzliche Vertreter durch mangelnde Beaufsichtigung des Kindes zu dem Unfall selbst schuldhaft mitgewirkt habe (a. M. RG. 19. 1. 03 RGZ. 53, 312; 4. 2. 04 JW. 04, 183; RG. 18. 12. 05 Recht 06 Nr. 421).

Als gesetzlicher Vertreter im Sinne des § 278 kommt der Inhaber der elterlichen Gewalt (§§ 1626, 1630 ff. BGB.), der Vormund (§§ 1773, 1793, 1896) und der Pfleger (§ 1909) in Betracht. Die der Mutter im inneren Verhältnis zum Kinde obliegende Sorge für die Person des Kindes begründet nicht ein nach außen wirkendes Vertretungsverhältnis (RG 29. 1. 06 RGZ. 62, 350).

Dem gesetzlichen Vertreter stehen gleich die Personen, deren sich der Verletzte zur Erfüllung seiner Verbindlichkeiten bediente. Ein „Sichbedienen" liegt nach RG. 5. 10. 03 RGZ. 55, 332; 28. 11. 05 RGZ. 62, 106 (118) schon dann vor, wenn die Person vom Beschädigten mit der Wahrnehmung der Angelegenheit, in welcher der Schaden eintrat, betraut war.

Abweichend von der hier vertretenen Absicht folgen Krause § 9 Bem. 4 und 10; Kirchner § 9 Bem. V, 3 S. 123 f.; Gordan § 9 Bem. 2 S. 72, 73; Hallbauer § 7 Bem. 17 S. 18; Schmid-Wagner § 9 S. 186 der Ansicht des Reichsgerichts.

Soweit es sich um Sachschäden handelt, hat das Gesetz die Streitfrage, ob das Verschulden des Vertreters dem des Verletzten gleich zu achten sei, zum Teil entschieden durch den Schlußsatz des § 9, wonach im Falle der Beschädigung einer Sache das Verschulden desjenigen, welcher die tatsächliche Gewalt über die Sache ausübt, dem Verschulden des Verletzten gleichsteht. Wird also z. B. ein Fuhrwerk durch Verschulden des Kutschers, der schläft oder nach der falschen Seite ausweicht oder ein Stück Vieh infolge Verschuldens des Hirten durch einen Zusammenstoß mit einem Kraftfahrzeug beschädigt, so kann die Haftung des Fahrzeughalters nach § 9 eine Minderung erfahren. Der Begriff der tatsächlichen Gewalt über die Sache setzt ein Auftrags- oder sonstiges Vertrauensverhältnis nicht voraus; der Gewalthaber braucht nicht Bote, Vertreter oder Bevollmächtigter zu sein, es genügt die rein tatsächliche Gewalt; der Begriff ist derselbe wie in § 854 BGB.; er erfordert also nur, daß der Gewalthaber imstande ist, Dritte von seinem Machtbereich auszuschließen. Eine körperliche Berührung ist dazu nicht erforderlich; auch der hat die tatsächliche Gewalt, der die Möglichkeit hat, jederzeit auf die Sache einzuwirken (vgl. Staudinger BGB. § 854 Anm. I, 1c). Auch ein Verschulden des Diebes der beschädigten Sache kann deshalb den Entschädigungsanspruch des Eigentümers mindern. Da auch derjenige die tatsächliche Gewalt ausübt, der die Erlaubnis hat, eine Sache von der ihm zugänglichen Lagerstelle abzuholen oder der eine Sache mit einem Zeichen als ihm gehörig versehen hat, so ist, wenn vielleicht die mit der Obhut betraute dritte Person ein Verschulden nicht trifft, wohl aber den Gewalthaber, dessen Verschulden erheblich (Neukirch-Rosenmeyer § 9 Bem. 16).

III. **Verteilungsmaßstab.** Nach dem Wortlaute des § 254 BGB. soll bei Verteilung des Schadens der Richter allerdings ganz besonders darauf Gewicht legen, in welchem Maße die Handlungsweise des einen und des anderen Teiles für den Umfang des Schadens bestimmend gewesen ist; also das Kausalverhältnis und nicht das Verschulden soll vorzugsweise den Verteilungsmaßstab geben (RG. 12. 2. 03 RGZ. 53, 399; RG. 14. 2. 03 RGZ. 54, 13; 30. 4. 03 Gruchots Beitr. 47 923; 7. 3. 05, JW. 05, 283, EisenbE. 22, 60). Doch ist dem Richter auch die Berücksichtigung aller übrigen Umstände des besonderen Falles zur Pflicht gemacht; er soll auf Grund eines freien, aber billigen und alle Umstände des Einzelfalles berücksichtigenden Ermessens einen sachgemäßen Ausgleich treffen (RG. 27. 6. 05 JW. 05, 490). Danach kann also auch das Verschulden des Verletzten für den Umfang des zu leistenden Ersatzes von Bedeutung sein (RG. 2. 4. 03 JW. 03, 67; 3. 6. 07 EisenbE. 24, 69) und ebenso hat der Richter, wenn sich auf beiden Seiten Verschulden gegenüberstehen, diese gegeneinander abzuwägen (RG. 28. 2. 08 JW. 08, 299, RGZ. 69. 59; RG. 26. 11. 08 JW. 09, 47, EisenbE. 25, 313; 21. 5. 09 Soergel Rspr. 09, 92 Nr. 3). § 9 findet also grundsätzlich auch Anwendung, wenn dem einen Teile Vorsatz, dem anderen nur Fahrlässigkeit zur Last fällt. Allerdings wird ein lediglich es Versehen des einen Teils gegenüber dem Vorsatz des anderen regelmäßig nicht ins Gewicht fallen (RG. 2. 11. 07 Recht 08 Nr. 301; 28. 10. 07 Recht 07 Nr. 3771; 17. 10. 08 RGZ. 69, 277, JW. 08, 715).

Natürlich ist eine Teilung der Schadensersatzpflicht auch dann zulässig, wenn einem mitwirkenden Verschulden des Verletzten nur die allgemeine, dem Betrieb an sich anhaftende Gefährlichkeit gegenüber steht.

Die Ursächlichkeit der allgemeinen Gefährlichkeit des Betriebs einerseits und eines eigenen Verschulden des Verletzten andererseits müssen dann gegeneinander abgewogen werden (RG. 28. 6. 06 Recht 06, Nr. 3236), sodaß insbesondere bei nur sehr geringem Verschulden des Verletzten diesem bezw. seinen Hinterbliebenen wenigstens ein Teil des Schadensersatzes zuzusprechen ist, auch wenn auf der anderen Seite gar kein Verschulden im Spiele ist (RG. 2. 2. 03; JW. 03 Beil. S. 45; 12. 2. 03 RGZ. 53, 394, EisenbE. 20, 51; 2. 11. 03 Seuff A. 59, Nr. 123; 9. 11. 03 JW. 03, Beil. 136, EisenbE. 20, 263, RGZ. 56, 154; 3. 12. 03 JW. 04, 88; 25. 2. 07 Recht 07 Nr. 859; 23. 2. 05 JW. 05, 229; 11. 6. 03 JW. 03 Beil. 92).

Ist aber in einem konkreten Falle die Betriebsgefährlichkeit eine über das gewöhnliche Maß hinaus gesteigerte gewesen, so ist dieser Umstand zugunsten des Verletzten noch besonders in die Wagschale zu legen (RG. 17. 10. 07 Recht 07 Nr. 3623)

Die Betriebsgefahr der Kraftfahrzeuge liegt hauptsächlich in folgenden Punkten: in erster Linie in der erhöhten Geschwindigkeit, infolge deren die Zahl der Überholungen und Begegnungen mit anderen Benützern der Straße erheblich größer ist und es den letzteren oft schwer fällt, ihr Verhalten dem überraschend herannahenden Automobil gegenüber zweckmäßig einzurichten, dann in dem verwickelten Mechanismus des Fahrzeugs, bei dem geringe Fehler in der Beschaffenheit oder Zusammensetzung der einzelnen Teile, kleine Störungen in der Funktion die Leitung der Maschine unmöglich machen können, in der Verwendung explosiver Betriebsstoffe, in dem mit dem Betrieb verbundenen Geräusch und Geruch, der häufig Scheuen der Zugtiere anderer Fuhrwerke zur Folge hat. Diese Betriebsgefahr kann eine Steigerung erfahren, wenn der Betrieb zur Nachtzeit oder in verkehrsreichen unübersichtlichen oder durch elementare Ereignisse (Regengüsse) schwer passierbar gemachten Straßen vor sich geht.

Zur Versagung jedes Entschädigungsanspruches ist dagegen dann zu gelangen, wenn das schuldvolle Verhalten des Verletzten in dem Maße die Ursache des Unfalls gewesen ist, daß die durch den Betrieb des Kraftfahrzeugs gegebene Gefahr ihm gegenüber ganz zurücktritt (RG. 24. 9. 03 JW. 03 Beil. S. 143). Doch wäre die Annahme unzutreffend, daß der Fahrzeughalter **nur** dann von der Haftung frei werde, wenn ein derartiges, die Betriebsgefahr völlig in den Hintergrund drängendes überwiegendes Verschulden des Verletzten vorliegt. Vielmehr wird auch in der Regel dann, wenn neben der gewöhnlichen Betriebsgefahr ein grobes Verschulden des Verletzten mitgewirkt hat, die Haftpflicht des Fahrzeughalters ganz auszuschließen sein (RG. 11. 6. 03 EisenbE. 20, 175; 5. 7. 05 JW. 05, 498; 23. 9. 07 EisenbE. 24, 260; 21. 5. 08 EisenbE. 25, 165; RG. 2. 7. 08 JW. 08, 552, EisenbE. 25, 188; 19. 10. 05 JW. 05, 717; 8. 7. 07 Soergel Rspr. 07 S. 102 Ziff. 17, EisenbE. 24, 174).

Das Verhalten des Beschädigten ist dabei nicht bloß nach dem, was sich hinterher bei kühler Überlegung der wirklichen Sachlage als das richtige ergibt, sondern vom Standpunkte der zur Zeit des Unfalls gegebenen Situation des Beschädigten und seiner Auffassung hiervon zu beurteilen (RG. 2. 3. 05 Recht 09 Nr. 827).

Über die Frage wann ein Verschulden des Halters oder Führers anzunehmen ist, vgl. § 16 Bem. III.

IV. **Einzelfälle eines mitwirkenden Verschuldens** (vgl. auch § 7 Bem. III).

1. Den Unfall herbeiführendes Verschulden: Die in § 8 Ziffer 1 aufgeführten Personenklassen scheiden aus; es kommt also nur das übrige die Straßen benützende Publikum in Betracht. Je stärker sich der Straßenverkehr entwickelt, desto höhere Ansprüche müssen auch nicht bloß an die Sorgfalt der Kraftfahrzeughalter, sondern ebenso auch an die Sorgfalt der Fußgänger und Geschirrführer gestellt werden (RG. 27. 10. 04 JW. 05, 14). Während also auf stillen Landstraßen oder in Ortschaften mit geringem Verkehr, wo keine Gefahr besteht, die Aufwendung außerordentlicher Vorsicht in der Regel nicht notwendig ist, ist solche besondere Sorgfalt unbedingt geboten in verkehrsreichen Straßen.

a) Benützung des Fahrdamms. Darin, daß ein Fußgänger auf der Mitte der Landstraße geht und nicht den neben herführenden Fußweg benützt, kann ein Verschulden nicht ohne weiteres gefunden werden. Ebenso wenig handelt der Radfahrer fahrlässig, der auf dem Fahrdamm selbst, statt auf dem Straßenbankett fährt. Der Lenker eines Automobils, der auf dem Fahrdamm einen Fußgänger oder Radfahrer sieht, muß sich also danach richten (RG. 23. 4. 08 JW. 08, 405; 29. 6. 08 Soergel Rspr. 08, 92 Nr. 18; 4. 2. 09 SeuffA. 64, Nr. 130). Dagegen wird ein Verschulden unter Umständen darin liegen, daß jemand nicht auf der Landstraße, sondern in verkehrsreichen Straßen einer Stadt ohne Grund die Fahrbahn anstatt des Bürgersteiges benützt oder die Beseitigung eines Verkehrshindernisses auf dem Straßendamm, anstatt auf dem Bürgersteig oder an einer anderen gesicherten Stelle abwartet (RG. 29. 6. 08 Warneyer Jahrb. E. Bd. 08 S. 480 Z. 606). Unterläßt ein bejahrter, nicht mehr ganz rüstiger oder etwas schwerhöriger Fußgänger die genügende Achtsamkeit auf das Nachkommen eines Motors, der Führer des letzteren aber die wiederholte Abgabe von Warnungssignalen, so trifft beide die Schuld an dem Unfall (RG. 7. 12. 08 JW. 09 47, EisenbE. 25, 318; vgl. RG. 22. 6. 03 JW. 03 Beil. S. 92). Auch den Fuhrwerksführer, der auf einer Straße mit regem Wagenverkehr einige Schritte von seinem Fuhrwerk seitwärts nach dem übrigen Teil der Fahrbahn macht, ohne sich vorher nach etwa herannahendem Fuhrwerk umzusehen und der hierbei von einem Kraftfahrzeug erfaßt wird, trifft eigenes Verschulden. Fahrlässig ist auch die Benützung der falschen Seite einer öffentlichen Straße durch einen Radfahrer (OLG. Hamburg 14. 1. 01 EisenbE. 18, 206; vgl. unten Bem. IV, 1h).

b) Überschreiten des Fahrdamms. Jeder Fußgänger auf der Straße hat, namentlich in der Dunkelheit, die Pflicht, sein Augenmerk auf Fahrzeuge, deren Nahen er hört, zu richten, damit er ihnen beim Überschreiten des Fahrdamms in der geeigneten Weise ausweicht. In der gänzlichen Unterlassung des Umschauens liegt ein Verschulden, gegen das die Betriebsgefahr des Kraftfahrzeugs wesentlich oder völlig zurücktritt (RG. 11. 4. 06 JW. 06, 350, EisenbE. 23, 55; vgl. RG 30. 1. 05 JW. 05, 170 EisenbE. 22, 38).

Wer bei Überschreiten der Straße oder beim Einbiegen aus einer Straße in eine andere jedes Umsehen nach etwa herannahenden Kraftfahrzeugen unterläßt, handelt regelmäßig schuldhaft (RG. 22. 1. 03 EisenbE. 20, 134; 30 .4. 03 JW, 03 Beil. S. 76; RG. 11. 7. 07 Recht 07 Nr. 2514; 3. 6. 07 Recht 07 Nr. 1786; 23. 5. 08 Recht 08 Nr. 2458; 23. 4. 08 Recht 08 Nr. 2131; 1. 7. 09 Recht 09 Nr. 2543). Wer also infolge völliger Sorglosigkeit unter ein auf hellerleuchteter übersichtlicher Straße in gerader Richtung und mit mäßiger Schnelligkeit herankommendes Automobil gerät, wird den Schaden selbst zu tragen haben (RG. 21. 5. 08 Recht 08 Nr. 2543; RG. 8. 2. 09 EisenbE. 26, 41). Doch kann das eigene Verschulden, das darin liegt, daß der beim Überschreiten eines Fahrdamms durch Überfahren Verletzte sich nicht genügend nach herankommenden

Fahrzeugen umgesehen hat, zu einem Teil als entschuldbar gelten, wenn der starke Straßenverkehr dem bejahrten Verletzten die Vermeidung der Gefahr erschwert hat (RG. 10. 12. 08; Soergel Rspr. 09, 899 Ziff. 34).

Fahrlässig handelt auch, wer in einer kurzen Entfernung noch vor einem schnell herankommenden Kraftfahrzeug vorüberzukommen sucht. Selbst bei Kindern im Alter von 10 Jahren wird man in solchen Fällen annehmen dürfen, daß sie die zur Erkenntnis der Verantwortlichkeit ihrer Handlung erforderliche Einsicht besitzen (RG. 19. 3. 00 JW. 00, 396; 2. 4. 00 EisenbE. 17, 237; 27. 10. 04 JW. 04, 43; 26. 9. 07 EisenbE. 24, 265; RG. 10. 2. 08 Recht 08 Nr. 1147 EisenbE. 24, 395, RG. 10. 10. 07 Recht 07 Nr. 3457 EisenbE. 24, 269). Hat der Verletzte allerdings nach dem gewöhnlichen Verlaufe der Dinge und unter Beobachtung der im Verkehr erforderlichen Sorgfalt mit Rücksicht auf die Entfernung des Fahrzeugs erwarten dürfen, daß er ohne Gefahr die Straße noch überschreiten könne und ist er hieran nur dadurch gehindert worden, daß er durch einen ihn erschreckenden Zuruf verwirrt gemacht und dadurch zu Bewegungen veranlaßt wurde, die ihn dem Kraftfahrzeug zu nahe brachten, so ist sein Verschulden zum mindesten ein geringeres anzusehen (RG. 10. 10. 07 EisenbE. 24. 269). Dazu kommt noch, daß der Passant anders wie bei Straßenbahnen bei einem Kraftfahrzeug auch erwarten kann und darf, daß das nicht an Schienen gebundene Fahrzeug auch seinerseits durch rechtzeitiges Ausweichen der Gefahr eines Zusammenstoßes vorbeugen werde. Außerdem darf der Fußgänger auch erwarten, daß der Führer eines Kraftfahrzeugs die vorgeschriebenen Warnungssignale rechtzeitig abgibt (RG. 2. 11. 99 EisenbE. 16, 333; RG. 28. 3. 04 JW. 04, 288; 11. 7. 07 Recht 07 Nr. 2514; 14. 10. 07 DJZ. 07, 1323; RG. 5. 1. 05 JW. 05, 119; OLG. Cöln 13. 2. 08 EisenbE. 25, 47). Bei einem Radfahrer wird der Versuch, vor einem Automobil noch die Straße zu kreuzen, mit Rücksicht auf die ihm mögliche Schnelligkeit nicht in gleichem Grade fahrlässig sein (RG. 4. 1. 09 EisenbE. 25, 394).

Über die Frage, inwieweit ein Passant beim Kreuzen einer Fahrstraße vorher Umschau zu halten hat, vgl. auch § 16 Bem. III, 1a, *e*.

Besondere Vorsicht ist von dem zu verlangen, der hinter einem die freie Aussicht auf die Straße versperrenden Hindernis (Lastwagen usw.) die Fahrbahn betritt (LG. Hamburg 18. 3 98 EisenbE. 15, 304; OLG. Hamburg 18. 3. 98 EisenbE.

26, 19; RG. 15. 3. 00 EisenbE. 17, 228; RG. 22. 6. 03 EisenbE. 10, 179; 14. 4. 04 Gruchots Beitr. 48, 374 EisenbE. 21, 66; 3. 7. 05 JW. 05, 490).

c) Rettungshandlungen (vgl. § 7 Bem. III). Nicht immer und unbedingt handelt der, der sich bewußtermaßen einer Gefahr aussetzt, hierdurch schuldhaft unvorsichtig; nach den Umständen kann solche Handlung geboten oder doch entschuldbar sein (RG. 16. 1. 02 JW. 02, 136; RG. 7. 4. 04; JW. 04, 288; RG. 31. 1. 05 JW. 05, 170). So stellt das auf freier Willensbestimmung des Geschädigten beruhende Eingreifen, wenngleich erst dadurch in letzter Linie der schädliche Erfolg herbeigeführt ist, kein Verschulden dar, wenn es in Erfüllung einer rechtlichen oder sittlichen Pflicht zum Schutze anderer, zur Abwendung gemeiner Gefahr geschah (RG. 21. 3. 92 RGZ. 29, 120, Bolze 14 Nr. 129, SeuffA. 48 Nr. 92; RG. 5. 5. 04; JW. 04, 356). Doch schließt der Umstand, daß der Verletzte zur Rettung anderer bedrohter Personen handelt, nicht aus, daß er bei Abwendung der Gefahr unvorsichtig gehandelt hat, sodaß die Anwendung des § 9 gleichwohl in Frage kommen kann (RG. 9. 11. 08 Recht 09 Nr. 2228).

Wer einem anderen das Leben zu retten versucht, darf nicht auf Gefahr des Haftpflichtigen ohne jede Vorsicht und Überlegung und ohne jede Aussicht auf Erfolg handeln. Wer sich selbst in Lebensgefahr begibt, um andere zu retten, handelt nur dann ohne Verschulden, wenn er nach den Umständen des Falles annehmen durfte, sein Vorhaben werde von Erfolg begleitet sein, und nur beim Vorliegen solcher Umstände kann von Erfüllung einer sittlichen Pflicht die Rede sein (RG. 16. 10. 07 Gruchots Beitr. 52, 699, JW. 07, 673, EisenbE. 24, 179). Doch darf man bei Prüfung der Frage, ob der Retter unvorsichtig handelte, nicht außer acht lassen, daß es sich in solchen Fällen gewöhnlich um das Fassen eines raschen Entschlusses handelt und daß dem Retter zu längerer kalter Überlegung keine Zeit bleibt. Nur, wenn er die auch nach dieser konkreten Sachlage mögliche Vorsicht außer acht ließ, handelt der Retter fahrlässig. In Betracht zu ziehen ist dabei natürlich auch das Gut, zu dessen Rettung jemand tätig greift. Ein Eingreifen, das nicht nur entschuldbar, sondern sogar sittlich geboten ist, wenn es sich um Rettung eines Menschen handelte, kann schuldhaft sein, wenn nur der Verlust einer Sache, eines Tieres dadurch abgewendet werden soll (RG. 28. 12. 99 EisenbE. 17, 210; RG. 16. 9. 07 JW. 07, 673).

d) Benützen zum Scheuen neigender Zugtiere. Das OLG. München 29. 3. 09 SeuffBl. 75, 222 und schon früher das RG. 20. 9. 06 JW. 06, 682; 11. 12. 05 RGZ. 62, 145, JW. 06, 54, EisenbE. 22, 385; 29. 4. 07 JW. 07, 369; 23. 12. 07 EisenbE. 24, 289, ebenso bezüglich eines Reiters RG. 17. 2. 99 JW. 99, 185 haben entschieden, daß in der Benützung von nicht an Kraftfahrzeugen gewöhnten Pferden auf öffentlichen Straßen ein mitwirkendes Verschulden nicht erblickt werden könne. Es scheint mir fraglich, ob dieser Grundsatz in dieser Allgemeinheit richtig ist. Nachdem einmal das Kraftfahrzeug als gleichberechtigtes Fuhrwerk anerkannt ist, kann man verlangen, daß die Pferde, zum mindesten in Orten, wo ein größerer Kraftfahrzeugverkehr vorhanden ist, an diese Kraftfahrzeuge gewöhnt werden. Wie Isaac S. 187 ausführt, ist in der österreichischen Sachverständigenberatung zum Haftpflichtentwurf anerkannt worden, daß ein solches Gewöhnen der Pferde leicht möglich ist. Auch in Frankreich darf nach Isaac a. a. O. ein Tier, das vor einem Kraftfahrzeug scheut, als Zugtier nicht verwendet werden. Wer also in größeren Städten oder Orten, wo regelmäßig ein größerer Automobilverkehr herrscht, Pferde verwendet, die überhaupt oder insbesondere vor Kraftfahrzeugen leicht scheuen, wird sich dem Einwand des mitwirkenden Verschuldens nicht entziehen können, er wird diesem Einwand auch nicht immer begegnen können durch den Nachweis, daß er bei der Annäherung des Fahrzeugs besondere Vorsichtsmaßregeln ergriffen habe, z. B. abgestiegen sei und das Pferd gehalten habe. Fahrlässig handelt insbesondere auch der Fuhrmann, der mit seinen zum Scheuen neigenden Pferden gerade eine von den Kraftfahrzeugen viel befahrene Straße fährt, obwohl ihm andere, nicht so belebte Wege zur Verfügung standen (RG. 28. 10. 07 EisenbE. 24, 278).

e) Unvorsichtiges Handeln in Bestürzung. Ein im Momente der Gefahr aus mangelnder Geistesgegenwart beobachtetes sachwidriges Verhalten kann nicht als Schuld angerechnet werden RG. 14. 11. 01 JW. 02, 31, EisenbE. 18, 336; 9. 1. 02 RGZ. 50, 92, EisenbE. 19, 18; 30. 4. 03 JW. 03 Beil. 76; 25. 1. 06 JW. 06, 160; 5. 12. 07 Recht 08 Nr. 22; 23. 4. 08 Recht 08 Nr. 2131). Wer also durch plötzliche Signale eines rasch fahrenden Automobils oder durch das dicht hinter ihm abgegebene Hupenzeichen erschreckt nach der falschen Seite ausbiegt, handelt nicht schuldhaft (RG. 21. 3. 01 RGZ.

48, 343; 9, 1. 02 RGZ. 50, 92, JW. 02, 236; 4. 1. 08 JW. 08, 106). Das gilt aber nicht von dem, der durch sein Verschulden die Gefahr erst herbeigeführt hat (RG. 4. 4. 99 JW. 99, 310; 22. 1. 03 EisenbE. 20, 134; 5, 12. 07 Recht 08 Nr. 22; 30. 1. 05 EisenbE. 22, 38). Der Verletzte muß so gehandelt haben, wie ein verständiger Mensch bei gleicher Lage gehandelt haben würde. Bestand die Gefahr infolge abnormer krankhafter Ängstlichkeit des Verletzten nur in seiner Einbildung, oder waren seine Abwehrmaßregeln verkehrt, so ist eine Haftpflicht des Halters nicht gegeben (RG. 11. 4. 06 JW. 06, 349; 25. 3. 07 JW. 07, 307; 9. 12. 07 JW. 08, 41).

f) Verschulden an die Gefahr gewöhnter Personen (vgl. hierzu oben Bem. II 1). Bei der Prüfung in welchem Maße ein Verschulden anzunehmen ist, sind auch die subjektiven Momente wie Abstumpfung durch Gewöhnung an eine Gefahr zu berücksichtigen (RG. 15. 11. 09 Recht 10, Nr. 34).

g) Die Nichtbeachtung von Warnungssignalen ist schuldhaft, wenn der Verletzte, ohne sich umzusehen, weiter ging, obwohl er nach Lage der Sache annehmen mußte, daß die Zeichen ihm gelten (RG. 28. 3. 04 JW. 04, 288). Dagegen liegt ein Verschulden nicht vor, wenn entweder der Dritte aus Bestürzung oder aus Mangel an Zeit trotz Hörens des Zeichens sich nicht mehr in Sicherheit bringen konnte oder wenn er aus entschuldbarem Irrtum annahm, das Zeichen gelte nicht ihm (ROHG. 10. 9. 73 ROHG. 10. 416).

h) Nichtbefolgung von Polizeivorschriften, insbesondere über den Straßenverkehr, hat in der Regel als Verschulden zu gelten, z. B. Benützung der falschen Straßenseite durch einen Radfahrer (vgl. oben Bem. IV, 1a). Kommt jemand bei Übertretung dieser Vorschriften zu Schaden, so spricht die Vermutung dafür, daß die Übertretung für den eingetretenen Schaden kausal gewesen ist. Doch können besondere Umstände vorliegen, die die Nichtbefolgung der Vorschriften ausnahmsweise entschuldigen. Den Beweis für das Vorliegen solcher Umstände hat der Verletzte zu führen. Das Vorliegen eines Verschuldens ist z. B. dann zu verneinen, wenn der Verletzte nachweist, daß er infolge eines entschuldbaren, nicht als Verabsäumung der Pflicht zur Aufmerksamkeit zu erachtenden Irrtums die Beobachtung der Vorschrift unterlassen hat (RG. 13. 11. 99 JW. 99, 834, SeuffA. 55 Nr. 77, EisenbE. 16, 340). Ein Verschulden kann ferner dann verneint werden, wenn das Verbot von den mit der Handhabung desselben betrauten Personen tatsächlich nicht gehandhabt wurde (RG. 20. 10. 83 JW. 84, 10; RG. 26. 6. 03 Recht 03 Nr. 2224).

2. Zeitlich nach dem Unfall liegendes Verschulden. Über die Operationspflicht des Verletzten vgl. § 10 Bem. I 6. Ob eine Verpflichtung des Verletzten zur Abwendung eines drohenden Schadens besteht und wie weit sie geht, insbesondere ob dem Beschädigten Aufwendungen zu dem Zwecke zuzumuten sind, darüber ist, ebenso wie über das Maß des sich aus ihrer Vernachlässigung ergebenden Verschuldens, unter Berücksichtigung der Umstände des Falls nach Maßgabe der Anschauungen eines gesunden Verkehrs und im Hinblick darauf zu befinden, was ein redlicher und verständiger Mensch in der betreffenden Lage tun würde (RG. 6. 11. 09 Recht 10 Nr. 30; RG. 24. 10. 02 RGZ. 52, 351). In der Regel ist es danach Pflicht des Verletzten, der einen anderen schadensersatzpflichtig macht, bei Vermeidung des Vorwurfes eines eigenen Verschuldens regelmäßig in der gleichen Weise auf Wiederherstellung oder Besserung seiner Gesundheit Bedacht zu nehmen, als wenn er nicht in der Lage wäre, den Schaden auf einen anderen abzuwälzen. Deshalb ist der Verletzte auch regelmäßig verpflichtet, sich behufs Wiedererlangung der Erwerbsfähigkeit einem geeigneten Heilverfahren zu unterziehen. Ein Beschädigter, der sich ohne Grund der Heilung widersetzt oder sonst schuldbarer Weise der Heilungserfolg vereitelt, kann insoweit Entschädigung nicht beanspruchen; hat sich aber der Beschädigte gleich nach dem Unfall längere Zeit ärztlich behandeln lassen und sich dann in eine Anstalt zur Pflege begeben, so ist das geschehen, was in solchen Fällen zu geschehen pflegt und es trifft den Beschädigten nicht der Vorwurf, Maßregeln versäumt zu haben, die nach den Umständen zu seiner Heilung geboten gewesen sind (RG. 15. 4. 07 EisenbE. 23, 402; RG. 26. 3. 08 JW. 08, 329; vgl. RG. 13. 2. 05 RGZ. 60, 147, JW. 05, 201).

Läßt eine Verletzung die Inanspruchnahme ärztlicher Hilfe als geboten erscheinen, so hat der Verletzte der Verpflichtung, auf möglichste Minderung des Schadens bedacht zu sein, in der Regel damit genügt, daß er einen Arzt, der durch die staatliche Prüfung seine Befähigung zum ärztlichen Beruf dargetan hat, hinzugezogen und dessen Anordnungen befolgt hat. Dagegen erfordert die im Verkehr gebotene Sorgfalt von dem Verletzten nicht, daß er die Leistungen des Arztes und die Richtigkeit seiner Anordnungen nachprüft. Die Anordnungen des Arztes sind nicht mehr ein Teil der nach § 254 BGB. vom Verletzten geschuldeten Erfüllungsleistung; der Verletzte kann deshalb nicht aus § 278 BGB. für ein vom Arzt begangenes Versehen haftbar gemacht werden (RG. 29. 11. 09 Recht 10 Nr. 289, JW. 10, 63, RGZ. 72, 219; vgl. Krause § 9 Bem. 10 S. 110). Hat eine Verletzung mangels sofortigen ärztlichen Eingriffs sich verschlimmert, so kann ein eigenes Verschulden des Beschädigten darin, daß er nicht sofort einen Arzt beigezogen hatte dann nicht gefunden werden, wenn er anfänglich die Verletzung (Gelenkverzerrung) nur für geringfügig gehalten hat (RG. 26. 11. 08 Recht 09 Nr. 214, SeuffBl. 74, 384, Bayer. Rpflz.09, 90). In der Unterlassung eines Heilverfahrens kann nur dann ein Verschulden des Verletzten gefunden werden, wenn ihm der Nutzen des Verfahrens und daß es wahrscheinlich die Heilung erheblich fördern werde, vorgestellt oder erkennbar gewesen ist (RG. 15. 11. 09 Recht 10 Nr. 31).

Bei Entscheidung der Frage, ob die Ablehnung ärztlicher Behandlung zur Verminderung der Unfallfolgen ein eigenes Verschulden des Verletzten darstellt, sind im Einzelfall die konkreten Verhältnisse zu würdigen, wobei es hauptsächlich auf die Beschaffenheit des Leidens, die Schwere und Gefährlichkeit einer etwa erforderlichen Operation, die mehr oder minder große Sicherheit des Erfolgs ankommen wird, möglicherweise aber auch noch andere, besondere Umstände in Betracht zu ziehen sind. Über verspätete Zuziehung eines Arztes vgl. RG. 9. 12. 09 JW. 10, 65.

Wenn durch schuldhaftes Verhalten des Verletzten während des Heilungsprozesses sich die Genesung verzögert (der Verletzte verzögert z. B. die Heilung durch unerlaubten Alkoholgenuß oder sonstige Nichtbefolgung der berechtigten ärztlichen Vorschriften), dann ist der Fahrzeughalter für den dadurch entstandenen höheren Schaden nicht haftbar (RG. 17. 6. 86 EisenbE. 5, 281; RG. 26. 3. 03 JW. 08, 329; RG. 15. 4. 07 Recht 07 Nr. 1288).

Hat dagegen der Verletzte nach Reinigung und Verbindung der Wunden sich nach Hause fahren lassen, während der Arzt ihm geraten hatte, nicht nach Hause zu fahren, sondern am Orte des Unfalls ein Zimmer zu nehmen, so kann in der Nichtbefolgung dieses ärztlichen Rates nicht ohne weiteres ein Verschulden gefunden werden (RG. 19. 11. 08 Recht 09 Nr. 2230).

Der Beschädigte muß bis zuletzt, solange es überhaupt möglich ist, versuchen, den erlittenen Schaden zu beseitigen oder doch zu verkleinern. Deshalb muß bei Prüfung der Schadensabwendung auch der fernere Verlauf der Sache, die Möglichkeit oder Unmöglichkeit der Beseitigung der endgültigen Schadensfolgen in Betracht gezogen werden (RG. 16. 1. 07 Recht 07 Nr. 418).

Unter Umständen ist der Verletzte zur Verringerung des entstandenen Schadens auch verpflichtet, sich einem anderen angemessenem Beruf zuzuwenden oder an einem anderen Ort Wohnung zu nehmen (RG. 24. 9. 09 Soergel, Rspr. 09, 101 Ziff. 51; RG. 21. 12. 08 Recht 09 Nr. 428; a. M. RG. 28. 4. 86 Bolze 3 Nr. 394; vgl. § 11 Bem. VII). Dagegen ist ein Verletzter, bei dem eine Behebung oder auch nur Besserung der Unfallsfolgen nicht in Frage steht, nicht verpflichtet, lediglich um die vom Beklagten ihm zu zahlende Entschädigung herabzumindern, sein Leben statt in seiner Familie und in seiner eigenen Häuslichkeit in einer öffentlichen Anstalt zuzubringen (RG. 25. 1. 10 Recht 10 Nr. 847, SeuffA. 65 Nr. 121).

Bei Sachschäden wird allerdings eine durch Unterlassung der Ausbsserung entstandene Vergrößerung des Schadens dem Geschädigten unter Umständen nicht als Verschulden anzurechnen sein, wenn er die Ausbesserung unterließ, um sich die Beweisführung nicht zu erschweren (RG. 27. 6. 08 Recht 08 Nr. 3014 u. 3107).

Da der Verletzte verpflichtet ist, die im Verkehr erforderliche Sorgfalt anzuwenden, um den aus der Beschädigung seines Eigentums sich für ihn weiter ergebenden Schaden nach Möglichkeit abzuwenden oder zu vermindern, hat er gegebenenfalls auch durch Miete oder Kauf eines Ersatzgegenstandes die drohenden Nutzungsverluste zu mindern (RG. 7. 6. 09 RGZ. 71, 212, JW. 09, 454, DJZ. 09, 1147). Ferner ist der Geschädigte, wenn sich nach längerer ärztlicher Behandlung eines verletzten Pferdes die Unmöglichkeit einer Wiederherstellung herausstellt, verpflichtet, durch eine anderweite Verwertung des für seinen Gewerbebetrieb unverwendbar gewordenen Tieres den Eintritt weiteren Schadens abzuwenden (OLG. Hamburg 12. 1. 03, OLG. 8, 34).

V. **Prozessuales.**

1. Ebenso wie § 254 BGB. ist auch die Bestimmung des § 9 AG nicht von Amts wegen anzuwenden, sondern nur, wenn vom Ersatzpflichtigen eine dahingehende Einrede besonders vorgebracht wird (RG. 14. 4. 02 RGZ. 51, 186 (193); 14. 12. 05 JW. 06, 85; 26. 9. 03 RGZ. 55, 321; 17. 12. 04 RGZ. 59, 311; 14. 12. 05 JW. 06 S. 85; 27. 10. 08

JW. 09, 13; 29. 4. 09 LZ. 09 S. 674, OLG. Rostock 13. 7. 08, OLG. 17. 376). Doch ist nicht erforderlich, daß der Beklagte ausdrücklich eine auf § 9 gestützte Einrede vorschützt, es genügt, wenn er mit dem Antrag auf Klageabweisung zu seiner Verteidigung Tatsachen behauptet, aus denen sich ein eigenes Verschulden des Klägers ohne weiteres ergibt (RG. 18. 6. 08 JW. 08, 522).

2. Die Entscheidung darüber, ob ein konkurrierendes Verschulden des Verletzten vorliegt und in welchem Verhältnis der Schaden zu quotisieren ist, muß in der Regel im Zwischenurteil über den Grund des Anspruchs (§ 304 ZPO.) erfolgen (RG. 18. 9. 05 BayRpflZ. 05, 15; 24. 1. 07 Recht 07 Nr. 496; RG. 9. 3. 08 Recht 08 Nr. 1606; 8. 7. 08 JW. 08, 558; vgl. § 13 Bem. III, 4).

Nur ausnahmsweise darf die Einrede des Mitverschuldens noch im Verfahren über den Betrag berücksichtigt werden (RG. 23. 10. 08 Recht 08 Nr. 3862; 27. 10. 08 JW. 09, 13).

3. Beweislast. Soferne sich nicht aus der Sachlage selbst ein mitwirkendes Verschulden des Beschädigten ergibt, ist der Ersatzpflichtige, der ein solches Verschulden behauptet, darlegungs- und beweispflichtig (RG. 20. 1. 85 RGZ. 13, 9; RG. 21. 11. 07 Recht 08 Nr. 20). Wenn aber das Verhalten des Verletzten dem äußeren Hergang nach sich als ein verbotswidriges oder unvernünftiges und für den Unfall ursächliches darstellt, dann liegt es regelmäßig dem Verletzten ob, anderweite Umstände darzulegen, die zu seiner Entlastung dienen können (RG. 21. 10. 07 Recht 08 Nr. 172, EisenbE. 24, 272; 4. 11. 07 Recht 07 Nr. 3622; 23. 11. 08 Recht 09 Nr. 161). Ist also ein Hergang dargetan, dessen Gestaltung nach dem regelmäßigen Lauf der Dinge eine eigene Handlung des Verletzten als die Ursache des Unfalls und diese Handlung als schuldhafte Gefährdung des eigenen Lebens erscheinen läßt, so ist dem beklagten Fahrzeughalter nicht anzusinnen, auch noch zu behaupten und nachzuweisen, daß das aus der festgestellten Sachlage an sich erhellende eigene Verschulden des Verletzten nicht durch irgendwelche besondere Umstände ausgeschlossen werde, und es kann allein daraus, daß solche Umstände denkbar sind, nicht die Folgerung abgeleitet werden, daß der dem Fahrzeughalter obliegende Beweis nicht erbracht sei. In solchen Fällen hat vielmehr regelmäßig die klagende Partei darzutun, daß solche Umstände vorgelegen haben (RG. 9. 10. 05 JW. 05, 696; RG. 14. 5. 06 JW. 06, 437, EisenbE. 23, 66). In gleicher Weise

hat das RG., wenn der Verletzte bei dem Versuch, andere zu retten, verunglückte, erklärt:

„Hat der Fahrzeughalter einen solchen tatsächlichen Hergang des Unfalls dargetan, der nach dem äußeren Verlauf und nach der Regel des gewöhnlichen Lebens das eigene Handeln des Verletzten als die Ursache des Unfalls und dieses Handeln als schuldhafte Gefährdung des eigenen Lebens erscheinen läßt und behauptet demgegenüber der Verletzte, daß er in Erfüllung einer sittlichen Pflicht, zur Rettung anderer gehandelt habe, so ist es Sache des Verletzten, die besonderen Umstände darzutun, aus denen die Exkulpation für den Verletzten sich ergeben könnte. Es kann dem beklagten Fahrzeughalter nicht zugemutet werden, den Nachweis zu erbringen, daß bei einem Verhalten des Verunglückten, das nur unter ganz besonderen Umständen, wie wegen des zugrunde liegenden, aber äußerlich nicht erkennbaren sittlichen Beweggrundes, sich als gerechtfertigt und vernünftig erweisen könnte, derartige Momente ausgeschlossen seien" (RG. 16. 1. 02 EisenbE. 19, 24). Doch ist die in der letztgenannten Entscheidung aufgestellte Regel nicht allgemein und unbeschränkt anzuwenden; es ist eben auch hier die konkrete Sachlage zu berücksichtigen. In diesem Sinne führt das RG. 8. 6. 06 JW. 06, 481, EisenbE. 23, 73 aus:

„Es besteht keine gesetzliche Beweisregel des Inhalts, daß der dem Betriebsunternehmer obliegende Entschuldigungsbeweis schon dann erbracht sei, wenn ein Verhalten des Verletzten bewiesen werde, das nach dem gewöhnlichen Laufe der Dinge die im Verkehr übliche Sorgfalt vermissen lasse und daß, wenn dieses Verhalten ausnahmsweise durch eine das Verschulden des Verletzten ausschließende Ursache erklärt werden solle, es sich um ein von dem Gegner zu beweisendes Replikvorbringen handle. Vielmehr fallen alle Umstände des Einzelfalls, die für die Frage des Verschuldens des Verletzten in Betracht kommen können, in das Gebiet der dem Richter obliegenden freien Beweiswürdigung".

Ist der Unfall nicht aufgeklärt, insbesondere nicht klargestellt, ob und inwieweit ein eigenes Verschulden des Verletzten vorliegt, dann geht diese Ungewißheit zu Lasten des Ersatzpflichtigen (RG. 30. 5. 04 JW. 04, 406; 1. 6. 08 EisenbE. 25, 76; vgl. § 7 Bem. X). Dieser hat jedoch der ihm in dieser Hinsicht obliegenden Beweispflicht genügt, wenn die Sachlage mit höchster Wahrscheinlichkeit darauf hinweist, daß der Verletzte ohne eigenes Verschulden nicht verunglückt sein kann (RG.

1. 6. 08 JW. 08, 495, EisenbE. 25, 76; 24. 5. 09 JW. 09, 429; vgl. § 7 Bem. III, Kausalzusammenhang).

Es darf also nicht jedesmal, wenn ein Unfall nicht näher aufgeklärt werden kann, ohne weiteres der Fahrzeughalter für haftbar erklärt werden. Vielmehr ist, wenn eine hohe Wahrscheinlichkeit für einen Sachverhalt spricht, der ein Verschulden des Verletzten einschließt, dieser Sachverhalt als erwiesen anzunehmen, soferne nicht der Schluß auf ein Verschulden des Verletzten nach den besonderen Umständen des Falles nicht zutreffend ist. Werden verschiedene Hergänge als möglich festgestellt, so ist die Annahme, der Unfall sei durch ein eigenes Verschulden des Verletzten verursacht, nur dann zulässig, wenn sie für jeden der für möglich erachteten Vorgänge zutreffend ist (RG. 21. 10. 09 Recht 1910 Nr. 1678; vgl. RG. 27. 6. 07 Recht 07 Nr. 2439). Handelt es sich um das Mitverschulden eines Kindes zwischen 7 und 18 Jahren, so hat nicht der beklagte Ersatzpflichtige darzutun, daß das Kind die zur Erkenntnis der Gefährlichkeit seines Tuns erforderliche Einsicht besessen hat, vielmehr ist von dem Kind nachzuweisen, daß es diese Einsicht nicht besaß (RG. 31. 5. 06 JW. 06, 472; 20. 9. 06 JW. 06, 686; RG. 18. 6. 08 JW. 08, 522, DJZ. 08, 971).

Über die Beweislast im Falle der Nichtbenützung eines zugänglichen Heilmittels enthält das Urteil des RG. 13. 2. 05 RGZ. 60, 147, JW. 05, 201 folgende Ausführungen:

„Der Verletzte ist verpflichtet, soweit er dazu imstande ist, die zur Heilung oder Besserung seiner Krankheit nach dem Stande der medizinischen Wissenschaft sich darbietenden Mittel in dem Umfang zur Anwendung zu bringen, wie es sonst ein verständiger Mensch tun würde. Der Schädiger muß nachweisen, daß derartige Mittel dem Verletzten bekannt und von ihm anwendbar waren; der Verletzte hat dann darzulegen, welcher gerechtfertigte Grund ihn von der Anwendung des Mittels abgehalten hat“.

Vorbemerkungen zu den §§ 10, 11, 13 AG.

1. Die §§ 10, 11 und 13 stimmen wörtlich überein mit den §§ 3, 3a und 7 des Haftpflichtgesetzes, und es ist deshalb für ihre Auslegung auf die zu den letzteren Paragraphen ergangenen Rechtsprechung, sowie die hierauf bezügliche Literatur zu verweisen. Weiteres Auslegungsmaterial liefert die Rechtsprechung und Literatur zu den §§ 843, 844 BGB.

2. Natur der Ansprüche aus §§ 10 und 11 (vgl. § 10 Bem. IV, 1; V, 1; § 11 Bem. I.) Die in §§ 10 und 11

dem Verletzten bezw. seinen Unterhaltsberechtigten eingeräumten Ansprüche sind, wie das Gesetz ausdrücklich hervorhebt, Schadensersatzansprüche; eine Ersatzpflicht des Haftpflichtigen ist also nicht gegeben, wenn kein Schaden erwachsen ist (RG. 27. 11. 86 JW. 87, 4; 20. 3. 88 Bolze Bd. 5 Nr. 369; OLG. Stuttgart 27. 10. 93 EisenbE. 11, 207; RG. 9. 4. 97, EisenbE. 14, 157, JW. 97, 247, Gruchots Beitr. 42, 727). Wer also eine ihm Nutzen bringende Erwerbstätigkeit nicht ausübt und voraussichtlich nicht ausüben wird, hat keinen Ersatzanspruch nach §§ 10, 11 (vgl. § 11 Bem. IV und VII). Die nach § 13 in Rentenform zu gewährende Entschädigung hat deshalb auch nicht die rechtliche Natur einer Alimentenforderung; daran ändert auch nichts der Umstand, daß einige für Unterhaltsforderungen geltende Vorschriften nach ausdrücklicher Bestimmung des § 13 auch auf die Unfallrente Anwendung finden (RG. 23. 1. 80 RGZ. 1, 231; RG. 27. 11. 86 JW. 87, 4; RG. 3. 1. 85 Bolze 1 Nr. 608; RG. 5. 1. 86 Bolze 2 Nr. 634; OLG. Cöln 10. 3. 97 EisenbE. 14, 232; RG. 23. 1. 99 JW. 99, 168). Der Haftpflichtige übernimmt auch im Falle des § 10 Abs. 2 nicht die Alimentationspflicht, sondern nur die Pflicht zum Schadensersatz für das, was dem Ersatzberechtigten durch den Tod des Unterhaltspflichtigen entgangen ist (ROHG. 27. 9. 77, Bd. 22, 347; vgl. § 10 Bem. V, 1 und 4b).

3. Der Umfang der in §§ 10 11, 13 gewährten Ansprüche ist enger als in den Fällen der §§ 842 ff. BGB. (vgl. § 11 Bem. I; § 10 Bem. IV, 3, Bem. V am Anfang). Nach den letzteren Paragraphen erstreckt sich der Schadensersatz auf alle Nachteile, die die unerlaubte Handlung für den Erwerb und das Fortkommen des Verletzten mit sich bringt. Dagegen ist nach dem AG., abgesehen von den Heilungs- und Beerdigungskosten nur der durch Minderung oder Aufhebung der Erwerbsfähigkeit und durch Entziehung des Unterhaltsrechts der Hinterbliebenen verursachte Schaden zu ersetzen. Weitere Ansprüche, z. B. wegen körperlicher Verunstaltung, wegen Schmerzensgeldes (RG. 19. 4. 06 JW. 06 S. 377; OLG. Celle 5. 10. 05 ROL. 13 S. 15), Verringerung der Aussicht auf Verheiratung für ein verstümmeltes Frauenzimmer oder Ersatz für die dem Dienstberechtigten entgehenden Dienste des Geschädigten (§ 845 BGB.) können nach dem AG. nicht geltend gemacht werden (RG. 8. 2. 04 RGZ. 57, 52, EisenbE. 20, 347; RG. 1. 7. 09 JW. 09, 483). Zur Erhebung solcher Ansprüche ist die Möglichkeit nur dann gegeben, wenn die Voraussetzungen der

§§ 823 ff., 842 ff. BGB. vorliegen. Eine Ausnahme ist zu machen, insoweit die Verunstaltung auch die Erwerbsfähigkeit nachteilig beeinflußt, z. B. eine Kellnerin oder Verkäuferin findet wegen der Verunstaltung keine Stellung; dann ist natürlich die Möglichkeit eines Schadensersatzanspruchs nach dem AG. gegeben, soweit nicht durch einen der Verunstalteten billigerweise zuzumutenden Berufswechsel (vgl. § 11 Bem. VII) der Nachteil ausgeglichen werden kann.

4. Anwendbarkeit der Vorschriften des BGB. Das Gesetz enthält zwar keine ausdrückliche Bestimmung darüber, ob die allgemeinen Vorschriften des BGB. über Schadensersatz Anwendung zu finden haben oder nicht. Mangels eines ausdrücklichen Verbots muß aber diese Frage bejaht werden, soweit sich aus dem Gesetz nicht etwas anderes ergibt. Eine Naturalrestitution, wie sie § 249 BGB. als Regel vorsieht, ist z. B. im Gebiete des AG. zum größten Teil ausgeschlossen. Darüber, daß der Schädiger, auch wenn er Arzt ist, kein Recht hat, durch Erbieten zur freien ärztlichen Behandlung die dem Verletzten gebührende Rente herabzumindern, vgl. § 10 Bem. II, 1. Über die Frage, ob bei Sachschaden Naturalrestitution zulässig (vgl. § 7 Bem. VII, § 12 Bem. V). Auch insofern finden die Vorschriften des BGB. über Schadensersatz keine Anwendung, als die Haftung nach dem AG. eine beschränktere ist und z. B. weder der ganze wirkliche Schaden noch der gesamte entgangene Gewinn (§ 252 BGB.) vergütet wird.

§ 10.

Im Falle der Tötung ist der Schadensersatz durch Ersatz der Kosten einer versuchten Heilung sowie des Vermögensnachteils zu leisten, den der Getötete dadurch erlitten hat, daß während der Krankheit seine Erwerbsfähigkeit aufgehoben oder gemindert oder eine Vermehrung seiner Bedürfnisse eingetreten war. Der Ersatzpflichtige hat außerdem die Kosten der Beerdigung demjenigen zu ersetzen, dem die Verpflichtung obliegt, diese Kosten zu tragen.

Stand der Getötete zur Zeit der Verletzung zu einem Dritten in einem Verhältnisse, vermöge dessen er diesem gegenüber kraft Gesetzes unterhaltspflichtig war oder unterhaltspflichtig werden konnte, und ist dem Dritten infolge der Tötung das Recht auf Unterhalt entzogen, so hat der Ersatzpflichtige dem Dritten insoweit Schadensersatz zu leisten,

als der Getötete während der mutmaßlichen Dauer seines Lebens zur Gewährung des Unterhalts verpflichtet gewesen sein würde. Die Ersatzpflicht tritt auch dann ein, wenn der Dritte zur Zeit der Verletzung erzeugt, aber noch nicht geboren war.

Entw. I § 2; Entw. II § 4; Begr. S. 14; KommB. S. 20.

I. **Tötung.** Über den Begriff der Tötung vgl. § 7 Bem. IV,2.

II. **Heilungskosten.**

1. Begriff; Unterschied zwischen Heilungskosten und Auslagen für Vermehrung der Bedürfnisse:

Nach dem bisherigen Rechte (HaftpflG. §§ 843 ff. BGB.) war es im wesentlichen gleichgültig, ob die an den Verletzten zu machenden Leistungen unter den Begriff der Heilungskosten oder unter die Auslagen für Vermehrung der Bedürfnisse subsumiert wurden. Für das AG. ist aber wegen der in § 12 eingeführten quantitativen Haftungsbeschränkung der Unterschied zwischen beiden Ansprüchen stärker zu betonen, als das bisher geschehen. Auslagen für Vermehrung der Bedürfnisse sind nämlich, und zwar gleichviel, ob sie auf die Zeit vor Erlaß des Urteils oder auf die Zukunft sich beziehen, immer als Rentenzahlungen zu erachten (vgl. § 12 Bem. II, 2), während die Heilungskosten sich als Kapitalzahlungen darstellen, wie schon daraus hervorgeht, daß § 13, der die Ansprüche aufzählt, für die die Rentenform zulässig ist, die Heilungskosten nicht erwähnt (a. M. Krause § 10 Bem. 8e S. 122). Je nachdem nun dem Verletzten eine Kapitalzahlung für Heilungskosten oder eine Rente wegen der Vermehrung seiner Bedürfnisse zuerkannt wird, berechnet sich die weitere für Erwerbsunfähigkeit bezw. -Beschränktheit zuzubilligende Rente ganz verschieden; denn da nach § 12 der Haftpflichtige nur bis 3000 Mk. Rente oder 50 000 Mk. Kapital haftet, so kann neben einem zugesprochenen Kapitalbetrag nicht mehr auf eine Rente von vollen 3000 Mk. erkannt werden, sondern es muß der Kapitalbetrag nach dem aus § 12 zu entnehmenden Maßstab (1000 Mk. Kapital = 60 Mk. Rente) in Rente umgewandelt und der hiernach herausgerechnete Betrag von der Höchstrente zu 3000 Mk. in Abzug gebracht werden. Handelte es sich aber nicht um Heilungskosten, sondern um Auslagen für vermehrte Bedürfnisse, so stehen keine Kapitalzahlungen in Frage, und es kann deshalb, da die ganze dem Verletzten zu gewährende Rente in einer einheitlichen Summe auszuwerfen ist (RG. 13. 12. 00 RGZ. Bd. 47 S. 405), auf eine Rente von 3000 Mk. erkannt werden.

Die bisher erschienenen Kommentare zum AG. haben diesem Umstand zu wenig Beachtung geschenkt (z. B. steht Kirchner § 11 Bem. II S. 156 und ebenso Schmid-Wagner § 10 S. 228 auf dem Standpunkte, daß es praktisch nicht darauf ankomme, ob eine Ausgabe zu den Heilungskosten oder zu den vermehrten Bedürfnissen gehöre) und haben deshalb die bisherige Rechtsprechung über den Begriff der Heilungskosten in zu weitem Umfang für anwendbar erklärt. Nun hat aber das Haftpflichtgesetz in seiner alten Fassung einen Schadensersatz für Vermehrung der Bedürfnisse nicht gekannt, und es haben deshalb die Gerichte mannigfache Auslagen, die zweifellos nicht sowohl durch die Heilungskosten als durch die vermehrten Bedürfnisse erwachsen waren, unter den Begriff der Heilungskosten gebracht. Auch nachdem durch die neue Fassung des Haftpflichtgesetzes die Vermehrung der Bedürfnisse als Grund für einen Schadensersatzanspruch anerkannt und damit der Anlaß zu dieser Ausdehnung des Begriffes „Heilungskosten" eigentlich weggefallen war, hat die Rechtsprechung vielfach an diesem erweiterten Begriffe festgehalten. Das war um so eher möglich, als tatsächlich bei der unbeschränkten Haftung des Eisenbahnunternehmens und bei der nach der Rechtsprechung des Reichsgerichts gegebenen Möglichkeit, auch Heilungskosten in Rentenform zuzusprechen (vgl. unten) der Unterschied zwischen beiden Schadensersatzansprüchen praktisch ohne Bedeutung war. Für das AG. ist aber mit Rücksicht auf § 12 ein strenges Auseinanderhalten geboten, und es wird deshalb bei Benützung der bisherigen Rechtsprechung jedesmal zu prüfen sein, ob das Urteil auch jetzt noch anwendbar ist oder nicht.

Heilung ist begrifflich die Beseitigung eines Krankheitszustandes und die Wiederherstellung der Gesundheit. Natürlich darf darunter nicht bloß die völlige Wiederherstellung des körperlichen Zustandes verstanden werden, wie er vor dem Unfall bestanden hat; eine solche Wiederherstellung wird häufig (es ist z. B. dem Überfahrenen ein Bein abgefahren worden) gar nicht möglich sein; es genügt also zum Begriff der Heilung auch die teilweise Beseitigung der durch den Unfall herbeigeführten körperlichen Schädigung. Ja es ist zum Begriff der Heilungskosten nicht einmal erforderlich, daß ihre Aufwendung wirklich eine solche Beseitigung des Schadens bewirkt hat; vielmehr wird nur verlangt, daß die aufgewendeten Kosten diesem

Zweck dienten und daß sie hierzu an und für sich geeignet waren. Für die Ansprüche aus § 10 ergibt sich das unmittelbar aus dem hier gebrauchten Ausdruck „versuchte Heilung"; aber auch für § 11 ist anzunehmen, daß auch die Kosten einer versuchten Heilung zu den Heilungskosten gehören (vgl. unten Bem. II, 2). Dagegen sind nicht Heilungskosten alle jene Ausgaben, die diesen Zweck einer völligen oder teilweisen Beseitigung der körperlichen Schädigung nicht verfolgen, sondern nur dazu dienen sollen, einer Verschlimmerung des Zustandes des Verletzten vorzubeugen oder ihm eine Linderung zu verschaffen (Schmid-Wagner § 10 S. 225—226, 228; Kirchner AG. § 11 S. 156; a. M. Gordan § 11 Bem. 2 S. 94; Eger, HaftpflG.S. 329; RG. 19. 10. 80 RGZ. 3, 2; RG. 30. 1. 91 EisenbE. Bd. 8, 221). Tritt also ein dauerndes Siechtum ein oder nimmt das Leiden einen stationären und gleichförmigen Charakter an, der regelmäßige und dauernde Auslagen verursacht, so sind diese Auslagen nicht Heilungskosten, sondern Auslagen für vermehrte Bedürfnisse. Das RG. (Urteil vom 23. 10. 85 Bolze Bd. 2 Nr. 628, JW. 86, 18; 25. 9. 86 Bolze Bd. 3 Nr. 405; 7. 1. 07, EisenbE. Bd. 23 S. 300 und weiter die bei Eger, HaftpflG. S. 517 und Krause AG. § 10 Bem. 8e S. 122 zitierten Urteile) hat in solchen Fällen die Zubilligung der Kurkosten in Rentenform für zulässig erklärt. Das wird als richtig anzuerkennen sein, aber nur deshalb, weil eben keine Heilungskosten, sondern Auslagen für vermehrte Bedürfnisse vorliegen und letztere nach § 13 immer in Rentenform zu gewähren sind. Auch Reindl, HaftpflG. S. 182, nimmt an, daß diese Urteile nur durch die frühere Fassung des HaftpflG., die, wie erwähnt, einen Schadensersatz für Vermehrung der Bedürfnisse nicht kennt, veranlaßt worden sein und mit Rücksicht auf die neue Fassung des Gesetzes an Bedeutung verloren haben.

Eine Zubilligung von Heilungskosten in Rentenform erscheint mir nach dem Wortlaut des § 13 und nach dem oben Ausgeführten unter keinen Umständen zulässig (Gordan § 11 Bem. 2 S. 94; a. M. Kirchner § 11 Bem. II S. 156).

Allerdings wird in manchen Fällen auch der Heilungsprozeß oder die Heilungsversuche sich auf einen längeren Zeitraum erstrecken; es kann z. B. sein, daß der Verletzte nach dem Gutachten der Sachverständigen den vollständigen Gebrauch eines bei dem Unfall beschädigten Gliedes nur durch den mehrere Jahre wiederholten längeren Besuch eines Bades wieder bekommen kann. Zweifellos liegen hier Heilungskosten vor. Vielleicht ist nun in solchen Fällen die sofortige Auszahlung des ganzen für die Heilung noch aufzuwendenden Kapitals (über die Zulässigkeit von Vorauszahlung vgl. unten II 5) nicht angezeigt und das Gericht der Ansicht, daß die Heilungskosten in jährlichen Raten jeweils zu Beginn der Badekur zu entrichten sind. Es wird dann nichts im Wege stehen, daß das Gericht z. B. erkennt, der Haftpflichtige habe an den Verletzten in den 3 nächsten Jahren je an einem bestimmten Termin 500 Mark für eine Badereise zu bezahlen. Dabei darf nun nicht übersehen werden, daß diese 3 mal 500 Mark nicht etwa eine Rente darstellen, sondern nur eine in Raten zu leistende Kapitalzahlung; deshalb sind die 1500 Mark unter Umwandlung in 90 Mark Rente von der daneben nach § 13 zu gewährenden Rente in Abzug zu bringen, sodaß die Rente höchstens auf 2910 Mark bemessen werden kann. Die Zinsen, die der Schuldner dadurch erspart, daß er die 1500 Mark, die bei der Berechnung der Rente sofort voll in Ansatz gebracht wurden, nur nach und nach auszuzahlen hat, werden dem Verletzten dann zu gute kommen müssen, wenn mit Rücksicht auf die Kapitalleistung sein Rentenanspruch sich nach § 12 eine Verkürzung gefallen lassen mußte. Natürlich muß das Gericht, wenn es solche sukzessive zu zahlenden Heilungskosten zubilligt, die Dauer, für welche diese zu gewähren sind, genau fixieren, weil es andernfalls ja die Größe des Kapitals und den davon abhängigen Betrag der daneben zu gewährenden Rente nicht berechnen könnte. Besteht in solchen Fällen die Möglichkeit, daß die vom Gericht angenommene Heilungsdauer überschritten und damit ein späteres Verlangen weiterer Heilungskosten nötig wird, dann wird der Verletzte gut tun, neben der Klage auf Leistung auch Feststellungsklage bezüglich dieser Pflicht zu erheben, um eine Verjährung zu vermeiden (vgl. § 13 Bem. III 3, § 14 Bem. V 5). Werden dann später Heilungskosten für einen weiteren Zeitraum beansprucht, so muß natürlich auch eine entsprechende Reduktion der Rente eintreten, wozu § 323 ZPO. das Mittel bietet. An und für sich müßte diese Kürzung der Rente auch für die Vergangenheit erfolgen; da aber nach § 323 Abs. 3 ZPO. eine Abänderung nur für die Zeit nach Erhebung der Klage möglich ist, wird das Gericht bei Bemessung der weiteren Heilungskosten berücksichtigen müssen, daß der Haftpflichtige mit Rücksicht auf die Nachforderung bisher eigentlich eine zu hohe Rente bezahlt hat und es wird deshalb diesen Betrag von den zuzusprechenden Heilungskosten unter entsprechender Umwandlung in Kapital in Abzug bringen müssen.

Der Verletzte kann Ersatz der Heilungskosten in Geld verlangen; eine Naturalherstellung ist ausgeschlossen, auch wenn ein wichtiger Grund hierfür sprechen würde. Es ist also nicht zulässig, daß der wegen Überfahrens eines Menschen verpflichtete Arzt zur Vermeidung der Zahlung von Heilungskosten sich gegen den Willen des Verletzten zur freien ärztlichen Behandlung desselben erbietet (vgl. Staudinger, BGB. § 843 Bem. 1 S. 1525).

2. Kosten einer versuchten Heilung, Verhältnis von § 10 zu § 11.

Während § 10 von den „Kosten einer versuchten Heilung" spricht, nennt § 11 „die Kosten der Heilung" schlechthin. Man darf aus dem verschiedenen Wortlaute beider Bestimmungen nicht schließen, daß im Falle des § 11 die Kosten einer nur versuchten Heilung nicht zu ersetzen seien; vielmehr sind, wie schon oben Bem. II 1 hervorgehoben, auch bei Körperverletzung die Kosten eines nicht zum Ziele führenden Heilverfahrens ohne Rücksicht auf den Erfolg zu vergüten, sofern sie nur bestimmt und geeignet waren, eine, wenn auch nur teilweise Beseitigung des durch den Unfall herbeigeführten Krankheitszustandes zu bewirken. Es ist also unrichtig, wenn Reindl, HaftpflG. in Bem. 4 S. 153 zu dem dem § 11 AG. entsprechenden § 3a HaftpflG. behauptet, daß es sich im § 3a um eine versuchte Heilung nicht handeln könne. Mit Recht hebt Krause, AG. § 10 Bem. 8 S. 119 hervor, daß z. B. der Heilungsprozeß durch den mit dem Unfall nicht ursächlich zusammenhängenden Tod des Verletzten unterbrochen werden kann.

Aus dem Wortlaut „Kosten einer versuchten Heilung" darf auch nicht gefolgert werden, daß nur die Kosten eines Heilungsversuches zu vergüten seien; vielmehr sind die Worte gleichbedeutend mit „Kosten der etwa versuchten Heilung"; es sind daher auch die Kosten mehrerer Heilungsversuche zu ersetzen.

3. Ersatzberechtigter.

a) Im Fall des § 10 entsteht die Pflicht zum Ersatz der Heilungskosten nicht sowohl durch den Tod des Verletzten, als vielmehr durch die vorausgehende Körperverletzung. Es wäre deshalb auch ohne die ausdrückliche Vorschrift des § 10 schon aus § 11 heraus der Anspruch auf Ersatz der Heilungskosten auch im Falle eines tötlich verlaufenden Unfalls gegeben und ihre besondere Aufnahme unter die im Tötungsfalle dem Haftpflichtigen obliegenden Leistungen ist nur aus gesetzestechnischen Gründen erfolgt, um den Schein einer Lücke des Gesetzes zu vermeiden. Da der Anspruch mit der Körperverletzung, also noch bei Lebzeiten des Getöteten entsteht, so wird der Anspruch auch in seiner Person und nicht erst in der seiner Erben existent; die Erben machen also den Anspruch nicht kraft eigenen Rechtes, sondern nur als Rechtsnachfolger des Getöteten geltend (RG. 29. 10. 95 JW. 95, 604). Der tötlich Verletzte selbst ist also in der Lage, über diesen ihm zustehenden Anspruch letztwillig oder unter Lebenden zu verfügen. Der Anspruch kann gegen ihn gepfändet werden. Der Haftpflichtige kann gegen den Anspruch auch nach dem Tod des Ersatzberechtigten den Erben gegenüber mit einer ihm gegen den Verletzten zustehenden Forderung aufrechnen. Zum Nachlaß gehört der Anspruch nur, soweit der Erblasser ihn nicht unter Lebenden abgetreten oder sonstwie veräußert hat.

b) Ansprüche Dritter. Sowohl in den Fällen des § 10 als in denen des § 11 kann es sein, daß nicht der Verletzte selbst die Heilungskosten bestreitet, sondern für ihn ein Dritter, sei es nun, daß dieser Dritte diese Leistung freiwillig übernimmt, sei es, daß er kraft Gesetzes (als Unterhaltspflichtiger oder auf Grund eines Vertrages, der Verletzte gehört z. B. einem Vereine an, der für jedes seiner Mitglieder die Arztkosten bestreitet) zur Begleichung dieser Kosten verpflichtet ist. In keinem dieser Fälle hat der Dritte einen Ersatzanspruch gegen den Haftpflichtigen, sondern er hat einen direkten Anspruch regelmäßig nur gegen den Verletzten (RG. 29. 10. 95 JW. 95, 604, EisenbE. 12, 245). Von einem Anspruch des Dritten gegen den Haftpflichtigen kann nur dann die Rede sein, wenn der dem Verletzten gegen den Haftpflichtigen zustehende Anspruch auf den Dritten übergegangen ist oder wenn der Dritte bei Bestreitung der Heilungskosten als negotiorum gestor des Haftpflichtigen gehandelt hat (RG. 12. 11. 08 Recht 09 Nr. 66; 24. 2. 10 Recht 10 Nr. 1583). Natürlich kann eine solche negotiorum gestio nicht in Frage kommen, wenn der Dritte zur Begleichung der Heilungskosten dem Verletzten gegenüber verpflichtet war. Was den Unterhaltspflichtigen anlangt, so ergibt sich schon aus § 843 Abs. 4 BGB., der nach § 13 AG. auch auf die Unfallrente Anwendung findet, daß ein direkter Anspruch des Unterhaltspflichtigen gegen den Schädiger auf Ersatz der Heilungskosten nicht besteht, sondern daß der Verletzte den

Anspruch gegen den Haftpflichtigen auf Ersatz der Heilungskosten behält (RG. 11. 2. 90 RGZ. Bd. 25, 49; RG. 28. 1. 01 RGZ. Bd. 47, 211; RG. 7. 2. 07 JW. 07, 168, SeuffBl. 07, 983, RGZ. 65, 162; Eger, HaftpflG. S. 435). Auch die Ehefrau ist berechtigt, die Kur- und Pflegekosten, die ihre Verletzung verursacht hat, im eigenen Namen geltend zu machen, der Umstand, daß der Ehemann den Arzt und Apotheker bereits bezahlt hat, schließt dieses Recht der Frau nicht aus (RG. 28. 1. 01 JW. 01, 143; RG. 18. 2. 07 SeuffBl. 07 S. 883; RG. 23. 4. 06 JW. 06, 385; RG. 11. 2. 07 EisenbE. 24, 37; RG. 26. 4. 09 Soergel, Rspr. 09 S. 342 Ziff. 7; vgl. § 11 Bem. VI § 13 Bem. VI); denn § 843 Abs. 4 BGB. findet auch auf den Anspruch auf Ersatz der Heilungskosten Anwendung, sodaß der Haftpflichtige der Klage nicht mit dem Einwand begegnen kann, der Aufwand sei bereits von einer dem Verletzten gegenüber unterhaltspflichtigen Person getragen worden (vgl. unten Bem. II 4).

4. Welche Heilungskosten sind zu ersetzen? Nicht zu ersetzen sind die Kosten, die zwar nach der Natur des Leidens erforderlich gewesen wären, die aber in Wirklichkeit nicht aufgewendet worden sind. Weiter hat der Haftungspflichtige aber auch nicht schlechthin alle Kosten zu ersetzen, die der Verletzte zu seiner Heilung tatsächlich ausgegeben hat, sondern nur die Kosten, die nach Lage des Falles notwendig und angemessen, sowie zur Herbeiführung der Heilung geeignet waren (RG. 23. 10. 85 JW. 86 S. 18; RG. 19. 1. 91 JW. 91 S. 121). Ausgaben für Mittel, die objektiv zur Beseitigung des Leidens nicht geeignet waren, z. B. Beiziehung eines Kurpfuschers, Anwendung des tierischen Magnetismus, Gesundbeten, sind nicht zu ersetzen (OLG Dresden 31. 5. 01 EisenbE. 18 S. 239). Bei Anordnungen eines Arztes wird die Vermutung dafür sprechen, daß die von ihm verordneten Mittel auch zur Heilung geeignet waren; der Kläger wird hierüber einen Beweis nicht zu erbringen haben, vielmehr wird es Sache des bestreitenden Haftpflichtigen sein, die Ungeeignetheit der ärztlichen Verordnung darzutun.

Waren die Auslagen zur Herbeiführung der Heilung unbedingt notwendig, so sind sie vom Haftpflichtigen zu ersetzen, ohne Rücksicht darauf, ob sie den Vermögensverhältnissen des Verletzten angemessen waren oder nicht. Kann der Verletzte durch eine längere, wenn auch kostspielige Badekur vollständig wiederhergestellt oder doch in einem wesentlichen Grade wieder arbeitsfähig werden, dann kann er Ersatz der Badekur verlangen, auch wenn er nach seinen Vermögensverhältnissen nicht in der Lage gewesen wäre, auf eigene Kosten eine solche Badereise zu bestreiten. Zu dieser Annahme nötigt auch der Umstand, daß der Verletzte nach § 254 BGB., will er nicht seinen Ersatzanspruch ganz oder teilweise verlieren, verpflichtet ist, den Schaden abzuwenden oder zu mindern. Kann der gleiche Erfolg auf verschiedene Weise erreicht werden, dann wird die Vermögenslage des Verletzten den Ausschlag dafür geben, ob der einfachere oder der kostspieligere Weg zulässig ist. Überflüssiger Luxus ist keinesfalls zu dulden; doch kann dem Verletzten nicht zugemutet werden, sich einer anderen Behandlung zu unterwerfen als er sie gewöhnt ist und wie sie Personen seiner Stellung und seiner wirtschaftlichen Lage anzuwenden pflegen. Immer wird man aber dabei darauf Rücksicht zu nehmen haben, daß die angewendeten Mittel zu dem angestrebten Erfolg nicht in einem zu auffälligen Mißverhältnis stehen (RG. 23. 9. 86 EisenbE. 5, 79). Nach diesen Gesichtspunkten wird zu entscheiden sein, ob die Zuziehung mehrerer Ärzte, der Wechsel des behandelnden Arztes, die Behandlung durch Spezialärzte oder in besonderen Heilanstalten zulässig ist oder nicht. Doch wird man bei Prüfung der Frage, ob eine ergriffene Maßregel notwendig oder geeignet war, nicht zu rigoros verfahren dürfen. Auch bei nutzlos aufgewendeten Kosten wird immer zu prüfen sein, ob dem Verletzten bei dem Grade seiner Bildung und bei dem Stande, dem er angehörte, ein Verschulden in der Auswahl zur Last fällt. Die Notwendigkeit, bei einem Unfall oft rasch einzugreifen und ungesäumt zu handeln, wird kleine Mißgriffe entschuldigen. Wird z. B. aus Besorgnis, der eine Arzt könnte nicht zu Hause angetroffen werden, bei einer ernsten Gefahr drohenden Verletzung gleichzeitig nach 2 Ärzten geschickt die dann alle beide erscheinen, dann sind die hierdurch verursachten Kosten, wenn auch überflüssig, zu ersetzen. Es wird sich aber oft nicht von vorneherein, sondern erst nachträglich genau beurteilen lassen, was notwendig war; für den Ersatzpflichtigen ist aber maßgebend, wie die Sachlage anfänglich beurteilt werden mußte. Auch mit dem Einwand, daß der Zustand des Verletzten von vorneherein hoffnungslos und die Aufwendung auf Heilung deshalb unzweckmäßig gewesen sei, ist der Haftpflichtige in der Regel nicht zu hören (G o r d a n § 10 Bem. 3 S. 76).

Auf den Erfolg kommt es bei der Frage der Ersatzfähigkeit nicht an; auch die Kosten einer versuchten Heilung, also die für Anwendung von angemessenen Mitteln, die keinen Erfolg hatten, sind zu ersetzen (vgl. oben Bem. II, 1).

Dem Verletzten bezw. seinem Rechtsnachfolger obliegt die Beweispflicht dafür, daß die aufgewendeten Mittel notwendig und seinen Verhältnissen angemessen waren, a. M. Westerkamp S. 681 Anm. 4, der vom Verletzten nur den Nachweis des gemachten Aufwands verlangt und dem Haftpflichtigen den Beweis dafür auferlegt, daß die Verwendungen unangemessen waren. Hat der behandelnde Arzt die Mittel als notwendig bezeichnet, so ist in der Regel damit der Beweis ihrer Notwendigkeit gegeben und es ist Sache des Beklagten, den Gegenbeweis zu führen (Eger, HaftpflG. S. 330). Dagegen wird, wenn der Verletzte in einem Krankenhaus verpflegt wurde, zur Begründung der Notwendigkeit und Angemessenheit der Forderung nicht die bloße Ausführung genügen, er habe den geforderten Betrag selbst an das Krankenhaus zahlen müssen; ebensowenig entbindet die Berufung lediglich darauf, daß die liquidierten Säze auf statutarischer Anordnung beruhen, den Kläger von dem näheren Nachweise der Notwendigkeit und Angemessenheit (Eger, HaftpflG. S. 330).

Der Haftpflichtige kann gegenüber dem Ersatzanspruch nicht einwenden, daß der Verletzte unterhaltspflichtige Verwandte habe, die die Kosten aufzubringen hätten (vgl. Eger, HaftpflG. S. 435; Kirchner § 11 Bem. II S. 157; RG. 11. 2. 90 RGZ. 25, 49, SeuffA. 48 Nr. 32; RG. 29. 4. 95 RGZ. 35, 144; RG. 28. 1. 01 JW. 01, 142, RGZ. 47, 211; RG. 7. 2. 07 JW. 07, 168, SeuffBl. 07, 983, RGZ. 65, 162; RG. 19. 1. 03 RGZ. 53, 312). Deshalb kann sich der Haftpflichtige gegenüber dem Erstattungsanspruch einer Ehefrau auch nicht darauf berufen, daß der Mann die Heilungskosten aus eigenen Mitteln ausgelegt hat (RG. 28. 1. 01 JW. 01 S, 143, vgl. oben Bem. II, 3b). Der Anspruch der Frau auf Ersatz der Heilungskosten ist auch gegeben, gleichviel ob die Ehefrau ihre Erwerbstätigkeit betätigt hat, sei es für sich selbst, sei es für ihren Mann (RG. 23. 4. 06 RGZ. 63 S. 195; vgl. § 11 Bem. VII).

Auch wenn ein Dritter die Kosten als Schenkung an den Verletzten bestreitet, hat der Verletzte gleichwohl den Ersatzanspruch gegen den Halter; andernfalls würde ja die Zahlung der Heilungskosten durch den Dritten nicht dem Verletzten zu gute kommen, den der Dritte beschenken wollte, sondern dem Haftpflichtigen.

Anderseits darf aber auch die Vergütung der Heilungskosten nicht zu einer grundlosen Bereicherung des Verletzten führen. Es sind deshalb die Beträge in Abzug zu bringen, die der Verletzte an sonstigen Unterhaltskosten, an deren Stelle die Heilmittel getreten sind, erspart hat. Als Kosten einer Krankenhausbehandlung oder einer Badekur können also nur die Mehrbeträge gegenüber dem sonstigen jetzt ersparten Bedarf während dieser Zeit in Betracht kommen. Es braucht aber nicht der Verletzte zur Begründung seines Ersatzanspruchs nachzuweisen, daß er keine Ersparnisse gemacht hat, sondern der Ersatzpflichtige muß gegenüber der nachgewiesenen Summe der Kurkosten im Wege der Einrede die anzurechnenden Ersparnisse behaupten und beweisen (LG. Cöln 27. 4. 01 DJZ. 02, S. 560, EisenbE. Bd. 19 S. 199; a. M. Westerkamp S. 681 Anm. 5). Natürlich kommt bei dieser Abschätzung etwaiger Ersparnisse alles auf billiges, richterliches Ermessen an. Ist z. B. der im Krankenhause. Verpflegte Familienvater, dessen Ausgaben an Haushaltung, Bedienung, Wohnung trotz seiner Abwesenheit beinahe unverändert fortlaufen, so wird der Abzug wesentlich geringer sein, als wenn der Verpflegte allein steht und durch den Aufenthalt im Krankenhause die eigene Wohnung, Bedienung usw. gänzlich erspart (Eger, HaftpflG. S. 332; Krause § 10 Bem. 8k S. 126).

5. Zeitpunkt der Fälligkeit. Der Anspruch auf Zahlung der Heilungskosten entsteht (vgl. oben Bem. II, 3a) sofort mit der Entstehung des Schadens, also mit dem Eintritt der Verletzung. Da der Anspruch sich als Anspruch auf Kapitalzahlung darstellt und die Zahlung des Kapitals in der Regel (Ausnahme vgl. oben Bem. II, 1) auf einmal zu erfolgen hat, so sind also sofort mit diesem Zeitpunkte die gesamten Heilungskosten zur Zahlung fällig. Der Verletzte braucht zur Begründung seines Anspruches nur darzutun, daß ihm Heilungskosten in der verlangten Höhe entstehen werden. Dagegen ist die Erhebung des Anspruchs nicht davon abhängig, daß die Kosten ganz oder zum Teil schon entstanden sind, noch weniger davon, daß der Verletzte diese Kosten tatsächlich schon bezahlt hat, sondern der Haftpflichtige hat den vom Richter nach freiem Ermessen festzusetzenden Betrag der voraussichtlichen Kosten im voraus zu leisten (OTrib. Stuttgart 9. 11. 59 SeuffA. 13 Nr. 215; RG. 23. 10. 85 Bolze 2 Nr. 628 JW. 86, 18;

RG. 7. 2. 07 SeuffBl. 07, 983; RG. 4. 7. 07 Recht 07 Nr. 2643; vgl. Kirchner AG. § 11 Bem. II, S. 157; Krause AG. § 10 Bem. 8e S. 121; Waldeck § 10 Anm. 9 S. 76). Soweit es sich um Ersatz bereits aufgewendeter Kosten handelt, muß der Verletzte den Betrag ziffermäßig nachweisen; die unbestimmte Behauptung, daß Verletzter sich seit dem Unfall dauernd in ärztlicher Behandlung befunden habe, genügt nicht für deren Zuerkennung (RG. 19. 1. 91 JW. 91 S. 121; RG. 23. 10. 85 JW. 86 S. 18). Ist der Verletzte gestorben, bevor er den zur Bestreitung der entstehenden Heilungskosten vom Haftpflichtigen gezahlten Betrag zu diesem Zweck verwenden konnte, so wird der nicht verbrauchte Betrag dem Haftpflichtigen zurück zu vergüten sein, a. M. Krause § 10 Bem. 8e S. 121, der allerdings von der Annahme ausgeht, daß die Leistungen die Natur von Rentenzahlungen haben.

6. Pflicht des Verletzten zur Heilung mitzuwirken — konkurrierendes Verschulden des Verletzten (vgl. § 9).

Bernhöft und Binder, Beitr. 1 S. 231; Leyden Kulpakompensation S. 76; Weinrich Haftpflicht S. 98; Fuld, Operationspflicht in Mschr. f. soz. Medizin 03 S. 97 ff.; Guyer, Stellung des Verletzten im Heilverfahren; Siefart, Heilverfahren und Beobachtung im Krankenhause, Z.-Vers.-Wiss. 1907 S. 48 ff.; Endemann, Ablehnung einer Operation; Kuhlenbeck in JW. Bd. 26 S. 527.

Der Verletzte ist verpflichtet, zur möglichst erfolgreichen Durchführung des Heilverfahrens mitzuwirken, z. B. die ordentliche Wundbehandlung zu gestatten, sich Verbände anlegen zu lassen, die verordnete Medizin zu nehmen, sich einer gebotenen Massage zu unterwerfen, unter Umständen auch Apparate zu gebrauchen, sich einer Anstaltsbehandlung zu unterziehen und innerhalb dieser Grenzen zur Erreichung des Heilzweckes ein gewisses Maß von Schmerzen zu erdulden. Ein Beschädigter, der sich ohne Grund der Heilung widersetzt oder sonst schuldhafterweise den Heilungserfolg vereitelt, z. B. durch zu starken Alkoholgenuß, Unterlassung der vorgeschriebenen Spaziergänge oder Nichtgebrauchen des verletzten Glieds trotz gegenteiliger, zur Verhütung des Steifwerdens ergangener ärztlicher Anordnung, Inanspruchnahme von Kurpfuschern, kann insoweit Entschädigung nicht beanspruchen (RG. 26. 3. 08 JW. 08, S. 329; RG. 15. 4. 07 SeuffA. 63 Nr. 199; RG. 13. 2. 05 JW. 05 S. 201 RGZ. Bd. 60, 147). In solchen Fällen ist nur der Schaden zu ersetzen, der nachweislich wirkliche Folge des Unfalles war; die Vertretung jedes weiteren Schadens ist ausgeschlossen, weil bezüglich des letzteren der Kausalzusammenhang zwischen Unfall und Schaden fehlt oder der Einwand des § 254 Abs. 2 BGB. begründet ist. Dagegen besteht keine Pflicht des Verletzten, sich unbedingt allen Operationen zu unterwerfen, die eine vollständige oder möglichst vollständige Heilung herbeiführen können. Bei der Frage, ob eine solche Pflicht besteht, muß einerseits die Erheblichkeit des Übels, dem abgeholfen werden soll, anderseits die Gefährlichkeit des Eingriffs abgewogen werden (OLG. Stuttgart 10. 5. 94 SeuffA. 50 Nr. 166). Dabei kommt auch das subjektive Empfinden der betreffenden Person in Betracht. Von Gefahren, die nur in der Einbildung bestehen, muß allerdings regelmäßig abgesehen werden; doch können auch übertriebene subjektive Vorstellungen von der Gefährlichkeit der Operation nach der Sachlage Berücksichtigung verdienen, wenn z. B. durch derartige Empfindungen die Gefahr für Leben und Gesundheit erhöht und der Erfolg des ärztlichen Eingriffes in Frage gestellt wird (RG. 22. 12. 90 Gruchots Beitr. 35, 401 SeuffA. 46 Nr. 189; 24. 1. 93 EisenbE. 11, 195; RG. 27. 2. 06 JW. 06, 206). Eine nicht gefahrlose oder nicht bestimmte Aussicht auf Heilung verheißende Operation braucht der Verletzte nicht an sich vornehmen zu lassen (RG. 24. 10. 07 JW. 07, 741). Bei widersprechenden Meinungen der Ärzte über Gefährlichkeit und Aussicht der Operation wird man im allgemeinen dem Verletzten das Recht zubilligen müssen, die Operation abzulehnen; anders dagegen, wenn singulärerweise ein Arzt im Widerspruch mit den Erfahrungen der Wissenschaft und gegen ganz überwiegende Autoritäten eine Operation für gefährlich hält (RG. 30. 1. 91 EisenbE. Bd. 8 S. 222). Die Operationspflicht wurde verneint in einem Falle, wo die Operation mit dem Verlust des untersten Teils der Wirbelsäule verknüpft war, von RG. 3. 4. 06 JW. 06, 341.

Neben der Schwere und Gefährlichkeit, der mehr oder minder sicheren Aussicht auf Erfolg können noch andere, ein Verschulden des Verletzten bei Verweigerung der Operation ausschließende Umstände in Betracht kommen, so die Tatsache, daß der Arzt die Operation von einem Verzicht des Verletzten auf Schadensansprüche gegen ihn abhängig macht (RG. 24. 10. 07 JW. 07, 740). Ebenso ist dem Verletzten nicht zuzumuten, daß er ohne vorschüssige Kostenzahlung seitens des Haftpflichtigen eine seine Verhältnisse in Hinsicht des Kostenpunktes überschreitende Behandlung oder Operation suche (RG. 30. 1. 91 im Reichsanzeiger 91 S. 165).

Wendet der Beklagte gegenüber der Klage auf Ersatz der Heilungskosten ein, daß der Kläger böswillig oder in schuldhaftem Eigensinn die Fortdauer der Krankheit selbst verschuldete, z. B. dadurch, daß er es unterließ, eine Nervenheilanstalt aufzusuchen, so genügt der Beklagte der ihm obliegenden Beweislast, wenn er dartut, daß es ein Mittel gegeben habe, welches nach dem Ergebnis der medizinischen Wissenschaft eine Heilung oder doch wenigstens eine Besserung der Krankheit herbeizuführen geeignet war, daß dieses Mittel dem Verletzten auch bekannt und seine Anwendung für ihn möglich war. Sache des Verletzten ist es dann, die Gründe darzulegen, die ihn von der Anwendung dieses Mittels abgehalten haben. Erweisen sie sich als bloße Vorwände oder als unstichhaltig, dann ist der Nachweis, daß die Kur keinen günstigen Erfolg gehabt hätte, dem Verletzten aufzuerlegen; eine solche Umkehrung der Beweislast entspricht in derartigen Fällen der Billigkeit (RG. 13. 2. 05 RGZ. Bd. 60 S. 147, EisenbE. 22 S. 47, JW. 05 S. 201).

Auch die gesetzlichen Vertreter des Verletzten sind verpflichtet, zur Beseitigung bezw. Minderung des bereits entstandenen Schadens mitzuwirken; ein Verschulden der gesetzlichen Vretreter ist vom Verletzten gerade so zu tragen wie eigenes Verschulden (vgl. § 9 Bem. II, 4).

Hat der Verletzte sich in ärztliche Behandlung begeben, so hat er damit alles getan, was man billigerweise von ihm verlangen konnte; ein Verschulden des Arztes hat er nicht zu vertreten, und deshalb kann seinem Ersatzanspruch auch in der Regel nicht entgegengehalten werden, daß durch Verschulden des Arztes unnötige Mehrkosten entstanden sind (RG. 29. 11. 09 Recht 10 Nr. 289, JW. 10, 63). Dagegen liegt ein Verschulden des Verletzten unter Umständen vor, wenn er ärztlich falsch behandelt wird und die ihm angebotene andere Behandlung ablehnt (RG. 29. 1. 06 DJZ. Sammlg. 08 S. 31).

7. Einzelne Heilungskosten: Unter der Voraussetzung ihrer Angemessenheit und Notwendigkeit (s. oben Bem. II, 4) und unter der weiteren Voraussetzung, daß wirklich ein Heilungszweck und nicht etwa die Befriedigung der durch den Unfall vermehrten Bedürfnisse angestrebt wird, können als Heilungskosten in Betracht kommen:

a) ärztliche Behandlung (RG. 19. 10. 89 RGZ. Bd. 3 S. 3, insbesondere auch Behandlung durch Spezialisten, RG.

13. 2. 05; RGZ. Bd. 60 S. 148, oder in einer geschlossenen Anstalt (RG. 13. 2. 05 RGZ. Bd. 60 S. 148);

b) Bade- und Luftkuren, wobei auch die Transportkosten nach dem Badeort und zurück, sowie die Mehrauslagen für Abnützung der Garderobe durch die Badereise zu den Heilungskosten zählen (RG. 18. 9. 06 JW. 06, 696; RG. 7. 2. 07 JW. 07, 168, RGZ. Bd. 65 S. 162; RG. 4. 7. 07 Recht 07 Nr. 2643, KG. 11. 5. 06, OLG. Bd. 14 S. 405). Alljährliche Badereisen, die nach beendeter Heilung nur dazu dienen, einer Verschlechterung des verbliebenen Krankheitszustandes vorzubeugen oder eine Linderung des unheilbaren Leidens zu schaffen, gehöre nicht hierher sondern unter die Auslagen für vermehrte Bedürfnisse, vgl. oben Bem. II, 1);

c) Krücken, künstliche Glieder, Bruchbänder, Gehmaschinen (RG. 14. 5. 06 EisenbE. 23 S. 64). Auch hier gilt aber das Gleiche wie für b, und das gilt auch von

d) den Kosten für besondere Wart und Pflege (RG. 11. 2. 90 RGZ. 25, 49; RG. 23. 5. 05 JW. 05, S. 443; RG. 14. 5. 06 EisenbE. 23, S. 64), die früher (s. Bem. II, 1) allgemein und ohne Unterschied zu den Heilungskosten gerechnet wurden.

Eine Aufzählung der einzelnen Heilungskosten s. auch Eger, HaftpflG. S. 331.

III. **Beerdigungskosten:** Diese würden auch ohne den Unfall einmal entstanden sein; sie sind nicht eine Folge des Unfalls; infolge des Unfalls sind sie nur früher entstanden als es sonst der Fall gewesen sein würde. Der Schaden besteht also eigentlich nicht in dem ganzen Betrag der Kosten, sondern nur in dem Betrag der Zwischenzinsen wegen der früher, als zu erwarten war, zu machenden Aufwendungen. Die Beerdigungskosten würden also an sich nicht zu ersetzen sein, wenn nicht ihr Ersatz in vollem Umfange aus Billigkeitserwägungen, ebenso wie in den Unfallversicherungsgesetzen § 15 Ziff. 1 GewUnfVG. und § 21 Ziff. 1 landw. UnfVG. bestimmt worden wäre.

Als Personen, denen die Verpflichtung zur Tragung der Beerdigungskosten obliegt und denen deshalb ein direkter und selbständiger Anspruch auf Ersatz dieser Kosten gegenüber dem Haftpflichtigen zusteht, kommen in Betracht: in erster Linie der Erbe (§ 1968 BGB.), und zwar ist diese den Erben treffende Verbindlichkeit nicht etwa eine vom Erblasser herrührende Schuld, sondern eine Verbindlichkeit des Erben als solchen;

subsidiär, soweit ihre Zahlung nicht vom Erben zu verlangen ist, die kraft Gesetzes zur Gewährung des Unterhalts verpflichteten Personen (Ehemann und Verwandte §§ 1615 Abs. 2, 1580 BGB.); endlich bei außerehelichen Kindern auch der außereheliche Vater (§ 1713 Abs. 2 BGB.). Die gleiche Stellung haben die auf Grund öffentlichen Rechts zur Tragung der Beerdigungskosten verpflichteten Armenverbände (§ 62 UnterstWohnG. v. 6. 6. 70 bezw. 30. 5. 08 und Art. 10 Ziff. 3, Art. 12 Ziff. 3 bay. Ges. über Armen- und Krankenpflege vom 29. 4. 69; vgl. RG. 30. 6. 80 RGZ. Bd. 2 S. 45). Auch den Personen, die nicht auf Grund Gesetzes, sondern nur kraft Vertrags zur Tragung der Beerdigungskosten verbunden sind, wird ein solcher direkter und selbständiger Anspruch gegen den Fahrzeughalter zuzubilligen sein, wie man daraus schließen darf, daß das Gesetz abweichend von der Fassung des § 10 Abs. 2 als anspruchsberechtigt schlechthin die Personen aufführt, denen die Verpflichtung zur Tragung der Kosten obliegt, und nicht etwa nur die Personen, die kraft Gesetzes hierzu verpflichtet sind (vgl. Eger, HaftpflG. S. 383, 437; Reindl, HaftpflG. S. 138; Oertmann BGB. § 844 Bem. 5a; Staudinger BGB. § 844, III A. 1b; Krause AG. § 10 Bem. 10b S. 140; Kirchner AG. § 10 Bem. III S. 128; Gordan AG. § 10 Bem. 9 S. 79; Neukirch-Rosenmeyer § 10 Anm. 21; a. M. Planck BGB. § 844 Anm. 3). Hierher gehören z. B. die Personen, die auf Grund einer Gutsübernahme oder eines Altenteilvertrags die Pflicht übernommen haben; nicht aber die Sterbe- und Begräbniskassen; diese übernehmen nicht die dem Erben obliegende Verpflichtung, sondern sie zahlen an ihn nur den durch Vertrag mit dem Getöteten festgesetzten Betrag aus, um ihn in den Stand zu setzen, damit der ihm obliegenden Pflicht nachzukommen; sie haben also in der Regel keinen Anspruch gegen den Haftpflichtigen (Krause AG. § 10 Bem. 10b S. 141; a. M. Eger, HaftpflG. S. 437; Reindl, HaftpflG. S. 138; vgl. auch Hilse im ABürgR. 27 S. 283, über den Unterschied zwischen Beerdigungskosten und Sterbegeld). Dagegen haben Personen, die die Beerdigung freiwillig, ohne dazu rechtlich verpflichtet zu sein, besorgt haben, nur einen Anspruch gegen den zur Zahlung der Beerdigungskosten Verpflichteten; an den Fahrzeughalter können sie sich nur halten, wenn ihnen der Verpflichtete seinen Anspruch gegen den Halter abgetreten hat (Eger, HaftpflG. S. 383; Kirchner AG. § 10 Bem. III S. 128; Krause § 10 Bem. 10b S. 141).

Wohl aber wird der Verpflichtete sich der Wiedererstattung demjenigen gegenüber nicht entziehen können, der an seiner Stelle und für ihn die Beerdigungskosten getragen hat, z. B. als negotiorum gestor (vgl. oben Bem. II, 3b: Eger, HaftpflG. S. 383).

Da der Anspruch erst nach dem Tode, also auch nicht in der Person des Getöteten entsteht, so kann er auch nicht etwa durch einen nach dem Unfall zwischen dem Verletzten und dem Haftpflichtigen abgeschlossenen Vergleich oder Verzicht beseitigt werden. Dagegen wird man es (so Gordan AG. § 10 Bem. 9 S. 80) für zulässig halten müssen, daß der Getötete in einer letztwilligen Verfügung dem Erben die Auflage macht, die Kosten aus dem Nachlasse selbst zu zahlen, und auf diese Weise dem Erben den Erstattungsanspruch gegen den Fahrzeughalter abschneidet.

Der Anspruch gegen den Fahrzeughalter ist gegeben, sobald die Aufwendungen von dem Pflichtigen gemacht sind; dagegen ist nicht Voraussetzung des Erstattungsanspruchs, daß die Kosten von dem Pflichtigen schon bezahlt sind. Ein Anspruch des zur Beerdigung Verpflichteten gegen den Fahrzeughalter auf Vorschuß der Beerdigungskosten besteht nicht (v. Ruß in SeuffBl. Bd. 64 S. 46; Eger, HaftpflG. S. 384; Reindl, HaftplG. S. 137; Neukirch-Rosenmeyer, § 10 Anm. 20).

Die wirklich entstandenen Kosten sind zu ersetzen. Bezüglich des Umfangs der Kosten gilt, daß nicht nur die absolut notwendigen Kosten zu vergüten sind, sondern alle Kosten, deren Aufwendung nach den Verhältnissen des Getöteten angemessen und ortsüblich sind; denn der Erbe hat den Erblasser standesgemäß beerdigen zu lassen. Sind dagegen mehr Kosten aufgewendet worden als dem Stande des Getöteten entsprach, so kann der Fahrzeughalter den Ersatz für den Mehrbetrag ablehnen.

Wer vertragsmäßig oder kraft letztwilliger Auflage zu einer die Kosten der standesgemäßen Beerdigung übersteigenden Beisetzung verpflichtet ist, wird gleichwohl nur den zur standesgemäßen Beerdigung notwendigen Aufwand ersetzt verlangen können; für überflüssige Ausgaben haftet der Fahrzeughalter nicht (a. M. Krause, AG. S. 143). Der Kläger braucht nur die Aufwendung nachzuweisen; Sache des Haftpflichtigen ist es dann, die Unangemessenheit darzutun (Westerkamp S. 686).

Zu den Kosten der Beerdigung gehören: die Kosten des Transports der Leiche zum Friedhof in allen Fällen; die Kosten der Überführung der Leiche nach ihrer Heimat bezw. nach einem anderen von dem Orte des Todes entfernten Orte je nach den Verhältnissen (Eger, HaftpflG. S. 384; RG. 16. 9. 07 RGZ. Bd. 66 S. 307; OLG. Stuttgart 10. 7. 06 SeuffBl. 72 S. 79; RG. 5. 1. 05 JW. 05 145). Die Kosten für ein Grabdenkmal sind zu ersetzen, wenn ein solches den berechtigten Anschauungen, der Übung und den Verhältnissen entspricht (Staudinger, BGB. § 1968 Bem. 3; Bayer. ObLG. 30. 6. 06 Recht 06 Nr. 2512; OLG. Colmar 16. 5. 05 Recht 05 Nr. 1451). Soweit die Feuerbestattung nicht mehr kostet als die standesgemäße Beerdigung, sind auch die Kosten einer Feuerbestattung zu ersetzen; aber auch dann, wenn eine Verbrennung der Leiche nach den Verhältnissen angemessen erscheint, werden ihre Kosten zu erstatten sein und zwar ohne Rücksicht darauf, ob sie höher sind als die Kosten einer Beerdigung (vgl. hierzu Hülse in EisenbE. Bd. 21 S. 4 und Reindl in EisenbE. Bd. 22 S. 201; Neukirch-Rosenmeyer § 10 Anm. 20). Ob die Kosten der Trauerkleidung zu den Kosten der standesgemäßen Beerdigung gehören, ist gleichfalls nach den Umständen des einzelnen Falles zu entscheiden. Das ist unbedenklich von den Kosten der Trauerkleidung der Witwe anzunehmen, unter Umständen auch von den Kosten für die Trauerkleidung der Dienstboten und der Stieftochter des Erblassers, wenn sie jahrelang in dem Haushalt des Erblassers gelebt haben (KG. 23. 11. 06 OLG. Bd. 14 S. 290; Jaeger, Erbenhaftung S. 77; Jaeger, KO. § 224 Bem. 4; Staudinger, BGB. § 1968 Bem. 3; vgl. Neukirch-Rosenmeyer § 10 Anm. 20 S. 110 fg.; Krause § 10 Anm. 10 d).

Zu den Beerdigungskosten gehören auch Kosten solcher Handlungen, die nach herrschenden Gebräuchen die Beisetzung würdig und feierlich gestalten sollen, z. B. Neuinstandsetzung eines schon vorhandenen Grabdenkmals, Traueranzeigen (OLG. Cöln, Rhein ARB. 25 S. 159). Die Auslagen für Unterhaltung und Pflege der Grabstätte sind keine Beerdigungskosten, ebenso nicht die Kosten für Danksagung (Boschan, Nachlaßsachen S. 304). Dagegen gehören zu den Beerdigungskosten die Auslagen für Todesanzeigen, Blumen und Kränze (OLG. Colmar 16. 5. 05 Recht 05 Nr. 1451), weiter für Prediger, Küster, Trauergeläute, Trauermusik und, wo ein solcher üblich ist, auch für den Leichenschmaus (RG. 16. 9. 07 DJZ. 08 S. 374; Boschan Nachlaßsachen S. 304).

Der Anspruch auf Erstattung der Beerdigungskosten kann, wie jeder andere Anspruch, durch Universal- oder Singularsukzession auf einen Dritten übergehen; er kann auch gepfändet und verpfändet werden.

Über den Einfluß der quantitativen Haftungsbeschränkung (§ 12) auf die Pflicht zum Ersatz der Beerdigungskosten insbesondere dann, wenn der Getötete eine Rente von 3000 Mk. bezog oder wenn die Erben und die nach § 10 Abs. 2 zum Bezug einer Rente Berechtigten nicht identisch sind, vgl. § 12 Bem. III.

Trotz des Wortlautes des § 10, der im Falle der Tötung schlechthin dem zur Beerdigung Verpflichteten Anspruch auf Ersatz dieser Kosten gibt, wird man den Anspruch dann versagen müssen, wenn der tötliche Unfall einen Sterbenden getroffen hat, sodaß also der Tod auch ohne den Unfall in nächster Zeit eingetreten wäre. Denn hier ist durch den um einen kurzen Zeitraum verfrühten Tod ein Schaden überhaupt nicht eingetreten und es fehlt mithin an der Voraussetzung für Gewährung des sich gleichfalls als Schadensersatz charakterisierenden Ersatzanspruchs (ebenso Kirchner § 7 Bem. VIII 2 S. 64).

IV. **Dem Getöteten durch Minderung oder Aufhebung seiner Erwerbsfähigkeit oder Vermehrung seiner Bedürfnisse erwachsenen Vermögensnachteil** (vgl. § 11).

1. Rechtliche Natur des Anspruchs. Er ist (vgl. Vorbem. zu § 10 Ziff. 2) Schadensersatz- nicht Unterhaltsanspruch. Der Anspruch steht dem Verletzten selbst zu, nicht etwa dessen Erben; der Verletzte kann also über den Anspruch frei verfügen (vgl. oben Bem. II 3 a). Der Verletzte selbst fordert Ersatz für diese Schäden auf Grund des § 11; so lange er lebt ist also § 10 nicht anwendbar. § 10 kommt also nur zur Anwendung, wenn die Erben nach dem Tode des Verletzten die auf sie übergegangenen Ansprüche geltend machen.

2. Vermögensnachteil (vgl. § 11 Bem. VII). Über das Vorhandensein eines Schadens als Voraussetzung des Anspruchs vgl. Vorbem. Ziff. 2 und § 11 Bem. VII, § 7 Bem. VII. Nicht jeder Vermögensnachteil ist zu ersetzen, sondern nur der Vermögensnachteil in dem im Gesetz erwähnten Umfang; also kein Anspruch auf Schmerzensgeld (vgl. hierüber Vorbem. Ziff. 3).

3. Dem Getöteten erwachsener Vermögensnachteil. Nur der Schaden, den der Getötete erlitten hat, ist zu ersetzen. Schaden, den andere Personen erlitten haben, gehört nicht hierher. Deshalb hat keinen Anspruch gegen den Haftpflichtigen der Angestellte der durch den Tod des Dienstherrn seine Stelle verliert oder der Prinzipal, dem die Dienste des getöteten Angestellten entgehen. Ebenso nicht (anders nach

§ 845 BGB.) der Ehemann, dem die verletzte Frau im Hauswesen oder Geschäft (§ 1356 BGB.) nicht mehr ihre Dienste leisten kann oder der Vater, dem die Dienste des Verletzten Kindes entgehen (§ 1617 BGB.). Darüber, ob und inwieweit die Ehefrau selbst bezw. das Kind einen Schadensanspruch haben vgl. § 11 Bem. VII. Ebensowenig hat der einen Anspruch, der durch den Fortfall des Getöteten einem anderen unterhaltspflichtig wird (RG. 22. 10. 06 RGZ. 64, 344; 5. 11. 06 RGZ. Bd. 64 S. 354; vgl. unten Bem. V am Anfang).

Auch die Unterhaltsberechtigten, deren Ansprüche in § 10 Abs. 2 geregelt sind, haben für die durch die Verletzung des Unterhaltspflichtigen bei dessen Begleiten erlittene Schmälerung des Unterhalts keinen Ersatzanspruch (vgl. unten Bem. V am Anfang). Weiter sind auch die Personen, die der Getötete freiwillig oder auf Grund eines Vertrags unterstützte, nicht in der Lage, aus dem AG. Ansprüche gegen den Haftpflichtigen geltend zu machen. Auch der Vater des Verletzten hat wegen der durch die Verletzung bewirkten Vermehrung der Unterhaltskosten keinen selbständigen Anspruch (RG. 8. 11. 06 JW. 06 S. 810). Eine Lebensversicherungsgesellschaft hat gegen den Haftpflichtigen keinen Anspruch, weil sie infolge des Unfalls die Versicherungssumme früher als nach dem gewöhnlichen Lauf der Dinge zahlen muß (ROHG 9. 6. 74 Bd. 13, 426). Auch auf eine Zession im Versicherungsvertrag kann ein Regreßanspruch der Versicherungsgesellschaft gegen den Haftpflichtigen nicht gestützt werden. Dagegen ist eine Vereinbarung, daß durch Zahlung der Entschädigung der Anspruch des Versicherten auf den Versicherer übergehe und von diesem gegen den Haftpflichtigen geltend gemacht werden könne, zulässig (RG. 8. 3. 85 EisenbE. 3, 450; vgl. Gordan § 10 Bem. 5 S. 77; Reindl Haftpfl. G. S. 132).

Inwieweit bei einer Schadensversicherung die Versicherungsgesellschaft, die für den Schaden Ersatz geleistet hat, auf Grund gesetzlichen Forderungsüberganges gegen den Haftpflichtigen vorgehen kann, bestimmt jetzt § 67 RG. über den Versicherungsvertrag vom 30. 5. 1908.

In gleicher Weise wie nach dieser Bestimmung findet eine gesetzliche Zession der Ansprüche gegen den Haftpflichtigen statt zugunsten der öffentlichen Verbände (Armenverbände, Krankenkassen, Berufsgenossenschaften), die den Getöteten kraft der ihnen gesetzlich obliegenden Fürsorgepflicht unterstützt haben

(§ 140 GewUVG., § 151 LandesUVG., § 45 BauUVG., § 57 Abs. 4 KrankVersG.).

Beim Rückgriff der Krankenkasse gegen den Fahrzeughalter ist aber nicht lediglich die Summe der von der Krankenkasse geleisteten Beträge mit der Summe der von dem Fahrzeughalter zu ersetzenden Beträge abzugleichen, sondern es ist die rechtliche Natur der Beträge, aus denen sich die Unterstützung seitens der Krankenkasse und die rechtliche Natur der Leistungen, aus denen sich die Entschädigung seitens des Fahrzeughalters zusammensetzt zu berücksichtigen und nur je nach der rechtlichen Natur dieser Beträge Abgleichung anzunehmen. Der von der Krankenkasse für ärztliche Hilfe aufgewendete Betrag darf daher nur mit den von dem Fahrzeughalter zu ersetzenden Heilungskosten und das von der Krankenkasse gewährte Krankengeld nur mit dem vom Fahrzeughalter für Aufhebung oder Minderung der Erwerbsfähigkeit zu ersetzenden Schadensbetrage abgeglichen werden (Reindl, Bayer.RpflZ. 05 S. 459). Der Anspruch des Verletzten gegen den Haftpflichtigen auf Ersatz des ihm durch den Unfall entstandenen Schadens geht nur in dem Umfang auf die Berufsgenossenschaft über, als sie selbst nach dem Gesetz zur Entschädigungspflicht verpflichtet ist. Sonstige Aufwendungen, die die Berufsgenossenschaft aus Anlaß des Unfalls hat machen müssen und die im Falle des § 136 GewUVG. zur Erstattung gelangen, z. B. Kosten der geschäftlichen Behandlung, bare Auslagen für ärztliche Gutachten, kann die Berufsgenossenschaft nicht mit den Ansprüchen des Verletzten gegen den Haftpflichtigen decken. Reichs-Versich.-Amts-Nachr. 04 S. 623. Der gesetzliche Übergang der Ansprüche des Verletzten auf die Berufsgenossenschaft vollzieht sich nicht erst mit der Feststellung der Entschädigungspflicht der Berufsgenossenschaft, sondern schon mit der Entstehung der Forderung des Verletzten gegen den Haftpflichtigen in der Weise, daß die Forderung zunächst in der Person des Verletzten entsteht und durch die Person des Verletzten hindurch, indem Entstehung und Übergang sich zeitlich berühren, auf die Genossenschaft übergeht (RG. 26. 1. 05 RGZ. Bd. 60 S. 200; anders bisher RG. 19. 10. 03 RGZ. 55 S. 385. Ebenso für das Beamtenfürsorgerecht RG. 2. 3. 05 RGZ. Bd. 60 S. 207).

4. „während der Krankheit" (vgl. § 11 Bem. V). Unter Krankheit ist zu verstehen „der gesamte krankhafte durch den Unfall herbeigeführte Zustand, gleichviel ob sich derselbe

in einer einzigen oder in mehreren aufeinanderfolgenden und selbst zeitweise als beendigt erscheinenden Krankheiten äußert, falls nur der Grund aller dieser Krankheiten sich nachweisbar auf die eine Verletzung zurückführen läßt, welche den Tod zur Folge hat" (Eger HaftpflG. S. 336). Wie Eger a. a. O. hervorhebt, wäre es richtiger gewesen, statt des rein zeitlichen „während" zu sagen „infolge der Krankheit" (vgl. § 11 „infolge der Verletzung"); denn für eine zwar während der Krankheit auftretende, nicht aber auf die Krankheit als Ursache zurückzuführende Minderung oder Aufhebung der Erwerbsfähigkeit gewährt das Gesetz keinen Ersatz. Wenn während der aus dem Unfall herrührenden Erwerbsunfähigkeit Umstände eintreten, die auch ohne die Verletzung eine ganze oder teilweise Erwerbsunfähigkeit zur Folge gehabt hätten (Schwangerschaft), dann bleibt der Ersatzanspruch gleichwohl bestehen, wenn und insoweit feststeht, daß für die vorhandene Erwerbsunfähigkeit der ursprüngliche Grund — die Verletzung — noch fortwirkt. Soweit dagegen durch die neu hinzukommenden, mit dem Unfall und der Verletzung in keinem Zusammenhang stehenden Umstände die Erwerbsfähigkeit ohnehin beseitigt worden sein würde, kommt der Ersatzanspruch in Wegfall (Kirchner § 11, V S. 166; Krause § 10, Bem. 9h S. 134; RG. 9. 10. 90 Bolze Bd. 10 Nr. 279c, JW. 90 S. 378). Der Verletzte, der während der Krankheit eine Freiheitsstrafe verbüßen muß, wird während der Dauer derselben keinen Anspruch wegen Verminderung seiner Erwerbsfähigkeit machen können; nur insoweit wird er anspruchsberechtigt bleiben, als ihm auch der Anteil am Arbeitsverdienst im Gefängnis entgeht (RG. 23. 12. 79 RGZ. 1, 67 SeuffA. 36 Nr. 44; RG 9. 10. 90 JW. 90, 378; RG. 27. 5. 87 JW. 87, 316). Ebenso ist die Sachlage zu beurteilen, wenn durch eine allgemeine Arbeiteraussperrung der Verletzte ohnehin brotlos geworden sein würde.

5. Erwerbsfähigkeit, ihre Aufhebung und Minderung vgl. § 11 Bem. IV.

6. Vermehrung der Bedürfnisse vgl. § 11 Bem. IX.

7. Die nach § 10 Abs. 1 für Minderung der Erwerbsfähigkeit bezw. Vermehrung der Bedürfnisse vom Ersatzpflichtigen zu vergütenden Beträge werden dem Erben des Getöteten, da es sich um Leistungen für die Vergangenheit handelt, natürlich nicht in Rentenform, sondern in einer einheitlichen Summe zu-

gesprochen. Dadurch wird aber nichts an ihrer rechtlichen Natur geändert; sie sind ebenso wie die Renten, die der Verletzte bei seinen Lebzeiten selbst einklagte und einzog, Renten, allerdings nachträglich gezahlte Renten, für deren Zahlung deshalb die Form der Rente nicht mehr am Platze ist. Daß es sich um Renten und nicht um Kapitalhaftung handelt, ist wesentlich wegen der nach § 12 AG. beschränkten Haftung des Fahrzeughalters. Die Hinterbliebenenrente (§ 10 Abs. 2) berechnet sich ganz verschieden, je nachdem man diese Leistungen als Renten oder als Kapitalzahlungen ansieht (vgl. § 12 Bem. II, 2).

V. **Schadensersatz wegen Verletzung des Rechtes auf Unterhalt (§ 10 Abs. 2).** Abgesehen von dem hier zu erörternden Anspruch wegen Verletzung des Unterhaltsrechts und von dem bereits oben Bem. III erörterten Anspruch auf Ersatz der Beerdigungskosten haben die Hinterbliebenen eines durch einen Unfall Getöteten keinen Anspruch gegen die Haftpflichtigen. Insbesondere steht ihnen nicht etwa dann ein Anspruch zu, wenn sie selbst durch den Tod des Verunglückten nun einem anderen unterhaltspflichtig werden (RG. 5. 11. 06 RGZ. 64, 350 (354, 360). Die Mutter kann also nicht deshalb, weil sie an Stelle des Vaters zum Unterhalt der Kinder verpflichtet ist, im eigenen Namen einen Schadensersatzanspruch erheben; dazu sind nur die Kinder berechtigt (RG. 22. 10. 06 RGZ. 64, 344, JW. 06, 747). Das Urteil vom 12. 2. 02 SeuffA. 57 Nr. 217, das eine Entschädigungsforderung der Mutter wegen der durch die Tötung ihres Mannes ihr gegenüber den Kindern zugewachsenen Unterhaltspflicht anerkennt, betrifft einen gemeinrechtlichen Fall. Dadurch erledigt sich das von Oertmann BGB. § 844 Anm. 8 gegen dieses letztere Urteil erhobene Bedenken (vgl. RG. 16. 5. 07 JW. 07, 388, Kirchner AG. § 10 Bem. 9B S. 153). Der Anspruch aus § 10 Abs. 2 steht den Hinterbliebenen erst zu mit dem Tode des Unterhaltspflichtigen; solange dieser noch lebt, haben sie keinen Anspruch, weil ja die dem Verletzten zu gewährende Entschädigung derart zu bemessen ist, daß in seinen Verhältnissen eine Änderung nicht eintritt und der Verletzte also nach wie vor seine Unterhaltspflicht erfüllen kann (Reindl Haftpfl. 142). Weil der Anspruch ein solcher des Unterhaltsberechtigten und nicht des Getöteten ist und erst mit dessen Tod entsteht, kann der Verletzte auch nicht auf eine an die Unterhaltsberechtigten, z. B. die Ehefrau für den Fall seines Todes zu zahlende Rente gegen den Haftpflichtigen klagen (RG. 21. 9. 05 JW. 05, 647).

1. **rechtliche Natur des Anspruchs.** Der Anspruch entsteht (s. oben) erst mit dem Tode. Über die rechtliche Natur des dem Unterhaltsberechtigten gegenüber dem Haftpflichtigen zustehenden Anspruchs hat das RG. 18. 3. 07 RGZ. 65, 313 ausgeführt: „Allerdings hat der 6. Senat in dem Urteil vom 18. 5. 03 RGZ. 55, 24 f., den Ausführungen namhafter Schriftsteller beitretend, darauf hingewiesen, daß in den Fällen des § 844 der Ersatzanspruch des Dritten keineswegs nur als ein unselbständiger abgeleiteter Anspruch oder als bloßer Reflex eines für den Verletzten selbst begründeten Rechts anzusehen sei; er habe vielmehr die Eigenschaft eines selbständigen, in der Person des geschädigten Dritten von vorneherein entstandenen Anspruchs, der von dem Recht des unmittelbar Verletzten unabhängig und seiner Verfügung entzogen sei. Dieser Annahme tritt der jetzt erkennende Senat insoweit bei, als er gleichfalls den bereits entstandenen Anspruch des entschädigungsberechtigten Dritten in seinem Fortbestehen für selbständig und deshalb der Verfügung des unmittelbar Verletzten nicht unterworfen hält und sodann auch darin, daß der Anspruch in den Voraussetzungen seiner Entstehung eine gewisse Unabhängigkeit jedenfalls nach der Richtung aufweist, daß nicht nur ein mitwirkendes Verschulden des Getöteten selbst, sondern auch ein eigenes mitwirkendes Verschulden des mittelbar geschädigten Dritten, ihn auszuschließen oder in seinem Umfang zu verringern vermag. Ist dagegen im Verhältnis zwischen Tierhalter und dem Getöteten die gesetzliche Haftung durch Vertrag ausgeschlossen gewesen, so beseitigt das auch den Anspruch des mittelbar durch Entzug des Unterhaltsrechts geschädigten Dritten. Die Richtigkeit dieser Annahme folgt aus dem Wortlaute des § 844 Abs. 2. Denn, wenn darin bestimmt wird, in welchen Fällen „der Ersatzpflichtige" dem Dritten Schadensersatz zu leisten hat, so wird dabei wortdeutlich vorausgesetzt, daß eine andere Ersatzpflicht, und zwar hier dem Getöteten selbst gegenüber, bereits bestanden hat, oder daß doch wenigstens in der Person des Getöteten die Voraussetzungen für die Entstehung der Ersatzpflicht gegeben waren". Die Ausführungen treffen in gleicher Weise auf die Haftung des Fahrzeughalters zu; wird allerdings der Anspruch gegen diesen nicht auf das BGB., sondern allein auf § 10 Abs. 2 AG. gestützt, so wird der vom RG. erwähnte Ausnahmefall (Ausschluß der gesetzlichen Haftung durch Vertrag; es handelt sich in dem vom RG. entschiedenen Fall um die Haftung des Tierhalters gegenüber dem Fahrgast) nicht in Frage kommen, weil nach § 8 Ziff. 1

AG. die Fahrgäste einen Anspruch gegen den Fahrzeughalter überhaupt nicht haben, also insoweit auch von einem Ersatzanspruch des mittelbar geschädigten Dritten keine Rede sein kann.

Der Anspruch des Unterhaltsberechtigten gegen den Fahrzeughalter ist kein Unterhaltsanspruch, sondern ein Schadensersatzanspruch (Eger, HaftpflG. S. 399, 400; RG. 31. 1. 99 JW. 99, 168; Vorbem. zu §§ 10 ff.). Der Haftpflichtige tritt also nicht an Stelle des unterhaltspflichtigen Verunglückten in dessen Unterhaltspflicht ein, er kann also auch nicht wegen Vernachlässigung der Unterhaltspflicht aus § 361 Ziff. 5 und 10 StGB. gestraft werden. Wird der Haftpflichtige selbst wieder durch einen Kraftwagenunfall getötet, so kann der Berechtigte seine Ansprüche lediglich gegen den Nachlaß geltend machen, keineswegs aber auf Grund des § 10 Abs. 2 AG. als geschädigter Dritter Ersatzansprüche gegen den erheben, der den neuen Unfall zu vertreten hat, da eben sein Anspruch kein Unterhalts-, sondern ein Schadensersatzanspruch ist (Kirchner AG. § 10 Bem. 8; vgl. unten 2 a). Aus dem gleichen Grunde steht dem Haftpflichtigen nicht der Einwand zu, daß durch Leistung des Schadensersatzes sein eigener standesgemäßer Unterhalt gefährdet werde (vgl. unten Bem. V, 4b). Obgleich Schadensersatzanspruch, ist aber der Anspruch, der nach § 13 in der Regel durch Gewährung einer Rente zu befriedigen ist, in manchen Beziehungen den Unterhaltsansprüchen gleichgestellt worden, indem § 13 die Anwendbarkeit des § 850 Abs. 2 Ziff. 3 ZPO. bezüglich der Pfändbarkeit vorschreibt und damit auch die Übertragung, Verpfändung, sowie die Aufrechnung gegen den Anspruch ausschließt (vgl. § 13 Bem. II, 2).

2. **Voraussetzungen des Ersatzanspruches.**

a) **„kraft Gesetzes“.** Auf dem Gesetz muß das Verhältnis beruhen, vermöge dessen der Verletzte unterhaltspflichtig war oder werden konnte; ob die gesetzliche Vorschrift, auf die der Unterhaltsanspruch sich gründet, eine landes- oder reichsgesetzliche ist, ist belanglos, ebenso, ob der Unterhaltsberechtigte zu den Verwandten oder Familienangehörigen oder gar zu den Erben des Getöteten gehörte. War der Verletzte aber nur auf Grund Vertrags (Leibrenten-, Leibgeding-Vertrags) oder einer testamentarischen Auflage zum Unterhalt des Dritten verpflichtet, so hat der Dritte keinen Anspruch nach § 10 Abs. 2 gegen den Haftpflichtigen. Doch gilt das nur für Verträge, die eine Unterhaltspflicht neu begründen. Hat der Vertrag nur ein kraft Gesetzes bereits bestehendes Unterhaltsverhältnis näher geregelt,

z. B. der Alimentenvergleich mit dem außerehelichen Vater, so ist natürlich der Schadensersatzanspruch gegeben. Doch ist der Haftpflichtige, wenn der Vertrag dem Verletzten höhere als die gesetzlichen Leistungen auferlegt (dieses Mehr kann auch in einer über die Vorschrift des § 760 BGB. hinausgehenden Vorauszahlung der Unterhaltsrente bestehen), zur Zahlung des Mehrbeitrages nicht verpflichtet, während umgekehrt bei vertraglicher Fixierung einer schon kraft Gesetzes gegebenen Unterhaltspflicht der Unterhaltsberechtigte an eine vereinbarte Kürzung seines gesetzlichen Anspruchs auch gegenüber dem Haftpflichtigen gebunden ist. Derjenige, dem der Verletzte ohne verpflichtenden Rechtsgrund freiwillig oder in Erfüllung einer sittlichen Pflicht den Unterhalt gewährt hatte, kann gegen den Haftpflichtigen keinen Anspruch erheben (OLG. Stuttgart 11. 4. 01 OLG. 2, 440). Der Dritte muß zur Begründung des Ersatzanspruches nachweisen, daß die gesetzliche Unterhaltspflicht des Getöteten gegeben war. Ist dazu der Nachweis der Bedürftigkeit auf der einen und der Leistungsfähigkeit auf der anderen Seite nötig, so kann dieser Nachweis nicht durch den Hinweis darauf ersetzt werden, daß z. B. das getötete Kind bei Lebzeiten tatsächlich die Eltern unterstützt habe; es kommt allein darauf an, ob diese Unterstützung von den Eltern als ihr Recht gefordert werden konnte und ob sie in gleichem Maße weiter würde gefordert werden können, wenn das Kind am Leben geblieben wäre (RG. 10. 6. 07 JW. 07, 480).

Ob die rechtlich bestehende Unterhaltspflicht tatsächlich erfüllt wurde, ist für die Anwendbarkeit des § 10 Abs. 2 ohne Belang (vgl. unten Bem. V, 2d).

Als Unterhaltsberechtigte im Sinne des Abs. 2 kommen demnach in Betracht:

α) die Ehegatten untereinander, und zwar hat der Ehemann der Frau bei bestehender Ehe nach Maßgabe seiner Lebensstellung, seines Vermögens und seiner Erwerbsfähigkeit Unterhalt zu gewähren (§ 1360 Abs. 1 BGB.), ohne daß es auf das eigene Vermögen der Frau ankäme (RG. 13. 7. 08 EisenbE. 25, 192), während andererseits die Frau dem Manne nur, wenn er außerstande ist, sich selbst zu unterhalten, den seiner Lebensstellung entsprechenden Unterhalt nach Maßgabe ihres Vermögens und ihrer Erwerbsfähigkeit zu gewähren hat (§ 1360 Abs. 2 BGB.). Über die Unterhaltspflicht nach Scheidung der Ehe vgl. §§ 1578, 1579, nach Anfechtung der Ehe wegen Rückkehr des für tot Erklärten § 1351 und über die Unterhaltspflicht bei nichtiger Ehe § 1345 BGB. Über die Unterhaltspflicht des früheren Mannes, der die Ehe wegen Irrtums angefochten hat RG. 7. 11. 07 RGZ. 67, 56.

β) die Verwandten in gerader Linie einschließlich des durch Adoption und Legitimation vermittelten Verhältnisses. Ein eheliches minderjähriges, unverheiratetes Kind kann von seinen Eltern trotz Besitzes von eigenem Vermögen Unterhalt verlangen, soweit die Einkünfte seines Vermögens und der Ertrag seiner Arbeit zum Unterhalt nicht ausreicht (§ 1602 BGB.), der Einwand der eigenen Notdurft steht dabei den Eltern nur in ganz beschränktem Maße zu (§ 1603 Abs. 2). Besitzt allerdings das minderjährige unverheiratete Kind Vermögen, aus dessen Stamm sein Unterhalt bestritten werden kann, so besteht eine Unterhaltspflicht der Eltern nur bei deren Leistungsfähigkeit. Der Unterhaltsanspruch der großjährigen und der verheirateten minderjährigen Kinder gegenüber den Eltern ist an die Voraussetzungen der Bedürftigkeit der Kinder und der Leistungsfähigkeit der Eltern geknüpft. Kinder aus nichtiger Ehe stehen den ehelichen Kindern gleich (§ 1703 BGB.). Auch sonst sind nach § 1601 die Verwandten gerader Linie gegenseitig unterhaltspflichtig. Voraussetzung dieses Unterhaltsanspruchs ist Bedürftigkeit (Unmöglichkeit, sich selbst zu unterhalten, § 1602). Wer bei Berücksichtigung seiner sonstigen Verpflichtungen außerstande ist, ohne Gefährdung seines standesgemäßen Unterhalts den Unterhalt zu gewähren, ist von der Unterhaltspflicht befreit (§ 1603). Doch steht die Unterhaltspflicht der Verwandten nach Maßgabe des § 1604 in der Regel hinter der Unterhaltspflicht des Ehegatten zurück. Von den Verwandten sind wieder die Abkömmlinge vor den Aszendenten und von letzteren der Vater vor der Mutter, die näheren vor den entfernteren zum Unterhalt verpflichtet (§ 1606). Der Vater eines durch einen Unfall getöteten Sohnes muß, wenn er wegen des entgangenen Unterhaltsrechts Ersatz fordert, dartun, daß der Sohn gemäß §§ 1603, 1612 unterhaltspflichtig war; die Unterhaltspflicht wird erst wirksam, wenn der Vater bedürftig ist, nicht ohne weiteres mit dem Unfalltag (RG. 10. 6. 07 JW. 07 S. 480; vgl. unten Bem. V, 2c und 4a).

γ) das außereheliche Kind gegenüber seinem Vater (§ 1708 BGB.); gegenüber der Mutter steht das uneheliche Kind dem ehelichen gleich.

δ) die uneheliche Mutter gegenüber dem außerehelichen Schwängerer wegen der Sechswochenkosten (§ 1715 BGB.;

Gordan § 10 Bem. 12 S. 83; Neukirch-Rosenmeyer § 10 Anm. 25; a. M. Staudinger BGB. § 1715 Bem. 5; Krause § 10 Bem. 11d S. 148).

ε) das Recht der Schwangeren, von der ein Erbe oder Nacherbe geboren werden soll (§§ 1963, 2141 BGB.) und das Recht der Hausgenossen des Verstorbenen auf den sog. „Dreißigsten" (§ 1969) werden kaum je für das AG. in Betracht kommen (vgl. Gordan § 10 Bem. 12 S. 84; Neukirch-Rosenmeyer § 10 Anm. 25).

ζ) der Anspruch des verarmten Schenkers gegen den Beschenkten (§ 528 BGB.) gehört nicht hierher (Planck BGB. § 844 Bem. 4a; Staudinger BGB. § 844 Bem. III A. 2b S. 1531; Gordan AG. § 10 S 84; Kirchner § 10, IV, 5; Krause § 10 S. 147, 148; Neukirch-Rosenmeyer § 10 Anm. 25; a. M. Eger, HaftpflG. S. 392 u. Waldeck § 10 Anm. 22 S. 84). Und das Gleiche wird

η) für den Anspruch des Dienstverpflichteten aus § 617 BGB. gelten müssen (Gordan AG. S. 84; a. M. Eger, HaftpflG. S. 392).

ϑ) Schadensansprüche gegen den durch den Betriebsunfall Getöteten ex delicto des letzteren gemäß der §§ 843, 844 BGB. bezw. §§ 10, 11 AG., § 3 HaftpflG. gehören nicht hierher, da sie keine Alimentationsansprüche sind und ihnen in der hier in Betracht kommenden Richtung auch nicht die Natur einer Alimentenforderung durch das Gesetz beigelegt ist (Reindl, HaftpflG. S. 140, 141; Krause AG. § 10 Bem. 11d S. 148; vgl. oben Bem. V, 1).

b) **„Zur Zeit der Verletzung"** muß das Verhältnis bestanden haben, das die Grundlage der Unterhaltspflicht bildet. Maßgebend ist also nicht der Zeitpunkt des Todes des Verletzten, sondern der Zeitpunkt, in dem dem Verletzten die tötliche Verletzung beigebracht wurde. Es sind also nicht ersatzberechtigt die nach dem Unfall erzeugten Kinder, ebenso nicht der Ehegatte und die Kinder einer erst nach dem Unfall geschlossenen Ehe (RG. 15. 1. 03 JW. 03, 68, EisenbE. 20, 131), und zwar auch dann nicht, wenn der Verletzte mit seiner späteren Ehefrau zur Zeit des Unfalls schon uneheliche Kinder gehabt hatte, weiter nicht die nach dem Unfall legitimierten oder an Kindes Statt angenommenen Kinder. Dagegen sind nach der ausdrücklichen Vorschrift des § 10 Abs. 2 Satz 2 die nach dem Unfall, ja vielleicht erst nach dem Tode des Verletzten geborenen Kinder des Verletzten ersatzberechtigt, soferne sie nur zur Zeit der Verletzung bereits erzeugt waren; das gilt nicht bloß für eheliche, sondern auch für uneheliche Kinder. Das von dem Getöteten vor der Verletzung erzeugte uneheliche Kind kann aber gegenüber dem Haftpflichtigen nur die ihm als unehelichem Kind gegen seinen Vater zustehenden Ansprüche erheben, auch wenn der Getötete nach seiner Verletzung die Mutter des Kindes geheiratet hat oder wenn das Kind auf Antrag des Vaters nach dessen Verletzung gemäß §§ 1723 ff. BGB. für ehelich erklärt worden ist. Das wird trotz der Vorschrift des § 1591 BGB. selbst dann gelten müssen, wenn die Heirat mit der unehelichen Mutter noch vor der Geburt des Kindes erfolgte. Die Beweispflicht dafür, daß der Unterhaltsberechtigte, der nach dem Unfall geboren wurde, bereits vor dem Zeitpunkt der Verletzung erzeugt war, liegt dem Kläger ob. Die Vorschriften über die Empfängniszeit (§§ 1592, 1717 BGB.) werden dem Richter einen Anhalt für die Entscheidung geben; doch ist er an diese Bestimmungen nicht gebunden, hat vielmehr nach dem Grundsatz der freien Beweiswürdigung (§ 287 ZPO.) zu entscheiden (Staudinger BGB. § 844 Bem. III A. 2a S. 1530; Planck BGB. § 844 Bem. 4a; Eger, HaftpflG. S. 428; Gordan § 10 Bem. 17 S. 93; Neukirch-Rosenmeyer § 10 Anm. 24; Waldeck § 10 Anm. 23 S. 84).

c) **„Unterhaltspflichtig war oder werden konnte".** Das Verhältnis, auf dem die Unterhaltspflicht beruht (Ehe, Verwandtschaft, außereheliche Vaterschaft) muß schon zur Zeit der Verletzung bestanden haben. Dagegen ist es nicht Voraussetzung, daß auch die Unterhaltspflicht, die ja nicht immer mit dem Verhältnis ohne weiteres gegeben ist, sondern noch von anderen Umständen, z. B. Bedürftigkeit des Unterhaltsberechtigten abhängig sein kann, schon in diesem Zeitpunkt gegeben war. Ersatzberechtigt sind also auch die Personen, die im Zeitpunkt der Verletzung zu den Unterhaltsberechtigten gehören, einen Anspruch auf Gewährung des Unterhalts aber mangels eines gesetzlichen Erfordernisses (z. B. weil ein zum Unterhalt ausreichendes Vermögen oder ein näherer Verwandter als der Getötete vorhanden war oder weil der unterhaltsberechtigte Vater beim Tode des Sohnes noch erwerbsfähig oder vermögend war und erst später erwerbsunfähig und unterhaltsbedürftig wurde) noch nicht zu erheben vermögen, soferne nachträglich dieses Ereignis eintritt (RG. 11. 3. 81 RGZ. Bd. 4

S. 105; RG. 23. 6. 91 Seuff A. Bd. 47 Nr. 68; RG. 23. 3. 97 JW. 97, 246; RG. 21. 6. 94 RGZ. Bd. 33 S. 279 (281); RG. 21. 6. 88 Bolze 6 Nr. 293).

d) **Entziehung des Unterhaltsrechts infolge der Tötung.** Es muß zwischen dem durch den Betriebsunfall herbeigeführten Tod des Unterhaltspflichtigen und der Entziehung des Unterhaltsrechts ein Kausalzusammenhang gegeben sein und daß das der Fall ist, hat der Kläger zu beweisen. Er muß also das Vorhandensein aller der Umstände, durch welche die Entstehung des Rechts auf Unterhalt gesetzlich bedingt ist, z. B. Bedürftigkeit, Nichtvorhandensein näherer leistungsfähiger Verwandter, nachweisen, in der gleichen Weise, wie er das dem Unterhaltspflichtigen gegenüber hätte tun müssen (RG. 14. 5. 06 JW. 06, 438). In gleicher Weise kann der Ersatzpflichtige alle dem Getöteten selbst möglich gewesenen Einreden vorbringen, nicht aber die Einrede, daß er ohne Gefährdung seines eigenen Unterhalts nicht zahlen könne (vgl. § 10 Bem. V, 4b). Der Vater eines durch einen Unfall getöteten Sohnes muß also, wenn er wegen der entgangenen Unterhaltsverpflichtung des Sohnes Ersatz fordert, dartun, daß der Sohn gemäß §§ 1603, 1612 unterhaltspflichtig war, also auch, daß er selbst bedürftig ist (RG 10. 6. 07 JW. 07 S. 480). Aus der Tatsache allein, daß dem durch andere Umstände herbeigeführten Tod des Ernährers früher einmal ein Betriebsunfall vorausgegangen war und wegen desselben der Ernährer eine lebenslängliche Rente bezogen hatte, kann ein Anspruch der Hinterbliebenen auf weiteren Unterhalt gegen den Ersatzpflichtigen noch nicht hergeleitet werden (RG. 29. 11. 88 bei Bolze 7 Nr. 321). Der Kläger hat zur Begründung seines Ersatzanspruchs nur nachzuweisen, daß Pflicht und Vermögen des Getöteten zur Unterhaltsgewährung zurzeit des Todes vorhanden waren (RG. 11. 3. 81 RGZ. Bd. 4 S. 104). Daraus ist auf ihr Fortbestehen zu schließen. Sache des Beklagten ist es dann, gegen die Klage im Wege der Einrede jede Veränderung zu begründen. Von dem Zeitpunkt an, wo der Unterhaltspflichtige auch ohne den Unfall gestorben wäre, kann nicht mehr gesagt werden, daß dem Unterhaltsberechtigten durch den Unfall der Unterhalt entzogen worden sei (RG. 26. 5. 82 RGZ. 7, 50; vgl. hierzu unten Bem. V, 4a über die Dauer des Unterhaltsanspruchs).

Ist das zur Zeit der Verletzung begründete Unterhaltsrecht vor dem Tode des Verletzten erloschen, z. B. durch rechtskräftige Scheidung, Nichtigkeitserklärung oder Anfechtung der Ehe, Aufhebung der Annahme an Kindes Statt, oder weil das uneheliche Kind des Getöteten über 16 Jahre alt wurde, oder weil der schon zur Zeit des Unfalls im hohen Alter stehende Verletzte auch ohne den Unfall vor dem Zeitpunkt des Tods erwerbsunfähig und damit außerstande gewesen wäre, seiner Alimentationspflicht nachzukommen, dann fällt jeder Anspruch gegen den Schädiger weg.

Wenn die Unterhaltspflicht des Getöteten auf dessen Erben übergeht, wie das nach §§ 1582, 1712 BGB. bei dem Unterhaltsanspruch des getöteten Ehegatten und des unehelichen Kindes der Fall ist, dann ist das Unterhaltsrecht nur insoweit entzogen, als die Rechtsstellung des Unterhaltsberechtigten durch die den Erben des Verpflichteten zustehende Befugnis zur Herabsetzung der Rente oder Abfindung sich verschlechtert; nur insoweit besteht also ein Anspruch gegen den Ersatzpflichtigen (RG. 12. 12. 07 EisenbE. 24 S. 287, Recht 08 Nr. 523; ROHG. 5. 3. 74 Seuff A. 30, Nr. 32). Erlischt dagegen die Unterhaltspflicht des Verletzten mit seinem Tode, so ist dem Unterhaltsberechtigten durch den Unfall das Recht auf Unterhalt entzogen, mag auch eine andere bis dahin subsidiär ersatzpflichtige Person nunmehr zur Gewährung des Unterhalts verpflichtet sein; das ergibt sich aus der ausdrücklichen Bestimmung des § 843 Abs. 4 BGB., der nach § 13 (s. unten) für unser Gesetz Anwendung findet. Ist der Getötete ein entfernterer und deshalb eigentlich nur subsidiär unterhaltspflichtiger Verwandter, hat er aber gleichwohl den Unterhalt gewährt, weil von dem primär Verpflichteten wegen dessen Bedürftigkeit oder wegen Aufenthalts im Auslande (§ 1607 BGB.) der Unterhalt nicht zu erlangen war, dann ist der Anspruch gegen den Haftpflichtigen gegeben (ROH. 11. 5. 78 Bd. 23 S. 330). Hat dagegen der Erstverpflichtete die Unterhaltsleistung verweigert und war aus diesem Grund der jetzt getötete Zweitverpflichtete eingetreten, dann wird ein Anspruch gegen den Haftpflichtigen nur dann bestehen, wenn der Getötete nach dem Gesetz verpflichtet war, an Stelle des Erstverpflichteten einzutreten (§ 1607 Abs. 2 BGB.), nicht aber, wenn er ohne das Vorhandensein einer Pflicht eintrat, denn im letzteren Falle beruht seine Unterhaltspflicht nicht auf dem Gesetz (vgl. hierzu Gordan AG. § 10 Bem. 14 S. 86).

Gleichgültig für die Frage, ob ein Anspruch gegen den Haftpflichtigen besteht, ist es, ob der getötete Unterhaltspflichtige seine rechtlich bestehende Unterhaltspflicht auch tatsächlich erfüllt hat, ebenso, ob der Berechtigte bei Lebzeiten des Getöteten sein Recht auf Unterhalt ausgeübt hat oder nicht (RG. 31. 1. 85 JW. 85 S. 95, Seuff A. 40 Nr. 290; RG. 20. 1. 82 JW. 82 S. 78; RG. 25. 11. 09 Recht 1910 Nr. 75).

Dagegen fällt der Anspruch des Dritten weg, wenn der Haftpflichtige nachweist, daß der Getötete, wenn er leben würde, die eine Voraussetzung der Unterhaltspflicht bildende Leistungsfähigkeit nicht besitzen würde (RG. 14. 5. 06 JW. 06, 438; vgl. unter Umfang des Anspruchs Bem. V, 4b).

Nur den durch Entziehung des Unterhaltsrechts entstehenden Schaden hat der Haftpflichtige zu ersetzen. Die Unterhaltsberechtigten werden infolge der Verletzung ihrer Ernährers oft einen Schaden haben, den ihnen der Haftpflichtige nicht zu ersetzen braucht. Man denke an den Fall, daß der Verletzte erst in einem langen Prozesse sein Recht aus § 10 Abs. 1 verfolgen muß und infolge der durch den Unfall eingetretenen Erwerbsunfähigkeit sein Einkommen und damit das Maß des von ihm zu gewährenden standesgemäßen Unterhalts geringer wird. Gewinnt der später an den Folgen des Unfalls Sterbende dann auch schließlich den Prozeß, so sind doch die Unterhaltsberechtigten nicht in der Lage, sich nachträglich an ihn zu halten, da ein Unterhaltsanspruch für die Vergangenheit in der Regel (§ 1613, aber auch § 1711 BGB.) ausgeschlossen ist. An den Haftpflichtigen dürfen sie sich aber wegen der ihnen bei Lebzeiten des Getöteten entgangenen Unterhalts nicht halten (vgl. oben Bem. V, 1; unten Bem. V, 4a; Krause § 10 Bem. 9g S. 132, Bem. 11 S. 145).

Dem Unterhaltsberechtigten kann ein Schaden auch dadurch zugehen, daß er, der den Unterhaltspflichtigen beerbt hat, zur Bewirtschaftung der ererbten Grundstücke als Ersatz der Arbeitskraft des Getöteten eine besondere Arbeitskraft einstellen muß. Dafür hat aber der Haftpflichtige nicht schlechthin Ersatz zu leisten. Das würde einen Schadensanspruch darstellen, der dem Verletzten selbst zugekommen sein möchte, wenn er am Leben geblieben, aber durch den Unfall arbeits- und erwerbsunfähig geworden wäre. Als Entschädigung für die Unterhaltsberechtigten kann nur die Quote des aus der Arbeitskraft des Getöteten erzielten Gewinnes in Rechnung kommen, die dann nach den besonderen Verhältnissen, insbesondere auch der Lebensweise des Getöteten auf den aus seinem Vermögen zu leistenden Teil des Unterhalts entfallen sein würde, wogegen der Teil außer Betracht bleibt, der von dem Verlebten zur Befriedigung seiner persönlichen Bedürfnisse zurückbehalten worden wäre (RG. 6. 7. 18 RGZ. 69, 292).

Möglicherweise war der Getötete nicht der einzige Unterhaltspflichtige, sondern es sind noch andere Personen, die in gleicher Linie zur Alimentation verpflichtet und auch dazu fähig sind. Dann ist dem Unterhaltsberechtigten durch den Tod des einen Unterhaltspflichtigen der Unterhalt nur zum Teil entzogen und deshalb der Ersatzanspruch gegen den Haftpflichtigen nur insoweit zulässig, als der Unterhaltsberechtigte von dem Getöteten den Unterhalt hätte fordern können (ROHG. 23. 2. 78 Bd. 23, 299; RG. 16. 9. 81 SeuffA. 37 Nr. 222; RG. 25. 11. 09 Recht 10 Nr. 75). Über den Fall, daß andere, subsidiär nach dem Getöteten Unterhaltspflichtige vorhanden sind, vgl. unten Bem. V, 5).

Bei Konkurrenz mehrerer, in gleicher Linie Unterhaltsberechtigter kann sowohl mit Rücksicht auf § 1609 BGB. als auch wegen der Haftungsgrenzen des § 12 AG. der Schadensersatzanspruch der einzelnen Hinterbliebenen sich eine Kürzung gefallen lassen müssen. Fällt dann später einer der Ersatzberechtigten weg, dann erhöhen sich entsprechend die Renten der übrigen (RG. 19. 3. 86 Bolze 2 Nr. 628b; RG. 29. 6. 86 Bolze 4 Nr. 395; RG. 25. 9. 91 Bolze 13 Nr. 221; vgl. § 12 Bem. III).

Das Recht der Frau, Schadensersatz wegen Tötung des Mannes zu erlangen, erlischt weder deshalb, weil sie von ihrem Ehemann getrennt lebte, noch weil sie ein ehebrecherisches Leben führt; letzteres wäre nur ein Grund, ihre Ansprüche auf den notdürftigen Unterhalt zu beschränken (OLG. Hamburg 24. 11. 08; OLG. 18, 256). Darüber, daß die Frau, die mit dem getöteten Manne in allgemeiner Gütergemeinschaft lebt und nach dem Tod des Mannes als dessen Fideiziarerbin auch die dem Manne gehörige Hälfte der gütergemeinschaftlichen Masse erhält, keinen Schadensersatzanspruch hat, vgl. unten Bem. V, 6d (RG. 6. 7. 08 RGZ. 69, 292, JW. 08, 553).

Wird bei Ableben des Vaters von der Mutter mit den Kindern die Gütergemeinschaft fortgesetzt, so haben die Kinder wegen des ihnen durch den Tod des Vaters entzogenen Unterhaltsanspruchs keinen Anspruch gegen den Ersatzpflichtigen. Allerdings hat das BGB. keine Bestimmung dahin getroffen, daß bei fortgesetzter Gütergemeinschaft der überlebende Gatte die Kinder aus dem Gesamtgute zu unterhalten hat, und es ist daher anzunehmen, daß der Unterhalt der Abkömmlinge (formellrechtlich) keine Last des Gesamtgutes bildet, daß es vielmehr in Ansehung der Unterhaltspflicht bei den Vorschriften der §§ 1601 ff. BGB. bewenden soll. Allein immerhin besteht auch rechtlich eine Beziehung des Unterhaltsanspruchs der Abkömmlinge zu dem Gesamtgut. Nach § 1495 Nr. 3 BGB. kann der anteilsberechtigte Abkömmling auf Schichtung klagen, wenn der überlebende Gatte seiner Pflicht, dem Abkömmling Unterhalt zu gewähren, nicht nachkommt. Die unterhaltsberechtigten Abkömmlinge sind also in der Lage, ihren Anteil an dem Gesamtgut zum Zwecke ihres Unterhalts frei zu machen. Wirtschaftlich betrachtet ist entweder das Unterhaltsrecht der Kinder, insoweit als zu dessen Erfüllung das Gesamtgut zu dienen hat, ihnen durch den Tod des Vaters nicht entzogen oder aber es trifft insoweit die Voraussetzung des Unterhaltsbedürfnisses nicht zu, indem die Kinder aus den Einkünften ihres eigenen Vermögens unterhalten werden. § 843 Abs. 4 trifft hier bezüglich der Mutter nicht zu (RG. 5. 10. 06 RGZ. Bd. 64 S. 350 (359) BayrRpflZ. 07 S. 44; 11. 5. 08 EisenbE. 25, 72). Ebenso ist der Fall zu entscheiden, wenn der subsidiär Unterhaltspflichtige (Mutter) als Vorerbe, die Unterhaltsberechtigten (Kinder) als Nacherben des primär unterhaltspflichtigen Getöteten eingesetzt sind, dabei also die subsidiär Unterhaltspflichtige aus dem Nachlaß des primär Unterhaltspflichtigen ein Vermögen überkommt, aus dessen Einkünften der letztere bei seinen Lebzeiten ganz oder zum Teil den Unterhaltsberechtigten den Unterhalt gewährt hat (vgl. § 13 Bem. VI).

Über den Unterhaltsanspruch eines erwerbsfähigen Kindes, das nach dem Tode des Vaters seine Arbeitskraft gegen Gewährung des Unterhalts im Hauswesen der Mutter verwertet, vgl. § 13 Bem. VI.

e) Keine Voraussetzung des Ersatzanspruches ist es, daß die Unterhaltspflicht dem Getöteten bekannt oder von ihm nicht bestritten war. Schwebt z. B. zwischen dem Verletzten und seiner Ehefrau ein Scheidungsprozeß, der durch den Tod des Verletzten erledigt wird, so ist der Haftpflichtige gleichwohl ersatzpflichtig. Das auch dann, wenn vor dem Tod des Verletzten ein Scheidungsurteil ergangen, dieses Urteil aber wegen des Todes nicht rechtskräftig geworden ist (arg. § 628 ZPO.). Wird die Ehe nach der Verletzung, aber vor dem Tod des Verletzten unter Schuldigerklärung des überlebenden

Gatten rechtskräftig geschieden, dann fällt jeder Ersatzanspruch weg (G o r d a n § 10 Bem. 11 S. 81, 82).

3. **Ersatzberechtigte** (vgl. oben Bem. V, 2a). Ersatzberechtigt ist nur der Dritte, d. h. der, dem das Recht auf den Unterhalt entzogen worden ist, und zwar nur für seine Person (vgl. oben Bem. V am Anfang), daher nicht Personen, die erst von ihm wieder Rechte ableiten, daher auch nicht der Erbe des Dritten als solcher (E g e r, Haftpfl. S. 399). Der Erbe kann jedoch einen Anspruch insoweit geltend machen, als der Anspruch seines Erblassers gegen den Haftpflichtigen bereits erwachsen war und daher als Nachlaßbestandteil auf ihn übergegangen ist; die beschränkenden Bestimmungen der §§ 1615, 1713 BGB. finden keine Anwendung, da der Anspruch kein Alimenten-, sondern ein Schadensersatzanspruch ist (R e i n d l, HaftpflG. S. 143 Bem. 15, 16; G o r d a n AG. § 10 Bem. 15 S. 87; vgl. oben Bem. V, 1). Im Wege der Einzelnachfolge kann der Anspruch nicht an andere übertragen werden (§ 13 Abs. 2). Nicht ersatzberechtigt sind alle die Personen, die durch die Tötung nur m i t t e l b a r geschädigt worden sind, z. B. der Rentengläubiger, dessen Rente auf die Lebensdauer des Getöteten gestellt war. Maßgebend für die Entscheidung, ob jemand ersatzberechtigt ist oder nicht, ist nicht die Zeit des Todes, sondern die der Verletzung (vgl. oben Bem. V, 2b).

Über die Stellung der öffentlichen Verbände (Berufsgenossenschaften), auf die kraft Gesetzes der Anspruch des Verletzten gegen den Ersatzpflichtigen übergegangen ist, vgl. oben Bem. IV, 3).

4. **Umfang des Ersatzanspruchs** (vgl. § 11 Bem. VII, § 13 Bem. III, 2). Über die dem Kläger bei Geltendmachung seines Ersatzanspurchs obliegende Beweispflicht vgl. oben Bem. V, 2a, und d.

Der Ersatz ist in Gestalt einer Rente zu leisten (§ 13). Das Gesetz geht davon aus, daß das Gericht bei Zusprechung der Rente bereits die künftige Gestaltung der Verhältnisse ins Auge zu fassen habe; insbesondere ist also unter Zugrundelegung eines normalen Verlaufs der Dinge die Beschränkung der Rente auf eine bestimmte Zahl von Jahren oder die Herabsetzung des Rentenbetrags nach Ablauf einer bestimmten Zeit in jedem einzelnen Fall zu prüfen (RG. 19. 3. 06 JW. 06 S. 308 EisenbE. 23 S. 44). Es ist nicht zulässig, die Rente ohne Bestimmung darüber, wie lange sie gezahlt werden soll, zuzusprechen; eine zeitlich unbegrenzte Rente zuzusprechen kann nur dann als zulässig erachtet werden, wenn die künftige Gestaltung der Sachlage nach den Umständen nicht vorausbemessen werden kann. Das Nähere hierüber vgl. § 11 Bem. VII, § 13 Bem. III, 2.

a) **Dauer der Rente.**

α) Anfangstermin: Der früheste Zeitpunkt, von dem an die Rente zu gewähren ist, ist die Zeit des Todes des Verletzten; vorher besteht kein Anspruch der Unterhaltsberechtigten (vgl. oben Bem. V am Anfang). Dagegen ist es möglich, daß der Unterhaltsanspruch des Dritten zur Zeit des Todes des Verletzten mangels einer der gesetzlichen Voraussetzungen noch nicht zur Entstehung gelangt war (vgl. oben Bem. V, 2c). Dann ist die Rente erst von dem Zeitpunkt ab zu entrichten, in welchem der Verletzte, wenn er nicht getötet worden wäre, zum Unterhalt verpflichtet gewesen wäre (RG. 21. 6. 94 RGZ. Bd. 33 S. 282). Doch kann in solchen Fällen unter Umständen die Klage auf Entrichtung der Rente von diesem Zeitpunkt ab schon vorher erhoben werden (BayObLG. 9. 4. 02 SeuffA. 67 S. 280 f.).

Über die Zulässigkeit der Feststellungsklage vgl. § 13 Bem. III, 3 und § 14 Bem. V, 5.

Ist der Anspruch des Unterhaltsberechtigten von dessen Bedürftigkeit abhängig, und ist zurzeit diese Voraussetzung nicht gegeben, besteht aber die Möglichkeit, daß diese Bedürftigkeit später eintritt, dann kann nicht Verurteilung zur Zahlung einer den Unterhalt ersetzenden Rente, sondern nur die Feststellung gefordert werden, daß im Falle die erwähnte gesetzliche Voraussetzung später eintreten sollte, die Ersatzpflicht des Beklagten besteht (RG. 17. 10. 07 JW. 07 S. 710; vgl. § 13 Bem. III, 3).

β) Endtermin. Die Ersatzpflicht endet in dem Zeitpunkte, in dem auch die Unterhaltspflicht geendet haben würde. Die mutmaßliche Lebensdauer des Getöteten bildet deshalb die äußerste Grenze für die Gewährung der Rente. Bei Ermittelung dieses Zeitpunktes ist der Richter an bestimmte Sterblichkeitstabellen nicht gebunden (OLG. Karlsruhe 21. 11. 01 DJZ. 02 S. 564), wenn er sie auch zur Vergleichung und zur Bestätigung seiner sonst gewonnenen Überzeugung heranziehen darf (OLG. Dresden EisenbE. 20 S. 228). Vielmehr hat er nach den Regeln der allgemeinen Lebenserfahrung und unter Berücksichtigung der Umstände des einzelnen Falles (Alter, Beruf, Gesundheitszustand, Lebensgewohnheiten des Verletzten, Verhältnisse, in denen er lebte und voraussichtlich weiter gelebt haben würde) zu ermitteln, wann voraussichtlich der Tod des Verletzten ohne den Unfall eingetreten wäre (RG. 27. 2. 85 Bolze 1 Nr. 612; 27. 2. 86 Bolze 2 Nr. 629; 7. 4. 86 Bolze 8 Nr. 324; 1. 10. 94 Bolze 19 Nr. 271; RG. 22. 11. 81 RGZ. Bd. 25 S. 108; 26. 5. 82 RGZ. Bd. 7 S. 50; RG. 19. 12. 95 EisenbE. 12 S. 132; RG. 7. 12. 83 JW. 84, 57, Seuff A. 39 Nr. 213). Die Partei, welche die hieraus gezogenen Schlußfolgerungen für den mutmaßlichen Zeitpunkt des natürlichen Todes als unrichtig bestreitet, muß die besonderen Umstände nachweisen, die der Wahrscheinlichkeitsregel entgegenstehen (RG. 22. 4. 01 Gruchots Beitr. 45 S. 1067). Auch die lediglich für die Todeserklärung gegebenen Vorschriften der §§ 13 ff. BGB. können nicht zur Begründung, wann der Tod des Unterhaltspflichtigen eingetreten wäre, verwendet werden. Über den Zeitpunkt des natürlichen Todes des Unterhaltspflichtigen hinaus kann der Dritte unter keinen Umständen Ersatz fordern, und zwar auch dann nicht, wenn er durch die Tötung des Unterhaltspflichtigen noch für die spätere Zeit geschädigt ist. Das kann z. B. bei der Witwe eines Beamten insofern der Fall sein, als ihre Witwenpension bei längerer Diensttätigkeit ihres Mannes gestiegen sein würde; die Witwenpension kann aber, wie das RG. 25. 6. 06 JW. 06 S. 570 (vgl. Gordan § 10 Bem. 16 B 2b) ausführt, nicht unter den rechtlichen Gesichtspunkt des vom Manne zu leistenden Unterhalts gebracht werden.

Neben dem mutmaßlichen Zeitpunkt des natürlichen Todes des Unterhaltspflichtigen sind noch eine Reihe von Fällen denkbar, in denen der Rentenanspruch auch schon vor dem Tode des Ersatzberechtigten, mit dem er unbedingt endet, in Wegfall kommt. Beweist z. B. der Haftpflichtige, daß der Getötete von einem bestimmten Zeitpunkt an die Leistungsfähigkeit z. B. infolge der durch Alter herbeigeführten Minderung der Erwerbsfähigkeit, ganz oder zum Teil verloren haben würde; dann hört von diesem Zeitpunkt ab seine Ersatzpflicht ganz oder teilweise auf (RG. 14. 5. 06; JW. 06, 438). Das Gleiche gilt, wenn der Getötete nur an zweiter Stelle unterhaltspflichtig war und der bisher leistungsunfähige Erstverpflichtete nachträglich leistungsfähig wird. Das Ende der Hilfsbedürftigkeit des Berechtigten bedeutet unter allen Umständen auch das Ende der Unterhaltspflicht; soweit sich dieses Ende vorausbemessen läßt, ist im Urteil die bestimmte Grenze anzugeben, andernfalls ist der Weg des § 323 ZPO. gegeben.

Einen Hauptgrund für den Wegfall der Rente wird die nachträglich eintretende Erwerbsfähigkeit der Kinder des Getöteten bilden. Für die Bestimmung des Zeitpunktes, wann diese Erwerbsfähigkeit eintritt, kommen der Stand und die Verhältnisse des Getöteten einerseits, die Lebensstellung der Bedürftigen andererseits in Frage. Das ROHG. 19. 10. 74 Bd. 14 S. 407 und das RG. 23. 12. 79 EisenbE. 1, 63; 8. 7. 84 EisenbE. 3, 240; 19. 1. 86 EisenbE. 4, 400 haben als Regel angenommen, daß Kinder von Arbeitern mit dem vollendeten 15. Lebensjahr, Kinder von niederen Beamten mit dem 16.—18. Lebensjahr erwerbsfähig und damit des Unterhaltsanspruchs verlustig werden. Im Urteil v. 5. 1. 05 JW. 05 S. 143 hat das RG. ausgeführt, daß Kinder mit vollendetem 14. Lebensjahr regelmäßig noch nicht in der Lage sind, sich selbst zu erhalten (vgl. RG. 19. 1. 05 JW. 05 S. 152). Es ist, wie diese beiden Urteile ausführen, der regelmäßige, der Erfahrung entsprechende Verlauf der Dinge in Zusammenhang mit den konkreten Verhältnissen des Einzelfalles maßgebend; auf den Zeitraum, für den nach seiner vorausschauenden Beurteilung das Fortbestehen der Zahlungspflicht zu erwarten ist, hat der Richter die Verurteilung zu beschränken. Dabei wird der Richter in manchen Fällen, z. B. bei kränklichen Kindern, oder nach der Art des zu erwählenden Berufes, zu der Ansicht kommen können, daß von vorneherein eine Beschränkung der Rente bis zur Erreichung eines bestimmten Lebensalters unmöglich ist, weil die Gestaltung der späteren Verhältnisse sich nicht voraussehen läßt. Dann wird die Rente bis zum Eintritt der Erwerbsfähigkeit zuzusprechen sein. Zu weit dürfte es aber gehen, wenn Reindl, Haftpfl. S. 149 die Beschränkung der Kinderrente auf eine bestimmte Zeit überhaupt für unrichtig hält (vgl. Gordan Bem. 16 B 2a S. 90).

Der Anspruch des unehelichen Kindes gegen seinen Erzeuger endet mit dem vollendeten 16. Lebensjahr. Auf diesen Zeitpunkt ist in der Regel auch die Ersatzrente abzustellen. Wird wegen geistiger oder körperlicher Gebrechen des Kindes dessen Unterhaltung auch für einen späteren Zeitraum nötig (§ 1768 Abs. 2 BGB.), so ist dieser Anspruch in der Regel durch Klage nach § 323 ZPO. geltend zu machen, es sei denn, daß schon zur Zeit des Erlasses des Urteils die längere Unterstützungsbedürftigkeit feststand.

Ist die Witwe des Getöteten die Unterhaltsberechtigte, so darf der ihr zuzuerkennende Schadensersatz nicht von vorneherein auf die Zeit bis zu ihrer Wiederverheiratung beschränkt werden; das Gesetz enthält keine Bestimmung, daß der Schadensanspruch der Witwe mit ihrer Wiederverheiratung endige. Es steht deshalb der Verurteilung des Haftpflichtigen zur Gewährung einer Rente für die mutmaßliche Lebensdauer des Getöteten kein rechtliches Bedenken entgegen. Die spätere Wiederverheiratung ist nur insofern von Bedeutung, als dadurch ihre Vermögensverhältnisse eine den Unterhaltsanspruch modifizierende Änderung erleiden können (vgl. unten „Höhe der Rente" Bem. V, 4b u. § 13). Es muß dem Pflichtigen überlassen bleiben, im Falle der Wiederverheiratung der Witwe seine etwaigen Rechte auf Wegfall oder Minderung der Rente im Wege des § 323 ZPO. geltend zu machen (ROHG. 27. 9. 77 Bd. 22 S. 347; ROHG. 12. 11. 78 Bd. 24 S. 366; RG. 23. 12. 79 EisenbE. Bd. 1 S. 63; 10. 5. 80 EisenbE. 1 S. 168; 6. 6. 85 EisenbE. 4, 117, Bolze 1 Nr. 614; 27. 6. 87 EisenbE. 5, 376, JW. 87 S. 356 u. Bolze 4 Nr. 411; 5. 12. 92 EisenbE. 10 S. 32, JW. 93 S. 81 u. SeuffA. 48 Nr. 266; 24. 3. 96 EisenbE. 13 S. 143 JW. 96 S. 272, Gruchots Beitr. 49 S. 1158; 31. 1. 99 EisenbE. 15 S. 351; 12. 2. 02 EisenbE. 19 S. 212, SeuffA. 57 Nr. 217; 5. 1. 05 JW. 05 S. 144, SeuffBl. 05 S. 600, Gruchots Beitr. 49 S. 938, EisenbE. 21 S. 388; OLG. Karlsruhe 21. 11. 00, EisenbE. 18, 25; RG. 5. 10. 09 SeuffA. 65 Nr. 73).

Will der Ersatzpflichtige wegen Wiederverheiratung der Witwe im Wege des § 323 ZPO. die Aufhebung oder Minderung der der Witwe zugesprochenen Rente betreiben, so trifft ihn die Beweislast dafür, daß solche Tatsachen eingetreten sind, die geeignet sind, den erhobenen Anspruch zu begründen. Dieser Beweislast genügt der Ersatzpflichtige nicht schon dadurch, daß er die Wiederverheiratung nachweist, denn wenn auch durch die Wiederverheiratung ein Unterhaltsanspruch der bisherigen Witwe gegen den 2. Ehemann entsteht, so ist daraus doch nicht ohne weiteres zu folgern, daß dadurch allein schon die Verhältnisse, insbesondere die Bedürftigkeit der Witwe, sich auch tatsächlich so wesentlich geändert hatten, daß sie nicht mehr als durch den Tod des früheren Ehemannes geschädigt erscheinen. Dagegen muß es allerdings zur Begründung des Anspruchs auf Aufhebung der Rente genügen, wenn der Kläger nachweist, daß die bisherige Witwe tatsächlich von ihrem jetzigen Manne ganz in gleicher Art den Unterhalt findet, wie das vor dem Unfall von dem Verstorbenen in dessen Haushalt der Fall war (RG. 5. 10. 09; SeuffA. 65 Nr. 73, SeuffBl. 75, 387).

Der Anspruch der Witwe ist nach der wahrscheinlichen Lebensdauer des Mannes zu berechnen und nicht nach der Dauer ihres Lebens (RG. 28. 6. 06 Gruchots Beitr. 51, 178; 25. 6. 06 EisenbE. 23, 402; 5. 7. 06 JW. 06, 553). Es darf ihr auch nicht deshalb eine Rente über den Tod des Mannes hinaus zugebilligt werden, weil sie im Falle seines natürlichen Todes eine Pension bezogen hätte (RG. 25. 6. 06 JW. 06, 570, EisenbE. 23, 366).

Unrichtig wäre es auch, der Witwe die Rente nur für die Dauer der Erwerbsfähigkeit des Getöteten zuzusprechen; denn die Erwerbsfähigkeit ist bei der Unterhaltspflicht des Mannes nur ein Faktor für das Maß des Unterhalts, der allerdings bei einem vermögenslosen, auf seinen Arbeitsverdienst angewiesenen Mann auch für die Fähigkeit und damit für die Pflicht zur Unterhaltsleistung von großer Bedeutung sein kann (RG. 30. 9. 09 JW. 09 S. 687).

Der Unterhaltsanspruch der geschiedenen unschuldigen Ehefrau (§ 1578 BGB.) fällt weg, sobald sie imstande ist, ihren Unterhalt aus den Einkünften ihres Vermögens oder aus dem Ertrag ihrer Arbeit zu bestreiten, vorausgesetzt, daß nach den Verhältnissen, in denen die Ehegatten gelebt hatten, Erwerb durch Arbeit der Frau üblich ist. Außerdem erlischt ihr Anspruch (anders als bei der Witwe) auch durch Wiederverheiratung, weil nach § 1581 BGB. mit diesem Zeitpunkt auch die Unterhaltspflicht des geschiedenen Mannes ihr Ende gefunden hätte.

Im Falle der Verheiratung einer Tochter fällt in der Regel die Unterhaltspflicht der Eltern fort, da von diesem Zeitpunkt an der Mann den Unterhalt zu gewähren hat (RG. 25. 11. 07 EisenbE. 24 S. 368). § 843 Abs. 4 BGB. steht nicht im Wege, weil die Unterhaltspflicht des Mannes der der Verwandten nach § 1608 BGB. vorgeht. Soweit jedoch der Ehegatte bei Berücksichtigung seiner sonstigen Verpflichtungen außerstande ist, ohne Gefährdung seines standesgemäßen Unterhalts seiner Ehefrau den Unterhalt zu gewähren, haften die Verwandten vor ihm (Krause § 10 Bem. 11 i. S. 152, Kirchner § 10 Bem. IV, 9A S. 140).

b) **Höhe der Rente:** Der Haftpflichtige hat Ersatz zu leisten für die Entziehung des Rechtes auf Unterhalt. Unter Unterhalt ist der gesamte Lebensbedarf, das zur Existenz allgemein Erforderliche zu verstehen, also nicht bloß Nahrung, sondern auch Kleidung, Wohnung, Heizung, Gewährung des notwendigen Hausinventars, sowie die notwendige Pflege, Behandlung und die Heilmittel in Krankheitsfällen. Die Rente muß also so bemessen werden, daß sie alle diese Bedürfnisse umfaßt, und es hat deshalb der Haftpflichtige nicht neben der Rente bei Krankheit des Dritten auch noch für die dadurch entstehenden Mehrkosten aufzukommen (natürlich abgesehen von einer etwa nach § 323 ZPO. zulässigen Erhöhung der Rente). Es gehören aber weiter zum Unterhalt auch die Kosten der Erziehung (Schulgelder), für Erlernung eines Handwerkes oder eines Berufes (§ 1610 Abs. 2 BGB; RG. 2. 7. 97 EisenbE. 14 S. 365, JW. 07 S. 472). Nach den konkreten Verhältnissen, dem Stand des Getöteten und der Lebensstellung der Unterhaltsberechtigten ist dabei zu beurteilen, in welcher Höhe Ausbildungskosten zu gewähren sind, ob insbesondere die Kosten für höhere Schulen, für Universitätsstudium vom Haftpflichtigen zu tragen sind. Auch die geistigen und körperlichen Fähigkeiten des Unterhaltsberechtigten werden hierbei zu berücksichtigen sein; denn da die Eltern verpflichtet sind, dem Kinde eine seinen Anlagen entsprechende Ausbildung (allerdings nach Maßgabe ihrer Leistungsfähigkeit) zu geben und hierzu alle verfügbaren Mittel aufzuwenden, trifft die gleiche Pflicht auch den Haftpflichtigen (RG. 30. 4. 81 Gruchots Beitr. 25 S. 1111). Die Ausstattungspflicht der Eltern gehört nicht zur Unterhaltspflicht (§ 1620 BGB.).

Nur insoweit ist Ersatz zu leisten, als der Getötete verpflichtet gewesen wäre. Diese Leistungen sind verschieden, je nach dem Verhältnis, das dem Unterhaltsrecht zugrunde liegt. Darnach entscheidet sich, welchen Einfluß das Vorhandensein eigenen Vermögens des Berechtigten hat, inwieweit es auf Lebensstellung, Vermögen und Erwerbsfähigkeit des Verpflichteten ankommt und ob ein Anspruch auf standesgemäßen oder nur auf notdürftigen Unterhalt besteht. In der Regel ist der standesgemäße, d. h. der der Lebensstellung des Bedürftigen entsprechende Unterhalt zu gewähren, nur ausnahmsweise (§ 1611 BGB.) der notdürftige, bei außerehelichen Kindern der der Lebensstellung der Mutter entsprechende Unterhalt. Der notdürftige Unterhalt umfaßt nur das, was ohne Rücksicht auf die Lebensstellung des Berechtigten zur Erfüllung der notwendigsten Lebensbedürfnisse ausreicht. Hat der Getötete dem Dritten mehr geleistet, als er gesetzlich verpflichtet war, so hat für dieses Mehr der Haftpflichtige nicht aufzukommen (RG. 20. 1. 82 JW. 82 S. 78; RG. 20. 1. 10 Recht 10 Nr. 702; vgl. oben Bem. V, 2a). Dagegen ist es gleichgültig, ob der Getötete bei seinen Lebzeiten seine rechtlich bestehende Unterhaltspflicht auch tatsächlich erfüllt hat oder nicht; hat der Getötete, wenn auch mit Zustimmung des Berechtigten, nur einen geringeren Betrag gezahlt, als den, zu dem er gesetzlich verpflichtet gewesen wäre, so kann sich der Haftpflichtige nicht darauf berufen (vgl. oben Bem. V, 2d; ROHG. 21. 5. 75 Bd. 18 S. 3; RG. 21. 6. 94 RGZ. Bd. 33 S. 283).

Die Vermögens- und Erwerbsverhältnisse des Haftpflichtigen sind bei Festsetzung der Höhe der Entschädigung nicht zu berücksichtigen. Da der Anspruch gegen den Haftpflichtigen ein Schadensersatz und kein Unterhaltsanspruch ist (vgl. oben Bem. V, 1), so kann der Haftpflichtige eine Verringerung des Anspruchs auch nicht mit dem Einwand durchsetzen, daß sonst sein eigener standesgemäßer Unterhalt gefährdet werde (§ 1603 Abs. 1 BGB.).

Ist der Unterhaltsanspruch durch die Bedürftigkeit des Berechtigten bedingt, so wird man ihm doch in der Regel nicht zumuten dürfen, daß er vor Erhebung des Anspruchs erst den Stamm seines Vermögens aufzehrt; es wäre kein voller Schadensersatz, wenn der Unterhaltsberechtigte sich zuerst selbst eine so erhebliche Schädigung, wie die nutzlose Aufzehrung seines Vermögens zuziehen müßte (OLG. Colmar 10. 4. 06 Recht 06, Nr. 937, EisenbE. 24 S. 5).

Soweit die Vermögenslage des unterhaltspflichtigen Getöteten für die Bemessung der Höhe der Rente in Betracht kommt, ist nicht lediglich die Vermögenslage Erwerbs- und Leistungsfähigkeit zur Zeit des Unfalls maßgebend, sondern es ist auch auf die Wahrscheinlichkeit einer späteren Steigerung der Leistungsfähigkeit (späterer Erbschaftsanfall) des Getöteten wenigstens insoweit Rücksicht zu nehmen, als eine in sicherer Aussicht stehende Steigerung (RG. 8. 12. 80 JW. 81 S. 17, Gruchots Beitr. 25 S. 1104; RG. 2. 11. 81 EisenbE. 2 S. 141; RG. 27. 2. 85 Bolze 1 Nr. 609; 23. 5. 89 Bolze 8 Nr. 226; 30. 6. 91 Bolze 12 Nr. 233; RG. 21. 6. 94 RGZ. Bd. 33 S. 282), ebenso wie anderseits eine sicher vorauszusehende Verschlechterung (vgl. oben Bem. 4a) in Rechtung zu ziehen ist. Die Steigerung hat der Unterhaltsberechtigte, die Verschlechterung der Haftpflichtige nachzuweisen.

In gleicher Weise hat auch eine künftige Erhöhung oder Verringerung des Bedarfs auf Seiten des Berechtigten bei Bemessung der Rente Berücksichtigung zu finden. Vom Haftpflichtigen vor Zuerkennung der Rente aus freien Stücken den Unterhaltsberechtigten gewährte Unterstützungen sind auf die Entschädigung anzurechnen; denn es besteht hier die Vermutung, daß diese Unterstützungen nur unter dem Vorbehalt der eventuellen Aufrechnung gewährt wurden (RG. 23. 6. 80 SeuffA. Bd. 36 Nr. 42; vgl. unten Bem. 6 g).

Bei Bemessung der einem Kinde des Getöteten zuzusprechenden Rente ist gemäß § 1602 Abs. 2 BGB. zu beachten, daß ein minderjähriges unverheiratetes Kind nur insoweit unterhaltsberechtigt ist, als die Einkünfte seines Vermögens und der Ertrag seiner Arbeit zu seinem Unterhalt nicht ausreichen. Ein voll erwerbsfähiges Kind, das sich durch seine Arbeit selbst erhalten kann, und ein Kind, das sich aus den Einkünften seines Vermögens selbst erhalten kann, hat also gar keinen Ersatzanspruch. Der Ersatzanspruch vermindert sich entsprechend, wenn auf die angegebene Weise das Kind seinen Unterhalt zum Teil sich verschaffen kann. Über den Fall, wenn das Vermögen oder die Einkünfte dem Kind erst durch den Tod des Vaters als Erbteil, Waisenpension zugefallen sind, vgl. unten Bem. V, 6).

Was das Recht der Witwe anlangt, so ist deren Unterhaltsanspruch nicht durch Bedürftigkeit bedingt, wird also auch dadurch, daß die Frau erwerbsfähig ist oder eigenes zu ihrem Unterhalt völlig zureichendes Vermögen besitzt, nicht ausgeschlossen oder verringert (RG. 22. 11. 81 RGZ. Bd. 5 S. 108; RG. 18. 9. 83 SeuffA. 39 Nr. 106; RG. 13. 7. 08 EisenbE. 25 S. 192). Entscheidend für die Bemessung der ihr zu gewährenden Rente ist, was der Getötete nach den konkreten Umständen (seiner Leistungsfähigkeit einer-, den Bedürfnissen der Frau anderseits) zum Unterhalt leisten mußte. Die Rente, muß so bemessen werden, daß die Frau die Möglichkeit hat den Haushalt in der gleichen Weise wie früher fortzusetzen (RG. 31. 1. 85 EisenbE. Bd. 3 S. 439, JW. 85 S. 95, SeuffA. Bd. 40 S. 290). Auf den Geldbetrag, den der Mann bei Lebzeiten für seine Frau hat aufwenden müssen, kommt es dabei nicht allein an; was z. B. die Frau nach dem Tode des Mannes für eine passende Wohnung ausgeben muß, wird häufig den Betrag übersteigen, den der Getötete bei seinen Lebzeiten in dieser Richtung für die Frau ausgab. Eine ohne den tötlichen Unfall zu gewärtigende Steigerung des Einkommens des Mannes ist dabei in Betracht zu ziehen, ebenso eine mögliche Schmälerung seiner Einnahmen, z. B. durch Abnahme der Erwerbsfähigkeit (vgl. darüber oben Bem. 4a; RG. 30. 9. 09 JW. 09

S. 687). Der der Frau vom Manne bei seinen Lebzeiten gewährte Unterhalt wird oft zum Teil aus ihrem eigenen Vermögen stammen, weil die Frau nach §§ 1371, 1427 BGB. zu dem ehelichen Aufwand beizutragen hatte oder weil der Mann auf Grund seines gesetzlichen Verwaltungs- und Nießbrauchsrechtes die Einkünfte ihres Vermögens bezog oder weil endlich die Frau nach § 1356 Abs. 2 BGB. zur Mitarbeit im Haus und Geschäft des Mannes verpflichtet war. Über die Berechnung der Witwenrente in diesen Fällen vgl. unten Bem. V, 6, e und f.

Hatte die Frau schon zu Lebzeiten des Ehemannes einen eigenen Erwerb, so muß bei der Feststellung des Schadens abgemessen werden, inwieweit überhaupt der Frau durch den Fortfall des Getöteten ein Verlust entstanden ist. Dies wäre nicht der Fall, wenn gegenüber der Beisteuer der Frau aus ihrem Erwerbe der zum Unterhalt der Familie zu verwendende Verdienst des Mannes gar nicht in Betracht kam. Auch hier muß aber, wie auch sonst, berücksichtigt werden, ob die Wahrscheinlichkeit vorhanden ist, daß die Verhältnisse sich geändert hätten.

Es ist bereits oben (Bem. V, 4a) erwähnt, daß die der Witwe zuzubilligende Rente nicht von vorneherein auf die Zeit bis zu ihrer Wiederverheiratung beschränkt werden darf. Fraglich ist aber, ob die Rente der Witwe nach § 323 ZPO. nachträglich herabgesetzt oder ganz entzogen werden kann, wenn die Witwe wieder heiratet und fortan von ihrem zweiten Manne unterhalten wird. Eger, HaftpflG. S. 423, Dernburg, Bürg. Recht Bd. II § 391, II 3e S. 727, Goldmann-Lilienthal BGB. I § 238 S. 922 n. 17, Gordan § 10 Bem. 16B, 2b S. 91 vertreten unter Bezugnahme auf § 843 Abs. 4 BGB. die Ansicht, daß die Wiederverheiratung den Anspruch der Witwe gegen den Haftpflichtigen vollständig unberührt lasse. Dagegen sind Staudinger BGB. § 844 Bem. V, 2a, δ S. 1535, Planck BGB. § 844 Anm. 4c S. 1046, Reindl HaftpflG. S. 149, Oertmann Vorteilsausgleichung S. 109 ff., der insbesondere ausführt, daß § 843 Abs. 4 der Anrechnung nicht im Wege steht, Kirchner § 10 Bem. IV, 9A S. 141, Krause S. 155 f. der Meinung, daß mit der Wiederverheiratung der Entschädigungsanspruch der Witwe insoweit erlösche, als der zweite Ehemann fähig sei, seine Frau zu alimentieren. Die letztere Ansicht hat die Praxis des ROHG. und des RG. für sich (vgl. die oben Bem. 4a angeführten Urteile; vgl. auch § 13 Bem. VI). Über den für die Minderung der Rente anzuwendenden Maßstab macht Krause S. 155 folgende Ausführungen, denen beizutreten sein wird: „Nicht etwa die Differenz zwischen den vom neuen Ehemann für den Unterhalt seiner Frau jährlich zu machenden Aufwendungen und der bisher gezahlten Rente ist zu erstatten; denn erstere werden in vielen Fällen geringer sein als der Wert des Unterhalts selbst; z. B. wird der Mann mitunter für die Wohnung nicht viel größere Aufwendungen machen müssen als vor der Verehelichung; trotzdem genießt dann die Frau diese Wohnung mit und wird dadurch des Mietens einer eigenen Wohnung enthoben, muß sich also, soweit diese Wohnung den Verhältnissen der ihr von dem Getöteten zu beschaffenden Wohnung entspricht, diese anrechnen lassen müssen, obwohl ihr zweiter Mann hierfür keine anderen Aufwendungen hat, als wenn er nicht geheiratet hätte. Ebensowenig ist der Ersatz zu bemessen, durch Berechnung der Differenz zwischen dem Wert des vom zweiten Manne tatsächlich gewährten Unterhalts und der bis dahin gezahlten Rente, sondern zwischen dem Werte des seiner Verpflichtung entsprechenden Unterhalts und jener Rente. Denn gewährt er der Frau weniger an Unterhalt, als seine Verpflichtung reicht, so hat die Frau doch rechtlichen Anspruch auf mehr und muß, wenn sie sich mit dem Wenigen zufrieden gibt, die Differenz zwischen dem ihr ihrem Manne gegenüber zustehenden Unterhalt und dem von ihm tatsächlich gewährten Unterhalt selbst tragen. Gewährt ihr der zweite Mann aber mehr an Unterhalt, als seine Verpflichtung verlangt, so ist dies im Zweifel reine Liberalität gegen die Frau und kann der Haftpflichtige nicht dadurch von seiner Ersatzpflicht befreit werden".

5. Vorhandensein anderer, subsidiär Unterhaltspflichtiger; Regreß des Haftpflichtigen (vgl. § 13 Bem. VI). Nach § 843 Abs. 4 BGB., der gemäß § 13 Abs. 2 auch auf die Ansprüche aus dem AG. Anwendung findet, wird die Ersatzpflicht des Fahrzeughalters nicht dadurch ausgeschlossen, daß ein anderer dem Verletzten Unterhalt zu gewähren hat. Es folgt daraus, daß der Fahrzeughalter auch nicht berechtigt ist, den ausgelegten Betrag von dem subsidiär zum Unterhalt verpflichteten Verwandten im Regreßwege zu fordern; denn sonst hätte, entgegen dem Zweck des § 843 Abs. 4 BGB., der subsidiäre Unterhaltspflichtige statt des Fahrzeughalters den Schaden zu tragen. Nur soweit der

unterhaltspflichtig gewesene Getötete einen Regreßanspruch gegen andere Unterhaltspflichtige gehabt hätte (§§ 1606, 1607, 1608 BGB.), kann auch der ersatzpflichtige Fahrzeughalter Regreß gegen diesen anderen nehmen (Reindl, HaftpflG. S. 150; Eger, HaftpflG. S. 426). Über den Begriff des „anderen" im Sinne des § 843 Abs. 4 vgl. § 13 Bem. VI.

6. Vorteilsausgleichung (vgl. § 11 Bem. VIII). Das BGB. und ebenso das AG. haben von einer Entscheidung der Frage, ob und inwieweit auf die Entschädigung aus §§ 843, 844 BGB. bezw. §§ 10, 11 AG. Vermögensvorteile anzurechnen seien, die infolge der Verletzung oder Tötung dem Ersatzberechtigten zukommen, Umgang genommen, da es für untunlich erachtet wurde, die allgemeine Frage der Vorteilsausgleichung nur für diese Fälle zu entscheiden. Bei den Verhandlungen der II. Kommission für das BGB. war ein Zusatz zu § 844 BGB. beantragt, wonach dann, wenn infolge der Tötung einem Unterhaltsberechtigten Vermögen zugekommen ist, dieses Vermögen auf den zu leistenden Ersatz insoweit angerechnet werden sollte, als der Getötete es, wenn er am Leben geblieben wäre, zur Erfüllung seiner Unterhaltspflicht verwendet haben würde. Die Mehrheit beschloß jedoch, von Aufnahme einer solchen Vorschrift Abstand zu nehmen und die Entscheidung der Frage der Rechtsprechung zu überlassen. Es handle sich bei dem beantragten Zusatz nicht darum, inwieweit Vorteile, die dem Unterhaltsberechtigten als Folge der Tötung zugekommen seien, auf die Rente anzurechnen seien, vielmehr um eine positive Bestimmung über die Ermittelung des Schadens; die hierbei in Betracht kommenden Fälle seien aber verschiedenartig gestaltet und ließen eine gleichmäßige Entscheigund nicht zu. In Ermangelung einer gesetzlichen Regelung ist daher die Frage aus den allgemeinen Rechtsgrundsätzen über Schadensersatz (§§ 249 ff. BGB.) und über Kausalzusammenhang zu beurteilen, soweit nicht positive Vorschriften wie § 11 Abs. 2, § 843 Abs. 4 BGB. in Verbindung mit § 13 Abs. 2 AG. eingreifen.

Durch die Haftpflicht des Fahrzeughalters soll nun der Verletzte bezw. der Unterhaltsberechtigte nur vor Schaden bewahrt werden; einen Gewinn soll ihm diese Haftung nicht bringen. Es muß deshalb der etwaige Vorteil in Rücksicht gezogen werden, der dem Geschädigten infolge des die Ersatzpflicht begründenden Umstandes erwachsen ist. Eine solche Anrechnungspflicht des Geschädigten kann aber nur verlangt werden, wenn die den Vorteil erzeugenden Tatsachen mit den den Unfall herbeiführenden völlig identisch sind; außer Ansatz zu lassen sind solche Vorteile, für deren Entstehung das schädigende Ereignis nicht die eigentliche Ursache, sondern nur eine mehr oder minder entfernte Bedingung bildet. Nur wenn durch dasselbe Ereignis sowohl Nachteile wie Vorteile für den Betroffenen entstehen, erscheint nur der Überschuß des Nachteils als Schaden. Der bloß tatsächliche Zusammenhang zweier verschiedener Ereignisse, aus deren einem der Schaden, aus deren anderem der Vorteil erwächst, genügt nicht. Als ein Fall, bei dem Vorteil und Nachteil auf den gleichen Umstand zurückzuführen sind, wird von Krause § 10 Bem. 4 g S. 117 und Kirchner § 11 S. 162 der Fall genannt, daß der bei einem Kraftwagenunfall Verletzte infolge des Schrecks das vorher verloren gegangene Gehör oder die vorher verloren gegangene Sprache wieder gewinnt (RG. 11. 7. 83 JW. 83, 230, RGZ. 10, 50; RG. 23. 12. 93 JW. 94, 284; RG. 3. 10. 94 RGZ. 34, 10; RG. 13. 11. 97 RGZ. 40, 172; RG. 25. 1. 01 JW. 01 S. 229; RG. 14. 3. 03 RGZ. 54, 137; RG. 4. 1. 07 JW. 07 S. 133, RGZ. 65, 57, DJZ. 07 S. 133).

Die Beweislast trifft den Ersatzpflichtigen; er muß also nachweisen, daß und welche Vorteile der Geschädigte zum Ausgleich zu bringen habe (LG. Köln 27. 4. 01 DJZ. 01 S. 560; RG. 2. 2. 09 Recht 09 Nr. 968; RG. 23. 6. 09 JW. 09, 455).

Die Tatsache, daß dem Unterhaltsberechtigten nach dem Tod des Verletzten ein anderer den Unterhalt zu gewähren hat, kann nach der positiven Vorschrift des § 843 Abs. 4 BGB., § 13 Abs. 2 AG. nie zu einer Minderung der Ansprüche gegen den Ersatzpflichtigen führen (vgl. § 13 Bem. VI).

Einzelfälle, bei denen die Frage der Vorteilsausgleichung in Betracht kommt:

a) die Witwenpensionen und die Waisengelder (vgl. unten V, 6b). Soweit diese Pensionen aus privaten Pensions- und Unterstützungskassen herrühren, findet eine Anrechnung auf die Unfallrente nicht statt, es sei denn, daß der Dienstvertrag oder die Statuten der Pensionskasse die Anrechnung ausdrücklich vorschreiben (RG. 27. 2. 85 Bolze 1 Nr. 605). Die Nichtanrechnung der auf Grund privater Versicherungsverträge bezahlten Renten usw. rechtfertigt sich daraus, daß es hier für eine Vorteilsausgleichung an der Identität der rechtserzeugenden Tatsachen fehlt, insofern das die Haftpflicht begründende Ereignis, die Verletzung bezw.

Tötung, zwar die Bedingung für den Anspruch auf die Versicherungsgelder auslöst, aber hierfür nicht im Rechtssinne den Entstehungsgrund bildet; als solcher kommt vielmehr eine selbständige, von dem schädigenden Ereignis unabhängige Ursache nämlich der Abschluß des Versicherungsvertrags und die Zahlung der Prämien, in Betracht (RG. 11. 7. 83 RGZ. 10, 50; RG. 27. 2. 85 Bolze 1 Nr. 605; RG. 3. 10. 94 RGZ. 34, 11; RG. 29. 9. 99 SeuffA. 55, Nr. 74; RG. 18. 10. 86 Bolze 3 Nr. 407 SeuffA. 42 Nr. 120; RG. 2. 3. 08 RGZ. 68 S. 46; RG. 5. 11. 06 JW. 07 S. 23, RGZ. 64 S. 350; RG. 13. 7. 08 EisenbE. 25 S. 192; RG. 10. 12. 08 RGZ. 70 S. 101). Anders verhält es sich bezüglich der auf Gesetz beruhenden Pensionen. Hier hat das Reichsgericht in ständiger Rechtsprechung (RG. 18. 4. 84 EisenbE. 3, 215; 19. 1. 86 RGZ. 15, 114; 14. 12. 86 RGZ. 17, 45; 5. 11. 06 JW. 07, 23, RGZ. 64, 350; RG. 14. 6. 06 JW. 06 S. 482; RG. 2. 3. 08 RGZ. 68 S. 46; RG. 10. 12. 08 RGZ. 70, 101, JW. 09 S. 49, DJZ. 14 S. 267) anerkannt, daß sie auf die Unfallrente anzurechnen sind, und zwar auch dann, wenn besondere Beiträge von den Beamten zu den Witwen- und Waisenkassen erhoben werden. Zur Begründung dieser Rechtsanschauung hat das RG. (vgl. das Urteil RGZ. Bd. 64 S. 350) ausgeführt, daß die Gründe, die für die Bezüge der Witwen und Waisen aus privaten Kassen zu einer Verneinung der Anrechnung führten, für diese Bezüge, die auf Grund gesetzlicher oder statutarischer Regelung vom Staat oder der Gemeinde gezahlt werden, nicht zutreffen. Der pensionierte Beamte ist nicht um seine volle Besoldung, vielmehr nur um sein Gehalt abzüglich der Pension geschädigt. Der Pensionsanspruch bildet nicht ein neben dem Entschädigungsanspruch erworbenes, selbständiges Vermögensobjekt; die Pensionsbezüge wurzeln nicht in einem besonderen, außerhalb der Amtsstellung des Geschädigten gelegenen Rechtsgrund, vielmehr gleichermaßen wie der Gehaltsanspruch unmittelbar in den gesetzlichen oder organisatorischen Anstellungsbedingungen. Die Amtspension ist nicht das Erwerbsergebnis einer Ersparungstätigkeit des Beamten, sondern nur eine Form des Dienstgehaltes, das kraft Gesetzes oder auch kraft Anstellungsvertrages in gemindertem Betrage dem dienstunfähig gewordenen Beamten fortgewährt wird. Und selbst in dem Fall, wenn der Beamte bestimmte Beiträge zu der Pensionskasse zu leisten hat oder ihm solche Beiträge von vorneherein am Gehalt gekürzt werden, beruht der Pensionsanspruch nicht auf einem Versicherungsverhältnis, sondern auf der entsprechenden Normierung der Amts- und Gehaltsverhältnisse. Mag man mit Laband, Staatsrecht Bd. I, § 49 S. 469 der Besoldung und Pension des Beamten die Bedeutung einer dem Staat auf Grund der Anstellung gesetzlich obliegenden standesgemäßen Alimentierung des Beamten beilegen oder in Gehalt und Pension die Vergütung für die vom Beamten geleisteten Dienste erblicken, so stellt doch die Pension nicht ein Äquivalent für Leistungen dar, die nach Art von Versicherungsprämien oder Beiträgen zu Privatpensionskassen einen selbständigen Vermögenserwerb begründen. Die Einbuße für den beschädigten, gesetzlich pensionsberechtigten Beamten besteht also nicht in völliger Entziehung, sondern nur in einer Verringerung des Amtseinkommens. Und es handelt sich hierbei nicht eigentlich um eine compensatio lucri; vielmehr ist eben die Schadensfolge von vorneherein eine um den Betrag der Pension geringere. Dieser Gesichtspunkt trifft nun zwar bei der gesetzlichen Witwen- und Waisenpension vielleicht nicht unmittelbar zu, ist aber wenigstens analog auch auf sie anwendbar. Auch die Witwen- und Waisengelder bilden einen Bestandteil der dem Beamten auf Grund des öffentlichrechtlichen Dienstverhältnisses für sein Amt ausgesetzten Rente, sofern der Staat oder die Gemeinde hierdurch in dem gesetzlich bestimmten Umfange auch für den Unterhalt der Hinterbliebenen des Beamten Fürsorge trifft. Soweit also den Hinterbliebenen derartige Pensionsansprüche zustehen, ist ihnen der bisher in dem Amtseinkommen des Ernährers gewährleistete Unterhalt nicht im ganzen Umfange entgangen, sondern nur geschmälert, ihr Schaden daher ein entsprechend geringerer." Insoweit steht einer Anrechnung der Witwen- und Waisengelder auf die Entschädigung auch § 843 Abs. 4 BGB. nichts im Wege, da der Unterhaltsanspruch der Angehörigen gegenüber dem Getöteten bis zum Betrage der fortdauernden Bezüge nicht beseitigt, sondern gedeckt ist; der Staat ist (vgl. Oertmann, Vorteilsausgleichung S. 145; Kirchner § 10 S. 149, § 13 S. 200) nicht „ein anderer" im Sinne des § 843 Abs. 4, sondern er gewährt die Hinterbliebenenbezüge als Entgelt für die ihm von dem Beamten geleistete Arbeit an dessen Stelle und erfüllt damit gerade die dem Beamten obliegende Unterhaltspflicht gegenüber dessen Angehörigen (vgl. § 13 Bem. VI). Die Rechtslehre steht vorwiegend auf dem Standpunkt des Reichsgerichts (vgl. Reindl, HaftpflG. S. 151, 175; Laß u. Maier, Haftpfl. S. 106; Staudinger BGB., Vorbem. zu § 249;

Crome, Bürgerl. Recht II, § 151 S. 77; Wallmann, compensatio S. 93, 98; Oertmann, Vorteilsausgleichung S. 111, 123; Kirchner S. 149; Gordan S. 105; Krause S. 117). Die gegenteilige Ansicht von Eger, Haftpfl. S. 352, 423, 453 ff., Linckelmann, Schadensersatzpflicht S. 65; Weinrich, Haftpflicht S. 69 ist vom Reichsgericht verworfen worden.

b) Den aus privaten Kassen fließenden Witwen- und Waisenpensionen stehen gleich die durch einen Vertrag des Verletzten ihm oder seinen Hinterbliebenen gesicherten anderweitigen Unfall- oder Invaliditätsrenten oder Unfallversicherungssummen. Dem Fall eines vom Verletzten auf eigene Kosten abgeschlossenen Versicherungsvertrags ist auch der Fall gleichzustellen, wenn ein Dritter aus Liberalität eine solche Versicherung zum Besten des Verletzten oder seiner Hinterbliebenen genommen hat. Wenn dagegen ein Arbeitgeber kraft einer zwischen ihm und seinen Angestellten feststehenden Gepflogenheit zum Vorteile aller dieser beständig eine Unfallversicherung auf seine Kosten aufrecht erhält, dann gehört diese Fürsorge des Dienstherrn für seine Angestellten zu der Gegenleistung für ihre Dienste. Daher verringert sich hier der durch den Unfall entstehende Schaden von vorneherein um die Invaliditätsrente, und sind deshalb diese Beträge auf den zu leistenden Ersatz anzurechnen (RG. 10. 12. 08 RGZ. Bd. 70 S. 101, JW. 09 S. 49, EisenbE. 25 S. 320; vgl. Gordan § 11 Bem. 3 S. 105).

c) Die beim Tode des Verletzten fällige Lebensversicherungssumme darf gleichfalls nicht auf die Unfallrente angerechnet werden. Für sie gilt das Gleiche, was oben für die Witwen- und Waisengelder aus privaten Kassen gesagt wurde; es handelt sich um keine unentgeltlichen Zuwendungen, sondern sie ist durch die Versicherunsgprämie erkauft; die Zahlung dieser Prämien und nicht der Tod des Versicherungsnehmers ist das rechtlich kausale Moment für ihren Anfall (RG. 13. 7. 08 JW. 08 S. 554, EisenbE. 25 S. 192; RG. 5. 11. 06 JW. 07 S. 23; RG. 17. 12. 06 JW. 07 S. 130).

d) Erhält der Unterhaltsberechtigte als gesetzlicher oder testamentarischer Erbe oder als Vermächtnisnehmer etwas aus dem Vermögen des Getöteten, so fehlt es auch hier an dem für die Vorteilsanrechnung notwendigen Kausalzusammenhang zwischen dem durch die Erbeinsetzung erwachsenden Vorteile und dem durch die Tötung des Unterhaltspflichtigen begründeten Schaden. Denn allerdings ist der Tod des Erblassers eine Bedingung für den Eintritt des Erbfalls, aber das anspruchbegründende Moment ist hier die Ehe oder Verwandtschaft bezw. das Testament oder der Erbvertrag. Deshalb ist eine Anrechnung dieses Erwerbs nicht ohne weiteres zulässig. Im einzelnen ist hier zu unterscheiden: hat der Unterhaltsanspruch des Erben dessen Bedürftigkeit zur Voraussetzung, dann fällt der Anspruch auf Unfallrente gegen den Haftpflichtigen ganz oder teilweise weg, je nachdem durch den Wert der letztwilligen Zuwendung die Bedürftigkeit ganz oder teilweise beseitigt ist; darin ist kein Fall der Vorteilsanrechnung zu erblicken, sondern es ist dann insoweit überhaupt ein Schaden nicht entstanden, weil der Unterhaltsberechtigte durch die letztwillige Zuwendung die Vermögenswerte ganz oder teilweise bekommt, aus denen auch bisher der Unterhaltspflichtige ihm den Unterhalt gewährte. Bei Verwandten der auf- und absteigenden Linie, in der Regel auch bei Kindern (vgl. § 1602 Abs. 2 BGB.), ist der Unterhaltsanspruch durch Bedürftigkeit bedingt; für sie trifft also das vorstehend Gesagte zu.

Anders liegt die Sache bei der Witwe des Erblassers, deren Unterhaltsanspruch von einer Bedürftigkeit nicht abhängig ist. Hier ist zu untersuchen, ob und inwieweit der Verlebte die Einkünfte des seiner Witwe vermachten Erbteils schon bei seinen Lebzeiten zum Unterhalt der Ehefrau verwendet hat. Insoweit eine solche Verwendung erfolgt ist, ist ein Schaden für die Witwe überhaupt nicht eingetreten; sie hat in dem zugewendeten Erbteil wieder die Mittel, aus denen bisher ihr Unterhalt teilweise bestritten wurde, und sie kann diese Mittel nach wie vor für ihren Unterhalt verwenden. Sie erhält also, trotz des Todes des Gatten, wenn auch jetzt als Erbin, in diesem Teil der Erbschaftsnutzungen das weiter, was sie bei Lebzeiten des Verletzten bezogen hat. Soweit die Erträgnisse des Erbteils bei Lebzeiten des Mannes diesem Zweck der Unterhaltsgewährung für die Frau nicht dienten, liegt eine Vorteilszuwendung für die Witwe vor; sie könnte aber auf die Unfallrente nicht angerechnet werden, weil es an der Identität des den Schaden und den Vorteil begründenden Ereignisses fehlt. Dieser Satz ist aber in der allgemeinen Fassung, wie er am Anfang der Anmerkung aufgestellt wurde, nicht ganz richtig. Der Anfall des Erbteils an sich ist allerdings nicht auf den Tod des Erblassers, als vielmehr auf die Verwandtschaft bezw. Ehe in Verbindung mit dem Todesfall zurückzuführen. Der Erbteil würde auch ohne den Unfall der Witwe zugefallen sein, wenn auch später. Daß dagegen der Erbteil schon **jetzt** der Witwe zufiel, daß sie schon jetzt in der Lage ist, über die Einkünfte dieses Erbteils zu verfügen und nicht erst von dem Moment ab, wo nach der mutmaßlichen Lebensdauer des Mannes der Erbfall eingetreten wäre, das ist ein Vorteil, der lediglich auf den Unfall als sein verursachendes Moment zurückzuführen ist. Insoweit gehen also Schaden und Vorteil auf das gleiche Ereignis zurück, und insoweit ist deshalb auch ein Fall der Vorteilsanrechnung gegeben. Folglich hat die Witwe die ganzen Einkünfte ihres Erbteils, auch soweit sie der Mann bei seinen Lebzeiten nicht zu ihrem Unterhalt verwendete, auf die Unfallrente anrechnen zu lassen. A. M. **Neukirch-Rosenmeyer** § 10 Anm. 30; dagegen wie hier **Kirchner** § 10 Bem. IV, 9B S. 147, der allerdings hervorhebt, daß das Reichsgericht die Anrechnungsfähigkeit dieses Vorteils noch nicht ausdrücklich anerkannt hat. Das Urteil des RG. v. 17. 12. 06 JW. 07 S. 130, DJZ. 07 S. 357, EisenbE. 23 S. 299 läßt tatsächlich ein solches Anerkenntnis nicht entnehmen. Es enthält zwar den Satz: „Was die Vermögensnutzungen des Getöteten anlangt, so sind sie den Klägerinnen (Witwe und Tochter) zur Bestreitung ihres Unterhalts durch den Tod insoweit nicht entzogen worden, als ihnen Vermögen, das der Getötete besaß, als Erbe zugefallen ist". Aber, wie **Kirchner** a. a. O. ausführt, geht aus den weiteren Urteilsgründen hervor, daß das Reichsgericht dabei nur die Nutzungen im Auge gehabt hat, die schon bei Lebzeiten des getöteten Ernährers von ihm zum Unterhalt der Frau verwendet wurden. Vgl. auch RG. vom 6. Juli 1908 RGZ. Bd. 69 S. 292, JW. 08 S. 552; RG. 11. 5. 08 EisenbE. 25, 72, die bei bestandener allgemeiner Gütergemeinschaft, wenn z. B. die Witwe auf Grund Testamentes nach dem durch einen Unfall herbeigeführten Ableben ihres Mannes Fiduziarerbin der dem Manne gehörigen Hälfte der gütergemeinschaftlichen Masse geworden war, die Anrechnung der Einkünfte aus dem gütergemeinschaftlichen Vermögen nur insoweit zulassen, als sie bei Lebzeiten des Verunglückten zum Unterhalt der Frau verwendet wurden

Der Grundsatz, daß die Witwe von dem Haftpflichtigen insoweit keinen Ersatz beanspruchen kann, als ihr in den Einkünften des zufolge des Todes ihres Ehemannes auf sie übergegangenen Vermögens die Mittel zur Bestreitung ihres Unterhalts geblieben sind, ist vom Reichsgericht (Urteil vom 10. 2. 10 JW. 1910, 289, RGZ. 72, 437) auch auf einen Fall angewendet worden, in welchem die Witwe aus dem von ihr fortgeführten Geschäfte des Ehemannes Einnahmen bezog. Das RG. hat dabei erwogen: „Allerdings wäre der Witwe eine Einkommensquelle, die sie sich nach dem Tode des Mannes durch ihre eigene selbständige Erwerbstätigkeit, wenn auch unter Zuhilfenahme von ererbtem Vermögen, geschaffen hätte, insofern nicht auf ihren Schadensersatzanspruch anzurechnen, als sie die hieraus erfließenden Einnahmen persönlich verdient, ihrer Arbeitskraft und nicht den von dem verstorbenen Manne ihr hinterlassenen Vermögenswerten verdankt." Das Urteil führt aus, daß bei dem Umfang und der Betriebsart des Geschäftes von einer persönlichen Mitarbeit der Witwe keine Rede sein könne und fährt dann fort: „Daraus allein, daß die Witwe das Risiko bei dem auf ihren Namen fortgeführten Geschäfte zu tragen hat, kann (zumal insolange, als sich die Gefahr eines Verlustes noch gar nicht verwirklicht hat) nicht gefolgert werden, daß der Geschäftsgewinn als ein durch ihre Erwerbstätigkeit erzielter zu gelten habe. Eine andere Frage wäre, ob die in dem Handelsgeschäft beruhende Unterhaltsquelle eine derart sichere ist, daß dadurch für absehbare Zeit die Deckung des Unterhalts der Witwe gewährleistet wird."

Soweit das dem Erben vermachte Vermögen in Grundstücken besteht, dürfen die Einnahmen, die sich als Erträgnis der auf die Grundstücke verwendeten Arbeit darstellen, nicht als Nutzungen angesehen werden, sondern nur der Teil der aus ihnen gewonnenen Einkünfte, der als Rente des in ihnen angelegten Kapitals erscheint (RG. 17. 12. 06 JW. 07 S. 130 (131).

Wenn die unterhaltsberechtigten Personen aus dem Nachlaß des Getöteten soviel erhalten, daß die Kosten ihres standesgemäßen Unterhalts vollständig gedeckt werden, so kann eine weitere Einnahmequelle, die der Getötete darüber hinaus noch hatte, die aber durch seinen Tod versiegt ist, zur Begründung eines Schadensersatzanspruchs auch dann nicht verwendet werden, wenn die Unterhaltsberechtigten auch aus dieser Einnahmequelle etwas bezogen; denn mehr als den standesgemäßen Unterhalt war der Getötete zu gewähren nicht verpflichtet; für darüber hinausgehende Leistungen haftet der Ersatzpflichtige also auch nicht (RG. 20. 1. 10 Recht 10 Nr. 702; RG. 10. 2. 10 JW. 10, 289).

e) Ebenso wie der vorgehende ist der Fall zu entscheiden, wenn durch den Tod des Gatten oder Vaters das seiner Verwaltung und Nutznießung unterliegende Vermögen der Frau oder des Kindes von dieser Beschränkung frei wird oder wenn die Frau durch den Tod des Mannes der ihr obliegenden Verpflichtung, aus eigenem Vermögen zu dem ehelichen Aufwand beizutragen (§§ 1427, 1371 BGB.) enthoben wird. Das Kind, das durch die nun frei gewordenen Einkünfte seines Vermögens in die Lage versetzt ist, sich ganz oder zum Teil selbst zu unterhalten, ist insoweit nicht mehr unterhaltsbedürftig und hat deshalb keinen Anspruch gegen den Haftpflichtigen. Die Witwe, die jetzt die Nutzungen ihres bisher der Nutznießung des Mannes unterstehenden Vermögens selbst bezieht, hat insoweit überhaupt keinen Schaden erlitten, als ihr Unterhalt schon früher vom Manne aus diesen Nutzungen bestritten wurde; soweit der Mann diese Nutzungen früher für sich verbrauchte, muß sie sich dieselben gleichwohl auf ihren Unterhaltsanspruch anrechnen lassen. Zwar ist der Unfalltod des Mannes nur eine Bedingung, nicht aber das konstitutive Moment für den Übergang der Nutzungen (dieses konstitutive Moment liegt in dem Eigentumsrecht der Frau) und es fehlt insofern an der Identität der den Vorteil und den Nachteil erzeugenden Tatsache; aber dafür, daß dieser Nutzungsübergang schon j e t z t erfolgt, liegt der rechtliche Grund in dem Unfall. Die Frau muß sich also die ganzen Nutzungen ihres nun frei gewordenen Vermögens auf den Schadensersatzanspruch anrechnen lassen; nur soweit der letztere Anspruch die Nutzungen noch übersteigt, kann sie ihn geltend machen. So offenbar auch RG. 17. 12. 06 JW. 07 S. 130, wo es heißt: „Was die Vermögensnutzungen anlangt, die der Getötete bezog, so sind sie der Witwe zur Bestreitung ihres Unterhalts durch den Tod des Mannes insoweit nicht entzogen worden, als Vermögen, das der Getötete besaß, ihr als Erbin zugefallen ist. Dasselbe gilt aber auch insoweit, als Vermögen, das die Witwe in die Ehe eingebracht hatte und ihr Anteil an dem Errungenschaftsvermögen durch den Tod ihres Mannes von dessen Nießbrauch- und Verwaltungsrecht frei geworden ist, sie also die Nutzungen dieses Vermögens nunmehr selbst bezieht und zu ihrem Unterhalt zu verwenden in der Lage ist". A. M. K i r c h n e r § 10 S. 144, 145 unter Bezugnahme auf RG. 5. 11. 06 RGZ. Bd. 69 S. 350 (357).

f) Einen Vorteil können Frau und Kinder durch den Tod des unterhaltspflichtigen Mannes bezw. Vaters auch dadurch erlangen, daß sie ihrer V e r p f l i c h t u n g z u r M i t a r b e i t i m H a u s w e s e n u n d G e s c h ä f t d e s G e t ö t e t e n (§§ 1356, 1617 BGB.) ledig werden. Soweit damit für das

Kind die Möglichkeit gegeben ist, sich aus dem Ertrag seiner Arbeit jetzt selbst zu erhalten, fällt seine Bedürftigkeit und damit der Schadensersatzanspruch gegen den Haftpflichtigen weg (RG. 17. 12. 06 JW. 07 S. 130 (131). Nicht ganz gleich liegt die Sache bei der Witwe. Sie hat einen Anspruch auf eine Entschädigung, die ihr die Möglichkeit gewährt, ihr Leben in der bisher gewohnten Weise weiter zu führen. Es kann deshalb der Witwe, die während der Ehe nur im Haushalt und Geschäft ihres Mannes tätig war, nun nicht zugemutet werden, daß sie ihre nun frei gewordene Arbeitskraft zum Erwerb ihres Unterhalts, z. B. durch Annahme von Lohnarbeit oder überhaupt in einer Weise betätigen müsse, die den Verhältnissen nicht entspricht, in denen sie während der Ehe gelebt hat und bei deren Fortdauer voraussichtlich weiter gelebt haben würde (RG. 22. 11. 81 RGZ. Bd. 5 S. 108 Seuff A. 37 Nr. 119; RG. 17. 12. 06 JW. 07 S. 130; RG. 25. 10. 09 BayrRpflZ. 10 S. 38). Betreibt aber die Witwe in denselben Grundstücken, die früher ihr Mann bewirtschaftet hat, nun für ihre Rechnung Land- und Gastwirtschaft, und ist sie dabei in der nämlichen Weise tätig, wie sie es bei Lebzeiten des Mannes als dessen Gehilfin gewesen ist, dann ist kein Grund ersichtlich, weshalb bei der Bestimmung des ihr zu leistenden Schadensersatzes das, was sie durch diese Tätigkeit verdient, nicht insoweit anzurechnen wäre, als diese Tätigkeit auch dem Maße nach die Leistungen, zu denen sie bei Fortdauer der Ehe ihrem Manne gegenüber verpflichtet gewesen wäre, nicht übersteigt (RG. 17. 12. 06 JW. 07 S. 130).

g) Freiwillige Zuwendungen, die der Geschädigte aus Anlaß des Unfalls von dritter Seite erhält, braucht er sich auf seinen Schadensersatzanspruch nicht anrechnen zu lassen, also keine Anrechnung, wenn der Verletzte durch die Humanität eines Dritten seinen bisherigen Lohn weiter bekommt, obwohl diese Vergütung den Wert seiner durch den Unfall verminderten Leistungen übersteigt (RG. 6. 2. 05 JW. 05, 212, EisenbE. 22, 42; RG. 27. 2. 85 Bolze 1 Nr. 606; RG. 12. 1. 88 Bolze 5 Nr. 364; vgl. RG. 21. 5. 08 JW. 08, 451). Anders liegt jedoch die Sache, wenn den Dritten an dem Unfall gleichfalls ein Verschulden trifft und die Leistung durch den Dritten nur zur Erfüllung der ihm obliegenden Schadensersatzpflicht erfolgt.

Über die Anrechnung von Leistungen, die der einzige Haftpflichtige vor Zuerkennung der Rente aus freien Stücken machte, vgl. RG. 26. 3. 80 Seuff A. 36 Nr. 42; s. oben Bem. V, 4b).

h) Über die Stellung der Kinder bei fortgesetzter Gütergemeinschaft vgl. oben Bem. V, 2d.

i) Über den Einfluß der Wiederverheiratung auf den Rentenanspruch der Witwe vgl. oben Bem. V, 4b.

k) Über die vom Verletzten während der Dauer einer Badekur oder eines Aufenthalts im Krankenhause in seinem Hauswesen gemachten Ersparnisse vgl. oben Bem. II, 4.

§ 11.

Im Falle der Verletzung des Körpers oder der Gesundheit ist der Schadensersatz durch Ersatz der Kosten der Heilung sowie des Vermögensnachteils zu leisten, den der Verletzte dadurch erleidet, daß infolge der Verletzung zeitweise oder dauernd seine Erwerbsfähigkeit aufgehoben oder gemindert oder eine Vermehrung seiner Bedürfnisse eingetreten ist.

Entw. I § 3; Entw. II § 5; Begr. S. 14; KommB. S. 21.

I. **Vorbemerkung.**

Nur für die verauslagten Heilungskosten sowie für den durch Aufhebung oder Minderung der Erwerbsfähigkeit oder durch Vermehrung der Bedürfnisse eingetretenen Vermögensnachteil gibt § 11 dem Verletzten einen Schadensersatzanspruch. Weitergehende Ansprüche des Verletzten (z. B. wegen Schmerzensgeldes) sind nach dem AG. ausgeschlossen, ebenso Ansprüche Dritter, die durch die Beschränkung der Erwerbsfähigkeit des Verletzten einen Schaden erleiden z. B. der Dienste des Verletzten verlustiggehen (vgl. hierüber Vorbem. zu §§ 10 ff.). Die in § 11 gewährten Ansprüche sind Schadensersatzansprüche; das gilt insbesondere auch von den Ansprüchen wegen Beeinträchtigung der Erwerbsfähigkeit; auch sie haben nicht die Natur von Unterhalts-, sondern nur von Schadensersatzansprüchen, wenn sie auch in mancher Beziehung nach § 13 AG. den Unterhaltsansprüchen rechtlich gleichgestellt sind. Über die aus der Schadensnatur dieser Ansprüche sich ergebenden Folgen vgl. Vorbem. zu §§ 10, 11; § 10 Bem. IV, 1. Während es sich bei den Heilungskosten um damnum emergens handelt, gehört der Schadensersatz für die Aufhebung oder Verminderung der Erwerbsfähigkeit unter den Ersatz für entgangenen Gewinn; es hat deshalb auf ihn auch, soweit sich nicht aus der Natur der Sache etwas anderes ergibt, der § 252 BGB. Anwendung zu finden (vgl. Vorbem. 4 zu §§ 10 ff.): als entgangen gilt danach der Gewinn, der nach dem gewöhnlichen Lauf der Dinge oder nach den besonderen Umständen, insbesondere nach den getroffenen Anstalten und Vorkehrungen mit Wahrscheinlichkeit erwartet werden konnte." Entfernte Gewinnmöglichkeiten braucht der Richter nicht zu berücksichtigen. Die Bemerkung Egers (Haftpfl. S. 319), daß Schadensersatz nicht zu leisten sei für die Unmöglichkeit ein günstiges, in sicherer Aussicht gewesenes Geschäft abzuschließen, erscheint in dieser Allgemeinheit nicht ganz richtig. Ist die Vereitelung des Geschäftsabschlusses eine Folge der Minderung oder Aufhebung der Erwerbsfähigkeit, dann ist natürlich Ersatz zu leisten (Westerkamp S. 680).

II. **Verletzung des Körpers oder der Gesundheit** (siehe hierüber § 7 Bem. IV, 3).

III. **Kosten der Heilung** (vgl. § 10 Bem. II).

IV. **Erwerbsfähigkeit, ihre Minderung und Aufhebung.** Erwerbsfähigkeit ist derjenige Zustand einer Person, der sie befähigt, durch irgend eine ihren Fähigkeiten, Kräften und ihrer sozialen Stellung entsprechende wirtschaftliche Tätigkeit sich die zum Lebensunterhalt notwendigen materiellen Güter zu verschaffen. Das Gesetz verlangt nicht, daß dieser Zustand der Erwerbsfähigkeit zur Zeit des Unfalls bezw. zur Zeit des Eintritts der aus dem Unfall resultierenden Krankheit schon vorhanden gewesen sein muß. War der Verletzte in diesem Zeitpunkt z. B. wegen jugendlichen Alters noch nicht erwerbsfähig, so ist der Anspruch auf Schadensersatz wegen Aufhebung oder Verminderung der Erwerbsfähigkeit für die Zukunft gleichwohl zulässig; denn nach dem gewöhnlichen Lauf der Dinge ist der spätere Eintritt der Erwerbsfähigkeit zu vermuten und es wird deshalb die später eintretende Erwerbsfähigkeit sich als eine infolge des Unfalls nicht normale, sondern geminderte erweisen (RG. 2. 12. 79 JW. 80, 44; RG. 24. 11. 83 SeuffA. 39 Nr. 305; RG. 2. 11. 99 Gruchots Beitr. 44, 163; RG. 1. 3. 06 JW. 06, 236). Es ist auch nicht notwendig, daß zur Zeit des Unfalls von der Erwerbsfähigkeit zu gewinnender Erwerbsfähigkeit Gebrauch gemacht wurde; das Gesetz spricht nicht von der Zerstörung und Schmälerung der in Ausübung begriffenen Erwerbstätigkeit, sondern von der Erwerbsfähigkeit. Auch wenn also der Verletzte von seiner Erwerbsfähigkeit zur Zeit der Verletzung keinen Gebrauch gemacht hat, kann in dem Verlust der Erwerbsfähigkeit unter Umständen dann ein Vermögensnachteil liegen, wenn der Verletzte die Gewißheit oder hohe Wahrscheinlichkeit darzutun vermag, daß er in Zukunft irgend eine Erwerbstätigkeit ausgeübt haben würde (RG. 5. 12. 79 EisenbE. 1, 37; RG. 9. 6. 80 RGZ. 2, 3; RG. 9. 4. 97 RGZ. 39, 35 EisenbE. 14, 157).

Die körperliche Integrität und die von ihr bedingte je nach der Individualität in ihrem Wert verschiedene Erwerbsfähigkeit ist ein wirtschaftliches Gut; die Aufhebung oder Minderung der Erwerbsfähigkeit ist daher die gänzliche oder teilweise Entziehung eines wirtschaftlichen Gutes, somit ein Vermögensnachteil, selbst wenn der seiner Erwerbsfähigkeit ganz oder teilweise Beraubte infolge besonderer Umstände zeitweise in seiner wirtschaftlichen Lebensführung unter diesem Verlust nicht zu leiden hat (RG. 6. 2. 05 JW. 05, 213). Personen dagegen, von denen es gewiß ist, daß sie dauernd, auch ohne den Unfall, der Erwerbsfähigkeit entbehren oder daß sie dauernd die Erwerbsfähigkeit nicht ausnützen, können Anspruch wegen Schädigung ihrer Erwerbsfähigkeit nicht erheben. Ist ein unheilbar Wahnsinniger verletzt, so vermag er nicht wegen beeinträchtigter Erwerbsfähigkeit Schadensersatz zu begehren. Hat die Verletzung einen Rentier oder sonst jemanden betroffen, der sich von aller Erwerbstätigkeit fern gehalten hat, so mag der Unfall seine Erwerbsfähigkeit beeinträchtigt haben; aber nicht die Erwerbsfähigkeit, sondern die Erwerbstätigkeit schafft den Erwerb; sind und bleiben die Umstände so beschaffen, daß eine Erwerbstätigkeit ausgeschlossen oder nicht zu erwarten ist, so braucht für die beeinträchtigte Erwerbsfähigkeit kein Schadensersatz geleistet zu werden.

Sowohl für Aufhebung wie für Minderung der Erwerbsfähigkeit ist Ersatz zu leisten. Es kann mitunter zweifelhaft sein, ob das eine oder das andere vorliegt. An sich liegt Aufhebung der Erwerbsfähigkeit nur vor, wenn jemand überhaupt außer Stande ist durch irgendwelche ihm zuzumutende Tätigkeit sich einen Erwerb zu schaffen; ist er noch imstande, sich etwas zu verdienen, so liegt eigentlich nur eine Verminderung der Erwerbsfähigkeit vor (RG. 14. 10. 82 Gruchots Beitr. 28, 736). Wenn aber die Arbeits- und Erwerbskraft zwar nicht vollständig aufgehoben ist, der Verletzte aber nicht in der Lage ist, den verbliebenen Rest von Arbeitskraft auszunützen, weil dieser Rest auf dem allgemeinen Arbeitsmarkt nicht verwertbar ist, also einen gemeinen Wert nicht mehr hat, dann ist gleichwohl Aufhebung der Erwerbsfähigkeit gegeben (ROHG. 5. 11. 75 Bd. 19, 12; RG. 21. 11. 79 EisenbE. 1. 18; RG. 21. 1. 92 EisenbE. 9, 144.

V. **Kausalzusammenhang** (vgl. § 7 Bem. III, § 10 Bem. IV, 4).

Ebenso wie § 10 („während der Krankheit") hebt auch § 11 hervor, daß nur der infolge der Verletzung eingetretene Vermögensnachteil zu ersetzen ist. Es muß also zwischen dem schädigenden Ereignis und der Veränderung der Erwerbsfähigkeit oder der Vermehrung der Bedürfnisse ein ursächlicher Zusammenhang bestehen. Das ist dann nicht der Fall, wenn der Verletzte schon abgesehen von dem Unfall arbeitsunfähig war; hier kann also mangels eines Vermögensnachteils ein Schadensersatzanspruch nicht erhoben werden, es sei denn, daß der Verletzte nachweist, daß die Erwerbsfähigkeit ohne den Unfall wieder eingetreten wäre (RG. 27. 9. 82 EisenbE. 2, 352). War der Verletzte zur Zeit des Unfalls schon arbeitsbeschränkt, so ist ein Schadensersatzanspruch nur insoweit gegeben, als durch den Unfall eine Vermehrung dieser Erwerbsbeschränktheit eingetreten ist. Wenn die schweren Folgen des Unfalls ohne eine beim Verletzten vorhandene krankhafte Anlage nicht eingetreten wären, so wird dadurch zwar der Kausalzusammenhang zwischen dem Unfall und der Erwerbsminderung nicht schlechthin ausgeschlossen, dagegen braucht der Haftpflichtige für den Schaden nur einzustehen, soweit er Folge des Unfalls ist, nicht aber, soweit ohne die Verletzung infolge der naturgemäßen Weiterentwicklung der krankhaften Anlage die teilweise oder vollständige Arbeitsunfähigkeit des Verletzten eingetreten sein würde. Soweit also schon vor dem Unfall vorhandene Krankheit und ihre aus anderen Gründen abzuleitende Steigerung auch ohne den Unfall die Erwerbsunfähigkeit verursacht haben würden, ist von diesem Zeitpunkt an die Unfallrente entsprechend zu kürzen (RG. 5. 12. 02 JW. 03, 30; RG. 13. 10. 05 JW. 05, 690; RG. 15. 2. 06 JW. 06, 204; RG. 11. 10. 06 JW. 06, 739, EisenbE. 23, 285, DJZ. 07, 65; OLG. München 26. 10. 09 SeuffA. 75, 118).

Wenn nach dem Unfall unabhängig von ihm ein neuer Umstand eintritt, der denselben Schaden ganz oder teilweise ohnehin ebenfalls verursacht haben würde, z. B. das zunehmende Alter, dann fällt die Ersatzpflicht des aus dem Unfall Verhafteten weg (RG. 8. 11. 86 JW. 86, 417; RG. 12. 3. 94 JW. 94, 184; RG. 30. 12. 03 JW. 04, 88). Eine Ausnahme können solche Fälle bilden, wo die spätere Schadensursache wiederum von einem Dritten zu vertreten ist und dieser dann natürlich insoweit keinen Schaden zu ersetzen hat als der Schaden schon früher verursacht worden ist. Hier wirkt die frühere Ursache insoweit eben noch fort als dem Beschädigten um ihretwillen der Schadensersatz von seiten des Dritten entgeht, den er sonst zu fordern gehabt hätte. Deshalb bleibt in solchen Fällen der bisherige Haftpflichtige weiter ersatzpflichtig (RG. 11. 5. 08 JW. 08, 434, RGZ. 68, 352). Wenn dagegen z. B. der Verletzte infolge einer mit dem Unfall in keinem Zusammenhang stehenden Krankheit, für die die Haftung eines Dritten nicht in Frage kommt, auch ohne den Unfall erwerbsunfähig geworden sein würde, dann kann er für diese Zeit keine Entschädigung verlangen (OLG. Braunschweig 22. 10. 07 Recht 07 Nr. 3310, EisenbE. 24, 273). Ebenso liegt der Fall, wenn der Verletzte infolge Verbüßung einer Freiheitsstrafe an der Verwertung seiner Arbeitskraft verhindert ist (RG. 23. 12. 79 RGZ. 1, 67; vgl. § 10 Bem. IV 4). Auch dann, wenn der Haftpflichtige nachzuweisen vermag, daß der Verletzte, der ursprünglich nach dem Unfall auf die Verwertung seiner Arbeitskraft angewiesen war, jetzt infolge günstiger Gestaltung seiner Vermögensverhältnisse jede Erwerbstätigkeit auch ohne den Unfall eingestellt haben würde, muß seine Haftung in Wegfall kommen. Wenn es sich um eine Beschränkung der Erwerbsfähigkeit handelt, kann vor allem bei Verletzten mit wechselndem Einkommen häufig fraglich sein, inwieweit der geringere Verdienst auf die Verletzung oder auf eine sonstige Veränderung der Verhältnisse zurückzuführen ist. Haben sich z. B. die Einkommensverhältnisse eines Kaufmanns regelmäßig gesteigert, so braucht ein nach dem Unfall eintretender Stillstand oder Rückgang nicht gänzlich auf dem Unfall zu beruhen, er kann auch in der ungünstigen Konjunktur oder der wachsenden Konkurrenz wenigstens zum Teil begründet sein.

VI. **Aktivlegitimation** (vgl. § 10 Bem. II 3, V am Anfang).

Die Schadensersatzleistungen im Falle einer Körperverletzung beschränken sich nur auf die Vermögensnachteile, die der Verletzte selbst erleidet. Zwar können sich die Wirkungen der Körperverletzung auch auf dritte Personen erstrecken, z. B. auf die Alimentationsberechtigten, die durch die Minderung der Erwerbsfähigkeit des Verletzten eine Einbuße in ihrem Unterhalt erleiden, oder auf Unterhaltspflichtige, die für den Verletzten Kur- und Verpflegungskosten ausgelegt haben: aber sie haben keinen Schadensersatzanspruch (vgl. § 10 Bem. II, 3 b).

Der Anspruch auf Entschädigung wegen Minderung der Erwerbsfähigkeit oder Vermehrung der persönlichen Bedürfnisse steht nur dem verletzten Kind, nicht dem Vater kraft eigenen Rechtes zu (RG. 8. 11. 06 EisenbE. 23 S. 292 JW. 06 S. 810).

Ebensowenig steht dem Vater des Verletzten ein Anspruch auf Schadensersatz deshalb zu, weil infolge der Verletzung des Sohnes die Unterhaltskosten für denselben sich erhöhen (RG. 8. 11. 06 JW. 06 S. 810).

Wenn aber der Vater des Verletzten diesem in Erfüllung seiner Unterhaltspflicht den notwendigen Unterhalt gewährt, dabei aber mit dem Vorsatz gehandelt hat, seine Aufwendungen dem Schädiger in Rechnung zu stellen, so kann er dieserhalb den Schädiger in Anspruch nehmen (RG. 24. 2. 10 Recht 1910 Nr. 1583).

VII. **Umfang des Schadensersatzes bei Verminderung oder Aufhebung der Erwerbsfähigkeit** (vgl. § 10 Bem. IV, 1—4). Bei dem Schadensersatzanspruch ist nicht die reine abstrakte Erwerbsmöglichkeit zu berücksichtigen; nur ein wirklich entstandener Schaden soll ausgeglichen werden (RG. 20. 3. 88 Bolze 5 Nr. 369; RG. 18. 1. 92. JW. 92, 152; RG. 3. 12. 94 RGZ. 34, 128; RG. 9. 4. 97 EisenbE. 14, 157; RG. 29. 5. 99 EisenbE. 16, 161; RG. 25. 11. 09 JW. 10, 18; RG. 5. 3. 08 JW. 08, 273). Die Erwerbs*fähigkeit* ist allerdings dasjenige wirtschaftliche Gut, dessen Verlust oder Minderung zu ersetzen ist, aber nur in dem Maße, in dem dadurch dem Verletzten ein Schaden erwachsen ist (vgl. darüber auch oben Bem. IV). Wenn z. B. der Verletzte trotz herabgeminderter Erwerbsfähigkeit von seinem bisherigen Dienstherrn unter denselben Lohnbedingungen wie bisher im Dienst behalten wird, dann ist die Minderung seiner Erwerbsfähigkeit für die Dauer dieses Verhältnisses faktisch ohne Einfluß auf seinen Erwerb und deshalb ein Schadensanspruch nicht gegeben (RG. 21. 5. 08 JW. 08, 451). Allerdings könnte in solchen Fällen, insbesondere, wenn der Dienstherr nicht zugleich der Haftpflichtige ist, in der Fortzahlung des bisherigen Lohnes eine Schenkung des Dienstherrn an den Verletzten liegen, die dann den Schadensersatzanspruch des Verletzten nicht ausschließen wird (RG. 6. 2. 05 JW. 05, 212; vgl. § 10 Bem. V, 6 g; *Reindl*, HaftplfG. S. 158). Kann also der Verletzte sein Gewerbe in gleicher Weise wie vor dem Unfall besorgen, und hat die Beschränkung seiner Arbeitsfähigkeit eine Verringerung seines Einkommens nicht im Gefolge, so ist eine Entschädigung nicht zu gewähren; die Tatsache, daß die Sachverständigen die Erwerbsfähigkeit als gemindert betrachten, ist als Beweis der Minderung des Einkommens nicht zu erachten, weil die Sachverständigen einen rein abstrakten Maßstab (Prozente der Erwerbsfähigkeit) anlegen und den voraussichtlich in Wirklichkeit erwachsenden

Erwerbsverlust, zu dessen Beurteilung in der Regel auch die Unterlagen fehlen, unberücksichtigt lassen. Die Grundsätze über die Rentenbewilligung auf Grund der Reichsversicherungsgesetze sind daher nicht ohne weiteres anwendbar. Der Begriff der Erwerbsfähigkeit wie ihn § 9 GewUVG. zur Voraussetzung hat, ist nicht derselbe wie in § 11 AG. Nach der Ausgestaltung, die jener Begriff durch die Rechtsprechung des Reichsversicherungsamts erhalten hat, ist gerade die abstrakte Fähigkeit zum Erwerb, das „persönliche Arbeitskapital", wenn selbst im Einzelfall ein Erwerbausfall nicht hervorgerufen worden ist, darunter zu verstehen. Bei § 11 AG. kommt es dagegen auf die tatsächliche Erwerbseinbuße an (RG. 25. 11. 09 JW. 10. 19, Seuff Bl. 75, 516, Gruchots Beitr. 54, 650).

Da der dem Verletzten durch Minderung oder Aufhebung seiner Erwerbsfähigkeit erwachsende Schaden nur in der Zeit nach dem Unfall liegen kann, die Entschädigung für die Zukunft zu leisten ist, kommt es auf den tatsächlichen Erwerb des Verletzten vor dem Unfall nicht wesentlich an; dieser ist nur eines der Momente, die für die Feststellung des Schadens von Wert sind. Maßgebend für den Schadensersatzanspruch ist vielmehr der Gebrauch, den die ver letzte Person nach den Verhältnissen, in denen sie lebt, in der Zeit nach dem Unfall ohne dessen Dazwischentreten, vor ihrer Erwerbsfähigkeit voraussichtlich gemacht haben würde (RG. 5. 3. 08 JW. 08, 273, SeuffA. 63 Nr. 250; RG. 28. 6. 09 JW. 09, 495).

Die Einbuße an Erwerbsfähigkeit besteht also in dem Unterschied zwischen dem, was der Verletzte ohne den Unfall verdient haben würde, und dem, was er nach dem Unfall noch verdienen kann, mithin in dem Unterschied des möglichen Erwerbs vor und nach dem Unfall. Der frühere Verdienst des Verletzten ist nicht allein maßgebend. Es kann unter Umständen sehr wohl sein, daß sich der Verdienst des Verletzten nach dem Unfall höher beläuft als vor dem Unfall und er trotzdem schadensersatzberechtigt ist, weil er eben ohne den Unfall jetzt noch mehr verdienen würde (RG. 12. 1. 88 Bolze 5 Nr. 364; RG. 1. 10. 84 Bolze 1 Nr. 606, Gruchots Beitr. 29, 414; RG. 5. 12. 07 EisenbE. 24 S. 371; RG. 21. 5. 08 EisenbE. 25 S. 164).

Es ist also nicht ganz richtig, wenn Reindl, HaftpflG. S. 134 sagt: „Zu ersetzen ist der Unterschied zwischen dem im Zeitpunkte des Eintritts der Krankheit nachweisbar infolge der

Erwerbstätigkeit erzielten Einkommen und dem durch die Schmälerung der Erwerbsfähigkeit während der Krankheit bezogenen Einkommen". Richtig ist das nur insoweit, als dann, wenn weder der Verletzte eine Steigerung noch der Haftpflichtige eine Minderung des bisherigen Einkommens für die Zukunft behauptet, das Gericht, wenigstens für die nächste Zukunft ohne weiteres davon ausgehen darf, daß der Verletzte den Verdienst, den er zur Zeit des Unfalls hatte, bei unveränderten Verhältnissen auch in Zukunft gehabt haben würde (RG. 14. 12. 86 RGZ. 17, 51; RG. 19. 3. 91 SeuffA. 46 Nr. 192; RG. 20. 9. 95 EisenbE. 12 S. 234, Bolze 21 Nr. 261; RG. 3. 11. 03 Recht 04 Nr. 2113, EisenbE. 20, 261). Gebunden ist der Richter hieran nicht; denn da es sich um Schadensfestsetzung handelt, hat er nach § 287 ZPO. von Amts wegen alle einschlägigen Verhältnisse zu prüfen und nach dem Resultat dieser Prüfung die Schadenshöhe festzusetzen (RG. 14. 2. 87 Bolze 4 Nr. 402; vgl. unten). Im übrigen ist es Sache der Parteien, eine Änderung der künftigen Erwerbsverhältnisse zu behaupten und unter Beweis zu stellen. Hat der Verletzte vor dem Unfall von seiner Arbeitskraft keinen oder nur geringen Gebrauch gemacht, so muß er dartun, daß er in Zukunft seine Arbeitskraft verwertet haben würde (RG. 5. 12. 07 EisenbE. 24 S. 371). Ebenso muß der Verletzte zur Begründung seines Anspruchs nachweisen, daß er infolge der Verletzung durch eine seinen Kenntnissen, seinem Bildungsgrade, seiner früheren Stellung und seinen sozialen Verhältnissen entsprechende Beschäftigung einen regelmäßigen und dauernden Erwerb von bestimmter Höhe sich nicht mehr wie vordem verschaffen kann (RG. 1. 2. 85 JW. 85 S. 129, Gruchots Beitr. 29 S. 1025; RG. 3./19. 12. 94 RGZ. Bd. 34 S. 127). Desgleichen trifft den Verletzten die Beweislast dafür, daß nach den angebahnten Erwerbsverhältnissen eine Steigerung des Einkommens zu erwarten war; denn eine günstigere Gestaltung der Erwerbsverhältnisse wird nicht vermutet (RG. 8.12.80 EisenbE. 1 S. 324; RG. 19. 1. 91 JW. 91, 121; RG. 30. 6. 91 JW. 91, 423; RG. 27. 10. 92 EisenbE. 9 S. 368, Gruchots Beitr. 37 S. 746, 747; RG. 1. 12. 92 JW. 93 S. 39; RG. 20. 9. 95 EisenbE. 12 S. 234). Umgekehrt muß der Ersatzpflichtige den Beweis liefern für seine Behauptung, daß das Einkommen des Verletzten aus seiner Erwerbstätigkeit sich auch ohne den Unfall verringert haben würde; zu diesem Nachweis genügt noch nicht das Dartun der bloßen Möglichkeit, daß die Erwerbsquelle z. B. durch Kündigung versiegen könne (RG. 6. 2. 85 Gruchots

Beitr. 29, 724; RG. 7. 7. 85 EisenbE. 4 S. 365; RG. 14. 12. 86 RGZ. 17. 50; RG. 8. 11. 86 RGZ. 16, 80; RG. 5. 12. 07 EisenbE. 24 S. 371).

Meist wird der Vermögensnachteil sofort mit dem Zeitpunkt des Unfalls eintreten. Es kann aber auch sein, daß die schädigenden Folgen des Unfalls sich nicht sofort, sondern erst einige Zeit nach dem Unfall bemerkbar machen; dann ist natürlich für die Berechnung des Vermögensnachteils nicht der Zeitpunkt des Unfalls, sondern der Zeitpunkt des Beginns der Krankheit maßgebend.

Weiter kann es vorkommen, daß der Verletzte zur Zeit des Unfalls noch nicht erwerbsfähig war. Das schließt, wie oben (Bem. IV) bemerkt, den Anspruch auf Schadensersatz nicht aus, weil das Gesetz eine schon bestehende Erwerbsfähigkeit nicht zur Voraussetzung hat. Läßt sich die künftige Entwicklung der Verhältnisse, insbesondere die Gestaltung der Erwerbsverhältnisse des jetzt noch nicht Erwerbsfähigen sicher übersehen, dann ist auch schon vor Eintritt der Erwerbsfähigkeit Klage auf zukünftige Leistung vom Zeitpunkt des Beginns der Erwerbsfähigkeit an gegeben. Ist eine solche Vorausbestimmung der einschlägigen Verhältnisse nicht möglich, dann ist der Verletzte auf die Feststellungsklage angewiesen (RG. 27. 11. 94 EisenbE. 11 S. 344; RG. 20. 9. 95 Bolze, 21 Nr. 261; RG. 2. 11. 99 EisenbE. 16 S. 335; RG. 1. 3. 06 JW. 06, 236; RG. 5. 4. 06 JW. 06, 359; RG. 31, 5. 06 JW. 06, 472). Das Nähere hierüber vgl. § 13 Bem.

Die Erwerbsfähigkeit bleibt auch nicht immer in gleicher Höhe bestehen; sie wird bei jugendlichen Personen eine zeitlang steigen; sie wird mit dem zunehmenden Alter abnehmen und zuletzt ganz aufhören. Mit dieser wechselnden Höhe der Erwerbsfähigkeit ändert sich auch im Laufe der Zeit der dem Verletzten erwachsende Vermögensnachteil. Diesem Umstande hat das Gericht bei Bemessung der Unfallrente Rechnung zu tragen und deshalb bei Erlassung des Urteils die zukünftige Gestaltung der Dinge ins Auge zu fassen und demnach eine Abstufung und zeitliche Begrenzung der Rente anzunehmen. Es kann nicht als der Absicht des Gesetzgebers entsprechend angesehen werden, daß bei einer nach § 258 ZPO. angestellten Klage der Schuldner unbeschränkt zur Zahlung von Geldrenten verurteilt werden soll, obwohl unter Würdigung aller Umstände (§ 287 ZPO.) nach dem normalen Verlauf der

Dinge und den allgemeinen Lebenserfahrungen es als wahrscheinlich angesehen werden muß, daß von einer gewissen Zeit an der Schaden, zu dessen Vergütung die Rente dienen soll, überhaupt nicht mehr oder doch nicht mehr in der in dem Urteil angenommenen Höhe fortbestehen werde. Eine derartige Verurteilung liegt auch nicht im Sinne der Vorschriften des § 323 ZPO. Diese eröffnet bei einer Verurteilung zu künftig fällig werdenden Leistungen eine nachträgliche Abänderung des ergangenen Urteils dann, wenn eine wesentliche Änderung derjenigen Verhältnisse eintritt, welche für die Verurteilung zur Entrichtung der Leistungen oder für die Bestimmung von deren Höhe und Dauer maßgebend waren, also wenn in Wahrheit eine andere Gestaltung der Verhältnisse eintritt, als das Gericht bei der Verurteilung zu der künftigen Leistung angenommen hatte. Das Gesetz geht somit davon aus, daß das Gericht bei einer solchen Verurteilung bereits die künftige Gestaltung der für seine Entscheidung maßgebenden Verhältnisse ins Auge zu fassen habe. Dies ist aber nach der Natur der Sache regelmäßig nur in der Weise möglich, daß unter Zugrundelegung der allgemeinen Lebenserfahrungen und unter Berücksichtigung der Umstände des gegebenenfalls ein normaler Verlauf der Dinge unterstellt und danach die Verurteilung gestaltet wird (RG. 27. 2. 86 Bolze 2 S. 629; 8. 11. 86 RGZ. 16, 80, JW. 86, 417; 14. 12. 86 RGZ. 17, 51; 27. 6. 04 EisenbE. 22. 126; 5. 1. 05 JW. 05, 143, SeuffBl. 70, 600; 19. 1. 05 SeuffA 60 Nr. 189, JW. 05, 152; 23. 3. 05 JW. 05, 283, EisenbE. 22, 64; 15. 6. 05 JW 05, 493; 2. 11. 05 JW. 06, 27; 27. 11. 05 EisenbE. 23, 245, Gruchots Beitr. 50, 673; 15. 2. 06 Recht 06 Nr. 1083, JW. 06, 204, EisenbE. 22, 402; 19. 3. 06 JW. 06, 308, EisenbE. 23, 44; 3. 4. 06 JW. 06, 361; 28. 6. 06 JW. 06, 548, Gruchots Beitr. 51, 178, EisenbE. 23, 269; 15. 3. 09 JW. 09, 271; 6. 12. 09 JW. 10, 65; 11. 10. 09 JW. 09, 686).

Es gibt allerdings Fälle, in denen eine Beurteilung der künftigen Gestaltung der Dinge zurzeit nicht oder nicht mit der erforderlichen Bestimmtheit möglich ist und in solchen Fällen kann natürlich dem Gericht auch deren Berücksichtigung nicht angesonnen werden (RG. 25. 2. 07 EisenbE. 24, 45; RG. 16. 1. 08 JW. 08, 140, EisenbE. 25, 34; RG. 20. 1. 08 JW. 08, 141; vgl. 11. 10. 09 SeuffBl. 75, 356). Andererseits gibt es Fälle, wo nach Lage der Sache unbedenklich davon ausgegangen werden darf, daß ein bestimmter Erwerb dem Schadensersatzberechtigten ohne den Unfall bis in das hohe Greisenalter möglich gewesen sein würde, so etwa bei einer Tätigkeit, die lediglich in der Leitung eines Betriebes ohne eigene körperliche Mitwirkung besteht; dann ist auch die Zusprechung einer Rente für die ganze Lebenszeit in unveränderter Höhe zulässig. Nur ist für Fälle der letztgenannten Art zu beachten, daß keinesfalls eine Vermutung für eine solche unbegrenzte Fortdauer der Erwerbsfähigkeit spricht; wenn deshalb auch für die Annahme dieser Fortdauer völlige Sicherheit nicht verlangt werden kann, so genügt doch anderseits nicht die abstrakte Möglichkeit, nicht die bloße Erwägung daß die uneingeschränkte Fortsetzung der Tätigkeit bis in das hohe Alter „nicht ausgeschlossen sei" (RG. 23. 3. 05 JW. 05, 283; RG. 15. 6. 05 JW. 05, 493; RG. 19. 3. 06 JW. 06, 308; RG. 14. 11. 07 EisenbE. 24, 366; RG. 16. 1. 08 JW. 08, 140; RG. 20. 1. 08 JW. 08, 141; RG. 11. 10. 09 JW. 09, 686, BayRpflZ. 1910 39 Seuff Bl. 75, 356). Die in dem Urteil des RG. vom 3. 4. 06 EisenbE. 23, 51 gegebene Begründung: „die Zusprechung einer zeitlich nicht begrenzten Rente sei bedenkenfrei, weil jeder sichere Anhalt dafür fehle, daß der Erwerb des Klägers sich mit zunehmendem Alter mindern müsse, erscheint danach nicht ganz einwandfrei.

Ebensowenig wird es ganz zu billigen sein, wenn das RG. (Urt. v 13. 12. 88 Bolze 7 Nr. 1027) ausführt: „Wenn auch der Kläger, der den Unfall erlitten hat, wie die Größe des Schadens überhaupt, so auch, da er lebenslängliche Rente beansprucht, zu beweisen hat, daß er ohne den Unfall lebenslänglich erwerbsfähig gewesen sein würde, so mußte das Gericht doch, um der Absicht des Gesetzes zu entsprechen, davon ausgehen, daß eine gewisse Fortdauer der vorhandenen Erwerbsfähigkeit stattgefunden hätte, wenn nicht für eine Änderung sprechende Umstände vorhanden sind. Da solche Umstände nicht vorhanden sind und Beklagter den Gegenbeweis nicht geführt hat, nahm das Gericht ohne Rechtsirrtum an, die Erwerbsfähigkeit würde bis zum Tod gedauert haben und erkannte auf lebenslängliche Rente". Die Annahme einer gewissen Fortdauer der Erwerbsfähigkeit rechtfertigt noch nicht die Zuerkennung einer lebenslänglichen Rente; der Mangel eines Gegenbeweises seitens des Haftpflichtigen enthob das Gericht nicht der Pflicht, von Amts wegen die Frage zu prüfen, ob und in welchem Zeitpunkt nach dem normalen Verlauf der Dinge die Erwerbsfähigkeit eine Minderung bezw. ihr Ende gefunden haben würde. Vgl. auch RG. 6. 2. 85 Bolze 1 Nr. 609, wo in ähnlicher, m. E. unzutreffender Weise gesagt wird: „Bei Feststellung der Rente ist davon auszugehen, daß der Verletzte (ein Arbeiter) den Verdienst, den er zur Zeit des Unfalls hatte, auch in Zukunft gehabt haben würde, sodaß auf eine gleichmäßige Rente auf Lebenszeit zu erkennen ist; der Beklagte hat nachzuweisen, daß mit Sicherheit anzunehmen sei, Kläger würde diesen Verdienst nicht gezogen haben. Dazu genügt aber nicht der Hinweis auf Möglichkeiten, z. B. die mit zunehmendem Alter abnehmende Arbeitskraft, voraussichtlich ungünstige Erwerbsverhältnisse". Der letztere Umstand (voraussichtlich ungünstige Erwerbsverhältnisse) würde allerdings kaum genügt haben; aber das Abnehmen der Arbeitskraft mit dem Alter ist keine bloße Möglichkeit, sondern ein vom Gericht unbedingt in den Kreis seiner Würdigung zu ziehender Umstand; die Sache liegt gerade umgekehrt so, daß nur besondere, allenfalls vom Verletzten bewiesene Tatumstände diese Annahme einer Minderung der Arbeitskraft ausschließen können. Das Gericht durfte also nicht für die ganze Lebenszeit dem Verletzten eine Rente in der Höhe seines zur Zeit des Unfalls gehabten Verdienstes zusprechen. Auch gegen die Urteile des OLG. Colmar 6. 2. 99 EisenbE. 16, 219 und RG. 12. 3. 94 Bolze 18 Nr. 211 läßt sich der gleiche Einwand erheben. Richtig sagt dagegen RG. 14. 2. 87 Bolze 4 Nr. 402: „Die Zuerkennung einer lebenslänglichen Rente ist nicht deshalb gerechtfertigt, weil Beklagter eine Beschränkung der Zeitdauer nicht beantragt hatte; das Gericht hatte vielmehr, eventuell nach Anhörung von Sachverständigen, nach § 287 ZPO. zu erwägen, ob Kläger ohne den Unfall bis zu seinem Ableben die gleiche Arbeitsfähigkeit gehabt haben würde" und ebenso RG. 11. 4. 07 JW. 07, 340, EisenbE. 24, 56: „Die Annahme, daß die Erwerbsfähigkeit regelmäßig als bis zum Tod fortbestehend anzusehen sei, und daß im Einzelfall das Gegenteil bewiesen werden müsse, ist nicht zu billigen. Vielmehr muß bei Zubilligung einer Rente festgestellt werden, wie sich voraussichtlich die Erwerbsfähigkeit des Verletzten in seinem hohen Lebensalter ohne den Unfall gestaltet haben würde". Mit Rücksicht auf die Art der Beschäftigung hat das Reichsgericht die Zusprechung einer unveränderlichen Rente auf Lebenszeit für gerechtfertigt erachtet bei einer Hausdame, weil hier das Erfordernis körperlicher Kraft gegenüber den anderen Eigenschaften zurücktrete (RG. 6. 2. 05 JW. 05, 213) und bei einer weiblichen Person dienenden Standes, die gezwungen sei, bis an ihr Lebensende dem Erwerbe nachzugehen (RG. 1. 3. 06 JW. 06, 237).

Ist die Beurteilung der durch die Einwirkung des fortschreitenden Alters bedingten zukünftigen Gestaltung dem Gerichte zurzeit nicht oder nicht mit der erforderlichen Bestimmtheit möglich, dann ist die Zuerkennung einer Rente ohne zeitliche Begrenzung — auf Lebensdauer — zweifellos dann rechtlich außer Bedenken, wenn die Möglichkeit, daß ohne den die Haftpflicht begründenden Vorfall eine Aufhebung oder Abnahme der Erwerbsfähigkeit in einem früheren Zeitpunkt eintreten konnte, in dem Betrag der ausgeworfenen Renten Berücksichtigung und einen gewissen Ausgleich gefunden hat. Ein solcher Ausgleich könnte dadurch geschaffen werden, daß die einzelnen Renten um etwas niedriger als der Betrag des in der betreffenden Periode dem Verletzten entgehenden Verdienstes angesetzt würden. Er mag aber nach Umständen auch da vorliegen, wenn die durch den Unfall aufgehobene oder geminderte Erwerbsfähigkeit des Verletzten im ganzen als Gegenstand der Ersatzleistung in der Art bewertet ist, daß der gesamte Rentenbezug das nach freier Überzeugung des Gerichts entsprechende Äquivalent für den erlittenen Erwerbsverlust bildet und demnach die einzelnen Rentenbeträge innerhalb der Rentendauer nur die auf die einzelnen Jahre verrechneten Teile jener Gesamtvergütung darstellen (RG. 20. 1. 08 JW. 08, 140 f; vgl. RG. 16. 1. 08 EisenbE. 25, 34; RG. 14. 11. 07 EisenbE. 24, 366).

Hat ein Verletzter als den Zeitpunkt, bis zu dem er die Rente begehrt, die Wiedererlangung seiner vollständigen Erwerbsfähigkeit bezeichnet und hat der Ersatzpflichtige hiegegen nichts eingewendet, so darf das Prozeßgericht davon ausgehen, daß sich der Ersatzpflichtige diese Art der Begrenzung des Rentenanspruchs gefallen lassen will, und es kann in einem solchen Fall, wenn die Sache selbst nach dieser Richtung zu Bedenken keinen Anlaß gibt, z. B. wenn die baldige Wiederherstellung in sicherer Aussicht steht, ein Urteil über den Grund des Anspruchs erlassen werden, ohne daß das Gericht die sonstigen, in ferner Zukunft liegenden Verhältnisse und deren voraussichtliche Gestaltung namentlich die Verminderung der Erwerbsfähigkeit mit dem zunehmenden Lebensalter, besonders in Erwägung zieht (RG. 25. 2. 07 EisenbE. 24, 45).

Heiratet eine zur Zeit des Unfalls unverheiratete Person später, so kommt, sofern sie dem Arbeiterstand angehört, die ihr wegen des Unfalls zugesprochene Rente nicht in Wegfall, da bei Arbeiterfamilien die Arbeitskraft der Frau als das gilt, was sie in die Ehe einbringt und ohne solche Arbeitskraft für sie die Erreichung der Ehe unmöglich ist. Da das Gesetz Ersatz gewähren will, ist er auch so zu gewähren, daß der Verletzten die Möglichkeit der Ehe verbleibt und das wäre bei einem Wegfall der Rente so gut wie ausgeschlossen (RG. 7. 10. 98 RGZ. 42, 32, Krause § 10 Bem. 9i S. 138, 139; vgl. RG. 3. 11. 03 EisenbE. 20, 261).

Wie auf der einen Seite das Gericht die Möglichkeit eines Abnehmens und allmählichen Aufhörens der Erwerbsfähigkeit berücksichtigen muß, so muß es auf der anderen Seite auch den Umstand ins Auge fassen, daß das Erwerbseinkommen des Verletzten ohne den Unfall möglicherweise gestiegen sein würde. Das wird bei jugendlichen Personen der Fall sein, deren Arbeitskraft zur Zeit des Unfalls noch nicht voll entwickelt war. Das wird weiter insbesondere gelten bei allen den Beschäftigungen, die eine berufsmäßige Vorbildung voraussetzen und bei denen mit der zunehmenden praktischen Erfahrung auch eine höhere Bezahlung der Arbeitsleistung verknüpft zu sein pflegt (RG. 21. 5. 08 EisenbE. 25, 164). Als Grundlage für Bemessung der Entschädigung sind also nicht nur die Fähigkeiten und Kenntnisse in Ansatz zu bringen, die der Verletzte zur Zeit des Unfalls bereits hatte, sondern es ist zu erwägen, welches Einkommen der Verletzte bei normaler Weiterentwickelung seiner Fähigkeiten, bei Zunahme seiner Leistungsfähigkeit infolge des reiferen Alters und der größeren praktischen Erfahrung, sowie bei Weiterausbildung in dem ergriffenen Berufe oder in dem Berufe, den er ohne den Unfall nach seiner und seiner Eltern sozialen Stellung voraussichtlich ergriffen hätte, voraussichtlich erzielt haben würde (RG. 1. 11. 86 SeuffA. 42 Nr. 296; RG. 14. 5. 06 DJZ. 06, 877). Ein strikter Nachweis ist nach Lage der Sache dabei in der Regel nicht möglich und kann deshalb auch nicht verlangt werden, es genügt, daß unter normalen Verhältnissen nach der praktischen Erfahrung eine solche Steigerung mit Wahrscheinlichkeit zu erwarten ist; entfernte Möglichkeiten sind dabei nicht zu berücksichtigen (RG. 30. 6. 91 Bolze 12 Nr. 233; RG. 23. 9. 82 RGZ. 7, 112; ROHG. 5. 12. 76 SeuffA. 32 Nr. 246; RG. 1. 12. 92 JW. 93, 39; RG. 26. 11. 08 Recht 09 Nr. 67). Die auf die Erfahrung gegründete Ansicht von dem normalen Verlaufe der Dinge kann für die Bemessung dann nicht maßgebend sein, wenn die Verhältnisse des konkreten Falles eine andere Beurteilung verlangen (RG. 14. 11. 07 EisenbE. 24, 366; RG. 12. 12. 07 Recht 08 Nr. 522). Solche Ausnahmeumstände darzutun, ist in der Regel Sache des Verletzten. Geschieht das nicht, so muß angenommen werden, daß der Verletzte in Zukunft das gleiche Durchschnittsverdienst wie seine Berufsgenossen erzielt haben würde (RG. 19. 1. 91 Seuff. A. 46 Nr. 192). Verhältnismäßig einfach wird sich die Entscheidung über die Höhe der Rente gestalten bei Personen, die einen bestimmten Lebensberuf haben, insbesondere bei privaten und öffentlichen Beamten (siehe darüber unten) und allen solchen, die eine regelmäßige Erwerbstätigkeit ausgeübt haben. Bei Personen ohne eine solche regelmäßige Erwerbstätigkeit lassen sich irgend welche Regeln nicht aufstellen; man wird mit Reindl, HaftpflG. S. 166, 167 das durchschnittliche Verdienst in den letzten Jahren vor dem Unfall als Maßstab annehmen dürfen. Von einem Menschen, der vor dem Unfall nachweislich seine Arbeitskraft nicht ständig ausgenützt, sondern gewohnheitsmäßig an einem Teil der Arbeitstage freiwillig gefeiert hat, wird man annehmen dürfen, daß er diese Gewohnheit auch in Zukunft beibehalten hätte (Kirchner § 11 Bem. VII S. 170). Der Übergang zu einer besser bezahlten Erwerbsstellung, die Möglichkeit der Gründung eines selbständigen Geschäftes kommen für die Verbesserung des künftigen Erwerbs in Frage; schon die Unmöglichkeit für den Verletzten, sein Einkommen so zu steigern, wie er es ohne den Unfall voraussichtlich hätte tun können, bedeuten einen Vermögensnachteil (RG. 11. 4. 07 Recht 07 Nr. 1383, JW. 07, 340; RG. 21. 5. 08 EisenbE. 25, 164).

Bei Bemessung des Erwerbsausfalles ist jede Art von erlaubtem Erwerb zu berücksichtigen; dagegen scheiden solche Einnahmen aus, die der Verletzte aus unerlaubter Tätigkeit zog (gewerbsmäßiges Glücksspiel, Bettel, Gewerbsunzucht, Kuppelei, Schmuggel, unerlaubte Trinkgelder, unerlaubter Nebenerwerb der Beamten). Der von Kirchner § 11 Bem. VII S. 169 für Schmuggel gemachte Vorbehalt, vorausgesetzt, daß deutsche Zollgesetze übertreten werden", dürfte zu weit gehen. Auch die Übertretung ausländischer Zollgesetze dürfte, wenn sie zum Zweck des Erwerbs geschieht, gegen die guten Sitten verstoßen. Außer Ansatz zu lassen ist auch der ohne Anwendung einer Tätigkeit rein zufällig erlangte Erwerb. Im übrigen ist die Art der Tätigkeit gleichgültig; es kommt insbesondere auch nicht darauf an, daß die Tätigkeit eine wirtschaftlich nützliche oder produktive ist; auch die unproduktive Tätigkeit eines Artisten gehört hierher. Ob auch die des Wahrsagens (so Eger S. 339), kann zweifelhaft sein; gewöhnlich wird diese Tätigkeit gegen die guten Sitten verstoßen. In Betracht zu ziehen ist nicht bloß die Tätigkeit, die die Haupterwerbsquelle für den Verletzten bildet, dessen eigentliche Berufstätigkeit, sondern ebensogut jede Art von erlaubter Nebenbeschäftigung, z. B. vom Handlungsgehilfen mit Zustimmung des Prinzipals betriebene eigene Geschäfte, erlaubte Nebenbeschäftigung eines Beamten. Für den Begriff des Vermögensnachteils ist es gleichgültig, ob die verloren gegangenen Vorteile auf einer Rechtsverpflichtung oder auf Freigebigkeit beruhen. Was tatsächlich an Vermögenswert dem Verletzten entgeht, soll ihm ersetzt werden und es kann daher allein darauf ankommen, ob die entgangenen Vorteile tatsächlich weiter gewährt worden wären. Deshalb sind auch die Einnahmen aus Trinkgeldern bei Bemessung der Entschädigung in Rechnung zu ziehen; sie sind keine zufälligen ohne Anwendung einer Tätigkeit erlangter Erwerb, sondern die übliche Vergütung für eine Bemühung (RG. 23. 9. 82 RGZ. Bd. 7 S. 112, JW. 82, 236; RG. 14. 5. 97 JW. 97, 330).

Hat der Verletzte nach dem Unfall den Beruf gewechselt, so ist bei Bemessung der Rente der neue Beruf zugrunde zu legen; denn der Schadensersatzpflichtige hat nicht etwa ein Recht darauf, daß der Beschädigte seinen Beruf nicht wechsle. Anders ist nur zu entscheiden, wenn der Berufswechsel nur zu dem Zwecke vorgenommen worden ist, einen höheren Schadensersatz zu erzielen (RG. 8. 10. 08 RGZ. 69, 306).

Bei Verletzung von Kindern spricht die Vermutung dafür, daß sie im Stand des Vaters erzogen werden und einen diesem Stand entsprechenden Beruf ergreifen. Waren aber zur Zeit der Verletzung bereits Vorbereitungen getroffen, um das Kind einer höheren Laufbahn zuzuführen und darf nach den Umständen angenommen werden, daß das verletzte Kind mit Rücksicht auf seine Fähigkeiten in diesem Beruf das übliche Ziel erreicht haben würde, dann ist die Entschädigung hiernach zu bemessen (OLG. Braunschweig 1. 11. 86 EisenbE. 6, 6.)

Der Vermögensnachteil kann, wie K i r c h n e r § 11 Bem. III 4 S. 164 hervorhebt, die Zeit, in welcher die Erwerbsfähigkeit beeinträchtigt war, überdauern. Hat der Verletzte infolge der vorübergehenden Arbeitsunfähigkeit, welche durch die Verletzung verursacht war, seine Stelle verloren, so ist er auch nach wiederhergestellter Erwerbsfähigkeit solange zu entschädigen, bis er eine neue Erwerbsmöglichkeit findet; denn sein Erwerbsausfall ist auch in dieser Zeit dadurch verursacht, daß er infolge der Verletzung seine Erwerbsfähigkeit vorübergehend eingebüßt hatte.

Zu den zu ersetzenden Vermögensnachteilen gehört, wenn der Verletzte infolge der durch den Unfall herbeigeführten Erwerbsunfähigkeit zu vorzeitiger Lösung eines Pachtverhältnisses genötigt worden ist, auch die Vermögenseinbuße, die dem Verletzten hierdurch, sei es auch nur als mittelbare Folge des Unfalls, erwachsen ist. Dies gilt insbesondere auch von dem Verlust, den der Verletzte infolge des vorzeitigen Abzugs vom Pachtgut an dem Wert des Inventars erleidet (RG. 4. 7. 07 Recht 07 Nr. 2643).

Ein Verletzter, bei dem eine Behebung oder auch nur eine Besserung der Unfallsfolgen nicht in Frage kommt, ist nicht verpflichtet, lediglich um die vom Beklagten ihm zu zahlende Entschädigung herabzumindern, sein Leben statt in seiner Familie und in seiner eigenen Häuslichkeit in einer öffentlichen Anstalt zuzubringen (RG. 25. 1. 10 Recht 10 Nr. 847).

Bezüglich der Beweislast hat das RG. 23. 12. 09 Recht 1910 Nr. 588 ausgeführt: „Soweit es sich um Unterhaltsminderung der Ehefrau zufolge Sinkens der Geschäftseinnahmen handelt, trifft die Beweispflicht für das Vorhandensein anderweitiger Einkünfte den Haftpflichtigen. Die Klägerin genügt ihrer Beweispflicht, wenn sie den Erwerb aus dem Hausierhandel des Mannes vor und nach dem Unfall darlegt, den Verlust an den Geschäftseinnahmen infolge Wegfalls ihrer Arbeitskraft und dessen Rückwirkung auf ihren Unterhalt nachweist. Demgegenüber muß dem Haftpflichtigen die Aufgabe zufallen, darzutun, daß der Klägerin und ihrem Manne noch weitere Einnahmen zu Gebote stehen und zwar Einnahmen so erheblicher Natur, daß sie das von den Lebensverhältnissen der Klägerin gewonnene Bild zu verändern imstande sind".

Eine besondere Hervorhebung verdienen folgende Fälle:

1. Wird ein Beamter verletzt, so ist bei Bemessung der an ihn zu zahlenden Unfallrente von dem Gehalt auszugehen, den der Verletzte zur Zeit des Unfalls oder genauer gesagt zur Zeit des Eintritts der Unfallfolgen bezieht. Für die fernere Bemessung der Rente ist aber weiter zu beachten, wie sich ohne den Unfall die normale Laufbahn des Verletzten weiter entwickelt haben würde und danach zu entscheiden, ob und in welcher Zeit der Verletzte die ihm nach seiner Vorbildung zugängigen höheren Stellen seines Dienstzweiges erreicht haben würde (ROHG. 4. 5. 77 Bd. 22, 158; RG. 19. 1. 91 SeuffA. 46 Nr. 192). Will der Verletzte behaupten, daß er für seine Person höher oder rascher als es die Regel bildet, gestiegen wäre, so trifft ihn hierfür die Beweislast, wie umgekehrt der Ersatzpflichtige darzutun hat, warum die Laufbahn des Verletzten eine

gegenüber der normalen ungünstigere gewesen sein würde. Ohne solche Behauptungen der Parteien hat das Gericht den normalen Verlauf zu unterstellen (RG. 26. 11. 08 Recht 09 Nr. 67). Die regelmäßigen Gehaltszulagen der Beamten sind gleichfalls in Rechnung zu ziehen; der Umstand, daß der Beamte einen Rechtsanspruch auf diese Zulagen nicht hat, schließt ihre Berücksichtigung nicht aus, sofern nicht der Ersatzpflichtige Gründe nachweist die dafür sprechen, daß der Verletzte die Zulagen nicht erhalten haben würde (ROHG. 15. 3. 75 Bd. 16, 177; RG. 5. 12. 79 EisenbE. 1, 37; RG. 27. 2. 85 Bolze 1 Nr. 609; RG. 25. 9. 86 EisenbE. 5, 281; RG. 23. 5. 89 Bolze 8 Nr. 226; RG. 26. 10. 06 JW. 06, 768). Auch an einer nach dem Unfall erfolgten Aufbesserung der Beamtenklasse, der der Verletzte angehört bezw. ohne den Unfall angehören würde, nimmt der Verletzte teil; den Weg zur Geltendmachung dieses Anspruches bietet § 323 ZPO. (ROHG. 4. 5. 77 SeuffA. 34 Nr. 129; RG. 26. 10. 06 JW. 06, 767; RG. 1. 11. 06 JW. 06, 768). Solange der Beamte unter normalen Verhältnissen aktiv geblieben wäre, muß die dem Verletzten zuzusprechende Unfallrente zusammen mit der dem Beamten zukommenden Pension den Betrag des Gehalts erreichen, den der Beamte jeweils bezogen haben würde. Von dem Zeitpunkt ab, wo auch ohne den Unfall die Pensionierung erfolgt sein würde, hat der Ersatzpflichtige nur noch für die Differenz aufzukommen zwischen der Pension, die dem Beamten wirklich gezahlt wird und der Pension, die er beziehen würde, wenn er bis zum normalen Alter im Dienste verblieben wäre (RG. 21. 5. 08 EisenbE. 25. 166).

Bei Bemessung der dem verletzten Beamten zuzusprechenden Rente sind außer dem eigentlichen Gehalt auch die Nebeneinnahmen zu berücksichtigen. Zu diesen gehören der Wohnungsgeldzuschuß bezw. der Wert der Dienstwohnung (ROHG. 12. 11. 80 EisenbE. 1, 306; über die Höhe, in der der Wohnungsgeldzuschuß anzurechnen ist vgl. ROHG. 4. 5. 77 Bd. 22, 154; RG. 23. 12. 79 EisenbE. 1, 63; OLG. Celle 23. 6. 85 EisenbE. 4, 196; RG. 13. 7. 92 EisenbE. 10, 293), die in natura gewährten feststehenden Emolumente (Feuerungs-, Beleuchtungsmaterial, Dienstland, Getreide), die regelmäßigen Renumerationen, insoferne sie den Beamten usancenmäßig und fest zu den jährlichen Einkünften gerechnet werden, ferner die mit dem Amt verbundenen Tantièmen und die Einkünfte aus den erlaubten Nebenbeschäftigungen (RG. 19. 3. 89 EisenbE. 6. 451; RG. 25. 11. 89 EisenbE. 7, 331). Weiter sind hierher zu rechnen die Reisekosten und Diäten nach dem Durchschnittssatz der letzten Jahre vor dem Unfall, jedoch nur insoweit, als der Betrag derselben nachweislich den wirklichen Reisekostenbedarf übersteigt; denn diese Reichnisse sind nicht lediglich dazu bestimmt, dem Beamten den Ersatz für die baren Auslagen zu gewähren, die ihm durch die Mehrkosten seines Unterhalts außerhalb seines Wohnorts erwachsen, sondern sollen auch eine Renumeration des Beamten für die außerhalb seines Wohnorts vorzunehmenden Geschäfte gewähren und einen Zuschuß zu dem fixen Gehalt bilden; die Höhe der Ersparnisse wurde in der Regel von den Gerichten auf die Hälfte bis ein Drittel der Einnahmen geschätzt (ROHG. 10. 3. 75 Bd. 16, 173; ROHG. 15. 3. 75 Bd. 16, 181; ROHG. 5. 11. 75 Bd. 19, 12; RG. 23. 12. 79 EisenbE. 1, 63; RG. 9. 10. 80 EisenbE. 1. 285; RG. 4. 3. 82 EisenbE. 2, 227; RG. 7. 4. 86 Bolze 4 Nr. 388). Bezüge für Dienstkleidung sind zum Teil anzurechnen, wenn die Dienstkleidung auch außerhalb des Dienstes getragen werden darf, weil der Verletzte insoweit die Anschaffung anderer Kleidung erspart (RG. 5. 12. 05 JW. 06, 94 EisenbE. 22, 300). Ob Ortszulagen anzurechnen sind, ist bestritten RG. 12. 11. 80 EisenbE. 1, 306 und OLG. Dresden 17. 10. 84 EisenbE. 4, 16 haben sie für nicht anrechenbar erklärt, weil für den Beamten der dienstliche Zwang zur Wahl des teueren Wohnsitzes wegfällt; dagegen für Anrechnung Kirchner § 11 Bem. VII S. 170.

Nicht in Anrechnung kommen Bezüge, die nur als ausschließliches Äquivalent für besondere und bestimmte dienstliche Auslagen und Aufwendungen gewährt werden, also nicht zum Teil oder zugleich den Charakter eines Gehaltszuschusses tragen z. B. Bureauunkosten und zwar selbst dann nicht, wenn nachweislich der Beamte von dem gezahlten Pauschquantum eine Ersparnis für sich zu machen pflegte. Ebenso bleiben außer Ansatz rein zufällige Diensteinkünfte wie z. B. außerordentliche Gratifikationen.

Gegen die Anrechnung der Repräsentationsgelder, Bureauunkostenentschädigungen, Pferdegelder, Dienstkleidungsbeiträge, Ortszulagen, Extragratifikationen Neukirch-Rosenmeyer § 10 S. 107 Anm. 11.

Wurden dem Beamten während seiner Aktivität von seinem Gehalte Abzüge zur Bestreitung augenblicklicher wirtschaftlicher Bedürfnisse des Beamten gemacht, z. B. Abzüge zu Kleiderkassen, so sind diese Abzüge bei Berechnung der Unfallrente vom Gehalt nicht in Abzug zu bringen. Dagegen muß alles das in

Abzug kommen, was der Beamte an Pensions-, Witwen-, Krankenunterstützungs-, Erziehungs- und Sterbekassenbeiträgen zahlt (RG. 14. 12. 86 RGZ. 17, 45, Kirchner § 11 Bem. VII S. 170, a. M. Eger, HaftpflG. S. 352).

2. Was für die Beamten gilt, gilt analog für alle Berufsarbeiter mit einem ständigen festen Einkommen. Bei Angehörigen der freien Berufsstände (Ärzte, Rechtsanwälte, Kaufleute), bei denen das jährliche Einkommen großen Schwankungen unterliegen kann, wird man wohl bei Bemessung der Entschädigung von dem Durchschnittsertrag der letzten Jahre ausgehen müssen. Nicht richtig dürfte es sein, nur von dem Jahreseinkommen des letzten Jahres auszugehen, wie Neukirch-Rosenmeyer S. 106, 107 will (vgl. Gordan § 11 Bem. 3 S. 101, 102). Natürlich ist in solchen Fällen auch die Möglichkeit und Wahrscheinlichkeit einer ohne den Unfall eingetretenen Steigerung des Einkommens zu berücksichtigen; es handelt sich z. B. bei dem Verletzten um einen jungen Arzt, der seine Praxis erst begonnen, aber aller Wahrscheinlichkeit bald das normale Einkommen eines Arztes oder sogar ein höheres Einkommen erzielt haben würde. In den sog. freien Berufen ist es häufig wahrscheinlich, daß mit zunehmendem Alter die Erwerbsstellung eine bessere wird (RG. 21. 5. 08 EisenbE. 25, 164).

3. Verletzungen von Ehefrauen und Kindern, insbesondere wenn sie nur im Hauswesen und Geschäft des Mannes oder Vaters tätig waren. Was die Ehefrau anlangt, so hat das Reichsgericht derselben ein eigenes Recht auf Schadensersatz von jeher eingeräumt einmal wegen der Kur- und Pflegekosten, die ihre Verletzung verursacht hatte und zwar auch dann, wenn der Mann diese Kosten verauslegt hatte (vgl. hierüber § 10 Bem. II, 3), dann wegen der Aufhebung oder Verminderung ihrer Erwerbsfähigkeit soferne sie einem selbständigen Erwerb außerhalb des Geschäftes ihres Ehemannes nachgeht oder ihre Arbeitstätigkeit künftig nach dieser Richtung enthalten würde (RG. 18. 2. 07 SeuffBl. 72, 883; RG. 25. 11. 98 EisenbE. 16, 115; RG. 7. 10. 98 RGZ 42, 32; RG. 23. 3. 05 JW. 05, 341; RG. 11. 2. 07 EisenbE. 24, 37). Gleichgestellt wurde der Fall, wenn die Frau zwar lediglich im Geschäft des Mannes mittätig war, aber hiefür vom Manne eine regelmäßige Entschädigung erhielt; denn die Frage, ob die Mitarbeit der Frau sich in der Grenze hielt, innerhalb deren der Mann sie unentgeltlich erlangen konnte oder ob sie über das gesetzliche Pflichtmaß hinausging, ist nicht nach einem objektiven Maßstab zu beurteilen,

sondern der Wille des Mannes entscheidet; wenn er die Dienste honoriert, so erfolgt daraus, daß er sie für solche ansah, auf die er in diesem Umfang einen gesetzlichen Anspruch nicht erheben wollte (RG. 8. 10. 06 JW. 06, 751). Weiter wurde ein Recht der Frau anerkannt wegen der Vermehrung ihrer eigenen Bedürfnisse (vgl. das erwähnte Urteil) und endlich auch weiter wegen der Vermögenseinbuße, die dadurch entstand, daß ihre Erwerbsunfähigkeit eine Vermehrung der Ausgaben für den Haushalt und das Geschäft des Mannes verursacht und dadurch der Unterhalt, der der Frau von ihrem Manne zu bieten ist, geschmälert wird. Als selbstverständlich wurde in letzterem Punkte angenommen, daß dieser Schadensanspruch der Frau durch den von dem Manne wegen seines Schadens erhobenen Anspruch (§ 845 BGB.) aufgehoben werde (RG. 23. 4. 06 JW. 06, 386, EisenbE. 23, 58, RGZ. 63, 195; RG. 14. 6. 06 JW. 06, 469, EisenbE. 23, 76; RG. 18. 2. 07 SeuffBl. 07, 883; RG. 5. 3. 08 JW. 08, 273; GR. 13. 7. 08 EisenbE. 25, 192).

Für die Berechnung der der Frau in dem letzterwähnten Fall zugehenden Schadens stellte das RG. 14. 6. 06 JW. 06, 469 folgende Grundsätze auf:

„Der Schaden, den eine im Hauswesen oder Geschäft des Mannes tätig gewesene, verunglückte Frau dadurch erleidet, daß infolge des Aufhörens ihrer Tätigkeit auch der ihr vom Manne aus seinen Einkünften zu leistende Unterhalt sich schmälert, ist nicht identisch mit dem Schaden des Mannes; zu seiner Glaubhaftmachung bedarf es der Darlegung der Erwerbsverhältnisse des Mannes einerseits, der Familienverhältnisse — Zahl und Alter der Kinder, für die der Ehemann außer dem Unterhalt der Frau Unterhalt zu leisten hat — andererseits; aus beiden Faktoren kann dann erst der Betrag des auf die Ehefrau entfallenden Unterhalts und auf Grund der Angaben über die Einbuße des Ehemanns infolge der der Frau zugefügten Beschädigung die etwaige Schmälerung der Unterhaltsbezüge der letzteren geschätzt werden".

Einen weiteren Schadensersatzanspruch hatte die bisherige Rechtsprechung des Reichsgerichts der Ehefrau nicht zugebilligt. Insbesondere hatte es unter Zustimmung der Kommentatoren ziemlich einmütig an dem Grundsatz festgehalten, daß der Frau insoweit ein selbständiger Schadensersatzanspruch nicht zustehe, als sich ihre Erwerbstätigkeit auf die Hilfe im Hauswesen und Geschäft des Mannes beschränkt hat; nur der Ehemann sollte in diesem Fall als Beschädigter gelten und nur er zur Geltendmachung des Ersatzanspruchs aktiv legitimiert sein (Planck, BGB. § 845 Bem. 5 S. 1047; Staudinger, BGB. § 845 Bem. 8 S. 1540, Neukirch-Rosenmeyer § 10 Anm. 14 S. 109; RG. 23. 4. 06 RGZ. 63, 195; RG. 8. 10. 06 RGZ. 64, 325; RG. 16. 3. 05 Gruchots Beitr. 49, 944; RG. 22. 2. 06 JW. 06, 313; 23. 4. 06 JW. 06, 385. 14. 6. 06 JW. 06, 469; 8. 10. 06 JW. 06, 751, EisenbE. 23, 281; 12. 11. 06, JW. 07, 11; 11. 2. 07 EisenbE. 24, 37; 18. 2. 07 SeuffBl. 07, 883; 16. 12. 07 Recht 08, Nr. 313; 5. 3. 08 JW. 08, 273; 14. 5. 08 Recht 08 Nr. 2333).

Mit Urteil vom 10. 7. 08 Recht 08 Nr. 2937 hat aber das RG. (III. Senat) diesen Standpunkt verlassen und anerkannt, daß die Ehefrau, die infolge eines Unfalls nicht mehr im Stande ist, ihre häuslichen Arbeiten so wie früher zu verrichten, den hierin liegenden Verlust selbst einklagen kann. In gleicher Weise hat das RG. 4. 3. 09 Recht 09, S. 286, Bayer. RpflZ. 09, 232 ausgeführt, daß die Ehefrau sowohl kraft eigenen Rechts wie in gemeinschaftlicher Klage mit ihrem Mann befugt sei, auf Schadensersatz wegen Aufhebung oder Minderung ihrer Erwerbsfähigkeit zu klagen; zur Verhütung künftiger Zweifel und Schwierigkeiten solle das Gericht bei solchen gemeinschaftlichen Klagen auf geeignete Anträge hinwirken, damit bestimmt werde, ob die Rente während der Ehe an die Kläger als Gesamtgläubiger oder an einen der beiden und ob sie nach Auflösung der Ehe, so lange die Frau lebt, an diese bezahlt werden solle. Diese neuerliche Ansicht des Reichsgerichts, deren Richtigkeit von Endemann, Recht 09, 6 und 286 (vgl. auch Ullmann, JW. 03 (233) überzeugend dargetan wird, ist für das AG. umso bedeutungsvoller, als hier eine dem § 845 BGB. entsprechende Bestimmung nicht existiert und deshalb nach der bisherigen Rechtsprechung überhaupt keine Möglichkeit bestand, diesen Schaden auf Grund des HaftpflG. bezw. AG. geltend zu machen. Diese Möglichkeit ist jetzt gegeben. Das auf § 845 BGB. gestützte Recht des Mannes, auch in seinem Namen den Schaden einzuklagen, wird dadurch nicht berührt; er ist also neben der Frau, soweit die Voraussetzungen des § 845 gegeben sind, berechtigt, den Anspruch geltend zu machen; § 845 steht nur dem Anspruch der Frau nicht entgegen; denn durch diese Bestimmung soll nur neben dem, der selbst den Schadensersatzanspruch erworben hat, noch ein anderer, der selbst nur mittelbar von den Folgen des Unfalls betroffen wird, ein selbständiges Klagerecht erhalten; das Eigenrecht des Verletzten bleibt daneben bestehen.

Entgegen der von Endemann vertretenen Ansicht hat sich das Reichsgericht 28. 4. 10 Recht 10 Nr. 2192, JW. 10, 652 neuerdings wieder auf einen Standpunkt gestellt, der der Ehefrau den hier fraglichen Ersatzanspruch nur dann gewähren will, wenn zwischen den Ehegatten allgemeine Gütergemeinschaft bestehe; für den Fall des gesetzlichen Güterrechts dagegen wurde das Klagerecht der Frau verneint, weil diese nur für den Mann erwerbe. Das sei anders bei der Gütergemeinschaft. Zwar gelte auch hier § 1356 BGB. Aber der eheliche Aufwand falle hier nicht dem Mann, sondern dem Gesamtgut zur Last (§ 1458 BGB.) und zu dem Gesamtgut gehöre auch das was der Mann oder die Frau während der Gütergemeinschaft erwerben. Durch die Tätigkeit der Frau im Hauswesen werde also nicht dem Mann, sondern dem Gesamtgut eine Ausgabe erspart. Werde der Frau also jene Tätigkeit unmöglich gemacht oder erschwert, dann seien beide Gatten geschädigt, sodaß sie beide Gesamtgläubiger des Schädigers seien.

Auch für eine Ehefrau, die bisher ihre Arbeitskraft nur im Hauswesen des Mannes betätigt, kann für die Zukunft z. B. nach Auflösung der Ehe oder bei Rückgang der Vermögenslage der Ehegatten sich die Notwendigkeit ergeben, durch eigene Tätigkeit außerhalb des Hauses ihren und ihrer Familie Unterhalt zu verdienen. Insofern begründet auch die Verletzung einer bisher keine Erwerbstätigkeit ausübenden Frau die Möglichkeit eines später entstehenden Vermögensschadens, und es muß deshalb der Frau in dieser Richtung das Recht zur Erhebung einer Feststellungsklage zustehen.

Anders wie das Verhältnis zwischen Mann und Frau ist das Verhältnis zwischen den im Hauswesen tätigen Kindern und dem Vater zu beurteilen. Während bei der Frau dem Wesen der Ehe entsprechend ihre Mittätigkeit im Hauswesen und Geschäft nach der Absicht der Beteiligten eine dauernde sein soll, scheiden die Kinder in der Regel mit der Zeit aus der häuslichen Gemeinschaft aus und verwenden ihre Arbeitskraft in einer vom elterlichen Hauswesen losgelösten Stellung. Wird deshalb ein noch in der häuslichen Gemeinschaft befindliches Kind verletzt, so bedeutet schon die verringerte Möglichkeit, in anderen Dienst zu treten und dort einen seinen Fähigkeiten entsprechenden Lohn zu verdienen, für das Kind einen Nachteil, für den ein Ausgleich zu gewähren ist. Der Umstand, daß der verletzte Sohn nach dem Unfall im Geschäft seines Vaters verbleibt und dort, wie bisher, keinen Gehalt bezieht, darf deshalb bei Bemessung der Rente nicht in Betracht gezogen werden; es darf daraus insbesondere nicht etwa gefolgert werden, daß dem Verletzten durch Zubilligung einer Rente für diese Jahre ein unberechtigter Vermögensvorteil zufließen würde (RG. 20. 9. 95 JW. 95, 509, Bolze 21 S. 135; RG. 14. 5. 97 JW. 97, 330). In letzterem Urteil ist hervorgehoben: „der Umstand, daß für die bisherige Tätigkeit des Klägers eine geminderte Erwerbsfähigkeit nicht vorliegt, weil der Kläger voraussichtlich in seiner bisherigen Stellung bei seinem Vater bleiben wird und auch ohne den Unfall geblieben sein würde, kann den Schadensersatzanspruch nicht beseitigen". Ebenso hat das RG. 11. 4. 07 JW. 07, 340, EisenbE. 24, 56 ausgeführt: „Wenn auch bei Bemessung des zuzusprechenden Schadensersatzes von der Erwerbstätigkeit auszugehen ist, die der Verletzte zur Zeit des Unfalls ausübt, so folgt daraus nicht, daß, weil die Klägerin als Gehilfin ihres Vaters in dessen Gastwirtschaft ohne eine bestimmt abgegrenzte Entlohnung wirkte und nur ihr Entgelt in der häuslichen Gemeinschaft mit ihm fand, hier der gewöhnliche Ertrag einer solchen Erwerbstätigkeit wie die Klägerin ihn bezogen haben würde, wenn sie nicht im Gewerbebetrieb ihres Vaters, sondern bei einem Dritten eine solche Stellung angenommen hatte, nicht zu Grunde gelegt werden darf. Die Klägerin ist an sich nach ihrem Stand und ihrer ganzen Lebenslage darauf angewiesen, sich durch ihre Berufstätigkeit ihren Lebensunterhalt zu verdienen, zumal da sie nicht mehr in dem jugendlichen Alter stand, in dem auch für eine Tochter aus solchen Ständen noch als näher liegend erscheinen mag, zunächst noch in der häuslichen Gemeinschaft der Eltern zu verbleiben und nur im Sinne des § 1617 BGB. in dem elterlichen Geschäfte Dienste zu leisten; sie muß daher behandelt werden als durch ihre Erwerbstätigkeit damals soviel verdienend wie Leiterinnen einer einem Dritten gehörigen Gastwirtschaft solcher Art in jener Gegend zu verdienen pflegen; denn für ihre Ansprüche gegen den Beklagten ist es gleichgültig, daß sie wegen ihres besonderen Verhältnisses zu ihrem Vater von einer bestimmten Fixierung seiner Gegenleistung abgesehen hatte".

4. In den Fällen, in denen der Unfall nicht die völlige Erwerbsunfähigkeit des Verletzten zur Folge hat, sondern nur eine Erwerbsbeschränkung (vgl. hierüber oben Bem. IV), erhebt sich die Frage, ob der Verletzte zu einem Wechsel seines Berufs oder seiner Tätigkeit dann verpflichtet ist, wenn er die ihm verbliebene Arbeitskraft, die zur Weiterführung seiner

bisherigen Tätigkeit entweder gar nicht oder nur in sehr beschränktem Maße tauglich ist, in einer anderen Tätigkeit besser verwerten kann. Dem Interesse des Haftpflichtigen daran, daß der Verletzte eine Tätigkeit ergreife, bei der sein Erwerb möglichst wenig durch die Folgen des Unfalls geschmälert wird, steht hier als gleichberechtigter Faktor das Recht des Verletzten auf Berufswahl als Ausfluß der freien Selbstbestimmung in wirtschaftlicher Beziehung entgegen (RG. 20. 11. 02, RGZ. 53, 48, EisenbE. 19, 340). Die Berücksichtigung dieses Selbstbestimmungsrechts schließt es aus, den Haftpflichtigen ganz allgemein mit dem Einwand zu hören, daß der Verletzte in einem anderen, wenn auch seinem Beruf verwandten Zweige einen noch gegeringeren Ausfall seiner Erwerbstätigkeit haben würde. Es muß bei Entscheidung der Frage in erster Linie unterschieden werden zwischen den Personen ohne berufliche Vorbildung, also den ungelernten Arbeitern, die rein mechanische Dienstleistungen verrichten und den Arbeitern mit Berufsvorbildung, die sich die Fähigkeit zur Ausübung ihrer Tätigkeit durch eine größere Vorbildung oder auch nur durch eine längere praktische Lehrzeit angeeignet haben. Die erstere Personenklasse, zu der insbesondere Taglöhner, Laufburschen, Hausknechte u. a. gehören, ist verpflichtet, unter Aufgabe der bisherigen Tätigkeit eine andere, sich ihnen bietende Erwerbsgelegenheit, wie sie für Leute dieses Standes angemessen ist, anzunehmen, soferne sie dadurch ihr Einkommen erhöhen können (ROHG. 30. 6. 74 Bd. 14, 44; RG. 4. 3. 82 EisenbE. 2, 227; 14. 10. 82 EisenbE. 2, 367; 3. 2. 83 EisenbE. 3, 1; 22. 9. 83 EisenbE. 3. 108, Seuff A. 39 Nr. 112; 20. 11. 02 RGZ. 53, 48, EisenbE. 19, 340; 8. 1. 03 EisenbE. 20. 129). Die körperliche Fähigkeit des Verletzten zu der ihm angebotenen Arbeit ist allerdings allein nicht entscheidend; es kommt auch darauf an, ob ihm die angebotene Arbeit z. B. wegen der nicht unbeträchtlichen Entfernung der Arbeitsstätte von seinem Wohnort zugemutet werden kann. Dabei wird man, abweichend vom RG. 28. 4. 06 Bolze 3 Nr. 394, das die Verpflichtung des Verletzten zur Verlegung seines Wohnsitzes zwecks Erlangung entsprechender Arbeitsgelegenheit ganz allgemein verneint, mit RG. 24. 9. 09 Soergel, Rspr. 09, 101 Ziff. 51 und RG. 21. 12. 08 Recht 09 Nr. 428 davon ausgehen müssen, daß unter Umständen der Verletzte auch zu einer solchen Wohnsitzverlegung verpflichtet erscheint. Denn, wenn auch die Zumutung, daß der Verletzte eine bestimmte einzelne Arbeitsgelegenheit aufsuchen oder sich einem anderen Berufe zuwenden oder einen anderen Wohnort nehmen solle, um sich einen größeren Verdienst zu verschaffen, dem Rechte der freien Selbstbestimmung widerstreitet, so kann doch der Fall so liegen, daß die Nichtbeachtung eines solchen Gesichtspunktes zu großer Unbilligkeit gegen den Ersatzpflichtigen führen würde. Doch muß die anderweite Erwerbsgelegenheit einigermaßen wahrscheinlich und naheliegend sein, die bloße Möglichkeit, anderweit etwas zu verdienen, genügt nicht; es kann dem Verletzten nicht zugemutet werden, mit Verlassung seines Wohnsitzes im Lande umherzuziehen und Arbeit aufzusuchen (RG. 6. 10. 90 EisenbE. 8, 157, Bolze 10 Nr. 279 b; RG. 6. 11. 93 EisenbE. 10, 243). Der Arbeiter ohne Berufsvorbildung wird zur Begründung seines Ersatzanspruchs nicht bloß nachweisen müssen, daß er seine bisherige Tätigkeit nicht oder nicht mehr mit dem gleichen Erfolg wahrnehmen kann, sondern noch weiter, daß sich ihm eine andere Arbeitsgelegenheit mit der Möglichkeit besseren Verdienstes nicht bietet Kirchner § 11 S. 181; RG. 20. 11. 02 EisenbE. 19, 340; 8. 1. 03 EisenbE. 20, 129; ROHG. 30. 6. 74 Bd. 14, 44; RG. 22. 9. 83 SeuffA. 39 Nr. 112; a. M. RG. 6. 12. 09 Recht 10 Nr. 290, das für die Möglichkeit des Ergreifens eines anderen Erwerbszweiges allgemein dem Haftpflichtigen die Beweislast auferlegt und erklärt: „dieser Beweispflicht genügt der Beklagte mit nichten, wenn er auf Erwerbszweige hinweist, zu denen dem Verletzten die Vorbildung fehlt und soweit ersichtlich, auch kaum beschaffbar ist, oder wenn er sich mit einer allgemeinen Redensart, wie der Benennung der Hausindustrie, die ungezählte Erwerbsarten umfaßt, begnügt". Anders der Arbeiter mit Berufsvorbildung. Selbstverständlich kann diesem nicht zugemutet werden, einen anderen Beruf zu ergreifen, für den er sich erst die notwendige, längere Zeit in Anspruch nehmende Vorbildung aneignen müßte (RG. 8. 1. 03 JW. 03, 68 EisenbE. 20, 129). Im übrigen wird es Sache des richterlichen Ermessens sein, ob der Berufsarbeiter eine andere seinem Stande und seiner Vorbildung entsprechenden einträgliche Tätigkeit annehmen muß oder ob er mit Rücksicht auf sein Selbstbestimmungsrecht bezüglich des Berufs die Übernahme ablehnen kann. Berufsarbeitern mit verhältnismäßig einfacher Vorbildung (Handwerker), wird man den Übergang zu einem verwandten Berufszweig, dessen Ausübung für sie ohne weiteres möglich ist, zumuten können, während bei Berufsarbeitern mit wissenschaftlicher, technischer Vorbildung eine Pflicht, sich einem anderen Berufszweig zuzuwenden, nicht in gleichem Maße anzunehmen sein wird, in der Regel schon deshalb nicht, weil auch dieser Wechsel eine Vorbildung nötig machen würde, dann aber auch, weil das Recht der Selbstbestimmung bei den mehr differenzierten höheren Berufen zweifelsohne eine größere Berücksichtigung verlangt. Über die Frage, inwieweit der Verletzte zum Ergreifen einer anderen Tätigkeit verpflichtet ist vgl. RG. 6. 12. 09 Recht 10 Nr. 290; RG. 19. 6. 85 RGZ. 14, 25; RG. 20. 11. 02 RGZ. 53, 48, OLG. Dresden 24. 6. 07 Seuff A. 63 Nr. 13, EisenbE. 24, 244; RG. in SächsA. 10, 603.

Das RG. 28. 6. 09 JW. 09, 495 hat insbesondere über die Frage ausgeführt: „Der Satz, daß dem Verletzten nicht angesonnen werden kann, wegen der erlittenen Körperverletzung einen anderen als den bisherigen Beruf zu ergreifen, ist in dieser Allgemeinheit nicht richtig. In der Rechtsprechung ist schon oft ausgesprochen worden, daß der, welcher durch ein von einem anderen zu vertretendes Ereignis so verletzt wurde, daß er seinem bisherigen Beruf nicht mehr nachgehen kann, nicht schlechthin ablehnen kann, sich auf einen anderen, seinen Lebensverhältnissen entsprechende Weise einen Erwerb zu verschaffen, auch dann nicht, wenn er, um dies tun zu können, genötigt ist, sich noch ihm bisher fehlende Fertigkeiten und Kenntnisse anzueignen. Der zur Erlernung dieser Fähigkeiten notwendige Aufwand ist eine Vermehrung der Bedürfnisse. Eine grundlose Weigerung würde bei der Rente in Betracht zu ziehen sein, allerdings nicht aus § 254 BGB., sondern aus der Erwägung, daß der Verletzte eben dann nicht vollständig erwerbsunfähig ist und daß der ursächliche Zusammenhang zwischen Unfall und Erwerbsverlust zum Teil entfällt". Es handelte sich um eine früher als Magd im landwirtschaftlichen Dienste beschäftigte, infolge eines Unfalls erblindete Person, die für verpflichtet erklärt wurde, die auch für Blinde möglichen Handarbeiten zu erlernen. Der Berufsarbeiter hat — anders wie der Arbeiter ohne Berufsvorbildung — zur Begründung seiner Klage nur nachzuweisen, daß und inwieweit er seinem bisherigen Beruf nicht mehr nachkommen kann; Sache des Haftpflichtigen ist es darzutun, inwiefern sich ihm eine andere angemessene Erwerbsmöglichkeit bietet. Schlägt der Verletzte eine Beschäftigung, die er verrichten könnte und nach dem eben Erörterten annehmen mußte, aus, so mindert sich sein Schadensersatzanspruch um den Betrag, den er aus der verschmähten Tätigkeit gewinnen konnte. Dagegen ist der Verletzte, wenn der Ersatzpflichtige sich bereit erklärt, ihn ohne Rücksicht auf seine Erwerbsbeschränktheit gegen Fortgewährung des früheren Einkommens bei sich weiter zu beschäftigen, nicht verpflichtet, auf dieses Anerbieten einzugehen und zwar auch dann nicht, wenn die vom Ersatzpflichtigen angebotene Art der Beschäftigung dem Stand, der früheren Berufstätigkeit und den Gesundheitsverhältnissen des Verletzten entspricht. Das widerspräche dem im Gesetz ausgesprochenen Zweck der Ausgleichung des Vermögensnachteils durch Kapital oder Rente ebenso wie dem Prinzip der freien Selbstbestimmung, vermöge dessen dem Verletzten nicht zugemutet werden darf, die ihm verbleibende Arbeitskraft gerade im Dienste des Beklagten zu verwenden (ROHG. 5. 11. 75; ROHG. 19, 12; ROHG. 7. 9. 78 SeuffA. 34 Nr. 128; RG. 21. 11. 79 EisenbE. 1, 18; RG. 8. 5. 80 RGZ. 1, 281, SeuffA. 35 Nr. 292; RG. 9. 2. 85 Gruchots Beitr. 29, 1025, Bolze 1 Nr. 615, JW. 85, 129). Wenn aber der Verletzte auf das Anerbieten des Haftpflichtigen eingegangen ist und tatsächlich in dessen Dienst seinen Erwerb findet, dann ist, solange dieses Verhältnis besteht, dieser Erwerb bei der Frage, ob und in welcher Höhe ein Schaden entstanden ist, zu berücksichtigen (RG. 13. 7. 83 EisenbE. 3, 95; RG. 21. 5. 08 JW. 08, 451). Nur in beschränktem Umfang will Gordan § 11 Bem. 3 S. 104 dem Verletzten dieses Ablehnungsrecht geben.

Wird ein Kind verletzt, für das zur Zeit der Verletzung eine Berufswahl noch nicht stattgefunden hatte, so muß bei der Wahl des Berufs der gesetzliche Vertreter des Kindes darauf bedacht sein, einen Beruf zu wählen, der eine möglichste Ausnützung der gebliebenen Arbeitskraft, natürlich unter Berücksichtigung der sozialen Verhältnisse des Kindes und seiner Eltern gestattet. Ein Verschulden des gesetzlichen Vertreters bei der Berufswahl geht dem verletzten Kind zu Lasten (Kirchner, AG. S. 182; Krause § 9 Bem. 3 S. 105). Doch kann diese Pflicht nicht dazu führen, das Kind zu einem Beruf zu zwingen, der seinen Anlagen und Neigungen widerspricht (RG. 20. 11. 02 RGZ. 53, 48).

VIII. **Vorteilsausgleichung.** Es wird auf die Bem. V, 6 zu § 10 verwiesen. Was hier von den Witwen- und Waisengeldern ausgeführt ist, gilt in gleicher Weise von der an den Verletzten selbst zu zahlenden Pension. Es ist also zu unterscheiden zwischen den aus privaten Pensions- und Unterstützungskassen fließenden Beträgen und den auf Gesetz beruhenden Pensionen. Versicherungen, die der Fahrzeughalter etwa unter gänzlicher oder teilweiser Zahlung der Prämien für den Verletzten genommen hat — es wird z. B. ein bei dem Betrieb des Fahrzeugs nicht beschäftigter, gegen Unfall versicherter Angestellter des Fahrzeughalters überfahren — sind zu dem Anteil auf den Schadensersatzanspruch anzunehmen, der dem Verhältnis der Beiträge des Versicherten und des Halters entspricht (Gordan § 11 Bem. 3 S. 105).

IX. **Vermehrung der Bedürfnisse.** Da der Schadensersatz für Vermehrung der Bedürfnisse nach § 13 regelmäßig in Form einer Rente zu gewähren ist, der Ersatz für die Heilungskosten dagegen sich als Kapitalzahlung darstellt und der Unterschied zwischen beiden Formen des Schadensersatzes mit Rücksicht auf die durch § 12 begründete Haftungsbeschränkung von wesentlicher Bedeutung ist, ist eine genaue Abgrenzung beider Ansprüche geboten (vgl. § 10 Bem. II, 1, § 12 Bem. II, 2). Im Gegensatz zu den Heilungskosten, die eine Wiederherstellung der Gesundheit und Beseitigung des durch den Unfall herbeigeführten Krankheitszustandes bezwecken, sind unter Auslagen für Vermehrung der Bedürfnisse die Aufwendungen zu verstehen, die einen solchen positiven Heilungszweck nicht verfolgen, sondern die der Verletzte für sein körperliches und geistiges Wohl, sei es zur Hintanhaltung einer Verschlimmerung seines Zustandes, sei es zur Linderung seines Leidens oder aus einem anderen Grund zu machen hat und die gegenüber den vor der Verletzung gehabten Aufwendungen zu dem gleichen Zweck höher geworden oder überhaupt erst durch den Unfall neu entstanden sind. Unter den Begriff der Vermehrung der persönlichen Bedürfnisse können also fallen: Kosten einer besonderen Warte und Pflege, insbesondere eigener Bedienung, letztere auch dann, wenn sie mit der Krankenpflege selbst nichts zu tun hat, Mieten einer geräumigeren und besser gelegenen Wohnung, Badereise, dauernde ärztliche Behandlung, Medikamente, besondere Apparate und Instrumente wie Krücken, Fahrstuhl, Gehmaschinen, Auslagen für Unsichtbarmachung von Schönheitsfehlern (nicht etwa für Schönheitsfehler selbst als nicht vermögensrechtlicher Schaden nach § 847 BGB. vgl. Krause § 10 Bem. 9 S. 131).

In den Urteilen vom 14. 5. 06 EisenbE. 23, 64 und 8. 11. 06 JW. 06, 810 hat das Reichsgericht bei Verstümmelung eines Knaben, dem die Beine amputiert werden mußten, außer den angeführten Auslagen hierher gerechnet auch die Mehrkosten für Privatunterricht, weil dieser Aufwand durch das körperliche Gebrechen des Verletzten veranlaßt und erforderlich sei, um seine Ausbildung für eine künftige Erwerbstätigkeit zu ermöglichen.

Als Vermehrung der Bedürfnisse ist auch der Aufwand zu erachten, der dem Verletzten dadurch erwächst, daß er seinen Beruf wechseln und sich die nötigen Kenntnisse und Fähigkeiten für eine andere Tätigkeit aneignen muß (RG. 28. 6. 09 JW. 09, 495). Die Vermehrung der Bedürfnisse kann auch neben der Aufhebung oder Verminderung der Erwerbsfähigkeit bestehen; das Wort „oder" hat keine ausschließende Bedeutung (Reindl, HaftpflG. S. 136, Krause § 10 Bem. 9 S. 131). Es muß deshalb bei Abstufung und Begrenzung der Rente neben der Minderung und dem Erlöschen der Erwerbsfähigkeit auch untersucht werden, welche Auslagen und auf welche Zeit dem Verletzten für Vermehrung der Bedürfnisse, z. B. für jährliche Badekuren erwachsen (RG. 7. 1. 07 Recht 07 Nr. 376).

Läßt sich nach der menschlichen Erfahrung und dem gewöhnlichen Lauf der Dinge voraussehen, daß der Kläger auch ohne den Unfall nicht bis in das höchste Alter hinein in gleichem Grad erwerbsfähig geblieben wäre, so ist die Rente wegen Erwerbsunfähigkeit nur bis zu dem Zeitpunkt zuzusprechen, wo der mit dem Alter verbundene Niedergang der Kräfte dem körperlichen Leistungsvermögen das Ziel setzt; soweit dagegen beim Verletzten infolge seiner Gebrechen eine Vermehrung der Bedürfnisse eingetreten ist oder mit dem zunehmenden Alter eintreten wird, ist ihm eine Rente in angemessener Höhe bis an sein Lebensende zu belassen (RG. 6. 12. 09 JW. 10, 65, Recht 10 Nr. 317, Seuff. A. 65 Nr. 97).

§ 12.

Der Ersatzpflichtige haftet:

1. **im Falle der Tötung oder Verletzung eines Menschen nur bis zu einem Kapitalbetrage von fünfzigtausend Mark oder bis zu einem Rentenbetrage von jährlich dreitausend Mark,**
2. **im Falle der Tötung oder Verletzung mehrerer Menschen durch dasselbe Ereignis, unbeschadet der in Nr. 1 bestimmten Grenze, nur bis zu einem Kapitalbetrage von insgesamt einhundertfünfzigtausend Mark oder bis zu einem Rentenbetrage von insgesamt neuntausend Mark,**
3. **im Falle der Sachbeschädigung, auch wenn durch dasselbe Ereignis mehrere Sachen beschädigt werden, nur bis zum Betrage von zehntausend Mark.**

Übersteigen die Entschädigungen, die mehreren auf Grund desselben Ereignisses nach Abs. 1 Nr. 1, 3 zu leisten sind, insgesamt die in Nr. 2, 3 bezeichneten Höchstbeträge, so verringern sich die einzelnen Entschädigungen in dem Verhältnis, in welchem ihr Gesamtbetrag zu dem Höchstbetrage steht.

Entw. II § 6; Begr. S. 15; KommB. S. 21 ff.; StenB. S. 5267, 5269, 5272, 5274, 5279, 7761, 7763, 7765, 7768, 7769, 7770, 7793, 7795.

Literatur: Hallbaum, Zur quantitativen Haftungsbeschränkung des AB. LZ. 09 S. 882; Hoepfel ebenda 10 S. 257.

I. **Vorbemerkung.** Der Gesetzentwurf von 1906 hatte eine dem § 12 entsprechende Bestimmung nicht. Doch war bei Beratung dieses früheren Gesetzentwurfes in der Reichstagskommission ein dahin zielender Antrag gestellt worden und dem entsprach die Regierung durch die Einfügung des § 6 (jetzt § 12) in den Entwurf von 1908. Zur Begründung dieser Bestimmung wurde geltend gemacht, nur die feste Begrenzung der Haftungspflicht biete jedem Fahrzeughalter die Möglichkeit, sich gegen die Haftpflicht versichern zu können; bei Nichtbegrenzung der Haftsumme würden die schon ohnehin sehr hohen Versicherungsprämien derart in die Höhe schnellen, daß nur der wohlhabende Kraftfahrzeughalter eine Versicherung gegen die Haftpflicht nehmen könne, der minder Bemittelte dagegen das Risiko selbst tragen müsse; es würde dadurch für manche Personenkreise, die jetzt ein Kraftfahrzeug zu Berufszwecken hielten, die Versicherung unmöglich gemacht werden. Die Erleichterung, die das Gesetz durch die Einführung der Höchstbeträge bezüglich der Versicherung gegen die Haftpflicht biete, werde dazu führen, daß die Automobilhalter sich regelmäßig durch Versicherung decken und daß demzufolge bei Unfällen der Geschädigte eine erhöhte Gewähr für die Erfüllung der ihm erwachsenen Schadensersatzansprüche bekomme. Die Höhe der in § 12 bestimmten Sätze erscheine auch zudem ausreichend, um für die weitaus größte Mehrzahl der Fälle die Ansprüche der Verletzten vollständig zu decken. Wenn jemand glaube, daß sein Leben höher als die hier normierten Sätze wert sei oder daß er mit einer Rente in Höhe der normierten Summe seinen und der Seinigen Lebensunterhalt nicht bestreiten könne, so möge er sich selbst noch gegen Unfälle versichern. Zudem beziehe sich ja die Haftungsbeschränkung nur auf die Haftung aus dem Automobilgesetz, während bei nachgewiesenem Verschulden der Fahrzeughalter ohnehin den Schaden ohne Einschränkung zu ersetzen habe.

Das hier eingeführte Prinzip der quantitativen Haftungsbeschränkung ist zwar nicht ganz ohne Gegenstück in dem bisherigen Recht; § 702 BGB. beschränkt die Haftung des Gastwirts in einzelnen Fällen auf den Betrag von 1000 Mk. und nach § 486 HGB. haftet der Schiffer bei Zusammenstößen nur in Höhe von Schiff und Fracht. Gleichwohl stieß die Bestimmung bei der Kommissionsberatung auf große Bedenken und man erklärte anfangs, die Bestimmung des § 12 erscheine nur dann diskutabel, wenn Garantien dafür geschaffen würden, daß der Verletzte auch tatsächlich zu seinem Gelde komme; als solche Garantien kämen in Betracht

a) der Zwang zur Versicherungsnahme und

b) die Bildung einer Zwangsgenossenschaft unter den Kraftfahrzeugbesitzern.

Seitens der Regierung wurden beide Vorschläge als schwierig und ungeeignet bekämpft. Bei dem Versicherungszwang sei zu bedenken, daß die Kontrolle darüber, ob die später fällig werdenden Prämien auch wirklich gezahlt würden, sehr schwierig sei; man könne auch nicht vorschreiben, in welcher Höhe sich ein jeder versichern müsse; gegen den Ausländer könne ein Zwang nicht ausgeübt werden und endlich liefere man mit Einführung des Versicherungszwanges die Fahrzeughalter auf Gnade und Ungnade den Versicherungsgesellschaften aus. Die Bildung einer Zwangsgenossenschaft endlich nach dem Vorbild der Berufsgenossenschaften erscheine untunlich; weil es, anders wie bei der Berufsgenossenschaft, bei einer solchen Vereinigung der Automobilhalter an der Einheit oder Verwandtschaft des Berufs oder Gewerbes fehlen würde; auch wäre hier nicht an eine bestimmte des öffentlichen Schutzes bedürftige Bevölkerungsklasse zu denken, ähnlich der Arbeiterklasse, sondern der Zwangsgenossenschaft stände das gesamte Publikum als entschädigungsberechtigt gegenüber, so daß sich ein einheitlicher Maßstab für die Rentenzuteilung nicht aufstellen ließe.

Schließlich gelangte dann das Gesetz in der Fassung des Entwurfs zur Annahme, ohne daß von Seiten der Regierung über die Einführung einer Zwangsversicherung oder die Bildung einer Zwangsgenossenschaft eine Zusicherung gegeben worden wäre.

Wie schon in der Begründung des Gesetzes hervorgehoben ist, findet § 12 nur Anwendung, wenn die Haftpflicht auf die

Vorschriften des AG. gestützt wird. Wird der Haftpflichtige dagegen auf Grund des BGB. in Anspruch genommen, so entfällt die beschränkte Haftung (§ 16 AG.). Hat der Schuldner in Unkenntnis des Gesetzes eine über § 12 hinausgehende Leistung gemacht, so ist er berechtigt, den Mehrbetrag nach §§ 812 ff. BGB. zurückzuverlangen, da eine Naturalobligation bezüglich des Mehrbetrags nicht vorliegt. Die Vorschriften des § 12 sind von Amts wegen zu beachten (Waldeck § 12 Bem. 2 S. 91; Damm § 12 Bem. 17; Neukirch-Rosenmeyer § 12 Anm. 1). Natürlich kann aber der Haftpflichtige auch auf die Beschränkung der Haftung verzichten.

Zur Begründung der Einrede der Haftsumme muß der Haftpflichtige bei Vorhandensein mehrerer Verletzte dartun, daß die von ihm behaupteten Forderungen anderer Ersatzberechtigter in der von ihm behaupteten Höhe bestehen. Bei klagloser, vergleichsweiser Kapitalabfindung wird deshalb für die Haftpflichtigen besondere Vorsicht geboten sein, da sonst in dem Prozeß eines später auftretenden Ersatzberechtigten bestritten werden kann, daß die Entschädigung des anderen Gläubigers in dieser Höhe geboten war.

Von mehreren Haftpflichtigen (Fahrzeughalter und Führer oder in den Fällen des § 17) kann natürlich der eine nur nach dem AG., der andere auf Grund Verschuldens nach § 823 BGB. haften; dann liegt bis zu den Beträgen des § 12 ein Gesamtschuldverhältnis vor (vgl. hierzu § 17 Bem. V).

II. **Verletzung einer Person.** Über den Begriff der Verletzung s. § 7. Die in § 8 Ziff. 1 genannten Personen scheiden aus.

1. Der Verletzte bekommt nur eine Rente. § 12 Ziff. 1 bestimmt den Höchstbetrag der Rente auf 3000 Mk. jährlich. Da die Rente in der Regel nicht für die ganze Zeit in gleicher Höhe zu gewähren ist, ihr Betrag sich vielmehr erhöhen bezw. mindern kann, je nachdem im Laufe der Zeit die Erwerbsfähigkeit des Verletzten sich entweder wieder hebt oder eine weitere Herabsetzung erfährt (vgl. oben § 11 Bem. VII), so könnte man daran denken, die Rente so festzusetzen, daß sie nur im Durchschnitt das Maximum von 3000 Mk. nicht überschreitet. Es wäre dann möglich, daß die Rente eine Zeit lang sich auf mehr als 3000 Mk. bemißt, sofern sie nur zur Ausgleichung eine gleich lange Zeit ebensoweit unter 3000 Mk. zurückbleibt. Wären also z. B. dem Verletzten für die ersten 5 Jahre 3500 Mk., für weitere 5 Jahre je 3000 Mk.

und endlich für die letzten 5 Jahre 2500 Mk. zuzusprechen, so ergäbe sich eine Durchschnittsrente von 3000 Mk. und es könnte dann die Rente für die ersten 5 Jahre mit 3500 Mk. gewährt werden, obwohl sie das im § 12 Ziff. 1 gesetzte Höchstmaß übersteigt. Diese Berechnung wäre falsch. Vielmehr ist § 12 zweifellos dahin auszulegen, daß der Haftpflichtige in keinem Zeitpunkt höhere als die hier festgesetzten Beträge zu leisten braucht. Es ist also in dem gewählten Beispiel die Rente für die ersten 5 Jahre auf 3000 Mk. festzusetzen. Falsch wäre es aber anderseits auch, wenn man auch für die späteren Jahre die Rente in gleichem Verhältnis herabsetzen wollte, wie dies bei der das Maximum übersteigenden Rente für die ersten 5 Jahre geschah. Man darf also nicht sagen, weil der Verletzte für die ersten 5 Jahre statt 3500 Mk. nur 3000 Mk. bekam, so sind für die nächsten 5 Jahre nach dem Verhältnis von 7 : 6 statt 3000 Mk. nur 2571 Mk. 43 Pfg. und für die letzten 5 Jahre statt 2500 nur 2142 Mk. 85 Pfg. zu gewähren. Das wäre eine durch das Gesetz nicht gebotene Minderung der Rechte des Verletzten. Es ist vielmehr bei Rentenzahlung so zu verfahren, daß der Richter die an und für sich angemessene Rente berechnet; soweit dieselbe die in § 12 festgesetzten Höchstbeträge überschreitet, muß er sie auf 3000 Mk. reduzieren. Es sind also in dem gewählten Beispiel dem Verletzten für die ersten 10 Jahre 3000 Mk., für die nächsten 5 Jahre 2500 Mk. zuzusprechen.

Das Institut der beschränkten Haftung hat zur Folge, daß die Anwendbarkeit des § 323 ZPO. für das AG. mitunter entfällt. Hat sich z. B. nach Erlaß des Urteils die Erwerbsfähigkeit des Verletzten in einem im Urteil nicht vorgesehenen Maße gesteigert, ist aber gleichwohl, weil der Rentner sich ursprünglich eine Reduktion gefallen lassen mußte, der Höchstbetrag von 3000 Mk. noch angemessen, so ist zur Erhebung der Klage nach § 323 ZPO. kein Anlaß gegeben (vgl. § 13 Bem. VII 2 e).

2. Der Fall, daß der Verletzte nur eine Rente bekommt, wird nicht die Regel bilden; vielmehr wird wohl fast immer die Sache so liegen, daß neben der für die Zukunft zuzusprechenden Rente an den Verletzten noch weitere Zahlungen, nämlich Ersatz der Heilungskosten und Schadensersatz wegen Aufhebung und Minderung der Erwerbsfähigkeit und wegen Erhöhung der Bedürfnisse für die Vergangenheit zu gewähren sind. Da § 12 Ziff. 1 nur eine Rente bis 3000 Mk. oder Kapitalsabfindung bis 50 000 Mk. zuläßt,

so kann zweifellos neben einer Kapitalzahlung nicht noch die volle Rente bis zu 3000 Mk. gewährt werden. Die Heilungskosten sind nun eine Kapitalzahlung; sie müssen also bei Bemessung der Rente in Rücksicht gezogen werden. Den Maßstab bietet das Gesetz, indem es 3000 Mk. Rente einem Kapital von 50 000 Mk. gleichstellt, so daß also 100 Mk. Kapital = 6 Mk. Rente sind (a. M. Gordan § 12 Bem. 3 S. 110 der für die Umwandlung den jeweiligen Zinsfuß = 4 Proz. zugrunde legen will). Hat deshalb der Verletzte für Heilungskosten 500 Mk. erhalten, so kann er nicht mehr eine Rente von 3000 Mk. bekommen, sondern es müssen die 500 Mk. Heilungskosten, umgewandelt in 30 Mk. Rente, abgezogen werden, so daß die Rente nur auf 2970 Mk. bemessen werden kann.

Es fragt sich, ob die gleiche Berechnung auch einzutreten hat bezüglich der weiteren oben erwähnten Leistungen, des für die Vergangenheit gewährten Schadensatzes wegen Minderung der Erwerbsfähigkeit und Erhöhung der Bedürfnisse. Hallbauer in Leipz. Z. 09 S. 882 bejaht diese Frage. M. E. mit Unrecht (vgl. Hoepfel in Leipz. Z. 1910 S. 257). Man nehme den Fall an, daß der Verletzte eine Rente von 3000 Mk. beanspruchen kann. Erkennt hier der Ersatzpflichtige seine Haftpflicht unmittelbar nach dem Unfall an, so daß also von einer Zahlung für die Vergangenheit keine Rede sein kann, so hat er eine ungekürzte Rente von 3000 Mk. zu entrichten. Bestreitet in dem gleichen Fall der Haftpflichtige seine Verpflichtung oder die Höhe des Schadensersatzes, kommt es infolgedessen z. B. erst nach 2 Jahren zur rechtskräftigen Verurteilung, so müßte er für die vergangenen 2 Jahre nach Hallbauer einen Kapitalbetrag und für die Zukunft eine mit Rücksicht auf diese Kapitalzahlung entsprechend geminderte Rente zahlen. Hätte also der Verletzte auch für die Zeit bis zum Urteil jährlich einen Schaden von 3000 Mk. gehabt, so bekäme er 6000 Mk. zugesprochen, daneben aber, da die Rente um diese 6000 Mk. Kapitalzahlung gekürzt werden müßte, nur noch eine Rente von 2640 Mk. Je länger der Prozeß währt, umso geringer würde die Rente. Im Erfolg also eine Prämie auf die Prozeßschikane. Ich glaube aber, daß gar kein Anlaß besteht, den für die Vergangenheit gewährten Schadensersatz rechtlich anders zu qualifizieren als die für die Zukunft zu gewährende Rente; auch er ist nichts anderes als eine allerdings erst verspätet und deshalb nicht mehr in Renten*form* zur Auszahlung kommende Rente. Zwar spricht § 13 AG. von Gewährung der

Rente „für die Zukunft". Es stand aber schon für das Haftpflichtgesetz, dessen § 7 unser § 12 wörtlich entspricht, fest, daß diese Worte „für die Zukunft" nicht zu streng und wörtlich aufgefaßt werden dürfen (vgl. Eger Haftpfl. § 7 Bem. 85 S. 518 u. unten § 13 Bem. I, 2) und daß eine Zubilligung der Entschädigung in Rente auch dann zulässig ist, wenn zur Zeit des Urteils oder vielleicht sogar schon zur Zeit der Klagestellung mehrere dieser Jahresbeträge verfallen sind. Die Zulässigkeit einer solchen Entscheidung ergibt sich klar daraus, daß § 13 Abs. 2 AG. die Anwendung des § 708 Ziff. 6 ZPO. vorschreibt, welcher Paragraph ja die Möglichkeit auch für die Vergangenheit eine Rente zuzubilligen, ausdrücklich vorsieht. Zudem kann § 13 AG. nur dahin verstanden werden, daß der für die Zukunft zu gewährende Schadensersatz in Renten f o r m zu leisten ist. Damit ist noch nicht gesagt, daß der für die Vergangenheit beanspruchte Schadensersatz, der bei rechtzeitiger Geltendmachung auch in Rentenform hätte begehrt werden können, nun diesen ursprünglichen Charakter gänzlich verloren hat; er kann nur nicht mehr in Form der Rente begehrt werden; seine ursprüngliche Natur als Rente muß also noch zur Geltung kommen, wenn es sich um die Berechnung der Haftpflichthöchstsumme handelt. Es ist deshalb auch der für die Vergangenheit gewährte Schadensersatz nicht, wie H a l l b a u e r will, als eine die Rente mindernde Kapitalzahlung, sondern nur als Rente zu behandeln. Daraus folgt einmal, daß er die Zukunftsrente nicht schmälern kann, weiter aber auch, daß auch er an den Höchstbetrag von 3000 Mk. gebunden ist. H a l l b a u e r vertritt konsequenterweise die Ansicht, daß die Bezüge für die Vergangenheit als Kapitalzahlungen auch nach einer höheren Jahresziffer als 3000 Mk. bemessen werden können und hält dies wirtschaftlich auch deshalb für gerechtfertigt, weil die wirtschaftliche Notlage des Verletzten unmittelbar nach dem Unfall besonders groß zu sein pflegt. Es wird aber sicher auch häufig der Fall so liegen, daß die Unterstützungsbedürftigkeit des Verletzten unmittelbar nach dem Unfall geringer ist als in späterer Zeit.

Was im Vorstehenden von dem an den Verletzten für die Vergangenheit zu leistenden Schadensersatz für Minderung der Erwerbsfähigkeit und Vermehrung der Bedürfnisse gesagt ist, gilt in gleicher Weise für die Entschädigung, die im Fall des § 10 Abs. 1 an die Erben des tötlich Verletzten dafür zu zahlen ist, daß bei dem Getöteten während der Krankheit eine Minderung der Erwerbsfähigkeit oder eine Vermehrung seiner Bedürfnisse eingetreten war. Der tötlich Verletzte hatte die Möglichkeit, diesen Schadensersatz selbst bei seinen Lebzeiten nach Maßgabe des § 11 einzuklagen (vgl. § 10 Bem. IV, 1). Dadurch, daß er das unterließ und nunmehr die Geltendmachung dieses Anspruchs auf seine Erben übergegangen ist, ändert sich die rechtliche Natur des in der Person des Getöteten entstandenen Anspruchs (vgl. § 10 Bem. IV, 8) nicht; auch hier liegt nichts anderes vor als eine verspätet zur Auszahlung gelangende Rente, bei der die Zusprechung in Renten f o r m allerdings ein Unding wäre, weil Zahlungen für die Zukunft hier gar nicht in Frage kommen, sondern infolge des Todes des Verletzten die Auszahlung der aufgewachsenen Renten in einer einheitlichen Summe erfolgt. Deshalb hat auch § 13 diese Leistungen nicht unter denen aufgezählt, die in Renten f o r m zuzusprechen sind; das hindert aber nicht, sie bei Berechnung der Maximalhaftpflichtsumme entsprechend ihrem ursprünglichen Charakter als Renten zu betrachten. Übrigens können tatsächlich mitunter Leistungen des Ersatzpflichtigen vorkommen, die dem Verletzten den durch die Minderung seiner Erwerbsfähigkeit verursachten Schaden ersetzen sollen und die gleichwohl als Rentenzahlungen nicht aufgefaßt werden können. So hat das RG. 4. 7. 07 Recht 07 Nr. 2643 in einem Fall, wo der Verletzte infolge des Unfalls gezwungen war, ein Pachtverhältnis vorzeitig zu lösen und durch die hierdurch veranlaßte Veräußerung des Pachtinventars einen Schaden erlitten hatte, auch diesen Schaden als ersatzfähig bezeichnet. Hier kann es sich nur um eine Kapitalzahlung handeln. Die Regel, daß auch die für die Vergangenheit wegen Minderung der Erwerbsfähigkeit oder Mehrung der Bedürfnisse geleisteten Zahlungen als Rentenzahlungen zu erachten sind; trifft also nicht ausnahmslos zu, sondern ist nur insoweit richtig, als die in Frage stehende Leistung, wenn sie für die Zukunft statt für die Vergangenheit zu machen wären, in Form der Rente hätten zugesprochen werden müssen.

Würde ohne die Beschränkung des § 12 die Rente an und für sich 3000 Mk. übersteigen, so ist sie zuerst auf diesen Betrag zu reduzieren. Die Heilungskosten sind erst von diesem Betrag in Abzug zu bringen. Beansprucht also z. B. der Verletzte 3100 Mk. Rente und 2000 Mk. Heilungskosten, so kann nicht unter Umwandlung der 2000 Mk. Heilungskosten in 120 Mk. Rente auf eine Rente von 2980 Mk. erkannt werden, sondern die Rente ist zu 2880 Mk. zu bemessen.

III. **Tötung einer Person.** Über den Begriff der Tötung vgl. § 7 Bem. IV, 2.

Wird eine Person getötet, so ist auch dann, wenn mehrere nach § 10 Abs. 2 AG. ersatzberechtigte Personen in Frage kommen, doch nur § 12 Ziff. 1 anwendbar; denn unter Verletzten im Sinne des § 12 ist nur der unmittelbar Verletzte zu verstehen, nicht aber die Personen, die durch Tötung des Unterhaltspflichtigen in ihren Unterhaltsansprüchen verletzt werden. Die den Unterhaltsberechtigten zuzusprechenden Beträge können also insgesamt nie mehr als 3000 Mk. Rente oder 50 000 Mk. Abfindungskapital betragen.

Bei Tötung einer Person hat der Ersatzpflichtige die Kosten der Beerdigung zu ersetzen. Diese Kosten sind zweifellos Kapitalzahlungen, die gemäß dem unter I 2 Vorgetragenen zur Minderung der Hinterbliebenenrente führen. Die Beerdigungskosten sind (§ 10 Abs. 1) dem zu ersetzen, dem die Verpflichtung obliegt; das ist nach § 1968 in erster Linie der oder die Erben. Diese werden aber nicht immer identisch sein mit den nach § 10 Abs. 2 AG. ersatzberechtigten Personen. Es kann sein, daß einer oder mehrere Erben nicht ersatzberechtigt sind, z. B. großjährige Kinder, denen gegenüber der Getötete nicht mehr unterhaltspflichtig war; es ist aber auch anderseits möglich, daß neben den Erben auch noch andere Personen, die nicht Erben sind, unterhaltsberechtigt sind, z. B. neben den hinterlassenen Kindern die laut Erbvertrags als Erbe nicht in Betracht kommende Witwe. Im letzteren Fall wäre es unbillig, wenn man die durch die Bezahlung der Beerdigungskosten bedingte Minderung der Rente auch gegenüber dem eintreten lassen wollte, der als Erbe nicht in Betracht kommt und deshalb auch zur Bestreitung der Beerdigungskosten nicht verpflichtet ist. Hinterläßt also der Getötete eine Witwe und drei Kinder, und beansprucht die Witwe, die nicht Erbin geworden ist, 1200 Mk. Rente, jedes der Kinder aber 600 Mk., während die Beerdigungskosten 500 Mk. betragen, so ist der Witwe die Rente mit 1200 Mk. ganz zuzubilligen, während die Rente der Kinder unter Abzug der Beerdigungskosten auf je 590 Mk. zu bemessen ist. Stirbt der durch den Unfall Verletzte erst längere Zeit nach dem Unfall ohne Hinterlassung von nach § 10 Abs. 2 ersatzberechtigten Personen und war er bis zu seinem Tod im Besitz einer Rente von 3000 Mk., so muß der Anspruch des Erben auf Erstattung der Beerdigungskosten wegfallen. Ist die vom Verlebten bezogene Rente kleiner als

3000 Mk. gewesen, so sind dem Erben die Beerdigungskosten ganz oder teilweise zu ersetzen, je nachdem der Betrag, um den die Rente unter 3000 Mk. zurückbleibt, kleiner ist als der in Rente umgewandelte Betrag der Beerdigungskosten. Bezog der Erblasser z. B. eine Rente von 2970 Mk., während die Leichenkosten 1000 Mk. = 60 Mk. Rente betragen, so können nur 500 Mk. Leichenkosten ersetzt verlangt werden (vgl. Hallbauer in LeipZt. 09 S. 883).

Die dem Unterhaltsberechtigten im Falle der Tötung des Alimentationspflichtigen zuzusprechende Rente kann ferner eine Minderung erfahren durch die an den Gestorbenen entrichteten Kosten einer versuchten Heilung, die gleichfalls als Kapitalszahlungen zu gelten haben und deshalb unter Umwandlung in Rente von der Rente in Abzug zu bringen sind. Dagegen können die an den Getöteten bei seinen Lebzeiten gemachten Leistungen für Minderung seiner Erwerbsfähigkeit oder Vermehrung seiner Bedürfnisse und ebenso die aus dem gleichen Grunde nach § 10 Abs. 1 von den Erben des Getöteten verlangetn Beträge in keinem Falle zu einer Verkürzung der Hinterbliebenenrente führen (vgl. oben Bem. II, 2).

Was die Hinterbliebenenrente selbst anlangt, so gilt für sie das oben Bem. II, 1 Gesagte. Es ist auch hier die Bildung einer Durchschnittsrente ausgeschlossen. Vielmehr ist die Rente jedes einzelnen Hinterbliebenen so anzusetzen, wie sie an sich berechtigt wäre, und es hat dann, wenn der Gesamtbetrag aller Einzelrenten den zulässigen Höchstbetrag übersteigt, eine verhältnismäßige Minderung aller einzutreten. Verlangte die hinterlassene Witwe 2000 Mk., die 3 Kinder 1000, 600 und 400 Mk., während an Beerdigungskosten 500 Mk. und an Kosten der versuchten Heilung ebenfalls 500 Mk. entstanden sind, so können die Hinterbliebenen statt der beanspruchten 4000 Mk. nur 2880 Mk. (nämlich 6000 — 120 Mk.) zugesprochen werden. Es sind also die Einzelrenten im Verhältnis von 4000 zu 2880 Mk. herabzusetzen und deshalb erhält die Witwe 1440 Mk., während die Kinder 720, 432 und 288 Mk. erhalten.

Übersteigt hierbei eine der verlangten Einzelrenten den in § 12 Ziff. 1 festgesetzten Höchstbetrag, so hat die Berechnung ebenso zu erfolgen wie in dem unten Bem. IV erörterten Fall der Verletzung oder Tötung mehrerer Menschen. Hat also z. B. die Witwe 6000 Mk., jedes der beiden Kinder 1500 Mk. Rente beansprucht, so ist nicht etwa zuerst die Rente der Witwe auf 3000 Mk. zu reduzieren und dann der Witwe ein Betrag von 1500 Mk., den Kindern aber je nur 750 Mk. zuzubilligen, sondern die Witwe hat 2000 Mk., jedes der Kinder aber nur 500 Mk. zu bekommen; das entspricht allein dem Verhältnis, in dem die ursprünglich verlangten Beträge zueinander standen.

Noch häufiger als die Rente des Verletzten selbst wird die Hinterbliebenenrente einer Änderung unterliegen. Die Kinder werden mit zunehmendem Alter größere Beträge zu ihrer Einziehung und Ausbildung beanspruchen, schließlich wird aber auch der Unterhaltsanspruch und damit die Rente des einen oder des anderen Kindes ganz wegfallen. Im letzteren Falle sind die Renten der übrigen Hinterbliebenen, soferne sie sich bisher eine Verkürzung gefallen lassen mußten, um den durch den Wegfall des einen Bezugsberechtigten frei gewordenen Betrag verhältnismäßig zu erhöhen. Fällt z. B. in dem vorletzten Beispiel, wo der Witwe 1440, den 3 Kindern 720, 432 und 288 Mk. Rente zugesprochen werden, die Rente des ersten Kindes mit 720 Mk. weg, so ist dieser Betrag im Verhältnis von 10 : 3 : 2 auf die anderen 3 Rentenberechtigten zu verteilen und es erhält die Witwe 1920 Mk., die Kinder 576 Mk. und 384 Mk., in Sa. 2880 Mk. Soweit solche Veränderungen der Rente schon bei Erlaß des Urteils voraussehbar sind, ist der Richter nach der ständigen Rechtsprechung (§ 11 Bem. VII; vgl. § 13 Bem. III, 2) verpflichtet, diesen Umständen schon im Urteil Rechnung zu tragen. War das nicht möglich, so ist die Richtigstellung der Bezüge im Wege der Änderungsklage nach § 323 ZPO. herbeizuführen, eventuell auch durch eine gegen die anderen Mitgläubiger anzustrengende Bereicherungsklage. Das Nähere hierüber s. unter Bem. VII. Die Berücksichtigung im ursprünglichen Urteil wird insbesondere dann nicht möglich, wenn nachträglich Rentenansprüche von einer Seite geltend gemacht werden, der zur Zeit des Erlasses des Urteils ein solcher Anspruch nicht zustand. Es wird z. B. ein großjähriger Sohn des Getöteten, der zur Zeit des Todes seines Vaters einen Unterhaltsanspruch nicht hatte, erst nach Jahren erwerbsunfähig und erhebt deshalb Anspruch auf Rente. Über diesen und ähnliche Fälle des nachträglichen Auftretens von Rentenansprüchen vgl. unten Bem. VII.

Voraussetzung für den Bezug der Hinterbliebenenrente ist natürlich, daß der Tod infolge des Unfalls, wenn auch erst längere Zeit nach dem Unfall eintritt. Stirbt der Verletzte, nachdem er längere Zeit die Rente bezogen, jedoch nicht an den Folgen des Unfalls, so kann ein Rentenanspruch der Hinterbliebenen nicht in Frage kommen.

IV. **Verletzung oder Tötung mehrerer Personen.** In diesem Fall bestimmt § 12 Ziff. 2 den Höchstbetrag der dem Haftpflichtigen obliegenden Leistungen auf 9000 Mk. Rente oder 150 000 Mk. Kapital. Die Anwendung des § 12 Ziff. 2 setzt natürlich voraus, daß die Verletzung oder Tötung der mehreren bei einem und demselben Unfall erfolgte; bei mehreren zeitlich aufeinander folgenden Unfällen schlägt § 12 Ziff. 2 nicht ein, vielmehr ist hier für jeden Unfall eine gesonderte Berechnung aufzustellen. Ein einheitlicher Unfall liegt auch dann vor, wenn ein durch das Automobil scheu gemachtes Pferd mehrere Personen überfährt oder wenn ein Automobil eine Person überfährt, unmittelbar danach in einen Straßengraben stürzt, und wenn bei Wiederaufrichtung des Fahrzeugs infolge einer Explosion eine zweite Person verletzt wird (vgl. Krause AG. § 12 Bem. 3 S. 161; a. M. anscheinend Neukirch-Rosenmeyer § 12 Anm. 4). Dagegen liegt nicht ein einheitlicher Unfall, sondern eine Reihe selbständiger Unfälle vor, wenn das Fahrzeug eine Person überfährt; wenn dann der Chauffeur mit dem Fahrzeug flüchtet und nun auf der Flucht sei es durch Überfahren, sei es durch eine Explosion eine weitere Person verletzt wird.

Vier Fälle sind auseinanderzuhalten.

1. Die Einzelbezüge der einzelnen Verletzten übersteigen den Höchstbetrag des § 12 Ziff. 1 nicht und ebenso ist die Gesamtsumme aller Einzelbezüge nicht höher als das in § 12 Ziff. 2 vorgesehene Haftungsmaximum. Von 4 Verletzten verlangt A 3000, B 2500, C 1500, D 1000 Mk. Rente.

2. Die Einzelbezüge übersteigen zwar den nach § 12 Ziff. 1 zulässigen Höchstbetrag nicht; ihre Gesamtsumme ist aber größer als nach § 12 Ziff. 2 zulässig. Von 4 Verletzten beanspruchen 2 je 3000 Mk., 2 je 2000 Mk. Rente, in Summe 10 000 Mk., während nur 9000 Mk. zur Verteilung kommen können. Hier sind die Einzelbezüge im Verhältnis von 9 : 10 zu ermäßigen auf 2 à 2700 Mk. und 2 à 1800 Mk.

3. Von den Einzelbezügen übersteigen einige das Maximum des § 12 Ziff. 1, die Gesamtsumme ist aber gleichwohl nicht höher, als § 12 Ziff. 2 zuläßt. Von den 4 Verletzten beansprucht A 4000 Mk., B 2500 Mk., C 1500 Mk., D 1000 Mk. Rente. Hier ist lediglich der Anspruch des A auf 3000 Mk. zu reduzieren; eine weitere Änderung ist nicht geboten.

4. In den Fällen 1 mit 3 kann die Berechnung der Renten nicht zweifelhaft sein. Zweifel können nur entstehen in dem vierten Fall, nämlich dann, wenn nicht nur die verlangten Einzelrenten höher sind als nach § 12 Ziff. 1 zulässig, sondern wenn auch ihr Gesamtbetrag die Grenzen des § 12 Ziff. 2 überschreitet. Hier ist eine doppelte Berechnungsart denkbar. Der erste Weg ist folgender: Man führt die über 3000 Mk. hinausgehenden Einzelrenten erst auf diesen Höchstbetrag des § 12 Ziff. 1 zurück, ergibt sich dann, daß die Gesamtsumme 9000 Mk. nicht mehr überschreitet, dann ist eine weitere Reduktion überflüssig; bleibt aber auch nach dieser Zurückführung der Einzelbezüge auf die Grenzen des § 12 Ziff. 1 noch eine höhere Gesamtsumme als 9000 Mk., dann hat in gleicher Weise wie bei dem Fall 2 eine nochmalige Minderung aller Einzelrenten stattzufinden. Der zweite denkbare Weg ist der, daß man eine Minderung der 3000 Mk. übersteigenden Renten anfangs nicht eintreten läßt, vielmehr alle Renten nach ihrem ursprünglichen Betrag zusammenrechnet und nun die einzelnen Renten in demselben Verhältnis kürzt, in welchem ihr Gesamtbetrag zu dem Höchstbetrag des § 12 Ziff. 2 steht. Ergibt sich nach dieser Kürzung, daß eine der Renten noch höher ist als 3000 Mk., so muß sie natürlich auf diesen Betrag ermäßigt werden; denn § 12 Ziff. 2 kann nie dazu führen, die Höchstgrenze der Ziff. 1 außer Wirksamkeit zu setzen. Der durch diese nochmalige Kürzung freiwerdende Betrag ist verhältnismäßig den übrigen Bezugsberechtigten gut zu bringen.

Ein Beispiel soll die verschiedenen Folgen beider Berechnungsarten zeigen. Von 4 Verletzten beansprucht A 6000, B 3000, C 2500, D 1500 Mk. Nach der ersten Berechnungsart ist der von A verlangte Betrag zuerst auf 3000 Mk. zu ermäßigen: es ergibt sich dann eine Gesamtsumme von 10 000 Mk., also ist eine weitere Ermäßigung der Einzelrenten im Verhältnis von 9 : 10 nötig, und es erhalten A und B je 2700 Mk., C 2250, D 1350 Mk. Verfährt man nach der zweiten Berechnungsart, dann ergibt sich eine Gesamtsumme aller Rentenansprüche von 13 000 Mk.; diese sind also im Verhältnis von 9 : 13 zu ermäßigen; dabei berechnet sich für A eine Rente von 4153,85 Mk., für B von 2076,92 M., für C von 1730,77 Mk. und für D von 1038,46 Mk., in Summe 9000 Mk. Dem A ist nun weiter der Mehrbetrag von 1153,85 Mk. abzuziehen und dieser Betrag unter B, C, D verhältnismäßig zu verteilen; es entfällt hiervon auf B 494,51 Mk., auf C 412,09 Mk., auf D 247,25 Mk. Danach berechnen sich die Renten endgültig für A 3000 Mk., B 2571,43 Mk., C 2142,86 Mk. und D 1285,71 Mk.

Die Kommentare von Hallbauer § 12 Bem. 3b, Krause § 12 Bem. 6, Kirchner § 12 Bem. 4, Schmid-Wagner § 12 Bem. 8, IV S. 341, Neukirch-Rosenmeyer § 12 Anm. 4 und ebenso Hallbauer in LZ. 09 S. 891 vertreten die erste Ansicht. Für die zweite ist bisher nur Gordan § 12 Bem. 4 eingetreten. Mir scheint die zweite Art der Berechnung deshalb die richtige zu sein, weil sie im Gegensatz zu der ersteren eine völlig gleiche Entschädigung von A und B vermeidet und weil weiter die Einzelrenten hier in einem ihren ursprünglichen Beträgen näherkommenden Verhältnisse abgestuft sind. Mit dem Wortlaute des Gesetzes ist sie zweifellos wohl vereinbar.

Immerhin ist noch ein Punkt zu erwähnen. Man nehme den Fall an, daß A 6000 Mk., B 5000 Mk., C 2000 und D 1000 Mk. Rente beansprucht. Berechnet man die Renten nach der hier vertretenen zweiten Ansicht, so wird zuerst eine Reduktion aller Renten im Verhältnis von 9 : 14 nötig; das ergibt für A $\frac{6000 \times 9}{14} = 3857{,}14$ Mk., für B 3214,28 Mk., für C 1285,72 Mk. und für D 642,86 Mk. Es sind nun die Bezüge von A und B weiter auf 3000 Mk. zu reduzieren und die hierdurch frei werdenden Beträge von zusammen 1071,42 Mk. unter C und D verhältnismäßig zu verteilen; es bekäme also von diesen 1071,42 Mk. C 714,28 Mk., D 357,14 Mk., und das Endresultat ist: A und B je 3000 Mk., C 2000, D 1000 Mk. Das gleiche Resultat erreicht man rascher und einfacher nach der ersten Berechnungsmethode, indem man von Anfang an A und B auf 3000 Mk. reduziert, wobei sich sofort ergibt, daß dann eine weitere Kürzung nicht nötig ist. Es ergibt sich danach für die Fälle unter 4 folgende Unterscheidung:

a) In allen den Fällen, wo sich nach Reduktion der Einzelrente auf den Höchstbetrag von § 12 Ziff. 1 ergibt, daß die Gesamtsumme nicht höher ist als § 12 Ziff. 2 gestattet, ist die erste Berechnungsart als die einfachere und zum gleichen Resultat wie die zweite führende anzuwenden

b) Nur da, wo auch bei einer Zurückführung der Einzelrenten auf den Höchstbetrag von § 12 Ziff. 1 noch eine höhere Gesamtsumme als 9000 Mk. sich herausrechnen würde, ist nach der zweiten Berechnungsart zu verfahren, d. h. es sind dann die Renten in ihrer ursprünglichen Höhe, also ohne vorherige

Reduktion auf den in Ziff. 1 gesetzten Höchstbetrag zugrunde zu legen.

Aus dem Erörterten ergibt sich, daß der Fall der Ziff. 2 erst praktisch wird, wenn mehr als 3 Personen verletzt wurden.

Die Berechnung der Ansprüche im Falle der Verletzung oder Tötung mehrerer Personen kann noch dadurch komplizierter werden, daß neben Eigenrenten, d. h. Renten des Verletzten selbst noch Hinterbliebenenrenten in Betracht kommen oder daß der eine Verletzte durch Kapitalzahlung, die anderen durch Rentengewährung entschädigt werden oder endlich dadurch, daß die einem einzelnen Verletzten zu gewährenden Bezüge sich aus Rente und Kapital (Heilungskosten) zusammensetzen. Es muß dann mit Hilfe des oben Bem. II, 2 bezeichneten Maßstabes (100 Mk. Kapital = 6 Mk. Rente) alles auf ein gemeinsames Maß zurückgebracht werden. Wird dabei eine Kürzung der aus Rente und Kapital zusammengesetzten Bezüge eines Einzelnen nötig, so ist die Kürzung auch hier wieder verhältnismäßig auf die einzelnen Faktoren (Kapital und Rente) zu verteilen; a. M. Neukirch-Rosenmeyer § 12 Anm. 3, die die Verteilung dem richterlichen Ermessen überlassen wollen.

Haben also z. B. A, B und C je 10 000 Mk. Kapital und je 2400 Mk. Rente, D aber 3000 Mk. Rente zu beanspruchen, so ergibt sich bei Umwandlung der Renten in Kapitalbeträge (2400 Mk. Rente = 40 000 Mk. Kapital und 3000 Mk. Rente des D = 50 000 Mk. Kapital) eine Gesamtsumme von 200 000 Mk. Die auf jeden der 4 Ersatzberechtigten treffende Summe von 50 000 Mk. ist also im Verhältnis von 150 000 : 200 000 zu reduzieren, sodaß auf jeden nur noch 37 500 Mk., d. i. drei Viertel seiner ursprünglichen Forderung entfallen. Es sind deshalb sowohl die verlangten Kapitalbeträge wie die beanspruchten Renten auf drei Viertel zu ermäßigen, und es erhalten A, B und C je 7500 Mk. Kapital und je 1800 Mk. Rente, D 2250 Mk. Rente. Unrichtig Waldeck § 12 Bem. 9 S. 93, der hier die veranlaßte Kürzung nur an der Rente vornehmen will und dem A, B und C je 10 000 Mk. Kapital, wie ursprünglich verlangt, dafür aber nur 1650 Mk. Rente zusprechen will.

V. **Sachbeschädigung.** Über den Begriff s. § 7 Bem. IV, 4.

Bei Sachbeschädigung haftet der Schuldige, gleichviel ob ein oder mehrere Sachen beschädigt sind, oder ob die Sachen einer oder verschiedenen Personen gehören, oder ob ein oder mehrere an der Sache Berechtigte vorhanden sind, nur bis zum

Betrage von 10 000 Mk. Natürlich sind hierbei nur die Sachbeschädigungen zu berücksichtigen, für die auf Grund des AG. gehaftet wird. Hat daneben der Ersatzpflichtige aus einem anderen Rechtsgrund, z. B. aus dem Beförderungsvertrag, auch Ersatz für solche Sachen zu leisten, die mit dem Kraftfahrzeug befördert wurden, so ist dieser Ersatz nicht auf die Haftsumme anzurechnen. Krause § 12 Bem. 4 S. 161 will daraus, daß § 12 nur von einer Geldleistung spricht, folgern, daß der Gesetzgeber gerade nur Geldentschädigung, nicht Wiederherstellung der beschädigten Sache als Entschädigungsform habe festlegen wollen. Das ist aber aus § 12 nicht zu entnehmen. Dieser Paragraph gibt überhaupt keine Vorschrift über die Entschädigungsform, sondern nur über die Entschädigungsgrenzen. Die Entschädigungs**form** ist, soweit Körperverletzung und Tötung eines Menschen in Frage steht, in §§ 10—11, 13 geregelt. Für die Sachbeschädigung hat das Gesetz eine Form der Entschädigung nicht vorgeschrieben. Es hat deshalb bei den allgemeinen Bestimmungen des BGB. über Schadensersatz (§§ 249 ff.) zu verbleiben, und ist deshalb der Geschädigte auch zu dem Verlangen der Wiederherstellung der Sache berechtigt, natürlich mit der Einschränkung, daß dadurch für den Haftpflichtigen keine höheren Kosten als 10 000 Mk. erwachsen dürfen (Kirchner AG. § 7 Bem. VIII S. 61; Waldeck § 12 Bem. 5 S. 91; vgl. oben § 7 Bem. VII.

Leistet der wegen Beschädigung einer beweglichen Sache zum Schadensersatz Verpflichtete den Ersatz an denjenigen, in dessen Besitz sich die Sache zur Zeit der Beschädigung befunden hat, so wird er durch die Leistung auch dann befreit, wenn ein Dritter Eigentümer der Sache war oder ein sonstiges Recht an der Sache hatte, es sei denn, daß ihm das Recht des Dritten bekannt oder infolge grober Fahrlässigkeit unbekannt war. Diese Anwendbarkeit des § 851 BGB. auf die Haftpflicht nach dem AG. ergibt sich daraus, daß unter unerlaubten Handlungen im Sinne der §§ 823 ff. BGB. auch Tatbestände einer bloß objektiven Haftung, die den Nachweis eines Verschuldens nicht fordern, zu verstehen sind (vgl. Waldeck § 7 Bem. 4 und 17 S. 30, 36; RG. 24. 11. 02 RGZ. 53, 114; 20. 3. 05 RGZ. 60, 300; 29. 5. 05 RGZ. 61. 63).

VI. **Zusammentreffen von Personenverletzung und Sachbeschädigung.**

In solchen Fällen kann sich die Haftung des Verletzers auf 160 000 Mk. erhöhen, da die nach Ziff. 1 und 2 zu gewährenden Entschädigungen neben der in Ziff. 3 vorgesehenen zu zahlen sind. Personen- und Sachschäden sind aber stets getrennt zu behandeln. Es ist nicht zulässig, einen an den Entschädigungen nach Ziff. 1 und 2 bleibenden Überschuß auf die für die Sachbeschädigung zu zahlende Summe in Anrechnung zu bringen oder umgekehrt (Krause § 12 Bem. 5 S. 161).

VII. **Nachträgliche oder getrennte Geltendmachung von Ersatzansprüchen und nachträgliche Erhöhung eines Ersatzanspruchs.** Besondere Schwierigkeiten können sich ergeben, wenn die mehreren Ersatzberechtigten, seien es mehrere durch einen Unfall Verletzte (§ 12 Ziff. 2) oder seien es mehrere bezüglich einer Unterhaltsrente Bezugsberechtigte (§ 10 Abs. 2), ihre Ansprüche nicht gleichzeitig, sondern zu verschiedenen Zeiten geltend machen. Die Gründe hierfür können verschiedene sein. Es ist möglich, daß der eine oder andere Ersatzberechtigte zu der Zeit, wo die übrigen gegen den Haftpflichtigen vorgingen, noch gar keinen Anspruch hatte; es haben sich z. B. die schädigenden Folgen des Unfalls bei ihm erst später gezeigt oder einer der Unterhaltsberechtigten ist erst später erwerbsunfähig und dadurch zur Geltendmachung eines Anspruchs gegen den Haftpflichtigen berechtigt geworden. Es kann aber auch sein, daß die Ersatzberechtigten zur gleichzeitigen Geltendmachung ihrer Ansprüche wohl in der Lage gewesen wären, aber aus anderen Gründen ein solches Vorgehen unterlassen haben. In solchen Fällen kann es nun leicht vorkommen, daß die zuerst klagenden Gläubiger Urteile erwirkt haben, die die Haftung des Ersatzpflichtigen vollständig oder wenigstens soweit erschöpfen, daß die nachträglich geltend gemachten Ansprüche nicht mehr voll befriedigt werden können. Man hat bei Beratung des Gesetzes wohl an die hier auftauchenden Schwierigkeiten gedacht, eine gesetzliche Regelung aber absichtlich unterlassen und in der Kommission nur betont, „es seien zwei Lösungen möglich, entweder man erkläre den Halter für zahlungspflichtig und überlasse es ihm, von den übrigen Beschädigten das zuviel Gezahlte zurückzufordern oder man verweise die Anspruchsberechtigten auf eine gegenseitige Auseinandersetzung".

Es fragt sich, welcher dieser beiden Wege ist der richtige und gibt das Gesetz noch andere Mittel für den hier erforderlichen Ausgleich? Soweit die bisher gegen den Haftpflichtigen ergangenen Urteile dessen Haftung nicht vollständig erschöpfen, ist natürlich der nachträglich auftretende Gläubiger in der Lage, sich gegen den Haftpflichtigen zu wenden und dessen Verurteilung, wenigstens bis zu dem an der Höchstsumme des § 12 noch fehlenden Betrage, zu erwirken. Liegen aber gegen den Haftpflichtigen schon Urteile bis zu dem nach § 12 zulässigen Höchstbetrage vor und zwar gleichviel, ob diese Urteile auf Kapital- oder Rentenzahlung lauten, dann kann ein weiteres Urteil gegen den Haftpflichtigen nicht mehr ergehen, weil jedes weitere Urteil für den Haftpflichtigen die Gefahr einer über § 12 hinausgehenden Haftung mit sich bringen würde und weil das Gesetz zweifellos von der Absicht ausgeht, daß der Ersatzpflichtige unter allen Umständen nur innerhalb der Grenzen des § 12 haften soll, mag dadurch ein Verletzter einen Schaden erleiden oder nicht (a. M. Hallbauer LZ. 09 S. 889, 894). Allerdings hätte der Haftpflichtige, falls er auf die Klage des späteren Gläubigers verurteilt wird, die Möglichkeit, einen entsprechenden Teil der an die früheren Gläubiger gezahlten Beträge gemäß §§ 812, 813 BGB. als ohne Rechtsgrund gezahlt zu kondizieren. Aber dieser Rechtsbehelf wird für den Ersatzpflichtigen nicht immer von Erfolg sein; denn Voraussetzung der Kondiktion ist, daß die Beklagten noch bereichert sind, und das wird häufig, insbesondere wenn es sich um Rentenzahlungen handelt, nicht der Fall sein. Wenn die früheren Verurteilungen gegen den Ersatzpflichtigen nicht auf Kapitalabfindung, sondern, wie das die Regel sein wird, auf Rentenzahlungen lauten, dann gäbe § 323 ZPO. dem verurteilten Haftpflichtigen zwar noch ein weiteres Mittel an die Hand, um eine Abänderung der Urteile zu erwirken und damit wenigstens für die Zukunft seine Haftung auf das in § 12 AG. gesetzte Höchstmaß zurückzuführen. Aber auch diese Klage nach § 323 ZPO. kann nicht vollständig hintanhalten, daß der Ersatzpflichtige, wenn auch nur für einige Zeit, über die Grenzen des § 12 hinaus zur Haftung herangezogen wird. Das erkennt auch Hallbauer (LZ. 09 S. 889, 895) an. Die Abänderung des Urteils darf nämlich nach § 323 Abs. 3 ZPO. nur für die Zeit nach Erhebung der Abänderungsklage erfolgen. Auf der anderen Seite wird aber der nachträglich auftretende Gläubiger meist auch Schadensersatz für die Vergangenheit (vgl. oben Bem. II, 2) beanspruchen. Wollte man also trotz Erschöpfung der Haftsumme durch die früheren Urteile eine neue Klage für zulässig halten, so würde wenigstens für diese Zeit der Ersatzpflichtige mehr zahlen müssen, als die Haftungsgrenze des § 12 vorschreibt. Diese nach der Tendenz des Gesetzes unzulässige Haftungserweiterung vermeidet man, wenn man jeden Anspruch der später auftretenden Gläubiger gegen den Schuldner, der schon bis zu der Höchstsumme des § 12 verurteilt ist, für unzulässig erklärt und dem Schuldner gegenüber der Klage auf Zahlung den Einwand gewährt, daß die Haftsumme des § 12 bereits erschöpft sei.

Damit ist natürlich nicht gesagt, daß nun der später auftretende Gläubiger seine Ansprüche überhaupt nicht mehr geltend machen kann. Nur eine Klage gegen den Schuldner auf Zahlung ist unzulässig. Dagegen ist der weitere, von der Kommission angedeutete Weg zulässig; der nachträglich auftretende Gläubiger kann sich an die anderen Mitverletzten halten und von ihnen eine Ausgleichung verlangen. Das Mittel hierzu bietet der § 816 Abs. 2 BGB., der bestimmt: „Wird an einen Nichtberechtigten eine Leistung bewirkt, die dem Berechtigten gegenüber wirksam ist, so ist der Nichtberechtigte dem Berechtigten zur Herausgabe des Geleisteten verpflichtet." Ebenso Waldeck § 12 Bem. 10 S. 93 f. Diese Vorschrift trifft nach ihrem Wortlaut allerdings nur den Fall, daß die früheren Gläubiger eine Kapitalabfindung erhalten haben; sie haben dann eine Leistung erhalten, die dem später auftretenden Gläubiger gegenüber wirksam ist, indem sie ihm eine Klage gegen den Schuldner auf Zahlung abschneidet, und diese Leistung geschah zum Teil an einen Nichtberechtigten, weil der Schadensanspruch des späteren Gläubigers die Ansprüche der früheren mit Rücksicht auf die Haftungsbeschränkung des § 12 reduzieren muß. In dem Regelfall, daß die früheren Gläubiger nur ein Urteil auf Rentenzahlung erwirkt haben, ist § 816 Abs. 2 nach seinem Wortlaut nicht anwendbar. Der dieser Bestimmung zugrunde liegende Gedanke läßt aber m. E. die analoge Anwendung des § 816 auch auf diesen Fall als zulässig erscheinen. Der Klagantrag hat, soweit er auf die Zukunft geht, dahin zu lauten, daß die Beklagten die ihnen aus dem Urteil gegen den Ersatzpflichtigen zustehenden Forderungen in einem der Reduktion ihrer Ansprüche entsprechenden Betrage an den Kläger abzutreten haben.

In gleicher Weise wird zu entscheiden sein, wenn es sich nicht um einen nachträglich erst mit seinen Ansprüchen hervortretenden Gläubiger handelt, sondern wenn ein Gläubiger, der bereits ein Urteil gegen den Ersatzpflichtigen erwirkt hatte, nun eine Erhöhung seiner Rente verlangt, weil seine Erwerbsfähigkeit in einem nicht vorauszusehenden und deshalb im Urteil nicht berücksichtigten Grad sich weiter vermindert habe. Auch hier ist eine Klage gegen den Schuldner nur insoweit zulässig, als die früheren Urteile nicht schon die Haftpflicht des Schuldners erschöpfen. Ist das letztere der Fall, so ist ein Anspruch gegen den Schuldner nicht gegeben und der Gläubiger darauf angewiesen, durch Klage gegen die anderen Gläubiger den notwendigen Ausgleich herbeizuführen. Diese Klage ist aber nicht, wie Gordan § 12 Bem. 5 annimmt, die Abänderungsklage des § 323 ZPO., sondern kann wieder nur die Klage nach § 816 BGB. sein. Eine Abänderungsklage eines Mitgläubigers gegen den anderen erscheint nicht zulässig. Die Abänderungsklage ist nur gegeben im Verhältnis zwischen Kläger und Beklagten; im Verhältnis der mehreren Verletzten zueinander schafft das gegen den Ersatzpflichtigen erwirkte Urteil keine Rechtskraft (vgl. BayObLG. 4. 11. 07 Bd. 8 S. 503) und § 323 ZPO. hat nur den Zweck, den Parteien, für die das rechtskräftige Urteil an und für sich bindend wäre, in bestimmten Fällen eine Umwandlung des rechtskräftigen Urteils zu ermöglichen. Man könnte dem später auftretenden Gläubiger neben der gegen die Mitgläubiger gerichteten, auf § 816 BGB. gestützten Klage auch weiter eine Klage gegen den Schuldner geben, aber nicht auf Zahlung, sondern nur auf Abtretung des dem Schuldner gegen die früheren Gläubiger nach § 812 BGB. zustehenden Konditionsanspruches (so Baer in SeuffBl. Bd. 75 S. 105). Aber auch hier wäre, soweit Rentenzahlungen für die Zukunft in Frage kommen, in Betracht zu ziehen, daß § 812 BGB. nicht nach seinem Wortlaute, sondern nur bei analoger Ausdehnung anwendbar wäre. Falsch ist jedenfalls die Ansicht Schmid-Wagners AG. § 12 Bem. 8 S. 342, der dem späteren Gläubiger gegen die früheren kraft eigenen Rechts eine Klage nach § 812 BGB. geben will; § 812 hat eine unmittelbare Vermögensverschiebung zwischen Kläger und Beklagten zur Voraussetzung (RG. 22. 11. 07 Recht 08 Nr. 1962; RG. 15. 12. 04 JW. 05 S. 89; RG. 26. 4. 07 RGZ. Bd. 66 S. 77 (80) und an dieser fehlt es hier.

Der Umstand, daß der später auftretende Gläubiger mit seinen Ansprüchen an die Mitgläubiger verwiesen wird, hat (abgesehen von der Möglichkeit, daß diese nicht mehr bereichert oder vielleicht überhaupt nicht zahlungsfähig sind) auch zur Folge, daß nun seine Beweislast eine größere wird. Dem Schuldner gegenüber hätte er bloß die Tatsache der Verletzung und den Kausalzusammenhang zwischen Verletzung und Automobilbetrieb darzutun gehabt, der Entlastungsbeweis wäre Sache des Schuldners gewesen; den Mitgläubigern gegenüber muß er nachweisen, daß er einen Anspruch gegen den Fahrzeughalter hat und deshalb muß er dartun, daß der Fahrzeughalter nicht in der Lage gewesen wäre, den nach § 7 Abs. 2 zulässigen Entlastungsbeweis zu führen. Es ist das eine der mißlichen Folgen, die das Prinzip der beschränkten Haftung für den Schuldner zur Folge hat.

Die hier vertretene Ansicht hat eine Beschränkung der Anwendbarkeit des § 323 ZPO. zur Folge. Der Schuldner, dem die Erschöpfungseinrede zusteht, hat keinen Anlaß mit Rücksicht auf die Klage des späteren Gläubigers eine Änderung des früheren Urteils herbeizuführen und der Ersatzberechtigte, der eine Erhöhung der ihm ursprünglich zugebilligten Beträge verlangt, braucht den Weg des § 323 ZPO. gleichfalls nicht zu betreten, weil er sich direkt an seine Mitgläubiger halten kann. Im letzteren Fall wäre übrigens eine Klage nach § 323 ZPO. gegen den Schuldner aus denselben Gründen auszuschließen, die eine Klage eines später auftretenden Gläubigers gegen den Schuldner als unzulässig erscheinen lassen; zulässig wäre also die Klage nach § 323 ZPO. nur auf den Betrag, der an der Höchstsumme des § 12 noch fehlt. In dem umgekehrten Fall, daß der Rentenanspruch eines Gläubigers sich in einer im Urteil nicht vorhergesehenen Weise ermäßigt, hat häufig der Schuldner kein Interesse daran, diese Ermäßigung im Wege der Klage nach § 323 ZPO. feststellen zu lassen; denn die übrigen Gläubiger, deren Ansprüche sich seinerzeit eine Reduktion gefallen lassen mußten, würden dann sofort ihrerseits nach § 323 ZPO. die Zuteilung des frei gewordenen Betrags an sie selbst verlangen. Dieses Resultat läßt sich also einfacher im Wege der direkten Ausgleichung zwischen den Gläubigern herbeiführen.

Hallbauer in LZ. 09 S. 889, 895 will in dem Fall, daß die mehreren Gläubiger gleichzeitig vorgehen konnten, die mit einer sukzessiven Geltendmachung der Ersatzansprüche verbundenen Schwierigkeiten dadurch beseitigen, daß er dem Schuldner gegenüber der Klage einzelner Gläubiger in analoger Anwendung der in § 356 BGB. für den Rücktritt gegebenen Vorschrift die ecceptio plurium litisconsortium geben und dadurch die Gläubiger zu gemeinsamem Vorgehen zwingen will. Dieses Aushilfsmittel, dessen Zulässigkeit wohl keineswegs über jeden Zweifel erhaben ist, läßt sich durch die hier vertretene Ansicht vermeiden.

Zu einer anderen Ansicht gelangt auch Kirchner § 12 Bem. 4 S. 188 f.; er geht davon aus, daß es sich in § 12 um eine Ausnahmevorschrift handelt, durch die in singulärer Weise die wohlbegründeten Rechte der Geschädigten zugunsten des Haftpflichtigen beschnitten werden; deshalb sei eine einengende Auslegung geboten. Wenn nun in Abs. 2 gesagt sei, daß sich die einzelnen Entschädigungen verhältnismäßig verringern, so sei damit die äußerste Grenze für die Verringerung der Forderungen gezogen: soviel, wie hiernach von den Forderungen des Geschädigten übrig bleibe, wolle ihm das Gesetz auch garantieren, und deshalb könne dem Haftpflichtigen nicht auch das weitere Recht zugebilligt werden, den später auftretenden Geschädigten mit dem Einwand der Erschöpfung der Haftsumme abzuspeisen. Kirchner übersieht m. E. dabei, daß der erste und oberste Grundsatz des § 12 die unbedingte Beschränkung der Haftung des Schuldners auf die hier angegebenen Beträge ist und daß jede Auslegung, die dem späteren Gläubiger einen Anspruch gegen den Schuldner gibt und den Schuldner darauf verweist, sich wieder an die anderen Mitverletzten zu halten, diesen Grundsatz gefährdet.

Da § 20 AG. einen ausschließlichen Gerichtsstand für Klagen aus einem Betriebsunfall nicht schafft, ist es möglich, daß die mehreren Verletzten zwar gleichzeitig, aber bei verschiedenen Gerichten gegen den Haftpflichtigen vorgehen. Z. B. A, B und C klagen bei dem Gericht X auf eine Rente von je 3000 Mk., D beim Gericht Y auf eine Rente von gleicher Höhe. Ergeht das Urteil des Gerichts X früher, so kann der Beklagte nun in dem Prozeß vor dem Gericht Y die Einrede der Haftungserschöpfung bringen und Abweisung der 2. Klage erzielen, während im umgekehrten Falle, wenn Y schon zu 3000 Mk. verurteilt hat, der Haftpflichtige bei dem Gericht X. auch nur bis zur Höhe von 6000 Mk. verurteilt werden kann. Natürlich ist es auch möglich, daß der Beklagte in beiden Prozessen den Einwand bringt, er sei auch bei einem zweiten Gericht auf Entschädigung verklagt und deshalb in beiden Prozessen eine entsprechende Herabsetzung der Rentenansprüche verlangt. Erachtet hier das Gericht X nach Beweisaufnahme den von dem Gericht Y erhobenen Anspruch des D nicht oder nur bis zur Höhe von 2000 Mk. begründet, so wird es im ersteren Falle den Klägern A, B, C je 3000 Mk., im letzteren Falle je 2454,54 Mk. zusprechen. Das Gericht Y kann zwar bei seiner Beweisaufnahme zu einer anderen Ansicht über die Rente des D kommen, es ist aber, obwohl das Urteil des Gerichts X keine eigentliche Rechtskraft für den Prozeß des D hat, mit Rücksicht auf die Haftungsbeschränkung des § 12 doch verpflichtet, die Klage des D im ersten Falle ganz abzuweisen, im zweiten Falle die Rente auf 1636,36 Mk. zu beschränken. Den Haftpflichtgläubigern bleibt es dann überlassen, in einem zwischen ihnen auszutragenden Prozesse (§ 816 BGB.) eine entsprechende Ausgleichung herbeizuführen. Man wird in diesen Fällen jedem der beiden Gerichte auch die Befugnis zusprechen müssen, gemäß § 148 ZPO. die Aussetzung des Rechtsstreits zu beschließen. Es ist nicht zu verkennen, daß hier das später erkennende Gericht in die Lage kommt, eine Klage teilweise abzuweisen und dem Kläger Kosten aufzuerlegen, obwohl nach seiner Ansicht der Anspruch zu einem höheren Betrag begründet gewesen wäre und obwohl sich in dem späteren Ausgleichungsprozeß zwischen den mehreren Rentenberechtigten herausstellt, daß dem zweiten Kläger mehr zuzusprechen ist. Eine Unbilligkeit ist darin nicht zu finden; es ist ein Risiko, das der Kläger eben auf sich nehmen muß, wenn er gesondert vorgeht, anstatt gemeinschaftlich mit den anderen Verletzten oder wenigstens bei demselben Gericht wie diese zu klagen und dadurch eine Verbindung der mehreren Prozesse zu ermöglichen.

Die auf Ausgleichung zwischen den mehreren Ersatzberechtigten gerichtete Klage (§ 816 BGB.) wird auch im Gerichtsstand des § 20 AG. erhoben werden können; denn auch sie ist, wenn auch auf § 816 BGB. gestützt, doch eigentlich auch auf Grund des AG. erhoben, insofern eben der im AG. aufgestellte Grundsatz der beschränkten Haftung diese Ausgleichung notwendig macht.

VIII. **Berechnung der Ersatzleistungen bei konkurrierendem Verschulden des Verletzten.** Hat der Verletzte den Unfall mit verschuldet, so erhält er gemäß § 9 nicht immer die vollen Ersatzbeträge, sondern das Gericht kann eine angemessene Verteilung vornehmen und dem Verletzten nur einen Teil der Ersatzbeträge zusprechen. Übersteigt in solchen Fällen der ganze dem Verletzten zugegangene Schaden die Maximalbeträge des § 12, dann hält Hallbauer AG. § 12 Bem. 5 S. 33 u. LZ. 1909 S. 890 an und für sich eine doppelte Berechnung für denkbar. Hat z. B. der Verletzte an sich eine Rente von 6000 Mk. zu beanspruchen, hält aber dabei das Gericht für angemessen, ihm wegen seiner Mitschuld an dem Unfall nur die Hälfte seines Schadens zuzubilligen, dann könnte man einmal die dem Verletzten zu gewährende Rente auf die Hälfte aus 6000 Mk.

(3000 Mk.) berechnen und eine weitere Kürzung unterlassen, weil dieser Betrag sich innerhalb der Grenzen des § 12 bewegt. Man könnte aber auch zuerst die von dem Verletzten beanspruchte Rente auf das nach § 12 zulässige Maximum, also auf 3000 Mk. reduzieren und dem Verletzten nur die Hälfte hieraus, also 1500 Mk., zusprechen. Hallbauer und ebenso Neukirch-Rosenmeyer § 12 Anm. 3 entscheiden sich für die letztere Berechnungsart und zwar mit der Begründung, daß sonst der mitschuldige Verletzte unter Umständen gerade so viel erhalten würde, wie der, den kein Mitverschulden trifft. Krause KraftfG. § 17 Bem. 7 Abs. 1 S. 195 scheint von der ersteren Berechnungsart auszugehen. Bei Lösung der Frage ist m. E. davon auszugehen, daß die in § 12 eingeführte Haftungsbeschränkung lediglich im Interesse der Fahrzeugbesitzer erfolgt, denen man, wie schon in Bem. 1 erwähnt, dadurch die Möglichkeit gewähren wollte, sich gegen die verschärfte Haftung zu versichern. Bei der exzeptionellen Natur dieser Haftungsbeschränkung wird eine möglichst strikte Auslegung des § 12 Platz zu greifen haben und es wird jede Beschränkung der Ansprüche der Verletzten zu vermeiden sein, soweit sie nicht durch § 12 absolut geboten ist. Im obigen Beispiel hält sich aber auch bei der ersten Berechnungsart die Haftpflicht des Ersatzpflichtigen innerhalb der Grenzen des § 12, und es fehlt deshalb an jedem berechtigten Anlaß, die Ansprüche der Verletzten, die durch das Gesetz ohnehin eine schwere Beschränkung erfahren haben, nun in noch größerem, durch das Gesetz nicht gebotenen Umfang zu beschränken. Der Umstand, daß nach der ersten Berechnungsart ein an dem Unfall völlig Schuldloser möglicherweise keine höhere Entschädigung bekommt als der, der seinen Unfall selbst mit verschuldet hat, ist eine notwendige Folge der vom Gesetz eingeführten Haftungsgrenzen. Die gleiche Unbilligkeit liegt auch darin, daß der, dessen Schaden 12 000 Mk. pro Jahr beträgt, nicht mehr erhält, als der, der nur zur Hälfte geschädigt ist. Ist A der einzige Verletzte, dann entfällt ohnehin der von Hallbauer für die zweite Ansicht geltend gemachte Grund. Aber auch bei Vorhandensein mehrerer Verletzter fehlt es dann, wenn die erstere dem A günstigere Berechnungsart zu einer Verkürzung der Renten der Mitverletzten unter die nach § 12 zulässige Höchstsumme nicht führt, an jedem Anlaß, die zweite Berechnungsart zu wählen, die lediglich eine Erleichterung der Haftung des Ersatzpflichtigen mit sich bringt, ohne den Mitgläubigern irgend einen Nutzen zu gewähren. Verlangt

z. B. der zur Hälfte mitschuldige A 6000 Mk., B ebenso viel, C 2000 Mk. und D 1000 Mk., so kann B nie mehr als 3000 Mk., C 2000 Mk. und D 1000 Mk. bekommen; warum soll nun hier A nur 1500 Mk. erhalten, was lediglich bewirkt, daß die Haftung des Ersatzpflichtigen in Summe 7500 Mk. beträgt und nicht vielmehr 3000 Mk., sodaß die Haftsumme voll erschöpft wird, ohne Benachteiligung der Mitberechtigten. Das richtige Resultat scheint mir dann herauszukommen, wenn man den Rentenanspruch desjenigen, den ein konkurrierendes Verschulden trifft, mit der diesem Verschulden entsprechenden Quote aus dem ursprünglichen Betrag in Ansatz bringt und im übrigen so verfährt, wie oben Bem. IV, 4 gezeigt ist. Verlangt der zur Hälfte mitschuldige A 6000 Mk., B 4000 Mk., C 2500 Mk., D 1500 Mk., so berechnet sich unter Reduktion der Forderung des A auf die Hälfte die Gesamtsumme aller Forderungen auf 11 000 Mk., die Renten sind also im Verhältnis von 9 : 11 zu kürzen, was für A 2454,54 Mk. für B. 3272,72 Mk., für C 2045,46 Mk. und für D 1227,27 Mk. ergibt. Der an der Rente des B zu streichende Betrag von 272,72 Mk. ist verhältnismäßig zu verteilen, also auf A mit 116,88 Mk. auf C 97,40 Mk., auf D 58,44 Mk. Die endgültigen Renten berechnen sich danach für A 2571,42 Mk., für B 3000 Mk., für C 2142,86 Mk. und für D 1285,72 Mk. Beansprucht der zur Hälfte mitschuldige A 6000 Mk., B 4000 Mk., C 2000 Mk. und D 1000 Mk., so erhält A 3000, B 3000, C 2000 und D 1000 Mk., und zwar läßt sich, wie oben Bem. IV, 4a gesagt, dieses Resultat ohne weiteres hier auch dadurch erzielen, daß man die Einzelrenten auf die Höchstbeträge des § 12 Ziff. 1 reduziert, wobei sich ergibt, daß ihr Gesamtbetrag die Summe des § 12 Ziff. 2 nicht übersteigt.

IX. Über die Berechnung der Höchstsumme bei einer Mehrheit von Haftpflichtigen vgl. § 17 Bem. V.

§ 13.

Der Schadensersatz wegen Aufhebung oder Minderung der Erwerbsfähigkeit und wegen Vermehrung der Bedürfnisse des Verletzten, sowie der nach § 10 Abs. 2 einem Dritten zu gewährende Schadensersatz ist für die Zukunft durch Entrichtung einer Geldrente zu leisten.

Die Vorschriften des § 843 Abs. 2 bis 4 des Bürgerlichen Gesetzbuchs und des § 708 Nr. 6 der Zivilprozeßordnung finden entsprechende Anwendung. Das Gleiche gilt für die dem Verletzten zu entrichtende Geldrente von der Vorschrift

des § 850 Abs. 3 und für die dem Dritten zu entrichtende Geldrente von der Vorschrift des § 850 Abs. 1 Nr. 2 der Zivilprozeßordnung.

Ist bei der Verurteilung des Verpflichteten zur Entrichtung einer Geldrente nicht auf Sicherheitsleistung erkannt worden, so kann der Berechtigte gleichwohl Sicherheitsleistung verlangen, wenn die Vermögensverhältnisse des Verpflichteten sich erheblich verschlechtert haben; unter der gleichen Voraussetzung kann er eine Erhöhung der in dem Urteile bestimmten Sicherheit erlangen.

Entw. I § 4; Entw. II § 7; Begr. S. 14; KommB. S. 21.

I. **Die unter § 13 fallenden Ansprüche.**

1. Hierher gehören die Ansprüche auf Schadensersatz
   a) wegen Aufhebung oder Minderung der Erwerbsfähigkeit des Verletzten (§ 11),
   b) wegen Vermehrung der Bedürfnisse des Verletzten (§ 11)
   c) wegen Entziehung des Unterhalts (§ 10 Abs. 2).

Die übrigen in §§ 10 und 11 erwähnten Ansprüche, also die Ansprüche wegen Erstattung der Heilungs- und Beerdigungskosten, ferner die Ansprüche der Hinterbliebenen wegen Aufhebung oder Minderung der Erwerbsfähigkeit und wegen Vermehrung der Bedürfnisse des Getöteten gehören nicht hierher. Diese Ansprüche sind also nicht in Rentenform, sondern in *einer* Summe zuzusprechen. Ebenso ist der Sachschaden immer in Kapital zu vergüten. Darüber, ob die Heilungskosten in Rentenform zugebilligt werden können und über den Unterschied zwischen Heilungskosten und Auslagen für Vermehrung der Bedürfnisse vgl. § 10 Bem. II, 1. Wohl aber kann dem tötlich Verletzten selbst für den noch ungewissen Zeitraum bis zu seinem Tode für Erwerbsverlust und Bedürfnisvermehrung eine Rente zugesprochen werden; er unterscheidet sich, solange er lebt, durchaus nicht von jedem anderen Verletzten.

Über die Frage, ob die für die Vergangenheit gezahlte Entschädigung für Erwerbsverlust bei Berechnung der Maximalsumme des § 12 als Kapital oder als Rente anzusetzen ist, vgl. § 12 Bem. II, 2.

2. „*Für die Zukunft*". Nur der für die Zukunft zu leistende Schadensersatz soll in Rentenform entrichtet werden. Wörtlich verstanden würde das bedeuten, daß nur für die im

Zeitpunkt der Erlassung des Urteils noch nicht fälligen Leistungen die Rentenform gewählt werden darf, daß aber alle in diesem Zeitpunkt bereits fälligen Ansprüche durch Zuerkennung eines Kapitalbetrags zu befriedigen sind. Das RG. 20. 9. 95 EisenbE. Bd. 12 S. 234 hat aber für die gleichlautende Vorschrift des Haftpflichtgesetzes bereits erkannt, daß eine solche wörtliche Auslegung nicht geboten sei; „es stehe dem Verlangen einer Rentenzubilligung nicht entgegen, daß z. Zt. des Urteils und teilweise schon z. Zt. des Klagestellung mehrere Jahresbeträge verfallen sind; dieser Umstand könne, woferne man der Bestimmung nicht eine allzu rigorose Auslegung gebe, für die Zubilligung des gesamten Schadensersatzanspruchs in Rentenform kein Hindernis bilden". Die Richtigkeit dieser Auffassung ergibt sich auch daraus, daß § 708 Ziff. 6 ZPO. auf die Unfallrente entsprechende Anwendung zu finden hat. Voraussetzung für Zusprechung des Schadensersatzes in Rentenform ist natürlich, daß der Anspruch, wenn auch zum Teil der Vergangenheit angehörend, sich doch in die Zukunft hinein erstreckt; würde der ganze Anspruch der Vergangenheit angehören, so wäre die Zuerkennung einer Rente unzulässig.

II. **Der Rentenanspruch.**

1. Nach den gewöhnlichen Grundsätzen würde der Ersatz durch Zahlung einer Kapitalsumme zu leisten sein. Die Feststellung des Kapitalbetrags würde aber vielfach mit großen Schwierigkeiten verbunden sein, da dabei eine Reihe unsicherer Faktoren in Betracht kommen und namentlich die Dauer der Erwerbsunfähigkeit im voraus schwer zu bestimmen ist. Auch liegt die Gefahr nahe, daß der Verletzte das Kapital rasch verbraucht und dann doch in eine Notlage gerät. Deshalb bestimmt das Gesetz im Einklang mit § 843 BGB. und den Vorschriften des Haftpflichtgesetzes, daß der Schadensersatz grundsätzlich in Form einer Rente zu leisten ist. Der Richter hat es also nicht, wie das nach der früheren Fassung des Haftpflichtgesetzes möglich war, in der Hand, statt einer Rente auf eine andere Art der Entschädigung zu erkennen; er muß auf Rente erkennen, es sei denn, daß eine abweichende Vereinbarung der Parteien vorliegt oder daß einer der Ausnahmefälle vorliegt, in denen der Verletzte wegen Vorliegens eines wichtigen Grundes zum Verlangen einer Kapitalsabfindung berechtigt ist.

Bei der Festsetzung der Rente sind nicht etwa für Erwerbsunfähigkeit bezw. Minderung und für Vermehrung der Bedürfnisse gesonderte Einzelbeträge auszuwerfen, sondern es handelt sich um einen rechtlich einheitlichen Ersatzanspruch, für den also nur auch eine einheitliche Rente zuzubilligen ist (RG. 13. 12. 00 RGZ. Bd. 47 S. 408).

Der Anspruch auf Rente ist nicht Unterhaltsanspruch, sondern Schadensersatzanspruch (vgl. Staudinger § 844 Bem. V, 5 und oben Vorbem. vor § 10). Es finden also auf ihn die für die Unterhaltsansprüche geltenden Sondervorschriften keine Anwendung; doch ist in gewissen Beziehungen (Pfändung, Vollstreckbarkeit, vgl. unten Bem. II, 2) der Rentenanspruch einem gesetzlichen Unterhaltsanspruch gleichgestellt.

Ebenso wie für die Leibrente ist auch für die Unfallrente anzunehmen, daß es sich nicht um eine Mehrheit bedingter Einzelansprüche handelt, sondern um ein einheitliches Forderungsrecht auf die fortlaufenden Raten, das nur auflösend bedingt ist durch den Tod des Berechtigten bezw. die sonstigen Beendigungsgründe. Das ist von besonderer Bedeutung für die Beweislast; der Gegner muß den Wegfall der Pflicht als besondere rechtsvernichtende Tatsache beweisen (Staudinger BGB. Vorbem. I vor § 759 S. 1210; RG. 12. 12. 07 RGZ. 67, 210; vgl. auch Neumann JDR. 7, S. 298 Z. 2).

Auf eine Naturalrente darf der Richter (abgesehen von dem Fall einer dahingehenden Einigung der Parteien) nicht erkennen, sondern das Urteil hat auf Geldrente zu lauten.

Die zugesprochene Rente ist für 3 Monate im voraus zu bezahlen. Hat der Berechtigte den Fälligkeitstermin erlebt, so gebührt ihm bezw. seinen Erben die volle Rate, auch wenn er gleich nach Fälligkeit gestorben ist (§ 760 BGB.). Auf eine andere Zahlungsart als vierteljährliche Vorauszahlung darf der Richter nicht erkennen (RG. 9. 7. 08 RGZ. 69, 296, JW. 08, 552). Selbstverständlich können aber die Parteien eine andere Zahlungsart vereinbaren.

2. Pfändbarkeit Abtretbarkeit der Rente. Die Haftpflichtrente der nach § 10 Abs. 2 AG. durch die Tötung des Unterhaltspflichtigen geschädigten Personen ist nach § 850 Abs. 1 Ziff. 2 ZPO. nicht pfändbar. Die Rente des Verletzten kann nach § 850 Abs. 3 ZPO. gepfändet werden, soweit ihr Betrag jährlich die Summe von 1500 Mk. übersteigt, eine weitergehende Pfändung ist nur in den Ausnahmefällen des § 850 Abs. 4 ZPO. zulässig. Zwar ist die Anwendbarkeit

dieser letzteren Bestimmung in § 13 nicht ausdrücklich hervorgehoben; ihre Zulässigkeit ergibt sich aber aus der offenbar beabsichtigten Gleichstellung der Renten nach AG. mit der Rente des § 843 BGB.

Abtretbar sind die Rentenansprüche der Unterhaltsberechtigten gar nicht, die des Verletzten selbst nur in gleichem Umfang, in dem sie der Pfändung unterliegen (§ 400 BGB.) Diese Unübertragbarkeit ist zwingendes Recht; sie kann daher nicht bloß von dem Zedenten, sondern auch von dem dritten Schuldner dem Zessionar entgegengehalten werden (OLG. Colmar 11. 5. 06 Recht 06 Nr. 1607).

Das Gleiche gilt für die Verpfändung dieser Ansprüche (§ 1274 BGB.) und für die Bestellung eines Nießbrauchs an ihnen (§ 1069 Abs. 2 BGB.).

Sie gehören ferner, soweit sie nicht pfändbar sind, auch nicht zur Konkursmasse (§ 1 KO.).

Und endlich ist im gleichen Umfang auch eine Aufrechnung ausgeschlossen (§ 394 BGB.).

Diese Beschränkungen, insbesondere die Unpfändbarkeit und Unübertragbarkeit, beziehen sich auch auf Rentenrückstände, da der Verzug des Schuldners eine Verschlechterung der Lage des Gläubigers nicht zur Folge haben darf (RG. 27. 3. 06 EisenbE 24 S. 112; Gaupp ZPO. § 850 Nr. 44).

Dagegen sind die gemäß § 10 Abs. 1 von den Hinterbliebenen geltend gemachten Ansprüche wegen Beeinträchtigung der Erwerbsfähigkeit und Vermehrung der Bedürfnisse des Getöteten, weil nicht in Rentenform zu gewähren, auch diesen Beschränkungen nicht unterworfen (vgl. oben Bem. I, § 12 Bem. II, 2).

III. **Prozessuale Gestaltung des Rentenanspruchs.**

1. Klageantrag. Es ist nicht notwendig, daß der Kläger einen ziffernmäßig bestimmten Betrag als Schadensersatz verlangt. Vielmehr ist es zulässig, den Betrag der Rente vollständig in das richterliche Ermessen zu stellen, soferne nur der Inhalt der Klage dem Richter genügende Anhaltspunkte für die Bemessung bietet; dabei ist zu beachten, daß der § 287 ZPO. bei Schadensersatzklagen dem Richter ohnehin eine ziemlich freie Stellung einräumt (RG. 24. 5. 05 RGZ. 61, 22; RG. 3. 2. 09 JW. 09, 195, Recht 09 Nr. 1007; RG. 28. 6. 09 JW. 09, 495; 7. 1. 09 JW. 09, 140; RG. 28. 4. 09 JW. 09, 364, SeuffA. 64 Nr. 158; vgl. unten Bem. V).

2. Bemessung der Rente; Dauer und Höhe vgl. § 10 Bem. V, § 11 Bem. VII, 1 u. 2). Für die Bemessung der Rente ist maßgebend, inwieweit die Erwerbsfähigkeit des Verletzten aufgehoben oder gemindert oder seine Bedürfnisse vermehrt worden sind. Über die Höhe dieses Schadens hat das Gericht unter Würdigung der gesamten Sachlage, wie sie sich zufolge des Unfalls zur Zeit der Urteilsfindung gestaltet hat, nach freiem Ermessen (§ 287 ZPO.) zu entscheiden und hiernach die dem Schaden entsprechende Rente festzusetzen. Dabei hat der Richter aber auch die künftige Gestaltung der Verhältnisse, welche für die Dauer und den Umfang des Rentenanspruchs maßgebend sind, zu berücksichtigen, soweit sich diese künftige Entwicklung nach dem gewöhnlichen Laufe der Dinge und nach den besonderen Umständen des Einzelfalles im voraus ermessen läßt (RG. 5. 1. 05 JW. 05, 143; 19. 1. 05 SeuffA. 60, Nr. 189; 23. 3. 05 JW. 05, 283; 15. 6. 05 JW. 05, 493; 2. 11. 05 JW. 06, 27). Ist also die Wiederherstellung der Gesundheit in absehbarer und bestimmbarer Zeit zu erwarten, dann muß der Richter sofort im Urteil den Zeitpunkt festsetzen, mit dem die Leistungspflicht aufhört (RG. 12. 12. 07 EisenbE. 24, 286). Ist eine solche Vorausbestimmung nicht oder nicht mit genügender Sicherheit möglich, dann darf allerdings der Richter eine zeitliche Begrenzung der Rente im Urteil unterlassen; die Parteien müssen dann bei später eintretender Änderung der Verhältnisse ihre Rechte nach § 323 ZPO. geltend machen (vgl. unten Bem. VII). Ebenso muß der Richter sofort im Urteil eine entsprechende Abstufung der Rente vornehmen, wenn mit Sicherheit eine Wiederzunahme der Arbeitskraft oder umgekehrt eine Erhöhung der Erwerbsbeeinträchtigung für die Zukunft zu erwarten ist.

Handelt es sich um Hinterbliebenenrente (§ 10 Abs. 2), so darf gleichfalls die Rente nicht unbeschränkt zuerkannt werden; denn das hätte zur Folge, daß die Rente auf Lebenszeit des Berechtigten anstatt auf die mutmaßliche Lebensdauer des Unterhaltspflichtigen zu zahlen wäre; sondern es muß auch hier der mutmaßliche Zeitpunkt, an dem der Unterhaltspflichtige auch ohne den Unfall gestorben oder an dem aus anderen Gründen dessen Unterhaltspflicht weggefallen wäre, ermittelt und hiernach die Rente zeitlich beschränkt werden. Nur wenn der Richter bei Prüfung der Sachlage zu der Überzeugung käme, daß der Getötete länger gelebt haben würde, als der Unterhaltsberechtigte, darf er, vorausgesetzt, daß ein anderer Beendigungsgrund der Unterhaltspflicht nicht voraussehbar, die Rente ohne zeitliche Beschränkung zusprechen. Darüber, ob die zeitliche Begrenzung der Rente in das Zwischenurteil über den Grund des Anspruchs gehört oder dem Verfahren über den Betrag vorbehalten werden darf, vgl. unten Bem. III, 4.

War der Verletzte zur Zeit des Unfalls bezw. zur Zeit des Urteils überhaupt noch nicht erwerbsfähig (verletzte Kinder), so fragt es sich, ob der dem Verletzten zugehende Schaden schon jetzt genügend substantiert werden kann; ist das der Fall, z. B. der Verletzte ist zur Zeit des Unfalls dem Ende seiner Ausbildung nahegewesen, dann steht einer Verurteilung des Haftpflichtigen auf Leistung einer von einem bestimmten Zeitpunkt an zu zahlenden Rente nichts im Wege. Ist eine solche Vorausbestimmung nicht möglich, dann erübrigt einstweilen nur die Erhebung der Feststellungsklage (vgl. unten Bem. III, 3 und § 14 Bem. V, 5).

Ähnlich verhält es sich im Falle der Hinterbliebenenrente, wenn entweder der getötete Unterhaltspflichtige noch nicht unterhaltspflichtig war (es wurde ein Kind getötet) oder der Ersatzberechtigte zur Zeit noch keinen Anspruch auf Unterhalt erheben konnte. Kann der Moment des Eintritts der Verbindlichkeit und die Höhe der Rente schon im voraus bestimmt werden, dann hat das im Urteil zu geschehen, andernfalls bleibt dem Unterhaltsberechtigten die Feststellungsklage (§ 11 Bem. VII)

3. Leistungs- oder Feststellungsklage.

Wie schon in der vorhergehenden Bemerkung hervorgehoben, ist die Zulässigkeit der Leistungsklage, wenn zur Zeit ein Schaden noch nicht eingetreten ist, davon abhängig, ob der Richter zur Zeit schon in der Lage ist, mit genügender Sicherheit zu entscheiden, ob überhaupt und eventuell in welcher Höhe ein Schaden eintreten wird. Wo eine solche Beurteilung der Verhältnisse nicht möglich ist, hat der Ersatzberechtigte an Stelle der Leistungs- die Feststellungsklage (RG. 5. 10. 94 JW. 94, 520; 17. 10. 07 JW. 07, 710). Bei Rentenforderung noch nicht erwerbsfähiger Kinder wird in der Regel die Feststellungsklage angezeigt sein (RG. 1. 3. 06 JW. 06, 236; 5. 4. 06 JW. 06, 359; RG. 31. 5. 06 JW. 06, 472, EisenbE. 23, 72; 25. 2. 07 EisenbE. 24, 44; 30. 10. 07 JW. 07, 832; 5. 3. 08 JW. 08, 273; 13. 11. 05 JW. 06 16; 4. 12. 05 JW. 06, 92). Denn die Entscheidung der Fragen, wann ein Kind in das erwerbsfähige Alter treten, wie beschaffen und wie hoch ungefähr sein Erwerb sein wird, welche Bedeutung die Verletzung für diesen Erwerb haben wird, hängt vornehmlich von dem Beruf ab, den das Kind einmal ergreifen wird, und solange das nicht feststeht, fehlt auch die Möglichkeit einer ziffermäßigen Festsetzung der Rente (RG. 5. 4. 06 EisenbE. 23, 51). Doch kann auch in solchen Fällen die Leistungsklage gerechtfertigt erscheinen, namentlich dann, wenn es sich nur um den gewöhnlichen durchschnittlichen Lohn einfacher Hand-, Haus- oder Fabrikarbeiter, nicht um lohnendere oder eine besondere Berufsvorbildung erfordernde Berufszweige handelt (RG. 14. 5. 06 EisenbE. 23, 65; RG. 1. 3. 06 JW. 06, 236; 5. 4. 06 JW. 06, 360; 31. 5. 06 JW. 06, 473). Es wird demnach z. B. eine Leistungsklage eines 8jährigen Kindes abzuweisen sein, wenn die der Klage zugrunde liegenden Verhältnisse, die als für jenen ferneren Zeitpunkt der Erwerbsfähigkeit maßgebend vorausgesetzt werden, sich in der Zwischenzeit so wesentlich verändern können, daß sie nicht als geeignete Grundlage einer gegenwärtigen Verurteilung erscheinen können (OLG. Colmar 24. 3. 03 EisenbE. 21, 118; OLG. Hamburg 18. 3. 04 Seuff A. 60 Nr. 177; OLG. Colmar 4. 10. 04 EisenbE. 21, 184). Eine Leistungsklage ist also ferner ausgeschlossen, wenn der Kläger dermalen ein Alter, in dem er an sich zum Erwerb fähig sein würde, noch nicht erreicht hat und weder eine Verschlimmerung noch eine Verbesserung der durch den Unfall herbeigeführten Schwerhörigkeit für die Zukunft ausgeschlossen ist (OLG. Dresden 27. 4. 06 SächsA. 5, 303).

Die Erhebung einer Feststellungsklage ist auch dann zulässig, wenn zwar die Verletzung des Klägers geheilt ist, aber die Möglichkeit, daß nachteilige Folgen nachträglich noch auftreten, nach Lage der Sache nicht abgewiesen werden kann (RG. 13. 11. 05 JW. 06, 16). Ebenso ist die Feststellungsklage dann zulässig, wenn der Unfall momentan eine Minderung der Erwerbsfähigkeit oder eine Vermehrung der Bedürfnisse gar nicht herbeigeführt hat, z. B. der Kläger hat eine Trübung des einen Auges erlitten, die ihn in seiner Erwerbstätigkeit nicht behindert, wenn aber die Möglichkeit besteht, daß diese jetzt unschädliche Trübung in Zukunft zu einer Herabminderung seiner Erwerbsfähigkeit führt (RG. 4. 12. 05 JW. 06, 92).

Die Feststellungsklage darf nicht deshalb abgewiesen werden, weil der Verletzte mit einem hohen Grad von Wahrscheinlichkeit in seinem späteren Fortkommen und Erwerb nicht beeinträchtigt ist. Wenn allerdings mit höchster Wahrscheinlichkeit aller menschlichen Voraussicht noch eine nachteilige Folge als ausgeschlossen anzunehmen ist, dann würde eine ganz entfernte, abstrakte Möglichkeit außer Betracht zu bleiben haben (RG. 13. 11. 05 JW. 06, 16). Zu weit geht es, wenn das OLG. Hamburg 22. 5. 03 DJZ. 04 S. 752 die Klage der Eltern eines getöteten 4jährigen Kindes auf Feststellung der Ersatzpflicht wegen des entzogenen Unterhaltsrechts abweist, weil es ungewiß sei, ob der Fall der Unterhaltspflicht des Kindes überhaupt je eintreten werde (vgl. auch RG. 15. 3. 10 Recht 1910 Nr. 1738).

Voraussetzung für Zulässigkeit der Feststellungsklage ist in allen Fällen, daß der Kläger ein rechtliches Interesse an der alsbaldigen Feststellung hat; darüber, daß die kurze Verjährungsfrist des § 14 nicht in gleicher Weise wie beim Haftpflichtgesetz dieses Interesse zu begründen vermag, vgl. § 14 Bem. V, 5.

4. Zwischenurteil über den Grund des Anspruchs (§ 304 ZPO.). Die Zulässigkeit der Vorabentscheidung über den Grund hängt nicht davon ab, daß zuvor durch Gerichtsbeschluß abgesondert Verhandlung über den Anspruchsgrund stattfand (RG. 3. 1. 84 RGZ. 10, 429). Dagegen muß in dem Zwischenurteil das Parteivorbringen über den Anspruchsgrund erschöpfend erledigt werden und es muß anderseits ein die Höhe des Anspruchs betreffender Streit übrig bleiben. Sind nun einzelne Elemente des Anspruchsgrundes entscheidungsreif, dann ist allenfalls für ein Zwischenurteil nach § 303 Raum, nicht aber für eine Vorabentscheidung über den Grund. Zum Grund des Anspruchs gehört: Die Frage des Kausalzusammenhangs (RG. 25. 2. 07 JW. 07, 199), das Anteilsverhältnis der Haftung mehrerer Ersatzpflichtiger (RG. 30. 4. 02 RGZ. 51, 248), die Frage der Haftungsbeschränkung oder des Haftungsausschlusses infolge Mitverschuldens des Verletzten (RG. 24. 11. 02 RGZ. 53, 116; RG. 25. 2. 07 JW. 07, 199; RG. 8. 7. 08 JW. 08, 558, LZ. 08, 779; RG. 27. 10. 08 JW. 09, 13; RG. 28. 6. 09 JW. 09, 495; vgl. aber auch 15. 11. 09 Recht 10 Nr. 136, wo es für zulässig erklärt wird, die Feststellung, ob durch Unterlassung des Heilverfahrens die Schadensfolgen bereits wieder behoben sein könnten, dem Nachverfahren zu überlassen), weiter die Frage der Vorteilsausgleichung (RG. 4. 1. 07 RGZ. 65, 59; RG. 7. 12. 07 Recht 08 Nr. 577), sodann die Frage, ob ein Anspruch gemäß § 140 GewUVG. auf die Berufsgenossenschaft übergegangen ist (RG. 16. 3. 08 Recht 08 Nr. 1612), ebenso die Bestimmung der Entschädigungsart, ob Kapital oder Rente (RG. 5. 4. 06 JW. 06, 359; RG. 20. 9. 06

JW. 06, 686; RG. 16. 5. 07 JW. 07, 388; vgl. aber RG. 6. 7. 08 JW. 08, 558; RG. 15. 6. 08 BayRpflZ. 08, 339, Schneider i. BayRpflZ. 18, 31), die Feststellung der Aufhebung oder Minderung der Erwerbsfähigkeit oder der Vermehrung der Bedürfnisse (RG. 4. 10. 06 JW. 06, 710; 27. 9. 06 JW. 06, 718; RG. 9. 3. 08 Recht 08 Nr. 1607). Dagegen bedarf es im Verfahren über den Grund keines Eingehens auf die einzelnen, gemachten Ansprüche (Arzt, Apotheker, Vermehrung der Bedürfnisse, Beschränkung der Erwerbsfähigkeit; RG. 10. 2. 08 Recht 18 Nr. 1233; RG. 12. 10. 08 Soergel Rspr. 09 S. 592 Ziff. 12; RG. 23. 4. 09 JW. 09, 356; vgl. RG. 1. 5. 08 Recht 08 Nr. 2593; RG. 29. 4. 09 in Soergel Rspr. 09 S. 594 Ziff. 23).

Weiter gehört zum Grund des Anspruchs in den Fällen des § 10 Abs. 1 die Erbengemeinschaft des Klägers (RG. 29. 10. 95 JW. 95, 603).

Darüber, ob beim Verlangen einer Sicherheitsleistung für die verlangte Rente die Entscheidung über die Pflicht zur Sicherheitsleistung in dem Zwischenurteil zu erfolgen hat, vgl. RG. 15. 6. 08 und 25. 6. 08 in Soergel Rspr. 08, 517 Ziff. 26 und 27).

Der Einwand teilweiser Zahlung gehört nicht notwendig zum Grund des Anspruchs (RG. 5. 3. 09 JW. 09, 225).

Daß das Gericht nach der Prozeßlage, insbesondere unter Anwendung des § 287 ZPO. an sich auch über die Höhe des geltend gemachten Anspruchs entscheiden könnte, steht dem Erlaß eines Zwischenurteils grundsätzlich nicht entgegen (RG. 16. 3. 09 Soergel 09 Rspr. 09 S. 590 Ziff. 1). Dagegen ist für ein Zwischenurteil kein Platz, wenn der Anspruchsgrund als bestehend angenommen wird und wegen Nichtstreitigseins des Anspruchsbetrags sogleich Verurteilung des Beklagten ergehen kann (RG. 30. 10. 03 RGZ. 56, 187).

Auch die abstrakte Möglichkeit einer späteren Beseitigung der Unfallfolgen durch Operation schließt den Erlaß eines Zwischenurteils nicht aus (RG. 4. 1. 09 Recht 09 Nr. 710).

Die Ansicht, daß die Witwe eine Rente nur für die Dauer der Erwerbsfähigkeit des Getöteten fordern könne, entspricht nicht dem Gesetz, vielmehr ist Schadensersatz zu leisten, soweit als der Getötete während der mutmaßlichen Dauer seines Lebens zur Gewährung des Unterhalts verpflichtet gewesen sein würde. Die Erwerbsfähigkeit des Getöteten ist nur ein Faktor für das Maß der Rente, der allerdings bei einem vermögenslosen, auf seinen Arbeitsverdienst angewiesenen Mann auch für die

Fähigkeit und damit die Pflicht zur Unterhaltsleistung von großer Bedeutung sein wird. Dieser Gesichtspunkt braucht aber nicht schon bei der Entscheidung über den Grund berücksichtigt zu werden, wenn die zeitliche Begrenzung der Rente, wie zulässig, dem Nachverfahren überlassen wird (RG. 30. 9. 09 JW. 09, 687).

Die zeitliche Bemessung der Rente gehört wohl eigentlich zu dem Grund des Anspruchs; sie darf aber auch dem Nachverfahren vorbehalten werden (RG. 5. 7. 06 JW. 06, 553; 22. 10. 06 JW. 06, 747; RG. 4. 10. 06 JW. 06, 710; RG. 6. 5. 07 JW. 07, 366; 15. 11. 07 JW. 08, 9; 23. 12. 07 JW. 08, 109; 17. 9. 09 JW. 09, 665; 3. 6. 07 EisenbE. 24, 68; 11. 5. 08 JW. 08, 465; 4. 7. 07 EisenbE. 24, 173; 25. 2. 09 JW. 09, 225; 18. 5. 09 RGZ. 71, 243; 11. 5. 09 EisenbE. 25, 71).

Bei Klagen auf Schadensersatz nach § 10 Abs. 2 AG. müssen die Voraussetzungen der §§ 1601—1603 BGB. über die Unterhaltspflicht des Getöteten im Verfahren über den Grund festgestellt werden (RG. 29. 10. 95 JW. 95, 603; RG. in RheinA. 102, II, 61; vgl. RG. 22. 2. 09 Recht 09 Nr. 1172).

Klagen Ehemann und Ehefrau gemeinsam zu Händen des Mannes auf Zahlung einer Rente wegen Körperverletzung der Frau, so kann die Feststellung, ob es sich um den Entgang von Hausarbeit oder Drittverdienst handelt, dem späteren Urteil vorbehalten bleiben (RG. 4. 3. 09 Recht 09 Nr. 3120).

Bei einem teils auf Leistung, teils auf Feststellung gerichteten Klageanspruch (Leistung des bisherigen Schadens und Feststellung der Ersatzpflicht für den zukünftigen Schaden) kann nur über den ersteren, nicht über den letzteren Zwischenurteil ergehen (RG. 4. 1. 08 Recht 08 Nr. 370; RG. 27. 2. 08 Recht 08 Nr. 1418).

Da das Zwischenurteil nur darüber zu ergehen hat, ob und inwieweit der Ersatzpflichtige für die Unfallfolgen haftet, so ist der Umstand, daß der gegenwärtige Zustand des Klägers zum Teil auch auf einen früheren Unfall zurückzuführen ist, bei Erlassung des Zwischenurteils nicht zu berücksichtigen; die Ausscheidung, inwieweit sich infolge dieses Umstandes der Anspruch des Verletzten mindert, ist Sache des Verfahrens über den Betrag des Anspruchs (OLG. München 26. 10. 09 S e u f f B l. 75, 118).

Die Möglichkeit des Vorhandenseins eines Schadens reicht zur Erlassung eines Zwischenurteils nicht aus; es bedarf dazu vielmehr der Feststellung, daß der Kläger einen Schadensbetrag bestimmt zu beanspruchen hat (RG. 3. 2. 08 Recht 08 Nr. 1011;

RG. 13. 11. 05 JW. 06, 26); anderseits ist jedoch völlige Gewißheit eines entstandenen bestimmten Schadens nicht erforderlich (RG. 18. 1. 97 JW. 97, 107, Seuff A. 52 Nr. 265; Bayer. ObLG. 8. 11. 05 Seuff A. 61 Nr. 142), vielmehr nicht ausgeschlossen, daß die Klage auch noch im Nachverfahren abgewiesen wird, wenn sich hier ein bestimmter Schadensbetrag nicht ermitteln läßt (RG. 24. 1. 98 JW. 98, 141; 8. 11. 98 JW. 99, 35).

Die Urteilsformel darf nicht dahin lauten, daß der Beklagte den erwachsenen Schaden ganz oder zu einem bestimmten Bruchteil zu tragen habe, sondern nur dahin, daß der Klageanspruch dem Grund nach ganz oder z. B. zu ²/₃ für gerechtfertigt erklärt wird (RG. 23. 3. 05 RGZ. 60, 314; RG. 5. 11. 06 JW. 07, 7; RG. 21. 5. 08 Recht 08 Nr. 2484; RG. 19. 5. 09 Soergel, Rspr. 09 S. 590 Ziff. 2).

Zulässig ist eine durch Eid bedingte Vorabentscheidung dahin, daß für den einen Fall — Eidesleistung oder Eidesverweigerung — der Anspruch seinem Grund nach für gerechtfertigt erklärt, für den entgegengesetzten Fall aber die Klage abgewiesen wird (RG. 6. 7. 98 RGZ. 42, 349; 15. 12. 98 JW. 99, 33; 1. 3. 01 JW. 01, 251).

Dagegen ist unzulässig ein Versäumnisurteil über den Grund (RG. 9. 1. 96 RGZ. 36, 425).

Im übrigen vgl. über das Zwischenurteil die Kommentare zur ZPO.

5. Vollstreckbarkeit: In Anwendung des § 708 Ziff. 6 ZPO. sind Urteile, welche die Verpflichtung zur Entrichtung einer Unfallrente aussprechen, auch ohne Antrag für vorläufig vollstreckbar zu erklären „soweit die Entrichtung für die Zeit nach der Erhebung der Klage und für das der Erhebung der Klage vorausgehende letzte Vierteljahr zu erfolgen hat". Nur auf die dem Verletzten selbst wegen Aufhebung oder Minderung seiner Erwerbsfähigkeit oder Vermehrung seiner Bedürfnisse, sowie auf die den unterhaltsberechtigten Hinterbliebenen des Getöteten nach § 10 Abs. 2 zustehende Rente findet der § 708 ZPO. Anwendung, nicht aber wenn die Erben des Getöteten den auf sie übergegangenen Schadensersatzanspruch des Getöteten wegen Beeinträchtigung seiner Erwerbsfähigkeit oder Vermehrung seiner Bedürfnisse geltend machen, denn dieser Schadensersatz kann nicht in Rentenform zugesprochen werden. Auf die Kapitalabfindung und auf die zu ersetzenden Heilungs- und Beerdigungskosten ist § 708 ZPO. gleichfalls nicht anwendbar.

IV. **Sicherheitsleistung.**

1. Recht des Geschädigten auf Sicherheitsleistung nach § 843 Abs. 2 BGB. Der auch für die Unfallrenten des AG. gemäß § 13 Abs. 2 anwendbare § 843 Abs. 2 bestimmt in Satz 2: „Ob, in welcher Art und für welchen Betrag der Ersatzpflichtige Sicherheit zu leisten hat, bestimmt sich nach den Umständen."

Dieses hiernach dem Geschädigten zustehende Recht auf Sicherheitsleistung ist in der Regel gleichzeitig mit dem Hauptanspruch geltend zu machen; eine selbständige Geltendmachung des Sicherheitsanspruchs ist nur ausnahmsweise in dem Fall des § 13 Abs. 3 zulässig (vgl. unten Bem. IV, 2). Der Richter darf aber auf Sicherheit nicht etwa von Amts wegen, sondern nur dann erkennen, wenn der Geschädigte darauf angetragen hat. Die Entscheidung darüber, ob ein Bedürfnis für die Sicherheitsbestellung vorliegt, und in welcher Höhe sie zu bestellen ist, entscheidet der Richter nach den Umständen des einzelnen Falls auf Grund freien richterlichen Ermessens. Er hat hierbei in erster Linie zu prüfen, ob ohne die Sicherheitsleistung die Verwirklichung des Rentenbezugsrechts gefährdet sein würde; die Vermögensverhältnisse des Haftpflichtigen werden also in erster Linie maßgebend sein; weiter auch z. B. der Umstand, daß der Pflichtige im Ausland wohnt oder dorthin zu ziehen gedenkt, daß er zu Verschwendung neigt und ähnliches. Die Höhe der Sicherheit wird zwar häufig mit dem Kapitalbetrag des Rentenbezugsrechts übereinstimmen, kann aber auch je nach dem Grade der Gefährdung geringer bemessen werden. An den Höchstbetrag des § 12 ist der Richter bei Bemessung der Sicherheit nicht gebunden.

Bezüglich der Auswahl der Art der zu leistenden Sicherheit ist der Richter an die §§ 232—240 BGB. gebunden; er darf also eine andere gesetzlich nicht zugelassene Art der Sicherheitsleistung nicht festsetzen (Eger, Haftpfl. S. 553; Reindl, Haftpfl. S. 187; Kirchner § 13 Bem. II 2 S. 195; Gordan § 13 Bem. 3b S. 116; Waldeck § 13 Bem. 14 S. 102; Neukirch-Rosenmeyer § 13 Anm. 6 S. 130; RG. 14. 5. 06 EisenbE. 23, 64, JW. 06, 439; a. M. Staudinger BGB. § 843 Bem. 4; Planck BGB. § 843 Bem. 5; Hallbauer § 13 S. 37). Mit Zustimmung des Beklagten darf aber allerdings auch eine andere Art der Sicherheitsleistung, z. B. durch Rentenpolize, ausgesprochen werden (RG. 14. 5. 06 JW. 06, 439). Soweit der Richter innerhalb der nach §§ 232 ff.

BGB. zulässigen Arten wählt, ist eine Revision gegen die getroffene Wahl nicht zulässig (RG. 4. 7. 07 Recht 07 Ziff. 2644). Es muß aber der Richter auch die Interessen des Pflichtigen, soweit möglich, berücksichtigen und z. B. von zwei für den Berechtigten gleichwertigen Arten der Sicherheitsleistung die wählen, die den Pflichtigen am wenigsten bedrückt.

Der Anspruch auf Sicherheitsleistung kann nicht selbständig vor Erhebung des Hauptanspruchs geltend gemacht werden: der Verletzte hat also nicht die Möglichkeit, zur Sicherung eines noch nicht existenten, nur erst wahrscheinlich gemachten Rentenanspruchs einstweilen auf Sicherheitsleistung zu klagen; für solche Fälle ist der Gläubiger vielmehr auf die Erwirkung eines Arrestes oder einer einstweiligen Verfügung angewiesen (Eger, HaftpflG. S. 551 f.; Reindl, Haftpfl. S. 186; RG. 5. 3. 88 bei Bolze 5 Nr. 367, EisenbE. 6 S. 205, RGZ. Bd. 20 S. 132). Deshalb ist auch, wenn es sich nicht um Leistung, sondern nur um Feststellung der Verpflichtung zur Rentenzahlung handelt, z. B. wenn der Verletzte wegen jugendlichen Alters noch nicht erwerbsfähig ist, für einen Anspruch auf Sicherheitsleistung kein Raum (RG. 4. 5. 05, RGZ. Bd. 60 S. 416 JW. 05, 370, EisenbE. 22, 170). Selbstverständlich kann von einem Anspruch auf Sicherheit nur die Rede sein, wenn es sich um Rentenzahlung, nicht etwa auch, wenn es sich um eine Kapitalabfindung handelt und ebenso ist es klar, daß Sicherheit nur für die künftigen Raten, nicht etwa für die fälligen Rückstände verlangt werden kann. Zur Sicherheitsleistung verpflichtet ist nicht nur der Haftpflichtige, sondern auch der gesetzliche Vertreter oder Prozeßbevollmächtigte, der den Haftpflichtanspruch des Berechtigten schuldhaft hat verjähren lassen und deshalb im Regreßwege zur Zahlung einer Rente an den Berechtigten verurteilt wird (RG. 4. 4. 05 EisenbE. 21, 395, Recht 05 Ziff. 1395). Im Fall des § 10 Abs. 2 AG. sind auch die dort erwähnten Unterhaltsberechtigten befugt, Sicherheit zu verlangen.

2. Nachträgliches Verlangen einer Sicherheitsleistung. Eger, HaftpflG. S. 551, 559 erklärt, das Kautionsrecht sei zwar seiner Natur nach ein akzessorisches Recht, das mit dem Hauptanspruche stehe und falle; anderseits sei aber seine prozessuale Geltendmachung nicht an die gleichzeitige Geltendmachung des Hauptanspruchs gebunden; vor Ausübung des Hauptrechts sei allerdings das Verlangen einer Sicherheitsleistung nicht statthaft, wohl aber könne nach

Geltendmachung der Hauptforderung der Kautionsanspruch jederzeit geltend gemacht werden. Eger hält deshalb die dem § 13 Abs. 3 AG. analoge Vorschrift des § 7 Abs. 3 HaftpflG., die nur einen Einzelfall eines dem Verletzten ohnehin zustehenden Rechtes hervorhebe, für überflüssig und für geeignet, die irrige Ansicht zu erwecken, als wenn nur in diesem einzelnen Falle der Verletzte zum nachträglichen Verlangen einer Sicherheit berechtigt sein sollte. Man wird aber umgekehrt aus dem § 7 Abs. 3 HaftpflG. bezw. § 13 Abs. 3 AG. folgern müssen, daß dem Verletzten ein Recht auf nachträgliche Kautionsleistung in dem von Eger behaupteten Umfang nicht eingeräumt werden wollte, sondern daß tatsächlich ein solches nachträgliches Begehren nur zulässig erscheint in dem einzelnen hier hervorgehobenen Fall, nämlich nur dann, „wenn die Vermögensverhältnisse des Verpflichteten sich erheblich verschlechtert haben". Während also bei der ursprünglichen Sicherheitsbestellung (s. oben 1) der Richter über die Voraussetzungen nach freiem Ermessen entscheidet, ist er hier an die Voraussetzung der erheblichen Verschlechterung gebunden (RG. 22. 1. 80 RGZ. Bd. 3 S. 21; Neukirch-Rosenmeyer § 13 Anm. 12; Paschke im Recht 06 S. 795; Hallbauer § 13 Bem. 11 S. 39; Waldeck § 13 Bem. 13 S. 101). Eine Veränderung in sonstigen Umständen, die die Bestellung einer Sicherheit im ersten Verfahren gerechtfertigt haben würde, vermag, soweit nicht damit zugleich eine erhebliche Veränderung der Vermögensverhältnisse verbunden ist, den Anspruch aus § 13 Abs. 3 nicht zu begründen.

Der § 13 Abs. 3 AG. entspricht in seinem Wortlaut dem § 324 ZPO. und diese letztere Bestimmung ist, wie schon aus ihrer räumlichen Stellung hervorgeht, eine der Umwandlungsklage des § 323 ZPO. verwandte Ausnahme von dem Prinzip der Rechtskraft des Urteils; sie ist eine Umwandlungsklage, die aber anders wie § 323 ZPO. nicht den Hauptanspruch, sondern den Nebenanspruch auf Kaution zum Gegenstand hat. Daraus folgt, daß die für die Umwandlungsklage des § 323 ZPO. geltenden Grundsätze auch auf sie anzuwenden sind.

Deshalb ist

a) der Anspruch im Wege der Klage geltend zu machen und für den Gerichtsstand dieser Klage gilt das für den § 323 ZPO. Gesagte (vgl. unten Bem. VII);

b) Aktiv legitimiert ist der Berechtigte: das ist aber nicht bloß der Verletzte, sondern das Recht steht eben so den nach § 10 Abs. 2 Unterhaltsberechtigten zu (vgl. unten Bem. V; Reindl, Haftpfl. S. 200);

c) Voraussetzung der Klage ist, ebenso wie im Falle des § 323 ZPO., das Vorliegen eines rechtskräftigen Urteils; denn andernfalls kann und muß der Anspruch durch Einlegung der Rechtsmittel geltend gemacht werden (vgl. unten Bem. VII, 1c). Ebenso ist Voraussetzung, daß die Gründe, auf die die Klage gestützt ist (als solche kommen hier nur die erhebliche Vermögensverschlechterung in Frage), erst nach Schluß der mündlichen Verhandlung, in der sie spätestens hätten geltend gemacht werden müssen (§ 323 ZPO.) entstanden sind. Der Anspruch kann also nicht damit begründet werden, daß der erste Richter seinerzeit irrtümlich die Vermögensverhältnisse des Verpflichteten zu günstig beurteilt habe. Ebenso reicht zur Begründung des Anspruchs nicht hin, daß erst jetzt der Beweis einer schon bestehenden schlechten Vermögenslage möglich wurde (vgl. unten Bem. VII 2c). Endlich ist Voraussetzung, daß bei Verurteilung des Verpflichteten nicht auf Sicherheitsleistung erkannt wurde; andernfalls kann der Berechtigte die Bestellung einer neuen Sicherheit nicht verlangen, sondern nur eine Erhöhung der bereits im Urteil bestimmten (vgl. unten Bem. IV, 3).

Dagegen ist nicht Voraussetzung, daß das Verlangen auf Sicherheitsleistung auch in dem Hauptprozeß schon geltend gemacht wurde; vielmehr ist die Klage sowohl zulässig, wenn der Anspruch in dem Hauptprozeß abgewiesen wurde, als auch dann, wenn ein solches Verlangen nicht gestellt war, sofern nur, wie erwähnt, der Grund hierfür erst entstanden ist;

d) „die erhebliche Verschlechterung der Vermögensverhältnisse insbesondere. Darüber, ob eine solche vorliegt, entscheidet der Richter nach freiem Ermessen, doch genügt nicht jede geringfügige und unbedeutende Verschlechterung, sondern notwendig ist eine bedeutendere und andauernde Änderung der Vermögenslage, die die Besorgnis rechtfertigt, es werde der Verpflichtete seiner Verbindlichkeit zur Zahlung der Rente nicht nachkommen können. Wagehalsige Spekulationen, die zu einer Vermögensverschlechterung noch nicht geführt haben, Verlegung des Wohnsitzes in das Ausland sind keine Gründe zur Erhebung der Klage (Gaupp, ZPO. § 324 Bem. II, 2). Bei der Prüfung, ob eine erhebliche Verschlechterung der Vermögensverhältnisse vorliegt, muß der

Richter die Vermögenslage vor Erlaß des Rentenurteils mit der gegenwärtigen vergleichen.

e) Im übrigen finden auch auf die Klage nach § 13 Abs. 3 die oben Bem. IV, 1 erörterten Grundsätze Anwendung; also, keine Klage auf Sicherheitsleistung bei Kapitalabfindung oder für schon fällige Rentenbeträge (vgl. Gaupp, ZPO. § 324 Bem. III); freies Ermessen des Richters über Art und Höhe der Sicherheit, aber unter Bindung an die §§ 232 ff. BGB. Eine mehrmalige Klage auf Sicherheitsleistung ist zulässig (Reindl, Haftpfl. S. 200; Eger, Haftpfl. S. 561; Kirchner § 13 Bem. V 4 S. 207). Der Berechtigte kann also auch dann, wenn er mit einer Klage auf nachträgliche Sicherheitsleistung schon einmal abgewiesen wurde, den Anspruch neuerdings erheben, wenn er beweist, daß seit Erlaß des letzten Urteils eine wesentliche Vermögensverschlechterung eingetreten ist.

3. Verlangen einer Erhöhung der Sicherheit. „Unter den gleichen Voraussetzungen" kann dieses Verlangen gestellt werden, d. h. unter der Voraussetzung einer nachträglich eingetretenen erheblichen Vermögensverschlechterung des Verpflichteten. Auch im übrigen sind die unter Ziff. 2 entwickelten Grundsätze anzuwenden. Der Schlußsatz des § 13 Abs. 3 findet übrigens nur Anwendung, wenn es sich um Erhöhung der Sicherheit für eine bereits zuerkannte Rente handelt. Wird mit der Klage nach § 323 ZPO. eine Erhöhung der Rente und zugleich für diese Rente Erhöhung der Sicherheit verlangt, dann ist dieser Anspruch von dem Nachweis einer erst nachträglich eingetretenen Vermögensverschlechterung des Verklagten nicht abhängig. Auch § 240 BGB. statuiert eine Nachschußpflicht: er bestimmt

> „Wird die geleistete Sicherheit ohne Verschulden des Berechtigten unzureichend, so ist sie zu ergänzen oder anderweitige Sicherheit zu bestellen."

Es fragt sich, ob § 240 BGB. die gleichen Fälle im Auge hat wie § 13 AG. Wäre das der Fall, so würde § 13 Abs. 3 eine Beschränkung des in § 240 BGB. den Berechtigten allgemein gegebenen Rechtes auf Sicherheitserhöhung enthalten, weil der Anspruch des § 13 von einer erheblichen Verschlechterung der Vermögenslage des Verpflichteten abhängig ist. Da für die Annahme einer solchen Beschränkung kein Anhaltspunkt gegeben ist, müssen §§ 13 und 240 verschiedene Fälle betreffen. Der Unterschied liegt in folgendem.

§ 240 BGB. bezieht sich auf den Fall, wo bei gleichbleibender Vermögenslage des Verpflichteten die gestellte Sicherheit eine Minderung ihres Wertes erfährt, z. B. die verpfändeten beweglichen Sachen werden zum Teil wertlos oder gehen zugrunde; der Bürge verliert sein Vermögen oder zieht ins Ausland; hier handelt es sich nicht sowohl um eine Erhöhung der Sicherheit als darum, daß die in ihrem Wert gesunkene Sicherheit wieder auf ihren früheren Wert ergänzt wird. Anders in den Fällen des § 13; hier kann die geleistete Sicherheit in ihrem alten Wert unverändert fortbestehen. Der Richter hat aber z. B. mit Rücksicht auf die früheren Vermögensverhältnisse des Pflichtigen nur für einen Teil des Rentenanspruchs eine Sicherstellung für nötig erachtet, während er annahm, daß für den andern Teil der Rente der Pflichtige auch ohne Kaution gut sei. Erfährt hier die Vermögenslage des Pflichtigen eine erhebliche Veränderung, dann kann eine Sicherheitsleistung für den ganzen Rentenanspruch und demgemäß eine Erhöhung der Kaution veranlaßt sein. Ebenso Gordan § 13 Bem. 7 S. 122; Gaupp, ZPO. § 324 Bem. II 2. Auch der Anspruch auf Erhöhung kann beliebig oft wiederholt werden.

4. Anspruch des Pflichtigen auf Aufhebung oder Minderung der von ihm geleisteten Sicherheit. Während § 323 ZPO. das Recht auf Erhebung der Umwandlungsklage jedem Teil zuschreibt, ist in dem dem § 13 Abs. 3 entsprechenden § 324 ZPO. nur von einem Anspruch des Berechtigten auf nachträgliche Leistung oder Erhöhung der Sicherheit die Rede; ein Recht des Pflichtigen, Minderung oder Aufhebung der Kaution zu verlangen, wird nicht erwähnt. Man wird daraus wohl folgern müssen, daß dem Haftpflichtigen ein solches Recht nicht gewährt werden wollte (Hallbauer, AG. § 13 Bem. 11 S. 39; Neukirch-Rosenmeyer § 13 Anm. 11; Waldeck § 13 Bem. 14 S. 102; Gaupp, ZPO. § 324 Bem. II 2; a. M. Eger, HaftpflichtG. S. 560). Das schließt aber nicht aus, daß der Verpflichtete, der nach § 323 ZPO. Minderung der Rente begehrt, gleichzeitig damit auch eine Herabsetzung der Kaution erlangt; nur ein Recht auf Minderung oder Aufhebung der Sicherheit ohne gleichzeitige Änderung des Hauptanspruchs steht dem Verpflichteten nicht zu (Eger, Haftpfl. S. 545). Dagegen ist dem Pflichtigen der Umtausch der Sicherheit nach § 235 BGB. gestattet.

V. **Abfindung durch Kapitalzahlung.**

In der Regel hat die Entschädigung des Verletzten für die in § 13 aufgezählten Nachteile durch Gewährung einer Rente zu erfolgen. Nur ausnahmsweise ist eine Entschädigung durch Kapitalzahlung zulässig. § 843 Abs. 3 BGB., der nach ausdrücklicher Vorschrift des § 13 Abs. 2 auch für das AG. Anwendung zu finden hat, bestimmt in dieser Beziehung:

„Statt der Rente kann der Verletzte eine Abfindung in Kapital verlangen, wenn ein wichtiger Grund vorliegt".

Natürlich können die Parteien sich auch abweichend vom § 843 Abs. 3 BGB. auf eine Kapitalabfindung einigen (a. M. Coermann S. 104 Bem. 6), dann hat der Richter die Entschädigungssumme in Kapital festzusetzen, auch wenn ein wichtiger Grund für diese Art der Entschädigung nicht vorliegt. Ebenso Eger, HaftpflG. § 7 S. 516, 554; Oertmann, BGB. § 843; Reindl, HaftpflG. S. 185. Dagegen ist der Richter nicht befugt, von Amts wegen auf diese Art des Schadensersatzes zu erkennen, weil er einen wichtigen Grund für gegeben erachtet. Auch ein Antrag des Haftpflichtigen ermächtigt den Richter nicht zu einem solchen Verfahren; sondern nur dann ist er zu einem solchen Vorgehen berechtigt, wenn der Verletzte einen dahin zielenden Antrag gestellt hat. Dem Verletzten kann also gegen seinen Willen eine Kapitalzahlung nicht aufgedrungen werden (Reindl, HaftpflG. S. 185). Haben die Parteien sich einmal über die Rente geeinigt, dann ist ein späterer Antrag des Verletzten auf Kapitalabfindung nicht mehr zulässig.

Die zweite Voraussetzung neben dem Antrag des Verletzten ist das Vorliegen eines wichtigen Grundes. Das Gesetz sagt nicht, was als wichtiger Grund zu erachten sei. Es hat also der Richter unter Berücksichtigung der Umstände des Einzelfalls nach freiem Ermessen hierüber zu entscheiden. Die maßgebenden Umstände können sowohl in der Person des Verletzten, als in der des Verpflichteten liegen. Die Motive zum BGB. Bd. 2 S. 785 führen den zweifellos berechtigten Grund an, daß der Ersatzpflichtige unter Hinterlassung einer großen Anzahl von Erben gestorben ist. Auch der Umstand, daß der Verpflichtete seinen Wohnsitz im Ausland hat, wird als wichtiger Grund gelten müssen (vgl. Planck, BGB. § 843 Bem. 6; Neumann, JDR. Bd. 6 S. 1070). Fraglich könnte dagegen sein, ob der Verletzte auch deshalb eine Kapitalabfindung begehren darf, weil er selbst in das Ausland verzieht. Das OLG. München (SeuffA. 62 Nr. 108) hat die Frage bejahend beantwortet;

dieser Ansicht dürfte in Übereinstimmung mit Eger, HaftpflG. § 7 S. 554, Neukirch-Rosenmeyer § 13 Anm. 7 und Kirchner, AG. § 13 S. 197, trotz der in JDR. Bd. 6 S. 1070 geäußerten Bedenken zuzustimmen sein. Ökonomische Bedenklichkeit des Pflichtigen (er ist z. B. ein wagehalsiger Spekulant oder lebt nachweislich über seine Verhältnisse) hält Oertmann, BGB. § 843 gleichfalls für einen wichtigen Grund. Mit Recht macht Kirchner § 13 S. 197 geltend, daß hiergegen in der Regel der Verletzte durch die Sicherheitsleistung geschützt werden kann. Wohl aber ist der Umstand, daß der Verletzte nicht in der Lage war, Sicherheit zu leisten, als wichtiger Grund anzusehen (OLG. Stuttgart 11. 4. 01 ROL. Bd. 2 S. 440). Dagegen kann ein wichtiger Grund nicht schon darin gefunden werden, daß der Beklagte sein Gut verkauft hat, zumal wenn die sonstigen Vermögensverhältnisse des Beklagten und der Umstand, daß er gegen Haftpflichtunfälle versichert ist, eine Gefährdung des Klägers ausschließen (RG. in SächsRpflA. 06 S. 303). Auch der Umstand, daß die durch die einmalige Abfindung herbeigeführte endgültige Sacherledigung von günstigem Einfluß auf den gesundheitlichen Zustand des Verletzten sein und die sonst vielleicht zu befürchtende „Prozeßhysterie" des Klägers hintanhalten werde, rechtfertigt die Zuerkennung eines Kapitals (RG. 28. 1. 09 JW. 09 S. 137, DJZ. 14 S. 545, EisenbE. 25, 402, BayRpflZ. 09 S. 148; RG. 23. 5. 10 JW. 10, 716 und Oelenheinz in Recht 07 S. 1125). Ebenso die Tatsache, daß der Verletzte durch die Gewährung des Kapitals seine ökonomische Lage wesentlich verbessern kann (Eger, HaftpflG. § 7 S. 554), daß er z. B. infolge der Verletzung nur einen Beruf wählen kann, der ein gewisses, ihm sonst nicht zur Verfügung stehendes Kapital verlangt. Auch der Umstand, daß die Rentenbeträge so klein sind, daß ihre Erhebung unverhältnismäßige Kosten verursachen würde, rechtfertigt die Kapitalabfindung. Natürlich ist bei der Frage, ob ein wichtiger Grund gegeben ist, auch darauf Rücksicht zu nehmen, ob die Möglichkeit einer Besserung des Verletzten besteht, ebenso darauf, ob bei der Charakteranlage des Verletzten nicht der baldige Verlust des Kapitals zu befürchten ist. Über die Frage des wichtigen Grundes vgl. auch BraunschwZ. 50 S. 15, Neumann, JDR. Bd. 2,1 S. 521. Darüber, ob in Fällen, in denen eine Erwerbsminderung noch gar nicht vorliegt, sondern ihr künftiger Eintritt nur möglich oder wahrscheinlich ist, bei Vorliegen eines wichtigen Grundes bereits vor Eintritt der Erwerbsunfähigkeit auf eine

Abfindung erkannt werden kann, vgl. RG. in SächsRpflA. 06 S. 303; RG. 5. 4. 06 EisenbE. 23 S. 51, JW. 06 S. 360.

Bei einer Mehrheit von Schädigern kann die Frage, auf welche Weise der Schadensersatz zu leisten sei, nur einheitlich den sämtlichen Verpflichteten gegenüber beantwortet werden, und es ist die Form zu wählen, die sich aus den Verhältnissen des Berechtigten und sämtlicher Verpflichteten als die geeignete ergibt. Das gilt sowohl dann, wenn sämtliche Verpflichtete nach dem RG. haften, als auch, wenn die Haftung einzelner von ihnen nur nach BGB. begründet ist (RG. 27. 5. 08 JW. 08 S. 474, EisenbE. 25 S. 75, RGZ. 68 S. 429).

Die Abfindung in Kapital statt Rente kann auch noch nachträglich verlangt werden, wenn später ein wichtiger Grund eintritt (Planck, BGB. § 843 Nr. 6; Kirchner § 13 Bem. 3 S. 198, 219; a. M. Eger, HaftpflG. S. 545, Reindl S. 198, 199 vgl. unten Bem. VII 3e).

Die Höhe des Abfindungskapitals bestimmt der Richter nach freiem Ermessen (§ 287 ZPO.; Oertmann, BGB. § 843; Hallbauer § 13 Bem. 6 S. 37, 38; Kirchner § 13 Bem. I S. 194; Waldeck § 13 Bem. 15 S. 103). Langheinecken, Mathematische Bemerkungen zum BGB., Heft 1 S. 24 ff., will mit Unrecht den Richter an eine bestimmte Form der Kapitalberechnung binden, für die er die Formel

$$K = \frac{t^n - 1}{t - 1} \times \frac{t^n - 1}{t - 1} \times r$$

aufstellt, bei der t als Abkürzung für $1 + \frac{p}{100}$ gelten soll, während p den Zinsfuß, r die Rente, n die mutmaßliche Lebensdauer des Verletzten bedeuten soll. Die mutmaßliche Lebensdauer des Verletzten ist bei Festsetzung der Höhe des Abfindungskapitals natürlich in Betracht zu ziehen (Reindl, HaftpflG. S. 145).

Auch eine Entschädigung teils in Rente, teils in Kapital, wird mit Eger S. 554 für zulässig zu erachten sein.

Ist ein Abfindungskapital gezahlt, so kann, wie sich aus dem Begriff der Abfindung ergibt, wegen nachträglicher Veränderung der Verhältnisse weder eine Rückzahlung noch eine weitere Zahlung verlangt werden, falls nicht das Gegenteil vereinbart ist. Deshalb und mit Rücksicht auf § 12 wird die Kapitalzahlung dann zu vermeiden sein, wenn die Möglichkeit besteht, daß später noch ein anderer Verletzter mit jetzt noch nicht bekannten Ersatzansprüchen hervortritt.

Die Frage, ob Kapital- ob Rentenzahlung betrifft den Grund des Anspruchs und ist deshalb in dem Zwischenurteil nach § 304 ZPO. zu entscheiden. Ist im Zwischenurteil rechtskräftig die Zulässigkeit der Kapitalabfindung bejaht, so kann nicht mehr im Nachverfahren eine Rente begehrt werden (RG. 5. 4. 06 JW. 06, 359; 20. 9. 06 JW. 06, 686; 16. 5. 07 JW. 07, 388, vgl. aber RG. 6. 7. 08 JW. 08, 558, vgl. oben Bem. III, 4).

Kapitalabfindung ist nicht nur gegenüber dem unmittelbar Verletzten, sondern auch im Falle des § 10 Abs. 2 zulässig. Ebenso Neukirch-Rosenmeyer § 13 Anm. 7 S. 131.

Hat der Verletzte in seiner Klage ausschließlich Kapitalabfindung begehrt, während der Richter nach Lage der Sache diesen Antrag für unbegründet und nur die Zuerkennung einer Rente für zulässig hält, und ist der Verletzte trotz Hinweises seitens der Richter (§ 139 ZPO.) zur Stellung eines Eventualantrags auf Rente nicht zu bringen, so muß die Klage abgewiesen werden; der Richter ist nicht berechtigt, von Amts wegen ohne dahingehenden Antrag auf Rente zu erkennen. Anderer Ansicht Eger, HaftpflG. S. 521, der annimmt, daß der Richter sich hier zunächst über die das Klagepetitum nicht überschreitende Höhe des geforderten Kapitalsbetrag schlüssig machen und alsdann nach den Vorschriften über Umwandlung von Kapital und Rente (vgl. § 9 ZPO.) letztere normieren muß.

Der Verletzte muß natürlich seinen Anspruch auf Kapitalabfindung genügend präzisieren; eine ziffermäßige Angabe des geforderten Betrags ist aber nicht unbedingtes Erfordernis; es genügt, wenn nach dem Antrag in Verbindung mit den über Gegenstand und Grund des Anspruchs gemachten Angaben der erhobene Anspruch so gekennzeichnet ist, daß über seine Wesenheit kein Zweifel besteht und der Betrag durch richterliches Ermessen auf Grund der gegebenen tatsächlichen Unterlage, nötigenfalls mit Hilfe Sachverständiger festgestellt werden kann (RG. 5. 5. 83 RGZ. Bd. 10 S. 353, SeuffA. Bd. 39 Nr. 143; RG. 28. 6. 88 RGZ. Bd. 21 S. 387, SeuffA. Bd. 44 Nr. 140; RG. 28. 4. 09 SeuffA. Bd. 64 Nr. 158; RG. 14. 2. 07 in Soergel Rspr. 07 S. 598 Nr. 3; RG. 29. 3. 06 Gruchots Beitr. 50 S. 1068, vgl. oben Bem. III, 1).

VI. **Gewährung von Unterhalt seitens Dritter.** § 843 Abs. 4 BGB. bestimmt: „Der Anspruch (nämlich auf Rente) wird nicht dadurch ausgeschlossen, daß ein anderer dem Verletzten Unterhalt zu gewähren hat". Der Ersatzpflichtige kann also daraus, daß der Ersatzberechtigte einen Anspruch auf Unterhalt gegen einen Dritten hat, keinerlei Rechte herleiten; er kann nicht verlangen, daß der Ersatzberechtigte sich in erster Linie an den Dritten hält, er kann ebenso wenig den dem Ersatzberechtigten geleisteten Betrag ganz oder teilweise im Regreßwege von dem Unterhaltspflichtigen ersetzt verlangen. Nur insoweit im Falle des § 10 Abs. 2 (Hinterbliebenenrente) der unterhaltspflichtig gewesene Getötete einen Regreßanspruch gegen andere Unterhaltspflichtige gehabt hätte (§§ 1606, 1607, 1608 BGB.) kann der an die Stelle des getöteten Unterhaltsplichtigen getretene Ersatzpflichtige gegen diesen andern Regreß nehmen (vgl. § 10 Bem. V, 2d). Worauf die Unterhaltspflicht des Dritten sich gründet, ob auf Gesetz, Vertrag, Liberalität ist gleichgültig. Es kommen also in Betracht nicht nur die kraft Gesetzes Unterhaltspflichtigen (Verwandte und Ehegatten), sondern auch die Auszugs- oder Altenteilspflichtigen, die Krankenkassen, Berufsgenossenschaften, Pensionskassen, private Versicherungsgesellschaften, bei denen der Ersatzberechtigte gegen Unfall oder Erwerbsunfähigkeit sich versichert hatte.

Die Bestimmung des § 843 Abs. 4 hat praktisch einen Schutz des dritten Unterhaltspflichtigen zur Folge, die, sofern ihre Unterhaltspflicht von der Bedürftigkeit des Ersatzberechtigten abhängig ist, nunmehr mit Rücksicht auf die von dem Haftpflichtigen zu leistende Rente vielfach werden einwenden können, daß eine Bedürftigkeit nicht mehr vorliege und also ihre Unterhaltspflicht wegfalle.

§ 843 Abs. 4 findet auch Anwendung auf den Anspruch auf Ersatz der Heilungskosten (Reinhard im Recht 02 S. 583; RG. 28. 1. 01 JW. 01, 142; Waldeck § 10 Anm. 7 S. 74; Neukirch-Rosenmeyer § 13 Anm. 8). Daher kann der Klage auf Ersatz der Heilungskosten nicht der Einwand entgegengesetzt werden, der hierzu erforderliche Aufwand sei bereits von einer dem Verletzten gegenüber unterhaltspflichtigen Person getragen worden (RG. 7. 2. 07 RGZ. 65, 162; vgl. § 10 Bem. II, 3b und 4).

Keine Anwendung findet der § 843 Abs. 4 bei der gesetzlichen Pension des Beamten, sowie den vom Staat an die Hinterbliebenen des Beamten zu zahlenden Witwen- und Waisengeldern. Das Reichsgericht geht zwar in dem Urteil vom 25. 9. 09 RGZ. 61, 295 davon aus, daß der Anspruch auf die Rente nach § 843 Abs. 4 BGB. nicht dadurch ausgeschlossen werde, daß ein anderer dem Verletzten Gehalt zu zahlen habe und danach würde auch die Anrechnung der gesetzlichen Pension, der Witwen- und Waisengelder auf den Rentenanspruch unzulässig sein, allein jener Ausgangspunkt erweist sich als nicht zutreffend und im Einklang mit seiner früheren, von der Rechtslehre vorwiegend gebilligten Rechtsprechung (RGZ. 10, 50; 15, 114; 17, 45 unterscheidet das RG. 5. 11. 06 RGZ. 64, 350 (354) zwischen den Bezügen, die dem Verletzten oder den Hinterbliebenen auf Grund privaten Versicherungsvertrags zukommen, und den gesetzlichen Pensionen bezw. Witwen- und Waisengeldern und erachtet nur die Anrechnung der ersteren für unstatthaft (Staudinger, BGB. § 843 Bem. 5 S. 1527; vgl. oben § 10 Bem. V, 6).

Ebenso ist die Anwendung des § 843 Abs. 4 ausgeschlossen für den Fall, daß die Witwe des durch den Unfall Getöteten sich wiederverheiratet und von ihrem zweiten Mann den Unterhalt bezieht; hier ist die Witwe verpflichtet, sich den vom zweiten Mann gewährten Unterhalt auf die Rente anrechnen zu lassen; § 843 Abs. 4 steht dieser Anrechnung nicht entgegen, weil diese Bestimmung nur solche Unterhaltsrechte im Auge hat, die wenigstens potentiell auch ohne die beschädigende Handlung bestehen könnten, während die Entstehung des Unterhaltsanspruchs gegen den zweiten Mann ohne die erst durch den Unfallstod des ersten Mannes ermöglichte Wiederverheiratung nicht möglich war (Oertmann, Vorteilsausgleichung S. 109 ff; Kirchner § 10 Bem. 9 A S. 141; vgl. oben § 10 Bem. V, 46).

Aus dem Zweck des § 843 Abs. 4 (Verhinderung, daß die durch die Tötung des primär Unterhaltspflichtigen entstandene Schadensfolgen zum ungerechtfertigten Vorteil des Haftpflichtigen auf den subsidiär Unterhaltspflichtigen abgewälzt werden) ergibt sich die Unanwendbarkeit des § 843 Abs. 4 weiter für die Fälle, wo der subsidiär Unterhaltspflichtige aus dem Nachlaß der in erster Linie Unterhaltspflichtigen ein Vermögen überkommt, aus dessen Einkünften der letztere bei Lebzeiten den Unterhaltsberechtigten unterhalten hat und ohne den Unfall weiter unterhalten haben würde (vgl. § 10 Bem. V, 2d; Kirchner § 10 Bem. 9 B S. 152 f., § 13 Bem. II, 4 S. 200) „Ein anderer" gewährt also dem unterhaltsberechtigten Kinde nicht den Unterhalt, wenn das Kind nach wie vor aus den Einkünften des gütergemeinschaftlichen Vermögens alimentiert wird;

diese Bezüge sind also in die Unfallrente einzurechnen (RG. 5. 11. 06 RGZ. 64, 350, JW. 07, 23). Insoweit der Unterhalt aber nicht aus diesen Einkünften bestritten wird, sondern aus anderen Mitteln, steht den Kindern — nicht der Witwe (vgl. § 10 Bem. V am Anfang) — ein Anspruch gegen den Ersatzpflichtigen zu. Das Gleiche muß gelten für den Fall der §§ 1582, 1712 BGB., wo die Unterhaltspflicht des Getöteten auf dessen Erben übergeht (vgl. oben § 10 Bem. V, 2d; RG. 12. 12. 07 EisenbE. (24, 28); Reindl, HaftpflG. S. 142).

Ferner hat ein erwerbsfähiges Hauskind bei Tötung des Vaters keinen Ersatzanspruch, gleichviel, ob es seine Arbeitskraft gegen Genuß des Unterhalts im Hause und Geschäft der Mutter oder gegen Entgelt bei dritten Personen verwendet. Es kann im ersteren Fall nicht geltend machen, daß es durch die pflichtgemäß nach § 1617 BGB. im Hauswesen der Mutter geleisteten Dienste an einer anderweitigen lukrativen Verwendung seiner Arbeitskraft verhindert sei und daß der von der Mutter bezogene Unterhalt nach § 843 Abs. 4 außer Betracht bleiben müsse. Dieser Einwand ist deshalb unzulässig, weil die Dienstleistungspflicht des Kindes und sein Unterhaltsanspruch im engsten Zusammenhang stehen. Sieht man für die Schadensberechnung von dem Unterhaltsrecht gegenüber der Mutter ab, so muß billigerweise auch die Gebundenheit der Arbeitskraft im Dienst der Mutter außer Ansatz bleiben (RG. 17. 12. 06 JW. 07, 131; Kirchner § 10 Bem. IV, 9 S. 154).

Ist von mehreren in gleicher Linie Unterhaltspflichtigen, z. B. von zwei Söhnen, der eine getötet worden, so kann der Unterhaltsberechtigte natürlich nur insoweit Ersatz von dem Haftpflichtigen verlangen, als der Getötete zur Unterhaltsgewährung verpflichtet war. Aus § 843 Abs. 4 kann nicht etwa entnommen werden, daß die Unterhaltspflicht des zweiten am Leben gebliebenen Unterhaltspflichtigen nicht in Betracht gezogen werden dürfe, also der Ersatzpflichtige den ganzen Unterhalt zu gewähren habe (RG. 25. 11. 09 Recht 10 Nr. 75).

VII. **Die Umwandlungsklage des § 323 ZPO.** Die Bedeutung, die eine nachträgliche Abänderung des Urteils wegen veränderter Verhältnisse in den Haftpflichtfällen des AG. besitzt, läßt es angezeigt erscheinen, den hiervon handelnden § 323 ZPO. in den Kreis der Erörterung zu ziehen.

§ 323 ZPO. lautet:

„Tritt im Fall der Verurteilung zu künftig fällig werdenden wiederkehrenden Leistungen eine wesentliche Änderung derjenigen Verhältnisse ein, welche für die Verurteilung zur Entrichtung der Leistungen, für die Bestimmung der Höhe der Leistungen oder der Dauer ihrer Entrichtung maßgebend waren, so ist jeder Teil berechtigt, im Wege der Klage eine entsprechende Abänderung des Urteils zu verlangen.

Die Klage ist nur insoweit zulässig, als die Gründe, auf welche sie gestützt wird, erst nach dem Schlusse der mündlichen Verhandlung, in der eine Erweiterung des Klagantrags oder die Geltendmachung von Einwendungen spätestens hätte erfolgen müssen, entstanden sind und durch Einspruch nicht mehr geltend gemacht werden können.

Die Abänderung des Urteils darf nur für die Zeit nach Erhebung der Klage erfolgen."

1. Verurteilung zu künftig fällig werdenden, wiederkehrenden Leistungen.

a) Erste Voraussetzung ist also das Vorliegen eines Urteils; die Verurteilung im schiedsrichterlichen Verfahren oder die Übernahme der Leistungspflicht in einem Vergleich steht der Verurteilung durch gerichtliches Urteil nicht gleich. Enthält der Vergleich einen ausdrücklichen Vorbehalt der Abänderung, so kann zwar auf seine Umwandlung geklagt werden, die Klage ist aber nicht die Umwandlungsklage des § 323 ZPO., sondern die auf den Vorbehalt gestützte Vertragsklage (RG. 14. 2. 89 Bolze 7 Nr. 326, EisenbE. 7, 265, RGZ. 23, 38; RG. 9. 1. 90 JW. 90, 51; RG. 16. 9. 85 Bolze 2 Nr. 633; RG. 24. 5. 95 EisenbE. 12, 156, JW. 95, 336; OLG. Karlsruhe 20. 2. 05, OLG. 11, 83; OLG. Jena 2. 5. 03, OLG. 7, 111; OLG. Braunschweig 3. 3. 99 SeuffA. 54 Nr. 255, EisenbE. 16, 125; OLG. Cöln RheinZ. 1, 337). Ob das Urteil ein Feststellungs- oder ein Leistungsurteil ist, ist gleichgültig; auch das Feststellungsurteil unterliegt der Umwandlungsklage (Seuffert, ZPO., 8. Aufl. § 323 Bem. 2). Ebenso ist die Klage gegeben gegenüber einem Anerkenntnisurteil (OLG. Dresden 13. 7. 08, OLG. 17, 322; Wolff in JW. 04, 569) und gegenüber einem Versäumnisurteil; bei letzterem sind die für die Verurteilung maßgebenden Tatsachen diejenigen, welche in dem Urteil auf Grund des fingierten Zugeständnisses des § 331 ZPO. als wahr unterstellt wurden (OLG. Jena 11. 7. 07 in BuschZ. 38, 238). Dagegen ist eine einstweilige Verfügung keine Verurteilung im Sinne des § 323; bei Veränderung der Umstände ist hier nicht § 323, sondern §§ 927, 936 ZPO. anwendbar (OLG. Karlsruhe 27. 3. 00, OLG. 1, 37).

Eine Verurteilung muß erfolgt sein; gegen ein die Klage, z. B. wegen Nichtvorliegens einer Erwerbsminderung, abweisendes Urteil ist die Klage aus § 323 nicht gegeben; in diesem Falle kann der Kläger den durch die nachträglich eingetretenen Umstände entstandenen Anspruch durch neue selbständige Klage geltend machen; einer solchen Klage steht die Rechtskraft des früheren Urteils nicht entgegen, sofern das Urteil nicht das Bestehen der Haftpflicht überhaupt verneint hat (Seuffert, ZPO. Bem. 2; Kirchner S. 211; Reindl, HaftpflG. S. 192; Gaupp § 323 II 2; RG. 8. 5. 88 SeuffA. 44 Nr. 25). Ebenso ist die Umwandlungsklage unstatthaft gegen ein Urteil, das die anfängliche Verurteilung auf eine Klage nach § 323 ZPO. hin wieder aufgehoben hat (Gaupp Bem. II 1); darüber, inwieweit dieses die anfängliche Verurteilung aufhebende Urteil durch eine selbständige Klage angefochten und Wiedergewährung der früheren Rente verlangt werden kann, Kirchner § 13 Anhang Bem. VI S. 219; vgl. auch Gordan § 13 S. 118, 119.

b) Das Urteil muß auf künftig fällig werdende, wiederkehrende Leistungen, für den Fall des AG. also nach § 13 auf eine Geldrente lauten. Ein auf Kapitalabfindung lautendes Urteil ist unabänderlich ohne Rücksicht darauf, ob die Verhältnisse sich geändert haben oder nicht (RG. 1. 5. 88 Bolze 6 Nr. 292). Ob nach dem Urteil die Geldrente zeitlich unbeschränkt oder nur bis zu einem bestimmten Termin zu gewähren ist, ist gleichgültig; Verurteilung zur Zahlung einer Rente bis zu einem vergangenen Zeitpunkt genügt aber nicht, Verurteilung zu künftigen Leistungen verlangt das Gesetz. Auch die Zahlung eines Kapitals in Raten ist keine wiederkehrende Leistung (Gaupp § 323 II 1).

c) Streitig ist, ob das Urteil rechtskräftig sein muß oder nicht. Für die letztere Ansicht Gaupp, Seuffert und fast alle Kommentare zur ZPO. Dagegen wird von Neukamp ZPO., Jaeger, Umwandlungsklage S. 17, Eger, HaftpflG. S. 525, Reindl, Haftpfl. S. 191, Gordan § 13 Bem. 6 S. 118, Kirchner § 13 Anhang S. 211 die Ansicht vertreten, daß die Umwandlungsklage erst nach Eintritt der Rechtskraft des Urteils zulässig ist. Auf dem gleichen Standpunkt steht das RG. 13. 12. 00 RGZ. 47, 405. Schon aus der räumlichen Stellung des § 323 unmittelbar hinter dem von der Rechtskraft des Urteils handelnden Bestimmungen ergibt sich, daß man es bei der Umwandlungsklage mit einer

Durchbrechung des Grundsatzes von der Rechtskraft des Urteils zu tun hat. Solange das frühere Urteil noch nicht rechtskräftig ist, hat der Verletzte die Möglichkeit, durch die ordentlichen Rechtsmittel die Änderung des Urteils zu erwirken; solange der erste Rechtsstreit nicht rechtskräftig erledigt, steht deshalb der Geltendmachung eines weiteren Schadens aus demselben Haftungsgrund der Einwand der Rechtshängigkeit entgegen.

2. Es muß eine wesentliche Veränderung der Verhältnisse eingetreten sein, die für die Verurteilung zur Entrichtung der Rente, für die Bestimmung der Höhe und Dauer maßgebend waren. Nach einer dreifachen Richtung kann also das frühere Urteil einer Nachprüfung unterzogen werden; es kann entweder die Höhe der Rente oder deren Dauer oder endlich die Frage zu prüfen sein, ob für die Zukunft überhaupt noch eine Rente zu zahlen ist. Die Frage der Haftpflicht selbst steht durch das rechtskräftige Urteil fest; deshalb kann nicht noch einmal nachgeprüft werden, ob die Voraussetzungen der Haftpflicht gegeben waren; es kann sich nur darum handeln, daß die Pflicht zur Weiterzahlung der Rente wegen Nichtvorliegens eines Schadens wegfällt.

a) Wesentlich ist die Änderung dann, wenn sie eingreifend, von einer gewissen Dauer und so beschaffen ist, daß der Richter bei ihrer Kenntnis ein anderes Urteil gefällt hätte. Ob ein solcher Fall vorliegt, ist Tatfrage. Nicht schon jede vorübergehende und unbedeutende Veränderung (sei es Verschlechterung oder Besserung) der Erwerbsfähigkeit begründet die Klage (RG. 26. 3. 89 EisenbE. 7,147; RG. 9. 1. 90 EisenbE. 7, 346; Krauß § 13 Bem. 3 S. 167). Vorübergehend gelegentliche entgeltliche Beschäftigung eines nach dem Urteil dauernd Erwerbsunfähigen oder kürzere Freiheitsstrafen kommen nicht in Betracht.

b) Die Änderung muß die maßgebenden Verhältnisse betreffen. Änderungen solcher Verhältnisse, die bereits in dem ersten Urteil nicht zu berücksichtigen waren, sind belanglos, so insbesondere nachträglicher anderweiter Vermögenserwerb des Verletzten, z. B. durch Lotteriegewinn, Erbschaft (Eger, HaftpflG. S. 529, Reindl, Haftpfl. S. 193). Wäre allerdings der nachträgliche Vermögenserwerb derart bedeutend, daß der Verletzte mit Rücksicht darauf auch ohne den Unfall auf eine Verwendung seiner Arbeitskraft verzichtet haben würde, dann ist er von Belang.

c) Eine Änderung der maßgebenden Verhältnisse muß eingetreten sein. Der bloße Umstand, daß die maßgebenden Verhältnisse in dem Urteil anders (unrichtig) festgestellt sind, als sie in Wirklichkeit liegen, genügt zur Anwendung des § 323 nicht. Es hat nicht eine Nachprüfung des früheren Urteils in vollem Umfang einzutreten, sondern es kommt in dem Prozeß über die Umwandlungsklage allein darauf an, welche Umstände früher für die Bestimmung des Betrags als maßgebend angesehen worden sind und welche Änderungen in diesen Umständen eingetreten sind. Durch die Rechtskraft des früheren Urteils ist es dagegen ausgeschlossen, die Frage aufzuwerfen, ob einem früher als maßgebend angesehenen Umstand mit Recht diese Bedeutung beigelegt wurde (RG. 15. 2. 09 JW. 09, 194; vgl. RG. 28. 2. 88 Bolze 5 Nr. 366). Da der Richter vorausschauend auch die voraussichtlich künftige Gestaltung der Dinge (z. B. zunehmende Erwerbsfähigkeit eines verletzten Kindes) in Betracht zu ziehen hat, so ist als Änderung der Verhältnisse eine andere als die vorausgesehene Entwickelung und daher unter Umständen die unvorhergesehene Nichtveränderung (z. B. die gleichbleibende Erwerbsunfähigkeit des Kindes) anzusehen (Gaupp II 3 S. 773). Bloße Veränderungen in der Möglichkeit des Beweises der maßgebenden Verhältnisse, die schon zur Zeit des früheren Urteils bestanden haben, kommen nicht in Betracht (Gaupp Bem. II 3 Nr. 27).

d) Die Änderung der Verhältnisse muß in ursächlichem Zusammenhang mit der Verletzung stehen; der Verletzte, der eine Erhöhung der Rente verlangt, muß also zur Begründung der Klage noch beweisen, daß die von ihm behauptete weitere Minderung der Erwerbsfähigkeit auf den Unfall zurückzuführen ist.

e) Verhältnisse, die eine Änderung der Rente begründen können, sind im allgemeinen die gleichen, die, wenn bei Fällung des ersten Urteils bekannt und angebracht, einen Einfluß auf die Bemessung und Dauer der Rente gehabt hätten. Beispiele: die Wiedererlangung der Erwerbsfähigkeit (RG. 11. 5. 08 RGZ. 68, 353); Eintritt dauernder Arbeitsunfähigkeit oder Aufhören der Gelegenheit zur Verwertung der Arbeitskraft (RG. 28. 2. 88 Bolze 5 Nr. 366, RGZ. 20, 123; 22. 9. 83 Seuff A. 39 Nr. 112); Gewinnung eines neuen ständigen Erwerbs (RG. 6. 11. 93 EisenbE. 10, 243); schuldhaftes Verhalten des Verletzten, durch das eine nachträgliche Minderung des Schadens, die sonst eingetreten wäre, verhindert worden ist (RG. 11. 5. 08

JW. 08, 434, EisenbE. 25, 70, RGZ. 68, 352); eine der Beamtenklasse, der der Verletzte angehört, zuteil gewordene Gehaltsaufbesserung (RG. 19. 1. 91 Seuff A. 46 Nr. 192, EisenbE. 8, 211; 30. 1. 91 JW. 91, 152, EisenbE. 8, 221; 26. 10. 06 JW. 06, 768, EisenbE. 23, 289); Verbüßung einer längeren Freiheitsstrafe (RG. 23. 12. 79 RGZ. 1, 66; 9. 10. 90 EisenbE. 8, 65); Aussperrung von Arbeitern, allgemeine Arbeitslosigkeit; Wiederverheiratung der Witwe des Getöteten (vgl. § 10 Bem. V 4 α β); Verheiratung einer verunglückten Frauensperson, wenn sie infolge der Heirat auch ohne den Unfall jede Erwerbstätigkeit aufgeben würde; Beförderung der Hintermänner des verletzten Beamten in Stellen, die früher diesen Beamten nicht zugänglich waren (RG. 19. 1. 91 Seuff A. 46 Nr. 192; 30. 1. 91 JW. 91, 152); fortdauernde Erwerbsunfähigkeit, wenn die Rente nur auf bestimmte Zeit zugebilligt war (RG. 9. 6. 80 RGZ. 2, 3); Eintritt von Umständen, zufolge deren der Verletzte auch ohne den Unfall erwerbsunfähig geworden wäre, z. B. vom Unfall unabhängige Weiterentwickelung einer schon früher vorhanden gewesenen krankhaften Anlage (RG. 11. 5. 08 RGZ. 68, 352; RG. 5. 12. 02 JW. 03, 30; RG. 13. 10. 05 JW. 05, 690; 15. 2. 06 JW. 06, 204, vgl. § 11 Bem. V).

Eine Besserung des körperlichen Zustandes des Verletzten genügt für sich allein noch nicht zur Begründung der Klage nach § 323 ZPO., vielmehr muß der Haftpflichtige, der aus diesem Grund eine Kürzung der Rente erlangt, weiter dartun, daß der Ersatzberechtigte bei seinem jetzigen Zustand die Möglichkeit eines größeren Arbeitsverdienstes hat (RG. 15. 4. 82 EisenbE. 2, 256; 22. 9. 83 Seuff A. 39 Nr. 112; RG. 22. 9. 83 EisenbE. 3, 108; 7. 2. 98 EisenbE. 15, 353; 29. 5. 99 EisenbE. 16, 161). Anderseits kann eine Erhöhung der Rente wegen Verschlechterung des körperlichen Zustandes auch nur beansprucht werden, wenn die Verschlechterung auf den Unfall als Ursache zurückzuführen ist.

Bei der Hinterbliebenenrente (§ 10 Abs. 2) ist auch der Wegfall der Bedürftigkeit, die Erreichung eines erwerbsfähigen Alters von maßgebender Bedeutung für Wegfall oder Verringerung der Rente.

Über den Fall, daß bei Verletzung mehrerer Personen nach Erschöpfung der Haftpflichtsumme des § 12 nachträglich ein weiterer Verletzter Anspruch erhebt, vgl. § 12 Bem. VII. Auch im übrigen kann die in § 12 bestimmte Begrenzung der Haftpflicht zu einer Beschränkung der Anwendung des § 323 ZPO. führen. War z. B. der dem Verletzten infolge Verlustes seiner Erwerbsfähigkeit zugezogene Schaden eigentlich 4000 Mk. jährlich, hat sich aber der Verletzte wegen des § 12 eine Kürzung seiner Rente auf 3000 Mk. gefallen lassen müssen, so ist zur Erhebung der Umwandlungsklage für den Pflichtigen kein Anlaß gegeben, auch wenn sich nachträglich die Erwerbsfähigkeit des Verletzten um 25 Prozent bessert; denn auch dann ist eine Rente von 3000 Mk. noch angemessen (vgl. § 12 Bem. II, 1).

Sinken des Geldwertes, Steigen bezw. Sinken der Löhne, günstige Gestaltung des Arbeitsmarktes, in dem sich auch für den nur beschränkt, arbeitsfähigen Verletzten eine Arbeitsgelegenheit f.ndet RG. 6. 11. 93 EisenbE. 10, 243) sind gleichfalls geeignet, die Umwandlungsklage zu begründen.

f. Die Veränderung muß eine nachträgliche sein; der Abs. 2 bestimmt näher den Zeitpunkt, in dem sie entstanden sein müssen. § 323 ZPO. enthebt also weder die Parteien noch das Gericht der Pflicht, die künftige Gestaltung der Verhältnisse, soweit ihre Berücksichtigung schon in dem ersten Urteil möglich war, in Betracht zu ziehen; die Umwandlungsklage soll nicht dazu dienen, um Versäumnisse des ersten Prozesses nachzuholen. Was zur Zeit des ersten Urteils auch an künftigen Veränderungen der maßgebenden Verhältnisse berücksichtigt werden konnte, das gilt mit dem ersten Urteil endgültig für erledigt und kann nicht im Wege der Umwandlungsklage der richterlichen Beurteilung neuerdings unterstellt werden. Es kann deshalb das Gericht z. B. in dem ersten Verfahren sich nicht darauf berufen, daß zurzeit nicht vorausgesehen werden könne, ob und inwieweit durch das zunehmende Alter des Klägers dessen Erwerbsfähigkeit auch ohne den Unfall sich allmählich gemindert haben würde; diese Frage zu prüfen und zu entscheiden ist Sache der freien Beweiswürdigung auf Grund der Gutachten, allgemeinen Lebenserfahrung u. dergl. (RG. 15. 2. 09 JW. 09, 194; 19. 1. 05 SeuffA. 60 Nr. 189). Hat der Richter zu Unrecht eine ihm mögliche Würdigung dieser voraussehbaren künftigen Gestaltung unterlassen, so ist die Klage nach § 323 ZPO. nicht zulässig. Nur soweit dem Richter die Beurteilung der künftigen Gestaltung der Dinge nicht oder nicht mit der erforderlichen Bestimmtheit möglich ist, also nur ausnahmsweise wird er von ihrer Würdigung absehen dürfen. Insoweit sind dann die Parteien auf den Weg des § 323 angewiesen (vgl. § 11 Bem. VII).

Der Verletzte muß also bereits in dem ersten Prozeß die sämtlichen erlittenen Schädigungen vorbringen; er darf insbesondere, da die für den Unfall zu gewährende Rente eine einheitliche ist, sich nicht darauf beschränken, einstweilen nur eine Rente wegen Minderung der Erwerbslosigkeit zu verlangen, indem er sich den Anspruch wegen Mehrung der Bedürfnisse vorbehält. Mit der Rechtskraft des Urteils über die Minderung der Erwerbsfähigkeit wäre sein Anspruch wegen Mehrung der Bedürfnisse ausgeschlossen. Dagegen ist eine Teilung in der Weise zulässig, daß die nicht in Rente zuzusprechenden Ansprüche (Heilungs-, Beerdigungskosten) gesondert geltend gemacht werden (Kirchner § 13 Anhang Bem. II S. 212).

Die Bestimmung, daß die Klage nur auf Gründe gestützt werden kann, die nach der letzten mündlichen Verhandlung entstanden sind, ist zwingenden Rechts. Auch wenn die Geltendmachung aus Irrtum unterblieb, ist die Klage nach § 323 ausgeschlossen.

Den später eingetretenen Umständen stehen die später bekannt gewordenen Umstände nicht gleich; auf sie kann also die Umwandlungsklage nicht gestützt werden (Gaupp II, 4 Nr. 33).

Die Unzulässigkeit des Vorbringens verspäteter Gründe ist von Amts wegen zu berücksichtigen.

3. Einzelheiten des Verfahrens.

a) Aktiv- und Passivlegitimation. Jeder Teil, also sowohl der Rentenberechtigte wie der Verpflichtete haben das Recht, die Abänderung des Urteils zu verlangen. Der Verpflichtete kann seinen Anspruch auf Aufhebung oder Minderung der Leistungspflicht nicht an einen Dritten, z. B. an die Gesellschaft, bei der er gegen Haftpflicht versichert ist, abtreten; denn abtretbar sind nur Forderungen; das Klagerecht aus § 323 ZPO. ist aber kein selbständiges Forderungsrecht (RG. 6. 4. 80 RGZ. 1, 315; Eger, HaftpflG. S. 538). Dagegen wird der Berechtigte, soweit eine Abtretung seiner Ansprüche überhaupt zulässig ist (§ 13 Abs. 3 AG.; § 850 Abs. 1 Nr. 2, Abs. 3 und 4 ZPO.), auch seine Ansprüche auf nachträgliche Erhöhung einer ihm zuerkannten Leistung abtreten können (Skonietzki, ZPO. § 323 Bem. 6; a. M. Reindl, HaftpflG. S. 196; Gordan, AG. § 13 S. 121). Die Erben des Verpflichteten sind, soweit sie für die Ansprüche haften, zur Anstellung der Klage berechtigt.

Über die Frage, ob bei Verletzung mehrerer Personen der eine Verletzte, der eine Erhöhung der ihm zugesprochenen Rente im Wege des § 323 ZPO. anstrebt, die Klage nur gegen den Haftpflichtigen oder auch gegen die übrigen Ersatzberechtigten richten muß (vgl. § 12 Bem. VII).

Die Vollmacht des Vorprozesses genügt nicht zur Erhebung der Umwandlungsklage, und ebenso ist eine Zustellung der Klage an den Prozeßbevollmächtigten des Vorprozesses weder genügend noch erforderlich.

b) Gerichtsstand. Da es sich bei der Umwandlungsklage, anders wie bei der Vollstreckungsgegenklage des § 767 ZPO. um einen selbständigen neuen Anspruch und nicht um eine Fortsetzung des alten Prozesses handelt, so ist für die neue Klage nicht das frühere Prozeßgericht zuständig, sondern die Zuständigkeit bestimmt sich nach den allgemeinen Regeln der §§ 12 ff. ZPO. (RG. 6. 4. 80 RGZ. 1, 315, OLG. Cöln 18. 3. 01, OLG. 3, 327; RG. 2. 10. 02 JW. 02, 608; RG. 5. 1. 05 JW. 05, 133). Der Gerichtsstand des § 20 AG. wird aber auch auf die Umwandlungsklage zutreffen, denn auch sie stützt sich materiell auf die Bestimmungen des AG. (vgl. Bem. zu § 20).

c) Verjährung. Die Vorschrift des § 14, wonach die in den §§ 7—13 bestimmten Ansprüche auf Schadensersatz in 2 Jahren verjähren, bezieht sich auch auf die Umwandlungsklage des Rentenberechtigten, dagegen nicht auf die Ansprüche des Haftpflichtigen auf Verringerung der Rente (vgl. § 14 Bem. II, 7). Die Frist beginnt mit dem Zeitpunkt, in dem der Kläger vor dem Eintritt der Veränderung Kenntnis erhält. So RG. 26. 10. 06 für den Anspruch auf Erhöhung der Rente. Kirchner § 13 Anhang S. 218; a. M. Eger, HaftpflG. S. 542; Reindl, HaftpflG. S. 196, 197.

d) Eine wiederholte Anstellung der Umwandlungsklage ist zulässig, so oft die für die Anstellung gesetzlich erforderlichen Voraussetzungen vorliegen.

e) Der Ersatzberechtigte kann auch im Wege der Umwandlungsklage bei nachträglichem Eintreten eines wichtigen Grundes Kapitalabfindung statt der im früheren Urteil zuerkannten Rente verlangen (vgl. oben Bem. V; Kirchner § 13 Bem. II, 3 S. 198, § 13 Anhang S. 219, 220; a. M. Eger, HaftpflG. S. 545; Reindl, HaftpflG. S. 196, 197; Gordan S. 121; Waldeck § 13 Bem. 10 S. 101; Neukirch-Rosenmeyer § 13 Exkurs Anm. 7 S. 139).

f) Ebenso ist es zulässig mit dem Antrag auf Erhöhung bezw. Minderung der Rente den Antrag auf Erhöhung bezw. Herabsetzung der einen Haftpflichtigen geleisteten Sicherheit zu verbinden (vgl. oben Bem. IV, 3).

g) Da das Urteil nach § 323 Abs. 3 nur für die Zeit seit der Klageerhebung wirkt, ist sowohl eine Nachforderung, wie eine Zurückforderung für die Vergangenheit, ausgeschlossen. Auch ist es unzulässig, bezüglich der während des Prozesses fällig werdenden Raten die Zwangsvollstreckung nach § 769 ZPO. einstweilen einzustellen; doch kann das gleiche Resultat durch eine einstweilige Verfügung nach § 940 ZPO. erreicht werden (Gaupp Bem. IV, 3 S. 775).

h) Das auf die Abänderungsklage ergehende Urteil ist, soweit es die Leistungspflicht erhöht, gemäß § 708 Ziff. 6 ZPO., § 13 AG. von Amts wegen für vorläufig vollstreckbar zu erklären.

§ 14.

Die in den §§ 7 bis 13 bestimmten Ansprüche auf Schadensersatz verjähren in zwei Jahren von dem Zeitpunkt an, in welchem der Ersatzberechtigte von dem Schaden und von der Person des Haftpflichtigen Kenntnis erlangt, ohne Rücksicht auf diese Kenntnis in dreißig Jahren von dem Unfall an.

Schweben zwischen dem Ersatzpflichtigen und dem Ersatzberechtigten Verhandlungen über den zu leistenden Schadensersatz, so ist die Verjährung gehemmt bis der eine oder der andere Teil die Fortsetzung der Verhandlung verweigert.

Im übrigen finden die Vorschriften des Bürgerlichen Gesetzbuchs über die Verjährung Anwendung.

Entw. I § 5; Entw. II § 8; Begr. S. 15; KommB. S. 27.

I. **Vorbemerkung.** Das Gesetz unterwirft die in den §§ 7 bis 13 bestimmten Ansprüche auf Schadensersatz einer doppelten Verjährung:

a) der ordentlichen dreißigjährigen, beginnend mit dem Zeitpunkt der Unfalls und

b) einer besonderen zweijährigen, beginnend mit dem Zeitpunkt, in welchem der Ersatzberechtigte von dem Schaden und der Person des Ersatzpflichtigen Kenntnis erlangt.

Die besondere, zweijährige Verjährung soll ein Gegengewicht bilden gegen die dem Fahrzeughalter auferlegte strenge Haftung, sie soll dem Haftpflichtigen davor schützen, daß der ihm verstattete Entlastungsbeweis infolge des zwischen dem Unfall und der Klageerhebung liegenden langen Zeitraums erschwert oder ganz unmöglich gemacht werde. Die Vorschrift ist also — und das ist auch bei Auslegung des § 14 im Auge zu behalten — im Interesse des Haftpflichtigen gegeben.

Die Vorschrift des § 14 Abs. 1 entspricht genau dem § 852 Abs. 1 BGB., der die Verjährung für Ansprüche aus unerlaubten Handlungen regelt; nur insoweit unterscheiden sich beide Bestimmungen, als die in § 852 BGB. bestimmte dreijährige Verjährungsfrist hier noch um 1 Jahr herabgemindert ist. Dagegen unterscheidet sich § 14 wesentlich von der Art und Weise, wie im § 8 HaftpflG. die Verjährung der Haftpflichtansprüche geregelt ist. Das Haftpflichtgesetz läßt die Verjährung mit dem Unfall und nur hinsichtlich der Ansprüche des Unterhaltsberechtigten mit dem Tode des Verletzten beginnen. Für das Haftpflichtgesetz ist es demnach gleichgültig ob der Anspruch aus dem Unfall im Zeitpunkte des letzteren bereits entstanden ist oder erst später zur Entstehung gelangte und ob er zur Kenntnis des Berechtigten gelangte oder nicht; auch bei erst später eintretenden Unfallsfolgen beginnt die Verjährung mit dem Zeitpunkt des Unfalls zu laufen. Nach dem Haftpflichtgesetz ist daher der Anspruch auf Erstattung der Heilungskosten nach Ablauf von 2 Jahren seit dem Unfall verjährt auch bezüglich der erst nach Ablauf dieser Zeit etwa entstehenden und früher gar nicht voraussehbaren Kosten; ebenso ist der Anspruch auf Erstattung der Beerdigungskosten dann verjährt, wenn der Tod erst nach Ablauf von zwei Jahren seit dem Unfall eintritt und desgleichen auch der Anspruch auf Ersatz des durch die Aufhebung oder Minderung der Erwerbsfähigkeit eingetretenen Schadens, wenn die Aufhebung oder Minderung erst nach Ablauf der Verjährungszeit eintritt. In derartigen Fällen wäre der Berechtigte, wenn er eine Verjährung hintanhalten wollte, auf die Erhebung der Feststellungsklage angewiesen. Wesentlich günstiger ist der Ersatzberechtigte nach dem AG. gestellt, indem hier die Verjährung nicht mit dem Zeitpunkt des Unfalls, sondern erst von dem Zeitpunkt ab zu laufen beginnt, in welchem der Ersatzberechtigte Kenntnis von dem Schaden und von der Person des Haftpflichtigen erlangt.

II. **Kreis der unter § 14 fallenden Ansprüche.** Gegenstand der Verjährung sind „die in den §§ 7 bis 13 bestimmten Ansprüche auf Schadensersatz". Danach fallen zweifellos unter § 14:

1. Im Falle der Tötung einer Person der Anspruch auf Ersatz der Kosten einer versuchten Heilung, sowie des Vermögensnachteiles, den der Getötete durch Minderung oder Aufhebung seiner Erwerbsfähigkeit oder Vermehrung seiner Bedürfnisse erlitten hat (§ 10 Abs. 1).

2. Der Anspruch auf Ersatz der Beerdigungskosten (§ 10 Abs. 1).

3. Die Ansprüche der Unterhaltsberechtigten wegen Entzuges ihres Unterhaltsrechts (§ 10 Abs. 2).

4. Im Falle der Verletzung einer Person der Anspruch des Verletzten auf Ersatz der Heilungskosten und des durch Erwerbseinbuße oder Bedürfnisvermehrung eingetretenen Vermögensnachteiles (§ 11).

5. Der Anspruch auf Ersatz von Sachschaden (§ 7).

6. Der in § 13 Abs. 3 erwähnte Anspruch des Ersatzberechtigten auf nachträgliche Leistung einer Sicherheit oder auf Erhöhung der im Urteile bestimmten Sicherheit ist zwar Annex einer auf Schadensersatz gehenden Hauptforderung, er ist aber nicht selbst ein Anspruch auf Schadensersatz und nur „Ansprüche auf Schadensersatz" sollen nach dem Wortlaut des § 14 der kurzen Verjährung unterstehen. Der legislatorische Grund für die kurze Verjährungsfrist (Schutz des Haftpflichtigen gegen eine Erschwerung seines Entlastungsbeweises) trifft auch für diese Ansprüche nicht zu; denn die Schadensersatzpflicht steht ja in solchen Fällen schon fest, es handelt sich bei ihnen nur um Entscheidung der Frage, ob eine wesentliche Verschlechterung der Vermögensverhältnisse des Pflichtigen eingetreten ist. Es besteht also kein Anlaß, die Rechte des Ersatzberechtigten zu beschränken und auch diese Ansprüche der kurzen Verjährung zu unterwerfen; vielmehr erlischt der Anspruch wegen seiner akzessorischen Natur erst, wenn der Rentenanspruch verjährt ist. Soweit also der Hauptanspruch bereits verjährt ist, steht natürlich auch dem gleichzeitig mit dem Hauptanspruch geltend gemachten Anspruch auf Sicherheitsleistung die Einrede der Verjährung entgegen; wenn jedoch trotz der eingetretenen Verjährung des Hauptanspruches ein auf Zahlung einer Rente lautendes Urteil erging, weil z. B. die Einrede der Verjährung nicht vorgebracht wurde, dann kann dem Anspruch auf nachträgliche Sicherheitsleistung oder auf Erhöhung der geleisteten Sicherheit die Verjährungseinrede nicht mehr entgegengestellt werden. Im Gegensatz zu der hier vertretenen Ansicht wollen Krause § 14 Bem. 1 S. 174, Kirchner § 14 Bem. I 2 S. 223,

Damm § 14 Bem. 2 S. 109, **Waldeck § 14 Bem. 5 S. 106** Neukirch-Rosenmeyer § 14 Anm. 2 den Anspruch auf Sicherheitsleistung bezw. Sicherheitserhöhung der zweijährigen Verjährung unterstellen (a. M. Gordan § 14 Bem. 2 S. 124). Für das Haftpflichtgesetz haben Reindl S. 203 und Eger S. 575 die Unanwendbarkeit der kurzen Verjährungsfrist auf diese Ansprüche vertreten; allerdings ist dabei zu berücksichtigen, daß der die Verjährung behandelnde § 8 HaftpflG. nur die Forderungen auf Schadensersatz (§§ 1 bis 3 a) erwähnt, den § 7, in dessen Abs. 3 das Recht auf nachträgliche Sicherheitsleistung statuiert ist, aber nicht mit aufzählt.

7. Zweifelhaft kann ferner sein, ob die Ansprüche aus § 323 ZPO. der kurzen Verjährungsfrist des § 14 zu unterstellen sind oder nicht. Eger, HaftpflG. S. 775 und Reindl HaftpflG. S. 203 haben, allerdings gestützt auf die oben Bem. II, 6 erwähnte abweichende Fassung des Haftpflichtgesetzes, die kurzfristige Verjährung dieser Ansprüche verneint und ebenso hatte das RG. 30. 1. 91 EisenbE. 8, 219 erkannt. In dem Urteil vom 26. 10. 06 JW. 06, 767 hat aber das Reichsgericht seine frühere Ansicht aufgegeben und erkannt, daß die Ansprüche des Ersatzberechtigten auf Erhöhung seiner Rente der kurzen Verjährung unterworfen sind. Für das AG. wird dieser letzteren Ansicht beizutreten sein; denn auch der Anspruch auf Erhöhung der Rente ist Schadensersatzanspruch. Ebenso Kirchner § 14 Bem. I, 2 S. 223, Gordan § 14 Bem. 2 S. 124, Waldeck § 13 Bem. 6 S. 99, § 14 Bem. 4 S. 106; vgl. Neukirch-Rosenmeyer § 13 Exkurs Anm. 6 S. 138 und § 14 Anm. 2.

Dagegen hat der § 14 auf den Anspruch des Haftpflichtigen auf Verringerung oder Aufhebung der Rente keine Anwendung zu finden; denn ein Schadensersatzanspruch steht hier nicht in Frage und es fehlt an jedem Grunde, die in erster Linie im Interesse des Haftpflichtigen gegebene Bestimmung des § 14 auf diesen Fall auszudehnen und damit die Rechte des Haftpflichtigen einer durch nichts veranlaßten Beschränkung zu unterwerfen. Es kann also nicht gebilligt werden, wenn Krause § 14 Bem. 1 g S. 174 und Damm § 14 Bem. 2 S. 109 auch den Anspruch des Haftpflichtigen der kurzfristigen Verjährung unterwerfen wollen. Vgl. auch Kirchner § 13 Anhang Bem. V S. 218, wo die Anwendung der kurzen Verjährungsfrist auf die Umwandlungsklage schlechthin, also anscheinend auch auf die Klage des Haftpflichtigen bejaht ist, während in § 14

Bem. I S. 223 Kirchner nur für die Klage auf Erhöhung oder Weitergewährung die kurze Verjährungsfrist angewendet wissen will.

8. Der in § 426 BGB. bezw. § 17 AG. begründete Ausgleichungsanspruch der mehreren Ersatzpflichtigen gegeneinander unterliegt gleichfalls nicht der kurzen Verjährung des § 14. Der Klageberechtigte, gegen den die Verjährung des § 14 läuft, ist der Verletzte d. h. der durch die Handlung selbst Geschädigte, bezw. in den Fällen des § 10 Abs. 2 der mittelbar Verletzte. Eine analoge Anwendung der zugunsten des Ersatzpflichtigen gegen den Verletzten gewährten kurzen Verjährung auf die Ansprüche eines Ersatzpflichtigen gegen einen anderen Mitverpflichteten erscheint nicht zulässig. Insbesondere kann daraus, daß das AG. an Stelle des Ausdrucks „Verletzter", das Wort „Ersatzberechtigter" gebraucht (offenbar um außer Zweifel zu stellen, daß hierunter auch der mittelbar Verletzte nach § 10 Abs. 2 zu verstehen sei), nicht gefolgert werden, daß der Ausdruck „Ersatzberechtigte" auch den Ausgleichungsberechtigten in sich begreife. Das führt allerdings zu dem Resultate, daß jeder der Gesamtschuldner dem Gläubiger gegenüber durch die zweijährige Verjährung befreit wird, während zur Befreiung gegenüber dem ausgleichungsberechtigten Mitschuldner der Ablauf einer Verjährung von 30 Jahren nötig ist. Allein dieses Ergebnis erklärt sich eben aus der Verschiedenheit der beiden voneinander unabhängigen Ansprüche; eine ähnliche Divergenz kann auch sonst bei Regreßansprüchen wie z. B. aus Geschäftsführung ohne Auftrag durch Erfüllung eines der kürzeren Verjährung unterliegenden Anspruchs vorkommen (RG. 16. 11. 08 RGZ. 69, 422, JW. 09, 18; 20. 1. 10 JW. 10, 234).

Was von dem Ausgleichungsanspruch mehrerer Ersatzpflichtiger gegeneinander gilt, hat in gleicher Weise zu gelten, wenn bei Vorhandensein mehrerer Verletzter ein nach Erschöpfung der Haftsumme des § 12 nachträglich mit seinen Ansprüchen hervortretender Verletzter Ausgleichung von den übrigen Ersatzberechtigten begehrt (vgl. § 12 Bem. VII). Allerdings begehrt der Kläger hier Ersatz eines ihm durch den Unfall erwachsenen Schadens; aber der Rechtsgrund der gegen die Mitverletzten gerichteten Ausgleichungsansprüche ist doch deren ungerechtfertigte Bereicherung. Ein Schadensersatzanspruch steht also nicht in Frage; denn maßgebend für die rechtliche Natur eines Anspruchs sind nicht dessen Entstehungsursachen oder Voraussetzungen, sondern der Rechtsgrund und Inhalt des Anspruchs (vgl. das oben zitierte Urteil RGZ. 69, 422 (428)).

9. Schadensersatzansprüche, die nicht auf das AG., sondern wegen Verschuldens des Haftpflichtigen auf die §§ 823 ff. BGB. gestützt werden, unterliegen natürlich nicht der Verjährung des § 14, sondern der nach § 852 BGB.

III. **Beginn der Verjährung.** Der § 14 enthält eine zweifache Abweichung von den allgemeinen für den Verjährungsbeginn maßgebenden Grundsätzen des BGB. Während nämlich die Verjährung gemäß § 198 BGB. grundsätzlich mit der Entstehung des Anspruchs beginnt, soll die dreißigjährige Verjährung schon mit dem Unfall in Lauf gesetzt werden, also ohne Rücksicht darauf, ob in diesem Zeitpunkt schon ein Schaden entstanden ist, sodaß also möglicherweise der Schadensersatzanspruch erst nach dem Verjährungsbeginn zur Entstehung gelangt. Während es anderseits nach BGB. für den Beginn der Verjährungsfrist nicht darauf ankommt, ob der Berechtigte seinen Anspruch kennt oder nicht, fordert § 14 für den Beginn der zweijährigen Verjährungsfrist die Kenntnis des Verletzten sowohl von dem Schaden als auch von der Person des Ersatzpflichtigen.

Für den Beginn der Verjährungsfrist ist § 187 BGB. maßgebend. Da für den Anfang der Frist ein Ereignis (Unfall bezw. Erlangung der Kenntnis von dem Schaden und der Person des Ersatzpflichtigen) maßgebend ist, so ist der Tag des Unfalls bezw. der Tag, an dem der Ersatzberechtigte die notwendige Kenntnis erlangt, in die Verjährungsfrist nicht einzurechnen.

Beim Vorhandensein mehrerer Berechtigter und Verpflichteter können sich natürlich für die einzelnen Ansprüche verschiedene Anfangszeiten für die kurze Verjährung ergeben.

Für den Beginn der zweijährigen Verjährungsfrist insbesondere stellt das Gesetz folgende Erfordernisse auf:

1. Der Ersatzberechtigte muß **Kenntnis** haben von dem Schaden und von der Person des Ersatzpflichtigen. Absolute Gewißheit ist hierzu nicht nötig; es genügt der Grad von Gewißheit, mit dem man sich im geschäftlichen Leben zu begnügen pflegt. Das Gesetz verlangt aber positive Kenntnis; ein bloßes Kennenmüssen genügt nicht (RG. 25. 1. 00 JW. 00, 192; OLG. Marienwerder 29. 11. 06 OLG. 18, 107; RG. 8. 3. 09 Recht 09 Nr. 1497; Hallbauer in SeuffBl. 74, 482; vgl. unten Bem. III, 3). Die Kenntnis muß eine doppelte sein; sowohl der Schaden wie die Person des Ersatzpflichtigen müssen

dem Berechtigten bekannt sein; erst wenn beides bekannt ist, beginnt die Verjährung. Sind mehrere Berechtigte vorhanden, so beginnt für jeden der Lauf der Frist mit dem Zeitpunkte, in welchem gerade er die notwendige Kenntnis erlangt hat.

Geht der Ersatzanspruch auf die Erben oder soweit das zulässig, auf einen Sondernachfolger über, so entscheidet für den Beginn der Verjährungsfrist die Kenntnis des Rechtsvorgängers; doch ist die in § 207 BGB. für Nachlaßansprüche vorgeschriebene Hinderung der Vollendung der Verjährung zu beachten.

2. „**Kenntnis von dem Schaden**" wird von dem Gesetz weiter verlangt. Das setzt also die Entstehung des Schadens voraus. Wann dieser Zeitpunkt gegeben ist, kann nun oft zweifelhaft sein, weil die Nachteile einer körperlichen Verletzung meist nicht auf einmal und gleichzeitig, sondern erst nach und nach eintreten oder wenigstens erst nach und nach erkennbar hervortreten. Die Kenntnis von dem Schaden deckt sich nicht immer mit der Kenntnis des schädigenden Ereignisses; der Schaden kann erst später bemerkbar werden (vgl. § 7 Bem. IV).

Der § 14 entspricht, wie bereits hervorgehoben, im wesentlichen dem § 852 BGB. und letztere Bestimmung ist wieder dem Preuß. ALR. I, 6 § 54 nachgebildet. Schon in der Rechtsprechung des preuß. Obertribunals war es nun streitig geworden, ob die durch das preuß. ALR. I, 6 § 54 angeordnete dreijährige Verjährung auch in den Fällen, wo die beschädigende Handlung fortdauernde, periodisch wiederkehrende, obwohl ihrem Wesen und Umfang nach wechselnde Nachteile hervorbringt, auch auf diese später eintretenden nachteiligen Folgen sich erstreckt, sodaß diese nicht mehr zum Gegenstand von Entschädigungsansprüchen gemacht werden können, wenn nicht die Klage innerhalb dreier Jahre nach der schadenden Handlung angestellt worden ist oder ob die Verjährung immer nur in Ansehung der Schäden Platz greift, für die der Verletzte seit ihrem Entstehen nicht innerhalb 3 Jahren Entschädigung eingeklagt hat. Die Streitfrage ist durch eine Plenarentscheidung des Obertribunals (Entscheid des Obertribunals 13, 19) im Sinne der ersten Alternative entschieden worden und zwar im wesentlichen mit Rücksicht auf die mit Einführung der kurzen Verjährung verfolgte Absicht des Gesetzgebers (Verhütung einer bei Gewährung einer langen Verjährung unvermeidlichen Beschränkung des Haftpflichtigen in seiner Verteidigung), der es widerstreiten würde, die sich in der Zukunft periodisch erneuernden nachteiligen Folgen einer schadenden Handlung immer als eine sich erneuernde Schadenszufügung und als einen neu entstehenden Schaden anzusehen. Von der Entscheidung ausgeschieden sind jedoch die Fälle, wo aus einer Handlung erst lange nach ihrer Vollführung nachteilige Folgen sich geäußert haben oder außer den anfänglichen nachteiligen Folgen der schadenden Handlung erst späterhin noch andere Nachteile entspringen, deren Kausalzusammenhang mit der fraglichen Handlung sich gar nicht voraussehen oder doch nur vielleicht befürchten ließ (RG. 11/29. 10. 07 LZ. 08 S. 231, SeuffA. 63 Nr. 64, JW. 07, 833; RG. 11. 11. 07 Recht 08 Nr. 72, JW. 08, 11; RG. 21. 12. 08 JW. 09, 111, RGZ. 70, 150, 157).

Wenn also bei einer Verletzung des Körpers oder der Gesundheit außer den sofort sich zeigenden schädlichen Folgen späterhin noch andere Wirkungen hervortreten, die infolge nachträglich dazwischen kommender Umstände oder einer unvorhergesehenen Entwicklung des Leidens dem Verletzten weitere Nachteile bereiten, so beginnt die Verjährung des Anspruchs wegen dieser Schäden erst von dem Zeitpunkte ab, wo der Verletzte von der weitergehenden oder andersartigen Schädigung — und zwar als von einer Wirkung des Unfalls — Kenntnis erlangt hat. Es kann im Einzelfall zweifelhaft sein, ob ein neu entstandener bezw. ein neu erkannter Schaden vorliegt. Man wird einen solchen nicht schon dann annehmen können, wenn das durch die Verletzung herbeigeführte Leiden bloß eine Verschlimmerung erfährt, wie sie für die Entwicklung derartiger Krankheiten von vornherein in Rechnung zu ziehen sind. Anders aber liegt die Sache da, wo in der Folge sich ein Leiden anderer Art eingestellt hat oder wenn anfangs nur eine äußerliche Verletzung, nur eine leichtere, anscheinend vorübergehende Gesundheitsstörung sich gezeigt hat, späterhin dagegen ein inneres Leiden oder eine schwere chronische, nicht oder nicht leicht heilbare Krankheit als Folge der Verletzung zu Tage tritt (vgl. Planck, BGB. § 852 Bem. 1 a S. 1053). Ein Fall dieser Art liegt z. B. vor, wenn als Folge des Unfalls Zuckerkrankheit zunächst in der leichten Erscheinung einer vermutlich vorübergehenden nervösen Glykosurie hervortrat, sich daraus aber die schwere Form der chronischen diabetes mellitas entwickelte (RG. 8. 3. 09 Recht 09 Nr. 1497). Dagegen liegt ein neuer Schaden in dem vorbezeichneten Sinne nicht vor, wenn der Verletzte durch den Unfall in seiner Erwerbsfähigkeit beschränkt ist, diese Minderung der eigenen Leistungsfähigkeit aber durch günstige Umstände zeitweise

— der Beschädigte konnte sich in seinem Geschäft durch seine Frau und Tochter vertreten lassen — ausgeglichen wird, diese günstigen Umstände demnächst aber fortfallen und nunmehr die Folgen der Minderung der Erwerbsfähigkeit wieder voll in die Erscheinung treten (RG. 11. 11. 07 Recht 08 Nr. 72; vgl. RG. 1. 7. 09 Recht 09 Nr. 2413 JW. 08, 10, Gruchots Beitr. 52, 1050).

Als neuer Schaden kann auch eine nachträglich eingetretene und bekannt gewordene Vergrößerung des ursprünglich bekannten Schadens nur dann erachtet werden, wenn zur ursprünglich erlangten Schadenskenntnis etwas Neues hinzutritt, ein neuer Umstand bekannt wird, der einen erhöhten oder neuen Schadensanspruch zu begründen vermag, an dessen früherer Geltendmachung der Berechtigte durch seine Unkenntnis verhindert war; darin, daß dem Berechtigten erst später bekannt wurde, daß die bereits früher vorhandene und ihm bekannte Minderung der Erwerbsfähigkeit dauernd sein werde, ist ein solcher neuer Umstand nicht zu erblicken; denn nach § 843 BGB. (bezw. § 11 AG.) müssen die Nachteile, die aus der Verletzung des Körpers und der Gesundheit sich ergeben, noch nicht im einzelnen eingetreten und ziffermäßig bestimmbar sein, ehe der Ersatz verlangt werden kann (OLG. Colmar 13. 12. 04 OLG. 12, 32; RG. 1. 7. 09 Gruchots Beitr. 53, 1029).

Im Sinne des § 14 muß der gesamte aus einem Unfall entstehende Schaden als ein einheitlicher Schaden, nicht als eine Summe einzelner selbständiger Schäden angesehen werden, insbesondere ist auch das Rentenrecht ein Gesamtanspruch, der vom Tage seiner Begründung ab mit Wirkung auf die einzelnen Ziele verjährt und das Gleiche gilt von den Kurkosten, wenn der Körperzustand des Verletzten ihn nötigt, wiederholt und lange Zeit hindurch ärztliche Hülfe in Anspruch zu nehmen. Die aus der Verletzung weiterhin entstandenen Nachteile sind nur für den Umfang des einheitlichen durch die Körperverletzung begründeten Schadensersatzanspruchs von Bedeutung; aber § 14 verlangt nicht Kenntnis von dem Umfang des Schadens, sondern nur von der Tatsache des eingetretenen Schadens. Liegt der Fall so, daß die nachteiligen Folgen einer Körperverletzung erst später hervortreten oder dem Verletzten erkennbar werden, dann beginnt die Verjährung für den Ersatzanspruch nicht vom Tag des Unfalls, sondern von dem Zeitpunkt an, in welchem der Verletzte von dem Schaden und der Person des Ersatzpflichtigen Kenntnis erlangt. Ist dagegen in dem Zeitpunkt des Unfalls der Schaden und die Person des Ersatzpflichtigen dem Verletzten bekannt, so kann die Ungewißheit über die Höhe oder die Fortdauer des Schadens den Beginn der Verjährung nicht aufhalten (OLG. Dresden 24. 6. 07 SeuffA. 63 Nr. 14; RG. 11. 11. 07 Recht 08 Nr. 72; RG. 10. 11. 08 SeuffBl. 74, 514, Gruchots Beitr. 53, 690, Recht 09 Nr. 2264; RG. 25. 3. 07 JW. 07, 302, Recht 07 Nr. 2736; RG. 8. 4. 07 Recht 07 Nr. 2737).

Ebenso ist es für den Lauf der Verjährungsfrist unerheblich, ob die sofort erkennbaren Einwirkungen des Unfalls für den Verletzten sofort einen materiellen Schaden zur Folge gehabt haben oder ob sich ein solcher Schaden aus jenen Einwirkungen erst später ergibt. Von dem Schaden im Sinne des § 14 hat der Verletzte Kenntnis, sobald er von der Beeinträchtigung der Erwerbsfähigkeit Kenntnis erlangt hat. Für den Beginn der Verjährung ist es deshalb bedeutungslos, daß der Verletzte trotz seiner Dienstunfähigkeit sein Gehalt weiter bezieht, und ebenso verhält es sich, wenn eine Person, die keine Erwerbstätigkeit ausübt, einen Unfall erleidet, der ihre Erwerbsfähigkeit beeinträchtigt (RG. 1. 7. 09 Recht 09 Nr. 2413, Gruchots Beitr. 53, 1028; vgl. RG. 11. 11. 07 Recht 08 Nr. 72, JW. 08, 10).

Für den Ersatzanspruch des Unterhaltsberechtigten, der frühestens mit dem Tode des Unterhaltspflichtigen entsteht (vgl. § 10 Bem. V am Anfang), kann die Verjährung vor diesem Zeitpunkt nicht beginnen; wohl aber ist es möglich, daß der Eintritt der Verjährung noch weiter hinausgeschoben ist, z. B. wenn zur Zeit des Todes des Unterhaltspflichtigen die Unterhaltspflicht selbst wegen fehlender Bedürftigkeit noch nicht begründet war.

Ebenso kann die Verjährung des Anspruchs auf Ersatz der Beerdigungskosten erst mit dem Moment des Todes des Verletzten beginnen. A. M. Schmid-Wagner § 14 Bem. 49, der dann, wenn der Tod erst nach Ablauf von 2 Jahren, nachdem der Schaden und der Unfall bekannt geworden ist, einen Anspruch auf Ersatz überhaupt versagen will; die Kommentare zum HaftpflG., auf die sich Schmid-Wagner beruft, können aber wegen der abweichenden Fassung des § 8 HaftpflG. zur Begründung nicht herangezogen werden.

3. Als drittes Erfordernis für den Beginn der kurzen Verjährung stellt das Gesetz auf **„Kenntnis der Person des Ersatzpflichtigen"**. Um diese Kenntnis festzustellen, bedarf es der Feststellung aller der Umstände, die zur Annahme der Ersatzpflicht erforderlich sind (RG. 25. 3. 07 Recht 07 Nr. 2736, JW. 07, 302);

es ist also notwendig, daß der Beschädigte auf Grund des ihm bekannten Materials eine Klage gegen eine bestimmte Person zu begründen in der Lage ist (OLG. Marienwerder 29. 11. 06 OLG. 18, 107). Als ersatzpflichtige Personen kommen in Betracht der Fahrzeughalter, der Führer und schließlich derjenige, der (§ 7 Abs. 3) ein Fahrzeug ohne Wissen und Willen des Fahrzeughalters in Betrieb gesetzt hat. Die Verjährungsfristen gegen diese verschiedenen Personen, von denen ja bei einem Unfall mehrere haftpflichtig sein können, brauchen zeitlich keineswegs zusammentreffen; die einzelnen Verjährungen laufen durchaus selbständig; eine Klage gegen den Halter unterbricht auch nicht die Verjährung gegen den Führer und umgekehrt. Ob Kenntnis der Nummer des den Unfall verursachenden Fahrzeuges zur Kenntnis der Person des Ersatzpflichtigen genügt, ist streitig (vgl. Kirchner § 15 Bem. 4 S. 236, Krause § 13 Bem. 5 S. 177). Allerdings hat der Verletzte bei Kenntnis der Nummer des Fahrzeugs die Möglichkeit durch einfache Einsicht der amtlichen Liste den Eigentümer des Fahrzeugs festzustellen und man würde mit Kirchner an und für sich dem Verletzten die Pflicht zu einer solchen einfachen, in seinem eigenen Interesse liegenden Nachforschung wohl zumuten dürfen. Aber die Nummernliste enthält nur den Eigentümer des Fahrzeugs, der keineswegs mit dem Fahrzeughalter identisch zu sein braucht; die Einsicht der Nummernliste würde auch zwecklos sein in allen den Fällen, wo nicht der Eigentümer, sondern eigenmächtig ein Dritter das Automobil in Betrieb gesetzt hatte. Für die Annahme, daß man dem Ersatzberechtigten eine Verpflichtung zur Anstellung von Ermittelungen nach der Person des Haftpflichtigen auferlegen wollte gewährt das Gesetz keinen Anhalt; das gibt auch Kirchner a. a. O. zu. Mangels einer solchen Erkundigungspflicht ist aber auch eine auf Fahrlässigkeit beruhende Unkenntnis unerheblich (Damm § 14 Bem. 7 S. 110, Krause § 14 Bem. 5 S. 178, Gordan § 14 Bem. 3 S. 125, Waldeck § 14 Bem. 2, S. 104, Staudinger, BGB. § 852 Bem. 2, Planck, BGB. § 852 Bem. 1; vgl. oben Bem. III, 1).

Darüber, ob der Ersatzberechtigte nach gewonnener Kenntnis von der Person des Pflichtigen sich nach dessen Adresse erkundigen muß, vgl. § 15 Bem. VI, 1.

Die Verjährungsfristen gegen Führer und Halter brauchen, wie schon oben bemerkt, zeitlich nicht zusammenzutreffen. Dieser Satz muß auch dann gelten, wenn Führer und Halter eine und dieselbe Person sind, wenn also der Halter selbst bei dem Unfall das Fahrzeug gelenkt hat. Hat also der Verletzte gegen den Halter nur in seiner Eigenschaft als Führer Klage erhoben, weil ihm die Haltereigenschaft des Haftpflichtigen nicht bekannt war und erfährt er nun im Laufe des Prozesses, daß der Führer zugleich Halter ist, so kann er die Klage auch weiterhin auf die Haltereigenschaft des Beklagten stützen; diese Möglichkeit ist für ihn von Bedeutung, weil der Entlastungsbeweis für den Halter ein wesentlich schwierigerer ist. Ebenso wird der Verletzte, wenn er die Klage gegen den Führer hat verjähren lassen, die Klage gegen dieselbe Person auf deren Haltereigenschaft stützen können, wenn seit seiner Kenntnis von der Haltereigenschaft des Beklagten noch keine 2 Jahre verflossen sind. Es kann ihm nicht entgegengehalten werden, daß er die Person des Haftpflichtigen schon seit mehr als 2 Jahren gekannt hat, denn zur Kenntnis der Person gehört auch Kenntnis der Tatsache, ob der Haftpflichtige als Führer, als Halter oder nach § 7 Abs. 3 AG. haftet (vgl. unten § 18 Bem. I, Hallbauer im sächs. Archiv 4. 468).

Stirbt der Ersatzverpflichtete vor Klageerhebung, aber nachdem seine Person dem Ersatzberechtigten bekannt geworden war, dann läuft für den Ersatzberechtigten, dem die Erben des Verpflichteten nicht bekannt sind, nicht etwa eine neue Verjährungsfrist, sondern die alte Verjährungsfrist läuft weiter. Hat der Ersatzberechtigte erst nach dem Tode des Haftpflichtigen erfahren, daß dieser es war, der den Unfall zu vertreten hatte, so beginnt der Lauf der Verjährungsfrist mit dem Zeitpunkt, wo er von der Person des gestorbenen Haftpflichtigen Kenntnis erhält, auch wenn er die Person der Erben in diesem Zeitpunkt noch nicht kennt. Doch tritt in beiden Fällen eine Hinderung der Vollendung der Verjährung nach Maßgabe des § 207 BGB. ein.

IV. **Hemmung der Verjährung durch Verhandlungen über den Schadensersatz** (Abs. 2). Zwischen dem Ersatzpflichtigen und dem Ersatzberechtigten schwebende Verhandlungen über den Schadensersatz hemmen die Verjährung bis einer der beiden die Fortsetzung der Verhandlungen verweigert. Mit dieser Bestimmung führt das AG. einen Hemmungsgrund der Verjährung ein, der dem BGB. fremd ist. Die Vorschrift soll nach der Begründung des Entwurfs S. 16 verhindern, daß der Ersatzberechtigte durch Vergleichsverhandlungen hingehalten wird, bis die kurze Verjährungsfrist abgelaufen und der Ersatzanspruch erloschen ist. Das Gesetz tut dieser in der Begründung enthaltenen

Beschränkung des Abs. 2 auf die kurze Verjährungsfrist keiner Erwähnung. Bei der Ausnahmenatur der Vorschrift wird man aber diese Beschränkung ohne weiteres unterstellen dürfen; eine Hemmung der dreißigjährigen Verjährung aus dem in Abs. 2 angegebenen Grunde findet also nicht statt.

Voraussetzung des Eintritts der Hemmung ist das Schweben von Verhandlungen. Der einseitige Antrag einer Partei ist noch kein Verhandeln; ein solches liegt erst vor, wenn auf den von der einen Partei ausgehenden Vorschlag die andere ihre Bereitwilligkeit, in Unterhandlungen einzutreten zu erkennen gegeben hat. Ist auf den von der einen Seite gemachten Antrag vom Gegner die Bereitwilligkeit zu Verhandlungen ausgesprochen worden, so hat die Verjährung von dem Zeitpunkt ab als gehemmt zu gelten, in welchem dem Gegner der erste Antrag zuging.

Mit dem Abbruch der Verhandlungen fällt die Hemmung der Verjährung wieder weg und beginnt die Verjährung wieder weiter zu laufen. Ein Abbruch der Verhandlungen liegt nicht nur dann vor, wenn die eine Partei ausdrücklich erklärt hat, daß sie weitere Verhandlungen ablehne, sondern kann auch dann angenommen werden, wenn eine Partei auf einen ihr im Lauf der Verhandlungen gemachten Vorschlag keine Erklärung mehr abgibt. Von welchem Zeitpunkt ab in einem solchen Falle die Verhandlungen als abgebrochen anzusehen sind, ist nach Lage des einzelnen Falles zu entscheiden. Die Bestimmung des § 147 Abs. 2 BGB., daß der einem Abwesenden gemachte Antrag nur bis zu dem Zeitpunkte angenommen werden kann, in welchem der Antragende den Eingang der Antwort unter regelmäßigen Umständen erwarten darf, findet hier keine oder doch nur insoweit Anwendung als damit der früheste Zeitpunkt bezeichnet ist, zu dem ein Abbruch der Verhandlungen angenommen werden darf.

Voraussetzung für Hemmung der Verjährung ist, daß die Verhandlungen zwischen dem Berechtigten und dem Ersatzpflichtigen stattfinden. Verhandelt der zur Bestreitung der Beerdigungskosten des Getöteten verpflichtete Erbe über den ihm hierwegen zustehenden Schadensersatzanspruch mit dem Haftpflichtigen, so ist das ohne Einfluß auf die einem Dritten nach § 10 Abs. 2 zustehenden Ansprüche wegen Entzugs des Unterhaltsrechts; für sie läuft die Verjährung ungehemmt weiter. Sind aber Verhandlungen zwischen dem Berechtigten und dem Haftpflichtigen im Gange, so wird dadurch die Verjährung aller dem Berechtigten zustehenden Ansprüche gehemmt und zwar auch dann, wenn die Verhandlungen sich nur auf einen Teil seiner Ansprüche erstrecken. Sind also der Unterhaltsberechtigte und der zur Begleichung der Beerdigungskosten Verpflichtete identisch, dann hemmen die über Ersatz der Beerdigungskosten angebahnten Verhandlungen auch die Verjährung des Anspruchs wegen Entzugs des Unterhaltsrechtes. Doch ist es in solchen Fällen zulässig, daß die Parteien vereinbaren, die Verhandlungen sollen auf die nicht einbezogenen Ansprüche ohne Einfluß sein. Es ist auch nicht erforderlich, daß die angebahnten Verhandlungen sich mit der Frage der Höhe der Entschädigung befassen; die Verjährung ist auch dann gehemmt, wenn die Beteiligten nur darüber unterhandeln, ob eine Haftungspflicht überhaupt begründet ist und die Höhe des allenfallsigen Schadensersatzanspruchs vorläufig außer Betracht lassen.

Verhandlungen, die nicht zwischen dem Ersatzberechtigten und dem Haftpflichtigen gepflogen werden, z. B. Vergleichsvorschläge, die von der Haftpflichtversicherung ausgehen, bei der der Ersatzpflichtige versichert ist, vermögen die Verjährung nicht zu hemmen, es müßte denn sein, daß die Versicherungsgesellschaft namens und im Auftrage des Haftpflichtigen auftritt.

V. **Anwendung der Verjährungsvorschriften des BGB.** Nach § 14 Abs. 3 finden im übrigen die Vorschriften des BGB. über die Verjährung Anwendung. „Im übrigen", d. h. also, soweit nicht das AG. selbst Verjährungsvorschriften enthält. Vom BGB. abweichende Vorschriften stellt unser Gesetz auf durch Einführung der kurzen zweijährigen Verjährung, durch die Bestimmungen über den Beginn der Verjährungsfrist und durch Einführung des in Abs. 2 enthaltenen eigenartigen Hemmungsgrundes. Alle übrigen bei der Verjährung entstehenden Rechtsfragen sind nach dem BGB. zu entscheiden. Es kommen folgende Bestimmungen des BGB. in Betracht.

1. Von den Vorschriften über die **Verjährungsfristen** findet Anwendung der § 198, der für die Ansprüche auf Rückstände von Zinsen, Renten und allen anderen regelmäßig wiederkehrenden Leistungen eine Verjährungsfrist von vier Jahren vorsieht und zwar nach § 218 Abs. 2 selbst dann, wenn der Anspruch auf diese Leistungen rechtskräftig festgestellt ist.

Nach § 218 BGB. verjährt ein rechtskräftig festgestellter Anspruch in 30 Jahren, auch wenn er an sich einer kurzen Verjährung unterliegt. Ein nach § 304 ZPO. durch Zwischenurteil dem Grunde nach für gerechtfertigt erklärter Anspruch gilt aber nicht als rechtskräftig festgestellt im Sinne des § 218, er verjährt nach wie vor in 2 Jahren wenn nicht das Verfahren über die Höhe weiter betrieben wird (RG. 15. 5. 07 RGZ. 66, 10, EisenbE. 24, 240).

2. Die §§ 198—201 BGB. über den **Beginn** der Verjährung finden keine Anwendung; an ihre Stelle treten die abweichenden Vorschriften des AG. Insbesondere bleibt außer Anwendung auch der § 201 BGB., der bei den kurzen Verjährungsfristen vorschreibt, daß die Verjährung erst mit dem Schluß des Jahres beginnt, in welchen der nach den §§ 198—200 maßgebende Zeitpunkt eintritt.

3. Neben dem Hemmungsgrund des § 14 Abs. 2 kann eine **Hemmung** der Verjährung auch nach Maßgabe der §§ 202 bis 205 BGB. eintreten. Die Verjährung ist also gehemmt, solange die Leistung gestundet oder der Verpflichtete aus einem anderen Grunde vorübergehend zur Verweigerung der Leistung berechtigt ist (§ 202), ferner solange der Berechtigte durch Stillstand der Rechtspflege oder in anderer Weise durch höhete Gewalt innerhalb der letzten sechs Monate der Verjährungsfrist an der Rechtsverfolgung verhindert gewesen ist (§ 203) und weiter zwischen Ehegatten, solange die Ehe besteht, zwischen Eltern und Kindern, solange letztere minderjährig sind und zwischen Vormund und Mündel, solange das Vormundschaftsverhältnis besteht (§ 204). Der Zeitraum, während dessen die Verjährung gehemmt ist, wird in die Verjährungsfrist nicht eingerechnet (§ 205).

4. Auch die in den §§ 206, 207 BGB. enthaltenen Vorschriften über den **Aufschub der Vollendung der Verjährung** greifen Platz. Es handelt sich um Ansprüche geschäftsunfähiger oder in der Geschäftsfähigkeit beschränkter und nicht prozeßfähiger Personen, denen der gesetzliche Vertreter mangelt, sowie um Ansprüche, die zu einem Nachlasse gehören oder sich gegen einen Nachlaß richten.

5. Als Gründe für **Unterbrechung** der Verjährung kommen ebenso wie nach BGB. in Betracht: der Umstand, daß der Verpflichtete dem Berechtigten gegenüber den Anspruch durch Abschlagzahlung, Zinszahlung, Sicherheitsleistung oder in anderer Weise anerkennt (§ 208), Erhebung der Klage auf Befriedigung oder auf Feststellung des Anspruchs, auf Erteilung der Vollstreckungsklausel oder auf Erlassung des Vollstreckungsurteils (§ 209). Der Erhebung der Klage steht gleich die Zustellung eines Zahlungsbefehles im Mahnverfahren, die Anmeldung des

Anspruchs im Konkurse, die Geltendmachung der Aufrechnung des Anspruchs im Prozesse, die Streitverkündung in dem Prozesse, von dessen Ausgang der Anspruch abhängt, die Vornahme einer Vollstreckungshandlung und soweit die Zwangsvollstreckung den Gerichten oder anderen Behörden zugewiesen ist, die Stellung des Antrags auf Zwangsvollstreckung (§ 209). Hat die Bestimmung des zuständigen Gerichts durch ein höheres Gericht zu erfolgen, so wird die Verjährung durch Einreichung des Gesuchs an das höhere Gericht in gleicher Weise wie durch Klageerhebung unterbrochen, soferne die Klage binnen 3 Monaten nach Erledigung des Gesuchs erhoben wird (§ 210).

Über Fortdauer und Wegfall der Unterbrechung enthalten die §§ 211—216 für die einzelnen Unterbrechungsgründe detaillierte Vorschriften, auf die hier nur verwiesen werden kann.

Die Verjährung wird unterbrochen auch durch Zustellung einer Klage, in der der Schadensbetrag nicht ziffernmäßig bezeichnet ist; der Umstand, daß die Klage der Vorschrift des § 253 Ziff. 2 ZPO. nicht entsprach, schließt die Wirkung der Unterbrechung nicht aus; der Mangel kann nach § 263 Ziff. 1 u. 2 ZPO. geheilt werden, solange die Klage nicht etwa als unzulässig abgewiesen ist; die Wirkungen der Rechtshängigkeit sind also gleichwohl eingetreten (vgl. Gaupp, ZPO. § 263 I S. 549; RG. 24. 5. 09 Recht 09 Nr. 2265).

Besondere Beachtung verdient der Fall, daß mit der Klage nur einer der mehreren Haftpflichtansprüche oder nur ein Teil eines solchen Anspruchs verfolgt wird. Durch gerichtliche Geltendmachung wird die Verjährung des Anspruchs immer nur insoweit unterbrochen, als der Anspruch rechtshängig geworden ist, also bei Geltendmachung nur eines Teils des Anspruchs auch nur bezüglich dieses Teiles. Auch dann, wenn in einem solchen Fall der Kläger von der Meinung ausgegangen ist, daß der von ihm geforderte Betrag zur Deckung seines Anspruchs ausreichen werde und sich diese Annahme erst nachträglich als nicht zutreffend erweist, bleibt die Tatsache bestehen, daß in Wahrheit zunächst bloß ein Teil des Gesamtanspruchs der richterlichen Entscheidung unterstellt und rechtshängig gemacht ist. Ebensowenig wird durch Erhebung der Teilklage die Verjährung des ganzen Anspruchs dann unterbrochen, wenn die nur wegen eines Teils des Anspruchs erhobene Klage nach ihrer Natur und ihrem Inhalt die Feststellung des ganzen Anspruchs erforderlich macht. Um eine solche Unterbrechung zu erreichen, müßte der Verletzte neben der Teilleistungsklage Klage auf Feststellung des ganzen Anspruchs erheben (RG. 14. 3. 99 EisenbE. 16, 60; RG. 30. 1. 91 JW. 91, 151; RG. 24. 3. 07 RGZ. 57, 372, DJZ. 04, 649; RG. 11. 11. 07 JW. 08, 10, Gruchots Beitr. 52 S. 1050; RG. 19. 12. 07 Recht 08 Nr. 459). Insbesondere wird durch einen in der Teilklage enthaltenen Vorbehalt weiterer Ansprüche eine Unterbrechung der Verjährung nicht bewirkt (RG. 10. 11. 08 SeuffBl. 74, 514, Gruchots Beitr. 53, 690). Durch die gerichtliche Geltendmachung eines Teils des Anspruchs wird die Verjährung betreffs des übrigen Teiles auch dann nicht unterbrochen, wenn nachmals die Teilklage auf das Ganze erweitert wird (RG. 25. 3. 07 RGZ. 65, 398).

Ebenso wie die gerichtliche Geltendmachung eines Teils des Anspruchs nicht die Verjährung für den ganzen Anspruch unterbricht, sondern nur für den zum Gegenstand der Klage gemachten Teil, so hat auch ein Anerkenntnis, das sich nur auf einen Teil des Anspruchs erstreckt, nicht die Kraft, die Verjährung über diesen Teil hinaus zu unterbrechen. Wie aber andererseits die Verjährung nach der ausdrücklichen Bestimmung des Gesetzes nicht nur durch die Leistungsklage auf Erfüllung, sondern auch durch eine auf Feststellung des Anspruchs gerichtete Klage unterbrochen wird, so muß folgerichtig auch angenommen werden, daß ein Anerkenntnis die Verjährung unterbricht, das den Anspruch nur in seinem Grunde, unabhängig von der Feststellung des Umfangs und Betrags, zum Gegenstande hat (RG. 14. 6. 06 RGZ. 63, 382; RG. 28. 6. 06 Recht 06 Nr. 3237; RG. 19. 12. 07 JW. 08, 79, EisenbE. 24, 376; 17. 2. 10 Recht 10 Nr. 1455).

Die Unterbrechung wird nach der ausdrücklichen Vorschrift des § 209 BGB. auch durch Erhebung einer Feststellungsklage bewirkt. Die von Eger für das Haftpflichtgesetz vertretene Ansicht (Eger S. 589, 596), daß eine Feststellungsklage nur insoweit zulässig sei, als die tatsächliche Grundlage, auf die sich die spätere Schadensberechnung und Feststellung zu stützen hat, bereits in dem Feststellungsurteil vollständig gegeben und namentlich der Umfang der Forderung in Rücksicht auf ihre zeitlichen Grenzen genau präzisiert sei, daß also nur Feststellungsklage bezüglich eines bereits entstandenen Schadens möglich sei, nicht aber bezüglich eines sich erst in Zukunft bildenden Schadens, ist vom Reichsgericht nicht als zutreffend erachtet worden (RG. 1. 3. 06 JW. 06, 236). Vgl. die von Kirchner § 14 Bem. III 5 S. 230 f. zur Widerlegung der Egerschen Ansicht gemachten Ausführungen. Wird also aus einem Unfall Schadensersatz mit dem Antrage begehrt: 1. festzustellen, daß der Beklagte verpflichtet sei, dem Kläger den Schaden aus dem Unfall zu ersetzen und 2. den Beklagten zu verurteilen, zunächst den bis zur Klage entstandenen, näher bezifferten Schaden zu erstatten, so ist, wenn später nach mehr wie 2 Jahren weiter auch für die Zeit nach der Klage Schadensersatz verlangt wird, für den Verjährungseinwand kein Raum (RG. 11. 5. 08 Soergel, Rspr. 08 S. 312 Ziff. 4). Es müssen aber die gesetzlichen Voraussetzungen für Erhebung der Feststellungsklage gegeben sein; der Kläger muß also ein rechtliches Interesse an der alsbaldigen Feststellung seines Anspruchs haben. Ein solches Interesse wird nach dem Haftpflichtgesetz mit Rücksicht auf die kurze Verjährungsfrist der Schadensersatzanansprüche vom Reichsgericht ständig angenommen (RG. 21. 6. 88 EisenbE. 6, 239; 18. 4. 95 RGZ. 35, 392; 2. 1. 99 EisenbE. 16, 336; 22. 9. 04 EisenbE. 21, 275; 17. 10. 04 EisenbE. 21, 281, JW. 04, 575; 25. 3. 09 JW. 09, 314). Dieser Grund trifft für das AG. nicht in dem gleichen Umfang zu. Die Ansprüche aus dem Haftpflichtgesetz verjähren in 2 Jahren von dem Unfall an, ohne Rücksicht auf den Zeitpunkt des Eintritts des Schadens und der Kenntnis des Berechtigten. Eine so rasche Verjährung ist für das AG. nicht zu befürchten, da hier die Verjährung erst beginnt, wenn der Berechtigte Kenntnis von dem Schaden hatte, und da diese Kenntnis den Schadenseintritt voraussetzt (vgl. das Nähere oben Bem. III 2). Es kann danach der Verletzte ohne jeden Nachteil in der Regel mit Erhebung der Klage warten bis er die Leistungsklage anstrengen kann. Andererseits ist auch das Gericht bei Bemessung der dem Verletzten zu zahlenden Rente sowohl was Höhe als Dauer anlangt, so ungebunden, daß Verurteilung zur Leistung auch da möglich und zulässig erscheint, wo der Schaden noch nicht bis in alle Einzelheiten ziffermäßig angegeben werden kann, zumal ja auch § 323 ZPO. die Möglichkeit einer Berücksichtigung später eintretender Änderungen gibt (vgl. § 11 Bem. VII, § 13 Bem. III, 3). Die Feststellungsklage wird also für das AG. nicht in gleichem Umfang wie für das Haftpflichtgesetz als zulässig zu erachten sein. Soweit schon die Möglichkeit zur Erhebung der Leistungsklage besteht, entfällt das notwendige Interesse des Klägers an der Feststellung. Dagegen wird man das Feststellungsinteresse des Klägers damit motivieren können, daß die Feststellungsklage einer Verdunkelung des Tatbestands vorbeugen soll. Allerdings ist auch hier mit

Rücksicht auf die Verteilung der Beweislast das Interesse des Klägers ein erheblich geringeres als bei den auf das BGB. gestützten Schadensersatzansprüchen. Die Erhebung der Feststellungsklage unterbricht, ebenso wie die der Leistungsklage die Verjährung nur, soweit der Anspruch rechtshängig geworden ist, wirkt also nur dann unbeschränkt, wenn in der Feststellung beantragt ist, daß der Beklagte allen in Zukunft aus dem Unfall entstehenden Schaden zu ersetzen hat (RG. 4. 12. 05 JW. 06, 92). Ist die Feststellungsklage zulässigerweise erhoben, so ist die später eingetretenen Möglichkeit der Leistungsklage ohne Bedeutung (RG. 5. 4. 09 RGZ. 71, 68, JW. 09, 316; RG. 2. 10. 08, Soergel, Rspr. 09 S. 560 Ziff. 30).

6. Über die **Beendigung der Verjährungsfrist** ist zu bemerken, daß die Verjährungsfrist auch an Sonn- und Feiertagen zu Ende geht; § 193 BGB. hat nur Termine und Fristen zur Abgabe rechtsgeschäftlicher Willenserklärungen im Auge (RG. 7. 2. 06 Recht 06 Nr. 2200, BayRpflZ. 06, 123; OLG. Königsberg 7. 7. 06 OLG. 13, 331; Stölzle in SeuffBl. 06, 714; OLG. Dresden 31. 7. 07 OLG. 15, 319; Scherling in Gruchots Beitr. 51, 129; Planck § 195 Bem. 2; a. M. Rudorff, ACivPr. 102, 405 ff.; Staudinger § 193 Bem. 1).

Der Zeitraum von 30 Jahren ist der äußerste Zeitpunkt innerhalb dessen ein Anspruch aus einem Automobilunfall geltend gemacht werden kann; nach Ablauf von 30 Jahren sind alle Ansprüche verjährt, gleichviel ob der Berechtigte von dem Schaden und der Person des Verpflichteten Kenntnis hatte oder nicht. Insbesondere ist eine Verlängerung der Verjährungsfrist über 30 Jahre nicht etwa in dem Fall möglich, wenn der Ersatzberechtigte erst nach Ablauf von 29 Jahren die in § 14 Abs. 1 für den Beginn der kurzen Verjährungsfrist als notwendig erklärte Kenntnis erlangte; es läuft hier nicht etwa nach erlangter Kenntnis noch eine neue 2jährige Frist (Krause § 14 Bem. 2 S. 175).

7. Die **Wirkung** der Verjährung besteht nicht etwa darin, daß der Schadensersatzanspruch erlischt, sondern sie gewährt dem Ersatzpflichtigen nur die Möglichkeit, sich durch die von ihm geltend zu machende und bezüglich ihrer Grundlage zu beweisende Einrede von seiner Haftpflicht zu befreien. Von Amts wegen wird also die Verjährung nicht beachtet. Der Verletzte kann auf die Einrede der Verjährung verzichten. Das zur Befriedigung des verjährten Anspruchs Geleistete kann nicht zurück-

gefordert werden und zwar selbst dann nicht, wenn die Leistung in Unkenntnis der Verjährung geschah; das Gleiche gilt von dem Anerkenntnis, sowie einer Sicherheitsleistung, Pfandbestellung des Verpflichteten (§ 222 BGB.).

Jeder einzelne der unter § 14 fallenden Ansprüche verjährt in 2 bezw. 30 Jahren. Es ist also jede Forderung hinsichtlich der Verjährung von den anderen unabhängig und die Verjährung läuft für jede Forderung gesondert; der Umstand, daß der Anspruch auf die Beerdigungskosten verjährt ist, hat noch nicht die Verjährung der auf § 10 Abs. 2 beruhenden Ansprüche zur Folge. Innerhalb jeder einzelnen Forderungsart (Heilungskosten, Unterhaltsrente) verjährt im Gegensatz zu dem Haftpflichtgesetz auch nicht immer das gesamte Forderungsrecht einschließlich aller sich noch künftig etwa ergebenden Ansprüche, sondern die Verjährung tritt nur ein, soweit eine Kenntnis von dem Schaden bestanden hat (vgl. oben Bem. III, 2; ungenau Damm § 14 Bem. 2 S. 110).

Da bei mehreren Haftpflichtigen gegen jeden die Verjährungsfrist gesondert läuft, so kommt die Wirkung einer Verjährung auch nur dem zugute, für den sie vollzogen ist. Die Verjährung wirkt also nur für und gegen den Gesamtschuldner oder Gläubiger, in dessen Person sie eintritt.

§ 15.

Der Ersatzberechtigte verliert die ihm auf Grund der Vorschriften dieses Gesetzes zustehenden Rechte, wenn er nicht spätestens innerhalb zweier Monate, nachdem er von dem Schaden und der Person des Ersatzpflichtigen Kenntnis erhalten hat, dem Ersatzpflichtigen den Unfall anzeigt. Der Rechtsverlust tritt nicht ein, wenn die Anzeige infolge eines von dem Ersatzberechtigten nicht zu vertretenden Umstandes unterblieben ist, oder der Ersatzpflichtige innerhalb der bezeichneten Frist auf andere Weise von dem Schaden Kenntnis erhalten hat.

Entw. II § 9; Begr. S. 15; KommB. S. 27.

Literatur: Hallbauer, Die Unfallanzeige im Sinne des § 15 AG. in SeuffBl. 74 S. 481 ff.

I. **Vorbemerkung.** Zur Rechtfertigung der im Entwurf von 1906 nicht enthaltenen, erst durch den Entwurf von 1908 eingeführten Unfallanzeige führt die Begründung zu dem Entwurfe aus: „Der Ersatzpflichtige hat ein berechtigtes Interesse an der schleunigen Feststellung des Sachverhalts, da ihm die Beweispflicht in Bezug auf die Ursachen des Unfalls obliegt. Er darf deshalb verlangen, daß er so rasch als möglich vor dem Schaden, für den er verantwortlich gemacht werden soll, Kenntnis erhält". Es sind also die gleichen Gründe, die für die Abkürzung der Verjährungsfrist maßgebend waren, auch für die Einführung der Unfallsanzeige ausschlaggebend gewesen. Gegenüber den in der Kommission geäußerten Bedenken, die sich allerdings hauptsächlich gegen die im Entwurf nur auf ein Monat bemessene Anzeigefrist richteten, wurde regierungsseitig erklärt: „Richtig sei, daß die Einführung der kurzen Anzeigefrist auf dem Gebiete der deliktischen und quasideliktischen Forderungen eine Ausnahme bedeuten würde. Man kenne solche bisher nur auf dem Gebiete der kontraktlichen Schadensforderungen. Aus rein praktischen Gründen habe man eine dem § 485 BGB. — Viehmängelanzeigefrist — ähnliche Vorschrift hier aufnehmen zu müssen geglaubt, und zwar um so eher, als auch das österreichische Gesetz eine ähnliche Bestimmung enthalte. Die Frist beginne unzweifelhaft erst zu laufen, wenn die Ermittelungen nach der Person des Täters abgeschlossen seien und der Beschädigte die Person des Täters kenne. Ebenso unzweifelhaft sei, daß nur die Tatsache der Beschädigung angezeigt zu werden brauche.

Mit Recht bemerkt Hallbauer in SeuffBl. 74 S. 481, daß die Frage der richtigen und rechtzeitigen Erstattung der Unfallanzeige in den Entschädigungsprozessen, die ja meist durch die hinter dem Ersatzpflichtigen stehende Versicherungsgesellschaften geführt werden, einen häufigen Streitpunkt bilden werde und daß deshalb der Ersatzberechtigte gut tue, hier alle Sorgfalt walten zu lassen, insbesondere eine Form der Anzeige zu wählen, die ihm im Prozesse den jederzeitigen Nachweis der Erstattung ermögliche.

§ 15 hat nur Geltung für die auf Grund des AG. erhobenen Ansprüche. Will der Ersatzberechtigte seine Ansprüche auf die §§ 823 ff. BGB. oder auf den Vertrag gründen, dann ist eine Unfallanzeige nicht notwendig.

§ 33 des Gesetzes über den Versicherungsvertrag macht in ähnlicher Weise dem Versicherungsnehmer die unverzügliche Anzeigeerstattung von dem Eintritt des Versicherungsfalles zur Pflicht.

II. **Der zur Unfallanzeige Verpflichtete.** Die Unfallanzeige liegt nach dem Gesetz dem „Ersatzberechtigten" ob, also dem durch den Unfall Verletzten bezw. im Falle des § 10 Abs. 1 auch dessen Rechtsnachfolger, weiter demjenigen, der bei Tötung des Verletzten die Beerdigungskosten zu tragen hat, und im Falle des § 10 Abs. 2 demjenigen, dem durch den Unfall das Recht auf Unterhalt entzogen wurde. Dagegen ist der Ausgleichungsanspruch eines Haftpflichtigen gegen die anderen Mitverpflichteten von einer Unfallanzeige nicht abhängig; der Ausgleichungsberechtigte ist nicht Ersatzberechtigter im Sinne des § 15 (vgl. § 14 Bem. II, 8). Sind mehrere Ersatzberechtigte vorhanden, so läuft für jeden die Anzeigefrist gesondert. Versäumt einer der mehreren Ersatzberechtigten die rechtzeitige Erstattung der Anzeige, so tut dies den Rechten der anderen keinen Eintrag. Handelt es sich um mehrere Ersatzberechtigte und kommen dabei neben einem tötlich Verletzten die nach § 10 Abs. 2 wegen Entzug des Unterhaltsrechts Anspruchsberechtigten in Frage, dann wirkt die von dem tötlich Verletzten selbst noch bei seinen Lebzeiten erstattete Anzeige auch zugunsten des in seinem Unterhaltsrecht Beeinträchtigten, so daß eine weitere Anzeige von dessen Seite nicht mehr nötig ist. Das Recht des Unterhaltsberechtigten kann auch nicht dadurch beeinträchtigt werden, daß der Unterhaltspflichtige die Anzeigefrist unbenützt verstreichen ließ, soferne nur der Unterhaltsberechtigte selbst die Anzeige rechtzeitig erstattet; denn für den letzteren beginnt die Frist frühestens mit dem Tode des Unterhaltspflichtigen zu laufen und der Unterhaltspflichtige ist gar nicht imstande, das erst mit seinem Tode in der Person des Unterhaltsberechtigten entstehende Recht durch eine, sei es sogar absichtliche, Unterlassung der Anzeige auszuschließen (Waldeck § 15 Bem. 3 S. 110; Gordan § 15 Bem. 3 S. 133, 134; zweifelnd Lübbert in JW. 09, 128). Natürlich müssen sich aber die Erben eines tötlich Verletzten die Versäumung der Anzeigefrist durch den Erblasser entgegen halten lassen, soweit es sich um in der Person des Erblassers entstandene und nur auf sie übergegangene Ansprüche handelt (also um die Ansprüche wegen Erwerbsverlust, Bedürfnisvermehrung, Heilungskosten).

Insoweit herrscht über den Umfang der Anzeigepflicht bei Vorhandensein mehrerer Ersatzberechtigter Einigkeit. Streitig ist dagegen, ob dann, wenn mehrere unmittelbar Verletzte als Ersatzberechtigte in Frage kommen, die von einem der mehreren Ersatzberechtigten erstattete Anzeige den anderen, soweit sie nicht schon vor dieser Anzeige die für sie besonders laufende Frist versäumt und damit ihre Ansprüche verloren haben, derart zugute kommt, daß sie ihrerseits einer wiederholten Anzeige enthoben sind. Das nimmt Krause § 15 Bem. 1 S. 185 an mit der Begründung, daß in einem solchen Fall eine weitere Anzeige überflüssig sei, weil der Haftpflichtige schon „auf andere Weise" von dem Unfall Kenntnis erhalten habe. Dagegen erklärt Hallbauer a. a. O. S. 488: „Sind mehrere Verletzte vorhanden, so ist eine Anzeige aller Unfälle erforderlich; die Anzeige des einen Verletzten wahrt dem anderen Verletzten die Frist nicht; das gilt entsprechend auch dann, wenn bei Sachschäden mehrere Verletzte vorhanden sind." Wie Hallbauer auch Kirchner § 15 Bem. 8 S. 239 und Waldeck § 15 Bem. 6 S. 112. Die Entscheidung hängt ab von der Auslegung des Wortes „Unfall". Versteht man unter Unfall im Sinne des § 15, wie Krause Bem. 6 S. 186, das schadenstiftende Ereignis, dann hat der Ersatzpflichtige auch schon bei Anzeige seitens eines der mehreren Verletzten Kenntnis von dem Unfall und es ist deshalb allerdings eine weitere Anzeige überflüssig. Anders, wenn man mit Hallbauer, Kirchner und Waldeck § 15 Bem. 4 S. 110 unter Unfall die Schädigung der bei dem Unfall beteiligten Personen versteht (vgl. § 7 Bem. IV, 1). Dann kann bei einem Betriebsunfall eine Mehrheit von Unfällen vorliegen und der Ersatzpflichtige hat nur dann Kenntnis von diesen Unfällen, wenn jeder der Verletzten ihn davon benachrichtigt, es sei denn, daß in der Anzeige des einen Verunglückten auch die Unfälle der Mitverletzten aufgeführt wären. Die Entstehungsgeschichte des Gesetzes spricht für die zweite Auslegung. Der Entwurf hatte von einer Anzeige des „Schadens", nicht des „Unfalls" gesprochen. Danach war klar, daß nicht das „schadenstiftende Ereignis", der Unfall in diesem Sinne angezeigt werden sollte, sondern die Tatsache, daß infolge dieses schadenstiftenden Ereignisses Personen zu Schaden gekommen seien. Nur um der irrigen Auslegung vorzubeugen, als wenn der Beschädigte nicht nur die Tatsache der Beschädigung, sondern auch den Umfang des Schadens anzeigen müsse, hat man die jetzige Fassung gewählt. Dabei wurde ausdrücklich betont, daß es sich nur um eine redaktionelle Änderung handle; eine materielle Abänderung des Gesetzes war also nicht beabsichtigt. Tatsächlich entspricht auch nur die von Hallbauer und Kirchner vertretene Auslegung den billigerweise zu berücksichtigenden Interessen des Ersatzpflichtigen. Der ihm nach § 7 verstattete Entlastungsbeweis kann sich auch darauf richten, daß der Unfall auf das Verhalten des Verletzten zurückzuführen ist. Nun kann aber bei Verletzung mehrerer Personen der Sachverhalt bezüglich der einzelnen Verletzten ganz verschieden gelagert sein; es kann z. B. bei dem einen die Frage des konkurrierenden Verschuldens in Betracht kommen. Erfährt in einem solchen Fall der Ersatzpflichtige nur von dem Unfall der einen Person, so bestände für ihn kein Anlaß, unter Umständen vielleicht nicht einmal die Möglichkeit, Nachforschungen darüber anzustellen, ob und unter welchen Umständen weitere Personen verletzt wurden. Es könnte dann kommen, daß der zweite Verletzte, wenn man seine Anzeige für überflüssig erklärt, mit seinen Ansprüchen zu einer Zeit hervortritt, wo dem Ersatzpflichtigen die Aufklärung des Sachverhalts gar nicht mehr möglich wäre. Der Zweck des Gesetzes, dem Ersatzpflichtigen mit Rücksicht auf die ihm obliegende Beweispflicht die schleunige Feststellung des Sachverhalts zu ermöglichen, wäre also gefährdet. Man wird vielleicht einwenden: wenn der Ersatzpflichtige von dem schadenstiftenden Ereignis Kenntnis erhalten hat, ist es seine Pflicht, weitere Nachforschungen anzustellen und dabei wird es ihm unschwer gelingen, sich über die Beteiligten und deren Verhalten bei dem Unfall Klarheit zu verschaffen. Eine solche Pflicht hätte der Gesetzgeber allerdings dem Haftpflichtigen auferlegen können; er hat es aber nicht getan. Das folgt m. E. auch aus der Fassung des § 15 Satz 2. Das Gesetz erklärt hier die Anzeige für überflüssig, wenn der Ersatzpflichtige auf andere Weise von dem Schaden Kenntnis erhalten hat. Hätte man dem Ersatzpflichtigen die angedeutete Nachforschungspflicht auferlegen wollen, so hätte konsequenterweise der Satz 2 dahin lauten müssen, daß die Anzeige auch überflüssig sei, wenn der Ersatzpflichtige Kenntnis erlangen konnte. Das Kennenmüssen ist aber in Satz 2 dem wirklichen Kennen nicht gleichgestellt: es wird positive Kenntnis verlangt vgl. Gordan § 15 Bem. 7b S. 138.

Anders ist der Fall zu entscheiden, wenn mehrere Erben eines tötlich Verletzten, der selbst eine Unfallanzeige nicht erstattete, die auf sie übergegangenen Ansprüche des Getöteten oder auch die ihnen selbst nach § 10 Abs. 2 wegen Entziehung des Unterhaltsrechts zustehenden Ansprüche geltend machen wollen. Hier genügt die Anzeige eines der mehreren Erben; denn es handelt sich nur um einen unmittelbar Verletzten, es liegt also auch nur ein Unfall vor und hier gibt schon die Anzeige eines Erben dem Haftpflichtigen die zur weiteren Aufklärung notwendigen Anhaltspunkte.

Hat der zur Tragung der Beerdigungskosten Verpflichtete dem Ersatzpflichtigen von dem Unfall Anzeige gemacht, so ist eine weitere Anzeige seitens der Personen, denen durch den Unfall ihr Unterhaltsrecht entzogen wurde, überflüssig; denn beide Ansprüche gehen auf den gleichen Unfall zurück und von diesem hat der Ersatzpflichtige bereits durch die erste Anzeige, also „auf andere Weise" (Satz 2) Kenntnis.

Ist der Ersatzberechtigte in der Geschäftsfähigkeit beschränkt, so ist eine von ihm selbst gemachte Anzeige zur Wahrung des Ersatzanspruchs genügend; denn es handelt sich um eine Erklärung, die ihm lediglich einen rechtlichen Vorteil bringt, zu der er also in analoger Anwendung des § 107 BGB. befugt ist.

Die Anzeige kann auch durch einen Beauftragten (vgl. unten Bem. VI, 1) erfolgen, die Vorlage der Vollmacht ist hierbei nicht notwendig und der Ersatzpflichtige hat kein Recht, die Anzeige wegen Nichtvorlage der Vollmacht zurückzuweisen: § 174 BGB. findet, wie Hallbauer S. 482, 489 hervorhebt, hier, wo ein Rechtsgeschäft nicht in Frage steht, keine Anwendung.

Sogar die Anzeige durch einen Geschäftsführer ohne Auftrag ist zweifellos gültig, schon deshalb, weil hier der Ersatzpflichtige „auf andere Weise" Kenntnis erhalten hat.

III. **Adressat der Unfallanzeige** ist der Ersatzpflichtige, also der Fahrzeughalter, der Führer und im Fall des § 7 Abs. 3 der das Kraftfahrzeug ohne Wissen und Willen des Halters in Betrieb setzende Dritte. Bei mehreren Haftpflichtigen (Führer und Halter, mehrere Halter oder mehrere Erben eines verstorbenen Haftpflichtigen) ist an jeden einzelnen Anzeige zu machen. Ist der Ersatzpflichtige geschäftsunfähig oder in der Geschäftsfähigkeit beschränkt, so hat die Anzeige an den gesetzlichen Vertreter zu erfolgen; eine Anzeige an den geschäftsunfähigen oder in der Geschäftsfähigkeit beschränkten Haftpflichtigen ist wirkungslos, es sei denn, daß der Vertreter innerhalb der Frist von dieser Anzeige Kenntnis erhält; dann trifft Satz 2 „auf andere Weise erlangte Kenntnis" zu. Ebenso wird eine an den Geschäftsbeschränkten gemachte Anzeige dann gültig sein, wenn der Vertreter seine Einwilligung hierzu erteilt hat (vgl. § 132 Abs. 2 Satz 2 BGB.). Bei mehreren gesetzlichen Vertretern oder bei mehreren Vorstehern genügt in Anwendung des § 171 ZPO. die Zustellung an einen derselben; das gilt z. B. auch, wenn eine als Fahrzeughalterin anzusehende offene

Handelsgesellschaft mehrere vertretungsberechtigte Gesellschafter hat (§ 125 Abs. 2 HGB.).

Steht das Kraftfahrzeug im Eigentum der Frau, so genügt bei Gütergemeinschaft Anzeige an den Ehemann. Bei Gütertrennung oder wenn das Fahrzeug zum Vorbehaltsgut der Frau gehört, ist Anzeige an die Frau, die in solchen Fällen als Halter des Fahrzeugs zu erachten ist, genügend. Gehört endlich das Fahrzeug zu dem eingebrachten Vermögen der Frau und hat der Mann kraft des bestehenden gesetzlichen Güterrechts die Verwaltung und Nutznießung, dann gilt der Mann als Halter und nur an ihn allein braucht die Unfallanzeige gerichtet zu werden.

IV. **Form, Inhalt und rechtliche Natur der Anzeige.** Das Gesetz schreibt eine bestimmte Form für die Anzeige nicht vor; sie kann also nicht bloß schriftlich, sondern auch mündlich, durch Telegramm oder telephonisch erfolgen; sie kann auch in der Klageerhebung liegen. Sie muß aber so gemacht werden, daß der Ersatzpflichtige von ihr Kenntnis zu nehmen vermag, also in einer bekannten Schriftart und einer ihm geläufigen Sprache. Doch ist eine in deutscher Sprache geschriebene Anzeige unter allen Umständen genügend, auch wenn der Haftpflichtige des Deutschen nicht mächtig sein sollte (vgl. Krause § 15 Bem. 7 S. 186). Bei der großen Wichtigkeit, die der Nachweis der rechtzeitigen Anzeigeerstattung hat, tut der Ersatzberechtigte gut, eine Form zu wählen, die ihm die Führung dieses Nachweises möglichst sichert.

„Der Unfall" (vgl. oben Bem. II) muß angezeigt werden. Die Anzeige muß also ersehen lassen, daß an einem bestimmten Orte und zu einer bestimmten Zeit das Kraftfahrzeug eine Schädigung bestimmter Menschen oder Sachen verursacht hat. Die Angaben müssen derart sein, daß sie dem Ersatzpflichtigen die Anstellung weiterer Nachforschungen über den Verlauf des Betriebsunfalls ermöglichen. Nicht notwendig ist dagegen, daß sie auch die einzelnen Schadensfolgen ersehen lassen, die sich aus dem Unfall für den unmittelbar Verletzten oder für die mittelbar Geschädigten ergeben. Es ist nicht einmal nötig, daß der Anzeiger die bereits zutage getretenen Schädigungen im einzelnen aufführt. Ebenso ist dann, wenn in der Folgezeit neue Schäden erst hervortreten, eine wiederholte Anzeige nicht veranlaßt. Das ergibt sich aus dem Zweck der Anzeige: sie soll dem Ersatzpflichtigen nur die Möglichkeit geben, den Sachverhalt bezüglich des Kausalzusammenhangs zu erforschen, soweit er beweispflichtig ist. Die Beweispflicht, daß die einzelnen Schadensfolgen wirklich auf den Unfall zurückzuführen sind, trifft aber den Ersatzberechtigten; insoweit ist also ein Anlaß, den Ersatzpflichtigen von diesen Einzelheiten in Kenntnis zu setzen, nicht gegeben. Aus dem gleichen Grunde ist auch eine Angabe über die Höhe der Ersatzforderungen in der Anzeige überflüssig. Der Entwurf hatte an Stelle des Wortes „Unfall" von einer Anzeige des „Schadens" gesprochen. Die Änderung erfolgte, um klar zu stellen, daß der Umfang des Schadens nicht anzuzeigen sei. Enthält die Anzeige gleichwohl Angaben über die Höhe der verlangten Entschädigung oder eine nähere Bezeichnung der im einzelnen eingetretenen Beschädigungen, so kann daraus nicht ohne weiteres geschlossen werden, daß der Berechtigte seine Ansprüche auf diese Punkte beschränken und auf weitere Forderungen verzichten wollte; dagegen steht natürlich nichts im Wege, bei der tatsächlichen Würdigung der Frage über den Umfang des Schadens diese Angaben des Ersatzberechtigten als Beweismittel zu verwerten; es darf nur die Anzeige in dieser Richtung nicht als eine bindende Erklärung aufgefaßt werden. Das ist deshalb unzulässig, weil es sich bei der Anzeige nicht um eine Willenserklärung, sondern um eine bloße tatsächliche Mitteilung handelt.

Die Anzeige muß dem Ersatzpflichtigen zugegangen sein; die bloße Absendung der Anzeige genügt nicht. Das folgt daraus, daß § 15 abweichend von § 485 BGB. eine Bestimmung, daß auch die Absendung der Anzeige genügen solle, nicht enthält. Der Zugang der Anzeige muß innerhalb der Frist liegen. Der § 130 Abs. 1 BGB. findet analog Anwendung; es ist also nicht erforderlich, daß der Ersatzpflichtige innerhalb der Frist von dem Inhalt der Anzeige auch Kenntnis erhält; das Zugehen, d. h. die in der üblichen Weise erfolgte tatsächliche Übermittelung ist genügend. Eine briefliche Erklärung gilt in der Regel mit der Abgabe des Briefes an eine empfangsberechtigte Person (Familienangehörigen, Dienstboten, Angestellten) in der Wohnung oder dem Geschäftslokal des Adressaten oder wenn sie sonst, z. B. durch Einwerfen in den Briefkasten des Adressaten in seinen Machtbereich gekommen ist, als zugegangen; ebenso geht eine telephonische Erklärung in dem Zeitpunkt zu, in dem sie von einem dazu Befugten entgegengenommen wird (RG. 8. 2. 02 RGZ. 50, 194; 24. 11. 03 RGZ. 56, 263; 13. 7. 04 RGZ. 58, 406; 17. 6. 05 RGZ. 61, 125; Titze in Iherings

Jahrb. 47, 445 ff.). Dem Ersatzberechtigten fällt nicht zur Last, wenn durch Umstände, für die den Ersatzpflichtigen die Verantwortung trifft, die Empfangnahme der Anzeige sich verzögert, das folgt aus § 15 Satz 2 (vgl. unten Bem. VI, 1).

Die Kosten der Anzeige wird der Ersatzberechtigte von dem Gegner ersetzt verlangen können (Hallbauer a. a. O. S. 484).

V. **Anzeigefrist.** Sie beginnt, sobald der Ersatzberechtigte von dem Schaden und der Person des Ersatzpflichtigen Kenntnis erhalten hat. Es sind also die gleichen Voraussetzungen, die § 14 für den Beginn der Verjährungsfrist verlangt und es sind deshalb die in § 14 Bem. III gemachten Ausführungen auch für die Anzeigefrist des § 15 maßgebend. Die Kenntnis des Schadens setzt insbesondere voraus, daß der Schaden in seiner, die Ersatzpflicht bedingenden Erheblichkeit erkannt worden ist; machen sich infolge des Unfalls leichte Beschwerden geltend, die der Verletzte für bedeutungslos halten darf, so beginnt die Anzeigefrist erst, wenn sich herausstellt, daß es sich um Schädigung mit vermögensrechtlichen Folgen handelt; sonst müßte bei jeder Hautabschürfung, die weder schmerzt noch eine Schädigung erwarten läßt, Anzeige erstattet werden (Hallbauer a. a. O. S. 483). Über den Beginn der Anzeigefrist des nach § 10 Abs. 2 Ersatzberechtigten vgl. oben Bem. II. Weder das AG. noch die Vorschriften des BGB. über Fristen lassen entnehmen, wie es sich mit dem Laufe der Anzeigefrist verhält, wenn der Ersatzpflichtige zwar vor Anzeigeerstattung, aber nachdem seine Person dem Ersatzberechtigten bekannt geworden ist, stirbt. § 207 BGB. ist nicht ohne weiteres anwendbar, da es sich nicht um eine Verjährungs-, sondern um eine Ausschlußfrist handelt. Man könnte daran denken, in analoger Anwendung des § 207 Satz 2 BGB. dem Ersatzberechtigten eine weitere Frist von 2 Monaten einzuräumen, beginnend von dem Tage an, an welchem die Erbschaft angenommen oder der Konkurs über den Nachlaß eröffnet wird oder von welchem an die Anzeige an einen Vertreter erstattet werden kann. In gleicher Weise müßte dann der Fall entschieden werden, wenn der Ersatzberechtigte stirbt, nachdem er Kenntnis von der Person des Pflichtigen erlangt hat. Doch erscheint dieses immerhin nicht unbedenkliche Mittel einer analogen Anwendung des § 207 BGB. nicht notwendig. Man wird auf Grund des § 15 Satz 2 erste Alternative (Unterbleiben der Anzeige aus einem vom Ersatzberechtigten nicht zu vertretenden Umstande) zu einem den Interessen des Ersatzberechtigten entsprechenden Resultate kommen (vgl. unten Bem. VI, 1).

Nach § 187 BGB. ist der Tag der Kenntniserlangung für die Berechnung der Anzeigefrist nicht mitzuzählen. Fällt der letzte Tag der Frist auf einen Sonn- oder Feiertag, so endet gemäß § 193 BGB. die Frist erst an dem nächstfolgenden Werktag; denn es ist innerhalb der Frist eine Leistung zu bewirken, nämlich eine Anzeige zu machen (Josef in Gruchots Beitr. 52, 274 u. 285; Planck, BGB. § 485 Bem. 1 c; Scherling in Gruchots Beitr. 51, 129 ff.; Krause § 15 Bem. 3 S. 185).

Der Ablauf der Anzeigefrist ist nicht etwa von Amts wegen zu beachten, sondern es ist Sache des Ersatzpflichtigen, sich hierauf zu berufen (Hallbauer AG. § 15 Bem. 4 S. 42 und in SeuffBl. 74 S. 482; Krause § 15 Bem. 2 S. 185; a. M. Kirchner § 15 Bem. 3 S. 235; Neukirch-Rosenmeyer § 14 Anm. 10 S. 144).

VI. **Unterlassung der Unfallanzeige.** Die Nichterstattung der Anzeige seitens des Ersatzberechtigten innerhalb der zweimonatlichen Frist hat zur Folge, daß der Ersatzberechtigte jeden Anspruch gegen den Ersatzpflichtigen, soweit er sich auf die Vorschriften des AG. gründet, verliert. Die Frist des § 15 hat also den Charakter einer Ausschluß-, nicht einer Verjährungsfrist. Mit ihrem Ablauf erlischt der Anspruch selbst, nicht bloß das Klagerecht; es bleibt also nicht etwa wie bei der Verjährung eine Naturalobligation übrig; das in Unkenntnis des Erlöschens Geleistete kann deshalb zurückgefordert werden. Für eine Anerkennung des Anspruchs durch den Schuldner, wie in § 208 BGB. bei der Verjährung, ist hier kein Raum. In der Erklärung des Ersatzpflichtigen, er werde trotz Unterlassung der Anzeige zahlen, liegt eine nach §§ 516 ff. BGB. zu beurteilende Schenkung. Nur in 2 Fällen hat die Unterlassung der Anzeige den Verlust der Ersatzansprüche nicht zur Folge, nämlich dann, wenn die Anzeige infolge eines von dem Ersatzberechtigten nicht zu vertretender Umstandes unterblieben ist und weiter dann, wenn der Ersatzpflichtige innerhalb der Ausschlußfrist auf andere Weise von dem Schaden Kenntnis erhalten hat.

1. Unterbleiben der Anzeige infolge eines von dem Berechtigten nicht zu vertretenden Umstandes. Die Anzeigeerstattung ist eine dem Berechtigten im Interesse des Ersatzpflichtigen vom Gesetze auferlegte

Verbindlichkeit. Bei ihrer Erfüllung hat er gemäß § 276 BGB. Vorsatz und Fahrlässigkeit zu vertreten. Ein von ihm nicht zu vertretender Umstand liegt also nur vor, wenn die Anzeige weder aus Vorsatz noch aus Fahrlässigkeit unterblieben ist, der Ersatzberechtigte vielmehr trotz Beobachtung der im Verkehr erforderlichen Sorgfalt zur Anzeigeerstattung nicht imstande war. Der Verletzte, der zwar bei oder sofort nach dem Unfall von seinem Schaden und der Person des Ersatzpflichtigen Kenntnis erhält, dann aber in eine schwere Krankheit verfällt, die ihm bis zum Ende der Ausschlußfrist die Mitteilung der Anzeige unmöglich macht, darf hiedurch keinen Nachteil erleiden. Selbst dann, wenn diese Krankheit erst längere Zeit nach dem Unfall, vielleicht sogar erst gegen das Ende der Ausschlußfrist ausgebrochen ist, kann dem Ersatzberechtigten daraus, daß er mit der Anzeigeerstattung solange zögerte, ein Vorwurf nicht gemacht werden; das Gesetz gibt ihm das Recht, 2 Monate mit der Anzeigeerstattung zu warten und er handelt nicht schuldhaft, wenn er die Anzeigeerstattung bis an das Ende der ihm verstatteten Frist hinausschiebt. Auch in der Person des Ersatzpflichtigen liegende Umstände können die Unterlassung der Anzeige rechtfertigen, so z. B., daß der Haftpflichtige seinen Wohnsitz gewechselt hat und die neue Adresse dem Berechtigten erst verspätet bekannt wurde.

Nach Gordan § 15 Bem. 5 S. 135 muß der Ersatzberechtigte, dem zwar die Person, nicht aber der Aufenthalt des Ersatzpflichtigen bekannt ist, die Anzeige gemäß § 132 Abs. 2 BGB. im Wege der öffentlichen Zustellung erstatten. Ich halte diese Ansicht nicht für zutreffend. Die nach § 15 zu erstattende Anzeige muß dem Ersatzpflichtigen zugehen; andernfalls hat sie für ihn nicht die beabsichtigte Wirkung. Durch die öffentliche Zustellung erfolgt aber ein solches Zugehen nicht; die Erklärung gilt nur als zugestellt (§ 206 ZPO.), d. h. das Gesetz stellt eine Fiktion des Zugehens auf. Diese Fiktion kann von Wert sein für den, der ohne die Möglichkeit der öffentlichen Zustellung seiner Erklärung den Verlust eines ihm zustehenden Anspruchs befürchten müßte. Die Anzeigepflicht des § 15 ist aber nicht sowohl im Interesse des Ersatzberechtigten, als vielmehr des Ersatzpflichtigen aufgestellt. Für ihn hat aber eine öffentliche Zustellung, von der er regelmäßig keine Kenntnis erhält, kein Interesse. Man wird vielmehr sagen müssen: Mit der Kenntnis von der Person des Ersatzpflichtigen ist die Ausschlußfrist des § 15 in Lauf gesetzt. Der Ersatzberechtigte hatte zwar keine

Pflicht, über die Person des Haftpflichtigen Erkundigungen anzustellen (s. oben § 14 Bem. III, 3); wenn ihm aber einmal die Person bekannt ist, ist er verpflichtet, sich über die Adresse zu vergewissern. Kann er die Adresse nicht ausfindig machen, dann liegt ein Fall des § 15 Satz 2 vor, er ist durch einen von ihm nicht zu vertretenden Unfall an der Anzeigeerstattung verhindert und die Anzeige kann deshalb ohne Nachteil für ihn unterbleiben. Schon der Umstand, daß § 132 BGB. das Unbekanntsein des Aufenthalts gleichstellt mit dem Fall, wo die Person des Anzeigegegners nicht bekannt ist, drängt zu der Annahme, die öffentliche Zustellung, die für das AG. bei Nichtkenntnis des Ersatzberechtigten von der Person des Ersatzpflichtigen ausgeschlossen ist, auch in dem andern Fall, daß bloß der Aufenthalt des Ersatzpflichtigen unbekannt ist, außer Anwendung zu lassen.

Auch äußere Umstände, die weder in der Person des Ersatzberechtigten noch in der des Ersatzpflichtigen liegen, können die Unterlassung der Anzeige entschuldbar machen; z. B. ein Eisenbahnunglück verhindert den rechtzeitigen Zugang der der Post zur Beförderung übergebenen Anzeige.

Fällt der Umstand, der den Ersatzberechtigten in entschuldbarer Weise an der Anzeigeerstattung innerhalb der Ausschlußfrist verhindert hat, nachträglich, wenn auch nach Ablauf der Ausschlußfrist weg, dann wird man den Ersatzberechtigten für verpflichtet erklären müssen, die Anzeige jetzt nachzuholen, soferne nicht inzwischen der Haftpflichtige auf andere Weise bereits Kenntnis erhalten hat (vgl. W a l d e c k § 15 Bem. 5 S. 111, der diese Pflicht des Ersatzberechtigten aus §§ 275—285 BGB. herleitet). Dem Ersatzberechtigten ist dabei nicht etwa eine neue mit der Behebung des Hindernisses laufende Frist von 2 Monaten zu gewähren, sondern der vor Eintritt des Hindernisses bereits verstrichene Teil der Ausschlußfrist ist anzurechnen und dem Berechtigten nur noch soviel Zeit zu gewähren, als an dieser bereits in Lauf gesetzten, aber durch den Eintritt des Hindernisses unterbrochenen Frist noch fehlte.

Hierher gehören auch die Fälle, daß der Ersatzpflichtige oder der Ersatzberechtigte vor Anzeigeerstattung stirbt (vgl. oben Bem. V). Stirbt der Ersatzpflichtige, nachdem seine Person dem Ersatzberechtigten bekannt geworden war, so ist der letztere mit Rücksicht auf die dem Erben für Erklärung der Erbschaftsannahme und Ausschlagung gewährte Frist oder weil ein Vertreter des Nachlasses zurzeit nicht existiert, ohne sein Verschulden nicht in der Lage, die Unfallanzeige zu erstatten. Diese Möglichkeit ist dem Ersatzberechtigten frühestens gegeben von dem Zeitpunkt an, in welchem die Erbschaft von dem Erben angenommen oder der Konkurs über den Nachlaß eröffnet wird oder von dem an die Anzeige gegen einen Vertreter des Nachlasses erstattet werden kann. Frühestens von diesem Zeitpunkt ab läuft die mit der Kenntnis von der Person des gestorbenen Ersatzpflichtigen in Lauf gesetzte Ausschlußfrist weiter. Um die Ausschlußfrist wieder in Lauf zu setzen, muß der Ersatzberechtigte aber auch die Personen der Erben oder Nachlaßvertreter in Erfahrung gebracht haben. Allerdings wird man ihn, wenn ihm der Name des ursprünglich Haftpflichtigen bekannt war, für verpflichtet erklären müssen, sich durch Anfrage bei Gericht über diese Personen zu erkundigen und er wird, wenn er diesen Schritt zu tun unterläßt, die Unterlassung der Anzeige zu vertreten haben. Nur dann, wenn eine einfache Anfrage bei Gericht die notwendige Aufklärung nicht bringt oder (z. B. bei ausländischen Erbschaften) mit besonderen Umständen oder Auslagen verbunden ist, wird dem Ersatzberechtigten eine Erkundigung nicht zur Pflicht gemacht werden können. Die gleiche Pflicht zur Erkundigung über die Person der Erben muß man dem Ersatzberechtigten auferlegen, wenn er von der Person des Ersatzpflichti en erst nach dessen Tod Kenntnis erlangt.

Stirbt der Ersatzberechtigte, so handeln seine Erben nicht fahrlässig, wenn sie während der ihnen zustehenden Überlegungsfrist eine Anzeige nicht erstatten; das Gesetz legt ihnen keine Pflicht auf, vor Ablauf dieser Frist etwaige unaufschiebbare Handlungen für den Nachlaß vorzunehmen. Die bei Lebzeiten des Ersatzberechtigten in Lauf gesetzte, aber noch nicht abgelaufene Ausschlußfrist läuft deshalb auch hier erst weiter von dem Zeitpunkt an, in welchem die Erbschaft angenommen oder der Konkurs über den Nachlaß eröffnet wird oder von welchem an die Anzeige von einem Vertreter des Nachlasses geltend gemacht werden kann. Hatte der verstorbene Ersatzberechtigte Kenntnis von der Person des Ersatzpflichtigen, so ist den Erben diese Kenntnis ihres Rechtsvorgängers nicht ohne weiteres als ihre eigene anzurechnen; doch wird in der Regel eine Nichtkenntnis in diesem Punkte nicht entschuldbar sein. Nur ausnahmsweise, z. B. wenn die Erben im Auslande wohnten, ist ihre Unkenntnis entschuldbar, sodaß dann die Frist erst von dem Zeitpunkt weiter läuft, in dem sie die Person des Ersatzpflichtigen erfuhren. Doch läuft auch in diesem Falle für sie von diesem Zeitpunkt nicht etwa eine neue Frist, sondern es läuft nur die dem Erblasser eröffnete Frist weiter.

Die dem Ersatzberechtigten obliegende Anzeigepflicht ist eine Verbindlichkeit im Sinne des § 278 BGB.; daher hat der Ersatzberechtigte, wenn er sich zur Bewirkung der Anzeige eines Dritten bedient, dessen Verschulden bei Ausführung der Anzeige wie eigenes zu vertreten (vgl. Waldeck § 15 Bem. 5 S. 110; a. M. Hallbauer a. a. O. S. 486). Für Anwendung des § 278 BGB. bei der allerdings auf dem Vertrag beruhenden Anzeigepflicht des Versicherungsnehmers Josef in Gruchots Beitr. 52, 274 ff. Trifft den Beauftragten an der Unterlassung der Anzeige kein Verschulden, z. B. weil ihn ein schwerer Unfall betraf, der ihn an der Ausführung des Auftrags hinderte, dann kann dennoch eine verschuldete Verletzung der Anzeigepflicht des Berechtigten vorliegen, weil er die Überwachung des Beauftragten unterlassen hat.

2. Von der Erwägung ausgehend, daß die Anzeigepflicht dem Ersatzberechtigten nur auferlegt wird, damit der Ersatzpflichtige in der Lage ist, genaue Erhebungen über den Unfall zu treffen, bestimmt Satz 2 ferner, daß die Rechtsfolge des Verlustes der Ersatzansprüche nicht eintritt, wenn der Haftpflichtige von dem Schaden in anderer Weise innerhalb der Anzeigefrist Kenntnis erlangt. Ausreichend ist nur, wenn der Haftpflichtige selbst oder ein dazu bevollmächtigter Vertreter Kenntnis hat. Das Gesetz spricht irrtümlich von einer Kenntnis des „Schadens", richtig soll es heißen „des Unfalls". Der Entwurf hatte, wie schon oben Bem. II ausgeführt, auch in Satz 1 von einem Anzeigen des Schadens, nicht des Unfalls gesprochen: in der Kommission hat man das Wort Schaden in Satz 1 in Unfall umgeändert, während in Satz 2 nur versehentlich die Änderung unterblieb. Es ist also so anzusehen, als wenn im Gesetze „Unfall" stände. A. M. Waldeck § 15 Bem. 6 S. 111 f., der den verschiedenen Wortlaut für beabsichtigt hält und ausführt: „Der Begriff des Schadens ist weiter als der des Unfalls. Die z. B. gemäß § 10 Abs. 2 unterhaltsberechtigte Witwe kann sich, wenn sie die Ausschlußfrist schuldhafterweise versäumt hat, nicht darauf berufen, daß der Ersatzpflichtige binnen 2 Monaten nach dem Tode des Mannes davon gehört hat, daß das Ableben auf den Unfall zurückzuführen ist. Damit hat der Ersatzpflichtige noch keine Kenntnis von dem Schaden, den die Witwe erlitten hat und den er zu ersetzen hat. Durch die Anzeige soll der Haftschuldner nicht nur

über den stattgefundenen Unfall unterrichtet werden, der ihm in der Regel nicht verborgen bleiben wird, sondern er soll in erster Linie von der zivilrechtlichen Tragweite des Unglücks Kenntnis erhalten und danach seine Maßnahmen treffen". Ich kann diese Ausführungen als richtig nicht anerkennen. Das Interesse des Haftschuldners ist gewahrt, wenn er von dem Unfall in dem nachstehend zu erörternden Umfang erfährt; er ist dann in der Lage, weiter nachzuforschen.

Die auf andere Weise erlangte Kenntnis muß sich auf dieselben Punkte erstrecken, die in den sonstigen Fällen durch die Anzeige zur Kenntnis des Schuldners zu bringen sind. Es muß also der Verpflichtete erfahren haben, daß einer bestimmten Person oder bestimmten Personen durch sein Fahrzeug ein Unfall zugestoßen sei, der möglicherweise einen Schaden zur Folge haben kann. Eine Kenntnis von dem Umfang des Schadens ist nicht notwendig; ja es ist nicht einmal nötig, daß ein Schaden bereits eingetreten ist. Muß der Ersatzpflichtige nach der ihm gewordenen Kenntnis damit rechnen, daß aus dem Unfall vermögensrechtliche Folgen entstehen können, dann ist es seine Sache, die weiteren Nachforschungen anzustellen und er ist nicht beschwert, wenn infolge seiner Untätigkeit der Tatbestand verwischt wird. Dagegen ist es in der Regel notwendig, daß der Ersatzpflichtige Kenntnis von der Person des Verletzten bekommt, weil nur diese Kenntnis ihm ermöglicht, über ein seine Haftung ausschließendes Verhalten des Verletzten Nachforschungen anzustellen (a. M. Hallbauer S. 487). Allerdings gibt es auch Fälle, wo eine Kenntnis von der Person des Ersatzberechtigten nicht nötig ist; so z. B., wenn ein frei herumlaufender Hund überfahren wurde; hier spielt die Person des Hundeeigentümers keine Rolle. Hat er nur von einem der mehreren Ersatzberechtigten Kenntnis erlangt, so kann sich der andere Berechtigte, der eine Anzeige versäumte, zur Begründung seines Ersatzanspruchs auf diese Kenntnis nicht berufen (vgl. oben Bem. II). Hat von mehreren Ersatzpflichtigen nur einer Kenntnis erlangt, so ist dies für die Frage der Haftung der übrigen Pflichtigen ohne Bedeutung.

Kenntnis muß der Ersatzpflichtige erlangt haben; Kennenmüssen genügt nicht und ebensowenig reicht eine bloße Vermutung aus; es wird bestimmtes Wissen verlangt. „Auf andere Weise" erlangt der Haftpflichtige auch dann Kenntnis von dem Unfall, wenn der Ersatzberechtigte ohne vorherige Anzeige gegen ihn Klage erhebt oder ihm den Streit verkündet. Dem Antrag auf

Sicherung des Beweises, der nach § 485 BGB. die Anzeige ersetzt, kann nach § 15 die gleiche Bedeutung nur eingeräumt werden, wenn der Ersatzpflichtige von dem Beweisaufnahmetermin nach § 491 ZPO. Kenntnis erlangt. Die Kenntnis des vom Gericht nach § 494 Abs. 2 für den unbekannten Ersatzpflichtigen bestellten Vertreters genügt nicht. Übrigens wird der Ersatzberechtigte, da ja den Gegner die Beweislast trifft, zum Antrag auf Beweissicherung in der Regel keinen Anlaß haben (vgl. Gordan § 15 Bem. 6 S. 135).

Notwendig ist weiter, daß der Ersatzpflichtige innerhalb der Ausschlußfrist Kenntnis erlangt hat; eine spätere erlangte Kenntnis läßt das untergegangene Recht nicht wieder aufleben.

VII. **Beweislast.** Der Ersatzpflichtige hat nachzuweisen, daß der Berechtigte von dem Schaden und der Person des Ersatzpflichtigen Kenntnis erlangt hat und daß seit dieser Zeit 2 Monate verstrichen sind. Der Beweis von der Kenntnis des Schadens wird dann, wenn Ersatzberechtigter und Verletzter identisch sind, bei Personenschaden in der Regel von selbst gegeben sein; doch kann auch hier, wenn die Folgen des Unfalls sich erst längere Zeit nach dem Unfall bemerkbar machen, der Zeitpunkt zweifelhaft sein. Hat der Ersatzpflichtige den ihm obliegenden Beweis erbracht, dann ist es Sache des Ersatzberechtigten, darzutun, daß er innerhalb der Frist die Anzeige gemacht hat oder daß einer der beiden Ausnahmefälle des § 15 S. 2 vorliegt, die ihn der Pflicht zur Anzeigeerstattung überheben. Übereinstimmend Hallbauer AG. § 15 Bem. 4 S. 42 und in SeuffBl. 74, 485, Krause § 15 Bem. 2 S. 185, Gordan § 15 Bem. 3 S. 133; a. M. Kirchner Bem. 3 S. 235 und Neukirch-Rosenmeyer § 15 Anm. 3c S. 150).

§ 16.

Unberührt bleiben die reichsgesetzlichen Vorschriften, nach welchen der Fahrzeughalter für den durch das Fahrzeug verursachten Schaden in weiterem Umfang als nach den Vorschriften dieses Gesetzes haftet oder nach welchen ein anderer für den Schaden verantwortlich ist.

Entw. I § 7; Entw. II § 10; Begr. S. 16; KommB. S. 28.

I. Das vorliegende Gesetz beschäftigt sich nur mit der im wesentlichen Punkten beschränkten Haftung, die den Fahrzeughalter als solchen, ohne Rücksicht auf ein von ihm zu vertretendes Verschulden, trifft. Nur auf den Fall, daß die

Haftung ausschließlich nach den Vorschriften des § 7 begründet ist, beziehen sich diese Beschränkungen der Haftung. Damit ist aber das Schadensersatzrecht für Beschädigungen durch Kraftfahrzeuge nicht erschöpfend geregelt; vielmehr bleiben daneben die bisherigen Bestimmungen des bürgerlichen Rechts, nach welchen eine Haftung des Fahrzeughalters oder eines anderen für den durch ein Fahrzeug verursachten Schaden in Frage kommen kann, nach Maßgabe des § 16 ausdrücklich bestehen.

II. **Landesrechtliche Vorschriften.** Der Art. 105 EG. BGB. hatte bestimmt:

„Unberührt bleiben die landesgesetzlichen Vorschriften, nach welchen der Unternehmer eines Eisenbahnbetriebs oder eines andern mit gemeiner Gefahr verbundenen Betriebs für den aus dem Betriebe entstandenen Schaden in weiterem Umfange als nach den Vorschriften des BGB. verantwortlich ist."

Bis zum Erlasse des vorliegenden Gesetzes haben die Landesgesetzgebungen, soweit Haftpflichtvorschriften für Kraftfahrzeuge in Frage kommen, von diesem Vorbehalt, der auch nach dem Inkrafttreten des BGB. die Erlassung neuer Vorschriften ermöglicht hätte, keinen Gebrauch gemacht. Es kann überhaupt fraglich erscheinen, ob der Art. 105 eine landesgesetzliche Kompetenz für dieses Gebiet geschaffen hat; denn er spricht nur von „anderen mit gemeiner Gefahr verbundenen Betrieben" und es wird kaum angängig sein, den Verkehr mit Kraftfahrzeugen schlechthin unter den Begriff des Betriebs zu bringen oder den Fahrzeughalter, wie dies allerdings der Entwurf von 1906 getan hatte, als Betriebsunternehmer zu bezeichnen (vgl. Jacusiel in LeipzZ. 08 S. 53 ff.). Vor allem erscheint es bedenklich, die Begriffe „Betrieb" und „Betriebsunternehmer" anzuwenden auf Kraftfahrzeuge, die keinen wirtschaftlichen oder gewerblichen, sondern nur Luxuszwecken dienen (vgl. Begr. zu § 1 des Entwurfs von 1908). Durch die Bestimmung des § 16, der nur reichsgesetzliche Vorschriften aufrecht erhält, sind landesgesetzliche Vorschriften auch auf diesem Gebiete aufgehoben und die Schaffung neuer landesrechtlicher Vorschriften ist nicht mehr möglich. Dagegen bleiben unberührt

III. **die reichsgesetzlichen Vorschriften.** Vor allem kommen in Betracht:

1. Die Vorschriften des BGB. über die **Haftung aus unerlaubten Handlungen.** Verschiedene Möglichkeiten sind hier gegeben.

a) Es liegt nachweisbar ein persönliches Verschulden des Fahrzeughalters oder Führers vor; dann ist seine Haftung betragsmäßig nicht beschränkt, auch erstreckt sich die Ersatzpflicht nicht nur auf die in den §§ 10, 11 bezeichneten Schäden, sondern darüber hinaus auf alle Nachteile, die der Unfall für den Erwerb oder das Fortkommen des Verletzten herbeiführt, z. B. auf den Schaden, den der Verletzte, obwohl er in seiner Erwerbsfähigkeit nur vorübergehend beeinträchtigt ist, dadurch erleidet, daß er seine Erwerbsstellung einbüßt oder die Aussicht, eine solche zu erlangen, verliert (§ 842 BGB.). Ebenso kann der im § 847 BGB. vorgesehene Anspruch auf eine billige Entschädigung in Geld wegen des Schadens, der nicht in einem Vermögensschaden besteht, geltend gemacht werden, und in gleicher Weise steht einem Dritten, dem der Verletzte kraft Gesetzes zur Leistung von Diensten im Haushalt oder Gewerbe verpflichtet ist, ein Ersatzanspruch gemäß § 845 BGB. zu; und es ist endlich die Verjährungsfrist länger (§ 852 BGB.).

Ferner haftet der Fahrzeughalter auf Grund der unerlaubten Handlung auch dann, wenn zur Zeit des Unfalls der Verletzte oder die beschädigte Sache durch das Fahrzeug befördert wurde oder wenn der Verletzte bei dem Betrieb des Fahrzeugs tätig war. Die in § 8 Ziff. 1 enthaltene Einschränkung bezüglich des Kreises der ersatzberechtigten Personen kommt hier also in Wegfall. Doch ist hierbei stets zu berücksichtigen, daß möglicherweise zwischen dem Halter und dem Geschädigten ein Vertragsverhältnis bestand.

Da der Kläger lediglich die zur Begründung seines Anspruchs dienenden Tatsachen vorzutragen, das Gericht dagegen zu prüfen hat, ob auf Grund dieser Tatsachen der erhobene Anspruch begründet ist, so hat das Gericht in allen Fällen von Amts wegen zu prüfen, ob der Klageanspruch, wenn nicht nach dem AG., so doch nach BGB. begründet sein könne (Neukirch-Rosenmeyer § 16 Anm. 1).

α) Bei Untersuchung der Frage, ob ein Verschulden und deshalb eine Haftung des Fahrzeughalters oder Führers nach § 823 BGB. vorliegt, ist von dem Grundsatz auszugehen, daß nach dem Grade der mit einem bestimmten Unternehmen oder Betriebe für Dritte hervorgerufenen Gefahr auch die Anforderung an die hierbei anzuwendende Sorgfalt sich steigert (vgl. auch § 7 Bem. VIII, 6). Hiernach bedingt die außerordentlich große Gefahr, welche mit dem Automobilverkehr auf öffentlichen Straßen verknüpft ist, im Interesse der Sicherheit des Publikums eine ganz besonders große Aufmerksamkeit und Vorsicht des Führers (RG. 16. 3. 06, abgedruckt in Beil. c Ziff. 12 des Kommissionsberichts; RG. 20. 9. 06 JW. 06, 681, DJZ. 06, 1318, Gruchots Beitr. 51, 978; RG. 4. 1. 08 JW. 08, 106, EisenbE. 24, 381, Recht 08 Ziff. 1544; RG. 23. 4. 08 JW. 08, 405; OLG. Dresden EisenbE. 20, 229 ff.; OLG. Darmstadt DJZ. 08, 432, EisenbE. 24, 339; OLG. Braunschweig in BraunschwZ. 07 S. 164). Doch darf die Anforderung an die im Verkehr erforderliche Sorgfalt nicht so hoch gespannt werden, daß der Führer mit jeder Ungeschicklichkeit und Unbesonnenheit dritter Personen rechnen müßte (RG. 10. 10. 04 JW. 04 ,572). Die durch einen gesunden und normalen Verkehr gewonnenen Erfahrungen dürfen dem einzelnen Fahrer die Grundlage geben für sein Urteil über die Gefährlichkeit oder Zulässigkeit seines Verfahrens (RG. 11. 5. 04 JW. 04, 356); auf eine im Verkehr eingerissene Nachlässigkeit oder Unsitte darf sich der Fahrer also nicht berufen (RG. 11. 5. 04 JW. 04, 357). Für den Führer gilt insbesondere der Satz: imperitia culpae adnumeratur. Wer sich, ohne im Besitz der erforderlichen technischen Fertigkeit oder auch der erforderlichen geistigen oder körperlichen Kräfte zu sein, einer Leistungspflicht unterzieht, handelt durch Übernahme einer Aufgabe, der er nicht gewachsen ist, fahrlässig. Ein Verschulden des Führers kann also schon darin gefunden werden, daß er im Augenblick der Gefahr den nach Lage der Sache notwendigen Entschluß nicht mit der erforderlichen Raschheit zu fassen und auszuführen versteht. Wer auf einer durch Regen schlüpfrig gewordenen Straße ein mit einem besetzten sog. Vorsteckwagen versehenes Motorrad durch Anschieben mit nachfolgendem Aufspringen in Gang zu setzen unternimmt, handelt nicht mit der im Verkehr erforderlichen Sorgfalt und ist für den Schaden verantwortlich, den die im Vorsteckwagen sitzende Person dadurch erleidet, daß das Aufspringen mißlingt und das führerlose Rad auf ein Hindernis aufprellt (OLG. Stuttgart 24. 5. 07 Recht 07 Nr. 1438). Der Führer eines Kraftfahrzeugs muß die für den Verkehr mit solchen Fahrzeugen erlassenen polizeilichen Vorschriften kennen und zwar, wenn er durch fremde Länder fährt, auch die hier geltenden Vorschriften; Unkenntnis gilt als Verschulden; auch der ausländische Führer kann sich nicht darauf berufen, daß ihm die deutschen Bestimmungen nicht bekannt gewesen seien.

β) Die Bundesrats-Verordnung vom 3. Februar 1910 (RGBl. S. 389) hat in den §§ 3—6, 15—21 die dem Fahrzeughalter und Führer obliegenden besonderen Pflichten einzeln aufgeführt. Diese Bestimmungen stellen sich als Schutzgesetze im Sinne des § 823 Abs. 2 BGB. dar (vgl. RG. 23. 12. 07 EisenbE. 24 S. 290; OLG. Bamberg 28. 4. 06, BayRpflZ. 06 S. 298). Ein Verstoß hiergegen wird also regelmäßig die Haftung des Führers begründen, während umgekehrt selbst die genaue Befolgung aller dieser Anordnungen nicht in allen Fällen die Haftung ausschließen wird. Die in der BV. v. 3. 2. 10 enthaltenen Vorschriften geben nur Anhaltspunkte für das Mindestmaß der anzuwendenden Sorgfalt (Haberstumpf in SeuffBl. 74, 416; Neukirch-Rosenmeyer § 7 Bem. 27; RG. 20. 9. 06 JW. 06, 681; 23. 4. 08 JW. 08, 405). Zur Annahme eines schuldhaften Verstoßes gegen ein Schutzgesetz genügt in der Regel, daß der Fahrzeughalter bewußterweise der Polizeivorschrift zuwider gehandelt hat; namentlich braucht nur der Verstoß als solcher, nicht auch die Schadenszufügung vorausgesehen oder voraussehbar gewesen zu sein. Allerdings gibt es auch Fälle, in denen selbst die bewußte Übertretung eines Schutzgesetzes den Täter nicht schadensersatzpflichtig macht (vgl. § 7 Bem. VIII, 6); es lassen sich Möglichkeiten denken, wo bei einer Kollision von Pflichten und Interessen die Nichtbefolgung eines Schutzgesetzes, wenn nicht geboten, so doch entschuldbar ist. Allein damit, daß ein Verhalten des Täters unter Umständen das zweckmäßigere ist, läßt sich die Übertretung des Gesetzes nicht rechtfertigen. Wenn eine Polizeivorschrift zur Vermeidung von Verletzungen anderer im Verkehr, wie namentlich im Verkehr mit Kraftfahrzeugen, ein bestimmtes Verhalten positiv vorschreibt, ohne dabei dem Ermessen des Handelnden einen gewissen Spielraum zu lassen, so hat der Einzelne sich an diese Vorschrift zu halten, es sei denn, daß die Situation eine ganz außerordentliche, eine solche wäre, die das Gesetz vernünftigerweise nicht im Auge haben konnte. Es ist nicht Sache des Einzelnen oder der betreffenden Kreise des Publikums, sondern des Gesetzgebers, festzustellen, ob durch die fragliche Vorschrift einer generell bestehenden Gefahr wirksam vorgebeugt werden kann, und solange die Vorschrift einmal besteht, darf sich der Einzelne nicht darüber hinwegsetzen. Als Voraussetzung der Exkulpation gegenüber dem bewußten Verstoße gegen ein Schutzgesetz gilt, daß objektiv die Handlungsweise das Richtigere nud Zweckmäßigere darstellt. Dagegen kann die gute Absicht allein den Täter nicht entschuldigen (RG. 15. 4. 09 JW. 1909 S. 133, Gruchot 53 S. 1014, EisenbE. 26 S. 60; RG. 16. 5. 04 JW. 1904 S. 408; RG. 5. 4. 09 JW. 09 S. 312). So kann sich der Führer gegenüber der Vorschrift des § 20 Abs. 1 BV., die bei Scheuwerden begegnender Tiere unter Umständen Halten und Abstellen des Motors verlangt, nicht darauf berufen, daß nach seiner Erfahrung oder der Erfahrung anderer Kraftzeugfahrer es angezeigter sei, an dem scheuenden Tiere vorbeizufahren.

Steht fest, daß der Fahrzeughalter sich eines Verstoßes gegen eine Schutzvorschrift schuldig gemacht hat, so hat der Verletzte nicht etwa noch weiter den Beweis zu führen, daß den Halter ein Verschulden treffe. Vielmehr ist es umgekehrt Sache des Halters, nachzuweisen, daß er trotz des äußerlich feststehenden Verstoßes von Verschulden frei sei (ROH. 1. 2. 78 Bd. 23, 187, Neukirch-Rosenmeyer § 16 Anm. 8 S. 160).

In der Rechtsprechung des ROHG. und des RG. ist bei Schiffskollisionsfällen wiederholt die rechtliche Vermutung angewendet worden, daß das Zuwiderhandeln gegen gesetzliche zum Schutz bestimmter Interessen gegebene Vorschriften als kausal für die Entstehung eines Schadens, dessen Verhütung durch jene Vorschrift bezweckt wurde, anzusehen sei und demgemäß angenommen worden, daß die Entschädigungsklage des Verletzten keiner weiteren Begründung bedürfe als des Nachweises der erfolgten Beschädigung und des äußerlichen Zuwiderhandelns des Beklagten gegen die gesetzliche Vorschrift (ROHG. 8. 6. 71 Bd. 3, 40; ROHG. 20. 2. 73 Bd. 9, 171; ROHG. 1. 2. 78 Bd. 23, 186; RG. 14. 10. 82 RGZ. 10, 14; 7. 7. 88 RGZ. 21, 109; 18. 2. 93 RGZ. 31, 63). Aus dieser durch die Bedürfnisse der Schiffahrt hervorgerufenen Praxis läßt sich nicht ein allgemein durchgreifender Rechtssatz entwickeln. Rümelin, Arch. f. ziv. Pr. 90, 293 führt die Anwendung der Präsumtion, daß bei Einhaltung der Schutzvorschrift der Schaden vermieden worden wäre, gemäß „deren dem Übertreter der Gegenbeweis auferlegt werde, derselbe wäre auch sonst eingetreten, wobei der bloße Nachweis einer Möglichkeit sonstigen Eintritts nicht ausreichen solle", auf § 287 ZPO. zurück und meint, diese Präsumtion entspreche einem dringenden praktischen Bedürfnisse, da bei relativ wirkenden Schutzmaßregeln niemals der strikte Beweis zu erbringen wäre, der Schaden wäre durch die Schutzmaßregel vermieden worden; deshalb werde sie auch für das Recht des BGB. (§ 823 Abs. 2) festzuhalten sein. § 287

ZPO. räumt dem Richter allerdings freies Ermessen hinsichtlich der Frage des Kausalzusammenhangs zwischen Schaden und Verschulden ein. Der Richter soll nicht daran gebunden sein, den Kausalzusammenhang nur dann anzunehmen, wenn er die Überzeugung gewonnen hat und feststellt daß der Schaden die notwendige, jede andere Möglichkeit ausschließende Folge des Verschuldens gewesen sei (RG. 6. 11. 83 RGZ. 10, 66; vgl. § 7 Bem. III). Die Freiheit des Ermessens in der Annahme des Kausalzusammenhangs begründet aber auch nach der andern Seite keinen Vermutungszwang für die Annahme desselben (RG. 16. 5. 04 JW. 04, 408; ebenso Neukirch-Rosenmeyer § 16 Anm. 8 S. 160).

γ) Die Kraftfahrzeuge müssen nach § 3 der angeführten Verordnung verkehrssicher (vgl. § 1 Bem. II, 4a) und insbesondere so gebaut, eingerichtet und ausgerüstet sein, daß Feuers- und Explosionsgefahr sowie jede vermeidbare Belästigung von Personen und Gefährdung von Fuhrwerken durch Geräusch, Rauch Dampf oder üblen Geruch ausgeschlossen ist (vgl. § 1 Bem. II, 4a), müssen also so eingerichtet sein, daß Gefahren für Insassen und Dritte, sowie Betriebsstörungen, die geeignet sind, die öffentliche Ruhe, Sicherheit und Ordnung zu beeinträchtigen, möglichst ausgeschlossen sind. Hierunter fallen zunächst solche Gefahren, die auch bei anderen Fahrzeugen entstehen können (z. B. Achsenbruch), dann aber auch die den Kraftfahrzeugen eigentümlichen, bei sorgfältiger Konstruktion vermeidbaren Gefahren. Der Fahrzeughalter haftet also für die **Beschaffenheit und Ausrüstung des Fahrzeugs** und er ist verantwortlich, wenn ihm aus Fahrlässigkeit ein ordnungswidriger Zustand des Fahrzeugs entgeht oder wenn er ein solches Fahrzeug trotz Kenntnis in Betrieb setzen läßt. Natürlich genügt der Fahrzeughalter seiner Pflicht, wenn er eine geeignete Person (§ 831 BGB.) mit der ständigen Überwachung des Fahrzeugs betraut. Über die Haftung des Halters für den Führer s. unten. Aus der Vorschrift des § 3 ist nicht zu folgern, daß der Fahrzeughalter sein Fahrzeug unter allen Umständen von Zeit zu Zeit durch einen Sachverständigen ganz im allgemeinen, also auch bezüglich aller Einzelheiten der Konstruktion untersuchen lassen müsse; eine solche Pflicht besteht nur dann, wenn Umstände vorliegen, die die Annahme begründen, daß die Konstruktion fehlerhaft sei und der weitere Gebrauch Gefahren mit sich bringen könne (RG. 8. 10. 08 Soergel Rspr. 08, 253 Ziff. 29). Wohl aber hat der Fahrzeughalter die Pflicht, das Fahrzeug vor jedem

Gebrauch auf seine Verkehrssicherheit durch den zu seiner Leitung berufenen Führer untersuchen zu lassen und, falls durch das Fahrzeug ein Unfall entsteht, hat er zu beweisen, daß bei einer solchen Untersuchung der den Unfall verursachende Fehler nicht habe entdeckt werden können

Ist das Automobil, das durch Versagen der Lenkvorrichtung den Unfall herbeigeführt hat, vor der behördlichen Zulassung von einem amtlich damit betrauten Sachverständigen geprüft und als für den Verkehr tauglich erklärt worden, hatte der Besitzer weiter Vorkehrungen getroffen, daß das Fahrzeug vor jedem Gebrauch auf seine Verkehrssicherheit durch den zu seiner Leitung berufenen Fahrer untersucht wurde, ist hierbei aber der Konstruktionsfehler, der den Unfall verursachte, ebensowenig wie seinerzeit von den Sachverständigen entdeckt worden, so hat der Besitzer jedenfalls alles getan, um seine Haftung nach § 823 BGB. zu vermeiden (RG. 8. 10. 08 EisenbE. 25, 298, Recht 08 Ziff. 3602; auch abgedruckt in der Anlage c des Kommissionsberichts Ziff. 15).

Wesentlich weiter geht bezüglich der Frage der Untersuchungspflicht des Fahrzeughalters das OLG. München 30. 11. 09 SeuffBl. 74, 152 beim Vorliegen eines Vertrags, indem es ausführt:

Bei einem Personentransportvertrag ist nach der feststehenden Rechtsprechung des Reichsgerichts (RG. 22. 4. 81 RGZ. 4, 192; 5. 10. 03 RGZ. 55, 335; 1. 7. 04 JW. 04, 484; 2. 2. 05 JW. 05, 185; 15. 4. 07 RGZ. 66, S. 15) der Transportunternehmer verpflichtet, für die körperliche Sicherheit der beförderten Personen zu sorgen und einzustehen, soferne er nicht nachweist, daß der Schaden auf Verschulden seinerseits nicht zurückzuführen ist. Da zu dem Inhalt der hiernach den Automobildroschkenunternehmer treffenden Verpflichtung auch die Verwendung eines betriebssicheren Fahrzeugs gehört, so hat der Unternehmer die Pflicht, sich zu überzeugen, ob das von ihm benützte Automobil die Eigenschaften, die zur Beförderung nötig sind, auch wirklich hat. Von dieser Vertragspflicht kann der Unternehmer durch die Tatsache allein, daß er das Automobil erst kurz vorher von einer leistungsfähigen Fabrik bezog, nicht befreit werden; denn die Tatsache, daß das Automobil erst kurz vorher hergestellt worden war, verbürgt für sich allein dessen Betriebssicherheit nicht. Man muß also dem Unternehmer auch in solchen Fällen die Pflicht zur Prüfung der Maschine, insbesondere der Steuerung auferlegen.

§ 16 der V. v. 3. 2. 10 verpflichtet den Führer für seine Person noch ausdrücklich, sich vor Antritt einer Fahrt von dem Zustande des Fahrzeugs zu überzeugen. Wird eine verhältnismäßig lange unterbrochene Fahrt fortgesetzt, so kann das unter Umständen als neue Fahrt erachtet werden, die den Führer zu einer neuerlichen Prüfung des Fahrzeugs verpflichtet (vgl. Isaac Automobilrecht 2. Aufl. S. 157). Stand das Fahrzeug bei Unterbrechung einer Fahrt, wenn auch nur für kurze Zeit, unbeaufsichtigt auf der Straße, so muß der Führer vor Fortsetzung seiner Fahrt wenigstens oberflächlich die Teile untersuchen, an denen sich ein Dritter vergreifen konnte (vgl. Krause § 7 S. 83). Der Führer haftet also, wenn er vor Antritt einer Fahrt die vorgeschriebene Untersuchung entweder gar nicht oder so flüchtig vorgenommen hat, daß ihm der bei einer ordnungsmäßigen Besichtigung wahrnehmbare Mangel entgangen ist. Zu den Pflichten des Führers gehört auch die Sorge dafür, daß das Fahrzeug vorschriftsmäßig (§ 4 Ziff. 5 BV.) beleuchtet ist. Das Kammergericht 14. 3. 07 DJZ. 07 S. 661 hat erkannt, daß die Laternen etwa eine Stunde nach Sonnenuntergang bis eine Stunde vor Sonnenaufgang brennen müssen, und zwar auch, wenn heller Mondschein ist (vgl. § 21).

d) Nach § 17 der Verordnung darf der Führer von dem Fahrzeug nicht absteigen, solange es in Bewegung ist, also auch dann nicht, wenn zwar der Motor ausgeschaltet ist, die dem Fahrzeug durch die Motorkraft mitgeteilte Bewegung aber noch andauert. Hat die Bewegung des Fahrzeugs ihr Ende erreicht, so ist das Absteigen des Führers erlaubt, auch wenn der Motor angetrieben bleibt, eine Entfernung vom Fahrzeuge ist ihm aber nur gestattet, wenn der Motor völlig zum Stillstande gebracht ist, und es ist ihm im Fall der Entfernung weiter zur Pflicht gemacht, daß er die nötigen Vorkehrungen gegen einen Antrieb des Motors durch unbefugte Dritte trifft. Hierzu wird es auch genügen, daß der Führer eine zuverlässige Person zur Beaufsichtigung des Wagens zurückläßt. Dagegen ist die vielfach für Fuhrwerke geltende Vorschrift, daß bespanntes Fuhrwerk auf öffentlichen Straßen nicht ohne Aufsicht bleiben darf (RStGB. § 366 Nr. 5) auf Kraftfahrzeuge nicht anwendbar (vgl. Isaac S. 160 und die dort Zitierten). Über den Begriff des Entfernens nach § 17 BV. vgl. § 21.

e) Der § 18 der Verordnung gibt genaue Vorschriften über die Fahrgeschwindigkeit.

Von Aufstellung einer allgemein gültigen Geschwindigkeitsgrenze hat man abgesehen; nur innerhalb geschlossener Ortsteile darf nach § 18 Abs. 2 BV. die Fahrgeschwindigkeit von 15 km in der Stunde nicht überschritten werden. Es kommt nicht darauf an, ob die ganze Ortschaft, sondern nur, ob der betreffende durchfahrene Ortsteil geschlossen ist (Isaac S. 168). Geschlossener Ortsteil ist der Teil einer Ortschaft, der sich deutlich von der Feldmark abhebt und als solcher dem Fahrer in die Augen springt; ein geschlossener Ortsteil liegt nicht schon dann vor, wenn an der Chaussee vereinzelte Häuser stehen (KG. 2. 12. 07 Recht 08 S. 171). Über den Begriff der geschlossenen Ortschaft vgl. auch § 21.

Eine Herabsetzung der Fahrgeschwindigkeit unter 15 km darf selbst für geschlossene Ortsteile nach § 23 Abs. 2 BV. nur für solche Fahrzeuge erfolgen, deren Gesamtgewicht 5,5 Tonnen übersteigt. Wenn allerdings allgemeine, nicht bloß für Kraftfahrzeuge, sondern für alle Fuhrwerke bestimmte polizeiliche Vorschriften eine weitergehende Beschränkung der Fahrgeschwindigkeit einführen, so haben diese nach § 2 Abs. 1 BV. auch für Kraftfahrzeuge Geltung.

Außerhalb geschlossener Ortschaften gibt es keine absolut bestimmte Geschwindigkeitsgrenze. Es gilt hier nur die natürlich auch auf die geschlossenen Ortsteile anzuwendende Vorschrift des § 18 Abs. 1 BV., daß jederzeit so zu fahren ist, daß Unfälle und Verkehrsstörungen vermieden werden und der Führer in der Lage bleibt, unter allen Umständen seinen Verpflichtungen Genüge zu leisten. Auf unübersichtlichen Wegen ist nach § 18 Abs. 3 BV. so langsam und vorsichtig zu fahren, daß das Fahrzeug sofort zum Halten gebracht werden kann; § 18 Abs. 3 BV. zählt eine Reihe von Fällen auf, in denen eine solche Bemessung der Fahrgeschwindigkeit verlangt wird. Wenn es dabei heißt, „endlich überall da, wo ein lebhafter Verkehr herrscht", so ist hierunter zu verstehen, daß im Augenblick des Vorbeifahrens ein solcher lebhafter Verkehr bestanden haben muß, nicht aber, daß die Geschwindigkeit auch dann zu ermäßigen sei, wenn an der fraglichen Stelle für gewöhnlich, wenn auch nicht im kritischen Augenblick ein starker Verkehr stattzufinden pflegt (KG. 30. 11. 08 Recht 09 S. 183). Die angeführte Entscheidung ist zwar noch auf Grund der Grundzüge von 1906 ergangen, die an Stelle des Wortes „herrscht" den Ausdruck „stattfindet" gebraucht hatten; eine materielle Änderung ist aber damit offenbar nicht beabsichtigt (Neukirch-Rosenmeyer § 7 Anm. 30

S. 68). Über den Begriff der Unübersichtlichkeit und seiner jeweiligen urteilsmäßigen Feststellung, über Unübersichtlichkeit bei Nachtzeit vgl. § 21.

Der Fahrer muß insbesondere bei Bestimmung der Fahrgeschwindigkeit jeweils auf die Bedürfnisse des Verkehrs und die konkrete Gestaltung der Sachlage Rücksicht nehmen; er ist verpflichtet, die sich vor ihm auf der Straße abspielenden Vorgänge genau zu beobachten und sobald sich gefahrdrohende Verhältnisse zeigen, die Geschwindigkeit derart zu ermäßigen, daß er den Wagen auf der Stelle zum Stehen bringen kann (Hamburg 2. 4. 09 EisenbE. 26 S. 56, Recht 09 Ziff. 1482); er genügt in dieser Beziehung der ihm obliegenden Sorgfaltspflicht noch nicht dadurch, daß er die erlassenen landesgesetzlichen Polizeivorschriften über die Geschwindigkeit beobachtet. Diese Polizeivorschriften stellen eine zulässige Maximalgeschwindigkeit auf und bezeichnen damit das Mindestmaß der Rücksichten auf den Verkehr; sind sie verletzt, so steht ein Verschulden fest; daraus, daß sie eingehalten wurden, ergibt sich aber noch nicht, daß ein Verschulden ausgeschlossen sei (RG. 20. 9. 06 DJZ. 06 S. 1318, Recht 06 S. 1435 Ziff. 3412; RG. 23. 4. 08 EisenbE. 25 S. 66; RG. 16. 12. 09 Recht 10 Nr. 691; RG. 20. 2. 08 Recht 08 Nr. 198 (auch abgedruckt in Anlage c Ziff. 14 des Kommissionsberichts); RG. 23. 4. 08 JW. 08 S. 405 DJZ. 08 S. 762; OLG. Dresden 12. 3. 03 EisenbE. 20 S. 229 f.). Der Leiter eines Automobils hat also die Geschwindigkeit seines Fahrzeugs bedeutend unter das nur für normale Verhältnisse festgesetzte Maß zu ermäßigen, wenn der Ausblick auf die Fahrbahn durch irgend ein Hindernis, z. B. Straßenbahnwagen, verdeckt ist (RG. 22. 4. 09 EisenbE. 26 S. 64, Recht 09 Ziff. 1989). Es ist weiter von einem Motorfahrer bei Durchfahren einer bewohnten Gegend unbedingt die Einhaltung einer so ermäßigten Geschwindigkeit zu verlangen, daß er, wenn ein Zusammenstoß nicht ganz zu vermeiden ist, doch imstande bleibt, sofort die zur Abschwächung des Zusammenstoßes dienlichen Maßregeln zu ergreifen und die Maschine zum Stillstand zu bringen (RG. 24. 9. 08 JW. 08 S. 680). Der Automobilist, der in dunkler Nacht auf belebter Landstraße mit der höchsten zulässigen Geschwindigkeit fährt, handelt deshalb fahrlässig (OLG. Stuttgart WürttJ. 19 S. 267, 20 S. 263; RG. 27. 2. 08 Recht 08 Ziff. 1372).

Grob fahrlässig handelt auch der Radfahrer, der eine verkehrsreiche, im Gefäll liegende Straße herabfährt, ohne das Rad so in seiner Gewalt zu haben wie auf ebener Straße und der dabei eine Fahrgeschwindigkeit einschlägt, die ihm das sofortige Abspringen unmöglich macht (RG. 21. 3. 01 JW. 01, 337).

Bei Passieren mehrerer Fuhrwerke ist, auch wenn diese richtig ausweichen, die Geschwindigkeit erheblich zu ermäßigen (RG. 23. 4. 08 JW. 08, 405).

Bei Fahren dicht neben einem Fußpfad hat der Führer auch mit der Möglichkeit zu rechnen, daß ein Fußgänger plötzlich heruntertritt, und er wird deshalb seine Geschwindigkeit herabzusetzen haben (RG. 9. 3. 05, abgedruckt als Ziff. 4 der Beilage c zum Kommissionsbericht).

Der **Lenker** eines Kraftfahrzeugs muß auch damit rechnen, daß Personen auf den Fahrdamm gehen; ein Fußgänger handelt nicht schon dadurch fahrlässig, daß er auf dem Fahrdamm einer Landstraße geht, obwohl ein abgegrenztes Bankett vorhanden ist (RG. 4. 2. 09 Seuff A. 64, 272). Fußgänger haben beim Überschreiten einer Fahrstraße zwar die Pflicht, sich danach umzusehen, ob sie durch herankommende Fuhrwerke gefährdet werden und in gleicher Weise während des Überschreitens der Straße Umschau zu halten (RG. 8. 4. 07 Recht 07 Nr. 1287). Aber diese Pflicht geht nicht soweit, daß der den Fahrdamm überschreitende Fußgänger weithin über die Straße nach rechts und links sehen müßte, ob ein Kraftwagen herankommt; er darf vielmehr erwarten, daß ein nicht an Schienen gebundenes Fahrzeug, das sich von ihm noch in solcher Entfernung befindet, daß es ihm ausweichen kann, dies auch tut, wenn nötig, unter Verringerung seiner Geschwindigkeit; bei der großen Geschwindigkeit, die Kraftwagen einzuschlagen pflegen, würde sonst eine überaus starke Hemmung des Fußgängerverkehrs eintreten (RG. 14. 10. 07 JW. 07 S. 705, DJZ. 07 S. 1323, BayRpflZ. 08 S. 68, EisenbE. 24 S. 361; RG. 28. 3. 04 JW. 04 S. 288, DJZ. 04 S. 602).

Der Motorfahrer muß weiter damit rechnen, daß Personen, die kurz vor ihm auf der Straße gehen, durch das Hupenzeichen erschrecken und durch einen Sprung nach der Seite der drohenden Gefahr zu entrinnen suchen; er muß daher, die Fahrgeschwindigkeit so verringern, daß ein Zusammenstoß vermieden wird oder unschädlich ist (RG. 4. 1. 08 JW. 08 S. 106, EisenbE. 24 S. 381, Recht 08 II Ziff. 1544).

Auch damit muß der Motorfahrer rechnen, daß vor ihm gehende Leute trotz der von ihm gegebenen Signale infolge des sonstigen Straßenlärms sein Herannahen nicht bemerken (RG. 4. 1. 08 JW. 08, 106).

Ein Verschulden des Halters kann auch darin gefunden werden, daß er nach vorschriftsmäßiger Abgabe des Warnungszeichens es auf enger Straße darauf ankommen läßt, ob er nicht vielleicht einen Menschen in verderblicher Weise anfahren werde, statt den Wagen in einem Zeitpunkt zum Stillstand zu bringen, wo diese Gefahr noch ausgeschlossen werden konnte; denn die körperliche Integrität von Menschen darf, selbst wenn diese sich leichtsinnig oder mutwillig benehmen, nicht dem Fahrbetrieb zum Opfer gebracht werden (RG. 9. 11. 03 RGZ. 56, 156).

Dagegen erfordert die Rücksicht auf den Verkehr nicht eine solche Ermäßigung der Schnelligkeit, daß jederzeit angehalten werden konnte; damit z. B., daß der Angetrunkene dem Automobil bei seiner Annäherung nachfolgen und sich ihm nochmals in den Weg stellen werde, braucht nicht gerechnet zu werden (RG. 8. 10. 09 JW. 08, 678, EisenbE. 25, 296; vgl. RG. 10. 10. 04 JW. 04, 572; oben III, 1a, α).

Die Gefahr des mit der Schnelligkeit einer elektrischen Straßenbahn, aber nicht wie diese auf einem ein für allemale bestimmten und deshalb für den Fußgänger, der die Straße überschreitet, leicht übersehbaren Geleise heranfahrenden Automobils für den Straßenverkehr besteht auch darin, daß selbst ein vorsichtiger Fußgänger leicht überrascht werden kann, zumal die Fahrgeräusche durch die oft stärkeren Geräusche von Pferdegespannen leicht vollständig übertönt werden; solcher Überraschung durch öfteres Ertönenlassen von Warnungszeichen sowie durch rechtzeitige Verlangsamung der Fahrgeschwindigkeit vorzubeugen, ist Pflicht des Führers (RG. 28. 3. 04 JW. 04, 288, DJZ. 04, 602, auch abgedruckt in Anlage Ziff. 5 des Kommissionsberichtes).

ζ) Die Rücksicht auf den Verkehr kann unter Umständen den Fahrer nicht bloß zur Verringerung seiner Fahrgeschwindigkeit, sondern sogar zum völligen Anhalten und Abstellen des Motors verpflichten, so z. B., wenn er bemerkt bezw. bei der nötigen Vorsicht bemerken mußte, daß die Pferde eines ihm begegnenden Fuhrwerkes oder andere Tiere scheuen oder daß sonst durch das Vorbeifahren Menschen oder Tiere in Gefahr gebracht werden (§ 20 BV., vgl. oben Bem. III, 1a, β; RG. 23. 12. 07 EisenbE. 24, 290, Recht 08 S. 88; RG. 19. 11. 08 Recht 09 Ziff. 2255; RG. 15. 3. 09 DJZ. 09, 713, Recht 09 Ziff. 1299; OLG. Zweibrücken 14. 11. 06 Recht 07 Ziff. 422, OLG. 18, 73). Eine Pflicht zum Halten wird dann auszuschließen sein, wenn der Autoführer sieht, daß der Lenker des Fuhrwerks, an dem er in einem mäßigen Tempo vorbeifahren will, vom Wagen steigt und sein Pferd hält (OLG. München 2. 4. 08 OLG. 18, 73; RG. 11. 2. 09 Gruchots Beitr. 53, 921, Recht 09 Ziff. 1124). Doch darf der Führer nicht unbedingt damit rechnen, daß es dem Fuhrmann gelingen werde, das Pferd durch Festhalten zu beruhigen, zumal nicht, wenn für ihn während des Weiterfahrens ersichtlich war, daß die Bemühungen des Fuhrmannes erfolglos waren (RG. 20. 9. 06 JW. 06, 681). Ebenso liegt die Sache anders, wenn der abgestiegene Fuhrwerksbesitzer, der weiß, daß sein Pferd zum Scheuen neigt, dem Führer des Kraftfahrzeugs zu halten bedeutet, mag auch in diesem Moment das Pferd noch kein Zeichen von Unruhe geben. Natürlich muß der Führer dieses Zeichen des Fuhrwerkbesitzers gesehen haben bezw. bei pflichtgemäßer Achtsamkeit haben sehen müssen (RG. 20. 9. 06 JW. 08, 682). Auch der mitfahrende Besitzer des Kraftfahrzeugs hat die Pflicht, seinem Chauffeur die Weisung zum Halten zu geben, wenn er das Scheuen entgegenkommender Tiere bemerkt (OLG. München 29. 3. 09 SeuffBl. 75, 222).

Darüber, ob die Benützung von nicht an Autos gewöhnten Pferden ein mitwirkendes Verschulden darstellt, vgl. § 9 Bem. IV, 1d.

Bemerkt der Lenker eines haltenden Kraftfahrzeugs, daß die Pferde eines vorbeifahrenden Wagens vor dem Geräusch des Motors erschrecken, so hat er den Motor abzustellen (RG. 19. 11. 08 Recht 09 Ziff. 2255). Für den durch Scheuwerden von Pferden entstandenen Schaden haftet der Automobilist immer dann, wenn er auf einer durch polizeiliche Verordnung für den Kraftfahrzeugverkehr gesperrten Straße fährt (Kiel 11. 10. 07 OLG. 18, 73).

Ein Anhalten wird dann nicht verlangt werden können, wenn das Pferd, das durch das vorbeifahrende Kraftfahrzeug scheute, vorher kein Zeichen der Unruhe gegeben hatte, sodaß es dem Führer nicht verwehrt werden konnte, mit dem durch die Steigung des Weges in diesem Falle nötigen Kraftaufwand und der erforderlichen Schnelligkeit vorbeizufahren.

Nicht bloß die Rücksicht auf scheuende Tiere, sondern auch die Rücksicht auf Straßenpassanten kann, insbesondere auf belebten oder engen Straßen oder bei Straßen, deren Fahrbahn durch Kanalisierungs- oder andere Erdarbeiten beschränkt ist, den Führer zum völligen Anhalten des Kraftwagens verpflichten (RG. 9. 3. 05 JW. 05, 287). Wenn z. B. auf einer schmalen

Straße an einer Stelle, wo gerade ein Fuhrwerk an einem Straßenbahnwagen vorbeifahren kann, ein Kraftwagenleiter versucht, durch die zwischen dem Fuhrwerk und dem Straßenbahnwagen bleibende Lücke hindurchzufahren, so muß er für den durch das Scheuen der Pferde entstehenden Schaden einstehen, auch wenn die Lücke an sich genügend Raum zum Durchfahren ließ (RG. 7. 10. 09 Recht 09 Ziff. 3071). Ein Kraftwagenführer, der unmittelbar vor sich in seiner Fahrbahn auf ganz kurze Entfernung einen Passanten bemerkt, muß sofort Anstalten zum Halten machen; er darf sich nicht damit begnügen, die Person zuerst anzurufen und die Wirkung des Zurufes abzuwarten, da es dann mit dem Bremsen zu spät sein kann, der Angerufene den Anruf auch oft überhört oder darüber erschrickt (RG. 14. 4. 04 JW. 04, 287). Dagegen wird der Fahrer, dem sich ein Betrunkener auf der Fahrbahn entgegenstellt, die im Verkehr erforderliche Vorsicht nicht verletzen, wenn er bei Annäherung die Geschwindigkeit nur verringert und durch Beiseitelenken dem Mann Platz macht. Springt der Betrunkene trotz Beobachtung dieser Vorsicht durch den Führer im letzten Moment unsinnigerweise vor das Automobil, so haftet der Führer nicht; denn auch von einem angetrunkenen Manne hatte er ein so unsinniges Benehmen nicht zu erwarten. Die im Verkehr erforderliche Sorgfalt wurde daher gewahrt, wenn er soweit zur Seite fuhr, daß er jenem Platz machte. Zu einer weiteren Ermäßigung der Fahrgeschwindigkeit lag kein Anlaß vor, weil diese für den Verletzten keine Gefahr brachte, solange er sich nicht absichtlich selbst schuf (RG. 8. 10. 08 JW. 08, 678).

γ) Ferner hat der Führer nach § 19 BV. v. 3. 2. 10 die Pflicht, rechtzeitig, d. h. so frühzeitig, daß der vorgeschriebene Zweck erreicht wird, durch W a r n u n g s z e i c h e n auf das Nahen des Kraftfahrzeugs aufmerksam zu machen (RG. 23. 2. 97 S e u f f A. 53 Nr. 154). Insbesondere besteht diese Pflicht an unübersichtlichen Stellen, und zwar ohne Rücksicht darauf, ob auf der Straße zur Zeit überhaupt ein Verkehr stattfindet oder nicht (I s a a c S. 184). Das Abgeben von Warnungszeichen ist einzustellen, wenn Pferde oder andere Tiere dadurch unruhig oder scheu werden. Fahrlässig handelt auch der, der dicht hinter einem an ungefährdeter Stelle gehenden Fußgänger an Stelle des üblichen ein ungewöhnliches Warnungszeichen gibt, daß den Fußgänger erschreckt und zu einer Bewegung seitwärts veranlaßt, durch die er mit dem Kraftfahrzeug zusammenstößt (RG. 6. 5. 07 JW. 07, 366). Unter Umständen kann auch in der Abgabe von zu starken Signalen, vor allem in der Nähe von Tieren, ein Verschulden gefunden werden (Entscheid des Schweizer Bundesgerichts vom 24. Januar 1908 EisenbE. 25, 40).

9) Endlich hat der Führer beim Vorfahren und Ausweichen, sowie beim Einbiegen in eine Straße die in § 20 BV. v. 3. 2. 10 gegebenen Vorschriften zu beachten. Wenn der Besitzer eines Kraftfahrzeugs seinen Führer anweist, entgegen den bestehenden polizeilichen Fahrvorschriften außerhalb der Wagenreihe zu fahren und hierbei sich ein Unfall ereignet, dann kann der Besitzer seine Haftpflicht nicht durch den Hinweis darauf beseitigen, daß er auf seinen Antrag eine Vorfahrerlaubnis erhalten haben würde und dann der Unfall in gleicher Weise geschehen wäre (RG. 5. 4. 09 JW. 09, 312, EisenbE. 26, 58, Recht 09 Ziff. 1678). Eine Haftung des Führers für eine Nichtbefolgung des § 20 wird dann wegfallen, wenn der Fehler nur die notwendige Folge eines vorher von dem anderen Fuhrwerk begangenen Versehens ist; z. B. der vorausfahrende Fuhrwerkskutscher lenkt seinen Wagen fälschlich nach links und veranlaßt dadurch den Führer des Kraftfahrzeugs, ebenfalls nach links zu wenden (Isaac S. 194). Dagegen wird es unter Umständen dem Führer als Schuld anzurechnen sein, wenn er einem Radfahrer vorfährt, ehe dieser entschieden nach der einen oder anderen Seite abgebogen war, zumal wenn er dabei der Vorschrift zuwider rechts vorfährt (RG. 13. 12. 09 JW. 10, 105).

b) Haftung des Fahrzeughalters für den Führer nach § 831 BGB. Über die strafrechtliche Verantwortlichkeit des Halters für Handlungen seines Führers vgl. § 21. Mit Rücksicht auf die besonderen Betriebsgefahren des Automobils ist von dem Eigentümer eine besondere Sorgfalt in der Auswahl des Chauffeurs zu erfordern (RG. 23. 4. 08 JW. 08 S. 405[7]). Ein Chauffeur, dessen Anstellung im Sinne des § 831 BGB. einwandfrei sein soll, muß nicht nur technische, sondern auch gewisse geistige und moralische Eigenschaften, Besonnenheit, Umsicht, Geistesgegenwart, sowie ein reges Pflicht- und Verantwortlichkeitsgefühl besitzen; doch kann es sich dabei nur um solche moralische Eigenschaften handeln, die mit der Fähigkeit, ein Kraftfahrzeug zu lenken, im ursächlichen Zusammenhang stehen (OLG. Karlsruhe 30. 1. 07 DJZ. 08, 1175; RG. in ZVersWes. 08, 525; RG. 15. 6. 08 Recht 08 Ziff. 2930, BayRpflZ. 08, 338; RG. 19. 4. 06 EisenbE. 23, 57; OLG. Colmar 3. 11. 03 DJZ. 05, 608; OLG. Hamburg 29. 9. 08 OLG.

18, 79, DJZ. 08, 272; RG. 28. 3. 04 JW. 04, 288, DJZ. 04 602, auch abgedruckt in Anlage c Ziff. 7 des Kommissionsberichts; RG. 13. 12. 09 JW. 10, 105; vgl. auch § 2 Bem. II, 2a). Die Negative, daß der Dienstherr nichts Nachteiliges über den Anzustellenden erfahren hat, genügt nicht; er muß sich die Zeugnisse vorlegen lassen und Auskunft bei zuverlässigen Personen einholen (RG. 30. 9. 06 Gruchots Beitr. 51, 600). Selbst mit der Einsicht der Zeugnisse allein darf sich der Halter nicht begnügen, weil schriftliche Zeugnisse meist nur ein unvollkommenes Auskunftsmittel bilden (Braunschweig 15. 4. 10 OLG. 20, 261). Weiter muß sich auch derjenige, der einen Führer anstellt, darüber vergewissern, ob der Führer Kenntnis von den einschlägigen Polizeivorschriften hat, die zum Schutze von Leben und Eigentum der auf der Straße sich bewegenden Menschen erlassen sind (RG. 6. 2. 08 BayRpflZ. 08 S. 183, SeuffBl. 08 S. 502, Recht 08 Nr. 975). Für die Anwendung des § 831 BGB. ist es ohne Belang, ob die Schadenszufügung durch den zu einer Verrichtung Bestellten gerade infolge des Mangels, der ihn als zur Übernahme der übertragenen Verpflichtung ungeeignet erscheinen läßt (mangelnde Kenntnis der Polizeivorschriften) verursacht wurde; es genügt, daß der Bestellte objektiv dazu ungeeignet war (RG. 6. 2. 08 (wie vor).

Diese von der Rechtsprechung aufgestellten Grundsätze haben allerdings an Bedeutung verloren, da die auf Grund des § 6 erlassene Verordnung des Bundesrats vom 3. 2. 10 in § 14 und der Anlage B hierzu genaue Vorschriften über die Befähigung und Prüfung der Führer aufstellt und nach § 2 des Gesetzes ja nur von der Behörde zugelassene Führer auf öffentlichen Straßen tätig werden dürfen. Der Fahrzeughalter wird sich also in der Regel, wenn er nach §§ 823, 831 BGB. in Anspruch genommen wird, darauf berufen, daß der Führer von der Behörde zugelassen war. Der Fahrzeughalter wird aber durch das Vorhandensein eines derartigen Führerscheins nicht der Nachprüfung enthoben, ob in der Tat der von ihm zur Führung des Fahrzeugs Angestellte hierzu geeignet ist. Ebenso Waldeck § 16 Bem. 5 S. 115; Gordan § 18 Bem. 6 S. 154; Neukirch-Rosenmeyer § 16 Anm. 11 S. 163 f. Es ist denkbar, daß der Fahrzeughalter von Eigenschaften des Führers Kenntnis hatte oder erhalten konnte, die der Behörde unbekannt blieben, die aber den Führer als ungeeignet erscheinen lassen; dann verstößt die Aufstellung eines solchen Führers gegen § 831 BGB. Natürlich ist der Fahrzeughalter auch verpflichtet, den Führer zu entlassen, wenn der Führer die für seinen Posten erforderlichen Eigenschaften verliert (z. B. kurzsichtig wird) oder wenn sich sonst herausstellt, daß er von Anfang an ungeeignet war; der Umstand, daß dem Führer der Führerschein noch nicht entzogen ist, vermag die Beibehaltung des Angestellten nicht schlechthin zu rechtfertigen. Selbstverständlich haftet der Fahrzeughalter, wenn er die Leitung des Fahrzeugs einem behördlich nicht zugelassenen Führer anvertraut (vgl. RG. 12. 11. 06 JW. 07 S. 16). Eine Automobildroschkengesellschaft hat nicht die ihr bei Leitung des Betriebs obliegende, im Verkehr erforderliche Sorgfalt beobachtet, wenn sie einen Führer zur Fahrt aussendet, der innerhalb 6 Monate vor dem Unfall 4, wenn auch kleinere Unfälle gehabt hat (Hamburg 3. 6. 09 Recht 09 Ziff. 2659). Auch die Anordnung, daß ein noch nicht völlig ausgebildeter Chauffeur den Wagen unter der Aufsicht eines mitfahrenden tüchtigen Führers zu leiten habe, genügt nicht zur Entschuldigung nach § 831 BGB. (RG. 30. 9. 09 Recht 09 Ziff. 3076).

Zweifelhaft kann sein, ob der Fahrzeughalter dann haftet, wenn der Führer ohne sein Wissen und Willen das Fahrzeug in Betrieb setzt. Nach § 7 Abs. 3 AG. ist in einem solchen Falle die Haftung des Halters nach dem Spezialgesetz ausgeschlossen. Damit ist aber noch nicht gesagt, daß auch eine Haftung nach §§ 823, 831 BGB. nicht eintreten kann. Während das OLG. Karlsruhe 30. 1. 07 DJZ. 07, 1175 u. RG. in ZVersWes. 08, 525 die Haftung verneint hatte, hat RG. 12. 6. 06 (Nr. 16 Anlage c des Kommissionsberichtes) die Haftung des Besitzers aus §§ 823 u. 831 BGB. bejaht, weil in dem konkreten Fall der Chauffeur schon früher einmal trotz mangelnder Ausbildung unerlaubterweise eine selbständige Fahrt unternommen hatte; der Umstand, daß der Besitzer den Führer damals ernstlich zurechtgewiesen habe, genüge zur Entlastung nur, wenn der Besitzer bestimmt erwarten konnte, daß sich der Führer die Zurechtweisung zur Warnung dienen lassen werde; andernfalls sei der Besitzer zur Entlassung des Führers verpflichtet gewesen; auch habe der Führer, der als solcher zur Überwachung des Fahrzeugs bestellt war und dafür zu sorgen hatte, daß durch dasselbe kein Schaden verursacht werde, bei dieser gegen das Verbot unternommenen Fahrt in Ausführung der ihm übertragenen Verrichtung, nicht bloß gelegentlich dieser Ausführung gehandelt.

Eine Pflicht, den als tüchtig und zuverlässig bewährten Führer auch während der Fahrt zu beaufsichtigen besteht für den mitfahrenden Halter nicht (RG. 9. 3. 05 JW. 05, 287; 22. 6. 06 EisenbE. 24, 231, Gruchot 51, 598; 23. 4. 08 DJZ. 08, 762). Der mitfahrende Besitzer braucht also nicht jederzeit auf die Leitung des Wagens durch die dafür angestellte Person aufzumerken; aber wenn er wahrnimmt und nach Maßgabe des Platzes, den er auf dem Wagen einnimmt, wahrnehmen muß, daß durch die Art, wie der Angestellte den Wagen leitet, Gefahr für Dritte entsteht, ist es ihm zum Verschulden anzurechnen, wenn er nicht eingreift (RG. 15. 3. 09 DJZ. 09 S. 713, JW. 09 S. 276; RG. 21. 6. 06 Recht 06 S. 937; RG. 9. 3. 05 JW. 05 S. 287; RG. in SächsRpflA. 06 S. 515; RG. 29. 2. 08 EisenbE. 24 S. 398, Recht 08 II S. 231; RG. 23. 4. 08 JW. 08 S. 405, DJZ. 08 S. 762; RG. 27. 2. 08 Recht 08 Ziff. 1373; RG. 11. 2. 09 Gruchot 53 S. 921; RG. 13. 12. 09 JW. 10, 105; OLG. Cöln EisenbE. 22 S. 355; OLG. Bamberg BayRpflZ. 06 S. 298). Der mitfahrende Besitzer braucht auch nicht befähigt zu sein, den Chauffeur in der technischen Handhabung des Gefährtes zu übersehen; er ist nicht verpflichtet, diese zu überwachen und dem Genannten jederzeit Weisungen für die technische Handhabung zu geben. Allgemeine Weisungen aber, die das eigentliche Technische in der Handhabung nicht berühren, und in denen der Angestellte dem Willen des Dienstherrn sich zu fügen hat, darf und muß unter Umständen der mitfahrende Besitzer seinem Chauffeur erteilen; hierzu gehören Anordnungen über die Geschwindigkeit (RG. 23. 4. 08 EisenbE. 25 S. 65, JW. 08 S. 405, DJZ. 08 S. 762; RG. 3. 1. 07 Recht 07 Nr. 292). Überhaupt hat der mitfahrende Besitzer, mag er auch mit der Führung des Automobils nicht vertraut sein, durch Anweisungen an den Führer dafür zu sorgen, daß dieser die zum Schutze Dritter erlassenen Polizeivorschriften beobachtet; auch wenn sich diese nicht unmittelbar an den Herrn des Führers wenden, geben sie doch den Maßstab für seine Sorgfaltspflicht ab, wenn er Verfehlungen des Führers gegen sie bemerkt (RG. 15. 3. 09 JW. 09 S. 276 DJZ. 09 S. 713, EisenbE. 25, 419; vgl. RGSt. 5. 11. 07 Recht 07 Nr. 3732 und § 21 AG.). Das zuletzt erwähnte Urteil vom 15. 3. 09 führt aus: „Wenn der Führer eines Kraftwagens durch Nichtbeachtung einer Polizeiverordnung einen Unfall herbeigeführt hat, so kann der Besitzer des Kraftwagens, der neben dem Führer gesessen und nicht seinerseits sachgemäße Anweisungen zur Abwendung des Unfalls gegeben hatte, sich zu seiner Entlastung nicht darauf berufen, daß er die Polizeiverordnung, die sich nur an die Führer von Kraftwagen richte, nicht zu kennen brauche". Diese Entscheidung geht meines Erachtens zu weit. Der Besitzer, der einen von der Behörde geprüften und als tauglich befundenen Führer hat, darf sich darauf verlassen, daß dieser die Polizeivorschriften kennt; bemerkt der Besitzer, daß der Fahrer gegen eine Vorschrift verstößt, so hat er allerdings die Pflicht, den Führer zu korrigieren; bleibt ihm aber der Verstoß des Führers wegen seiner eigenen Unkenntnis der polizeilichen Vorschriften unbemerkt, dann kann diese Unkenntnis ihm nicht als Verschulden zugerechnet werden.

Dagegen verletzt der Automobilbesitzer, der einen bewährten Führer in Diensten hat, die im Verkehr erforderliche Sorgfalt nicht, wenn er bei Schnee und Regen vor einer Ausfahrt bei Nachtzeit sein Fahrzeug besteigt, ohne es vorher einer Besichtigung unterzogen und dem Fahrer die Entfernung der Schutzscheibe befohlen zu haben. Er durfte darauf vertrauen, daß der Fahrer, sobald das Wetter gegen die Scheibe schlug, diese, bevor sie undurchsichtig wurde, pflichtgemäß beseitigen werde, zumal wenn sich die Beseitigung mittels eines Handgriffes bewerkstelligen ließ (RG. 2. 7. 08 JW. 08 S. 524, DJZ. 08 S. 1170). Aber nicht bloß der Besitzer des Automobils, sondern auch der, der sich eines gemieteten, von einem Fahrer des Vermieters geleiteten Wagens bedient, hat, wenn der Fahrer nach dem Vertrag verpflichtet ist, den Anordnungen des Mieters Folge zu leisten, in gleicher Weise wie der mitfahrende Besitzer selbst die Tätigkeit des Fahrers zu überwachen (RG. 3. 1. 07 Recht 07 S. 1182, auch abgedruckt in Anlage c Ziff. 6 des Kommissionsberichtes; RG. 13. 1. 10 JW. 10, 148).

Der nach Maßgabe des § 831 Abs. 1 letzter Satz dem Fahrzeughalter nachgelassene Beweis muß dahin geführt werden, daß der Schaden auch bei Anwendung der gehörigen Sorgfalt entstanden sein würde; keineswegs genügt der Beweis, daß bei Anwendung dieser Sorgfalt der Schaden möglicherweise auch hätte entstehen können (RG. 11. 4. 07 JW. 07 S. 333). Der Entlastungsbeweis des Fahrzeughalters hat sich ferner darauf zu verstrecken, daß der Angestellte noch zur Zeit der Schadenszufügung die Befähigung zu der ihm aufgetragenen Verrichtung besessen hat (RG. 21. 10. 07 Soergel Rspr. 07 S. 330 Ziff. 11).

Sitzt der mitfahrende Fahrzeughalter neben dem Chauffeur auf dem Vordersitze, so spricht die größte Wahrscheinlichkeit dafür, daß ihm die in der Fahrtrichtung sich abspielenden Vorgänge und das gefahrbringende Verhalten seines Chauffeurs nicht entgehen konnten; denn er kann von seinem Platz aus die Fahrstraße genau überblicken. Es wird deshalb Sache des Fahrzeughalters sein, gegenüber der Klage des Verletzten den Entlastungsbeweis dafür zu erbringen, daß er aus besonderen Gründen die fraglichen Vorgänge und das Verhalten seines Chauffeurs nicht wahrgenommen hat oder daß er nicht in der Lage war, rechtzeitig seinem Chauffeur die entsprechenden, für die Vermeidung des Unfalls notwendigen Weisungen zu geben. Hat dagegen der Fahrzeughalter bei der kritischen Fahrt im Innern des Wagens gesessen, wo ihm ein derartiger Überblick über die Fahrbahn und eine Kontrolle seines Chauffeurs nicht möglich war, dann wird der Verletzte, da eine Pflicht des mitfahrenden Halters zur Beobachtung der Vorgänge auf der Fahrbahn und zur ständigen Überwachung des Führers nicht besteht, zur Begründung seines Schadensersatzanspruches nachweisen müssen, daß der Halter das ungeeignete oder ungesetzliche Verhalten seines Chauffeurs wahrgenommen hat oder daß das Verhalten des Chauffeurs bezw. der Vorgang in der Fahrbahn derartig auffallend war, daß sie dem Halter unmöglich entgangen sein können.

Der Eigentümer eines Kraftfahrzeugs haftet unter Umständen auch für den Schaden, der dadurch entstanden ist, daß sein Wagenführer einem anderen, mit ihm fahrenden Führer die Steuerung überlassen hatte, und zwar nicht nur in dem Fall, daß der dritte Führer eine zur Steuerung an sich ungeeignetere Persönlichkeit als der ursprüngliche Führer war, sondern auch bei an sich gegebener Gleichwertigkeit der beiden Führer dann, wenn der erste Führer ein Einschreiten unterließ, obwohl er merkte, daß die Steuerung des Dritten unzuverlässig oder unvorsichtig sei; denn der erste Führer, der zur Leitung des Automobils bestellt war und zu bestimmen hatte, wie es gesteuert werden sollte, hat damit die Pflicht, eine Steuerung, die irgend welche Gefahren herbeizuführen geeignet war, zu verhindern; indem er diese in den Bereich der ihm obliegenden Verrichtung fallende Pflicht versäumte, hat er in Ausführung der Verrichtung, wenn auch nur mittelbar, einen Schaden herbeigeführt (OLG. Celle 25. 1. 09 Seuff A. 65 Nr. 8).

Das Urteil des RG. 7. 2. 10 Recht 1910 Nr. 1374 führt bezüglich der Haftung des Autobesitzers aus: Der Autobesitzer verletzt seine Aufsichtspflicht nicht, wenn er duldet, daß sein an sich zuverlässiger

Chauffeur eine Probefahrt mitmacht, denn die Probefahrt an sich ist kein gefährliches Unternehmen und daß mit ihr notwendig eine Schnelligkeitsprüfung verbunden war, ergibt sich nicht aus der Natur der Sache; der Kläger hätte das besonders behaupten und beweisen müssen.

Die Haftung des Fahrzeughalters nach § 831 BGB. beschränkt sich übrigens nicht auf den Führer, sondern der Fahrzeughalter haftet danach auch für seine anderen bei dem Betrieb des Kraftfahrzeugs beschäftigten Angestellten, wie z. B. die Schaffner eines Automobilomnibusses, die Mechaniker usw.

c) Haftung eines anderen als des Fahrzeughalters, z. B. des Dritten, der durch eine unerlaubte Handlung nach § 823 BGB. einen Unfall herbeiführt, des Fabrikanten, des Kraftfahrzeuges der wegen Verwendung schlechten Materials oder fehlerhafter Konstruktion dem Verletzten nach § 823 BGB. haftet, des Lieferanten, der schlechtes, den Unfall herbeiführendes Material (Benzin) lieferte. Der Dritte darf gegen die Klage des Verletzten weder einwenden, daß durch die Haftpflicht des Fahrzeughalters die eigene ganz oder teilweise erloschen sei, noch daß sie subsidiär gewesen sei; die Einreden der Teilung und der Vorausklage stehen ihm nicht zu (vgl. hierüber § 17 Bem. II). Zu den anderen, die nach § 16 Schlußsatz außer dem Fahrzeughalter haftbar sein können, gehören auch die Insassen des Kraftfahrzeugs, sofern sie den Unfall verschuldet haben, z. B. weil sie den Chauffeur zu einer Überschreitung der zulässigen Geschwindigkeit oder zu einer sonstigen Übertretung der polizeilichen Vorschriften angestiftet oder weil sie gegen ein von ihnen wahrgenommenes pflichtwidriges Verhalten des Chauffeurs, zu dessen Abstellung sie verpflichtet waren, nicht eingeschritten sind (RG. 21. 12. 09 JW. 10, 148).

2. Haftung aus dem Beförderungsvertrag. Die Beförderung von Personen gegen Entgelt stellt sich regelmäßig als Werkvertrag dar. Über die hierbei den Transportunternehmer treffende Verpflichtung, für die körperliche Sicherheit der beförderten Personen zu sorgen und über die den Transportunternehmer treffende Beweislast vgl. oben Bem. III, 1a, γ. Handelt es sich um die Beförderung von Sachen, so finden, soweit es sich um die gewerbsmäßig betriebene Beförderung handelt, die Bestimmungen des HGB. über das Frachtgeschäft (§§ 425 ff.) Anwendung, bezw. soweit der Fahrzeughalter die Beförderung weder als Frachtführer noch als

Kaufmann im Betrieb seines Handelsgewerbes übernimmt, die §§ 631 ff. BGB. über den Werkvertrag.

Erfolgt die Beförderung unentgeltlich, so kann möglicherweise ein Auftragsverhältnis (§§ 662 ff. BGB.) vorliegen. Dazu gehört nach § 662 BGB., daß der Beauftragte sich verpflichtet hat, das ihm von dem Auftraggeber übertragene Geschäft (hier also die Beförderung) unentgeltlich zu besorgen. Nach § 671 Abs. 2 BGB. ist der Beauftragte, will er einen Schadensersatzanspruch für den Auftraggeber vermeiden, nur in beschränktem Umfang zur Kündigung berechtigt. In der Regel wird eine solche Bindung des Beauftragten nicht beabsichtigt sein und damit entfällt auch die Möglichkeit, das Verhältnis unter die Bestimmungen der §§ 662 ff. BGB. über den Auftrag zu subsumieren (vgl. Neukirch-Rosenmeyer § 16 Anm. 18 Ziff. 2a S. 173 f.)

Dabei ist weiter zu beachten, daß das bloße Gestatten des Mitfahrens nicht immer als Vertragsabschluß aufzufassen ist (RG. 13. 12. 06 RGZ. 65, 17, JW. 07 99[1], DJZ. 07, 298; RG. 25. 10. 06 Gruchots Beitr. 52, 414; Blume, das RG. und die Gefälligkeitsverträge in Recht 08 S. 649; Krückmann in IheringsJ. 54 S. 108 und Kuhlenbeck in JW. 08 S. 701). Wenn ein Fahrzeughalter, zumal ein solcher, der gar keine Personenbeförderung betreibt, einen Wanderer zum Mitfahren einladet, so hat er damit noch nicht die Absicht, sich rechtlich zu verpflichten. Daß er für die Sicherheit des Fahrgastes Sorge tragen und Gefahren von ihm ferne halten muß, stellt keine Vertragspflicht dar, sondern ist die konkrete Gestaltung der absoluten Pflichten, die jedem gegen jeden obliegen und deren Verletzung danach als eine nach §§ 823 f. BGB. zu beurteilende unerlaubte Handlung sich charakterisiert (RG. 25. 10. 06 Gruchots Beitr. 52 S. 414). Anders würde die Sache liegen, wenn das eventuelle Mitfahren verabredet sein sollte in Zusammenhang von Vorbesprechungen unter den Parteien über den möglichen Ankauf eines Automobils aus der Fabrik des Beklagten seitens des Klägers. Dann würde ein bestimmter rechtlicher Zweck und ein rechtliches Interesse, sei es bloß auf Seite des Beklagten oder auch auf der des Klägers, vorliegen, und daher würde sich der Vorgang charakterisieren als der Abschluß eines den eventuell in Aussicht genommenen Kaufvertrag vorbereitenden Vertrags (RG. 13. 12. 06 RGZ. Bd. 65 S. 17, JW. 07 S. 99[1], DJZ. 07 S. 298; RG. 25. 10. 06 Gruchots Beitr. 52 S. 414; RG. in Bursch u. Küster, deutsche

Rechtsprechung im Automobilwesen 1908 S. 36. Die bloße Einladung zum Mitfahren ohne Abschluß eines Vertrags kann eine als Fahrlässigkeit zu vertretende Handlung bilden, soferne der Einladende bei Anwendung der im Verkehr erforderlichen Sorgfalt Bedenken hätte tragen müssen, einen anderen Menschen den Gefahren seines Fuhrwerkes auszusetzen (RG. ohne Datum in ZVersWes. 07 Beil. 6). Es kann bei unentgeltlicher Beförderung das, wenn auch nur stillschweigend erklärte, Einverständnis der Beteiligten gegeben sein, daß die Haftung des Fahrzeughalters überhaupt ausgeschlossen sein solle. Doch kann eine solche Annahme, daß der Fahrgast auch für die durch das Verschulden des Halters oder seiner Angestellten herbeigeführte Schädigung auf jede Haftung des Halters verzichten wollte, nicht ohne weiteres als gerechtfertigt erachtet werden (RG. 27. 1. 08 JW. 08, 473). So trifft z. B. die Annahme, daß ein zu einer Fahrt auf einem Automobil eingeladener Fahrgast die mit der Fahrt verbundenen Gefahren auf sich nehme, jedenfalls nicht zu rücksichtlich einer außerordentlichen Gefahr, die nur dem Sachkundigen bekannt war oder die gar durch ein unsachgemäßes schuldhaftes Verhalten des Lenkers erst herbeigeführt wurde (RG. 20. 2. 08, abgedruckt in Anlage c Ziff. 14 des Kommissionsberichts). Dagegen hat dem stillschweigend geduldeten Fahrgast der Fahrzeughalter in der Regel nicht für einen erkennbaren Fehler des Wagens zu haften; wer sich unaufgefordert auf ein Fuhrwerk setzt und unentgeltlich mitfährt, muß den Wagen so nehmen, wie er sich ihm bietet; er hat sich die wahrnehmbaren Mängel gefallen zu lassen und handelt insoweit auf eigener Gefahr. Wie weit in einem solchen Falle der Fahrzeughalter für verborgene, aber ihm bekannte Fehler haftet, ist nach den Umständen des einzelnen Falles zu entscheiden (RG. 16. 5. 07 JW. 07 S. 388 BayRpflZ. 07 S. 295).

Das Urteil des RG. 24. 1. 10 JW. 10, 234, Recht 1910 Nr. 1247 und 1494) führt bezüglich der Haftung gegenüber einem aus Gefälligkeit mitgenommenen Fahrgast aus:

„Einem aus Gefälligkeit mitgenommenen Fahrgast haftet der Fahrzeughalter bezw. Führer nicht etwa nur für diejenige Sorgfalt, die er in eigenen Angelegenheiten anzuwenden pflegt; das BGB. beschränkt die Haftung auf das Einstehen für eine solche Sorgfalt auf bestimmt bezeichnete Fälle, von denen keiner hier in Frage kommt. Dagegen ist richtig, daß nach den im Verkehr herrschenden Anschauungen der, der eine solche Gefälligkeit anbietet, von dem Eingeladenen erwartet, daß er auf

Schadensersatzansprüche wegen solcher Unfälle verzichte, die zurückzuführen sind auf das benutzte Fahrzeug als solches und der dem Eingeladenen erkennbaren besonderen Umstände, unter denen die Fahrt unternommen wird. Regelmäßig wird außerdem bei dem Erkennen von Umständen, die die Fahrt als eine nicht ungefährliche erscheinen lassen, die Teilnahme an der Fahrt als ein Verschulden anzusehen sein, das bei der Entstehung des Schadens mitgewirkt hat (§ 254 BGB.). Dagegen kann von einem Verzicht des Eingeladenen auf Geltendmachung von Schadensersatzansprüchen wegen solcher Unfälle, die durch ein Verschulden des Einladenden herbeigeführt worden sind, nicht die Rede sein."

Die Haftung des Halters für seine Angestellten bestimmt sich, soweit ein Vertrag mit dem Fahrgast nicht in Mitte liegt, nicht nach § 278, sondern nur nach § 831 BGB.

Bei Verträgen, die durch die entgeltliche Benützung eines im öffentlichen Verkehr dem Publikum zur Verfügung gestellten Kraftfahrzeugs eingegangen werden, ist, soferne nicht die besonderen Umstände etwas anderes dartun, davon auszugehen, daß der Fahrgast nicht zu dem jeweiligen Leiter, sondern zu dem in ein Vertragsverhältnis treten will, der das Transportmittel zu dem erwähnten Zweck in Betrieb setzt; ob dieser dem Fahrgast bekannt ist, ist gleichgültig (RG. 8. 6. 09 Recht 09 Ziff. 2618).

IV. **Fahrzeughalter** im Sinne des § 16 ist nicht nur der, der nach § 7 Abs. 1 als Fahrzeughalter gilt, sondern auch der, der nach § 7 Abs. 3 an Stelle des Halters zum Ersatz des Schadens verpflichtet ist, ebenso, wie sich aus § 18 Abs. 2 ergibt, auch der Führer des Fahrzeuges (vgl. Kirchner § 16 Bem. 3).

V. **Durch das Fahrzeug verursachter Schaden.** Die Fassung des § 16 deckt sich mit der ursprünglichen Fassung des § 7, der von dem Schaden durch ein im Betrieb befindliches Kraftfahrzeug gesprochen hatte. Diese Worte wurden durch die jetzige Fassung „bei dem Betrieb eines Kraftfahrzeugs" ersetzt, um klar zu stellen, daß nicht nur der unmittelbar durch das Fahrzeug verursachte Schaden, sondern auch der mittelbare zu ersetzen sei (vgl. § 7 Bem. II). Die gleichzeitige Änderung des § 16 wurde übersehen. Es ist aber zweifellos, daß § 16 auf die gleiche Weise wie § 7 ausgelegt werden muß. Es kommen deshalb alle Haftungsfälle in Betracht, für welche die tatsächlichen Voraussetzungen des § 7 zutreffen, also alle Betriebsunfälle. Für reichsrechtliche Schadensersatzfälle unter anderen tatsächlichen Voraussetzungen, also nicht beim Betrieb eingetretene, erübrigt sich jede besondere Bestimmung darüber, daß sie vom vorliegenden Gesetz nicht getroffen werden.

Fahrzeuge im Sinne des § 16 sind auch die nach § 8 Ziff. 2 von der Haftung aus dem Automobilgesetz frei gelassenen Lastautomobile.

VI. **In weiterem Umfang:** Das bedeutet nicht bloß eine Haftung über die Grenzen der §§ 10, 11 hinaus (vgl. oben Bem. III, 1a), sondern bezieht sich auch auf den Kreis der ersatzberechtigten Personen, der nach BGB. ein weiterer sein kann (Fahrgast, Chauffeur, sonstige Betriebsangestellte) als nach dem vorliegenden Gesetz, das in § 8 Ziff. 1 den Personenkreis erheblich einschränkt.

VIII. Über die Frage, wie sich das Verhältnis mehrerer, teils nach dem vorliegenden Gesetz, teils nach sonstigen reichsrechtlichen Vorschriften Verpflichteter gegenüber dem Verletzten und wie sich weiter das Verhältnis der mehreren Verpflichteten zueinander gestaltet, vgl. § 17.

§ 17.

Wird ein Schaden durch mehrere Kraftfahrzeuge verursacht und sind die beteiligten Fahrzeughalter einem Dritten kraft Gesetzes zum Ersatze des Schadens verpflichtet, so hängt im Verhältnisse der Fahrzeughalter zu einander die Verpflichtung zum Ersatze sowie der Umfang des zu leistenden Ersatzes von den Umständen, insbesondere davon ab, inwieweit der Schaden vorwiegend von dem einen oder dem anderen Teile verursacht worden ist. Das Gleiche gilt, wenn der Schaden einem der beteiligten Fahrzeughalter entstanden ist, von der Haftpflicht, die für einen anderen von ihnen eintritt.

Die Vorschriften des Abs. 1 finden entsprechende Anwendung, wenn der Schaden durch ein Kraftfahrzeug und ein Tier, oder durch ein Kraftfahrzeug und eine Eisenbahn verursacht wird.

Entw. II § 11; Bayer. § 16; KommB. S. 28.

Literatur: Hallbauer, Haftpflicht und Regreßbeziehungen bei Zusammenstößen von Kraftfahrzeugen usw. in Gruchots Beitr. Bd. 54 S. 41 ff.

Der § 17 bezieht sich auf das Verhältnis mehrerer Haftpflichtiger zu einander (die Ausgleichungspflicht) und trifft, wenn auch nicht für alle hier denkbaren, so doch für eine Reihe von Fällen die gesetzliche Regelung. Es ist angezeigt, in diesem Zusammenhang auch die Frage zu behandeln, wie sich das Verhältnis der mehreren Haftpflichtigen gegenüber dem Verletzten gestaltet. Nicht in Betracht gezogen wird hier nur die Haft- und Ausgleichungspflicht des Führers, die in § 18 gesondert zu erörtern ist.

I. Anlangend das **Verhältnis der mehreren Haftpflichtigen gegenüber dem Verletzten,** so ist davon auszugehen, daß mehrere kraft Gesetzes zum Ersatz des Schadens Verpflichtete dem Verletzten als Gesamtschuldner nach Maßgabe des § 840 Abs. 1 BGB. haften. Hierbei ist es gleichgültig, ob die Haftung der mehreren darauf zurückzuführen ist, daß beide schuldhaft handelten und deshalb nach §§ 823 ff. BGB. haften oder ob die Haftung der mehreren nur nach dem vorliegenden Gesetz begründet ist oder ob der eine auf Grund Verschuldens aus § 823 BGB., der andere lediglich aus dem § 7 dieses Gesetzes haftet, oder endlich, ob für den einen Haftung nach § 833, für den anderen aus § 823 BGB. oder § 7 dieses Gesetzes in Frage kommt (vgl. Begr. S. 16). Das ergibt sich daraus, daß im Sinne des § 840 BGB. unter unerlaubten Handlungen nach der ständigen Rechtsprechung des Reichsgerichts (RG. 24. 11. 02 RGZ. 53, 114; RG. 27. 6. 04 RGZ. 58, 335; RG. 20. 3. 05 RGZ. 60, 300; RG. 29. 5. 05 RGZ. 61, 63) auch die nicht auf ein subjektives Verschulden zurückzuführenden Fälle der Gefährdehaftung, insbesondere die Fälle des § 1 HaftpflG. und deshalb auch die rechtlich gleich zu beurteilenden Fälle nach § 7 des vorliegenden Gesetzes zu verstehen sind. Eine bedeutsame Verschiedenheit von anderen Gesamtschuldverhältnissen kann sich hier insofern ergeben, als der nach § 823 BGB. Verpflichtete meistens in weiterem Umfange haften wird (§§ 842, 845, 847 BGB.; § 12 AG.), als der, dessen Haftung auf § 7 dieses Gesetzes gegründet ist. Bezüglich der die Haftung des letzteren überschreitenden Ansprüche liegt dann ein Gesamtschuldverhältnis natürlich nicht vor (Krause § 7 Bem. 2; vgl. unten Bem. V).

Der Verletzte hat die Möglichkeit, die Gesamtschuldner gemeinschaftlich zu verklagen; er kann aber auch einen einzelnen herausgreifen (§ 421 BGB.). Klagt er gegen den nach § 7 AG. Haftpflichtigen, so kann dieser nicht einwenden, daß ein anderer nach § 823 oder 833 BGB. für den Unfall hafte (RGZ. 47, 241); denn die Haftpflicht des Fahrzeughalters ist dem Beschädigten gegenüber eine primäre und solidarische, und wegen dieser primären Natur steht dem Fahrzeughalter gegenüber dem

Beschädigten weder die Einrede der Vorausklage noch die der Teilung zu (ROHG. 5. 3. 74 Bd. 13, 14; ROHG. 19. 10. 74, Bd. 14, 107; RG. 16. 9. 81 RGZ. 25, 49; RG. 28. 1. 01 RGZ. 47, 241). Ebensowenig erscheint die Einrede der Teilung und Vorausklagung statthaft, wenn neben dem verklagten Fahrzeughalter noch ein zweiter Fahrzeughalter gleichfalls aus § 7 haftet (ROHG. 23. 1. 77 Bd. 21, 364). Umgekehrt darf aber, weil die Haftung des Fahrzeughalters nur dem Beschädigten, nicht auch dem Mitverpflichteten gegenüber diese primäre Natur hat, der aus anderem zivilrechtlichen Titel Verpflichtete, wenn er zuerst in Anspruch genommen wird, nicht den Einwand erheben, daß der Halter prinzipaliter hafte.

Es ist der Fall möglich, daß der eine Verpflichtete auf Grund Vertrags haftet (der Fahrzeughalter gegenüber seinem Fahrgast). In der Regel wird mit dieser Vertragshaftung dann auch eine Haftung aus § 823 BGB. konkurrieren und deshalb mit Rücksicht auf diese letztere kein Zweifel darüber entstehen können, daß zwischen den mehreren Verpflichteten ein echtes Gesamtschuldverhältnis vorliegt. Aber auch dann, wenn der eine Verpflichtete nur aus dem Vertrag haftet, während der andere nach dem Automobilgesetz oder nach § 823 BGB. verpflichtet ist, liegt eine Gesamtschuld im Sinne des § 421 BGB. vor und nicht etwa nur ein sog. unvollkommenes Gesamtschuldverhältnis; denn § 421 BGB. setzt dem Wortlaute nach zum Bestehen einer Gesamtschuld nichts weiter voraus, als daß mehrere eine Leistung schulden in der Weise, daß jeder die ganze Leistung zu bewirken verpflichtet, der Gläubiger aber die Leistung nur einmal zu fordern berechtigt ist. Es kommt also nach dem Rechte des BGB. für das Bestehen der Gesamtschuld auf Identität des Rechtsgrundes der Obligation (eadem causa in diesem Sinne) überhaupt nicht an und es liegt deshalb eine Gesamtschuld schon dann vor, wenn die beiderseitigen Verpflichtungen sachlich demselben Tatbestand als dem Entstehungsgrunde der Schadensersatzpflicht entsprungen sind und die gleiche Leistung zum Gegenstand haben (RG. 29. 5. 05 RGZ. 61, 61; vgl. RG. 22.11.07 RGZ. 67, 128; 17.3.00 RGZ. 70, 409). Übrigens würde selbst bei Annahme eines unvollkommenen Gesamtschuldverhältnisses die Stellung der mehreren Schuldner gegenüber dem Verletzten die gleiche sein (vgl. Staudinger, BGB. Vorbem. IV, 6 vor § 420).

II. Was das Verhältnis der mehreren Verpflichteten zu einander (**die Ausgleichungspflicht**) anlangt, so haben mehrere

Personen, die einem Dritten außervertraglich für einen und denselben Schaden als Gesamtschuldner haften, nach § 426 BGB. den Schaden zu gleichen Anteilen zu tragen, soferne nicht ein anderes bestimmt ist. Dabei ist es, ebenso wie für die Frage unter I, im allgemeinen gleichgültig, ob die Haftung der mehreren auf den gleichen oder auf verschiedenen gesetzlichen Voraussetzungen (§ 823 BGB., § 7 dieses Gesetzes) beruht. Auch der Umstand, daß der eine Verpflichtete dem Verletzten, als seinem Fahrgast, neben der gesetzlichen Haftung auch noch aus dem Beförderungsvertrag schadensersatzpflichtig ist, ändert an der Anwendbarkeit der Ausgleichungsregel des § 426 grundsätzlich nichts (RG. 29. 5. 05 RGZ. 61, 56). Aber § 426 BGB. stellt keine absolute Norm auf; es kann durch ausdrückliche oder stillschweigende Vereinbarung oder vom Gesetze selbst (vgl. § 840 Abs. 2, 3 BGB.) eine abweichende Bestimmung gegeben sein oder es kann eine solche Abweichung aus dem Inhalt und Zweck des Rechtsverhältnisses sich ergeben (vgl. Planck, BGB. 3. Aufl. Bd. 2 § 426 Bem. 1 S. 317; Dernburg, Bürgerl. Recht 3. Aufl. Bd. 2 Abt. 1 § 163 Ziff. IV S. 428). § 426 BGB. wird deshalb insbesondere dann keine Anwendung finden können, wenn zwischen den Ausgleichungspflichtigen ein Vertragsverhältnis besteht.

Es ist weiter von Eger, HaftpflG. § 1 Bem. 6 C 2 S. 87 f. der Grundsatz aufgestellt worden, daß die Haftpflicht des Betriebsunternehmers, also desjenigen, der nur auf Grund des § 1 HaftpflG. haftet, sowohl dem eigentlichen Urheber des Schadens wie allen sonst aus zivilrechtlichen Titeln Verpflichteten gegenüber in der Regel eine subsidiäre sei und daß deshalb dem Betriebsunternehmer, der den Verletzten entschädigt hat, das Recht zustehe, die Erstattung des Geleisteten in vollem Umfang und nicht etwa bloß nach Maßgabe des § 426 BGB. von den anderen Verpflichteten zu verlangen. Eger macht von diesem Grundsatz selbst verschiedene Ausnahmen und erklärt einen Regreß des Unternehmers gegen folgende Personen für ausgeschlossen: gegen die unterhaltspflichtigen Verwandten des Getöteten, gegen die aus dem §§ 833 ff. (Tierhalter, Grundstücksbesitzer) zum Schadensersatz Verpflichteten, gegen die aus öffentlichrechtlichen Titeln Verpflichteten (Krankenkassen, Armenverbände, Berufsgenossenschaften, Alters- und Invalidenversicherungsanstalten) und endlich gegen die Verpflichteten, deren aus Anlaß des Unfalls gemachte Leistungen nicht den Charakter reiner Schadensersatzleistungen haben, sondern durch eigene, vorgängige Leistungen des Verletzten erzielt sind (Unfall- und Lebensversicherungen, Krankenkassen, Pensionen). Die Richtigkeit der Eger'schen Ansicht vorausgesetzt, würde ihrer analogen Anwendung auf das Kraftfahrzeuggesetz nichts im Wege stehen. Die Eger'sche Ansicht ist aber vom Reichsgericht (29. 5. 05 RGZ. Bd. 61 S. 63) verworfen worden und der Gesetzgeber ist bei Abfassung des Kraftfahrzeuggesetzes offensichtlich von der gleichen Ansicht wie das Reichsgericht ausgegangen, wie die unten wiedergegebene Begründung zu § 17 erkennen läßt. Tatsächlich ist auch die Eger'sche Ansicht deshalb nicht zutreffend, weil der Haftung des Betriebsunternehmers auch der Gedanke einer allgemeinen Schuldvermutung zugrunde liegt. Es sind deshalb die Schadensersatzpflichten, die auf einem Verschulden beruhen, in der Frage des Ausgleichs grundsätzlich nicht anders zu behandeln als die Haftungen nach § 1 HaftpflG. bezw. § 7 dieses Gesetzes und es kann deshalb der, der ohne Verschulden haftet, von dem schuldhaft Verpflichteten nur Ausgleich nach § 426 BGB., nicht aber Erstattung des ganzen von ihm geleisteten Schadensersatzes verlangen (ebenso Kirchner § 17 Bem. I S. 242, 243).

Eine wichtige Ausnahme von der Ausgleichungsregel des § 426 BGB. macht § 17, der für eine große Reihe von Fällen, nämlich für alle die Unfälle, die durch mehrere Kraftfahrzeuge, oder durch ein Kraftfahrzeug und ein Tier, ein Kraftfahrzeug und eine Eisenbahn verursacht werden, einen besonderen, den § 426 BGB. ausschließenden Ausgleichungsmaßstab vorschreibt, sofern die Haftpflicht auf dem Gesetz und nicht etwa auf Vertrag beruht. Bei der weitgehenden Bedeutung dieser Vorschrift erscheint es angezeigt, die Begründung, mit der der Gesetzgeber diese Bestimmung rechtfertigt, hier im Wortlaut wiederzugeben:

„Es ist anzunehmen, daß die Zahl der durch Zusammenstoß verursachten Automobilunfälle sich mit dem Steigen des Verkehrs erhöhen wird. Außerdem ist auch da, wo ein Zusammenstoß von Automobilen nicht erfolgt, der Unfall nicht selten auf das Zusammenwirken mehrerer im Betrieb befindlicher Kraftfahrzeuge zurückzuführen. Soweit es sich in diesen Fällen um die Ersatzpflicht gegenüber einem geschädigten Dritten handelt, muß es bei der allgemeinen Regel des § 840 BGB. bewenden, wonach die beteiligten Automobilhalter, mögen sie den Unfall verschuldet haben oder nur nach den Grundsätzen des Entwurfs verantwortlich sein, als Gesamtschuldner haften. Für das Verhältnis der Automobilhalter untereinander und die hieraus sich ergebende Ausgleichungspflicht derselben bedarf es dagegen einer besonderen Regelung. Die Gründe, auf denen die Haftpflicht beruht, treffen für die einzelnen Beteiligten oft in so verschiedenem Maße zu, daß es unbillig wäre, es lediglich bei dem Ergebnisse zu belassen, zu welchem die allgemeinen Rechtsgrundsätze führen. Nach diesen würden, soweit es sich um den einem Dritten geleisteten Schadensersatz handelt, die beteiligten Automobilhalter den Schaden stets zu gleichen Teilen (§§ 840, 426 BGB.) zu tragen haben (NB. also Verwerfung der oben erwähnten Egerschen Ansicht); im Falle gegenseitiger Beschädigung hätte jeder dem anderen seinen vollen Schaden zu ersetzen, ohne daß es dabei auf die Höhe des Schadens und auf das Maß ankäme, in welchem nach dem ursächlichen Zusammenhange der Schaden dem einen oder dem anderen Fahrzeuge zur Last fällt. Auch wenn das alleinige oder überwiegende Verschulden eines der Beteiligten festgestellt wird, könnte diesem Umstande nur in beschränktem Maße, nämlich nur insoweit Rechnung getragen werden, als es sich um den Ersatz des dem Schuldigen selbst entstandenen Schadens handelt (§ 254 BGB. § 9 des Gesetzes). Wie unbefriedigend die Ergebnisse sind, die sich hiernach herausstellen, zeigt sich namentlich bei dem Zusammentreffen von Verletzungen Dritter mit gegenseitigen Beschädigungen der Automobile. Sind bei dem Zusammenstoße zweier Automobile beide Fahrzeuge beschädigt und ist gleichzeitig ein Fußgänger verletzt worden, so kann das überwiegende Verschulden auf Seiten des einen Automobils nur bei der Abmessung des Ersatzes für die Beschädigung der Automobile, nicht aber bei der Ausgleichung des dem Dritten zu leistenden Schadensersatzes berücksichtigt werden. Diese innerlich widerspruchsvollen Ergebnisse sind nur zu vermeiden, wenn im Anschluß an § 254 BGB. für alle hier in Betracht kommenden Fälle im Verhältnisse der beteiligten Automobilhalter untereinander eine den Umständen entsprechende freie Verteilung des Schadens ermöglicht wird. Der § 17 Abs. 1 regelt die Frage in diesem Sinne. Die Bestimmungen desselben beziehen sich übrigens nicht bloß auf den Fall, daß die Haftpflicht der Automobilhalter nach den besonderen Vorschriften des Entwurfs begründet ist, sondern sie sollen, wie sich aus der Fassung ergibt, auch dann Platz greifen, wenn die Haftpflicht auf die allgemeinen Vorschriften des bürgerlichen Rechts gestützt wird. Sie würden sonst den erstrebten Zweck nicht vollständig erreichen. Dies zeigt sich, wenn z. B. der Fall in Betracht gezogen wird, daß bei dem

Zusammenstoß zweier Automobile die Fahrgäste des einen Automobils verletzt werden und der Halter des letzteren, der das Fahrzeug selbst lenkte, den Unfall durch seinen Leichtsinn verschuldet hat, sodaß er zwar nicht aus dem Entwurf (§ 2, jetzt 8), aber nach § 823 BGB. dem Verletzten haftet, wogegen den Halter des anderen Automobils die Mithaftung nur infolge einer unverschuldeten Betriebsstörung trifft. Auch hier wäre es eine Unbilligkeit, wenn die Ausgleichung unter den beiden Automobilhaltern lediglich nach Kopfteilen geschehen müßte.

„Nach der Vorschrift des Abs. 2 sollen die Bestimmungen des Abs. 1 entsprechende Anwendung finden, wenn der Schaden durch ein Kraftfahrzeug und ein Tier oder durch ein Kraftfahrzeug und eine Eisenbahn verursacht wird. In diesen Fällen kommen im wesentlichen dieselben Gesichtspunkte in Betracht, wie bei einem Schaden, der nur durch Automobile verursacht wird; auch die Ausgleichung des Schadens unter den Beteiligten muß deshalb nach denselben Grundsätzen erfolgen. Die Ausgleichung bezieht sich selbstverständlich nur auf Schäden, für welche eine gesetzliche Haftpflicht der Beteiligten überhaupt begründet ist. Insbesondere werden Ungleichheiten, welche sich aus den Vorschriften ergeben, die für die Haftung der in Frage kommenden, verschiedenen Betriebsunternehmer maßgebend sind, durch die im Entwurf vorgesehene Ausgleichung nicht berührt. So kann z. B. der Grundsatz des § 17 nicht dazu führen, daß einem Eisenbahnunternehmer die unbedingte Haftung für Sachschaden dem Automobilhalter gegenüber auferlegt wird, wenn ihm eine solche nicht allgemein nach Landesrecht obliegt."

Ferner enthält § 840 Abs. 2 BGB. eine Ausnahme von der Regel des § 426. Inwieweit diese Ausnahme für das Kraftfahrzeuggesetz Anwendung finden kann (in Betracht kommt nur das Verhältnis zwischen Halter und Führer), soll bei § 18 erörtert werden.

Was endlich die im § 840 Abs. 3 BGB. getroffene Ausnahme von § 426 BGB. anlangt, so ist sie durch den § 17 für den Kraftfahrzeugverkehr zum größten Teil außer Wirksamkeit gesetzt. Nur soweit die Haftung des Gebäudebesitzers (§§ 836 bis 838 BGB.) neben der Haftung eines Fahrzeughalters in Frage steht, wenn also z. B. durch das Anfahren an ein Gebäude dessen Einsturz bewirkt und durch diesen Einsturz ein Mensch verletzt wird, hat im Verhältnis zum Gebäudebesitzer der Halter allein für den Schaden aufzukommen, da er ebenso wie der

Eisenbahnunternehmer als Dritter im Sinne des § 840 Abs. 3 zu gelten hat (RG. 24. 11. 02 RGZ. 53, 114; RG. 27. 6. 04 RGZ. 58, 335).

Eine analoge Anwendung des § 840 Abs. 3 BGB. erscheint bei der exzeptionellen Natur dieser Bestimmung unzulässig (RG. 29. 5. 05 RGZ. Bd. 61 S. 63; a. M. Dungs in Gruchots Beitr. 54, 549 f.). § 840 Abs. 3 wollte nur ein Privilegium der aus reiner Gefährdung Haftenden gegenüber anderen Haftpflichtigen, zu denen auch der Eisenbahnunternehmer gehörte, schaffen. Es geht nicht an, analog den aus § 7 verpflichteten Fahrzeughalter, dessen Haftung keine reine Gefährdehaftung ist, gegenüber einem anderen aus § 823 BGB. Haftpflichtigen in der Weise zu privilegieren, daß man im Verhältnis der beiden zu einander denjenigen, den ein Verschulden an dem Unfall trifft, als den allein Haftpflichtigen betrachtet. Damit wäre tatsächlich die Haftpflicht des Fahrzeughalters aus § 7 inbezug auf die Ausgleichungspflicht zu einer stets subsidiären gestempelt. Was gegen die Eger'sche Ansicht über die Subsidiärität der Unternehmerhaftpflicht spricht, spricht auch gegen die analoge Anwendung des § 840 Abs. 3 BGB. Vgl. Neukirch-Rosenmeyer § 17 Anm. 2; a. M. Hallbauer, AG. § 16 Anm. 1 a—c S. 46, der die analoge Anwendung des § 840 Abs. 3 BGB. für zulässig hält; unverständlich ist nur dabei, wie die analoge Anwendung dieser Bestimmung zu einer anteiligen Schadenshaftung des nach § 7 haftpflichtigen Fahrzeughalters und des den Unfall verschuldenden Dritten führen kann, wie Hallbauer a. a. O. Bem. c behauptet.

III. **Einzelfälle der Gesamthaftung und der Ausgleichungspflicht.**

1. **Durch mehrere Kraftfahrzeuge verursachter Schaden** (§ 17 Abs. 1). Kraftfahrzeuge im Sinne dieser Bestimmung können auch die unter § 8 Ziff. 2 fallenden Lastautomobile sein. Sind allerdings bei dem Unfall nur unter § 8 Ziff. 2 fallende Fahrzeuge beteiligt und könnte für sie alle nur eine Haftung nach § 7 in Frage kommen, dann ist nach § 8 von einer Haftung überhaupt keine Rede; ebenso liegt keine Gesamthaftung vor, wenn von den beiden beteiligten Fahrzeugen das eine unter § 8 Ziff. 2 fällt und diesem kein Verschulden zur Last fällt. Wohl aber ist § 17 anwendbar, wenn beide zusammenstoßende Fahrzeuge ein Verschulden trifft, mag es sich auch um 2 unter § 8 Ziff. 2 fallende Wagen handeln.

Der Schaden muß durch die mehreren Fahrzeuge verursacht sein und der Verletzte muß diese Verursachung durch die mehreren Fahrzeuge beweisen; die Tatsache allein, daß bei dem Unfall mehrere Fahrzeuge beteiligt waren, genügt hierzu noch nicht.

Eine Verursachung durch mehrere Fahrzeuge kann auch vorliegen, wenn der Unfall durch einen von einer Vorspannmaschine gezogenen Anhängewagen herbeigeführt wird (vgl. § 1 Bem. I Ziff. 6).

Die Worte „durch mehrere Fahrzeuge verursacht" wollen nicht sagen, daß nur eigentliche Zusammenstöße mehrerer Fahrzeuge unter § 17 fallen, sondern, wie schon die Motive hervorheben, gehören alle Unfälle hierher, die auf das Zusammenwirken mehrerer im Betriebe befindlicher Kraftfahrzeuge zurückzuführen sind (vgl. das von Hallbauer a. a. O. S. 42 Bem. 1 angeführte Beispiel, daß ein Radfahrer, der zwischen 2 Automobilen durchfahren will, durch plötzliche Verengerung des Zwischenraums von den Automobilen erfaßt wird).

Ebenso ist der notwendige mittelbare Zusammenhang dann gegeben, wenn das eine Automobil dem anderen auf der falschen Straßenseite entgegenkam und hierdurch der Führer des anderen Fahrzeugs zur Vermeidung eines Zusammenstoßes gezwungen wird, nach der anderen Seite auszubiegen und hierbei einen Passanten verletzt, soferne nicht etwa wegen eines unabwendbaren Ereignisses die Haftung des letzteren Halters überhaupt wegfällt (Neukirch-Rosenmeyer § 17 Anm. 1 S. 188). Neukirch a. a. O. nimmt weiter an, § 17 setze nicht voraus, daß die mehreren Kraftfahrzeuge sich im Betriebe befanden; § 17 müsse daher auch dann Anwendung finden, wenn ein außer Betrieb befindliches Kraftfahrzeug sich an einer ungeeigneten Stelle der Straße befand und hierdurch ein Zusammenstoß mit einem fahrenden Kraftfahrzeug verursacht wurde. Obgleich diese Auslegung gegen die in den Motiven enthaltene Bemerkung verstößt, daß alle Unfälle unter § 17 fallen, die auf das Zusammenwirken mehrerer im Betrieb befindlicher Kraftfahrzeuge zurückzuführen sind, wird man ihr doch beistimmen müssen. Natürlich muß aber dann ein Verschulden des Fahrzeughalters, dessen Fahrzeug nicht im Betrieb war, vorliegen, da eine Haftung nach AG. gemäß § 7 nur für Unfälle bei dem Betrieb gegeben ist.

Der Verletzte muß also zur Begründung der Klage, soweit er sie auf § 7 AG. stützt, nachweisen den Unfall, die Verursachung des Unfalls durch die beiden Automobile und die Haltereigenschaft des Beklagten. Ein Verschulden des Beklagten braucht er, abgesehen von dem Fall, daß die Klage auf § 823 BGB. gestützt wird, nicht darzutun. Vielmehr ist es Sache des Beklagten, den Entlastungsbeweis nach Maßgabe des § 7 Abs. 2 zu führen; bei einem non liquet ist zuungunsten der Halter zu entscheiden (vgl. § 7 Bem. X).

a) Verletzung eines Dritten, d. h. einer nicht unter § 8 Ziff. 1 fallenden Person oder einer Sache, die durch keines der beiden Kraftfahrzeuge befördert wurde, durch den Zusammenstoß zweier Kraftfahrzeuge (Fall des § 17 Abs. 1 Satz 1). Die sämtlichen Fahrzeughalter haften dem Verletzten, wie schon oben Bem. I gezeigt, als Gesamtschuldner, ohne Rücksicht darauf, ob ihre Haftpflicht auf §§ 823 ff. BGB. oder § 7 dieses Gesetzes beruht; Vertragshaftung kann hier nicht in Frage kommen. Die Ausgleichungspflicht unter den mehreren Haltern regelt sich nach § 17, dessen Ausgleichungsmaßstab unten zu besprechen ist, und zwar ist nach der oben Bem. II wiedergegebenen Begründung des Gesetzes § 17 anzuwenden, gleichviel ob die Haftpflicht der mehreren Halter auf dem gleichen oder auf verschiedenen Haftungsgründen (§§ 823 f. BGB. oder § 7) basiert. Ohne die Bestimmung des § 17 hätten in allen diesen Fällen die beteiligten Automobilhalter untereinander den Schaden stets zu gleichen Teilen tragen müssen (§§ 840, 426 BGB.); nur für den einen Fall, daß der eine Halter aus § 7, der andere aus § 823 BGB. haftet, hätte man dieses unbillige Ergebnis vielleicht vermeiden können durch die, wie erwähnt, bestrittene Annahme von der subsidiären Natur der Haftpflicht nach § 7 bezw. durch die ebenfalls strittige analoge Anwendung des § 840 Abs. 3, indem man dem aus Verschulden Verpflichteten im Verhältnis zu dem nur die Gefährdehaftung Tragenden die alleinige Haftung für den ganzen Schaden überbürdet hätte (vgl. oben Bem. II). Zu diesem Resultat kann der Richter auch auf Grund des § 17 gelangen; er hat dabei aber insoferne freieren Spielraum, als er auch eine Verteilung des Schadens eintreten lassen kann, wozu er bei analoger Anwendung des § 840 Abs. 3 nicht imstande gewesen wäre.

Ist von 2 an einem Unfall beteiligten Fahrzeughaltern der eine (A) auf Klage des Verletzten zur Zahlung des Schadens verurteilt worden, während eine Klage gegen den anderen (B) überhaupt nicht erhoben wurde, dann kann natürlich A gegen B anteiligen Regreß nehmen, soferne er dartut, daß der Unfall durch das Zusammenwirken beider Fahrzeuge entstanden ist und sofern B nicht den Entlastungsbeweis nach § 7 zu führen vermag. Es hat aber A darüber hinaus auch noch die Möglichkeit, im Wege der Regreßklage gegen B geltend zu machen, daß seine (des A) Verurteilung gegenüber dem Verletzten zu Unrecht erfolgt und daß der Unfall lediglich von B zu vertreten sei. Gelingt dieser Nachweis, so hat B dem A den ganzen an den Verletzten gezahlten Betrag zu ersetzen; die Tatsache, daß dem A in dem Prozeß mit dem Verletzten der Entlastungsbeweis nicht gelungen ist, schließt diesen Anspruch des A nicht aus; denn das zwischen A und dem Verletzten ergangene Urteil schafft keine Rechtskraft zwischen A und B. Das Gleiche muß aber auch gelten, wenn A und B auf die von dem Verletzten gegen sie gemeinsam erhobene Klage als Gesamtschuldner verurteilt wurden; auch hier hat das Urteil keine Rechtskraftwirkung zwischen den beiden Streitgenossen (BayObLG. 4. 11. 07 Bd. 8, 497). Es kann deshalb sowohl A gegenüber dem B wie B gegenüber dem A nachweisen, daß der Unfall nicht durch das Zusammenwirken beider Fahrzeuge verursacht, sondern ausschließlich von dem Gegner zu vertreten sei. In einem solchen Falle kann es sogar dahin kommen, daß die beiden auf Klage des Verletzten Verurteilten in dem Regreßprozeß den im Schadensprozeß mißglückten Entlastungsbeweis erbringen und damit dartun, daß ihre Verurteilung eigentlich zu Unrecht erfolgt ist. Auf das von dem Verletzten erwirkte rechtskräftige Urteil hat das keinen Einfluß. Die Ausgleichung zwischen den beiden hat dann nach § 426 BGB. zu erfolgen, sodaß also jeder für die Hälfte aufzukommen hat; eine Anwendung des § 17 AG., vielleicht gestützt auf die Tatsache, daß dem einen Halter im Schadensprozeß der Entlastungsbeweis schuldhaft mißlungen ist, erscheint nicht zulässig; denn durch den im Regreßprozeß geführten Nachweis ist ja die Voraussetzung des § 17 AG., daß die Beteiligten dem Dritten kraft Gesetzes haften, widerlegt.

Kann trotz der im Schadensprozeß erfolgten Verurteilung der Verurteilte, wie dargetan, im Regreßprozeß noch den Entlastungsbeweis führen, so kann umgekehrt der Umstand, daß der Verletzte mit seiner Schadensersatzklage gegen den einen der Halter rechtskräftig abgewiesen wurde, der Klage des anderen verurteilten Halters auf Ausgleichung gegen den ersteren nicht entgegenstehen (RG. 16. 11. 08 RGZ. 69, 422, JW. 09, 18). Die Ausgleichung hat auch hier nach § 17 zu erfolgen. Der Regreßkläger braucht zur Klagebegründung nur die Verursachung des Schadens durch beide Automobile darzutun. Sache des

Regreßbeklagten ist es, den im Prozeß mit dem Verletzten bereits geführten Entlastungsbeweis nun auch gegenüber dem Regredienten zu führen. Mißlingt dieser Entlastungsbeweis z. B. infolge eines Gegenbeweises des Klägers, so ist dadurch „die Haftung beider kraft Gesetzes" (§ 17) dargetan (wie hier auch Krause § 17 Bem. 3a. E. S. 194; a. M. Hallbauer bei Gruchot Bd. 54 S. 49 Bem. 13).

b) Verletzung von Insassen (einschließlich Führer) des einen Kraftfahrzeuges A oder Beschädigung der auf dem Kraftfahrzeug A transportierten Sachen durch mehrere Kraftfahrzeuge (§ 17 Abs. 1). Die Verletzung des Halters selbst und der ihm gehörigen Sachen siehe unten III, 1 d, u. e.

Ein Anspruch gegen den Halter des Fahrzeugs A auf Grund des Automobilgesetzes besteht nicht (§ 8 Ziff. 1). Deshalb haftet in einem solchen Falle nur der Halter des fremden Fahrzeuges B, ohne daß er den Halter A im Regreßwege in Anspruch nehmen kann, da der Regreß zur Voraussetzung hat, daß mehrere einem Dritten kraft Gesetzes haften. Der Halter B muß also, gleichviel, ob ihn ein Verschulden i. S. des § 823 BGB. trifft, oder ob seine Haftung nur nach § 7 AG. gegeben ist, den Schaden allein tragen, wenn ein Verschulden des Halters A nicht in Frage kommt (vgl. Kirchner § 17 Bem. II, 1 S. 245; a. M. Neukirch-Rosenmeyer § 17 Anm. 1 Ziff. 3 S. 188 und anscheinend Krause § 17 Bem. 2 Abs. 2 u. 3 S. 193; vgl. unten Bem. III, 2). Natürlich steht dem Halter B der Entlastungsbeweis nach § 7 Abs. 2 offen.

Trifft dagegen den Halter A ein Verschulden, sodaß er nach § 823 BGB. haftet, so ist der Schaden zwischen ihm und dem entweder aus § 7 oder aus § 823 BGB. haftenden Halter B nach Maßgabe des § 17 zu verteilen. Haftet der Halter A seinen verletzten Fahrgästen oder seinem verletzten Führer aus dem Vertrag, so wird mit dieser Vertragshaftung regelmäßig die Haftung aus § 823 BGB. konkurrieren, sodaß also auch hier die Ausgleichung nach Maßgabe des § 17 zu erfolgen hat. Nicht jeder Fahrgast steht aber zu dem Halter in einem Vertragsverhältnis (aus Gefälligkeit mitgenommene Gäste vgl. § 16).

Ist der verletzte Automobilinsasse mit dem Führer identisch und liegt die Sache so, daß der Führer den Zusammenstoß mit verschuldet hatte, so ist der Halter des anderen Fahrzeuges dem Ersatzanspruche des Führers gegenüber durch § 9 AG., § 254 BGB. geschützt (Hallbauer bei Gruchot 54 S. 50 n. 14).

Dazu ist aber notwendig, daß das Mitverschulden des Führers positiv nachgewiesen wird; der Umstand, daß der Führer den Entlastungsbeweis nach § 18 AG. nicht zu führen vermag, genügt hierzu nicht.

c) Verletzung der beiderseitigen Insassen bezw. der auf beiden Fahrzeugen transportierten Sachen durch mehrere Kraftfahrzeuge (§ 17 Abs. 1). Hier gilt analog das unter b Gesagte. Es können also, soferne ein Verschulden nach § 823 BGB. bei keinem der beiden Halter vorliegt, die Insassen von A von dem Halter B und die Insassen von B von dem Halter A Ersatz verlangen, ohne daß eine Ausgleichung zwischen A und B stattfindet. Ebenso Hallbauer bei Gruchot Bd. 54 S. 50, III: das von ihm gewählte Beispiel (Hallbauer spricht von einem grobfahrlässigen Verhalten des Halters B und einem leichten Verschulden des Halters A) scheint mir aber nicht glücklich gewählt, weil es die Annahme nahe legt, daß beide Halter aus § 823 BGB. haften; in diesem Falle läge natürlich Solidarhaftung vor und wäre also auch die Ausgleichungsmöglichkeit gegeben.

d) Verletzung des einen der beiden Halter. Bei Verletzung der auf dem Fahrzeug befindlichen Halter kann eine Gesamthaftung und also auch eine Ausgleichungspflicht im eigentlichen Sinne nicht in Frage kommen; vielmehr kann es sich hier nur um Anwendung des § 254 BGB. handeln. Trifft den verletzten Halter ein Verschulden, so war die Anwendung des § 254 zweifellos; dagegen war bisher strittig, ob der Einwand des konkurrierenden Verschuldens auch auf die Tatsache einer bloßen Gefährdehaftung des Gegners gestützt werden könne, mit anderen Worten, ob der von dem verletzten Halter A belangte Halter B einwenden könne, daß A selbst zwar nicht wegen eines Verschuldens, wohl aber wegen der ihn treffenden Gefährdehaftung mithafte, also z. B. auch, weil der Unfall durch ein dem verletzten Halter nicht als Verschuldung anzurechnendes Verschulden seines Führers mitverursacht wurde (vgl. RG. 19. 10. 05 JW. 05, 734; RG. 21. 11. 07, JW. 08, 40, RGZ. 67, 120; vgl. § 9 Bem. II, 1 a. E.). Durch die Vorschrift des § 17 ist die in letztgenanntem Urteil vertretene Ansicht, daß auch die unverschuldete Mitverantwortlichkeit zur Anwendung des § 254 BGB. genüge, als die richtige anerkannt. Wie Kirchner § 17 Bem. III S. 248 ausführt, kann der verletzte Halter A die Einrede seiner Mitverantwortlichkeit nicht dadurch abwenden, daß seine

Haftpflicht für den Schaden nach § 8 Ziff. 1 ausgeschlossen sei; denn die Anwendung dieser Bestimmung setzt eine Verschiedenheit in der Person des Geschädigten und des haftpflichtigen Halters voraus. Dagegen ist Voraussetzung für die Mitverantwortlichkeit des A, soweit ein Verschulden auf seiner Seite nicht vorliegt, daß das von ihm benützte Fahrzeug nicht etwa unter § 8 Ziff. 2 fällt, weil andernfalls den beschädigten Automobilhalter eine gesetzliche Verantwortlichkeit für den Unfall nicht trifft (a. M. Neukirch-Rosenmeyer § 17 Anm. 2 S. 190 ff.).

Hat auch der andere Fahrzeughalter an seiner Person, seinem Fahrzeug oder seinen sonstigen Sachen Schaden erlitten, so kann er seine Forderung gegen die Klageforderung aufrechnen bezw. einen Überschuß mittels Widerklage verlangen.

c) Beschädigung eines der beiden Automobile. Hier ist zu unterscheiden, ob Halter und Eigentümer identisch sind (vgl. hierüber § 7 Bem. V). Ist Halter und Eigentümer identisch, so kann der Halter des nicht beschädigten Fahrzeugs gegenüber der Klage des anderen Halters nicht bloß nach § 254 BGB. und § 9 AG. einwenden, daß auch den Kläger ein Verschulden trifft, sondern infolge der Vorschrift des § 17 kann er eine Verteilung des Schadens (ebenso wie im Falle d) auch dann erreichen, wenn der Halter des beschädigten Fahrzeugs nur nach § 7 AG. haftbar wäre. Sind dagegen Halter und Eigentümer verschiedene Personen, so kann zwar der auf Schadensersatz belangte Halter des nicht beschädigten Fahrzeugs Ausgleichung des Schadens dann erreichen, wenn den Halter des beschädigten Fahrzeugs ein Verschulden trifft; denn nach § 9 AG., § 254 BGB. hat der geschädigte Eigentümer das Verschulden des Halters, der ja die tatsächliche Gewalt über die Sache ausübte, gerade so wie eigenes Verschulden zu vertreten. Trifft aber den Halter des beschädigten Fahrzeugs kein Verschulden, sondern käme bloß seine Haftung nach § 7 AG. in Frage, dann muß der Halter des nicht geschädigten Fahrzeugs den Eigentümer des geschädigten voll entschädigen. Ein Regreß gegen den letzten ist nicht möglich, weil er für seinen Halter nicht haftet; ein Regreß gegen den Halter des verletzten Fahrzeugs ist aber gleichfalls ausgeschlossen; denn § 17 hat zur Voraussetzung, daß der Regreßpflichtige dem Dritten (also hier dem Eigentümer) ersatzpflichtig ist, was hier im Verhältnis zwischen Eigentümer und Halter des beschädigten Wagens nicht der Fall ist. Ebenso Hallbauer bei Gruchot 54 S. 54).

Sind beide Automobile beschädigt, so gelten die oben angeführten Grundsätze.

2. **Durch ein Kraftfahrzeug und eine Eisenbahn verursachter Unfall** (§ 17 Abs. 2). Folgende Modalitäten sind denkbar: beide Unternehmer haften aus Spezialgesetzen (§ 7 AG., § 1 HaftpflG., § 25 preuß. EisenbG.); beide haften aus § 823 BGB.; der eine haftet aus § 823 BGB., der andere aus dem Spezialgesetz; endlich ein Teil haftet neben § 823 BGB. auch aus Vertrag (dem Fahrgast), während für den anderen einer der vorher angegebenen Haftungsgründe in Frage kommt. Als Verletzte sind denkbar Dritte (Passanten) oder auch Fahrgäste. In allen Fällen, auch bei einer mit § 823 BGB. konkurrierenden Vertragshaftung des einen Teils haften beide Unternehmer solidarisch für den ganzen Schaden (vgl. Bem. I). Natürlich ist Voraussetzung, daß eine Haftung beider überhaupt in Frage kommt, daß also z. B. der Eisenbahnunternehmer, den kein Verschulden trifft, landesgesetzlich für Sachschaden haftet. Deshalb fehlt eine Gesamthaftung auch dann, wenn es sich um Verletzung der Insassen des Kraftfahrzeugs (§ 8 Ziff. 1) handelt und den Halter des Fahrzeugs kein Verschulden trifft, ebenso, wenn das Kraftfahrzeug unter § 8 Ziff. 2 fällt und eine Haftung des Halters nach BGB. nicht in Frage kommt. Die Straßenbahn kann also in solchen Fällen keinen Regreß gegen den Fahrzeughalter nehmen. A. M. Hallbauer, § 17 S. 49, der für den Fall der Verletzung von Insassen des Automobils erklärt, „daß der Regreßanspruch der Straßenbahn gegen den Fahrzeughalter angemessen zu quotisieren, unter Umständen auch ganz zu versagen sei". Gegenüber dem Wortlaut des Gesetzes, wonach die Anwendung des § 17 zur Voraussetzung hat, daß die Beteiligten dem Dritten kraft Gesetzes zum Schadensersatz verpflichtet sind, erscheint diese Ansicht nicht haltbar (wie hier auch Gordan § 7 Bem. 4 S. 147, 148). Hallbauer hat übrigens auch in seinem mehrfach erwähnten Aufsatz bei Gruchot Bd. 54 S. 51 n. 17 sich der hier vertretenen Ansicht angeschlossen. Die Ausgleichung unter den mehreren Haftpflichtigen erfolgt nach Maßgabe des § 17.

Zu berücksichtigen ist bei den unter 2 gehörigen Fällen, daß die spezialgesetzliche Haftung der Eisenbahnen und der Kraftfahrzeuge verschieden ist. Die Haftung der Eisenbahn geht bis zur höheren Gewalt, also weiter als die Haftung nach dem AG. Daneben entlastet den Eisenbahnunternehmer nur der Nachweis des eigenen Verschuldens des Verletzten. Während nach § 7 AG.

die Einwirkung Dritter in weitem Umfang den Haftpflichtigen entlastet, ist das bei der Eisenbahn nur der Fall, wenn das Verhalten des Dritten sich als höhere Gewalt darstellt. Wendet der Fahrzeughalter z. B. ein, daß der Fahrer der Straßenbahn durch plötzliches Rückwärtsfahren den Zusammenstoß verursacht hat, während er selbst bei Anwendung der höchsten Sorgfalt das nicht voraussehen konnte, weil der Wagen stand, so ist dies unter Umständen (§ 7 Abs. 2) erheblich und kann die Haftung des Fahrzeughalters ausschließen. Auch ist zu beachten, daß die Haftung des Fahrzeughalters quantitativ beschränkt ist (§ 12 AG.), die des Eisenbahnunternehmers aber nicht. Über die dadurch bedingten Folgen s. unten Bem. V.

Auch der zweite Satz des Abs. 1 findet entsprechende Anwendung, wenn durch den Unfall nicht die Person oder Sache eines Dritten, sondern eines der Beteiligten selbst beschädigt worden ist. Voraussetzung ist dabei, daß erstens die Haftpflicht des anderen nicht beschädigten Beteiligten begründet ist und daß zweitens auch der Beschädigte für den Schaden verantwortlich sein würde, wenn ihn ein Dritter erlitten hätte (Kirchner § 17 Bem. IV, 2). Trifft also z. B. den verletzten Fahrzeughalter kein Verschulden und fällt sein Fahrzeug unter § 8 Ziff. 2, so haftet der Eisenbahnunternehmer allein; eine Verteilung des Schadens ist ausgeschlossen (a. M. Neukirch-Rosenmeyer § 17 Anm. 4 Ziff. 3 S. 196).

Wird durch den Unfall eine auf dem Automobil beförderte Sache beschädigt, so kann eine Haftung weder beim Fahrzeughalter nach dem AG. wegen § 8 Ziff. 1, noch bei der Eisenbahn nach dem HaftpflG., das eine Haftung für Sachschaden nicht kennt, in Frage kommen. Wird eine auf der Eisenbahn beförderte Sache beschädigt, so haftet der Fahrzeughalter allein (a. M. Neukirch-Rosenmeyer § 17 Anm. 2 S. 192). Anders sind natürlich beide Fälle zu entscheiden, wenn eine Haftung nach § 823 BGB. gegeben ist.

Wird bei einem Zusammenstoß zwischen Automobil und Eisenbahn das Wagenmaterial der Bahn beschädigt und ist der Unfall auf ein Verschulden der Bahn mit zurückzuführen, so findet § 9 Anwendung und es wird deshalb unter Umständen der Bahn ihr Schaden nur zum Teil zu vergüten sein. Die Anwendung des § 9 entfällt aber, wenn ein Mitverschulden der Bahn nicht vorliegt, der Unfall aber mit auf einem von der Bahn nicht verschuldeten Fehler des Wagenmaterials beruht.

Hallbauer bei Gruchot Bd. 54 S. 55 will auch in diesem Fall eine Ausgleichung auf Grund des § 17 zulassen. Das wird nicht angängig sein, weil, wie schon oben erwähnt, Voraussetzung für die Ausgleichung ist, daß auch die Bahn für den Schaden aufzukommen hätte, wenn ein Dritter ihn erlitten hätte, eine Haftung der Bahn für Sachschaden aber nicht existiert. Es muß also der Fahrzeughalter den Schaden allein tragen. Anders gestaltet sich die Sachlage natürlich da, wo landesgesetzlich eine solche von einem Verschulden nicht abhängige Haftung der Bahn für Sachschaden eingeführt ist.

3. **Durch ein Kraftfahrzeug und ein Tier verursachter Schaden** (§ 17 Abs. 2). Der Fall ist ähnlich wie der vorhergehende zu entscheiden. Das Reichsgericht (Urt. v. 24. 11. 1902 RGZ. 53, 114; 27. 11. 04 RGZ. 58, 335; 19. 10. 05 JW. 05, 734) hatte für das Verhältnis zwischen Eisenbahn und Tierhalter entschieden, daß die Eisenbahn als Dritter im Sinne des § 840 Abs. 3 BGB. erscheine und also dem Tierhalter regreßpflichtig sei, wenn Bahn und Tier gemeinsam einen Schaden verursacht haben. Für das Verhältnis zwischen Fahrzeug und Tierhalter gilt das nicht, vielmehr entscheidet sich hier die Ausgleichungspflicht nach dem § 17; die Anwendung des § 840 Abs. 3 ist also ausgeschlossen. Zu beachten ist, daß die Haftung des Tierhalters weiter geht (§§ 845—847) als die Haftung nach dem Kraftfahrzeuggesetz; eine Gesamthaftung und eine Ausgleichungspflicht ist natürlich nur begründet, soweit die Haftung beider den gleichen Umfang hat. § 17 findet auch Anwendung bei Verletzung des Tierhalters, oder des Fahrzeughalters, oder des Fahrzeugs.

Bezüglich der Frage, ob der Kausalzusammenhang gegeben sei (vgl. auch § 7 Bem. III), hat das Reichsgericht 24. 11. 02 RGZ. 53, 114 erklärt: „Der Kausalzusammenhang zwischen der Verletzung einer Person durch ein Tier und dem Betrieb einer Eisenbahn (hier also analog dem Betrieb eines Kraftfahrzeugs) liegt dann vor, wenn das Tier vor dem in Bewegung befindlichen Zug scheut, durchgeht und, wenn auch erst nach Zurücklegung einer längeren Strecke, die Person überrennt und verletzt. Der Kausalzusammenhang wird dadurch nicht ausgeschlossen, daß ein Dritter es schuldhaft unterlassen hat, genügende Vorkehrungen zu treffen, daß das durch den vorüberfahrenden Zug erschreckte Tier nicht durchgehen könne, daß also z. B. der Kutscher die Bremse nicht gehörig angezogen und die Leine des Geschirrs nicht ordnungsmäßig am Wagen befestigt hat".

Ein Motorradfahrer, der auch beim Vorüberfahren an Häusern einer Ortschaft übermäßig schnell fuhr und nun infolge Aufspringens eines kleinen Hundes die Herrschaft über sein Rad verlor und dadurch zu Fall kam, wurde vom RG. 24. 9. 08 JW. 08, 680 als für den Unfall allein verantwortlich erklärt.

Durch das Tier ist ein Unfall dann nicht verursacht, wenn das Tier ohne eigene Tätigkeit lediglich das Mittel gewesen ist, durch das der Unfall herbeigeführt wurde, wenn also z. B. das Tier nur der Leitung seines Lenkers gefolgt ist (vgl. § 7 Bem. VIII, 5 c). Bei einem Unfall, der also dadurch mitverursacht wurde, daß das Tier dem Willen seines Lenkers gehorchte, findet § 17 keine Anwendung; es kann nur ein Ausgleich nach § 426 BGB., eventuell, wenn einer der Halter beschädigt ist, die Anwendung des § 254 BGB. in Frage kommen.

Eine Haftung des Tierhalters nach § 833 BGB. für einen durch das Tier verursachten Schaden kommt dann nicht in Frage, wenn ein äußeres Ereignis auf den Körper oder die Sinne des Tieres mit einer Gewalt eingewirkt hat, der Tiere der in Frage kommenden Art nach physiologischen Gesetzen nicht zu widerstehen vermögen (RG. 30. 1. 05 RGZ. 60, 65). So gut in solchen Fällen das Verhalten des Tieres gemäß § 7 Abs. 2 AG. die Haftung des Fahrzeughalters zu beseitigen vermag, ebensogut wird man annehmen müssen, daß hier eine Mitverursachung des Schadens durch das Tier im Sinne des § 17 vorliege, sodaß auch hier eine Ausgleichung nach § 17 stattfinden kann; natürlich immer unter der Voraussetzung, daß bei Verletzung eines Dritten der Tierhalter dem Dritten kraft Gesetzes zum Ersatz des Schadens verpflichtet ist.

Ist der Tierhalter selbst der Geschädigte, so hat er den Schaden nach § 17 Abs. 1 Satz 2 zum Teil dann selbst zu tragen, wenn er bei gleicher Sachlage im Falle der Verletzung eines Dritten diesem zum Schaden verpflichtet wäre. Ist das nicht der Fall, dann trifft die Haftung den Fahrzeughalter allein (a. M. Neukirch-Rosenmeyer § 17 Anm. 3 Ziff. 3 S. 194).

Ebenso wie der Fahrzeughalter gegenüber dem Ausgleichungsanspruch des Tierhalters sich durch den Nachweis befreien kann, daß sich der Unfall für ihn als ein unabwendbares Ereignis darstellt, ebenso kann der von dem Fahrzeughalter auf Ausgleichung belangte Halter eines Haustieres, das dem Berufe, der Erwerbstätigkeit oder dem Unterhalt des Tierhalters zu dienen bestimmt ist, die Abweisung des vom Fahrzeughalter erhobenen Anspruchs erzielen, wenn er den ihm in § 833 Schlußsatz BGB. verstatteten Entlastungsbeweis erbringt.

Damit sind die durch § 17 getroffenen Fälle erledigt. Es läßt sich aber noch eine Reihe anderer, in § 17 nicht erwähnter Fälle denken, in denen eine Gesamthaftung und eine Ausgleichungspflicht in Frage kommen. Dazu gehören:

4. Ein **im Miteigentum mehrerer Halter stehendes Kraftfahrzeug** verursacht einen Schaden. Nicht immer ist bei Miteigentum jeder Miteigentümer auch Halter (vgl. § 7 Bem. IV; Hallbauer § 7 Bem. 9 S. 11); denn, da es bei der Frage, wer Halter ist, nicht auf das Eigentum ankommt, vielmehr als Halter, von der Frage des Eigentums ganz abgesehen, der zu gelten hat, der das Fahrzeug im eigenen Interesse für seine Rechnung und für seine wirtschaftlichen Zwecke im Gebrauch hat, so kann es recht wohl sein, daß ein 2 Eigentümern gehöriges Automobil doch nur einen Halter hat, weil der Betrieb des Fahrzeugs nur auf Rechnung und Gefahr des einen Eigentümers geht. Soweit beide Miteigentümer auch Halter sind, trägt auch jeder einzelne von ihnen, gleichviel ob Miteigentum nach Bruchteilen oder zur gesamten Hand (Gesellschafter, Inhaber einer offenen Handelsgesellschaft, gütergemeinschaftliche Ehegatten, Miterben und dergl.) vorliegt, die volle Verantwortung nicht bloß nach Größe des Miteigentumsanteils (Hallbauer § 7 Bem. 9 S. 11; Eger, HaftpflG. S. 99/100). Eine Haftung der Miteigentümer zur gesamten Hand tritt namentlich auch dann ein, wenn einer von ihnen auf Grund des ihm übertragenen Verwaltungsrechts das Fahrzeug zu einer den gemeinschaftlichen Interessen dienenden Fahrt benützt. Die Haftung kann sich bei beiden auf das Spezialgesetz oder auf § 823 BGB. oder bei dem einen auf die erstere, bei dem anderen Teil auf die letztere Vorschrift gründen. Man denke in der letzten Beziehung an den Fall, daß der eine Miteigentümer davon Kenntnis hat, daß das von dem anderen für einen gemeinsamen Zweck geführte Automobil einen Defekt hat. Die Ausgleichung erfolgt nach den für das interne Verhältnis der Miteigentümer geltenden Regeln. Dient das Fahrzeug einem gemeinsamen Unternehmen und ist der Unfall nicht durch das Verschulden eines der Miteigentümer herbeigeführt, so gehört die Schadensersatzpflicht zu den Passiven des Unternehmens. Diese Behandlung als Geschäftspassivum ist aber dann nicht möglich, wenn den einen Miteigentümer ein

Verschulden trifft; hier muß also der aus Verschulden Haftende den Betrag des Schadens aus eigenen Mitteln zum Geschäftskapital vergüten.

5. **Haftung mehrerer Personen für den durch ein Kraftfahrzeug verursachten Schaden.**

a) Haftung des Fahrzeughalters neben dem von ihm zum Betrieb des Automobils bestellten Führer; hier kann möglicherweise noch die Haftung einer dritten Person in Frage kommen, wenn der vom Halter bestellte Führer ohne Genehmigung des Dienstherrn die Lenkung des Fahrzeugs vorübergehend einem Dritten übertragen hat. Natürlich kann hier der erste Führer, weil er nicht mehr Führer ist, nicht auf Grund des Kraftfahrzeuggesetzes, sondern nur wegen Verschuldens in Anspruch genommen werden. Über diese Fälle vgl. § 18.

b) Haftung des Fahrzeughalters neben einem bei dem Betrieb nicht Beteiligten, z. B. neben dem Fabrikanten[a] der infolge fehlerhafter Konstruktion des Kraftfahrzeugs haftet, oder neben einem anderen Dritten, der dem Kraftfahrzeug schuldhaft in seiner Fahrbahn ein Hindernis bereitet, sofern nicht das Verhalten des Dritten nach § 7 Abs. 2 die Haftung des Halters beseitigt. Hierher gehören an und für sich auch die oben unter Bem. III Ziff. 2 und 3 besprochenen Fälle, bei denen aber die Ausgleichungspflicht besonders geregelt ist. Die Haftpflicht kann sich gründen: beim Halter auf § 7 oder auf § 823 BGB., beim Dritten, da die oben III Ziff. 2 und 3 besprochenen Fälle hier ausscheiden, auf § 823 BGB. Es kann hier weiter neben dem Halter und dem Dritten möglicherweise auch noch der Führer haften; darüber siehe § 18.

IV. **Ausgleichungsmaßstab.** Die Fassung des § 17 Abs. 1 über die Art und Weise der Ausgleichung schließt sich wörtlich an § 254 BGB. an. Die für § 254 BGB. aufgestellten Grundsätze haben also entsprechend Anwendung zu finden, vgl. auch die Bemerkungen zu § 9. Es ist das Maß der beiderseitigen Verursachung gegen einander abzuwägen und ebenso zu untersuchen, ob und in welchem Grad auf einer oder auf beiden Seiten ein Verschulden gegeben ist. Der Richter ist auch in der Lage, den ganzen Schaden ausschließlich einem Teil aufzuerlegen.

V. **Die Haftungsbeschränkung des § 12 und ihr Verhältnis zu § 17.** Ist ein Schaden durch ein Kraftfahrzeug und ein Tier oder durch ein Kraftfahrzeug und eine Eisenbahn oder endlich durch ein Kraftfahrzeug und einem schuldhaft handelnden Dritten verursacht und liegt ein Verschulden des Kraftfahrzeughalters nicht vor, sodaß seine Haftung lediglich nach dem Automobilgesetz begründet ist, so haftet der Fahrzeughalter nur beschränkt bis zur Höhe der in § 12 festgelegten Sätze, während der andere verursachende Teil (Tierhalter, Eisenbahnunternehmer, Dritte) unbeschränkt haftet. Ein Gesamtschuldverhältnis liegt dann natürlich nur insoweit vor, als die Haftung des Fahrzeughalters reicht. Ist z. B. durch den Unfall ein Sachschaden von 15 000 Mk. entstanden, so haften beide Schuldner bis zum Betrage von 10 000 Mk. solidarisch; der Tierhalter usw. haftet weiter allein auf 5000 Mk. Hallbauer in LeipzZ. 09 S. 881 ff. stellt für diesen Fall folgende Ansicht auf: „Zahlungen, die der mit dem vollen Betrag Haftende leistet, kommen dem anderen, nur beschränkt Haftenden quotal zugute". Hat z. B. der Ersatzberechtigte an und für sich eine Rente von 5000 Mk. zu beanspruchen und haftet der Führer des Automobils unbeschränkt, der Halter dagegen nur nach Maßgabe des AG., so ergibt sich nach Hallbauer folgende Berechnung. Zahlt der Führer auf die ihm obliegende Einvierteljahrsrente zu 1250 Mk. den Betrag von 750 Mk., so kann dieser Betrag dem Halter auf seine Vierteljahrsrentenschuld von 750 Mk. zwar nicht in voller Höhe angerechnet werden, wohl aber im Verhältnis von 3 : 5, so daß dem Halter also 450 Mk. zugute kommen und er nur noch mit 300 Mk. haften würde. Mit Recht wendet hiergegen Holzenthaler in LeipzZ. 10 S. 827 ff. ein, daß bei dieser von Hallbauer vertretenen Ansicht die Höhe des Schadens, den der Geschädigte tatsächlich ersetzt erhält, ganz verschieden ist je nachdem der Berechtigte zunächst den beschränkt Haftenden oder den unbeschränkt Haftenden in Anspruch nimmt. Wählt er den ersteren Weg, dann kommt er zum Ersatz seines ganzen Schadens; wählt er den zweiten Weg, dann fällt er mit einem Teil seines Schadensersatzanspruches aus. Holzenthaler führt als Beispiel an, daß der Ersatzberechtigte einen Sachschaden von 12 000 Mk. erlitten hat und daß für diesen Schaden der Führer, der nur ein Vermögen von 2000 Mk. hat, unbeschränkt, der Halter dagegen nur nach § 12 AG. haftet. Hält sich hier der Ersatzberechtigte zunächst an den beschränkt haftenden Halter, so hat ihm dieser 10 000 Mk. zu zahlen, den Rest von 2000 Mk. kann der Ersatzberechtigte daneben noch vom Führer erhalten. Hält der Berechtigte sich dagegen zuerst an den Führer, so kommt die vom Führer geleistete Zahlung von 2000 Mk. dem Halter nach der Hallbauerschen Ansicht in der Weise zugute, daß sich dessen Haftpflicht um $^{2}/_{12}$, also auf 8333 Mk. 33 Pfg. ermäßigt, so daß der Ersatzberechtigte im ganzen nur 10 333 Mk. 33 Pfg. erhielte. Mit Recht stellt deshalb Holzenthaler gegenüber der Ansicht Hallbauers den Satz auf: „Zahlt der unbeschränkt Haftende ohne irgend welche Bestimmungen bei der Erfüllung zu treffen, einen Teil seiner Schuld an den Geschädigten, so ist der bezahlte Betrag lediglich auf die Summe zu verrechnen, für welche nur der unbeschränkt Haftende in Anspruch genommen werden kann; soweit dagegen die von dem unbeschränkt Haftenden gezahlte Summe den Betrag übersteigt, für welchen lediglich der nach Bürgerlichem Recht Haftende verpflichtet ist, kommt die Zahlung auch dem beschränkt Haftenden zugute". In dem obigen Beispiel, in dem ein Sachschaden von 12 000 Mk. unterstellt wurde, hat also die Zahlung von 2000 Mk. durch den unbeschränkt Haftenden auf die Haftung des Halters überhaupt keinen Einfluß. Holzenthaler zieht zur Begründung seiner Ansicht auch den § 366 Abs. 2 BGB. an; dessen analoger Anwendung dürften Bedenken nicht entgegenstehen. Erfolgt also bei Bezahlung eines Teils des entstandenen Gesamtschadens durch den unbeschränkt Haftenden keine Bestimmung, so ist diese zunächst auf den Teil der Gesamtforderung zu verrechnen, für den lediglich der unbeschränkt Haftende verpflichtet ist, da für diesen Teil der Forderung dem Gläubiger wenig Sicherheit geboten ist. Bestimmt dagegen der unbeschränkt Haftende, daß die von ihm geleistete Zahlung auf den Teil des Schadens anzurechnen sei, für den er und der beschränkt Haftende als Gesamtschuldner verpflichtet sind, dann kann der Gläubiger, da diese Bestimmung seinem Interesse zuwider läuft, gemäß § 266 BGB. diese Teilleistung ablehnen (Holzenthaler a. a. O.). Zu dem aus der Hallbauerschen Ansicht sich ergebenden ungünstigen Resultat kann es also nur dann kommen, wenn der Ersatzberechtigte mit der von dem unbeschränkt Haftenden getroffenen Bestimmung über die Anrechnung sich einverstanden erklärt.

Was die Ausgleichung zwischen mehreren Haftpflichtigen anlangt, von denen einer z. B. die Eisenbahn unbeschränkt, der andere (Fahrzeughalter) nur beschränkt nach Maßgabe des AG. haftet, so ist eine doppelte Berechnung denkbar. Man nehme den Fall, daß A (Tierhalter) für einen Sachschaden von 15 000 Mk. unbeschränkt, der Fahrzeughalter B dagegen nur beschränkt, also nur bis 10 000 Mk. haftet. Verteilt hier der Richter den Schaden nach § 17 so, daß er beiden den Schaden zu gleichen Teilen auferlegt und zahlt nun der vom Ersatzberechtigten in erster Linie in Anspruch genommene B 8000 Mk., dann fragt es sich, ob er von A im Regreßwege nur 500 Mk. zurückerhält, nämlich den über die Hälfte von 15 000 Mk. bezahlten Betrag, oder ob sein Regreßanspruch sich auf 3000 Mk. beläuft, nämlich auf die 3000 Mk., die er über die Hälfte seiner nach § 12 auf 10 000 Mk. begrenzten Haftung bezahlt hat. Nach der ersten Ansicht haben A und B im Endergebnis je 7500 Mk. zu zahlen, nach der zweiten Ansicht zahlt B nur 5000 Mk, A dagegen 10 000 Mk. Krause (§ 17 Anm. 7 S. 195) vertritt die zweite Ansicht mit der Begründung, daß nur bis zum Betrage von 10 000 Mk. ein Gesamtschuldverhältnis bestehe, daß deshalb B auch nur $\frac{10\,000}{2}$, nicht etwa $\frac{15\,000}{2}$ zu zahlen habe. A. M. Neukirch-Rosenmeyer § 17 Anm. 5 S. 197, der die zweite Berechnungsart vertritt. Man wird trotz der Bedenken Krauses sich für diese letztere Berechnung zu entscheiden haben: denn nach der dem § 12 zugrunde liegenden Absicht des Gesetzes soll der Fahrzeughalter nur davor geschützt werden, daß er bei einem Unfall auf höhere als die in § 12 festgesetzten Beträge in Anspruch genommen werde und dieser Schutz wird ihm auch bei der ersten Berechnungsart zuteil.

Ist der Unfall durch 2 Kraftfahrzeuge verursacht und sind beide Fahrzeughalter nur beschränkt nach Maßgabe des § 12 haftbar, so können nicht etwa die beiden Halter je bis zur Höhe der Sätze des § 12 in Anspruch genommen werden, sondern nur beide zusammen haften bis zu diesen Höchstbeträgen (vgl. Waldeck § 12 Bem. 12 S. 95). Ist also durch den Unfall jemand verletzt worden und an und für sich für den Verletzten eine Rente von 6000 Mk. angemessen, so kann der Verletzte doch nur, obwohl ihm 2 Schuldner gegenüber stehen, im Ganzen 3000 Mk. Rente beanspruchen; denn beide Halter haften als Gesamtschuldner (§ 840 Abs. 1 BGB.) und bei beiden ist die Haftung auf den Betrag von 3000 Mk. beschränkt; zahlt also der eine Halter 3000 Mk., so ist damit die ganze Gesamtschuld erloschen (§ 422 BGB.). Im Resultat führt also das Prinzip des § 12 hier dazu, daß jeder der Halter im Verhältnis zu einander bei gleichem Grad ihrer Haftung nur 1500 Mk. zu leisten hat.

§ 18.

In den Fällen des § 7 Abs. 1 ist auch der Führer des Kraftfahrzeuges zum Ersatze des Schadens nach den Vorschriften der §§ 8—15 verpflichtet. Die Ersatzpflicht ist ausgeschlossen, wenn der Schaden nicht durch ein Verschulden des Führers verursacht ist.

Die Vorschrift des § 16 findet entsprechende Anwendung.

Ist in den Fällen des § 17 auch der Führer eines Fahrzeugs zum Ersatze des Schadens verpflichtet, so finden auf diese Verpflichtung in seinem Verhältnisse zu den Haltern und Führern der anderen beteiligten Fahrzeuge, zu dem Tierhalter oder Eisenbahnunternehmer die Vorschriften des § 17 entsprechende Anwendung.

Entw. II § 12. — Begr. S. 16. KommB. S. 29.

Literatur: Hallbauer, Die zivilrechtl. Rechtsstellung des Führers. Sächs. Archiv Bd. IV S. 465 ff. — Randa und Holzenthaler, Die Haftung des Führers eines Kraftfahrzeugs in Goldschmidts Zeitschr. f. Handelsrecht. Bd. 64, S. 433, Bd. 66, S. 373, Bd. 66 S. 22 ff.

I. **Führer des Kraftfahrzeugs.** Der Begriff des Fahrzeughalters ist dem des Tierhalters nachgebildet. Es liegt deshalb nahe, bei der Bestimmung des Begriffes „Führer" auf den § 834 BGB. zurückzugreifen und zu sagen: Führer ist, wer die Führung der Aufsicht über das Kraftfahrzeug durch Vertrag übernimmt. Damit würde aber der Begriff des Führers viel zu eng gefaßt sein. Führer im Sinne des § 18 ist vielmehr jeder, der die Gewalt über die Bewegung und Lenkung, also die Führung des Fahrzeugs hat. Was unter Führen eines Fahrzeugs zu verstehen ist, ist in § 2 Bem. 1 erläutert. Es ist also zum Begriff des Führers nicht notwendig, daß zwischen ihm und dem Fahrzeughalter ein Vertragsverhältnis besteht, wie das der § 834 BGB. verlangt. Führer ist vielmehr nicht bloß der auf Grund Dienstvertrages angestellte Chauffeur, sondern ebenso gut auch der Fahrgast, dem der das Fahrzeug selbst lenkende Halter vorübergehend die Steuerung des Wagens überläßt (zu eng Damm § 18 Bem. 2, der nur Angestellte als Führer gelten lassen will). Es wird also zum Begriff des Führers auch nicht erfordert, daß er gewerbs- oder berufsmäßig gegen Entgelt tätig ist: auch derjenige, der aus Liebhaberei, aus Gefälligkeit die Leitung übernommen hat, ist Führer. Weiter kommt es auch nicht darauf an, ob die Person die Qualifikation als Führer nach Vorschrift des § 2 erlangt hat; nur die Tatsache der Führung entscheidet. Eine Ausnahme hiervon statuiert § 3; danach muß derjenige, der zum Zwecke der Ablegung der Führerprüfung sich in der Führung von Kraftfahrzeugen übt, dabei auf öffentlichen Wegen oder Plätzen von einer mit Führerschein versehenen Person begleitet sein, und hier gilt dann nur der Begleiter als Führer, nicht aber der Übende.

Führer ist auch der Halter, der selbst die Leitung seines Fahrzeugs übernommen hat; er ist aber Führer und Halter in einer Person und haftet deshalb nach den strengeren Bestimmungen des § 7. Es wird deshalb seine Eigenschaft als Führer in der Regel nicht in Betracht kommen. Immerhin ist die Tatsache, daß er auch Führer ist, nicht ganz bedeutungslos. Es kann sein, daß der Verletzte nicht in der Lage ist, die Haltereigenschaft des Beklagten sofort und ohne zeitraubende Beweisaufnahme nachzuweisen, während der Nachweis der tatsächlichen Lenkung des Fahrzeugs durch den Beklagten ohne weiteres möglich ist. In solchen Fällen wird der Kläger, um möglichst rasch zum Ziele zu kommen, die Klage vielleicht nur auf die Führereigenschaft stützen; er hat es dann, wenn von dem Beklagten der Entlastungsbeweis nach § 18 mit Aussicht auf Erfolg versucht werden sollte, noch immer in der Hand, die Klage auch auf den § 7 und die Haltereigenschaft des Beklagten zu stützen. Eine Klageänderung wird darin nicht zu erblicken sein; eventuell kann ja die Klage von Anfang an vorsorglich auf beide Tatsachen gestützt werden. Ebenso kann es sein, daß die Klage gegen den Schädiger als Halter schon verjährt ist, während die Verjährung gegen ihn als Führer noch nicht eingetreten ist, weil der Verletzte zwar wußte, wer Halter sei, die Tatsache aber, daß der Halter bei dem Unfall selbst sein Fahrzeug gelenkt hat, erst später erfuhr (s. Hallbauer im sächs. Archiv 4, 468; vgl. oben § 14 Bem. III, 3).

Wer das Fahrzeug ohne Wissen und Willen des Fahrzeughalters in Betrieb setzt, ist an Stelle des Halters, also nach Maßgabe des § 7 Abs. 1 und 2 ersatzpflichtig (§ 7 Abs. 3). Er ist aber nicht Halter, sondern Führer, und seine Haftung kann deshalb auch auf seine Führereigenschaft gestützt werden. Auch hier kann, wie in dem vorhergehenden Fall für den Verletzten, der Beweis der Führereigenschaft leichter zu erbringen sein als der Nachweis, daß der Beklagte ohne Wissen und Willen des Halters gehandelt hat. Es ist deshalb m. E. nicht richtig, wenn Kirchner § 18 Bem. 2 S. 251 und Schmid-Wagner

§ 18 Bem. 3 S. 453 annehmen, daß der Halter, der selbst fährt, und der Dritte, der ohne Wissen und Willen des Halters fährt, als Führer nicht in Betracht kommen. Zu den Personen, die unter § 7 Abs. 3 fallen, kann auch der ständige Chauffeur des Fahrzeughalters gehören (vgl. § 7 Bem. IX). Hat ihm der Fahrzeughalter für bestimmte Fahrten oder in einem einzelnen Falle, z. B., weil er wahrnahm, daß der Chauffeur betrunken sei, die Leitung des Fahrzeugs untersagt, und hat der Chauffeur trotz dieses Verbots hinter dem Rücken seines Dienstherrn das Fahrzeug in Betrieb genommen, so haftet der Chauffeur allein; eine Haftung des Halters nach dem Automobilgesetz ist ausgeschlossen; wohl aber kann eine Haftung des Halters nach §§ 823, 831 BGB. in Frage kommen, wenn er z. B. bei genauer Überlegung voraussehen konnte, daß der Chauffeur seinem Verbote nicht entsprechen werde und wenn er gleichwohl weitere Vorbeugungsmaßregeln unterlassen hat (vgl. § 16 Bem. III, 1b; RG. 12. 6. 06, abgedruckt in Anlage c Ziff. 16 des Kommissionsberichts).

Es ist der Fall denkbar, daß der Chauffeur die Führung des von ihm mit Wissen und Willen des Fahrzeughalters in Betrieb gesetzten Fahrzeugs niederlegt, vielleicht sogar unter Verlassung des Fahrzeugs, und die Leitung einem anderen überträgt. Damit scheidet der Chauffeur als Führer aus; er haftet nicht mehr nach § 18, wohl aber kann gegenüber seinem Dienstherrn seine Haftung aus dem Dienstvertrag und gegenüber dem Verletzten seine Haftung nach § 823 BGB. in Frage kommen, wenn die Übertragung der Führung auf den Dritten, z. B. wegen dessen Unerfahrenheit sich als Verschulden erweist. Ob die Übertragung der Führung an den Dritten mit Genehmigung des Halters oder ohne, vielleicht sogar gegen dessen Wissen und Willen erfolgte, ist gleichgültig; der Dritte ist immer Führer und haftet nur nach § 18 neben dem nach § 7 haftenden Halter; eine Haftung des Dritten nach § 7 Abs. 3 ist ausgeschlossen, denn die Inbetriebsetzung des Wagens erfolgte mit Zustimmung des Halters und dafür, daß der Chauffeur die spätere Leitung einem Dritten übertrug, hat der Halter aufzukommen, der für jede Handlung seines Chauffeurs verantwortlich ist (vgl. Hallbauer AG. Anlage E S. 213 Ziff. 3a). Es ist also zum Begriff des Führers nicht einmal notwendig, daß der Führer im Auftrag oder mit Ermächtigung des Halters handelt. Außer nach dem Automobilgesetz kann in einem solchen Fall auch die Haftung des Halters nach § 823 BGB. gegeben sein, wenn er z. B. darum wußte, daß sein Chauffeur schon wiederholt unbefugt die Leitung des Wagens einem unerfahrenen Dritten überlassen hatte und wenn er gleichwohl jede Verwarnung des Chauffeurs unterließ (vgl. das oben angeführte Urteil des RG. vom 12. 6. 06).

Hat der Chauffeur oder ein anderer einen Kraftwagen ohne Wissen und Willen des Halters in Betrieb gesetzt, und unterwegs die Führung einem Dritten überlassen, so haftet letzterer als Führer, der Chauffeur nach § 7 Abs. 3; daneben möglicherweise auch der Halter zwar nicht nach § 7, wohl aber nach gewöhnlichen Rechtsgrundsätzen.

Es kann auch vorkommen, daß der Führer die Leitung des Fahrzeugs zwar nicht abgibt, wohl aber einen anderen daran teilnehmen läßt, z. B. der Fahrgast übernimmt die Lenkung, der Chauffeur bleibt neben ihm sitzen und beaufsichtigt ihn oder der Führer wird von einer zweiten Person begleitet, die für ihn die Hupe bedient und die Warnungssignale abgibt. In solchen Fällen haben beide Personen als Führer zu gelten und haften deshalb als Mitführer solidarisch (vgl. Gordan § 18 Bem. 2 S. 150; Krause § 3 Bem. 13 S. 38; Hallbauer Anlage E S. 214; a. M. Neukirch-Rosenmeyer § 2 Anm. 2). Wenn § 19 Abs. 3 der Bundesrats-Verordnung davon spricht, daß die Warnungszeichen unter Verantwortung des Führers auch durch eine andere im Fahrzeug beförderte Person abgegeben werden können, so ist dadurch die Führereigenschaft des anderen noch nicht verneint. Der Entlastungsbeweis, der den einen oder anderen der beiden Mitführer von seiner Haftung befreit, wird sich aber verschieden gestalten. Ist in dem letzteren der vorangeführten Beispiele der Begleiter dem Führer durch den Fahrzeughalter selbst beigegeben worden, dann hat der eigentliche Führer jedenfalls die Pflicht, auch die Tätigkeit des Begleiters zu beaufsichtigen, und er kann sich von der Haftung nur frei machen durch den Nachweis, daß er diese Aufsichtspflicht erfüllt hat, daß aber der Begleiter seinen Weisungen nicht nachgekommen und ihm (dem Führer) andere Mittel zur Durchführung seiner Anweisungen nicht zu Gebote standen. Den lediglich die Hupe bedienenden Begleiter dagegen, der möglicherweise von der Führung eines Kraftfahrzeugs gar nichts versteht, wird eine solche Aufsichtspflicht gegenüber dem eigentlichen Lenker des Fahrzeugs nicht treffen; zu seiner Entlastung genügt deshalb der Nachweis, daß er die Signale vorschriftsmäßig gegeben, daß er insbesondere allenfallsige

Weisungen des Lenkers befolgt oder mit Recht nicht beobachtet hat. Ist der Begleiter nicht durch den Fahrzeughalter mitgegeben, sondern von dem Führer selbst aufgenommen worden, so gilt im Wesentlichen das Gleiche; nur muß hier der eigentliche Lenker zu seiner Entlastung auch nachweisen, daß die Beiziehung des Begleiters seinerseits nicht schuldhaft war, und was seine Haftung gegenüber dem Fahrzeughalter anlangt, so haftet er, soferne er durch Vertrag angestellt war, nach § 278 BGB. auch für den als Erfüllungsgehilfen beigezogenen Begleiter.

Die Vorschrift des Abs. 1 greift selbstverständlich nur dann Platz, wenn der Chauffeur das Fahrzeug tatsächlich geführt, nicht auch, wenn er untätig auf demselben gesessen und der Eigentümer es geführt hat; denn in letzterem Falle war er eben nicht Führer. Wenigstens in der Regel. Möglich ist allerdings, daß der Fahrzeughalter die Lenkung des Wagens nur unter der Aufsicht des Führers übernehmen wollte, dann bleibt auch der Chauffeur Führer und hat die Pflicht, seinem Prinzipal die entsprechende Anleitung zu geben.

Über die Frage, ob bei Miete oder vorübergehender Leihe eines Kraftfahrzeugs der Mieter, Entleiher Fahrzeughalter oder Führer ist, vgl. § 7 Bem. V.

II. **Voraussetzungen und Umfang der Führerhaftung.**

Neben dem Halter des Kraftfahrzeugs haftet schon nach allgemeinen Rechtsgrundsätzen zugleich der Führer des Fahrzeugs, sofern ihm ein Verschulden zur Last fällt. Die Durchführung des Ersatzanspruchs ist jedoch infolge der von der Eigenart des Automobilbetriebs unzertrennlichen Beweisschwierigkeiten dem Führer gegenüber ebenfalls wesentlich erschwert. Deshalb verschärft das Gesetz auch die Haftung des Führers. Es braucht nun der Kläger zur Begründung seiner Schadensersatzklage nichts weiter zu beweisen, als daß ein Mensch getötet oder körperlich verletzt oder eine Sache beschädigt wurde, daß dieser Unfall in ursächlichem Zusammenhang mit dem Betrieb eines Kraftfahrzeugs steht und daß der Beklagte zur Zeit des Unfalls Führer dieses Kraftfahrzeugs war. Eine Beweispflicht dafür, daß den Führer ein Verschulden trifft, hat der Kläger nicht; vielmehr ist es umgekehrt Sache des beklagten Führers, sich zu exkulpieren und nachzuweisen, daß der Schaden nicht durch sein Verschulden entstanden ist. Kann er sich nicht exkulpieren, so haftet er; ein non liquet geht zu seinen Lasten (vgl. § 7 Bem. X; RG. 15. 5.

08 Recht 08 Nr. 2884). Der dem Führer obliegende Entlastungsbeweis ist ein wesentlich leichterer als der nach § 7 Abs. 2 dem Halter gestattete; denn den Halter befreit der Nachweis, daß ihn kein Verschulden trifft, daß er vielmehr jede nach den Umständen des Falles gebotene Sorgfalt beobachtet hat, nicht allgemein, sondern nur dann, wenn der Unfall auf das Verhalten des Verletzten oder eines nicht bei dem Betrieb beschäftigten Dritten oder eines Tieres zurückzuführen ist. Der Führer kann aber, anders wie der Halter, seinen Entlastungsbeweis auch dadurch führen, daß er dartut, der Unfall sei auf einen von ihm nicht zu vertretenden Fehler in der Beschaffenheit des Fahrzeugs oder auf ein Versagen seiner Verrichtungen zurückzuführen. Der Führer kann auch weiter sich entlasten durch den Nachweis eines Verschuldens des Halters, während umgekehrt der Halter unbedingt auch für Verschulden des Führers einzustehen hat.

Randa in Goldschmidts Ztschr. f. Handelsrecht Bd. 64 S. 433 hatte angenommen, daß die Befreiung des Führers von der Ersatzpflicht nicht nur bei Nachweis seiner Schuldlosigkeit eintrete, sondern auch ohne diesen Nachweis in dem Falle, wenn der Unfall auf einen Fehler in der Beschaffenheit des Fahrzeugs oder auf einem Versagen seiner Verrichtungen beruht, und hatte diese angebliche Bestimmung des deutschen Gesetzes als nicht unbedenklich erachtet, da es doch in erster Linie Pflicht des sachverständigen Führers sei, die tadellose Beschaffenheit und Funktion des Fahrzeugs zu prüfen und die Folgen eines Versäumnisses in diesem Punkte gerade den Chauffeur in erster Reihe treffen müßten. Demgegenüber hat Holzenthaler in Bd. 66 S. 22 ff. derselben Zeitschrift dargetan, daß die von Randa aufgestellte Gesetzesauslegung unrichtig ist, daß vielmehr auch die Unfälle, welche durch Fehler in der Beschaffenheit des Fahrzeugs oder durch ein Versagen seiner Verrichtungen entstanden sind, soweit die Haftpflicht des Führers in Frage steht, wie jeder andere Unfall zu behandeln sind. Nach § 18 ist die Ersatzpflicht des Führers nur ausgeschlossen, wenn er nachweist, daß der Schaden ohne sein Verschulden verursacht wurde. Der allgemeine Wortlaut des § 18 schließt den Fall nicht aus, wenn der Unfall auf einen Fehler in der Beschaffenheit des Fahrzeugs oder auf einem Versagen seiner Verrichtungen beruht. Denn auch diese Art des Unfalls fällt unter die allgemeine Regel der §§ 7 Abs. 1, 18 Abs. 1, denen zufolge der Halter und der Führer den durch ein Fahrzeug verursachten Schaden zu ersetzen haben. Der Unterschied besteht nur darin, daß dem Halter bei Unfällen dieser Art jeder Exkulpationsbeweis abgeschnitten ist, während der Führer sich von der Ersatzpflicht durch den Nachweis befreien kann, daß der Schaden nicht durch sein Verschulden verursacht sei. Randa hat auch a. a. O. Bd. 66 S. 373 die Holzenthaler'sche Beweisführung als richtig anerkannt und seine frühere Ansicht aufgegeben.

Da der Führer nur zu beweisen hat, daß ihn keine Schuld trifft, so genügt zu seiner Rechtfertigung die Tatsache, daß er aus besonderen Gründen nicht deliktsfähig war. § 829 BGB. findet aber keine Anwendung, da er den Nachweis eines Verschuldens des Haftpflichtigen zur Voraussetzung hat (Waldeck § 18 Bem. 3 S. 121).

Zu vertreten hat der Führer nicht bloß Vorsatz und grobe Fahrlässigkeit, sondern jedes Verschulden; es wird sogar mit Rücksicht auf die mit den Automobilverkehr auf öffentlichen Straßen verknüpfte außerordentliche Gefahr im Interesse der Sicherheit des Publikums eine ganz besonders große Aufmerksamkeit und Vorsicht des Führers zu verlangen sein, sodaß er auch für geringe Nachlässigkeiten haftbar gemacht werden kann. Über das Maß der vom Führer zu prästierenden Sorgfalt vgl. § 16 Bem. III, 1a, u. b.

2. Mißglückt dem Führer der ihm nach Abs. 1 Satz 2 obliegende Entlastungsbeweis, so ist damit noch nicht positiv dargetan, daß ihn wirklich ein Verschulden trifft; er haftet deshalb noch nicht nach § 823 BGB., sondern nur nach § 18 (vgl. Waldeck § 18 Bem. 3 u. 5 S. 121). Auf diese Haftung finden aber die Bestimmungen der §§ 8 bis 15 Anwendung; es ist also ausgeschlossen eine Haftung des Führers gegenüber den auf dem Fahrzeug beförderten oder bei seinem Betrieb tätigen Personen oder eine Haftung für Beschädigung der auf dem Fahrzeug beförderten Sachen; der Führer haftet weiter nicht, wenn das Fahrzeug unter die in § 8 Ziff. 2 bezeichneten Lastautomobile fällt; er kann sich darauf berufen, daß bei der Entstehung des Schadens ein Verschulden des Verletzten mitgewirkt hat; er haftet nur beschränkt nach Maßgabe der §§ 10—13; auch die Vorschriften der §§ 14, 15 über Verjährung, Anzeigepflicht und Ausschlußfrist gelten für die Haftpflicht des Führers. Eine Anwendung des § 7 Abs. 2 auf den Führer ist im Gesetz nicht vorgesehen; diese Bestimmung erleidet auch tatsächlich auf den

Führer keine Anwendung, weil der ihm verstattete Entlastungsbeweis im wesentlichen einfacher ist.

3. Der § 18 Abs. 2 bestimmt ausdrücklich, daß die reichsgesetzlichen Vorschriften, nach welchen der Führer eines Kraftfahrzeugs für den durch das Fahrzeug verursachten Schaden in weiterem Umfange als nach den Vorschriften dieses Gesetzes haftet, unberührt bleiben. Der Führer haftet also nach Maßgabe der §§ 823, 842 f., 845, 847 BGB., wenn ihm ein Verschulden an dem Unfall nachgewiesen wird. Der Umstand, daß der vom Führer versuchte Entlastungsbeweis mißglückt ist, stellt zwar noch nicht positiv die Schuld des Führers fest; er wird aber praktisch häufig zu dem gleichen Ergebnis führen. Es wird deshalb der Kläger mit Rücksicht auf den vergeblichen Entlastungsbeweis in der Lage sein, seine ursprünglich im Rahmen des Automobilgesetzes gehaltene Klage nach Maßgabe des BGB. zu erweitern; eine Klageänderung liegt dabei nicht vor.

Auf die Verjährung der nach § 823 BGB. erhobenen Klage findet natürlich § 852 BGB. und nicht § 14 AG. Anwendung; ebenso entfällt die in § 15 AG. vorgeschriebene Anzeigepflicht des Verletzten, wenn die Klage nicht auf § 18 AG., sondern auf das BGB. gestützt wird.

III. **Einzelfälle der Führerhaftung.**

1. Haftung des Führers bei einem durch mehrere Kraftfahrzeuge oder durch ein Kraftfahrzeug und ein Tier oder durch ein Kraftfahrzeug und eine Eisenbahn verursachten Unfall (§ 18 Abs. 3). Es sind folgende Fälle denkbar: es haften neben dem Führer bezw. dem Führer und dem Halter eines Kraftwagens der Halter eines zweiten Kraftwagens oder der Halter und der Führer eines zweiten Kraftwagens oder ein Tierhalter oder ein Eisenbahnunternehmer. Als Schadensersatzberechtigter kann in Betracht kommen einer der genannten Beteiligten selbst oder ein Dritter, und zwar auch ein Fahrgast. Über die gesamtschuldnerische Haftung und die Ausgleichung zwischen den mehreren Haftpflichtigen vgl. die Bemerkungen zu § 17. Der mit der Regreßklage belangte Führer kann sich der Klage durch den Nachweis entziehen, daß er bei dem Unfall nicht schuldhaft gehandelt habe (vgl. Gordan § 18 Bem. 7 S. 154). Umgekehrt kann aber bei einer Regreßklage des Führers gegen einen anderen Haftpflichtigen der letztere die Abweisung der Regreßklage nicht deshalb begehren, weil der Führer

im Prozeß mit dem Verletzten den Entlastungsbeweis nicht habe führen können; vgl. hierüber unten Bem. IV, 1).

2. Abgesehen von den in §§ 17 und 18 Abs. 3 geregelten Fällen kann der Führer für einen Unfall auch zusammen mit andern, dort nicht aufgeführten Personen haften, z. B. mit einem Dritten, der einen Passanten schuldhafterweise in die Fahrbahn des Kraftfahrzeugs gestoßen oder der dem Kraftfahrzeug sonstwie in seiner Fahrbahn ein Hindernis bereitet. Hier hat die Ausgleichung nicht nach § 17 AG., sondern nach § 426 BGB. zu erfolgen. Natürlich steht hier dem Führer gegenüber der Regreßklage der Nachweis zu, daß sein Verhalten nicht auf Verschulden beruhe.

IV. **Verhältnis des Führers zum Halter des von ihm geführten Fahrzeugs.**

1. Es ist bei dem Unfall ein Dritter verletzt worden. In dem Fall ist es möglich, daß dem Führer der ihm nach § 18 Abs. 1 Satz 2 obliegende Entlastungsbeweis gelingt, sodaß also der Halter allein dem Dritten haftet. Der gegenteilige Fall, daß nur der Führer dem Dritten haftet, die Haftung des Halters aber wegfällt, ist nicht denkbar; denn mißlingt dem Führer der Entlastungsbeweis, so steht damit auch fest, daß der Unfall nicht durch ein unabwendbares Ereignis verursacht wurde; es haften dann also Führer und Halter als Gesamtschuldner. Was die Ausgleichung zwischen ihnen anlangt, so findet der § 18 Abs. 3 hier keine Anwendung; vielmehr hat die Ausgleichung nach Maßgabe der §§ 840 Abs. 1, 426 BGB. bezw. nach dem zwischen beiden bestehenden Vertragsverhältnis zu erfolgen. Stützt der Halter seinen Regreß gegen den Führer auf das Vertragsverhältnis, so hat er nachzuweisen, daß den Führer ein Verschulden trifft; die im Prozeß zwischen dem Verletzten und dem Führer getroffene Feststellung, daß der Führer den ihm nach § 18 Abs. 1 Satz 2 obliegenden Entlastungsbeweis nicht erbracht habe, genügt hierzu noch nicht; denn es ist ja möglich, daß das Mißlingen des Entlastungsbeweises nur ein non liquet begründet, nicht aber dem positiven Schuldbeweis gleichkommt. Es muß also der positive Beweis der Schuld des Führers erbracht werden; dann kann aber auch der Halter Ersatz des ganzen Schadens begehren. Unter Umständen kommt hier ein konkurrierendes Verschulden des Halters in Frage; der Halter hat z. B. einen ihm bekannten, die Lenkbarkeit des Fahrzeugs beeinträchtigenden Fehler, der im Verein mit einem Verschulden des Führers den Unfall herbeiführte, nicht abändern lassen; dann ist § 254

BGB. anzuwenden. Hallbauer SächsA. 4, 468 unterscheidet, ob der Führer als besoldeter Chauffeur im Dienst des Halters steht oder ob er die Führung zwar in vertragsmäßig bindender Weise, aber nicht gegen Entgelt, sondern aus Gefälligkeit übernommen hat. Im ersteren Falle läßt er den Führer nach § 611 BGB. aus dem Dienstvertrag für jedes Verschulden haften, während er im zweiten Fall die Bestimmungen über Gebrauchsleihe entsprechend anwenden und den Regreß des Halters nur gestatten will, wenn dem Führer Vorsatz oder grobe Fahrlässigkeit (§ 599 BGB.) zur Last fällt. Meines Erachtens ist die analoge Anwendung der Vorschriften über Leihe unmöglich; es liegt vielmehr ein Auftragsverhältnis vor, das den Beauftragten allerdings für jedes Verschulden haftbar macht.

Ein Regreß des Führers gegen den Halter ist beim Vorliegen eines Dienstvertrags oder eines Auftragsverhältnisses in der Regel unmöglich. Zur Begründung des Regresses müßte ja der Führer nachweisen, daß ihm kein Verschulden an dem Unfall trifft und wenn die Führung dieses Nachweises trotz der erfolgten Verurteilung des Führers zur Entschädigung des Verletzten auch noch in der Regreßklage an sich zulässig wäre, so steht doch durch seine Verurteilung gegenüber dem Verletzten praktisch bereits fest, daß er einen solchen Nachweis nicht erbringen kann. Der Führer kann also auf Grund der Vertragsklage wohl nie erreichen, daß die ganze Schadenshaftung auf den Halter abgewälzt wird; eine Verteilung des Schadens nach § 254 BGB. wegen konkurrierenden Verschuldens des Halters ist natürlich auch hier möglich.

Liegt ein Vertragsverhältnis zwischen Halter und Führer nicht vor, so ist für die Ausgleichung § 426 BGB. maßgebend; es haben also in der Regel beide im Verhältnis zueinander je zur Hälfte für den Schaden aufzukommen. Der Halter kann gegenüber der Regreßklage des Führers auf Ersatz der Hälfte nicht geltend machen, daß dem Führer in dem Rechtsstreite mit dem Verletzten der Entlastungsbeweis mißlungen sei; denn, wie schon erwähnt, ist dieses Mißlingen des Entlastungsbeweises nicht gleichbedeutend mit einem positiven Schuldbeweis. Will der Halter eine Abweisung der von dem Führer auf Ersatz der Hälfte angestrengten Regreßklage erzielen, so muß er positiv nachweisen, daß der Unfall einzig und allein auf das Verschulden des Führers zurückzuführen sei. Nimmt umgekehrt bei Nichtvorliegen eines Vertragsverhältnisses der

Halter gegen den Führer Regreß auf die Hälfte, so muß der Führer, ebenso wie er das nach § 18 gegenüber der Klage des Verletzten hätte tun müssen, zur Abweisung der Regreßklage gegenüber dem Halter den Nachweis führen, daß er an dem Unfall kein Verschulden trägt. Im übrigen ist der Halter bei der Ausgleichung grundsätzlich nicht anders gestellt als wie der Führer. Die Bestimmung des § 840 Abs. 2 BGB. kann nicht allgemein dahin Anwendung finden, daß jedes Verschulden des Führers ihm die ganze Haftpflicht aufbürdet und jeden Regreß gegen den Halter abschneidet. Wie Gordan AG. § 18 Bem. 5 S. 152 ausführt, ist das deshalb nicht zulässig, weil § 831 BGB. auf ganz anderer Grundlage beruht als § 18 AG. Nach § 831 beruht die Haftpflicht des Geschäftsherrn allein auf der Tatsache des „Bestellens zu einer Verrichtung“; eine selbständige Verschuldung liegt also nicht zugrunde. Dagegen wird bei dem Kraftfahrzeuggesetz die Haftung des Halters auf ein vermutetes Verschulden gestützt. Es bleibt deshalb bei der Regel des § 426 BGB.; Führer und Halter haften je zur Hälfte, und zwar auch dann, wenn dem Führer positiv ein Verschulden nachgewiesen wird, während ein Verschulden des Halters nicht vorliegt, sondern seine Haftung sich z. B. nur darauf gründet, daß bei dem Unfall ein unverschuldetes Versagen der Verrichtungen des Fahrzeugs mitgewirkt hat. Anders ist nur dann zu entscheiden, wenn der Halter gegenüber dem Verletzten ausschließlich deshalb für haftpflichtig erklärt wurde, weil er nach § 7 für jedes Verschulden seines Führers unbedingt haftbar ist. In diesen Fällen, wo also ohne das Verschulden des Führers eine Haftung des Halters überhaupt nicht begründet wäre, ist natürlich der Führer im Verhältnis zum Halter allein haftpflichtig.

Abweichend von der hier vertretenen Ansicht will Hallbauer a. a. O. S. 469 Ziff. 9 zwar dem Halter Regreß auf die Hälfte nach § 426 BGB. gegen den Führer geben, versagt aber ebenda Z. 10 ganz allgemein dem Führer jeden Regreß gegen den Halter. Es erscheint mir nicht zulässig, den gleichen Fall rechtlich verschieden zu behandeln, je nachdem der Regreßanspruch vom Halter gegen den Führer oder umgekehrt vom Führer gegen den Halter erhoben wird.

2. Bei dem Unfall ist der Führer oder der Halter verletzt worden. Eine Haftung nach dem AG. ist hier mit Rücksicht auf § 8 Ziff. 1 regelmäßig ausgeschlossen; beim Führer

deshalb, weil er meist zur Zeit des Unfalls bei dem Betrieb tätig gewesen sein wird, beim Halter, weil er durch das Fahrzeug befördert wurde. In der Regel wird das Verhältnis zwischen Führer und Halter nach dem zwischen ihnen bestehenden Vertragsverhältnis (für die Haftung des Halters kommt hier vor allem § 618 BGB. in Betracht), bezw. bei Mangel eines solchen nach § 823 BGB. zu behandeln sein. Sofern der verletzte Führer nach seinem Anstellungsvertrag selbst nicht nur zur Führung, sondern zur Instandhaltung und Beaufsichtigung des Fahrzeugs verpflichtet ist, wird eine Anwendung des § 618 BGB. in der Regel ausscheiden, da dann den Führer die Haftung für den ordnungswidrigen Zustand des Fahrzeugs selbst treffen wird. Hat der Halter das Fahrzeug bei dem Unfall selbst gelenkt, so haftet er dem verletzten Chauffeur nach § 276 BGB. für jedes Verschulden.

§ 19.

In bürgerlichen Rechtsstreitigkeiten, in welchen durch Klage oder Widerklage ein Anspruch auf Grund der Vorschriften dieses Gesetzes geltend gemacht ist, wird die Verhandlung und Entscheidung letzter Instanz im Sinne des § 8 des Einführungsgesetzes zum Gerichtsverfassungsgesetze dem Reichsgerichte zugewiesen.

Entw. I § 8; Entw. II § 13; Begr. S. 16; KommB. S. 29.

Nach § 135 GVG. steht die Verhandlung und Entscheidung der Revisionen und Beschwerden gegen die von den Oberlandesgerichten erlassenen Entscheidungen dem Reichsgerichte zu. Nach § 8 EGzGVG. kann diese Verhandlung und Entscheidung aber durch die Gesetzgebung eines solchen Bundesstaates, in welchem mehrere Oberlandesgerichte bestehen, einem Obersten Landesgericht zugewiesen werden, jedoch nicht in solchen bürgerlichen Rechtsstreitigkeiten, „welche zur Zuständigkeit des Reichsoberhandelsgerichts gehören oder durch besondere Reichsgesetze dem Reichsgericht zugewiesen werden. Ein solches besonderes Reichsgesetz schafft der § 19 AG.; er erweitert also zum Nachteil der Landesgesetzgebung, aber im Interesse der Rechtseinheit den § 8 Abs. 2 EGzGVG. Das Gleiche hatten schon früher der gleichlautende Art. 6 EGzBGB., § 27 Abs. 2 UnlWettbG., die verschiedenen Urhebergesetze u. a. getan. Da von der Vorschrift des § 8 Abs. 1 EGzGVG. nur Bayern durch Art. 42 AGzGVG. Gebrauch gemacht hat, so hat der § 19 auch nur für Bayern praktische Bedeutung; es wird die Zuständigkeit des bayerischen Obersten Landesgerichts für alle im § 19 angeführten bürgerlichen Rechtsstreitigkeiten ausgeschlossen.

Voraussetzung der Anwendung des § 19 ist, daß die auf das AG. sich gründenden Ansprüche durch Klage oder Widerklage geltend gemacht wurden. Handelt es sich aber um einen klags- oder widerklagsweisen auf ein Landesgesetz gestützten und deshalb der Kompetenz des Reichsgerichts nicht unterliegenden Anspruch, dem eine auf § 19 gestützte Einrede entgegengesetzt wird, dann ist § 19 auch dann nicht anwendbar, wenn die Klage oder Widerklage nur wegen dieser Einrede abgewiesen wurde.

§ 19 bezieht sich auf alle Klagen, die auf Grund des Automobilgesetzes erhoben werden; dazu gehören auch die Feststellungsklage des Verletzten, die auf §§ 17, 18 gestützten Regreßklagen, weiter aber auch die negative Feststellungsklage des auf Entschädigung in Anspruch Genommenen (a. M. Hallbauer § 19 Bem. 2 S. 52) und die auf Grund der in § 16 AG. inbezug genommenen reichsgesetzlichen Vorschriften erhobenen Ansprüche.

§ 20.

Für Klagen, die auf Grund dieses Gesetzes erhoben werden, ist auch das Gericht zuständig, in dessen Bezirk das schädigende Ereignis stattgefunden hat.

Entw. **Begr.** **KommB.** S. 29.

§ 20 schafft, wie das Wort „auch" klarstellt, keinen ausschließlichen Gerichtsstand. Der Ersatzberechtigte hat also die Wahl, ob er seine Ansprüche in dem allgemeinen Gerichtsstand des Beklagten (§§ 12—17 ZPO.) oder bei dem nach § 20 AG. zuständigen Gerichte geltend machen will. Auch eine Vereinbarung eines anderen Gerichtsstandes (§ 40 ZPO.) ist zulässig.

Der erst durch die Reichstags-Kommission in das Gesetz eingefügte Paragraph wurde damit begründet, daß im Interesse des Beschädigten die Frage der Zuständigkeit des Gerichts der unerlaubten Handlung klar festgestellt werden sollte. Regierungsseitig wurde hierzu bemerkt, daß die frühere Judikatur des Reichsgerichts hinsichtlich der Anwendbarkeit des Gerichtsstandes des § 32 ZPO. für die sonstigen Fälle des bürgerlichen Rechts, in denen aus dem Gefährdungsprinzip gehaftet wird, geschwankt habe. Jetzt gehe aber die ständige Rechtsprechung dahin, daß nicht nur für sämtliche Handlungen des 25. Titels des BGB.

sondern auch für die Fälle, wo aus dem Gefährdungsprinzip gehaftet wird, der Gerichtsstand des § 32 ZPO. gegeben sei. Nehme man die mit der Rechtsprechung übereinstimmende Vorschrift des § 13 a (jetzt § 20) im Gesetze an, so könne durch argumentum e contrario gefolgert werden, daß für die übrigen Fälle des Gefährdungsprinzips ein anderer Gerichtsstand gegeben sei; die jetzige Rechtsprechung könne dann wieder ins Schwanken geraten. Der Antrag wurde gleichwohl angenommen.

In dem Urteil vom 13. 2. 02 RGZ. 50 S. 408 hatte das Reichsgericht allerdings die Zuständigkeit des forum delicti commissi für die Klage des Geschädigten auf Schadensersatz nach dem HaftpflG. verneint; diese Ansicht ist aber in dem Urteil vom 20. 3. 05 RGZ. 60, 300, JW. 05, 317, DJZ. 05, 554 aufgegeben worden. Es hätte deshalb tatsächlich die Vorschrift des § 20 für diesen Fall (also für die Entschädigungsklage) nicht gebraucht.

§ 20 bezieht sich aber nicht nur auf diese Klagen, sondern sein Anwendungsgebiet ist ein weiteres. In der ursprünglichen Fassung hatte er allerdings gelautet:

> „Klagen auf Ersatz von Schäden, die bei dem Betriebe eines Kraftfahrzeugs entstanden sind, können auch bei dem sachlich zuständigen Gericht angebracht werden, in dessen Bezirk das schädigende Ereignis stattgefunden hat."

In der zweiten Lesung hat man aber dem Paragraphen die jetzige Fassung gegeben mit der Begründung, daß er so das Gericht, in dessen Bezirk das schädigende Ereignis stattgefunden habe, nicht nur für die Klagen auf Ersatz von Schäden, sondern für alle auf Grund des vorliegenden Gesetzes erhobenen Klagen für zuständig erkläre und dadurch zugleich das aus dem argumentum e contrario hergeleitete Bedenken beseitigt werde.

Der Gerichtsstand des § 20 ist also nicht nur für die Schadensersatzklage gegeben, mag sie auf Leistung oder Feststellung gehen, sondern ebenso für die Regreßansprüche aus §§ 17, 18 (Kirchner § 17 Bem. II S. 246), für die Umwandlungsklage nach § 323 ZPO. (vgl. § 13 Bem. VII, 3, b; Gordan § 20 S. 155), für den Anspruch auf nachträgliche Sicherheitsleistung oder auf Erhöhung der Sicherheit (vgl. § 13 Bem. IV, 2 a), ebenso für die Klage mehrerer Verletzter auf Ausgleichung (vgl. § 12 Bem. VII). Auch für die Klage des angeblich Ersatzpflichtigen auf Feststellung des Nichtbestehens seiner Haftpflicht ist die Zuständigkeit des § 20 gegeben (OLG.

Hamburg 17. 2. 93 Seuff A. 49 Nr. 119; a. M. Waldeck § 20 S. 122 und Hallbauer § 20 S. 52).

Ist es mit Rücksicht auf die Grenzen verschiedener Gerichtsbezirke ungewiß, in welchem Bezirk der Unfall stattgefunden hat, so wird nicht, wie Hallbauer § 20 S. 53 annimmt, jedes der mehreren Gerichte zuständig sein, sondern es wird nach § 36 Ziff. 2 ZPO. die Bestimmung des zuständigen Gerichts durch das im Instanzenzug höhere Gericht zu erfolgen haben.

Der Ausdruck „das schädigende Ereignis" ist nicht ganz richtig; gemeint ist der Unfall selbst, d. h. die Tötung oder Verletzung einer Person oder die Sachbeschädigung. Beides ist nicht identisch (vgl. § 7 Bem. IV, § 8 Bem. II, 1; Krause § 20 Bem. 4 S. 200).

III. Strafvorschriften.

Vorbemerkung.

1. Bisher konnte eine Zuwiderhandlung gegen die Verkehrsordnungen (Grundzüge des Bundesrats von 1906) nur nach § 366 Ziff. 10 StGB. bezw. § 28 der Grundzüge mit einer Höchststrafe von 60 Mk. oder mit Haft bis zu 14 Tagen bestraft werden. Diese Strafbestimmung hatte sich als durchaus unzureichend, insbesondere auch als zu mild (vgl. Hilse in Goldschmidts Zeitschr. 63, 7) erwiesen. Namentlich bestand, wie die Motive hervorheben, insoferne eine Lücke, als es an einer besonderen Strafbestimmung gegen unlautere Machenschaften fehlte, mittels deren manche Automobilfahrer die zur Kennzeichnung ihrer Fahrzeuge getroffenen Maßregeln zu vereiteln wußten. Das Gesetz hat diesen Anforderungen Rechnung getragen, indem es einmal die Strafandrohung des § 21 über den Rahmen des bisherigen § 28 der Grundzüge hinaus auf 150 Mk. eventuell 6 Wochen Haft verschärft und indem es anderseits eine Reihe von Verfehlungen, die bisher gar nicht oder nur nach § 28 Grundzüge geahndet werden konnten, in den §§ 22 mit 25 heraushob und als Vergehen charakterisierte.

Bei der Kommissionsberatung des Gesetzes war auch die Resolution eingebracht worden: „der Reichstag wolle beschließen, daß bei der Revision des Strafgesetzbuches Bestimmungen aufgenommen werden, welche Besitzer und Führer von Kraftfahrzeugen gegen vorsätzliche Gefährdung schützen in Anlehnung an die §§ 315, 316 StGB." Die Forderung eines solchen Schutzes ist auch von Hilse in Goldschmidts Zeitschrift 63, 8 erhoben worden. Nachdem regierungsseitig erklärt worden war, daß die §§ 315, 316 StGB. nicht zum Schutze der Eisenbahnen, sondern des fahrenden Publikums getroffen worden seien, daß man aber bei Revision des StGB. die gegebene Anregung im Auge behalten wolle, wurde die Resolution abgelehnt, weil die Mehrheit der Kommission der Ansicht war, daß die in Aussicht stehende Revision des StGB. Gelegenheit genug geben werde, die hier gegebene Anregung, falls dies nicht geschehen sein sollte, weiter zu verfolgen.

2. Die Strafvorschriften des AG. treten nach § 26 AG. erst mit dem 1. April 1910 in Kraft. Da die §§ 21 mit 23 zum Teil Tatbestände unter Strafe stellen, die bisher überhaupt nicht strafbar waren (vgl. § 22), teils für schon bisher nach § 28 Grundzüge strafbare Tatbestände eine schärfere Strafe als die bis zum 1. April 1910 mögliche zulassen, so sind gemäß § 2 StGB. auf alle vor dem 1. April 1910 begangenen Handlungen die bis dahin geltenden Gesetze anzuwenden.

Hat ein Deutscher im Ausland eine gegen die §§ 22 mit 25 verstoßende Tat begangen, so kann er nach § 4 StGB. dafür auch im Inland in Strafe genommen werden, soferne die Handlung am Tatort gleichfalls mit Strafe bedroht war. Dagegen kann wegen einer im Ausland begangenen Übertretung nach § 21 AG. eine Bestrafung im Inlande nicht erfolgen, da die Voraussetzungen des § 6 StGB. zurzeit nicht gegeben sind (Krause S. 200).

3. Die allgemeinen Vorschriften des Strafgesetzbuchs über Notwehr, Notstand, Strafen, Umwandlung der Geldstrafen, Gesamtstrafen, Verjährung, Teilnahme, Konkurrenz (vgl. hierzu § 21 Bem. V) finden Anwendung.

§ 21.

Wer den zur Erhaltung der Ordnung und Sicherheit auf den öffentlichen Wegen oder Plätzen erlassenen polizeilichen Anordnungen über den Verkehr mit Kraftfahrzeugen zuwiderhandelt, wird mit Geldstrafe bis zu einhundertundfünfzig Mark oder mit Haft bestraft.

Entw. I. — Entw. II § 18; Begr. S. 20; KommB. S. 39.

I. Der Paragraph ist in der gleichen Fassung, die er im Entwurf hatte, in das Gesetz übernommen worden. Bei der Kommissionsberatung war der Antrag gestellt worden, dem § 18 folgenden Zusatz zu geben.

„Ist jemand innerhalb der letzten 3 Jahre gemäß Abs. 1 dieses Paragraphen bereits dreimal bestraft und tritt nunmehr eine weitere Bestrafung ein, so kann auf Geldstrafe bis zu dreitausend Mark oder auf Gefängnis bis zu drei Monaten erkannt werden".

Trotz der Ausführungen des Regierungsvertreters, daß diese Strafverschärfung für den Rückfall eine unbillige Härte bedeute, da bei der großen Zahl von Polizeivorschriften auch ein sorgfältiger und gesetzlich denkender Mann innerhalb dreier Jahre mehr als dreimal mit jenen Vorschriften leicht in Konflikt geraten kann, daß man aber von der Einführung einer Rückfallstrafe auch deshalb absehen könne, weil als wirksamstes Mittel gegen hartnäckiges Hinwegsetzen über Polizeivorschriften, insbesondere gegen wiederholte Übertreibung der Fahrgeschwindigkeit die Entziehung der Fahrerlaubnis bleibe, wurde der Antrag in erster Lesung angenommen. Erst bei der zweiten Lesung wurde die Bestimmung wieder fallen gelassen.

II. § 21 ist ebenso wie der § 366 Ziff. 10 StGB. ein sogenanntes Blankettstrafgesetz, d. h. er enthält nur die Strafandrohung, während die Aufstellung der Normen, deren Verletzung unter die Strafandrohung fallen soll, nicht reichsgesetzlich festgelegt ist, vielmehr polizeilicher Anordnung überlassen bleibt.

§ 21 stellt sich als eine Übertretung nach § 1 Abs. 3 StGB. dar, für die die allgemeinen Bestimmungen der §§ 18, 27, 28, 29 RStGB., §§ 453 ff. StPO. maßgebend sind. Teilnahme (§ 47 StGB.), Anstiftung (§ 48 a. a. O.) ist möglich, nicht aber Beihilfe (§ 49). Begünstigung (§ 257 StGB.) und Versuch sind straflos.

Zur Aburteilung zuständig sind die Schöffengerichte (§ 27 Abs. 1 GVG.), eventuell kann nach § 211 StPO. bei Vorführung des geständigen Täters die Aburteilung durch den Amtsrichter allein erfolgen. Aburteilung durch Strafbefehl oder durch polizeiliche Strafverfügung (§§ 447 ff., 453 StPO.) ist zulässig. Die Revision gegen die von den Strafkammern in der Berufungsinstanz erlassenen Urteile geht in Bayern an das Oberste Landesgericht (Art. 42 Abs. 3 in der Fassung des Art. 167 AGzBGB. vom 9. 7. 99 GVBl. Beil. S. 66).

Die Strafverfolgung verjährt in 3 Monaten seit Begehung der Handlung (§ 67 Abs. 3, 4 StGB.), die Strafvollstreckung in zwei Jahren, welche Frist mit dem Tage der Rechtskraft der Entscheidung beginnt (§ 70 StGB.).

III. Strafbar sind Zuwiderhandlungen gegen polizeiliche Anordnungen über den Verkehr mit Kraftfahrzeugen, die zur Erhaltung der Ordnung und Sicherheit auf den öffentlichen Wegen oder Plätzen erlassen sind:

1. Das Zuwiderhandeln kann in einem Tun oder in einem Unterlassen bestehen. Gleichgültig ist, ob die durch die Zuwiderhandlung bewirkte Störung der Sicherheit und Ordnung erheblich ist oder nicht. Es gehört überhaupt nicht zum Tatbestand der Verfehlung, daß tatsächlich durch die Zuwiderhandlung eine Gefährdung der öffentlichen Sicherheit und Ordnung eingetreten ist (Olshausen § 366 Anm. 10).

2. Polizeiliche Anordnungen. Den Begriff der polizeilichen Anordnung kennt auch §§ 327, 360 Ziff. 12, 366 Ziff. 1, 368 Ziff. 8 StGB. Man hat darunter nicht nur Vorschriften mit allgemein verbindlicher Kraft, speziell also Polizei-Verordnungen zu verstehen, sondern auch die besonderen, für den einzelnen Fall getroffenen polizeilichen Anordnungen, Verfügungen. So Neukirch-Rosenmeyer § 21 Anm. 2, die sich mit Recht für diese Ansicht auf den § 23 der Bundesratsverordnung vom 3. 2. 10 berufen, wo den allgemeinen polizeilichen Vorschriften die besonderen für den einzelnen Fall getroffenen polizeilichen Anordnungen gegenübergestellt werden. A. M. BayObLG. StS. 15. 2. 10 Recht 10, I S. 360, das unter polizeilichen Anordnungen nur solche verstehen will, die allgemein verbindlich sind, nicht aber besondere Anordnungen an einzelne Personen und für bestimmte Fälle. Das erwähnte Urteil fährt aber weiter fort: „Allerdings kann dadurch, daß eine allgemein verbindliche Vorschrift die Ermächtigung zur Erlassung besonderer individueller Anordnungen enthält, die Zuwiderhandlung gegen letztere auf Grund der zur Sicherung der allgemein verbindlichen Vorschriften erlassenen Blankettstrafgesetze geahndet werden." Die polizeilichen Anordnungen müssen den Verkehr mit Kraftfahrzeugen zum Gegenstand haben. Als solche polizeiliche Anordnungen kommen in Betracht:

a) die sich als Reichspolizei-Verordnung charakterisierende Verordnung des Bundesrats vom 3. 2. 10;

b) die Verordnungen der Landeszentralbehörden, die nach § 6 Abs. 3 AG. zur Erlassung ergänzender Bestimmungen zuständig sind, soweit der Bundesrat selbst Anordnungen nach § 6 Abs. 1 nicht getroffen hat oder soweit in der Bundesrats-Verordnung die höheren Verwaltungsbehörden für den Erlaß von

Anordnungen für zuständig erklärt sind (vgl. § 6 Bem. II und Bay. Bekanntm. v. 17. 3. 10 und die in Abschn. II § 2 Ziff. 2 und § 4 Ziff. 1 dieser Bekanntmachung aufrecht erhaltenen §§ 32, 33 der oberpolizeilichen Vorschriften vom 17. 9. 06 GVBl. 729);

c) die seitens anderer zuständiger Behörden erlassenen polizeilichen Anordnungen (vgl. § 6 Bem. III). Diese lokalen polizeilichen Anordnungen müssen sich aber als Spezialvorschriften für den Kraftwagenverkehr darstellen. Der Umstand, daß eine Straßenpolizeiübertretung anderer Art gerade im Kraftwagenbetrieb begangen ist, rechtfertigt die Anwendung des § 21 nicht. Wenn also der Führer eines Kraftfahrzeugs einer Anordnung, durch die eine Straße überhaupt für jeden Fahrverkehr oder für den Verkehr mit schwerem Fuhrwerk, nicht nur für den Verkehr mit Kraftwagen gesperrt wird, zuwiderhandelt, so ist er nicht nach § 21 AG., sondern nach § 366 Ziff. 10 StGB. zu bestrafen. Anders liegt der Fall, wenn ein Straßensperrverbot nur für einzelne bestimmt namhaft gemachte Gattungen von Wagen erlassen ist und darunter die Kraftfahrzeuge nicht als Beispiele, sondern als eine der einzeln namentlich aufgeführten Wagenarten genannt sind; hier ist § 21 AG. anwendbar (G o r d a n § 21 Anm. 1 c, K r a u s e § 21 Anm. 4 Abs. 3, N e u k i r c h - R o s e n m e y e r § 7 Anm. 6 Abs. 2).

3. E r l a s s e n e A n o r d n u n g e n. Erlassen ist eine polizeiliche Anordnung erst dann, wenn sie in der gesetzlich vorgeschriebenen Form bekannt gemacht ist. In Bayern ist durch die Entschließungen des Staatsministeriums des Innern vom 28. Mai 1862 (RBl. S. 925) und vom 27. Dezember 1901 (MABl. 02 S. 3) für distriktspolizeiliche Vorschriften vorgeschrieben, daß sie in den einzelnen Gemeinden öffentlich zu verkünden sind. Die Unterlassung dieser öffentlichen Verkündigung hat zur Folge, daß die Vorschrift in der Gemeinde, in der sie nicht ordnungsmäßig verkündigt worden ist, nicht gilt (Bay. ObLGStS. 30. 11. 09 Recht 10, I S. 95). Wenn aber die Bay. Vollzugs-Verordnung vom 17. 3. 10 zu der Bundesrats-Verordnung vom 3. 2. 10 in § 23 Ziff. 7 bestimmt, daß die für den Automobilverkehr gesperrten Wegstrecken am Anfang und am Ende durch Tafeln zu kennzeichnen sind, so ist hierin eine weitere Form der Verkündung distrikts- und ortspolizeilicher Vorschriften, die neben den in § 1 der Entschließung des Staatsministeriums des Innern vom 28. 5. 62 aufgezählten Formen der Verkündung zu beachten wäre, nicht zu erblicken. Hat also die Ersichtlichmachung der Absperrung durch Aufstellung der

Tafeln nicht stattgefunden, so hat das nicht die Freisprechung des Angeklagten wegen mangelnder Bekanntmachung der polizeilichen Anordnung zur Folge (BayObLGSt. 23. 6. 03 Bd. 3, 370). Die Gerichte haben zu prüfen, ob die Verkündung einer Polizei-Verordnung vorschriftsmäßig erfolgt ist; sie sind in dieser Beziehung durch eine allgemeine Bescheinigung der betr. Polizeibehörde „die Verkündung sei vorschriftsmäßig erfolgt" nicht gebunden (Oppenhoff, StGB., Einl. z. Absch. 29 Bem. 59).

4. Zur Erhaltung der Ordnung und Sicherheit müssen die polizeilichen Anordnungen dienen. Hierher gehören die Bestimmungen über das Ausweichen, die Schnelligkeit, das Signalgeben, Fahren auf bestimmten Straßen, ebenso aber auch die Vorschriften über Ausrüstung, Beschaffenheit, Kennzeichnung des Fahrzeugs, über die an die Person des Führers zu stellenden Anforderungen und Pflichten. Polizeiliche Anordnungen, die nicht den Zweck verfolgen, der Erhaltung der Ordnung und Sicherheit zu dienen, fallen nicht unter § 21 AG. Es dürfen z. B. für den Verkehr mit Privatfahrzeugen keine Vorschriften erlassen werden, die, wie Vorschriften über Wagenanstrich oder Kleidung der Führer, nur ästhetischen Bedenken Rechnung tragen. Solche Vorschriften sind nur nach § 37 GewO., § 2 Abs. 3 AG. für den Lohnfuhrbetrieb zulässig; hier kann also auch eine Bestrafung nur auf § 147 Ziff. 1 GewO. gestützt werden (vgl. § 2 Bem. III). Ebenso sind Vorschriften, die zwecks Erhebung des Pflasterzolls das Anhalten der Fahrzeuge gebieten, nicht erlassen, um Ordnung und Sicherheit auf der öffentlichen Straße aufrecht zu halten (Krause § 21 Anm. 2, Neukirch-Rosenmeyer § 21 Anm. 6), Verstöße dagegen fallen also nicht unter § 21.

Ob die Erlassung der Vorschrift zur Aufrechthaltung der Ordnung und Sicherheit notwendig oder auch nur zweckmäßig war, hat der Strafrichter nicht nachzuprüfen, er ist an sie gebunden, sofern sie nur in rechtsgültiger Form erlassen ist. Hat also z. B. die Polizeibehörde in Ausübung der ihr zustehenden Befugnis auf einzelnen Straßen den Verkehr von Motorfahrzeugen verboten, so darf der Richter nicht nachprüfen, ob die Vorschrift durch die besonderen Verhältnisse gerechtfertigt war oder nicht (BayObLGSt. 6. 4. 07 Bd. 7, 289).

5. Über den Begriff der **öffentlichen Straßen und Plätze** vgl. § 1 Bem. II, 1.

IV. **Der Täter und sein Verschulden.**

1. Der polizeiliche Charakter der Strafvorschrift des § 21 hat zur Folge, daß nicht bloß vorsätzliches, sondern auch fahrlässiges Zuwiderhandeln gegen die polizeilichen Anordnungen strafbar ist (BayObLGSt. 24. 4. 02 Bd. 4, 316). Fahrlässig handelt, wer die im Verkehr erforderliche Sorgfalt außer Acht läßt. Fahrlässigkeit liegt z. B. vor, wenn einem technisch untergeordneten Angestellten die Herstellung einer bedeutsamen Reparatur uneingeschränkt überlassen wird (RG. 23. 3. 03 JW. 03 Beil. S. 65).

2. Strafbar macht sich jeder, der den betreffenden Anordnungen zuwiderhandelt; es kann dies sowohl der Eigentümer als auch der Besitzer und ebenso der Führer sein. Auch Insassen des Fahrzeugs können als Mittäter oder Anstifter in Frage kommen (vgl. Krause § 21 Anm. 7 S. 204; Isaak, Automobilrecht S. 253 ff.). Für welche Übertretungen diese 3 Personen im einzelnen bestraft werden können, ist nach den betreffenden polizeilichen Anordnungen zu entscheiden.

a) Der Eigentümer und der Besitzer sind insbesondere verantwortlich für die Beschaffenheit und Ausrüstung des Fahrzeugs (§§ 3, 4, 26 BV.), für das Vorhandensein und den ordnungsmäßigen Zustand des Kennzeichens (§§ 7 ff. BV.; Isaac S. 123 Bem. 3, S. 135 Bem. 3; hier kann auch die Anwendung des § 25 AG. in Frage kommen). Die Weiterbeschäftigung eines Führers, der sich nicht durch einen Führerschein ausweisen kann oder dem die Fahrerlaubnis entzogen ist, ist jetzt nach § 24 Abs. 2 AG. zu bestrafen.

Strafbar macht sich auch der Eigentümer, der in den Fällen des § 6 Abs. 3, 4, 5, 6 BV. (Änderung des Fahrzeugs, Verlegung des Wohnsitzes, Veräußerung des Fahrzeugs, Nichtmehrverwendung des Fahrzeugs) die bisherige Zulassungsbescheinigung trotz ergangener Aufforderung nicht an die Polizeibehörde abliefert oder der Einziehungsanordnung der Polizeibehörde keine Folge leistet. Das Gleiche gilt für den Fall, daß der Eigentümer des Fahrzeugs die nach § 26 BV. von der Polizeibehörde angeordnete Untersuchung des Kraftfahrzeugs nicht vornehmen läßt oder im Falle der Ausschließung des Kraftfahrzeugs nach § 26 BV. bezw. im Falle des § 31 Abs. 2 BV. die Zulassungsbescheinigung nicht zurückgibt (vgl. Isaac S. 240 Ziff. 15).

Der im Wagen sitzende Eigentümer selbst kann, wenn den Führer ein Verschulden nicht trifft, als Alleintäter in Betracht kommen. Krause § 21 Bem 7 führt als Beispiel den Fall an, daß der mitfahrende Eigentümer seinem in der Gegend unbekannten Chauffeur auf dessen Fragen wider besseres Wissen angibt, ein gesperrter Weg sei für den Kraftwagenverkehr offen; der Chauffeur soll haftfrei sein, wenn er mit der Wegekenntnis des Eigentümers rechnen durfte.

Schon in dem StenB. S. 5267 ist hervorgehoben, daß den Halter die Strafe der §§ 18—21 (jetzt §§ 21—24) treffen kann, wenn er den Führer von der Begehung der strafbaren Handlung nicht abhält, obwohl er dazu in der Lage und verpflichtet ist. Das trifft insbesondere zu, wenn der Führer sich gegen die Bestimmungen der §§ 15 mit 21 BV. verfehlt.

Bezüglich der Haftung des Halters bei Verfehlungen des Führers vgl. auch § 16 Bem. III.

Aus der Überschrift des Abschnitts C der BV. und namentlich des Unterabschnitts b erhellt, daß die Vorschrift des § 18 zunächst nur für den Führer des Kraftfahrzeugs aufgestellt ist. Die anderen I n s a s s e n d e s F a h r z e u g s, darunter auch der Eigentümer, können deshalb für die Beobachtung der Vorschrift nur verantwortlich sein, wenn die allgemeinen Grundsätze des Strafrechts dies mit sich bringen oder eine ausdrückliche besondere Bestimmung dies vorschreibt in der Weise, wie z. B. das Vereinszollgesetz vom 1. Juli 1869 § 153, StGB. § 361 Nr. 9, Branntweinsteuergesetz vom 16. 6. 95 § 32, Schaumweinsteuergesetz 9. 5. 02 § 20, Bay. Forstgesetz Art. 69, 70, Bay. PStGB. Art. 122 Abs. 2 eine Haftbarkeit für strafbare Handlungen anderer festsetzen. Eine solche besondere Bestimmung, die den Eigentümer eines Kraftfahrzeugs neben dessen Führer als für die Beobachtung der straßenpolizeilichen Vorschriften strafrechtlich verantwortlich erklärt, besteht zurzeit nicht. Immerhin lassen die Bestimmungen des § 357 StGB. (ein Amtsvorgesetzter, der seine Untergebenen zu einer strafbaren Handlung verleitet oder eine solche Handlung w i s s e n t l i c h g e s c h e h e n l ä ß t, hat die auf die strafbare Handlung angedrohte Strafe erwirkt) und des § 361 Nr. 9 StGB. (bestraft wird, wer Kinder usw. von der Begehung von Diebstählen usw. a b z u h a l t e n u n t e r l ä ß t) ersehen, daß der Gedanke einer Haftung für das Delikt eines andern dem StGB. nicht fremd ist. Namentlich erscheint es nicht ausgeschlossen, daß nach den in den §§ 1—79 enthaltenen allgemeinen Bestimmungen des Strafgesetzbuchs, die, eine ausdrückliche Ausnahme abgesehen, sich auch auf die Übertretungen erstrecken, eine solche Mithaftung des Halters für die strafbare Handlung seines Chauffeurs begründet sein kann. So wäre es z. B. denkbar, daß der Halter als Anstifter seines Wagenführers im Sinne des § 48 StGB. anzusehen wäre, sei es dazu, daß der letztere überhaupt über Gebühr schnell fuhr, sei es, nachdem der Halter das Übermaß der Fahrgeschwindigkeit erkannt hatte, dazu, daß der Führer sein verbotswidriges Verhalten fortsetzte. Die Anstiftung braucht nicht gerade in einem ausdrücklichen Auftrag oder Befehl zutage getreten zu sein, sie hätte auch als Billigung des Vorgehens des Führers durch Gebärden, Zeigen oder sonst schlüssige Handlungen, ja selbst durch „beredtes" Stillschweigen zum Ausdruck gebracht werden können. Möglich ist auch, daß eine Mittäterschaft im Sinne des § 47 StGB., ein positives Zusammenwirken des Halters mit seinem Chauffeur in Frage kommt, etwa in der Weise, daß die beiden sich in die nach der Bundesrats-Verordnung in erster Linie dem Chauffeur obliegenden Tätigkeiten geteilt, daß z. B. der Führer vorzugsweise das Lenken des Fahrzeugs, der Halter aber die Bedienung der Hupe übernommen hatte. Auch zu einer solchen Beurteilungsweise kann unter Umständen eine bloße Billigung des vom Führer eingeschlagenen Verhaltens durch den Halter ausreichen, sofern die Voraussetzung jeglicher Mittäterschaft, ein bezügliches Einverständnis zwischen beiden oder wenigstens ein bewußtes Zusammenwirken beider obgewaltet, namentlich der Halter die Tat als eigene, wenn auch in Gemeinschaft mit seinem Chauffeur auszuführende gewollt und nicht bloß eine Handlung dieses unterstützt hat. Eine Mitwirkung des Halters neben dem Führer kann aber ferner auch in der Art vor sich gehen, daß dem Halter ein lediglich passives Verhalten, eine Unterlassung zur Last fällt. Eine solche Mittäterschaft oder Nebentäterschaft (vgl. Liszt, Lehrbuch S. 225 und v. Bar, Gesetz und Schuld im Strafrecht Bd. 2 S. 708) setzt voraus, daß für den Nebentäter eine Rechtspflicht zu einem Tun, zu einem positiven Eingreifen bestanden hat und zwar entweder auf Grund einer besonderen Rechtsvorschrift oder als Folge eines, unter Umständen an und für sich nicht rechtswidrigen, vorangegangenen Tuns, das eine nachfolgende vorsätzliche oder fahrlässige Untätigkeit als pflichtwidrig erscheinen läßt, mit anderen Worten nach den allgemeinen Regeln über die Begehung sogenannter Kommissivdelikte durch Unterlassung. Eine selbständige Rechtspflicht zum Eingreifen auf Grund eines besonderen Gebots der Rechtsordnung besteht für den Halter, wie erwähnt, nicht. Hingegen wird dadurch, daß der Halter den Führer in seinen Dienst genommen und ihm die Führung seines Kraftfahrzeugs übertragen hat, ein Zustand geschaffen, der bei Unachtsamkeit des Führers eine Gefahr für andere herbeiführen kann und deshalb für ihn infolge seiner autoritativen Stellung als Dienstherr und Eigentümer des Kraftfahrzeugs die Verpflichtung begründet, alle gefahrdrohenden Handlungen des Führers zu verhindern, sofern er rechtzeitig davon Kenntnis erhalten und die tatsächliche Möglichkeit gehabt hat, hindernd einzugreifen. Hat also der Halter das Übermaß der Geschwindigkeit bemerkt und hatte er ferner als Insasse des Fahrzeugs und auf Grund seiner Stellung als Dienstherr die tatsächliche und rechtliche Möglichkeit, eine Ermäßigung der Fahrgeschwindigkeit herbeizuführen und hat er das gleichwohl nicht getan, so ist darin eine Außerachtlassung der pflichtmäßig ihm obliegenden Sorgfalt zu erblicken. Das übermäßig schnelle Fahren geschah, weil für ihn, da er es duldete, sachlich betrachtet, geradezu durch ihn. Diese Haftung des Halters entspricht übrigens nicht nur „einer unabweislich sich aufdrängenden Anschauung des Lebens" (vgl. v. Bar a. a. O. S. 258), sondern überhaupt den modernen Rechtsanschauungen. Hatte ja bereits der Art. 144 BayStGB. vom 10. 11. 61, durch den mit Strafe bedroht wurde, wer durch schnelles oder unbehutsames Reiten oder Fahren Menschen oder fremdes Eigentum in Gefahr setzt, hiermit die Bestimmung verbunden:

> „Derselben Strafe unterliegt der Dienstherr, welcher die Uebertretung vorstehender Bestimmungen vonseiten seiner Kutscher oder Diener wahrnimmt, ohne dieselbe zu verbieten."

Was damals für mit Zugtieren bespannte Privatfuhrwerke angeordnet war, kann auch auf moderne Kraftfahrzeuge entsprechende Anwendung finden. Dies umsomehr, als in § 2 der BV. ausdrücklich die sinngemäße Anwendung der den Verkehr von gewöhnlichen Fahrzeugen regelnden Polizeiverordnungen auf den Verkehr mit Kraftfahrzeugen vorgeschrieben ist. Wenn nun auch der Art. 144 Abs. 2 BayPStGB. den § 366 Ziff. 2, 3, 10 RStGB. weichen mußte, so bleibt immer noch die Möglichkeit offen, auf Grund allgemeiner strafrechtlicher Erwägungen zu demselben Resultat zu gelangen (BayObLGSt S. 6. 5. 08 Bd. 8 S. 288 ff.; BayObLGStS. 1. 2. 08 Bd. 8, 177, EisenbE. 25, 43; BayObLG. 27. 6. 08 BayRpflZ. 08, 342, EisenbE. 25, 183; OLG. Dresden 23. 2. 05 Recht 08, 1 S. 395;

vgl. auch Isaac S. 180, 260; a. M. OLG. Hamburg 12. 8. 09 bei Reger (Entsch. 13, 67). In gleicher Weise hat das Reichsgericht 22. 2. 06 Goltdammers Archiv 53, 175 und 5. 11. 07 Recht 07 Nr. 3732 die Verurteilung des Fahrzeughalters wegen fahrlässiger Körperverletzung für gerechtfertigt erklärt, indem es ausführte: „Wenn auch der Besitzer eines Automobils, der die Leitung einem tüchtigen und als umsichtig und zuverlässig erprobten Manne übertragen hat, weder allgemein, noch auch dann unter allen Umständen verpflichtet ist, diesen zu beaufsichtigen und zu leiten, wenn er selbst das Fahrzeug benützt, so ist er doch verpflichtet, dann einzugreifen, wenn er wahrnimmt, daß der seiner Botmäßigkeit unterstehende Leiter des Fahrzeugs unvorsichtig handelt und dadurch das Leben, die Gesundheit oder das Eigentum anderer Personen gefährdet. Schaut er trotzdem und unter Umständen, wo ein Handeln seinerseits die drohende Gefahr zu beseitigen vermochte, müßig zu, so ist ihm dies zum eigenen Verschulden anzurechnen. So kann für die vorschriftsmäßige Beleuchtung des Kraftwagens neben dem Führer auch der Halter mitverantwortlich gemacht werden (KG. 6. 1. 08 EisenbE 25, 29).

b) Ist der Eigentümer geschäftsunfähig, so trifft die polizeiliche Verantwortlichkeit nicht ihn, sondern seinen gesetzlichen Vertreter (vgl. Isaac S. 254, Neukirch-Rosenmeyer § 21 Anm. 7 S. 206; a. M. Schultzenstein im Verwaltungsarchiv Bd. 14, 1 ff.). Die gesetzliche Vertretung (§§ 1627 ff., 1793 BGB.) erzeugt nicht bloß privatrechtliche Pflichten gegenüber dem Vertretenen, sondern auch öffentlichrechtliche Pflichten gegenüber den Behörden. Da der Vertretene keinen Willen hat, müssen sich die Zwangsmaßregeln und Strafen gegen die Person und das Vermögen des Vertreters richten. Dasselbe muß von einem beschränkt Geschäftsfähigen (Minderjährigen zwischen 7 und 21 Jahren, entmündigten Geistesschwachen, Verschwendern oder Trunksüchtigen) gelten. Gehört jedoch der Betrieb des Kraftfahrzeugs zu einem von dem beschränkt Geschäftsfähigen mit vormundschaftsgerichtlicher Genehmigung geführten selbständigen Erwerbsgeschäft (§ 112 BGB.), so wird der beschränkt Geschäftsfähige auch polizeilich als allein verantwortlich anzusehen sein, vorausgesetzt, daß er die zur Erkenntnis der Strafbarkeit seiner Handlung erforderliche Einsicht besessen hat (§ 55 StGB.).

c) Ist eine juristische Person Eigentümerin des Fahrzeugs, so trifft die Haftung den Vorstand bezw., wenn für das Geschäftsgebiet, innerhalb dessen das Kraftfahrzeug benützt wird, ein besonderer verfassungsmäßig berufener Vertreter im Sinne des § 31 BGB. besteht, diesen an Stelle des Vorstandes (Isaac S. 255).

d) Bei Miteigentümern trägt an sich jeder die volle Verantwortung; anders, wenn einem Miteigentümer kraft Gesetzes (z. B. der Ehefrau nach § 1443 BGB.) oder kraft rechtsgültiger Übereinkunft (§ 114, 115 HGB.) die Verwaltung entzogen ist (Isaac S. 255).

V. **Verhältnis des § 21 zu anderen Strafvorschriften.**

§ 21 bestraft nur Zuwiderhandlungen gegen die polizeilichen Anordnungen über den Verkehr mit Kraftfahrzeugen. Betrifft die polizeiliche Anordnung nicht die Regelung des Kraftwagenverkehrs, sondern gilt sie für alle Arten von Fuhrwerken, also für den Fahrverkehr überhaupt, verbietet z. B. die polizeiliche Anordnung jeden Fahrverkehr auf einer bestimmten Straße, also nicht bloß den Verkehr mit Automobilen, so ist der Führer eines Kraftwagens, der die gesperrte Straße gleichwohl befährt, nicht nach § 21 AG., sondern nach § 366 Ziff. 10 StGB. zu bestrafen (Krause § 21 Anm. 4 Abs. 3). Zwischen § 366 Ziff. 10 StGB. und § 21 AG ist nur Gesetzeskonkurrenz denkbar (Krause § 21 Anm. 10).

Wie schon in der Vorbem. zu Abschnitt III erwähnt, hat das Gesetz im Gegensatz zu den Grundzügen von 1908, die nur eine einzige Strafvorschrift kannten, eine Anzahl von Zuwiderhandlungen aus der Klasse der Übertretungen herausgehoben und zu selbständigen Vergehen gestempelt (§§ 22—25). Soweit eine Handlung den Tatbestand eines dieser Vergehen erfüllt, kommt § 21 nicht zur Anwendung; es ist auch dann keine Idealkonkurrenz zwischen § 21 und einem der folgenden Paragraphen möglich. Der Führer, der sich gegen § 24 Ziff. 1 verfehlt (Führen eines Kraftfahrzeugs, ohne einen Führerschein zu besitzen) ist nicht etwa auch nach § 15 BB. und § 21 AG. schuldig zu sprechen.

Sobald durch eine gegen § 21 AG. verstoßende Zuwiderhandlung eine Person schuldhaft verletzt oder eine Sache beschädigt wird, kommt auch die Anwendung der §§ 222, 230, 232, 211—214, 223 ff., 303 StGB. in Frage. Die Übertretung nach § 21 AG. kann zu dem Vergehen gegen das StGB. bald in realer, bald in idealer Konkurrenz stehen. Reale Konkurrenz ist z. B. anzunehmen, wenn ein Führer längere Zeit mit unbeleuchtetem Wagen auf der Landstraße fährt und dann in einer

Ortschaft infolge der mangelnden Beleuchtung eine Person überfährt (RG. 11. 5. 08 JW. 08, 572).

VI. **Einzelfälle** (vgl. § 16 Bem. III, 1 a).

1. Zu § 17 der Bundesrats-Verordnung, die ein Entfernen des Führers von dem noch angetriebenen Fahrzeug verbietet, führt BayObLGSt. 13. 2. 06 Bd. 6, 330 bezüglich des Begriffs des „Entfernens" aus: „§ 17 bezweckt die Sicherheit des Verkehrs gegenüber den Gefährdungen durch Motorfahrzeuge; er will den besonderen Gefahren vorbeugen, die für den Verkehr dadurch entstehen können, daß der Führer sein zum Stillstehen gebrachtes, aber noch angetriebenes Fahrzeug verläßt. Eine solche Gefahr kann namentlich dadurch herbeigeführt werden, daß durch den Zugriff unbefugter Personen das Fahrzeug in Bewegung gesetzt wird; sie kann auch durch eine etwa plötzlich hervortretende Stauung in der Tätigkeit des Mechanismus oder dadurch entstehen, daß Tiere von dem Geräusche, das der nicht abgestellte Motor verursacht, scheuen. Die Möglichkeit der Abwendung solcher, vielfach ganz unerwartet und rasch hervortretender Gefahren ist dadurch bedingt, daß sich der Führer in solcher Nähe bei seinem Fahrzeug aufhält, daß er imstande ist, nicht nur eine drohende Gefahr sogleich wahrzunehmen, sondern auch die zu ihrer Abwendung gebotenen Vorkehrungen sofort zu treffen. Dem Führer ist daher verboten, das örtliche Verhältnis zwischen seiner Person und dem Fahrzeug derart zu verändern, daß die Möglichkeit der Wahrnehmung einer sich zeigenden Gefahr und ein sofortiges Eingreifen zu ihrer Abwendung in Frage gestellt ist. Bis zu welchem Maße der Führer sich hiernach im einzelnen Fall von seinem Fahrzeug entfernen darf, ist eine nach den besonderen Umständen zu beurteilende Frage. Hierbei können außer dem Maße der Entfernung insbesondere der freie oder behinderte Zutritt des Führers zum Fahrzeug, die geringere, oder wenn auch nur vorübergehend, größere Belebtheit des Verkehrs an der Haltestelle, die Übersichtlichkeit des Straßenzuges und andere örtliche Verhältnisse berücksichtigt werden." Die Zurücklegung einer Entfernung von 7 Meter, bei der der Führer sich einige Zeit in einem Laden aufhielt, dabei aber fortwährend sein Fahrzeug im Auge behielt, erachtete im konkreten Fall das Gericht für genügend, um die Verurteilung des Führers zu rechtfertigen.

2. Der Führer eines Kraftfahrzeuges hat nach Antritt einer Fahrt dafür zu sorgen, daß eine Belästigung von Personen durch Entwickelung von Rauch oder

Dampf oder durch üblen Geruch (§ 17 Abs. 2 BV.) möglichst ausgeschlossen bleibt. Der Angeklagte hat infolge Einschüttens von reichlich Öl in den Ölbehälter das starke Ausströmen von Rauch veranlaßt. Das Gericht hat zu prüfen, ob der Angeklagte vor Antritt der Fahrt gewußt hat, daß das Einschütten von Öl in den Ölbehälter, wie es von ihm vorgenommen wurde, die das Publikum belästigende Rauchentwickelung zur Folge haben konnte, oder ob der Angeklagte sich bei Aufwendung der erforderlichen Sorgfalt sagen mußte, daß eine derartige Einschüttung von Öl die lästige Rauchentwicklung veranlassen könnte. Die Feststellung, daß der Angeklagte der Vorsicht halber mehr Öl eingeschüttet als gerade notwendig war, um die größeren Schäden an dem Fahrzeug durch Heißlaufen des Zylinders abzuwenden, genügt nicht zur Freisprechung. Dasselbe gilt von der Feststellung, es sei nicht erwiesen, daß der Angeklagte nach Antritt der Fahrt die Rauchentwicklung schuldhafterweise nicht verhindert habe. Es müßte geprüft werden, ob dem Angeklagten nach Antritt der Fahrt Mittel zu Gebote standen, um das belästigende Ausströmen des Rauches zu verhindern oder ob er bewußt oder fahrlässigerweise die Anwendung solcher Mittel unterlassen hat (RG. 9. 4. 08 Recht 08, I S. 423; vgl. Isaac S. 64 Ziff. 5 a. E.)

Als „belästigend“ (§ 3 BV.) ist nur der Geruch anzusehen, der nicht einfach übel ist, sondern der über das Gewöhnliche hinausgeht, sodaß er geeignet ist, im allgemeinen jedermann, also das Publikum zu belästigen und die Leichtigkeit des Verkehrs zu gefährden. Die Auffassung eines Einzelnen, der den Benzingeruch als „besonders stark“ empfunden hat, ist dabei regelmäßig nicht entscheidend, da für seine Belästigung möglicherweise besondere Umstände, z. B. sein Standort oder seine persönliche stärkere Empfindlichkeit von Einfluß gewesen sein können (RG. 21. 11. 04 DJZ. 05, 126).

3. **Bemessung der Geschwindigkeit** (§ 18 BV.; vgl. § 16 AG. Bem. III, 1 a, *e*).

a) Geschlossener Ortsteil ist nicht gleichbedeutend mit Ortsteil von geschlossener Bauart im Sinne der Bayer. Bauordnung. Das ergibt sich aus dem Wortlaut der Vorschrift und aus deren in Abs. 1 des § 18 besonders hervorgehobenen Zweck, Unfälle hintanzuhalten, den Verkehr namentlich im Hinblick auf die Bewohner der an der Straße gelegenen Gebäude zu sichern, wofür es gleichgültig ist, ob diese Gebäude in offener oder geschlossener Bauart aufgeführt sind. Mit der Bezeichnung

„geschlossener Ortsteil" erscheint vielmehr der Gegensatz ausgedrückt gegenüber dem als freie Feldmark sich darstellenden Ortsteile, wobei dieser seinen Charakter allerdings dadurch nicht verliert, daß etwa vereinzelte Häuser an der ihn durchziehenden Straße gelegen sind. Nach den im Urteil getroffenen Feststellungen handelt es sich aber hier keineswegs um eine solche offene Ortsflur mit vereinzelten Häusern an der Straße, sondern nach ihnen bildet die in Betracht kommende Örtlichkeit einen Teil einer Straße, die in Berücksichtigung der auf ihr verkehrenden, zum Stadtinnern führenden elektrischen Straßenbahn und der zu beiden Seiten befindlichen baulichen Anlagen deutlich ersehen läßt, daß der Übergang aus der Feldmark zu städtischem Bebauungsgebiet eingetreten ist und, wenn auch nicht voll bebaut, als ein geschlossenes Ganzes sich darstellt (BayObLGSt. 15. 2. 08 Bd. 8, 193; vgl. auch § 16 Bem. III, 1a, ε).

b) Unübersichtliche Wege; Straßenkreuzung; Aus- und Einfahrt; Einfluß der Nachtzeit. Es ist wohl richtig, daß § 18 Abs. 3 BV. die besondere Ermäßigung der Fahrgeschwindigkeit allgemein „auf unübersichtlichen Wegen" gebietet und als solche im Anschlusse daran mit dem Worte „insbesondere" unter anderen die „Straßenkreuzungen" ausdrücklich hervorhebt. Wäre die Bestimmung streng nach ihrem Wortlaut und nach ihrer Fassung auszulegen, so hätte es den Anschein, daß durch sie jede Straßenkreuzung als ein unübersichtlicher Weg erklärt und für jede Straßenkreuzung, ohne daß es erst noch einer besonderen Feststellung der Unübersichtlichkeit des Weges bedürfte, die Geschwindigkeitsverminderung dem Führer eines Kraftfahrzeugs zur Pflicht gemacht werden sollte. Es ist aber nicht anzunehmen, daß der Gesetzgeber durch die im Abs. 3 des § 18 nach den Eingangsworten „auf unübersichtlichen Wegen" angeführten, mit dem Worte „insbesondere" eingeleiteten einzelnen Fälle: des Eintritts der Dunkelheit, des starken Nebels, der scharfen Straßenkrümmungen, des Einbiegens aus einer Straße in die andere und dergleichen habe aussprechen wollen, daß in allen diesen Fällen ohne weiteres eine Unübersichtlichkeit des Weges als vorhanden anzunehmen sei. Die Aufzählung der angeführten Einzelfälle wird vielmehr als nur in dem Sinne erfolgt angesehen werden müssen, daß sie unter Umständen den Weg für den Führer unübersichtlich machen können; sie dienen mithin als Beispiele. Aber im Einzelfall ist die Feststellung, daß tatsächlich ein Weg unübersichtlich ist, nicht entbehrlich. Mag auch häufig und vielleicht sogar regelmäßig eine Straßenkreuzung dem Führer eines Kraftfahrzeugs den Überblick über die von ihm zu befahrende Wegestrecke behindern, so trifft das doch nicht immer und bei allen Straßenkreuzungen zu. Es ist vielmehr in einem völlig kahlen, unbebauten, mit Gesträuchen und Bäumen nicht besteckten ebenen Gelände die Übersicht über die zu befahrende Wegstrecke durch Straßen, die das Gelände kreuzen, nicht im mindesten behindert (BayObLGSt. 11. 2. 08 Bd. 8, 189 f.)

Der Abs. 3 des § 18 BV. gebietet eine Verlangsamung der Fahrt unter anderem „bei der Ausfahrt aus Grundstücken, die an öffentlichen Wegen liegen und bei der Einfahrt in solche Grundstücke". Es kann dahingestellt bleiben, ob die Aus- und Einfahrt zu den mit dem Worte „insbesondere" eingeleiteten Beispielen der Unübersichtlichkeit eines Weges gehören und darum (vgl. das vorhergehende Urteil) nur bei wirklich vorhandener Unübersichtlichkeit des Weges die Pflicht zur Verlangsamung der Fahrt besteht oder ob vielmehr beim Vorhandensein von Ausfahrten und Einfahrten stets in allen Fällen die Fahrtverlangsamung eintreten muß, ohne daß es auch noch einer besonderen Feststellung bedarf, daß durch die Aus- und Einfahrten nach Lage der Verhältnisse eine Unübersichtlichkeit des Weges bewirkt wurde. Es kann das schon deshalb dahingestellt bleiben, weil unter Ausfahrt und Einfahrt nur die Ausfahrt des Kraftfahrzeugs selbst aus Grundstücken und die Einfahrt in Grundstücke an öffentlichen Wegen, nicht aber solche Aus- und Einfahrten aus Grundstücken und in Grundstücke an öffentlichen Wegen zu verstehen sind, an denen die Fahrt eines Kraftfahrzeugs auf diesen öffentlichen Wegen vorüberführt. Für diese Auslegung spricht der Wortlaut der Vorschrift, die von der „Ausfahrt" und der „Einfahrt" und nicht von „Ausfahrten" und „Einfahrten", auch nicht von „Ein-, Aus- oder Zugängen" spricht. Davon abgesehen wird die gegenteilige Auslegung durch die Erwägung ausgeschlossen, daß, da die Bestimmung des § 18 Abs. 3 BV. nach ihrem Wortlaut und ihrem Zusammenhang nicht bloß für den Verkehr des Kraftfahrzeugs außerhalb sondern ebenso für den Verkehr innerhalb geschlossener Ortsteile Anwendung findet, ein Gebot des Inhalts, daß beim Vorüberfahren an jeder Ein- und Ausfahrt die Fahrgeschwindigkeit herabzusetzen ist, mit der Vorschrift des ersten Satzes des Abs. 2 nicht in Einklang zu bringen wäre, die innerhalb geschlossener Ortsteile eine Höchstgeschwindigkeit von etwa 15 Kilometer in der Stunde zuläßt. Da gemeinbekannt in geschlossenen Ortsteilen der Verkehr fortwährend an Zufahrten oder Zugängen zu Grundstücken vorüberführt, so wäre jeder Verkehr mit Kraftfahrzeugen mit einer ihrer Benützung auch nur einigermaßen entsprechenden Geschwindigkeit vereitelt, wenn die Geschwindigkeit mit Rücksicht auf jede der bestehenden Ein- und Ausfahrten gemindert werden müßte (BayObLGStS. 11. 2. 08 Bd. 8, 189, 191).

Unübersichtlich ist ein Weg, wenn ihn der Führer des Kraftfahrzeugs von seinem Sitz aus nicht auf größere Entfernung übersehen kann. Die Unübersichtlichkeit kann ihren Grund in der Beschaffenheit des Weges haben. Ein Weg, der in Windungen durch Hochwald oder durch eine mit Häusern auf beiden Seiten bebaute Strecke fährt, eine Straße, die in rascher Folge steigt und fällt, ist unübersichtlich. Es kann aber auch ein sonst übersichtlicher Weg, z. B. eine gerade, ebene Landstraße auf freier Flur durch besondere Umstände ausnahmsweise unübersichtlich werden. Die Bundesrats-Verordnung hebt dies ausdrücklich hervor, indem sie anordnet:

„Auf unübersichtlichen Wegen, insbesondere nach Eintritt der Dunkelheit oder bei starkem Nebel .... muß langsam usw. gefahren werden."

Die Beispiele von Unübersichtlichkeit eines Weges, die die BV. anführt, sind, wie schon der Wortlaut angibt, nicht erschöpfend. So kann Unübersichtlichkeit eines Weges nicht nur bei starkem Nebel, sondern auch bei starkem Schneegestöber und dergleichen eintreten. Die Beispiele sind aber anderseits auch nicht in dem Sinne aufgezählt, als ob in den hier benannten Fällen unter allen Umständen eine Unübersichtlichkeit des Weges gegeben wäre. Der Richter muß vielmehr in jedem Einzelfall besonders feststellen, daß ein unübersichtlicher Weg von dem Kraftfahrzeug befahren wurde. Demgemäß kann der Führer eines Kraftfahrzeugs, der nach dem Eintritt der Dunkelheit rasch gefahren ist, nicht ohne weiteres wegen einer Zuwiderhandlung gegen § 18 Abs. 3 BV. bestraft werden. Eine Straße, die an sich übersichtlich ist, bleibt auch nach dem Eintritt der Dunkelheit übersichtlich, wenn während der Dunkelheit für genügende Straßenbeleuchtung gesorgt ist. Aber auch da, wo die Straßenbeleuchtung fehlt, kann nach dem Eintritt der Dunkelheit dem Führer des Kraftfahrzeugs die Möglichkeit erhalten sein, den Weg auf größere Entfernung zu übersehen dadurch, daß auf einer geraden und ebenen, ihm als solcher bekannten Straße die Laternen des Wagens, wenn ihre Leuchtkraft das in § 4 Abs. 1 Nr. 5 der BV. gebotene Mindestmaß übersteigt, eine größere Strecke der Fahrbahn genügend beleuchten (BayObLGSt. 28. 9. 09 Bd. 9, 322).

4. Begegnung mit scheuenden Tieren (vgl. § 16 Bem. III, 1a). Das in § 20 BV. zur Vermeidung des Scheuwerdens entgegenkommender Tiere angeordnete Abstellen des Motors ist selbstverständlich so lange beizubehalten, als die Möglichkeit des Scheuens gegeben und vorauszusehen war. Der Kraftfahrzeugführer, der zwar den Motor abstellt, aber sofort nach Passieren des begegnenden Fuhrwerks zu einer Zeit, wo die Erneuerung des Geräusches das wiederholte Scheuen des Tieres befürchten ließ, die Maschine wieder in Tätigkeit setzt, ist also nach § 20 BV. strafbar (BayObLGSt. 20. 7. 05 Bd. 6, 85).

Daß die Übertretung des § 20 BV. nicht bloß durch eine vorsätzliche, sondern auch durch eine fahrlässige Zuwiderhandlung verübt werden kann, steht außer Zweifel (BayObLGSt. 6. 2. 06 Bd. 6, 323).

5. Warnungszeichen. Der § 19 Abs. 2 BV., wonach die Abgabe von Warnungszeichen sofort einzustellen ist, wenn Pferde oder andere Tiere dadurch unruhig oder scheu werden, ist auch anzuwenden, wenn der Führer des Kraftfahrzeugs, bevor er ein Warnungszeichen gegeben hat, merkt, daß die Pferde oder Tiere unruhig oder scheu werden; die Abgabe von Warnungszeichen hat dann zu unterbleiben (BayObLGSt. 19. 2. 10 Recht 10 I S. 288).

Abgabe von Warnungssignalen mit anderen als den in § 19 Abs. 3, 4 BV. zugelassenen Instrumenten fällt unter § 21 (RG. 4. 11. 07 Recht 08 S. 90).

Die Verantwortlichkeit des Führers ist auch dann begründet, wenn mit seinem Verschulden die Abgabe verbotener Signale durch seine Frau erfolgt, obwohl er die Möglichkeit hat, diese an der Abgabe solcher Zeichen zu hindern, das aber fahrlässig unterläßt (RG. 4. 6. 08 DJZ. 08 S. 1037, EisenbE. 25, 71).

Die Bestimmung, daß an unübersichtlichen Stellen, also z. B. an Straßenkreuzungen stets ein Signal gegeben werden muß, (§ 19 Abs. 1 BV.) ist eine im Interesse des Straßenverkehrs ergangene zwingende Vorschrift; die Anwendung des Signals ist also nicht in das Ermessen des Führers gestellt. Die Vorschrift, zwecklose Signale zu unterlassen, steht mit dieser Bestimmung nicht im Widerspruch (KG. 6. 4. 05 DJZ. 05, 701).

6) Für die Beleuchtung der im Verkehr befindlichen Kraftfahrzeuge während der Dunkelheit hat das RG. 12. 2. 07 Recht 08 S. 250, EisenbE. 25, 23 folgende Grundsätze aufgestellt: „Unter Dunkelheit ist das Fehlen des Tageslichtes zu verstehen; auch während des Mondscheins oder unter dem Widerschein einer Hotellaterne muß der Wagen beleuchtet sein. Im Verkehr ist ein Kraftfahrzeug auch dann, wenn es längere Zeit auf der Straße, z. B. vor einem Hotel hält, gleichviel ob der Motor ausgeschaltet ist oder nicht. Es ist möglich, auch den Eigentümer für die vorschriftsmäßige Beleuchtung verantwortlich zu machen; es bedarf aber der Feststellung, daß ihn ein Verschulden trifft". Über den Begriff der Dunkelheit vgl. auch Isaac S. 80, RG. 14. 3. 07 DJZ. 07, 661.

Die Laternen brauchen sich am Fahrzeug überhaupt erst nach eingetretener Dunkelheit oder bei starkem Nebel zu befinden. Wer also bei Tag mit einem die Laternen nicht führenden Kraftwagen fährt, ist nicht strafbar.

Werden die Laternen, obwohl in gutem Zustand, durch die außergewöhnliche Heftigkeit des Windes oder Regens ausgelöscht, so trifft den Fahrer keine Schuld Isaac S. 82, RG. 25. 1. 03 JW. 03, 111; vgl. aber auch KG. 6. 4. 05 DJZ. 05, 701, wo ausgeführt ist. „Die Ansicht, der Lenker eines Fahrzeugs brauche nicht immer ständig nachzusehen, ob eine hinter seinem Rücken befindliche Laterne noch brenne, beruht auf einer Verkennung des Begriffs der Fahrlässigkeit. Der Lenker ist nur straffrei, wenn er alles getan hat, was nach Lage der Umstände überhaupt möglich war. Das Untergericht hätte deshalb prüfen müssen, ob der Angeklagte bei der Beschaffenheit der Laternen unter Berücksichtigung des an jener Stelle des Fahrzeugs besonders starken Luftzugs und unter Anwendung der erforderlichen Sorgfalt das Erlöschen der Laternen voraussehen konnte."

7. Fahrverbote. Fahrlässig handelt auch, wer sich über das Bestehen eines Fahrverbots nicht zuverlässig erkundigt. Die bloße Tatsache, daß in den Karten die für Automobile verbotenen Wege nicht eingezeichnet sind und die Automobillaterne nicht ermöglicht, bei Nachtzeit die das Fahrverbot enthaltende am Wege angebrachte Tafel zu lesen, beseitigt ebenso wenig das Verschulden wie die Erkundigung nach dem einzuschlagenden Wege. Letztere Erkundigung hätte auch darauf gehen müssen,

ob die einzuschlagende Straße für den Kraftfahrzeugverkehr frei sei (BayObLG. 6. 4. 07 in BayObLGSt. 7, 288).

Wenn durch distriktspolizeiliche Vorschrift auf einem Gemeindeverbindungsweg der Verkehr von Kraftfahrzeugen mit dem Abmaße verboten ist, daß das Verbot sich nicht auf die Verwendung solcher Fahrzeuge „für die ärztliche Praxis" erstreckt, so ist anzunehmen, daß die Ausnahme nur stattfindet für die Fahrten des Arztes, die unmittelbar bezwecken, in einem vorliegenden Krankheits- oder Unglücksfall ärztliche Hilfe zu leisten (ObLG. 5. 4. 10 Recht 10 I S. 486).

Dagegen ist, wenn einzelne Straßen für Kraftfahrzeuge allgemein gesperrt sind, keine Ausnahme zugunsten der vorübergehend durch Treten der Pedale fortbewegten Krafträder zu machen; es bleibt auch der Fahrer eines solchen Kraftfahrrads strafbar (OLG. Braunschweig 23. 1. 06 DJZ. 06, 75).

8. **Kennzeichen.** Eigentümer und Führer sind dafür verantwortlich, daß das Kennzeichen sich in ordnungsmäßigem Zustand befindet. Die ordnungswidrige Beschaffenheit des Kennzeichens ist in vielen Fällen als Vergehen nach § 25 AG. zu bestrafen. Es kann aber auch eine Übertretung des § 21 in Frage kommen Das kann z. B. der Fall sein, wenn der Halter eines zum öffentlichen Verkehr zugelassenen Fahrzeugs das ihm polizeilich zugeteilte Kennzeichen verloren hat und nun sein Fahrzeug entgegen der Vorschrift des § 9 BV. ohne Kennzeichen auf öffentlichen Wegen in Betrieb setzt. Ebenso ist der Kraftfahrzeughalter, der das polizeiliche Kennzeichen gar nicht an seinem Fahrzeug anbringt, sondern ohne dasselbe fährt, nur nach § 21 AG., § 9 BV., nicht aber nach § 25 AG. strafbar; denn § 25 Ziff. 3 AG. verlangt eine Veränderung, Beseitigung oder Verdeckung des Kennzeichens oder sonst eine Beeinträchtigung seiner Erkennbarkeit, trifft also nur zu, wenn eine Fälschungshandlung an dem Kennzeichen in Frage steht, während die bloße Nichtanbringung des polizeilichen Kennzeichens unter diese Strafvorschrift nicht gebracht werden kann (ebenso K r a u s e § 25 Anm. 10; W a l d e c k § 23 Anm. 4; N e u k i r c h - R o s e n m e y e r § 25 Anm. 8 bb). Nach § 10 BV. müssen die Kennzeichen stets in lesbarem Zustand erhalten werden. Soweit die Erkennbarkeit eines Kennzeichens nicht in der durch § 25 erforderten rechtswidrigen Absicht beeinträchtigt wird, sondern z. B. nur Fahrlässigkeit vorliegt, der Führer unterläßt es z. B. ein vollständig

verstaubtes und unkenntlich gewordenes Kennzeichen bei gegebener Gelegenheit (Betriebspause) zu reinigen, kann Bestrafung nach § 21 AG. eintreten (vgl. Isaac S. 135).

§ 22.

Der Führer eines Kraftfahrzeuges, der nach einem Unfalle (§ 7) es unternimmt, sich der Feststellung des Fahrzeugs und seiner Person durch die Flucht zu entziehen, wird mit Geldstrafe bis zu dreihundert Mark oder mit Gefängnis bis zu zwei Monaten bestraft. Er bleibt jedoch straflos, wenn er spätestens am nächstfolgenden Tage nach dem Unfalle Anzeige bei einer inländischen Polizeibehörde erstattet und die Feststellung des Fahrzeugs und seiner Person bewirkt.

Verläßt der Führer des Kraftfahrzeuges eine bei dem Unfalle verletzte Person vorsätzlich in hilfloser Lage, so wird er mit Gefängnis bis zu sechs Monaten bestraft. Sind mildernde Umstände vorhanden, so kann auf Geldstrafe bis zu dreihundert Mark erkannt werden.

Entw. I —; Entw. II § 19; Begr. S. 21; KommB. S. 40.

I. **Vorbemerkung.** An Stelle des § 22 hatten die Grundzüge in § 18 Abs. 7 die Vorschrift enthalten, daß im Falle eines Zusammenstoßes des Kraftfahrzeugs mit Personen oder Sachen der Führer sofort zu halten und die nach den Umständen des Falles gebotene Hilfe zu leisten habe. Hierzu hatte das BayOb.-LGSt. 11. 1. 08 Bd. 8, 165 folgendes Urteil erlassen: „Es dient zur Erhaltung der Sicherheit auf den öffentlichen Straßen und Plätzen (§ 366 Ziff. 10 StGB.), wenn im Falle eines Zusammenstoßes eines Kraftfahrzeugs mit Personen oder Sachen dem Führer des Kraftfahrzeugs zur Pflicht gemacht wird, sofort zu halten und die nach den Umständen des Falles gebotene Hilfe zu leisten; denn die bei dem Zusammenstoß möglicherweise beschädigten Personen oder Sachen können ein Hindernis des Verkehrs herbeiführen, dessen rasche Behebung im öffentlichen Interesse liegt. Geht man von dieser gesetzlichen Grundlage der polizeilichen Vorschrift aus, die mit der Sicherung zivilrechtlicher Ansprüche des Beschädigten nichts zu tun hat, so ergibt sich für die Auslegung der Vorschrift zunächst, daß unter Zusammenstoß nicht nur das Aufprallen des Kraftfahrzeugs auf einen Menschen oder Gegenstand verstanden sein kann, der sich in einer dem Kraftfahrzeug entgegengesetzten Bewegung befindet, sondern daß das Kraftfahrzeug auch dann mit einer Person oder Sache „zusammenstößt", wenn sie auf oder an der Fahrbahn des Kraftfahrzeugs steht oder liegt und dieses die Person oder Sache anfährt oder überfährt; denn auch in diesem Fall kann durch den Anprall des Kraftfahrzeugs und die dadurch bewirkte Beschädigung am lebenden Körper oder leblosen Gegenstand ein Verkehrshindernis entstanden sein. Da die Pflicht zu halten mit der „Hilfe zu leisten" schon nach dem Wortlaut, jedenfalls aber nach dem Sinne der Vorschrift in engem Zusammenhange steht, so ergibt sich weiter, daß die Pflicht des Kraftwagenführers, zu halten, bei einem Zusammenstoß mit Menschen schlechthin, bei einem Zusammenstoß mit Sachen immer dann gegeben ist, wenn nach der Beschaffenheit der Sache anzunehmen ist, daß durch den Anprall unmittelbar oder mittelbar ein Verkehrshindernis entstanden sein kann, das Beseitigung erfordert. Dabei ist es für die Pflicht zu halten belanglos, ob eine Beschädigung von Personen oder Sachen, eine Behinderung des Verkehrs durch den Zusammenstoß wirklich eingetreten, ob eine Hilfeleistung wirklich notwendig ist oder nicht. Der Führer des Kraftfahrzeugs kann weder im Augenblick des Zusammenstoßes noch von dem in Bewegung bleibenden Kraftfahrzeug aus, das sich rasch von der Stelle des Zusammenstoßes entfernt, dessen Folgen übersehen. Nur, wenn er sofort anhält, kann er ermessen, ob ein Eingreifen seinerseits veranlaßt ist oder nicht. Gleichgültig ist auch, wer die Schuld an dem Zusammenstoß trägt; die Entscheidung dieser Frage kann den Beteiligten keinesfalls überlassen werden".

Es kann dahingestellt bleiben, ob tatsächlich die Vorschrift des § 18 Abs. 7 der Grundzüge nur die Beseitigung von Verkehrshindernissen bezweckte. Soweit die erwähnte Entscheidung des BayObLG. auf dieser Auffassung des § 18 basiert, ist sie für das geltende Recht jedenfalls nicht mehr verwertbar, denn das AG. stellt das in § 22 neu statuierte Vergehen der Automobilflucht auf eine ganz andere Grundlage. Der Entwurf hatte allerdings noch in Anlehnung an den § 18 Abs. 7 der Grundzüge von 1906 bestimmt, daß der Führer, der nach einem Unfall nicht sofort hält, bestraft werden sollte.

Die Begründung des Gesetzentwurfs besagt über diese Vorschrift: „Eine besondere Bestimmung ist in dem Fall gerechtfertigt, daß bei dem Zusammenstoß eines Kraftfahrzeugs mit Personen oder Sachen der Führer des Fahrzeugs nicht sofort hält. Nicht nur die Gesinnung, welche sich durch die rücksichtslose Fortsetzung der Fahrt unter diesen Umständen verrät, sondern auch das Interesse der Allgemeinheit an der Feststellung des Kraftfahrzeugs, seines Führers und Halters läßt es angemessen erscheinen, das bezeichnete Verhalten des Führers als Vergehen zu bestrafen".

Bei Beratung des Gesetzes wurde von mehreren Kommissionsmitgliedern ausgeführt, daß die Vorlage nicht das treffe, was man bestraft wissen möchte. Warum sollte z. B. der Fahrer, dessen Kraftfahrzeug mit einer Sache zusammengestoßen sei, ohne diese zu beschädigen, anhalten? Wie lange soll er anhalten? Bis jemand käme, um sein Fahrzeug festzustellen? Daß er auch dann halten soll, wenn er eine Person leicht verletzt hat und ein drohender Volkshaufen ihm feindlich gegenübertrat, sei doch auch nicht zu verlangen. Regierungsseitig wurde noch hervorgehoben, der Grund für die Bestimmung des § 22 sei, die Feststellung des Führers zu ermöglichen und somit die Haftpflichtbestimmungen zu sichern. Neben diesem Schutz der privatrechtlichen Interessen des Geschädigten wird aber auch der in der Begründung hervorgehobene weitere Umstand, nämlich die Möglichkeit, den Führer im öffentlichen Interesse festzustellen und zur strafrechtlichen Verantwortung zu ziehen, als Zweck des Gesetzes zu erachten sein. So auch Neukirch-Rosenmeyer § 22 Anm. 3; a. M. Kirchner § 22 Bem. 3 S. 260, der nur den Schutz der privatrechtlichen Interessen des Verletzten oder Geschädigten als Gesetzeszweck ansieht. Das ist schon deshalb nicht anzunehmen, weil der Führer nach jedem Unfall anzuhalten hat und von der Strafe nicht etwa dann frei wird, wenn der Unfall einen Schaden und damit eine zivilrechtliche Haftung nicht zur Folge hatte.

§ 22 umfaßt einen doppelten Tatbestand. Er bestraft den Führer

a) wenn er es nach einem Unfall unternimmt, sich der Feststellung des Fahrzeugs und seiner Person durch die Flucht zu entziehen (Abs. 1 Satz 1),

b) wenn er eine bei dem Unfall verletzte Person vorsätzlich in hilfloser Lage verläßt (Abs. 2).

II. **Der Tatbestand des Abs. 1.**

1. **Der Täter.** Die Strafvorschrift richtet sich gegen den Führer, d. h. gegen jeden, der im Zeitpunkt des Unfalls das Fahrzeug führt (vgl. § 18 Bem. 1), also nicht nur den zur

Führung gemäß § 2 AG. Zugelassenen, sondern ebenso gegen einen, der sich unbefugt die Führung des Fahrzeugs angemaßt hat. Welcher Art das geführte Kraftfahrzeug ist, ist gleichgültig; auch der Führer eines unter § 8 Ziff. 2 fallenden Lastautomobils kann nach § 22 AG. strafbar sein. Doch kommt nur derjenige als Täter in Betracht, der im Zeitpunkt des Unfalls Führer des Fahrzeugs gewesen ist. Wenn nach dem Unfall eine andere Person die Führung übernimmt und mit dem Fahrzeug zu flüchten versucht, so ist der frühere Führer nicht strafbar. Es kann aber Mittäterschaft vorliegen; ebenso ist Anstiftung und Gehilfenschaft denkbar. Als Anstifter oder Gehilfe kann auch der mitfahrende Fahrzeughalter in Betracht kommen, soferne ein tätiges Mitwirken seinerseits und nicht ein bloßes Dulden vorliegt (Gordan § 22 Anm. 6). Will derjenige, der nach dem Unfall die Führung übernimmt, durch die versuchte Flucht den bisherigen Führer der Strafe entziehen, dann kann er wegen Begünstigung verfolgt werden. Darüber, daß in diesem Verhalten eine Begünstigung des bisherigen Führers zur Tat des § 22 AG. nicht zu erblicken ist, vgl. Krause § 22 Bem. 2. Auch ein Dritter, der in Kenntnis des Unfalls und der Absicht des Führers diesem zur Flucht hilft, z. B. durch Überlassung seines eigenen Fahrzeugs, ist als Gehilfe strafbar.

2. Es muß ein **Unfall** bei dem Betrieb des Kraftfahrzeugs geschehen sein, d. h. es muß bei dem Betrieb des Kraftfahrzeugs eine Person getötet oder körperlich verletzt oder eine Sache beschädigt worden sein. Über den Begriff des Unfalls vgl. § 7 Bem. IV. Daß dieser Unfall gerade ein Zusammenstoß sei, wird abweichend von der Fassung des Entwurfs nicht verlangt. Ein Unfall liegt auch dann vor, wenn eine körperliche Berührung zwischen dem Kraftfahrzeug und dem Verletzten oder der beschädigten Sache nicht stattgefunden hat, also z. B., wenn die Pferde eines begegnenden Fuhrwerks scheuten. Ob der Unfall sich auf einem öffentlichen oder auf einem nicht öffentlichen Wege zutrug, ist gleichgültig. Gleichgültig ist auch, wer die Schuld an dem Zusammenstoß trägt. Die Pflicht des Führers zum Anhalten ist auch dann gegeben, wenn der Unfall auf ein Verschulden des Verletzten zurückzuführen ist oder wenn eine zivilrechtliche Haftpflicht des Führers aus dem Unfall deshalb nicht in Frage kommt, weil der Unfall sich als ein unabwendbares Ereignis im Sinne des § 7 Abs. 2 darstellt. Es ist überhaupt nicht erforderlich, daß der Unfall geeignet sei, eine zivilrechtliche Haftpflicht des Führers oder Halters zu begründen. Deshalb

findet auch § 22 Anwendung, wenn der Unfall eine der in § 8 Ziff. 1 bezeichneten Personen oder Sachen betrifft (ebenso Krause § 22 Anm. 3, Kirchner § 22 Anm. 2).

Hat ein Unfall nicht stattgefunden, ist etwa durch zu rasches Fahren eine Person zwar gefährdet, aber nicht verletzt worden, dann macht sich der Führer, der sich der Feststellung entzieht, nicht nach § 22 AG. strafbar, wohl aber kann eine Übertretung nach § 21 AG. und § 20 Abs. 2 BV. vorliegen, wenn der Führer dem Haltruf oder Haltzeichen eines als solchen kenntlichen Polizeibeamten nicht sofort Folge leistet.

3. **Unternehmen.** Über den Begriff des Unternehmens enthält das Urteil des Reichsgerichts vom 26. 3. 09 RGSt. 42, 266 ff. folgende Ausführungen:

„Es würde in hohem Maße bedenklich sein, wollte man dem außer in den §§ 159, 122 StGB. ganz übereinstimmend auch in den §§ 105, 114, 357, 360 Nr. 5 StGB. gebrauchten Ausdruck „Unternehmen" für die verschiedenen Bestimmungen desselben Gesetzes eine verschiedene Bedeutung beimessen. Innere Gründe und die Entstehungsgeschichte des Gesetzes sprechen entscheidend dagegen. Allseitiges Einverständnis herrscht jedenfalls darüber, daß der Ausdruck „Unternehmen" an sich das vollendete, d. h. vollständig durchgeführte Unternehmen, wie nicht minder auch die äußere Betätigung der auf dessen Durchführung gerichteten Absicht bezeichnet und daß damit diese Betätigung zum vollendeten Verbrechen und Vergehen erklärt und unter die Strafe des vollendeten Verbrechens und Vergehens gestellt wird. Die Frage ist nur, wie weit die Betätigung der bezeichneten Absicht gegen die Vollendung des Unternehmens zurückverlegt werden darf, ohne aus dem Rahmen eines im Sinne des Gesetzes strafbaren Unternehmens herauszutreten. Den Maßstab hierfür bieten die Vorschriften der §§ 43—46 StGB. Sie bestimmen zwar, für sich betrachtet, nur den Begriff des Versuchs und die Voraussetzungen seiner Strafbarkeit, haben aber im Zusammenhang mit dem Gesamtinhalt des StGB. eine erheblich weitere Bedeutung. Es wird durch sie der gesetzgeberische Gedanke zum Ausdruck gebracht, daß Handlungen, welche die im Gesetz vorgesehenen Verbrechens- oder Vergehenstatbestände nicht vollständig verwirklichen, in der Regel nur dann noch, und zwar als Versuch, strafbar sind, wenn sie einen Anfang der Ausführung des in Betracht kommenden Verbrechens oder Vergehens enthalten, d. h. den Beginn einer dem Tatbestand entsprechenden

Ausführungshandlung darstellen, daß aber die hiernach vor dem Anfang der Ausführung liegenden Handlungen, auch wenn sie gleichfalls auf die Verwirklichung des Tatbestandes abzielen, unter keiner allgemeinen Strafandrohung stehen, insoferne vielmehr an sich strafrechtlich gleichgültige Handlungen sind. Ein anderes kann nur eintreten und tritt nur ein, wenn das Gesetz in gewollter Abweichung von dieser Regel, also ausnahmsweise aus besonderen Rücksichten Handlungen, die ihrer Natur nach Vorbereitungshandlungen sein würden, zu strafbaren Handlungen besonders erklärt und unter Strafe stellt, wie dies z. B. teilweise bei § 49a StGB., ferner in §§ 83—86, 151 StGB. (Hochverrat, Münzverbrechen) geschehen ist. Die Zurückverlegung der Grenzen des „Unternehmens" über den Beginn des Versuchs hinaus darf hiernach nicht erfolgen, außer wenn das Gesetz durch die Wahl des Ausdrucks „Unternehmen" selbst hat erkennbar machen wollen und erkennbar gemacht hat, daß sich insoweit Tatbestände wie Strafandrohungen auch auf Vorbereitungshandlungen erstrecken sollen". Das Reichsgericht weist in dem angeführten Urteil auf Grund der Entstehungsgeschichte des StGB. nach, daß der Ausdruck „wer unternimmt" an die Stelle der im alten preuß. StGB. verwendeten Worte „wer ausführt oder auszuführen versucht" getreten ist, daß nach dem früheren Recht Vorbereitungshandlungen unter dem „Versuchen der Ausführung" nicht verstanden wurden und daß dem Gesetzgeber der Gedanke, durch den Ausdruck „Unternehmen" außer den Anfang der Ausführung auch noch die Vorbereitungshandlungen zu treffen, vollständig ferne lag, daß mithin bloße Vorbereitungshandlungen als solche unter den Begriff „Unternehmen" nicht fallen. Es wird weiter nachgewiesen, daß auch die bisherige Rechtsprechung des Reichsgerichts (RGSt. 3, 26; 8, 354; 15, 259; 29, 15; Rechtsprechung d. RG. 5, 592; 8, 764; Goltdammers Arch. 46, 321) auf dem gleichen Standpunkt stand.

Es besteht kein Anlaß, für das AG. dem Begriff des Unternehmens eine andere Bedeutung beizulegen, als es das Reichsgericht für die Mehrzahl der Fälle des StGB. tut, und es deutet auch nichts darauf hin, daß der Gesetzgeber, ähnlich wie in §§ 83—86 StGB. auch schon die Vorbereitungshandlungen unter dem Begriff des „Unternehmens" verstanden wissen wollte (ebenso Neukirch-Rosenmeyer § 22 Anm. 8, Damm § 22 Bem. 6, Krause Bem. 4, Seuffert Bem. 3; a. M. Kirchner Bem. 3 S. 258; Waldeck

Anm. 4a, Gordan Bem. 3, Schmid-Wagner Bem. 4 S. 508).

Das Vergehen des § 22 Abs. 1 setzt nicht voraus, daß dem Führer die Flucht gelingt; das Vergehen ist vielmehr vollendet, wenn die Flucht nur unternommen wird, gleichviel ob sie gelingt oder nicht. Der Führer, der die Flucht ergriffen hat, der aber infolge eines Maschinendefektes zum Anhalten gezwungen ist, ist nach § 22 strafbar. Ebenso ist es für die Frage der Strafbarkeit belanglos, daß trotz der Flucht des Führers seine Feststellung erfolgen kann, weil z. B. die Nummer des Fahrzeugs erkannt worden ist (Kirchner Bem. 3 S. 259).

Zur Vollendung des Vergehens genügt es, wenn der Führer, der momentan angehalten hat, bevor seine Feststellung möglich war, den Motor zwecks Weiterfahrt wieder ankurbelt; es ist also nicht notwendig, daß das Fahrzeug schon wieder in Bewegung gesetzt ist. Das Ankurbeln des Motors ist mehr als bloße Vorbereitungshandlung (a. M. Neukirch-Rosenmeyer Anm. 8 Abs. 2).

4. Das Unternehmen des Führers muß darauf gerichtet sein, **das Fahrzeug und seine Person der Feststellung durch die Flucht zu entziehen.**

a) Voraussetzung ist also, daß eine **Feststellung**, d. h. Sicherstellung der Identität des Fahrzeugs und der Person des Führers von irgend einer Seite angestrebt ist. Ein Führer, der nach Beschädigung einer Sache weiter fährt, weil niemand in der Nähe ist, der eine Feststellung des Unfalls vornehmen könnte, ist nicht nach § 22 Abs. 1 strafbar. Das Gesetz verlangt im Gegensatz zum Entwurf nicht, daß der Führer nach jedem Unfall anhält. Zu bestrafen wäre der Führer, wenn er den Eigentümer der beschädigten Sache von ferne herbeieilen sieht und nun davon fährt.

Es ist nicht notwendig, daß die angestrebte Feststellung von einer amtlichen Person oder gerade von dem Verletzten oder dem Eigentümer der beschädigten Sache ausgeht.

Auch dritte Personen haben das Recht, die Feststellung vorzunehmen. Hat der Führer eine strafbare Handlung begangen, z. B. einen Menschen fahrlässigerweise verletzt, so hat nach § 127 StPO. jedermann das Recht, die Persönlichkeit des Täters festzustellen, ihn, falls nötig, festzuhalten und das Fahrzeug als Beweismittel vorläufig zu beschlagnahmen.

Führt das Kraftfahrzeug das vorgeschriebene Kennzeichen und hat der Führer seinen Führerschein bei sich, so wird sich die Feststellung am einfachsten durch Besichtigung bezw. Vorweis dieser beiden Identitätsnachweise vollziehen. Wann sonst eine Feststellung als erfolgt anzunehmen ist, ist Frage des einzelnen Falles. A. M. Gordan Bem. 4, der die Feststellung der von dem Fahrzeug geführten Erkennungsnummer nicht schlechtweg für genügend hält, da die Möglichkeit einer Fälschung des Kennzeichens gegeben sei und der deshalb den die Feststellung Vornehmenden für berechtigt erklärt, durch eine eingehende Besichtigung des Fahrzeugs dessen Identität sicher zu stellen. Das wird deshalb nicht zutreffen, weil bei Fälschung des Kennzeichens die Entziehung nicht durch die Flucht (s. unten 2) erfolgt.

Das Gesetz spricht davon, daß Fahrzeug und Person des Führers der Feststellung entzogen werden. Und Gordan Bem. 4 folgert daraus, daß Beides zu gleicher Zeit der Feststellung entzogen werden muß und daß deshalb der Führer, der sich unter Zurücklassung des Fahrzeugs auf einem fremden Fahrzeug oder zu Fuß flüchtet, nicht unter die Strafbestimmung fällt. Ebenso Seuffert Anm. 4 und Waldeck Anm. 6, der auch in dem umgekehrten Falle, wenn der Führer seine Begleiter mit dem Automobil davon fahren, dagegen seine Person feststellen läßt, eine Strafe nicht eintreten lassen will. Diese Ansicht kann als richtig nicht erachtet werden. Der Haftpflichtanspruch, dessen Sicherstellung die Vorschrift des § 22 bezweckt, richtet sich gegen Halter und Führer, die keineswegs identisch zu sein brauchen. Die Feststellung des Fahrzeugs ermöglicht nicht immer die Feststellung des Führers; ja sie kann unter Umständen zur Feststellung eines Haftpflichtigen überhaupt vollständig ungenügend sein, so z. B., wenn der Fall des § 7 Abs. 3 AG. vorliegt. Es hat deshalb Strafe nach § 22 Abs. 1 auch schon dann einzutreten, wenn der Führer entweder das Fahrzeug oder seine Person der beabsichtigten Feststellung entzieht (ebenso Krause Anm. 6, Neukirch-Rosenmeyer Anm. 10, Seuffert Anm. 11). Anders liegt natürlich die Sache dann, wenn sich die Beteiligten mit der Feststellung des Fahrzeugs oder der Person des Führers begnügen und eine weitere Feststellung gar nicht angestrebt haben.

b) **Durch die Flucht** muß die Entziehung erfolgen. Entzieht sich der Führer der Feststellung seiner Person oder seines Fahrzeugs durch Vorweis eines gefälschten Führerscheins, durch falsche Namensangabe oder durch Führung eines falschen oder verfälschten Kennzeichens, dann kann eine Bestrafung aus § 22 Abs. 1 nicht erfolgen. Zum Begriff der Flucht ist nicht notwendig, daß sich der Führer nach einem entfernten oder ausländischen Orte begeben will, es genügt die Herstellung einer räumlichen Entfernung, die die beabsichtigte Feststellung unmöglich macht.

c) **Nach dem Unfall.** Die Worte bedeuten nicht, daß das „sich der Feststellung Entziehen" sich zeitlich und räumlich unmittelbar an den Unfall anschließen muß. Auch der Führer, der nach dem Unfall in Unkenntnis desselben weiter fährt und erst später, z. B. durch einen ihm nacheilenden Radfahrer von dem Unfall verständigt wird, verstößt gegen § 22, wenn er der nun beabsichtigten Feststellung seiner Person und seines Fahrzeugs sich durch die Flucht zu entziehen versucht. Ebenso Krause Bem. 7 S. 210, Neukirch-Rosenmeyer Bem. 6, Waldeck Anm. 7 Abs. 2; a. M. Gordan Bem. 5, der aus der Vorgeschichte und dem Wesen der Bestimmung zu Unrecht folgert, daß nur die Flucht von der Unfallstelle strafbar sein solle.

5. **Verschulden.** Das Vergehen des § 22 AG. ist nur gegeben, wenn der Führer den Vorsatz, die Absicht hatte, sich der Feststellung zu entziehen. Es genügt also nicht das bloße Bewußtsein, daß durch sein Handeln die Feststellung seiner Person und seines Fahrzeugs vereitelt werde. Eine fahrlässige Begehung der Straftat ist ausgeschlossen. War der Führer der Ansicht, daß die notwendige Feststellung bereits erfolgt sei, so fehlt es an dem erforderlichen Vorsatz. Ebenso ist eine Bestrafung aus § 22 Abs. 1 ausgeschlossen, wenn der Führer nur deshalb weiterfährt, weil er der ihn bedrohenden Menge entgehen oder weil er einen Arzt herbeiholen wollte (Kirchner Bem. 3 S. 259, Neukirch-Rosenmeyer Bem. 9). Nicht notwendig ist, daß der Führer mit dem Davonfahren die Absicht verfolgt, seiner zivilrechtlichen Inanspruchnahme oder einer Bestrafung sich zu entziehen. Auch der Führer, der die feste Überzeugung hat, daß ihn nach den Tatumständen eine zivil- oder strafrechtliche Verantwortung nicht trifft, und der die Feststellung seiner Person und seines Fahrzeugs nur deshalb vermeiden will, um einem nach seiner Ansicht zwecklosen gerichtlichen Verfahren oder polizeilichen Erhebungen zu entgehen, verfehlt sich gegen § 22 Abs. 1 AG. Um eine solche Entziehungsabsicht auf Seiten des Führers festzustellen, muß dargetan sein,

daß der Führer von dem Unfall, wenn auch nicht in seinen Einzelheiten, Kenntnis hatte. Es muß weiter dem Führer zum Bewußtsein gekommen sein, daß eine Feststellung seiner Person und seines Fahrzeugs beabsichtigt war. Dazu ist regelmäßig notwendig, daß auf Seite des Dritten der Wille nach der Feststellung in irgend einer erkennbaren Form (Zuruf, Winken, Herbeieilen) zum Ausdruck gekommen ist. Fehlt es an seiner solchen Feststellungsabsicht, so kann der Führer zwar nach § 22 Abs. 2 (Verlassen einer Person in hilfloser Lage), nicht aber nach Abs. 1 strafbar sein.

Ob der Führer die Absicht hatte, sich der Feststellung zu entziehen, ist nach den Umständen des einzelnen Falles zu beurteilen. Das Davonfahren unmittelbar nach dem Unfall und bevor eine Feststellung möglich war, wird, soferne nicht besondere Umstände oder das spätere Verhalten des Führers, z. B. seine Selbstmeldung bei einer benachbarten Polizeistation, das Gegenteil dartun, regelmäßig den Schluß auf das Vorhandensein dieser Absicht rechtfertigen. Dolus eventualis genügt zur Begehung, insbesondere genügt es, wenn der Führer mit der Möglichkeit eines Unfalls rechnete und nun gleichwohl sich der Feststellung entzog.

6. **Strafausschließungsgründe.** Neben den allgemeinen Strafausschließungsgründen des StGB., wie Notstand (der Führer flüchtet z. B., weil er von der Menge bedroht wird), schafft der Satz 2 des Abs. 1 einen besonderen Strafausschließungsgrund, indem er den Führer für straffrei erklärt, wenn er spätestens am nächstfolgenden Tage nach dem Unfall Anzeige bei einer inländischen Polizeibehörde erstattet und die Feststellung des Fahrzeugs und seiner Person bewirkt. Die Bestimmung ist erst in der Kommission in das Gesetz aufgenommen worden. Sie trifft nach dem Kommissionsbericht nicht nur den Fall der sog. „tätigen Reue", die dann vorliegt, wenn der Täter zu einer Zeit, wo die Handlung noch nicht entdeckt ist, den Eintritt des zur Vollendung gehörigen Erfolges durch eigene Tätigkeit abwendet, sondern auch „den Fall, wo der Führer bedroht wird und er, ohne daß die Voraussetzungen des Notstandes gegeben sind, sich durch die Flucht der Feststellung entzieht". Die Aufnahme der Vorschrift in das Gesetz ist umsomehr von Bedeutung, als die Anwendbarkeit des § 46 StGB. über die tätige Reue keineswegs außer Zweifel stünde.

Von einer Anwendung des Abs. 1 Satz 2 kann nur dann die Rede sein, wenn das Vergehen aus Satz 1 vollendet ist, wenn also der Führer in der Absicht, die Feststellung zu vereiteln, zu fliehen unternommen hat; es muß also insbesondere die im Satz 1 verlangte Absicht des Führers feststehen. Ist die Handlungsweise des Führers auf einen anderen Grund zurückzuführen, z. B. darauf, daß er den Unfall gar nicht bemerkte oder fuhr er nur weiter, weil er mit Rücksicht auf die Erregtheit der Menge drohenden Insulten entgehen wollte, hatte er aber dabei die Absicht, seine Feststellung später zu ermöglichen, dann ist von einer Begehung des Vergehens nach Satz 1 überhaupt keine Rede. Das Fehlen der nach Satz 1 erforderlichen Absicht kann, wie schon oben erwähnt, auch aus dem nachträglichen Verhalten des Führers gefolgert werden. Es kann insbesondere eine Anzeige, die später als an dem Tage nach dem Unfall erfolgt, den Rückschluß auf das Fehlen der Absicht rechtfertigen.

Steht dagegen die ursprüngliche Entziehungsabsicht des Führers fest, so kann eine spätere Anzeige ihn nur dann straffrei machen, wenn sie den Erfordernissen des Abs. 1 Satz 2 entspricht.

Dazu gehört Erstattung der Selbstanzeige am nächstfolgenden Tage, d. h. nicht innerhalb der nächsten 24 Stunden, sondern an dem auf den Unfall folgenden, von Mitternacht bis Mitternacht laufenden Kalendertag. Binnen der gleichen Frist muß auch die Feststellung der Person des Führers und des Fahrzeugs erfolgt sein. Was zu dieser Feststellung notwendig ist, ist Tatfrage. Die Ansicht Waldecks Anm. 10 Abs. 3 und Gordans Bem. 9, daß hierzu eine Tätigkeit der Behörde erforderlich sei und daß die einfache Einsendung der Anzeige an die Polizeibehörde nebst den dazugehörigen Ausweispapieren nicht genüge, scheint mir zu weit zu gehen. Die Anzeige kann formlos, sie kann auch durch einen Beauftragten erfolgen. Notwendig ist nur, daß sie an eine Polizeibehörde, und zwar an eine inländische Polizeibehörde gerichtet ist. Dagegen braucht das nicht die für den Tatort zuständige Polizeibehörde zu sein; es genügt Anzeige bei jeder inländischen Polizeibehörde, auch bei der Ortspolizeibehörde. Aber auch Anzeigen bei der Staatsanwaltschaft, dem Gericht müssen trotz des anscheinend entgegenstehenden Wortlauts des Gesetzes genügend sein (a. M. Krause S. 211, Waldeck S. 131). Und ebenso muß Anzeige bei Schutzleuten und anderen Beamten des Polizei-Sicherheitsdienstes genügen. Die gegenteilige Ansicht des Reichsgerichts, die im Falle des § 164 StGB. eine einem Schutzmann gemachte Anzeige, selbst wenn sie von dem Schutzmann auf der

Polizeiwache oder in sonstigen Diensträumen der Polizeibehörde entgegengenommen wurde, nur dann als bei der Behörde erstattet gelten lassen will, wenn der Beamte insoweit zur Vertretung seiner Behörde ermächtigt war oder wenn sie von dem Schutzmann an die Behörde weiter gegeben wurde (RG. 22. 2. 95 RGSt. 27, 51; RG. 28. 9. 00 RGSt. 33, 383; 2. 1. 06 Recht 06 Nr. 378; 8. 1. 07 RGSt. 39, 359). erleidet hier keine entsprechende Anwendung (a. M. Neukirch-Rosenmeyer § 22 Bem. 12 S. 211, Waldeck Anm. 11, Krause Bem. 13).

Erst die tatsächlich erfolgte Anzeige und die bewirkte Feststellung von Person und Fahrzeug hat zur Folge, daß der Führer straflos bleibt. Hat der Führer nach Vollendung des Vergehens, also nachdem er in der durch Satz 1 verlangten Absicht zu fliehen unternommen hatte, unterwegs seine Absicht, die Feststellung zu vereiteln, aufgegeben und sich zur Erstattung einer Selbstanzeige entschlossen, und wird er nun, bevor er sein Vorhaben ausführen konnte, von seinen Verfolgern eingeholt, dann findet Satz 2 keine Anwendung (Waldeck Anm. 10, Kirchner Bem. 4, Neukirch-Rosenmeyer Anm. 12; a. M. Gordan Bem. 7).

III. **Der Tatbestand des Abs. 2.** Dieser gleichfalls erst vom Reichstag beigefügte Abs. 2 bedroht mit einer schwereren Strafe den Führer, der eine bei dem Unfall verletzte Person vorsätzlich in hilfloser Lage verläßt. Die Vorschrift schließt sich in ihrem Wortlaut an die Fassung des § 221 StGB. an, sodaß die hierzu ergangene Rechtsprechung bei der Auslegung herangezogen werden kann.

1. Als **Täter** kommt nur der Führer in Betracht. Der Halter des Fahrzeugs haftet auch dann, wenn er an der Fahrt teilgenommen, nicht nach § 22 Abs. 2; wohl aber kann er, wenn er z. B. den hilfsbereiten Führer zum Weiterfahren auffordert, als Anstifter strafbar sein.

2. Der Unfall muß in **der Verletzung einer Person** bestehen. Ist die Person bei dem Unfall getötet worden, so findet Abs. 2 keine Anwendung, wohl aber Abs. 1. Ist die Person durch den Unfall nicht körperlich verletzt, sondern infolge einer auf den Unfall zurückzuführenden Sachbeschädigung in eine hilflose Lage versetzt worden (z. B. es wird einem Krüppel durch das Fahrzeug die Krücke zerschmettert), dann ist gleichfalls die Anwendung des Abs. 2 ausgeschlossen (Kirchner Bem. 5

S. 262, Waldeck Anm. 8 Abs. 2, Neukirch-Rosenmeyer Anm. 13a, Gordan Bem. 10). Das Gleiche gilt, wenn eine Person (ein Kind, ein Blinder) durch Tötung ihres Begleiters hilflos wird. Dagegen ist Abs. 2 anzuwenden, wenn durch den Unfall eine schon vorher in hilfloser Lage befindliche Person verletzt wurde (Waldeck Anm. 8). Daß ein Haftpflichtanspruch des Verletzten gegeben sei, ist nicht Voraussetzung; also gilt der Abs. 2 auch im Falle der Verletzung einer unter § 8 Ziff. 1 AG. fallenden Person. Ebenso ist es für die Frage der Anwendung des Abs. 2 belanglos, wen die Schuld an der Verletzung trifft oder ob der Unfall auf ein unabwendbares Ereignis zurückzuführen ist.

3. **Hilflosigkeit** ist gegeben, wenn der Verletzte sich nicht selbst helfen kann und auch hilfsbereite und hilfsfähige Dritte nicht zur Stelle sind. Eine gefahrbringende Lage ist also noch nicht hilflos, solange der Verletzte imstande ist, sie aus eigener Kraft zu überwinden. Eine Lage kann an sich hilflos sein, ohne daß eine Gefahr für Leib oder Leben obwaltet; hilflos im Sinne des § 22 AG. ist sie aber erst dann, wenn eine solche Gefährdung gegeben ist. Es ist also nicht notwendig, daß die hilflose Lage eine Gefährdung des Lebens bedingt, vielmehr genügt es, wenn der Verletzte derart vereinzelt wird, daß er, von zufälliger Hilfe abgesehen, von der für ihn nötigen Hilfe abgeschnitten und dadurch an Leben oder Gesundheit gefährdet wird (vgl. Olshausen StGB. § 221 Anm. 4; RG. 27. 1. 82 RGRspr. 4, 78; 23. 10. 82 RGSt. 7, 111). Ob die Lage im konkreten Falle eine hilflose ist, ist wesentlich tatsächliche Frage: sie ist nicht anzunehmen, wenn sich voraussehen läßt, daß dem Verletzten, sobald er Hilfe bedurfte, sie auch rechtzeitig zuteil werden würde. Ist der Verletzte in der Lage, durch Rufen rechtzeitig und genügende Hilfe herbeizuführen, so kann von einer Hilflosigkeit keine Rede sein.

Dadurch, daß der Hilflose die Fürsorge des Führers nicht beansprucht, wird das Verlassen seitens des Verpflichteten noch nicht straflos (Oppenhof § 221 Nr. 7). Die Hilflosigkeit braucht auch nicht ausschließlich auf den Unfall zurückzuführen sein; auch die Verletzung einer schon vorher hilflosen, z. B. sinnlos betrunkenen, Person verpflichtet den Führer, sich des Verletzten anzunehmen (Gordan Bem. 10 Abs. 3). Es muß aber die Hilflosigkeit teilweise auf den Unfall zurückzuführen, sie muß also zum mindesten durch den Unfall verstärkt worden sein.

4. **Verlassen.** Darüber, was unter Verlassen zu verstehen sei, gehen sowohl bezüglich des § 221 StGB. wie für den § 22 unseres Gesetzes die Meinungen auseinander. Frank StGB. § 221 n. II, 2 erklärt: „Verlassen ist nicht gleichbedeutend mit im Stiche lassen, erfordert vielmehr eine räumliche Trennung; ein bloßes Unterlassen der pflichtgemäßen Fürsorge genügt nicht. Im Gegensatz zu dieser Ansicht hält Olshausen § 221 Nr. 7 das räumliche Verlassen der hilflosen Person seitens des Täters nicht für erforderlich, weil es sich um ein Zuwiderhandeln gegen das Gebot zur Leistung der Obhut und Sorge handle, also um ein reines Unterlassungsdelikt, sodaß auch ein negatives Verhalten des Täters genüge. Eine Mittelmeinung vertritt das Reichsgericht; es führt in dem Urteil vom 20. 3. 06 RGSt. 38, 378 aus: „Die Straftat des § 221 erschöpft sich nicht in vorsätzlicher Verletzung der Pflicht, eine hilflose Person in hilfloser Lage zu behüten oder in solcher für ihre Unterbringung, Fortschaffung oder Aufnahme zu sorgen. Strafbar wird eine derartige Pflichtverletzung erst mit dem Verlassen jener in der hilflosen Lage, und dieses Verlassen setzt begrifflich eine für die Ausübung der Fürsorgepflicht nachteilige Änderung der örtlichen oder räumlichen Beziehungen zwischen dem Verpflichteten und dem Hilflosen voraus. Diese Änderung braucht sich allerdings nicht notwendig durch Entfernung des Verpflichteten von dem Ort, an dem der Hilflose sich befindet, zu vollziehen. Aber darin, daß der Verpflichtete ohne Änderung der die Hilfsmöglichkeit bedingenden räumlichen Beziehungen einzig und allein untätig blieb, kann ein Verlassen nicht gefunden werden." Dagegen kann nach dem Reichsgericht die zum Begriff des Verlassens notwendige Änderung z. B. auch darin liegen, daß die Möglichkeit des Zutritts zu dem Orte, wo sich der Hilflose befindet, beseitigt oder erschwert wird oder daß unter Verletzung der Obhutspflicht des Täters die Entfernung des Hilflosen von dem Unfallort pflichtwidrig geduldet wird. Für das RG. schließen sich Waldeck Anm. 9 Abs. 2, Neukirch-Rosenmeyer Anm. 13c und Krause Bem. 15 der Ansicht des Reichsgerichts an, während Kirchner Bem. 5 S. 263 die Ansicht Olshausens vertritt und also den Führer trotz räumlichen Verweilens an dem Ort des Unfalls auch dann haften läßt, wenn er sich etwa nur um die Instandsetzung des Fahrzeugs bekümmert und den Verletzten sich verbluten läßt.

Da die hilflose Lage durch den die Verletzung herbeiführenden Betrieb des Kraftfahrzeugs verursacht ist, so entsteht für den Führer die Rechtspflicht, den durch seine Tätigkeit herbeigeführten schädigenden Erfolg auch wieder durch seine Tätigkeit möglichst zu beseitigen. Deshalb muß die Unterlassung der Erfüllung dieser Rechtspflicht, also schon das rein negative Verhalten des Führers genügen, um ihn nach § 22 in Strafe zu nehmen.

Nicht notwendig ist, daß das Verlassen einen wirklichen Nachteil für den Verletzten zur Folge gehabt hat; die Gefährdung des Verletzten durch das Verlassen ist zur Bestrafung ausreichend.

Das Verlassen braucht sich auch nicht unmittelbar zeitlich und örtlich an den Unfall anzuschließen; auch der Täter ist strafbar, der sich anfangs um den Verletzten bekümmert hat, dann aber den noch immer in hilfloser Lage am Tatort befindlichen Verletzten verläßt (K r a u s e Anm. 15, N e u k i r c h - R o s e n m e y e r Anm. 13c). Ebenso ist der Tatbestand des § 22 gegeben, wenn der Führer den Verletzten anfangs in seinen Wagen genommen und eine Strecke weit mitgenommen, ihn aber unterwegs in hilfloser Lage ausgesetzt hat. In diesem Fall liegt Idealkonkurrenz mit § 221 StGB. vor (ebenso N e u k i r c h - R o s e n m e y e r Anm. 13c; a. M. K r a u s e Bem. 15).

5. **Verschulden.** Das Gesetz verlangt Vorsatz; Fahrlässigkeit ist nicht strafbar. Der Führer muß wissen, daß eine Person verletzt und dadurch hilflos geworden ist. Da aber eine hilflose Lage eine solche ist, in der der Verletzte an Leben oder Gesundheit gefährdet wird, so besteht der Vorsatz in dem Bewußtsein dieser Gefährdung. Eine Bestrafung tritt nicht ein, wenn der Führer irrtümlich die Anwesenheit eines hilfsbereiten Dritten annimmt. Eventual-dolus ist genügend. Entfernt sich der Führer in der Absicht, Hilfe herbeizuholen, dann findet Abs. 2 keine Anwendung.

6. Spätere **Selbstanzeige,** wie im Falle des Abs. 1 Satz 2, macht den Führer nicht straflos.

7. **Idealkonkurrenz** zwischen Abs. 2 und Abs. 1 ist möglich, über Idealkonkurrenz mit § 221 StGB. vgl. oben Bem. 4.

IV. **Strafe, Zuständigkeit und Verfahren.** Für das Vergehen nach Abs. 1 sind nach § 27 Ziff. 2 GVG. die Schöffengerichte, für jenes nach Abs. 2 die Strafkammern zuständig; doch ist in letzterem Fall Überweisung an die Schöffengerichte gemäß § 75 Ziff. 4 möglich. Die Strafverfolgung verjährt im Fall des Abs. 1 in 3 Jahren, dagegen bei Verfehlung gegen

Abs. 2 in 5 Jahren (§ 67 Abs. 2 StGB.); die Strafvollstreckung verjährt, wenn auf Gefängnisstrafe oder Geldstrafe von mehr als 150 Mk. erkannt ist, in 5 Jahren, sonst in 2 Jahren seit dem Tage, an welchem das Urteil rechtskräftig geworden ist (§ 70 StGB.). Wegen der Untersuchungshaft vgl. § 112 StPO., wegen vorläufiger Festnahme § 127 StPO. und über die Zulässigkeit der Beschlagnahme des Kraftfahrzeugs § 94 StPO.

§ 23.

Mit Geldstrafe bis zu dreihundert Mark oder mit Gefängnis bis zu zwei Monaten wird bestraft, wer auf öffentlichen Wegen oder Plätzen ein Kraftfahrzeug führt, das nicht von der zuständigen Behörde zum Verkehre zugelassen ist.

Die gleiche Strafe trifft den Halter eines nicht zum Verkehre zugelassenen Kraftfahrzeugs, wenn er vorsätzlich oder fahrlässig dessen Gebrauch auf öffentlichen Wegen oder Plätzen gestattet.

Entw. I —; Entw. II § 21; Begr. S. 2; KommB. S. 43.

I. **Vorbemerkung.** Der vom Reichstag debattelos angenommene § 23 bildet die Ergänzung zu dem § 1 Abs. 1 AG., der bestimmt, daß Kraftfahrzeuge, die auf öffentlichen Wegen oder Plätzen in Betrieb gesetzt werden sollen, von der zuständigen Behörde zum Verkehr zugelassen sein müssen.

Anders wie im Fall des § 24 AG. wird die Nichtablieferung der ungültig gewordenen Zulassungsbescheinigung (§ 6 Abs. 4 und 6, § 31 BV.) nicht unter die Vergehensstrafe gestellt.

Zu beachten ist die Ausnahmebestimmung des § 28 BV.

II. **Der Tatbestand des Abs. 1.**

1. **Der Täter.** F ü h r e n eines Kraftfahrzeugs liegt nur vor, wenn das Fahrzeug durch die Maschinenkraft in Bewegung gesetzt wird. Das bloße Inbetriebsetzen des Motors, ohne Inbewegungsetzung des Fahrzeugs, fällt noch nicht unter die Strafvorschrift des Abs. 1. Darin kann nur der Beginn der Ausführung des beabsichtigten Vergehens, also ein Versuch, erblickt werden, der mangels einer ausdrücklichen Vorschrift nicht strafbar ist (G o r d a n Bem. 4). Ist der Führer gleichzeitig Halter, so findet Abs. 1 auf ihn Anwendung und nicht, wie W a l d e c k Anm. 2 meint, Abs. 2, denn Abs. 2 setzt Gebrauch seitens eines D r i t t e n voraus. Auch ein zugelassener Führer kann sich gegen § 23 verfehlen. Ist auch der Führer nicht zugelassen,

so liegt Idealkonkurrenz zwischen §§ 23 und 24 vor (a. M. Neukirch-Rosenmeyer Anm. 2, die Realkonkurrenz annehmen). Führen im Sinne des § 23 ist gleichbedeutend mit Lenken des Fahrzeugs; wer das Fahrzeug nicht lenkt, sondern z. B. nur neben dem Führer zur Abgabe der Signale mitfährt, ist nicht Führer.

Neben dem Führer als Täter kann auch ein Dritter, z. B. ein Fahrgast, als Anstifter, Gehilfe oder Mittäter zu der Tat des Führers in Betracht kommen. Der Dritte, der in eine an einem Halteplatz bereitstehende Kraftdroschke einsteigt, wissend, daß das Fahrzeug nicht zum Verkehr zugelassen ist, wird aber als Anstifter nicht in Betracht kommen können, da der Lenker des Fahrzeugs durch seine Aufstellung auf dem öffentlichen Platz bereits seine Entschlossenheit zur Übertretung des § 22 AG. zu erkennen gegeben hat, die Anstiftung eines zur Tat bereits Entschlossenen aber begrifflich ausgeschlossen ist. Über die Stellung des Halters vgl. unter Bem. III, 5.

2. **Nicht zugelassenes Kraftfahrzeug.** Über die Frage, von welchem Zeitpunkt an die Zulassung als erfolgt gilt, vgl. § 1 Bem. II 4d. Den nicht zugelassenen Fahrzeugen sind gleichzustellen die Fahrzeuge, die nach § 26 Abs. 2 BV. vom Befahren der öffentlichen Wege und Plätze ausgeschlossen worden sind (vgl. § 1 Bem. II, 5). Fahrzeuge, die infolge Verlegung des Wohnsitzes des Eigentümers oder infolge Übergangs auf einen anderen Eigentümer nach § 6 Abs. 4 und 6 BV. einer erneuten Zulassung bedürfen, müssen vom Eintritt des erwähnten Ereignisses ab bis zur Erteilung der neuen Zulassung als nicht zugelassen gelten, so daß ihre Benützung während dieser Zeit nach § 23 strafbar ist. Daß das neue Zulassungsverfahren ein wesentlich vereinfachtes insofern ist, als bei Vorlegung der bisherigen Zulassungsbescheinigung die Beifügung eines Sachverständigen-Gutachtens für nicht notwendig erklärt wird, ändert hieran nichts. Das Gleiche hat zu gelten im Falle einer unter § 6 Abs. 3 Satz 2 BV. fallenden Änderung des Kraftfahrzeugs, also dann, wenn die Änderung sich auf die Art der Kraftquelle, den Einbau einer stärkeren Maschine oder eines stärkeren Motors, die Anbringung einer in ihrer Bauart oder Übersetzung veränderten Bremse oder Lenkvorrichtung bezieht; denn in diesen Fällen bedarf es nach der Vorschrift des § 6 Abs. 3 BV. einer erneuten Zulassung, woraus ersichtlich ist, daß die bisherige Zulassung ihre Wirkung verliert. Bei anderen Änderungen des Kraftfahrzeugs ist eine erneute Zulassung nicht nötig, sondern

nur allenfalls eine Berichtigung der Zulassungsbescheinigung; deshalb fällt die Weiterbenützung eines solchen Fahrzeugs vor Berichtigung der Zulassungsbescheinigung nicht unter § 23.

Auch die nach § 31 BV. ausgestellte provisorische Zulassungsbescheinigung darf von dem Käufer des Fahrzeugs nicht benützt werden; er darf bei Vermeidung der Bestrafung aus § 23 erst fahren, wenn die nach § 31 Abs. 2 BV. zu erwirkende Zulassung erfolgt ist.

Als nicht zugelassen haben auch die ausländischen Fahrzeuge zu gelten, die den nach Art. 3 IntAbk. über den Verkehr mit Kraftfahrzeugen vom 11. 10. 09 notwendigen internationalen Fahrausweis nicht besitzen (vgl. § 24 Bem. 4).

3. Über den Begriff der **öffentlichen Wege und Plätze** vgl. § 1 Bem. II 1. Das Fahren auf nicht öffentlichen Wegen ist von einer Zulassung nicht abhängig, deshalb auch nicht nach § 23 strafbar.

4. **Verschulden.** Während Abs. 2 ausdrücklich ausspricht, daß die dort erwähnte Straftat sowohl vorsätzlich wie fahrlässig begangen werden kann, enthält Abs. 1 eine ausdrückliche Bestimmung in dieser Richtung nicht. Man wird gleichwohl annehmen müssen, daß die Führung eines nicht zugelassenen Fahrzeugs auch dann strafbar ist, wenn sie fahrlässig geschieht. Ebenso Krause Anm. 1, Hallbauer S. 55; a. M. Gordan Anm. 4 S. 169, Neukirch-Rosenmeyer Anm. 3 und Waldeck Anm. 1, die den Führer nur im Fall des Vorsatzes haften lassen wollen. Wie das Reichsgericht (Urteil vom 25. 11. 97 RGSt. 30, 356) ausgesprochen hat, besteht eine gesetzliche Norm, daß fahrlässiges Handeln nur da strafbar sei, wo es vom Gesetz ausdrücklich mit Strafe bedroht werde, nicht; vielmehr kann diese Regel nur mit der Einschränkung als richtig anerkannt werden, daß die Strafbarkeit der Fahrlässigkeit, wo sie nicht ausdrücklich ausgesprochen ist, aus dem Sinne und Zwecke des Gesetzes mit Sicherheit erweislich sein muß. Der Zweck des § 23 besteht zweifellos darin, das Publikum vor den ihm aus dem Verkehr nicht betriebssicherer Kraftfahrzeuge auf den öffentlichen Straßen drohenden Gefahren zu schützen. Die Gefährdung des Publikums ist nicht bloß bei wissentlicher Benützung nicht zugelassener Fahrzeuge gegeben, sondern ebenso, wenn die Benützung infolge Fahrlässigkeit geschieht; der Zweck des Gesetzes kann also nur dann voll erreicht werden, wenn die Strafandrohung des § 22 Abs. 1 auch auf den Fall der Fahrlässigkeit ausgedehnt wird. Wollte man eine Bestrafung aus

Abs. 1 nur bei Vorsatz eintreten lassen, so hätte das die Folge, daß der Halter, der in eigener Person sein Fahrzeug führt, nur bei vorsätzlicher Inbetriebsetzung des nicht zugelassenen Fahrzeugs strafbar wäre (vgl. oben Bem. II, 1), während der Halter, der einem andern den Gebrauch gestattet, auch schon für Fahrlässigkeit haften würde. Die Fahrlässigkeit des Täters kann darin liegen, daß er um die Nichtzulassung des Fahrzeugs nicht weiß, obgleich er bei Beobachtung der im Verkehr erforderlichen Sorgfalt von dieser Tatsache Kenntnis haben müßte; sie kann aber auch dadurch gegeben sein, daß der Führer infolge eines auf Fahrlässigkeit beruhenden Irrtums den von ihm befahrenen Weg für einen nicht öffentlichen Weg hält und sich deshalb für berechtigt erachtet auch mit dem, wie er weiß, nicht zugelassenen Fahrzeug zu fahren.

III. **Der Tatbestand des Abs. 2.**

1. Über den Begriff des H a l t e r s vgl. § 7 Bem. V.

2. **Gebrauch** bedeutet die Inbetriebsetzung des Fahrzeugs. Während aber eine Inbetriebsetzung nach § 7 Bem. II schon mit dem Ankurbeln des Motors gegeben ist, wird man für die Anwendung des Abs. 2 ebenso wie im Falle des Abs. 1 (vgl. Bem. II, 1) verlangen müssen, daß das Fahrzeug in Bewegung gesetzt worden ist; das bloße Ankurbeln des Motors wäre nur ein strafloser Versuch (vgl. § 24 Bem. 2 über den Begriff des Führens im Sinne des § 24).

3. **Verschulden.** Der Halter haftet sowohl für Vorsatz, wie für Fahrlässigkeit. Die Fahrlässigkeit kann ebenso wie im Falle des Abs. 1 sowohl in der Unkenntnis von der Nichtzulassung des Fahrzeugs (a. M. N e u k i r c h - R o s e n m e y e r Anm. 4c) wie in einem Irrtum über die Öffentlichkeit des befahrenen Weges liegen.

4. **Gestatten** umfaßt nicht nur die ausdrückliche Erlaubnis des Gebrauches, sondern auch das stillschweigende Dulden. Es ist auch nicht erforderlich, daß die Erlaubnis gerade für den einzelnen konkreten Fall gegeben wurde; es ist ebensogut möglich, daß der Gebrauch des Fahrzeugs ganz allgemein dem Dritten überlassen wurde. Immer aber ist notwendig, daß der Gebrauch des Fahrzeugs dem Willen, zum mindesten dem eventuellen Willen, des Fahrzeughalters entspricht; bei einer gegen den Willen des Halters erfolgten Inbetriebsetzung kann von einem Gestatten keine Rede sein. Mit andern Worten, das Gestatten muß immer ein bewußtes und gewolltes sein; die vom Gesetz

erlangte Fahrlässigkeit kann nur darin liegen, daß der Halter bei Gestattung des Gebrauchs sich über die erfolgte Zulassung des Fahrzeugs oder über die Art des beabsichtigten Gebrauches (Gebrauch auf öffentlichen Wegen) getäuscht hat. Wenn der Halter das nicht zugelassene Fahrzeug nicht genügend verwahrt und dadurch seine Benützung durch einen andern möglich wird, so kann zwar seine zivilrechtliche Haftung gegeben sein, eine Bestrafung aus § 22 Abs. 2 kann aber nicht eintreten; denn ein „Gestatten" kann in diesem Verhalten des Halters nicht gefunden werden. Hätte das Gesetz auch diesen Fall treffen wollen, so hätte es an Stelle des Ausdrucks „Gestatten", der immer eine positive auf den Gebrauch bezügliche Willensrichtung des Halters voraussetzt, davon reden müssen, daß der Halter strafbar ist, der fahrlässig den Gebrauch eines nicht zugelassenen Fahrzeugs „ermöglicht" (a. M. Gordan Bem. 5 Abs. 2). Ebenso liegt ein Gestatten des Gebrauchs dann nicht vor, wenn der Halter seinen Chauffeur anweist, das Fahrzeug ohne Inbetriebsetzung der Maschine durch Pferde oder menschliche Kraft in eine Reparaturwerkstätte zu schaffen und der Chauffeur nun das Fahrzeug entgegen dem Auftrag gleichwohl in Betrieb setzt (Krause Anm. 10; a. M. Neukirch-Rosenmeyer Anm. 4 S. 214). In dem von Neukirch-Rosenmeyer hervorgehobenen Fall allerdings, daß der Halter mit einem solchen Vorgehen seines Chauffeurs rechnet, hat Bestrafung einzutreten, weil hier der Gebrauch dem eventuellen Willen des Halters entspricht; es liegt Eventualdolus vor.

Voraussetzung für Bestrafung nach Abs. 2 ist weiter, daß das nicht zugelassene Fahrzeug auch wirklich gebraucht wurde. Das bloße Gestatten des Gebrauchs seitens des Halters, ohne daß der, dem der Gebrauch gestattet wurde, diese Erlaubnis benützte, macht also den Halter trotz des zweifelhaften Wortlautes des Gesetzes noch nicht strafbar.

Der Halter ist auch dann strafbar, wenn eine Bestrafung des Führers, z. B. wegen Strafunmündigkeit, nicht eintreten kann. Bestrafung des Führers ist also nicht Voraussetzung für die Strafbarkeit des Halters.

5. **Verhältnis zu Abs. 1.** Der Halter kann an der nach Abs. 1 strafbaren Tat des Führers als Anstifter, Mittäter oder Gehilfe mitwirken. Dann ist er aber gleichwohl nur aus Abs. 2 zu bestrafen. Eine ideale oder reale Konkurrenz der Tat des Abs. 2 mit der nach Abs. 1, wie sie Krause Bem. 10, Waldeck Anm. 8 annehmen, ist nicht möglich; der Begriff des Ge-

stattens umfaßt alle Fälle der Teilnahme (ebenso Neukirch-Rosenmeyer Anm. 4, Gordan Bem. 4).

IV. **Strafe. Zuständigkeit, Vollstreckung.**

Auch die Straftat des § 23 ist ein Vergehen, für das nach § 27 Ziff. 2 GVG. die Schöffengerichte zuständig sind. Die Strafverfolgung verjährt in 3 Jahren (§ 67 Abs. 2 StGB.), die Strafvollstreckung in 2 bezw. 5 Jahren (§ 70 Ziff. 5 und 6 StGB.).

§ 24.

Mit Geldstrafe bis zu dreihundert Mark oder mit Gefängnis bis zu zwei Monaten wird bestraft:

1. **wer ein Kraftfahrzeug führt, ohne einen Führerschein zu besitzen;**
2. **wer ein Kraftfahrzeug führt, obwohl ihm die Fahrerlaubnis entzogen ist;**
3. **wer nicht seinen Führerschein der Behörde, die ihm die Fahrerlaubnis entzogen hat, auf ihr Verlangen abliefert.**

Die gleiche Strafe trifft den Halter des Kraftfahrzeugs, wenn er vorsätzlich oder fahrlässig eine Person zur Führung des Fahrzeugs bestellt oder ermächtigt, die sich nicht durch einen Führerschein ausweisen kann, oder der die Fahrerlaubnis entzogen ist.

Entw. I —; Entw. II § 20; Begr. S. 21; KommB. S. 42.

1. Wie § 23 AG. die Strafbestimmung zu § 1, so bildet § 24 die Ergänzung zu den Vorschriften der §§ 2 ff. Die Tatbestände der Ziff. 1 und 2 (Führen eines Fahrzeugs ohne einen Führerschein zu besitzen und Führen eines Fahrzeugs trotz Entziehen der Fahrerlaubnis) entsprechen dem § 23; dagegen enthält Ziff. 3 (Nichtablieferung des Führerscheins trotz Entziehung der Fahrerlaubnis) eine Strafbestimmung, für die es im Fall des § 23 AG. an einer analogen Vorschrift fehlt.

2. **„Führen"** eines Fahrzeugs im Sinne der Ziff. 1 und 2 liegt nur dann vor, wenn das Fahrzeug unter Verwendung der Maschinenkraft in Bewegung gesetzt wird (vgl. § 2 Bem.). Das bloße Ankurbeln des Motors ist noch kein Führen, also auch nach § 24 nicht strafbar; darin läge nur ein beim Mangel einer ausdrücklichen Vorschrift nicht strafbarer Versuch zu einem Vergehen nach § 24 (vgl. § 23 Bem. II, 1).

3. Nach § 2 AG. ist eine Erlaubnis zum Führen eines Kraftfahrzeugs nur dann nötig, wenn das Fahrzeug auf **öffentlichen Wegen oder Plätzen** in Betrieb gesetzt werden soll. Zwar sagt § 24 nicht ausdrücklich, daß auch die Strafvorschriften der Ziff. 1 und 2 nur den Fall des Führens eines Kraftfahrzeugs auf öffentlichen Wegen oder Plätzen treffen wollen; aus dem Zusammenhang des § 24 mit § 2 ist das aber ohne Zweifel zu entnehmen.

4. **Führer ausländischer Fahrzeuge.** Zwar spricht § 24 nur von dem Führerschein; er hat aber ebensogut Anwendung zu finden auf die Führer ausländischer Fahrzeuge, die den in Art. 3 des Intern. Abkommens vorgesehenen internationalen Fahrausweis nicht besitzen oder bei denen nach § 8 BV. der Bundesrats-Verordnung vom 21. 4. 10 über den internationalen Verkehr mit Kraftfahrzeugen die höhere Verwaltungsbehörde die Anerkennung des internationalen Fahrausweises versagt hat oder denen nach § 27 Abs. 2 BV. vom 3. 2. 10 die Führung des Kraftfahrzeugs untersagt worden ist (vgl. § 4 Bem. IV). Über die Anwendung des § 24 Ziff. 3 auf den ausländischen Führer, dem die Führung des Fahrzeugs untersagt wurde, vgl. § 4 Bem. IV.

5. **Verschulden.** Was in § 23 Bem. II, 4 über die Frage ausgeführt ist, ob Fahrlässigkeit des Führers zur Anwendung des § 23 Abs. 1 genüge, gilt in gleicher Weise auch für den § 24 Abs. 1. Es ist also auch der Führer strafbar, der fahrlässigerweise auf öffentlichen Wegen oder Plätzen ein Fahrzeug führt, obwohl er einen Führerschein nicht besitzt oder obgleich ihm die Fahrerlaubnis entzogen ist, sei es, daß er fahrlässigerweise den von ihm befahrenen Weg für einen nichtöffentlichen hält, sei es, daß er in einem als Fahrlässigkeit zu erachtenden Irrtum über seine Zulassung als Führer sich befindet. Ebenso ist eine fahrlässige Nichtablieferung des Führerscheins nach Ziff. 3 strafbar. Die Ansichten gehen über diese Frage allerdings auseinander. W a l d e c k Anm. 5 will zwar für eine Verfehlung nach Ziff. 3 Fahrlässigkeit genügen lassen, ebenso G o r d a n Bem. 3, verlangt aber für die übrigen Fälle Vorsatz. Dagegen K r a u s e Bem. 1 verlangt im Fall des Abs. 1 immer Vorsatz, während er für den gleich gelagerten Fall des § 23 Abs. 1 Fahrlässigkeit für genügend erklärt (wie hier auch S e u f f e r t Bem. 8).

6. **Zu Ziffer 1:** Nach dem Entwurf sollte bestraft werden, wer ein Kraftfahrzeug führt, „ohne sich durch einen Führerschein a u s w e i s e n zu können". Gegen diese Fassung wurde in

der Kommission geltend gemacht, daß die Strafe dafür, daß der Führer den Führerschein nicht bei sich geführt habe, zu hart sei. Die ähnlichen Fälle des Nichtbeisichführens des Wandergewerbe- oder Jagdscheins würden nur als Übertretung gestraft und das könne für das AG. gleichfalls durch die Bundesrats-Verordnung im Zusammenhang mit § 21 erfolgen. Unter die Strafe des § 24 sei aber nur der Fall zu stellen, daß der Führer ein Kraftfahrzeug führe, ohne bisher den nach § 2 erforderlichen Erlaubnisschein überhaupt erhalten zu haben. Mit Rücksicht auf diese Anregung wurde die jetzige Fassung des Gesetzes gewählt. Es ist danach klar, daß der Führer, der den ihm ausgestellten Führerschein nicht bei sich trägt, nicht unter § 24 fällt; er macht sich, da § 15 BV. dem Führer die Pflicht auferlegt, den Schein bei Ausübung seiner Führertätigkeit ständig bei sich zu führen, nur einer Übertretung nach § 15 BV., § 21 AG. schuldig. Einen Führerschein „besitzen" im Sinne des § 24 bedeutet also nichts anderes als einen Führerschein erhalten zu haben; der Ausdruck will nur das Gleiche besagen, was § 3 durch die Worte „mit dem Führerschein versehen" ausdrückt (vgl. § 3 Bem. II, 1; § 4 Bem. III, 1). Bestraft soll nur werden, wer ein Fahrzeug führt, ohne durch die zuständige Verwaltungsbehörde gemäß § 2 zur Führung eines Kraftfahrzeugs zugelassen zu sein. So übereinstimmend alle Kommentare. Hat der Führer den ihm ausgestellten Führerschein verloren, so verstößt er, wenn er trotzdem seine Führertätigkeit weiter ausübt, zwar gegen § 21 AG., § 15 BV., nicht aber gegen § 24, obwohl er wörtlich genommen einen Führerschein nicht mehr besitzt.

Da die Führerprüfung auch beschränkt nur für bestimmte Fahrzeugklassen abgelegt werden kann (PrüfAnw. III), so verfehlt sich auch der Führer gegen § 24, der ein Fahrzeug einer Klasse führt, für die er die Berechtigung zum Führen nicht besitzt.

Ziff. 1 findet keine Anwendung auf die Personen, die zum Zweck der Ablegung der Prüfung sich in der Führung von Kraftfahrzeugen üben, sofern sie dabei auf öffentlichen Straßen und Plätzen von einer mit dem Führerschein versehenen Person begleitet und beaufsichtigt sind (§ 3 AG.).

7. **Zu Ziffer 2.** Von der Entziehung der Fahrerlaubnis handeln die §§ 4, 5 AG., § 27 BV. Die Entziehung wird mit dem Zeitpunkt der amtlichen Mitteilung wirksam. Wie diese Mitteilung zu machen ist, bestimmt sich nach Landesrecht. Gegen die Entziehung der Fahrerlaubnis ist zwar der Rekurs zulässig; seine Einlegung hat jedoch keine aufschiebende Wirkung. Der

Führer kann also gegen seine Bestrafung aus Ziff. 2 nicht einwenden, daß er gegen die Entziehung Rekurs eingelegt hat. Der Irrtum des Führers, daß er ohne das Zeugnis fahren dürfe, weil ihm dieses zu Unrecht abgenommen worden sei, ist ein Irrtum über das Strafrecht, der ihn nicht schützen kann (RG. 19. 4. 06 DJZ. 06, 881). Auch dann, wenn im Rekursverfahren die ausgesprochene Entziehung der Fahrerlaubnis als von Anfang an ungerechtfertigt aufgehoben werden sollte, wird der Führer, der in der Zwischenzeit gefahren ist, nicht straflos. Für Anwendung der Ziff. 2 ist es auch belanglos, ob der Führerschein schon an die zuständige Verwaltungsbehörde abgeliefert ist oder ob er sich noch in den Händen des Führers befindet. Darüber, wie zu entscheiden, wenn einem Führer die Fahrerlaubnis auf Zeit entzogen, die Wiedererlangung der Erlaubnis aber von irgend einer Bedingung nicht abhängig gemacht wurde, und wenn nun dieser Führer nach Ablauf der Frist, aber vor Wiedererlangung des seinerzeit an die Polizeibehörde abgelieferten Führerscheines die Führung eines Kraftfahrzeuges wieder übernimmt, vgl. § 4 Bem. III, 1.

8. **Zu Ziffer 3.** Nach § 4 Abs. 1 ist der Führer nach Entziehung der Fahrerlaubnis verpflichtet, den Führerschein der Behörde abzuliefern, und zwar besteht diese Pflicht nicht nur bei dauernder Entziehung der Fahrerlaubnis, sondern, wie der Zusammenhang dieser Vorschrift des § 4 mit dem vorausgehenden Satz beweist, auch dann, wenn die Entziehung der Fahrerlaubnis nur auf bestimmte Zeit lautet. Die Pflicht zur Ablieferung des Scheines entsteht sofort mit dem Zeitpunkt, in dem dem Führer der Beschluß über Entziehung der Fahrerlaubnis eröffnet wird. Durch Einlegung des Rekurses gegen diesen Beschluß wird die Ablieferungspflicht nicht beseitigt oder gehemmt. Der Führer, der diese Ablieferungspflicht nicht sofort nach Mitteilung des Beschlusses nachkommt, ist aber noch nicht nach § 24 Ziff. 3 strafbar. Strafe tritt vielmehr erst ein, wenn die Behörde den Führer zur Ablieferung des Scheines aufgefordert hat. Über die Form, in der die Behörde dieses Ablieferungsverlangen zu stellen hat, enthält das Gesetz keine Bestimmung. Notwendig ist nur, daß das Verlangen für den einzelnen Fall ergangen ist und sich direkt an den von der Entziehung betroffenen Führer richtet (vgl. BayObLG. 8. 11. 06 Seuff Bl. 72, 308, BayObLGSt. 7, 111). Eine ein für allemal von der Behörde ergangene und veröffentlichte Bekanntmachung, daß nach jeder Entziehung binnen einer bestimmten

Frist der Führerschein abzuliefern sei, ist nicht genügend. Zuständig zur Stellung des Ablieferungsverlangens ist die Behörde, die über die Entziehung der Fahrerlaubnis befunden hat. Regelmäßig wird die Aufforderung zur Ablieferung mit dem Entziehungsbeschluß verbunden und gleichzeitig mit diesem eröffnet werden; doch ist diese Verbindung nicht notwendig. Auch muß eine gesonderte mündliche Aufforderung genügen. Ebenso ist nicht notwendig, daß das Ablieferungs-Verlangen eine Fristsetzung enthält; das Gesetz enthält eine dahingehende Vorschrift nicht. In der Kommission war zwar angeregt worden, die Setzung einer Frist im Gesetz vorzuschreiben, da es sonst zweifelhaft sein könne, wann die Strafbarkeit eintrete; doch wurde dieser Anregung nicht stattgegeben. Ist eine Frist nicht gesetzt, so muß zwar, bevor eine Strafverfolgung eintreten kann, eine angemessene Frist verstrichen sein. Bei deren Bemessung ist aber darauf Rücksicht zu nehmen, daß der Führer unverzüglich, d. h. ohne schuldhaftes Zögern dem Ablieferungsverlangen nachzukommen hat. Ob der vom Führer für die Nichtablieferung des Scheines vorgebrachte Entschuldigungsgrund genügt oder nicht, ist nach Lage des einzelnen Falles vom Richter zu prüfen. Strafbar ist der Führer aber nicht nur, wenn er vorsätzlich die Ablieferung des Scheines unterläßt, sondern auch dann, wenn die Unterlassung der Ablieferung auf Fahrlässigkeit beruht (vgl. oben Bem. 5).

Ist der Führer wegen schuldhafter Nichtablieferung des Führerscheines einmal aus § 24 Ziff. 3 bestraft worden, so ist eine wiederholte Bestrafung wegen des Grundsatzes „ne bis in idem“ nicht zulässig, auch dann nicht, wenn ihr eine wiederholte Aufforderung zur Ablieferung vorausgegangen sein sollte (a. M. Krause Bem. 24 S. 223).

Über die Stellung der Verwaltungsbehörden, wenn der Führer der Aufforderung zur Ablieferung des Führerscheins nicht nachkommt vgl. § 4 Bem. III, 5.

9. **Zu Absatz 2.** Auch der Halter hat, wenn er einer Bestrafung nach § 24 aus dem Wege gehen will, zu prüfen, ob sein Führer die gesetzlich vorgeschriebene Zulassung besitzt, und zwar haftet der Halter nach ausdrücklicher Vorschrift des Abs. 2 nicht bloß für Vorsatz, sondern auch für Fahrlässigkeit (vgl. oben Bem. 5). Er hat also die Frage, ob der Führer die gesetzliche Qualifikation erworben hat bezw. noch besitzt, mit der im Verkehr erforderlichen Sorgfalt zu prüfen. Dazu gehört natürlich

in erster Linie, daß er sich vor Anstellung eines Führers dessen Führerschein vorzeigen läßt. Hat er das zu tun unterlassen, so wird er regelmäßig der Haftung wegen Fahrlässigkeit nicht entgehen, wenn sich herausstellt, daß der von ihm Angestellte die Fahrerlaubnis nicht besaß. Anderseits wird aber die Tatsache, daß der Führer den Führerschein besaß und dem Halter vorzeigte, den Halter noch nicht unter allen Umständen entlasten. Es kann recht wohl sein, daß der Halter bei Anwendung der erforderlichen Sorgfalt davon hätte Kenntnis bekommen müssen, daß dem Führer, obwohl er noch im Besitze des Führerscheins, doch die Fahrerlaubnis schon entzogen war. Die in Abs. 2 enthaltene Alternative „eine Person, die sich nicht durch einen Führerschein ausweisen kann, oder der die Fahrerlaubnis entzogen ist" entspricht den Vorschriften der Ziff. 1 und 2 Abs. 1; „Sich durch einen Führerschein ausweisen" ist also gleichbedeutend mit „einen Führerschein besitzen" nach Ziff. 1 und erfordert deshalb nicht, daß der Führer im körperlichen Besitz des Scheines ist und diesen dem Halter vorzeigen konnte, sondern es genügt, wenn der Führer den Führerschein erhalten hatte (vgl. Neukirch-Rosenmeyer Anm. 6 Abs. 4, Gordan Bem. 4, Schmid-Wagner Bem. 13). Unrichtig Seuffert Bem. 11, der mit Rücksicht auf den Wortlaut annimmt, der Halter mache sich im Gegensatz zum Führer auch dann straffällig, wenn der Führer seinen Führerschein verloren habe.

Die Haftung des Halters tritt ein, wenn er eine unter Abs. 1 Ziff. 1 oder 2 fallende Person zur Führung bestellt oder ermächtigt. Unter „Bestellen" ist die ausdrückliche Übertragung der Führung, sei es allgemein auf Grund eines Dienstvertrags, sei es für einen einzelnen Fall zu verstehen. Unter „Ermächtigung" die stillschweigende Zulassung einer Person; sie liegt also z. B. vor, wenn der Halter weiß, daß ein anderer die Führung übernimmt, ohne daß er hiergegen etwas einwendet oder es zu verhindern sucht. Ein Bestellen oder Ermächtigen zur Führung des Fahrzeugs muß in Frage stehen. Über den Begriff des Führens vgl. oben Bem. 2. Soll die Person lediglich den Motor ankurbeln, so ist sie nicht zur Führung bestellt. Ebenso wie nach § 23 Abs. 2 eine Haftung des Halters nicht schon dann gegeben ist, wenn er den Gebrauch eines nicht zugelassenen Fahrzeugs gestattet, sondern erst dann, wenn dieses Gestatten auch zu einem wirklichen Gebrauch des nicht zugelassenen Fahrzeugs geführt hat, so wird man nach § 24 Abs. 2 den Halter nur dann strafen können, wenn der zur Führung Bestellte oder

Ermächtigte auch tatsächlich das Fahrzeug geführt hat (ebenso Krause Bem. 14; a. M. Seuffert Anm. 10). Und zwar muß die Bestellung oder Ermächtigung sich zur Führung des Fahrzeugs auf öffentlichen Wegen beziehen, und es muß auf einem solchen Wege tatsächlich das Fahrzeug geführt worden sein.

Der Halter, der sich nach Abs. 2 verfehlt, kann nicht auch daneben wegen einer hiermit ideal oder real konkurrierenden Teilnahme an der gegen Abs. 1 Ziff. 1—2 verstoßenden Handlung des Führers bestraft werden. Zwischen der Tat des Halters und der Teilnahme aus Abs. 1 besteht Gesetzeskonkurrenz (Neukirch-Rosenmeyer Anm. 6; a. M. Krause Bem. 17).

10. Über Strafe, Zuständigkeit und Vollstreckung vgl. § 23 Bem. IV.

§ 25.

Wer in rechtswidriger Absicht

1. **ein Kraftfahrzeug, für welches von der Polizeibehörde ein Kennzeichen nicht ausgegeben oder zugelassen worden ist, mit einem Zeichen versieht, welches geeignet ist, den Anschein der polizeilich angeordneten oder zugelassenen Kennzeichnung hervorzurufen,**
2. **ein Kraftfahrzeug mit einer anderen als der polizeilich für das Fahrzeug ausgegebenen oder zugelassenen Kennzeichnung versieht,**
3. **das an einem Kraftfahrzeug gemäß polizeilicher Anordnung angebrachte Kennzeichen verändert, beseitigt, verdeckt oder sonst in seiner Erkennbarkeit beeinträchtigt,**

wird, sofern nicht nach den Vorschriften des Strafgesetzbuchs eine höhere Strafe verwirkt ist, mit Geldstrafe bis zu fünfhundert Mark oder mit Gefängnis bis zu drei Monaten bestraft.

Die gleiche Strafe trifft Personen, welche auf öffentlichen Wegen oder Plätzen von einem Kraftfahrzeuge Gebrauch machen, von dem sie wissen, daß die Kennzeichnung in der im Abs. 1 unter Nr. 1 bis 3 bezeichneten Art gefälscht, verfälscht oder unterdrückt worden ist.

Entw. I —; Entw. II § 22; Begr. S. 21. KommB. S. 43.

I. **Vorbemerkung.** Die Begründung des Gesetzentwurfs zu § 25 lautet: „Die Strafbestimmungen des § 25 richten sich gegen die Versuche mancher Fahrer, die Feststellung ihrer Person bei

Unfällen dadurch zu verhindern, daß sie die amtlichen Kennzeichen ihrer Fahrzeuge fälschen oder verfälschen, vertauschen oder unkenntlich machen. Ein solches Verhalten hat mit Recht jederzeit große Erbitterung erregt und verdient strenge Ahndung. Die Strafe des § 25 trifft nicht nur denjenigen der selbst das Kennzeichen fälscht, verfälscht oder unterdrückt, sondern jeden, der wissentlich von einem Kraftfahrzeuge Gebrauch macht, mit dessen Kennzeichen in der angegebenen Weise verfahren worden ist. Unter Umständen wird in den Fällen des § 25 der Tatbestand der Urkundenfälschung gegeben sein; dann hat es bei der hierdurch bewirkten höheren Strafe sein Bewenden".

Der Abs. 1 des § 25 ist unverändert in der Fassung des Entwurfes angenommen worden. Dagegen hat der Abs. 2 eine Änderung erfahren; er lautete im Entwurfe: „Die gleiche Strafe trifft Personen, die wissentlich auf öffentlichen Straßen oder Plätzen von einem Kraftfahrzeug Gebrauch machen, dessen Kennzeichnung in der im Abs. 1 unter Nr. 1 bis 3 bezeichneten Art gefälscht, verfälscht oder unterdrückt worden ist.

§ 25 hat insbesondere in den Fällen Anwendung zu finden, in denen die Tatbestandsmerkmale der Urkundenfälschung nicht gegeben sind, z. B. wenn durch Fettauflage auf die Nummer eine starke Staubablagerung und dadurch eine Beeinträchtigung der Erkennbarkeit des Kennzeichens herbeigeführt werden sollte.

II. **Täter im Falle des Abs. 1.** Die Motive des Gesetzes sprechen zwar nur von dem Fahrer als Täter. Gegenüber der allgemeinen Fassung des Gesetzes („Wer") wird man aber annehmen müssen, daß nicht nur Führer und Halter, sondern ebenso jeder andere Dritte, der eine der in Nr. 1 bis 3 bezeichnete Handlung vornimmt, als Täter zu bestrafen ist, z. B. also die Insassen eines Kraftfahrzeugs, die das Kennzeichen in rechtswidriger Absicht verdecken oder der Handwerker, der gelegentlich einer Reparatur an dem Fahrzeuge das Fahrzeug in rechtswidriger Absicht mit einem falschen Kennzeichen versieht (ebenso K r a u s e Bem. 1).

Für den Tatbestand des Vergehens nach § 25 ist zwar notwendig, daß das also gekennzeichnete Fahrzeug auf den öffentlichen Straßen in Verkehr gesetzt worden ist (vgl. unter Bem. IV). Dagegen braucht diese Inverkehrsetzung nicht durch die Person erfolgt zu sein, von der die falsche Kennzeichnung des Fahrzeugs ausging; wohl aber muß der Täter gewußt haben, daß eine solche Inverkehrsetzung beabsichtigt war.

III. **Verschulden im Falle des Abs. 1.** Das Gesetz verlangt rechtswidrige Absicht des Täters. Fahrlässigkeit reicht also für keinen der Tatbestände des § 25 aus. Bei einer fahrlässigen Fälschung, Verfälschung oder Unterdrückung des Kennzeichens kann dagegen Bestrafung nach § 21 AG., § 7 BV. in Frage kommen. Eine fahrlässige Beeinträchtigung der Erkennbarkeit des Kennzeichens liegt z. B. vor, wenn der Führer das während der Fahrt heruntergefallene Zeichen aus Nachlässigkeit an einer Stelle befestigt, wo es nicht sichtbar ist; eine solche Handlung ist nur nach § 21 strafbar (Gordan Anm. 2 S. 178). Aber auch das bloße Bewußtsein von der Rechtswidrigkeit der Handlungsweise genügt noch nicht. Es ist vielmehr notwendig, daß der Täter die Absicht hat, mit seinem Vorgehen einen rechtswidrigen, d. h. einen gegen die Rechtsordnung verstoßenden Erfolg herbeizuführen. Sofern der Führer oder Halter als Täter in Betracht kommt, wird die rechtswidrige Absicht gewöhnlich dahin gehen, eine strafrechtliche Verfolgung des Täters hintanzuhalten oder seine zivilrechtliche Inanspruchnahme durch die Veränderung der Kennzeichnung zu erschweren oder unmöglich zu machen. Es ist aber gar nicht erforderlich, daß die rechtswidrige Absicht gerade einen solchen Zweck verfolgt; der Dritte, z. B. der Handwerker, der gelegentlich einer Reparatur ein falsches Kennzeichen anbringt, oder das Kennzeichen verfälscht, braucht dies nicht in der Absicht zu tun, dadurch eine straf- oder zivilrechtliche Verfolgung des Führers oder Halters hintanzuhalten. Die Kennzeichnung des Fahrzeugs soll die jederzeitige Feststellung seiner Identität ermöglichen. Jede Handlung die darauf hinausgeht, diese Identitätsfeststellung zu erschweren oder unmöglich zu machen, die vom Gesetz gewollte Erkennbarkeit des Fahrzeugs im öffentlichen Verkehr zu verhindern, genügt zur Erfüllung des Tatbestandsmerkmals der rechtswidrigen Absicht. Auch derjenige, der aus Bosheit handelt, z. B. um den Fahrzeughalter wegen Führung eines falschen Kennzeichens in Strafe zu bringen, fällt unter § 25. Eine aus bloßer Neckerei vorgenommene Veränderung, der eine Absicht der Täuschung im Verkehr nicht zugrunde lag, ist dagegen nicht nach § 25 strafbar (Waldeck Anm. 2; a. M. Schmid-Wagner Bem. 2 S. 522).

Zur Vollendung des Deliktes nach § 25 ist nicht notwendig, daß die bezweckte Täuschung wirklich erreicht worden ist.

IV. **Verkehr des Fahrzeugs auf öffentlichen Straßen als Tatbestandsmerkmal.** Ebenso wie § 24 nichts davon sagt, daß der nicht zugelassene Führer nur dann strafbar ist, wenn er auf öffentlichen Straßen fährt, so erwähnt auch § 25 Abs. 1 dieses Tatbestandsmerkmal nicht. Aber derselbe Grund der dazu führt, für den Fall des § 24 das Fahren auf öffentlichen Straßen als Begriffsmerkmal aufzustellen, nötigt auch den § 25 in gleicher Weise zu ergänzen. Eine Zulassung ist für den Führer nach § 2 AG. nur erforderlich, wenn er auf öffentlichen Wegen oder Plätzen ein Kraftfahrzeug führen will; in gleicher Weise ist nach § 1 AG., § 7 BV. die Kennzeichnung nur nötig bei den auf öffentlichen Wegen oder Plätzen verkehrenden Kraftfahrzeugen. Solange der Führer seine Tätigkeit nur auf Privatgrundstücken ausübt, macht er sich trotz mangelnden Führerscheins nicht strafbar. Ebenso ist die Anbringung eines falschen Kennzeichens an dem Fahrzeug nicht strafbar, solange das Fahrzeug nicht in den öffentlichen Verkehr eintritt. Allerdings kann eine zivilrechtliche Haftung des Führers oder Halters auch bei einem auf einem nicht öffentlichen Grundstück erfolgenden Betriebsunfall gegeben sein, und es kann durch die Fälschung oder Verfälschung des Kennzeichens die Geltendmachung eines solchen Anspruchs erschwert werden. Das ist aber in gleicher Weise der Fall, wenn das Fahrzeug bei einem solchen Unfalle gar kein Kennzeichen trägt, und eine Pflicht zur Führung eines Kennzeichens besteht für den Verkehr außerhalb der öffentlichen Straßen nicht (a. M. Waldeck Anm. 2 S. 138, Kirchner Bem. 1 S. 268).

V. **Kennzeichen** im Sinne des § 25 ist nicht nur das in § 8 BV. erwähnte Kennzeichen, das von jedem inländischen, auf öffentlichen Straßen oder Plätzen verkehrenden Fahrzeug zu führen ist, sondern es fällt darunter ebenso das in Art. 4 des Internationalen Abkommens vom 11. 10. 09 vorgeschriebene Kennzeichen (a. M. Gordan Bem. 3 S. 179 für das bisherige Recht; vgl. dagegen Neukirch-Rosenmeyer Anm. 6 S. 219) und ferner auch das Probefahrtkennzeichen nach § 28 Abs. 2 bezw. § 31 Abs. 1 BV. Kennzeichen eines ausländischen Staates, der dem Internationalen Abkommen vom 11. 10. 09 nicht beigetreten ist, fallen dagegen nicht unter § 25; solche Fahrzeuge erhalten an der Grenze ein besonderes Kennzeichen, dessen Fälschung allerdings unter § 25 fällt. Fahrzeuge, die von der Führung eines Kennzeichens befreit sind (vgl. hierüber §§ 29, 35 BV.), können gleichwohl Gegenstand eines Vergehens nach § 25 AG. sein, z. B. dadurch, daß sie, obwohl ein Kennzeichen für sie nicht ausgegeben wurde, mit einem solchen versehen werden. Es ist also nicht richtig, wenn Damm Bem. 4 sagt: unter Fahrzeugen, für die von der Polizeibehörde ein Kennzeichen nicht ausgegeben worden ist (§ 25 Ziff. 1), seien nur die nicht zum Verkehr zugelassenen Fahrzeuge zu verstehen.

VI. **Tatbestand der Ziff. 1.** Das Vergehen nach Ziff. 1 besteht in den meisten Fällen darin, daß ein polizeilich nicht zugelassenes Fahrzeug mit einem Kennzeichen versehen und dadurch der Anschein erweckt wird, als sei seine Zulassung erfolgt. Es kann aber auch darin bestehen, daß an einem von der Führung eines Kennzeichens überhaupt befreiten Fahrzeug ein Kennzeichen angebracht wird (vgl. hierüber oben Bem. V). Das zur Tat verwendete Kennzeichen kann ein echtes, aber für ein anderes Fahrzeug ausgegebenes Kennzeichen sein. Es kann aber auch ein falsches, für irgend ein Fahrzeug überhaupt nicht ausgegebenes Kennzeichen verwendet werden oder ein Zeichen, das nur den Anschein eines Kennzeichens erweckt, während es tatsächlich gar kein Kennzeichen ist. Doch muß das verwendete Zeichen geeignet sein, den Anschein der polizeilichen Kennzeichnung hervorzurufen, d. h. es muß dem polizeilichen Kennzeichen derart ähnlich sein, daß eine Täuschung möglich ist. Die Anbringung eines Zeichens, das sich überhaupt nicht als Kennzeichen darstellt, das nicht dazu bestimmt oder wegen seines Unterschieds von dem polizeilichen Kennzeichen nicht geeignet ist, den Anschein der polizeilichen Kennzeichnung hervorzurufen, fällt nicht unter § 25, sondern allenfalls unter § 21, sofern nach den bestehenden polizeilichen Vorschriften die Anbringung anderer Zeichen als des polizeilichen Kennzeichens an den Fahrzeugen verboten ist. Um den Anschein der polizeilichen Kennzeichnung hervorzurufen, ist nicht nötig, daß bei den unechten Zeichen auch der polizeiliche Stempel nachgeahmt wird; geschieht dies, so liegt Urkundenfälschung vor (Kirchner Bem. 2, Neukirch-Rosenmeyer Anm. 6 S. 219). Das Gesetz spricht von der polizeilich angeordneten oder zugelassenen Kennzeichnung; die erstere liegt vor, wenn die Polizei selbst die an den Fahrzeugen anzubringenden Kennzeichen herstellen läßt und an die Fahrzeughalter ausgibt, die letztere, wenn die Polizei den Gebrauch eines vom Halter selbst angefertigten Kennzeichens zuläßt.

VII. **Tatbestand der Ziff. 2.** Im Gegensatz zu Ziff. 1, der in der Regel sich nur auf polizeilich nicht zugelassene Fahrzeuge bezieht, setzt Ziff. 2 ein Kraftfahrzeug voraus, für das ein polizeiliches Kennzeichen ausgegeben worden ist. Nach Ziff. 2 macht sich strafbar, wer in rechtswidriger Absicht ein solches Kraftfahrzeug mit einem anderen Kennzeichen versieht. Das ist sowohl dann der Fall, wenn das Fahrzeug mit einem echten, aber für ein anderes Fahrzeug ausgegebenen Kennzeichen versehen wird, wenn also z. B. die Kennzeichen zweier Fahrzeuge vertauscht werden, als auch dann, wenn ein amtlich überhaupt nicht ausgegebenes, also falsches Kennzeichen an dem Fahrzeug angebracht wird. Im letzteren Fall muß natürlich das angebrachte Kennzeichen eine „andere Kennzeichnung" sein, d. h. es muß ebenso wie im Fall der Ziff. 1 geeignet sein, den Anschein der polizeilich angeordneten oder zugelassenen Kennzeichnung hervorzurufen. Ebenso Krause Bem. 7, Kirchner Bem. 3 S. 269, Seuffert Bem. 4; a. M. Gordan Bem. 4 S. 179, daß unter Ziff. 2 nur die Verwendung eines objektiv echten, subjektiv aber falschen Zeichens falle. Wie Gordan auch Neukirch-Rosenmeyer Anm. 7. Das Versehen mit einer anderen Kennzeichnung im Sinne der Ziff. 2 setzt auch nicht voraus, daß das andere für das Fahrzeug wirklich ausgegebene Kennzeichen entfernt wird; bestraft wird ebenso, wer neben dem polizeilichen Kennzeichen noch ein weiteres für das Fahrzeug nicht ausgegebenes Kennzeichen anbringt, sofern er dabei in rechtswidriger Absicht handelt. Fehlt eine solche Absicht, dann kann eine Übertretung nach § 21 AG., § 13 BV. in Frage kommen. Wie hier Waldeck Bem. 4, Kirchner Bem. 3; teilweise a. M. Gordan Bem. 4 S. 180, der zwar die Anbringung zweier echter Kennzeichen für strafbar nach Ziff. 2, dagegen die Anbringung eines Phantasiezeichens neben der richtigen Kennzeichnung für straflos hält, sofern nicht etwa zugleich der Tatbestand der Ziff. 3 vorliegt. Die Fortlassung (nicht etwa die Beseitigung, s. Ziff. 3) jeder Kennzeichnung fällt nicht unter Ziff. 2, und zwar auch dann nicht, wenn gleichzeitig der Täter dem Fahrzeug durch irgend eine weitere Maßregel den Anschein eines von der Führung eines Kennzeichens befreiten Fahrzeugs gibt (§§ 29, 35 BV.). In Frage kommen könnte hier z. B. die Anbringung eines Wappens, um dem Fahrzeug den Anschein eines landesherrlichen Fahrzeugs zu geben. Hier kann Bestrafung nach § 360 Ziff. 7 StGB. und § 25 Ziff. 3 AG. eintreten.

VIII. **Tatbestand der Ziff. 3.** Die Bestimmung der Ziff. 3 setzt ebenso wie Ziff. 2 ein Fahrzeug voraus, für das ein polizeiliches Kennzeichen ausgegeben ist. Während aber der Tatbestand der Ziff. 2 schon dann gegeben sein kann, wenn dieses polizeilich ausgegebene Kennzeichen an dem Fahrzeug nicht angebracht, sondern an seiner Stelle ein anderes Kennzeichen verwendet wird, verlangt Ziff. 3 weiter, daß dieses polizeilich ausgegebene Kennzeichen an dem Fahrzeug angebracht war, und daß nun an diesem angebrachten Kennzeichen eine der in Ziff. 3 aufgeführten Handlungen vorgenommen wird. Die Unterlassung der Anbringung des polizeilich ausgegebenen Kennzeichens verstößt also nicht gegen Ziff. 3.

Ziff. 3 verlangt, daß an dem angebrachten Kennzeichen eine Handlung vorgenommen wird, die geeignet ist, und die darauf abzielt, das Kennzeichen in seiner Erkennbarkeit zu beeinträchtigen. Die Aufzählung „durch Verändern, Beseitigen, Verdecken" ist keine erschöpfende, sondern soll (arg das Wort: „sonst") nur Beispiele geben. Nur dann fällt aber eine Handlung unter Ziff. 3 wenn sie Einfluß auf die Erkennbarkeit des Kennzeichens hat; also ist z. B. nicht schlechtweg jede Veränderung des polizeilichen Kennzeichens nach § 25 Ziff. 3 strafbar, sondern nur eine solche, die die Erkennbarkeit des Kennzeichens beeinträchtigt. Solange die an dem Kennzeichen vorgenommene Handlung eine solche Beeinträchtigung der Erkennbarkeit nicht zur Folge gehabt hat, kann von einer Anwendung der Ziff. 3 keine Rede sein; es könnte sich höchstens um einen, mangels besonderer Vorschrift straflosen Versuch handeln. Man hat bei der Kommissionsberatung den Fall hervorgehoben, daß Führer oder Halter die Kennzeichentafel mit Fett beschmieren, um dadurch einen Staubanflug und damit eine Beeinträchtigung der Erkennbarkeit herbeizuführen. Das bloße Auflegen des Fettes ist noch nicht strafbar; Bestrafung kann erst erfolgen, wenn die Beeinträchtigung der Erkennbarkeit eingetreten ist.

Eine Veränderung des Kennzeichens setzt voraus, daß die das Kennzeichen tragende Tafel an dem Fahrzeug angebracht bleibt. Das Verändern kann geschehen durch Entfernen, z. B. Abkratzen oder Übermalen eines Teiles des Kennzeichens, sei es des Buchstabens oder der Nummer, oder durch Hinzufügen eines weiteren Zeichens, z. B. aus der zweistelligen Erkennungsnummer wird eine dreistellige gemacht, oder endlich dadurch, daß ein Teil des Kennzeichens durch ein anderes Zeichen ersetzt wird, z. B. die Buchstaben R A (Reuß ältere Linie) durch die Buchstaben R J (Reuß jüngere Linie). Sofern das dergestalt veränderte Kennzeichen noch den Anschein einer polizeilich ausgegebenen oder zugelassenen Kennzeichnung erweckt, ist auch der Tatbestand der Ziff. 2 gegeben; es liegt dann Gesetzeskonkurrenz zwischen Ziff. 2 und 3 vor. Ist die Veränderung eine derartige, daß das geänderte Zeichen überhaupt nicht mehr den Anschein einer Kennzeichnung erwecken kann, dann liegt Ziff. 3 vor. Wie schon erwähnt, muß die Veränderung eine Beeinträchtigung der Erkennbarkeit zur Folge haben.

Beseitigen ist die völlige Entfernung des Kennzeichens. Da aber das Kennzeichen nicht sowohl in der Tafel, als vielmehr in den auf der Tafel angebrachten Buchstaben und Zahlen besteht, so ist die völlige Vernichtung dieser Inschrift als Beseitigung zu erachten, und zwar auch dann, wenn die Tafel selbst an dem Fahrzeug belassen wird. Auch die Wegnahme eines der beiden (vorderen oder hinteren) Kennzeichen genügt zur Annahme eines Beseitigens.

Um ein Verdecken des Kennzeichens (vgl. § 10 BV.) anzunehmen, ist nicht nötig, daß das Zeichen durch Kleidungs-, Gepäckstücke oder auf ähnliche Weise völlig bedeckt ist, es genügt auch eine teilweise Verdeckung, soweit dadurch die Erkennbarkeit beeinträchtigt wird. Auch in diesem Fall kann Gesetzeskonkurrenz zwischen den Tatbeständen der Ziff. 2 und 3 vorliegen, wenn z. B. das ausgegebene Kennzeichen durch ein anderes (echtes oder nachgeahmtes) Zeichen verdeckt wird. Ein Verdecken ist auch dann gegeben, wenn das vorschriftswidrig zum Umklappen eingerichtete Kennzeichen (§ 10 BV.) in rechtswidriger Absicht umgeklappt wird. Ein nicht beabsichtigtes Umklappen des Kennzeichens kann nicht nach § 25 AG., wohl aber nach § 21 strafbar sein.

Eine sonstige Beeinträchtigung der Erkennbarkeit ist nicht nur in dem oben erwähnten Fall der Fettauflage, sondern z. B. auch gegeben, wenn die Beleuchtung des Fahrzeugs in rechtswidriger Absicht gänzlich unterlassen oder das Kennzeichen so schwach beleuchtet wird, daß es nicht mehr deutlich erkennbar ist (§ 11 BV.). Das kann auch dadurch erreicht werden, daß der Führer die Lampe absichtlich rußen läßt. In solchen Fällen kann Idealkonkurrenz zwischen § 21 AG. mit § 11 BV. und § 25 Ziff. 3 AG. vorliegen.

IX. **Verhältnis des Abs. 1 zu andern Strafgesetzen.** Hier kommt vor allem die Möglichkeit einer Konkurrenz des § 25 AG. mit Urkundenfälschung (§ 267 StGB.) in Betracht. Das mit dem Dienststempel der Polizei (vgl. § 9 BV.) versehene Kennzeichen ist eine öffentliche Urkunde (RG. 11. 5. 07 JW. 07, 556). Wer also auf einem Kennzeichen in rechtswidriger Absicht den Dienststempel fälschlich anfertigt, oder wer das echte, mit dem

Polizeistempel versehene Kennzeichen fälscht, oder wer in rechtswidriger Absicht ein fremdes echtes abgestempeltes Kennzeichen mißbraucht, um den Anschein hervorzurufen als sei dieses Kennzeichen für das Fahrzeug ausgegeben (RG. 9. 1. 93 RGSt. 23, 278, Kirchner Anm. 3, Neukirch-Rosenmeyer Anm. 7 S. 220) macht sich, soweit die übrigen Tatbestandsmerkmale des § 267 StGB. vorliegen, einer Urkundenfälschung schuldig. Da die Urkundseigenschaft des Kennzeichens wesentlich in dem polizeilichen Stempel liegt, so ist eine Urkundenfälschung dann nicht in Frage, wenn der Täter sich damit begnügte, eine Tafel mit Buchstaben und Ziffern in der für die Kennzeichen vorgeschriebenen Weise zu bemalen (Kirchner § 25 Bem. 2 S. 269).

Außer § 267 StGB. kann auch ein Vergehen nach § 271 StGB. (intellektuelle Urkundenfälschung) oder nach § 274 Ziff. 1 StGB. (Vernichtung, Beschädigung oder Unterdrückung einer fremden Urkunde in der Absicht, einem anderen Nachteile zuzufügen) in Betracht kommen. Der Chauffeur, der nach einem Unfall das Kennzeichen an dem von ihm geführten Fahrzeug beseitigt, um seine Feststellung unmöglich zu machen, vergeht sich gegen § 25 Ziff. 3; dagegen findet § 274 StGB. auf ihn keine Anwendung; denn wenn auch seine Absicht dahin ging, dem Verletzten einen Nachteil zu bereiten, so genügt das zur Anwendung des § 274 nicht, weil hiernach der Nachteil den treffen muß, dessen Recht auf der Urkunde selbst beruht.

Es ist ferner denkbar eine Konkurrenz zwischen § 25 und Diebstahl, oder zwischen § 25 und Sachbeschädigung. Erstere kann z. B. vorliegen, wenn jemand ein fremdes Kennzeichen stiehlt und dieses nun an seinem Fahrzeug anbringt (Neukirch-Rosenmeyer Anm. 9).

X. Das Vergehen nach Abs. 2. § 25 Abs. 2 stellt unter Strafe die wissentliche, auf öffentlichen Wegen oder Plätzen erfolgende Verwendung solcher Kraftfahrzeuge, deren Kennzeichnung gefälscht, verfälscht oder unterdrückt worden ist. Ebenso wie Abs. 1 richtet er sich nicht etwa nur gegen bestimmte Personenklassen, sondern gegen jede Person, die ein derart gekennzeichnetes Fahrzeug in Gebrauch nimmt. Es ist also nicht nur strafbar der Führer, der wissentlich ein Fahrzeug benützt, dessen Kennzeichen vom Halter rechtswidrig verfälscht wurde, und der Halter, der eine dem Führer zur Last fallende, ihm bekannte Verfälschung des Kennzeichens durch den Gebrauch des Fahrzeugs genehmigt (Hallbauer § 25 Anm. 4), sondern ebenso der Fahrgast, der ein falsch gekennzeichnetes Fahrzeug zu seiner Beförderung benützt. Voraussetzung der Strafbarkeit ist aber, daß der von dem Fahrzeug Gebrauch Machende um die Fälschung des Kennzeichens weiß. Ein fahrlässiges Handeln ist also nicht strafbar. Der Fahrgast hat also keine Pflicht, das von ihm benützte Fahrzeug auch auf die Richtigkeit der Kennzeichnung zu prüfen. Dagegen verlangt Abs. 2 anders wie Abs. 1 nicht eine rechtswidrige Absicht, sondern es genügt jeder wissentliche Verstoß; es ist also nicht notwendig, daß der Fahrgast, der sich einer mit falschem Kennzeichen versehenen Kraftdroschke bedient, damit die Absicht einer Täuschung verfolgt (Gordan § 25 Anm.; a. M. Kirchner § 25 Anm. 6, Neukirch-Rosenmeyer § 25 Anm. 10, Schmid-Wagner S. 525). Ebenso wie Abs. 1 (vgl. oben Bem. IV) setzt Abs. 2 einen Verkehr des Fahrzeugs auf öffentlichen Wegen oder Plätzen voraus; es muß von dem Fahrzeug Gebrauch gemacht werden, d. h. das Fahrzeug muß zu seinem bestimmungsgemäßen Zweck, also zur Beförderung von Personen oder Sachen verwendet worden sein, und zwar unter Verwendung seiner Maschinenkraft. Wird das Fahrzeug durch menschliche oder tierische Kraft gezogen oder geschoben, so liegt ein Gebrauch eines Kraftfahrzeugs nicht vor.

§ 26.

Dieses Gesetz tritt hinsichtlich der Vorschriften über die Haftpflicht — Teil II — mit dem 1. Juni 1909, im übrigen mit dem 1. April 1910 in Kraft.

Urkundlich unter Unserer Höchsteigenhändigen Unterschrift und beigedrucktem Kaiserlichen Insiegel.

Gegeben Achilleion, Corfu, den 3. Mai 1909.

gez. **Wilhelm,**

gez. **Fürst von Bülow.**

Anhang I.

Bekanntmachung des Bundesrats betr. die Regelung des Verkehrs mit Kraftfahrzeugen

vom 3. Februar 1910 (RGBl. S. 389).

Der Bundesrat hat auf Grund des § 6 des Gesetzes über den Verkehr mit Kraftfahrzeugen vom 3. Mai 1909 (RGBl. S. 437) für den Verkehr mit Kraftfahrzeugen auf öffentlichen Wegen oder Plätzen die nachstehende Verordnung erlassen.

Berlin, den 3. Februar 1910.

Der Reichskanzler.

In Vertretung:

Delbrück

A. Allgemeine Vorschriften.

§ 1.

Als Kraftfahrzeuge im Sinne dieser Vorschriften gelten Wagen oder Fahrräder, die durch Maschinenkraft bewegt werden, ohne an Bahngleise gebunden zu sein; als Krafträder gelten Fahrzeuge, die vom Sattel aus gefahren werden und auf nicht mehr als drei Rädern laufen, wenn ihr Eigengewicht ohne Betriebsstoffe (bei elektrischem Antrieb ohne Akkumulatoren) 150 Kilogramm nicht übersteigt.

§ 2.

Für den Verkehr mit Kraftfahrzeugen gelten sinngemäß die den Verkehr von Fuhrwerken oder von Fahrrädern auf öffentlichen Wegen und Plätzen allgemein regelnden Vorschriften, sofern nicht nachfolgend oder gemäß § 6 Abs. 3 des Gesetzes von den Landeszentralbehörden andere Bestimmungen getroffen werden.

Auf Kraftfahrzeuge, die für den öffentlichen Fuhrbetrieb verwendet werden, sowie auf die Führer dieser Fahrzeuge finden neben den nachstehenden Vorschriften die allgemeinen Bestimmungen über den Betrieb der Droschken, Omnibusse und sonstigen dem öffentlichen Transportgewerbe dienenden Fuhrwerke Anwendung.

Die nachstehenden Vorschriften finden keine Anwendung auf Straßenlokomotiven, Straßenwalzen, Zugmaschinen ohne Güterladeraum, deren betriebsfertiges Eigengewicht, und Lastkraftwagen, deren Gesamtgewicht (einschließlich Ladung) 9 Tonnen übersteigt, sowie auf selbstfahrende Arbeits- und Werkzeugmaschinen zu landwirtschaftlichen oder gewerblichen Zwecken (z. B. Dampf-, Motorpflüge, Motorsägen).

B. Das Kraftfahrzeug.

a) Beschaffenheit und Ausrüstung.

§ 3.

Die Kraftfahrzeuge müssen verkehrssicher und insbesondere so gebaut, eingerichtet und ausgerüstet sein, daß Feuers- und Explosionsgefahr sowie jede vermeidbare Belästigung von Personen und Gefährdung von Fuhrwerken durch Geräusch, Rauch, Dampf oder üblen Geruch ausgeschlossen ist.

Die Radkränze dürfen keine Unebenheiten besitzen, die geeignet sind, die Fahrbahn zu beschädigen.

§ 4.

Jedes Fahrzeug muß versehen sein:

1. mit einer zuverlässigen Lenkvorrichtung, die gestattet, sicher und rasch auszuweichen; die zur Lenkung benutzten Wagenräder sollen nach beiden Seiten möglichst weit einschlagen, um kurz wenden zu können;

2. mit zwei voneinander unabhängigen Bremseinrichtungen, von denen jede auf die Wagenräder der gebremsten Achse gleichmäßig einwirkt; mindestens eine Bremseinrichtung muß unmittelbar auf die Hinterräder oder auf Bestandteile, die mit diesen Rädern fest verbunden sind, wirken; diese Bremse muß feststellbar sein. Jede Bremseinrichtung muß für sich geeignet sein, den Lauf des Fahrzeugs sofort zu hemmen und es auf die kürzeste Entfernung zum Stehen zu bringen;
3. mit einer zuverlässigen Vorrichtung, die beim Befahren von Steigungen die unbeabsichtigte Rückwärtsbewegung verhindert; sofern nicht eine der Bremsen diese Forderung erfüllt;
4. mit einer tieftönenden Hupe zum Abgeben von Warnungszeichen; falls die Hupe mehrtonig ist, müssen die verschiedenen Töne gleichzeitig anklingen;
5. nach eingetretener Dunkelheit und bei starkem Nebel mit mindestens zwei in gleicher Höhe angebrachten, die seitliche Begrenzung des Fahrzeugs anzeigenden, hellbrennenden Laternen mit farblosem Glase, die den Lichtschein derart auf die Fahrbahn werfen, daß diese auf mindestens 20 Meter vor dem Fahrzeug von dem Führer übersehen werden kann. Übermäßig stark wirkende Scheinwerfer dürfen nicht verwendet werden.
6. mit einer Vorrichtung, die verhindert, daß das Fahrzeug von Unbefugten in Betrieb gesetzt werden kann.

Auf Krafträder findet Nr. 3 keine Anwendung; Nr. 4 gilt mit der Maßgabe, daß die Hupe hochtönend sein muß. Für Kraft*zwei*räder gilt außerdem Nr. 5 mit der Einschränkung, daß *eine* Laterne der bezeichneten Art genügt.

Jeder Kraftwagen, dessen Eigengewicht 350 Kilogramm übersteigt, muß so eingerichtet sein, daß er mittels der Maschine oder des Motors vom Führersitz aus in Rückwärtsgang gebracht werden kann.

Die Griffe zur Bedienung der Maschine oder des Motors und der im Abs. 1 bis 3 angeführten Einrichtungen müssen so angebracht sein, daß der Führer sie, ohne sein Augenmerk von der Fahrtrichtung abzulenken, leicht und auch im Dunkeln ohne Verwechselungsgefahr handhaben kann.

Jedes Kraftfahrzeug muß mit einem an einer sichtbaren Stelle des Fahrgestells angebrachten Schilde versehen sein, das die Firma, die das Fahrgestell hergestellt hat, die Fabriknummer des Fahrgestells, die Anzahl der Pferdestärken der Maschine oder des Motors (bei steuerpflichtigen Fahrzeugen auch die nach der Steuerformel berechnete Nutzleistung des Fahrzeugs) und das Eigengewicht des betriebsfertigen Fahrzeugs ergibt.

b) Antrag auf Zulassung eines Fahrzeugs.

§ 5.

Wenn ein Kraftfahrzeug in Betrieb genommen werden soll, hat der Eigentümer bei der für seinen Wohnort zuständigen höheren Verwaltungsbehörde die Zulassung des Fahrzeugs schriftlich zu beantragen. Der Antrag muß enthalten:

1. Name und Wohnort des Eigentümers,
2. die Firma, die das Fahrgestell hergestellt hat, sowie die Fabriknummer des Fahrgestells,
3. die Bestimmung des Fahrzeugs (Personen- oder Lastfahrzeug),
4. die Art der Kraftquelle (Verbrennungsmaschine, Dampfmaschine, Elektromotor),
5. die Anzahl der Pferdestärken der Maschine oder des Motors (bei steuerpflichtigen Fahrzeugen auch die nach der Steuerformel berechnete Nutzleistung des Fahrzeugs),
6. das Eigengewicht des betriebsfertigen Fahrzeugs,
7. die zulässige Belastung (in Kilogramm oder Personen einschließlich Führer),
8. bei Fahrzeugen, deren Gesamtgewicht (einschließlich Ladung) 5 Tonnen übersteigt, die Achsdrucke im beladenen Zustand.

Dem Antrag ist das Gutachten eines von der höheren Verwaltungsbehörde eines Bundesstaats anerkannten Sachverständigen beizufügen, das die Richtigkeit der Angaben unter Nr. 4 bis 8 sowie ferner bestätigt, daß das Fahrzeug den nach dieser Verordnung zu stellenden Anforderungen genügt. Hinsichtlich der Nr. 5 kann das Gutachten des Sachverständigen durch eine Bescheinigung der Firma ersetzt werden, die die Maschine oder den Motor hergestellt hat. Das Gutachten hat der Antragsteller auf seine Kosten zu beschaffen.

Die höhere Verwaltungsbehörde ist befugt, auf Antrag einer Firma, deren Sitz sich im Bezirke der Behörde befindet, nach einer auf Kosten der Firma vorgenommenen Prüfung eine Bescheinigung darüber zu erteilen, daß eine fabrikmäßig gefertigte Gattung eines Kraftfahrzeugs den nach Maßgabe dieser Verordnung zu stellenden Anforderungen genügt (Typenprüfung). Die Typenbescheinigung gilt für das ganze Reich. Bei der Veräußerung eines Kraftfahrzeugs, das einer derart zugelassenen Gattung angehört, kann die Firma dem Abnehmer eine mit laufender Nummer versehene Ausfertigung der Bescheinigung, die auch die Richtigkeit der im Abs. 1 unter Nr. 4 bis 8 vorgeschriebenen Angaben bestätigen muß, mit der Wirkung verabfolgen, daß sie das im Abs. 2 geforderte Gutachten ersetzt; die Übereinstimmung der Ausfertigung mit der Originalbescheinigung muß amtlich beglaubigt sein. Über die solchergestalt in den Verkehr gebrachten Fahrzeuge hat die Firma ein Verzeichnis zu führen. Anlage A

Für die nach Abs. 2 und 3 vorzunehmenden Prüfungen gelten die Vorschriften der als Anlage A beigefügten „Anweisung über die Prüfung von Kraftfahrzeugen".

c) Zulassung zum Verkehr und Kennzeichnung.

§ 6.

Die höhere Verwaltungsbehörde (§ 5 Abs. 1) entscheidet über den Antrag auf Zulassung des Kraftfahrzeugs zum Verkehr auf öffentlichen Wegen und Plätzen. Die Zulassung gilt für das ganze Reich.

Im Falle der Zulassung hat die höhere Verwaltungsbehörde das Kraftfahrzeug in eine Liste nach beiliegendem Muster 1 einzutragen, dem Fahrzeug ein polizeiliches Kennzeichen (§ 8) zuzuteilen und hiervon dem Antragsteller Mitteilung zu machen, sowie über die Zulassung und die Eintragung des Kraftfahrzeugs und die Zuteilung des Kennzeichens eine Bescheinigung nach beiliegendem Muster 2 auszufertigen. Die Aushändigung der Bescheinigung erfolgt durch die für den Ort, wo das Kraftfahrzeug in Betrieb gesetzt werden soll, zuständige Polizeibehörde. Muster 1 Muster 2

Treten bei einem zum Verkehr auf öffentlichen Wegen und Plätzen bereits zugelassenen Kraftfahrzeug Änderungen ein, die eine Berichtigung der Liste und der Zulassungsbescheinigung erforderlich machen, so hat der Eigentümer unter Vorlegung der Zulassungsbescheinigung die Berichtigungen innerhalb 2 Wochen bei der zuständigen höheren Verwaltungsbehörde zu beantragen. Bei Änderung der Art der Kraftquelle, bei Einbau einer stärkeren

Maschine oder eines stärkeren Motors, einer in ihrer Bauart oder Übersetzung veränderten Bremse oder Lenkvorrichtung bedarf es einer erneuten Zulassung, die der Eigentümer sofort unter Beifügung eines Gutachtens (§ 5 Abs. 2) bei der zuständigen höheren Verwaltungsbehörde zu beantragen hat.

Verlegt der Eigentümer eines Kraftfahrzeugs seinen Wohnort in den Bezirk einer anderen höheren Verwaltungsbehörde, so hat er bei dieser die erneute Zulassung des Fahrzeugs zu beantragen; der Beifügung des Gutachtens eines Sachverständigen (§ 5 Abs. 2, 3) bedarf es in diesem Falle nicht, wenn die bisherige Zulassungsbescheinigung vorgelegt wird. Bei Ausfertigung der neuen Zulassungsbescheinigung ist die bisherige einzuziehen.

Soll ein Kraftfahrzeug zum Verkehr auf öffentlichen Wegen und Plätzen nicht mehr verwendet werden, so hat der Eigentümer der zuständigen höheren Verwaltungsbehörde hiervon Mitteilung zu machen und ihr die Zulassungsbescheinigung sowie das Kennzeichen abzuliefern. Das Kennzeichen ist, sofern es nicht amtlich ausgegeben ist, nach Vernichtung des Dienststempels zurückzugeben. Unterbleibt die Ablieferung, so hat die höhere Verwaltungsbehörde die Zulassungsbescheinigung und das Kennzeichen einzuziehen oder, soweit die Einziehung des Kennzeichens nicht zulässig ist, den Dienststempel auf diesem augenfällig zu vernichten. In gleicher Weise ist auf Antrag der Steuerbehörde zu verfahren, wenn die Steuerkarte nicht rechtzeitig erneuert wird.

Geht ein zum Verkehr auf öffentlichen Wegen und Plätzen bereits zugelassenes Kraftfahrzeug auf einen anderen Eigentümer über, so hat dieser bei der für seinen Wohnort zuständigen höheren Verwaltungsbehörde die erneute Zulassung des Fahrzeugs zu beantragen; der Beifügung des Gutachtens eines Sachverständigen (§ 5 Abs. 2, 3) bedarf es in diesem Falle nicht, wenn die bisherige Zulassungsbescheinigung vorgelegt wird. Bei Ausfertigung der neuen Zulassungsbescheinigung ist die bisherige einzuziehen.

§ 7.

Vorbehaltlich der Vorschriften in §§ 29, 35 muß jedes auf öffentlichen Wegen und Plätzen verkehrende Kraftfahrzeug das polizeiliche Kennzeichen (§ 8) tragen.

§ 8.

Das von der höheren Verwaltungsbehörde zuzuteilende Kennzeichen besteht aus einem (oder mehreren) Buchstaben (oder römischen Ziffern) zur Bezeichnung des Bundesstaats (oder engeren Verwaltungsbezirkes) und aus der Erkennungsnummer, unter der das Fahrzeug in die polizeiliche Liste (§ 6 Abs. 2) eingetragen ist. Die Verteilung der Kennzeichen innerhalb des Reichsgebiets erfolgt nach dem beiliegenden „Plan für die Kennzeichnung der Kraftfahrzeuge". Das Kennzeichen ist an der Vorderseite und an der Rückseite des Fahrzeugs nach außen hin an leicht sichtbarer Stelle anzubringen. Plan für die Kennzeichnung

Das vordere Kennzeichen ist in schwarzer Balkenschrift auf weißem, schwarzgerandetem Grunde auf die Wandung des Fahrzeugs oder auf eine rechteckige Tafel aufzumalen, die mit dem Fahrzeug durch Schrauben, Nieten oder Nägel fest zu verbinden ist. Die Buchstaben (oder die römischen Ziffern) und die Nummern müssen in eine Reihe gestellt und durch einen wagerechten Strich von einander getrennt werden. Die Abmessungen betragen: Randbreite mindestens 10 Millimeter, Schrifthöhe 75 Millimeter bei einer Strichstärke von 12 Millimeter, Abstand zwischen den einzelnen Zeichen und vom Rande 20 Millimeter, Stärke des Trennungsstrichs 12 Millimeter, Länge des Trennungsstrichs 25 Millimeter, Höhe der Tafel ausschließlich des Randes 115 Millimeter (Muster 3). Muster 3

Bei dem an der Rückseite des Fahrzeugs mittels Schrauben, Nieten oder Nägel fest anzubringenden Kennzeichen sind die Buchstaben (römischen Ziffern) und die Nummer auf einer viereckigen weißen, schwarzgerandeten Tafel in schwarzer Balkenschrift auszuführen. Die Tafel kann Bestandteil einer Laterne sein (vgl. § 11). Die Buchstaben (römischen Ziffern) müssen über der Nummer stehen. Die Abmessungen betragen: Randbreite mindestens 10 Millimeter, Schrifthöhe 100 Millimeter, bei einer Strichstärke von 15 Millimeter, Abstand zwischen den einzelnen Zeichen und vom Rande 20 Millimeter, Höhe der Tafel ausschließlich des Randes 260 Millimeter (Muster 4). Das hintere Kennzeichen kann auch auf die Wandung des Fahrzeugs aufgemalt werden. Muster 4

Krafträder sind von der Führung des hinteren Kennzeichens befreit. Bei ihnen genügt ein beiderseitig beschriebenes Kennzeichen, das an der Vorderseite in der Fahrtrichtung an leicht sichtbarer Stelle anzubringen ist. Das Kennzeichen ist in schwarzer Balkenschrift auf weißem, schwarzgerandetem Grunde auf eine rechteckige, an den Vorderecken leicht abgerundete Tafel aufzumalen, die mit dem Fahrzeug durch Schrauben, Nieten oder Nägel fest zu verbinden ist. Die Buchstaben (oder die römischen Ziffern) und die Nummer müssen in einer Reihe stehen und durch einen wagerechten Strich voneinander getrennt sein. Die Abmessungen betragen: Randbreite mindestens 8 Millimeter, Schrifthöhe 60 Millimeter bei einer Strichstärke von 10 Millimeter, Abstand zwischen den einzelnen Zeichen und vom Rande 12 Millimeter, Stärke des Trennungsstrichs 10 Millimeter, Länge des Trennungsstrichs 18 Millimeter, Muster 5 Höhe der Tafel ausschließlich des Randes 80 Millimeter (Muster 5).

9.

Die Kennzeichen müssen mit dem Dienststempel der Polizeibehörde (§ 6 Abs. 2 Satz 2) versehen sein. Zum Zwecke der Abstempelung des Kennzeichens hat die Polizeibehörde die Vorführung des Kraftfahrzeugs anzuordnen. Bevor sie die Abstempelung vornimmt, hat sie sich durch sorgfältige Prüfung davon zu überzeugen, daß das Fahrzeug insbesondere auch den Vorschriften der §§ 8, 10 und 11 entspricht.

§ 10.

Die Kennzeichen dürfen nicht zum Umklappen eingerichtet sein; sie dürfen niemals verdeckt sein und müssen stets in lesbarem Zustand erhalten werden. Der untere Rand des vorderen Kennzeichens darf nicht weniger als 20 Zentimeter, der des hinteren nicht weniger als 45 Zentimeter vom Erdboden entfernt sein.

§ 11.

Während der Dunkelheit und bei starkem Nebel ist das hintere Kennzeichen so zu beleuchten, daß es deutlich erkennbar ist. Die Beleuchtungsvorrichtung muß so eingerichtet sein, daß sie das Kennzeichen von keiner Seite verdeckt und weder vom Sitze des Führers noch vom Innern des Wagens aus abgestellt werden kann.

Bei Kraftzweirädern ist das an der Vorderseite angebrachte Kennzeichen während der Dunkelheit und bei starkem Nebel so zu beleuchten, daß es von beiden Seiten deutlich erkennbar ist.

§ 12.

Muß ein mit dem Dienststempel der Polizeibehörde versehenes Kennzeichen erneuert werden, so ist das Kraftfahrzeug wiederum entsprechend der Vorschrift im § 9 der Polizeibehörde vorzuführen; tritt die Notwendigkeit der Erneuerung an einem Orte ein, von dem aus die Polizeibehörde, die die erste Stempelung des Kennzeichens vorgenommen hatte, ohne Zeitverlust nicht erreicht werden kann, so ist das Fahrzeug der nächsten Polizeibehörde vorzuführen, die alsdann das erneuerte Kennzeichen mit dem Dienststempel zu versehen und, daß dies geschehen, in der Zulassungsbescheinigung (§ 6 Abs. 2) ersichtlich zu machen hat.

§ 13.

Die Anbringung mehrerer verschiedener Kennzeichen ist unzulässig.

C. Der Führer des Kraftfahrzeugs.

a) Die Zulassung zum Führen.

§ 14.

Wer auf öffentlichen Wegen und Plätzen ein Kraftfahrzeug führen will, bedarf der Erlaubnis der zuständigen höheren Verwaltungsbehörde. Die Erlaubnis gilt für das ganze Reich; sie ist zu erteilen, wenn der Nachsuchende seine Befähigung durch eine Prüfung dargetan hat und nicht Tatsachen vorliegen, die die Annahme rechtfertigen, daß er zum Führen von Kraftfahrzeugen ungeeignet ist.

Personen unter 18 Jahren ist das Führen von Kraftfahrzeugen, insbesondere auch von Krafträdern, nicht gestattet. Ausnahmen können von der höheren Verwaltungsbehörde mit Zustimmung des gesetzlichen Vertreters zugelassen werden.

Den Nachweis der Erlaubnis hat der Führer durch eine Bescheinigung (Führerschein) nach beiliegendem Muster 6 zu erbringen. Muster 6

Für die vorzunehmenden Prüfungen gelten die Vorschriften unter Ziff. I bis VI der als Anlage B beigefügten „Anweisung über die Prüfung der Führer von Kraftfahrzeugen". Anlage B

b) Besondere Pflichten des Führers.

§ 15.

Der Führer hat den Führerschein (§ 14 Abs. 3) sowie die Bescheinigung über die Zulassung des Kraftfahrzeugs (§ 6

Abs. 2) bei der Benutzung des Fahrzeugs auf öffentlichen Wegen und Plätzen bei sich zu führen und auf Verlangen den zuständigen Beamten vorzuzeigen.

§ 16.

Der Führer ist dafür verantwortlich, daß das Kraftfahrzeug mit den nach dieser Verordnung vorgeschriebenen Vermerken und polizeilichen Kennzeichen versehen ist, daß das Kennzeichen in vorgeschriebener Weise beleuchtet ist, daß die zulässige Belastung nicht überschritten wird und daß das Fahrzeug sich in verkehrssicherem Zustand (§§ 3, 4) befindet; er hat sich vor der Fahrt von dem Zustand des Fahrzeugs zu überzeugen.

§ 17.

Der Führer ist zu besonderer Vorsicht in Leitung und Bedienung seines Fahrzeugs verpflichtet. Er darf von dem Fahrzeug nicht absteigen, so lange es in Bewegung ist, und darf sich von ihm nicht entfernen, so lange die Maschine oder der Motor läuft; auch muß er, falls er sich von dem Fahrzeug entfernt, die Vorrichtung (§ 4 Abs. 1 Nr. 6) in Wirksamkeit setzen, die verhindern soll, daß ein Unbefugter das Fahrzeug in Betrieb setzt.

Der Führer ist insbesondere verpflichtet, dafür Sorge zu tragen, daß eine nach der Beschaffenheit des Kraftfahrzeugs (§ 3 Abs. 1) vermeidbare Entwickelung von Geräusch, Rauch, Dampf oder üblem Geruch in keinem Falle eintritt.

Das Öffnen etwa vorhandener Auspuffklappen ist verboten.

§ 18.

Die Fahrgeschwindigkeit ist jederzeit so einzurichten, daß Unfälle und Verkehrsstörungen vermieden werden und daß der Führer in der Lage bleibt, unter allen Umständen seinen Verpflichtungen Genüge zu leisten.

Innerhalb geschlossener Ortsteile darf die Fahrgeschwindigkeit von 15 Kilometer in der Stunde nicht überschritten werden. Bei Kraftfahrzeugen von mehr als 5,5 Tonnen Gesamtgewicht beträgt die überhaupt zulässige Höchstgeschwindigkeit 12 Kilometer in der Stunde; sie kann — vorbehaltlich der Vorschrift in Satz 1 — bis auf 16 Kilometer gesteigert werden, wenn wenigstens die Triebräder mit Gummi bereift sind. Die höhere Verwaltungsbehörde kann höhere Fahrgeschwindigkeiten zulassen.

Auf unübersichtlichen Wegen, insbesondere nach Eintritt der Dunkelheit oder bei starkem Nebel, beim Einbiegen aus einer Straße in die andere, bei Straßenkreuzungen, bei Straßeneinmündungen, bei scharfen Straßenkrümmungen, bei der Ausfahrt aus Grundstücken, die an öffentlichen Wegen liegen, und bei der Einfahrt in solche Grundstücke, bei der Annäherung an Eisenbahnübergänge in Schienenhöhe, ferner beim Passieren enger Brücken und Tore sowie schmaler oder abschüssiger Wege sowie da, wo die Wirksamkeit der Bremsen durch die Schlüpfrigkeit des Weges in Frage gestellt ist, endlich überall da, wo ein lebhafter Verkehr herrscht, muß langsam und so vorsichtig gefahren werden, daß das Fahrzeug sofort zum Halten gebracht werden kann.

§ 19.

Der Führer hat entgegenkommende, zu überholende, in der Fahrtrichtung stehende oder die Fahrtrichtung kreuzende Menschen sowie die Führer von Fuhrwerken, Reiter, Radfahrer, Viehtreiber usw. durch deutlich hörbares Warnungszeichen rechtzeitig auf das Nahen des Kraftfahrzeugs aufmerksam zu machen; auf die Notwendigkeit, das Warnungszeichen abzugeben, ist in besonderem Maße an unübersichtlichen Stellen (§ 18 Abs. 3) zu achten.

Das Abgeben von Warnungszeichen ist sofort einzustellen, wenn Pferde oder andere Tiere dadurch unruhig oder scheu werden.

Innerhalb geschlossener Ortsteile sind Warnungszeichen mit der im § 4 Abs. 1 Nr. 4 vorgeschriebenen Huppe abzugeben. Außerhalb geschlossener Ortsteile kann das Warnungszeichen auch mit einer Fanfarentrompete abgegeben werden; dies Signalinstrument darf auch lose im Kraftfahrzeuge mitgeführt und unter Verantwortung des Führers auch durch eine andere im Fahrzeug beförderte Person angewendet werden.

Das Abgeben langgezogener Warnungssignale, die Ähnlichkeit mit Feuersignalen haben, sowie die Verwendung anderer Signalinstrumente ist nicht statthaft.

§ 20.

Merkt der Führer, daß ein Pferd oder ein anderes Tier vor dem Kraftfahrzeuge scheut, oder daß sonst durch das Vorbeifahren mit dem Kraftfahrzeuge Menschen oder Tiere in Gefahr gebracht werden, so hat er langsam zu fahren sowie erforderlichenfalls anzuhalten und die Maschine oder den Motor außer Tätigkeit zu setzen.

Auf den Haltruf oder das Haltzeichen eines als solcher kenntlichen Polizeibeamten hat der Führer sofort anzuhalten. Zur Kenntlichmachung eines Polizeibeatmen ist auch das Tragen einer Dienstmütze ausreichend.

§ 21.

Beim Einbiegen in eine andere Straße ist nach rechts in kurzer Wendung, nach links in weitem Bogen zu fahren. Diese Vorschrift gilt entsprechend für das Durchfahren von scharfen oder unübersichtlichen Wegekrümmungen.

Der Führer hat entgegenkommenden Kraftfahrzeugen, Fuhrwerken, Reitern, Radfahrern, Viehtransporten oder dergl. rechtzeitig und genügend nach rechts auszuweichen oder, falls dies die Umstände oder die Örtlichkeit nicht gestatten, so lange anzuhalten, bis die Bahn frei ist.

Das Vorbeifahren an eingeholten Kraftfahrzeugen, Fuhrwerken, Reitern, Radfahrern, Viehtransporten oder dergl. hat auf der linken Seite zu erfolgen.

D. Die Benutzung öffentlicher Wege und Plätze.

§ 22.

Das Fahren mit Kraftfahrzeugen ist nur auf Fahrwegen gestattet. Auf Radfahrwegen und auf Fußwegen, die für Fahrräder freigegeben sind, ist der Verkehr mit Kraftzweirädern mit besonderer polizeilicher Genehmigung zulässig.

§ 23.

Die Polizeibehörden können durch allgemeine polizeiliche Vorschriften oder durch besondere für den einzelnen Fall getroffene polizeiliche Anordnungen, soweit der Zustand der Wege oder die Eigenart des Verkehrs es erfordert, den Verkehr mit Kraftfahrzeugen überhaupt oder mit einzelnen Arten auf bestimmten Wegen, Plätzen und Brücken verbieten oder beschränken. Für Wegestrecken, die dem Durchgangsverkehre dienen, steht diese Befugnis den Landeszentralbehörden zu; sie können die Befugnis auf die höheren Verwaltungsbehörden übertragen.

Polizeiliche Vorschriften oder Anordnungen für den Verkehr mit Kraftfahrzeugen, durch die wegen des Zustandes der Wege oder der Eigenart des Verkehrs eine Höchstgeschwindigkeit von weniger als 15 Kilometer in der Stunde festgesetzt wird, dürfen nur für solche Kraftfahrzeuge erlassen werden, deren Gesamtgewicht 5,5 Tonnen übersteigt. Zuständig sind die höheren Verwaltungsbehörden.

Diese können auch Vorschriften oder Anordnungen erlassen, durch die, abgesehen von dem Falle des Abs. 1, der Verkehr mit Kraftfahrzeugen für bestimmte Örtlichkeiten mit Rücksicht auf deren besondere Verhältnisse verboten oder beschränkt wird.

§ 24.

Das Wettfahren und die Veranstaltung von Wettfahrten auf öffentlichen Wegen und Plätzen sind verboten.

Für Zuverlässigkeitsfahrten und ähnliche Veranstaltungen zu Prüfungszwecken ist die Genehmigung der zuständigen Behörde erforderlich; soweit mit ihnen Geschwindigkeitsprüfungen verbunden sind, ist die Genehmigung der Landeszentralbehörde erforderlich, die im Einzelfalle die Bedingungen festsetzt.

E. Das Mitführen von Anhängewagen.

§ 25.

Soll von einem polizeilich zugelassenen Kraftfahrzeug ein Anhängewagen mitgeführt werden, so genügt die Anzeige bei der höheren Verwaltungsbehörde (§ 5), sofern den nachstehenden Bedingungen entsprochen wird:

1. der Anhängewagen muß versehen sein:
   a) mit einer sicher wirkenden Bremse;
   b) mit einer zuverlässigen, auf die Fahrbahn wirkenden Vorrichtung, die beim Befahren von Steigungen die unbeabsichtigte Rückwärtsbewegung verhindert (Bergstütze);
2. die Radkränze des Anhängewagens dürfen keine Unebenheiten besitzen, die geeignet sind, die Fahrbahn zu beschädigen;
3. die Verbindung der Lenkvorrichtung des Anhängewagens mit dem Kraftfahrzeuge muß so beschaffen sein, daß die Räder des Anhängewagens auch in Krümmungen möglichst auf den Spuren der Räder des Kraftfahrzeugs laufen;

4. zwischen dem Anhängewagen und dem Kraftfahrzeuge muß außer der Hauptkuppelung noch eine Sicherheitskuppelung (Notkuppelung) vorhanden sein.

Der Anzeige hat der Eigentümer die Zulassungsbescheinigung für das Kraftfahrzeug sowie das Gutachten eines amtlich anerkannten Sachverständigen darüber beizufügen, daß den Vorschriften des Abs. 1 genügt ist; ein Vermerk über die Anzeige ist von der höheren Verwaltungsbehörde in die Liste und in die Zulassungsbescheinigung (§ 6 Abs. 2) aufzunehmen.

Der Führer ist dafür verantwortlich, daß der Anhängewagen sich in verkehrssicherem Zustand befindet und daß das Gesamtgewicht des Anhängewagens mit Nutzlast das jeweilige Gesamtgewicht des Kraftfahrzeugs mit Nutzlast nicht überschreitet. Falls die Bremse des Anhängewagens nicht vom Führersitze des Kraftfahrzeugs aus bedient werden kann, muß auf dem Anhängewagen ein Bremser mitfahren; in diesem Falle muß eine Verständigung zwischen Führer und Bremser möglich sein.

Das Mitführen von mehr als einem Anhängewagen ist nur auf Grund polizeilicher Erlaubnis zulässig; das Gleiche gilt bezüglich des Mitführens von einem Anhängewagen, sofern den Bedingungen im Abs. 1 Nr. 1 bis 4 nicht genügt ist. In diesen Fällen ist der Erlaubnisschein bei der Fahrt mitzuführen und den Polizeibeamten auf Verlangen vorzuzeigen.

Werden Anhängewagen mitgeführt, so muß das dem Kraftfahrzeuge zugeteilte polizeiliche Kennzeichen (§ 8 Abs. 3) an der Rückseite des Schlußwagens angebracht sein.

F. Untersagung des Betriebs.

§ 26.

Die Polizeibehörde kann jederzeit auf Kosten des Eigentümers eine Untersuchung darüber veranlassen, ob ein Kraftfahrzeug den nach Maßgabe dieser Verordnung zu stellenden Anforderungen entspricht.

Genügt ein Kraftfahrzeug diesen Anforderungen nicht, so kann seine Ausschließung vom Befahren der öffentlichen Wege und Plätze durch die höhere Verwaltungsbehörde verfügt werden.

§ 27.

Werden Tatsachen festgestellt, die die Annahme rechtfertigen, daß eine Person zum Führen von Kraftfahrzeugen ungeeignet ist, so kann ihr die Fahrerlaubnis dauernd oder für bestimmte Zeit durch die für ihren Wohnort zuständige höhere Verwaltungsbehörde entzogen werden; nach der Entziehung ist der Führerschein der Behörde abzuliefern. Die Entziehung der Fahrerlaubnis ist für das ganze Reich wirksam. Im Falle der Entziehung der Fahrerlaubnis für bestimmte Zeit kann deren Wiedererteilung von der nochmaligen Ablegung einer Prüfung oder der Erfüllung sonstiger Bedingungen abhängig gemacht werden.

Personen, die nur während eines vorübergehenden Aufenthalts in dem Gebiete des Deutschen Reichs ein Kraftfahrzeug führen, kann aus Gründen, die nach Abs. 1 die Entziehung der Fahrerlaubnis rechtfertigen, die Führung des Kraftfahrzeugs durch Verfügung der zuständigen höheren Verwaltungsbehörde jederzeit untersagt werden. Die Untersagung ist für das ganze Reich wirksam.

G. Ausnahmen.

§ 28.

Als vorläufig zum Verkehr auf öffentlichen Wegen und Plätzen zugelassen gelten Kraftfahrzeuge während der durch den amtlich anerkannten Sachverständigen vorzunehmenden technischen Prüfung (Nr. XI der Anweisung über die Prüfung von Kraftfahrzeugen — Anlage A —). Die Vorschrift im § 15 über die Mitführung der Zulassungsbescheinigung findet in diesen Fällen keine Anwendung.

Während der Prüfungsfahrten haben die Kraftfahrzeuge ein besonderes Kennzeichen (Probefahrtkennzeichen) zu führen, auf das die Bestimmungen im § 8 mit der Maßgabe Anwendung finden, daß die Erkennungsnummer aus einer Null (0) mit einer oder mehreren nachfolgenden Ziffern besteht, daß das Kennzeichen in roter Balkenschrift auf weißem, rotgerandetem Grunde herzustellen ist und daß von der festen Anbringung der Kennzeichen abgesehen werden kann. Derartige, mit dem Dienststempel der höheren Verwaltungsbehörde versehene Kennzeichen sind den amtlich anerkannten Sachverständigen (§ 5) zur Verwendung bei diesen Prüfungsfahrten zur Verfügung zu stellen.

§ 29.

Von der Verpflichtung zur Führung des Kennzeichens (§ 7) sind befreit:

1. die Kraftfahrzeuge der Feuerwehren im Dienst,
2. die zu Zwecken der öffentlichen Straßenreinigung dienenden Kraftfahrzeuge.

§ 30.

Von der Verpflichtung zur Führung eines gestempelten Kennzeichens sind befreit Kraftfahrzeuge, die auf der Fahrt zur Polizeibehörde zwecks Vorführung des Fahrzeugs und Abstempelung des Kennzeichens (§§ 6 und 9) öffentliche Wege und Plätze benutzen müssen. Als Ersatz für die fehlende Zulassungsbescheinigung und gleichzeitig als Ausweis für diese Fahrt dient die schriftliche Aufforderung der Polizeibehörde, das Fahrzeug vorzuführen.

§ 31.

Zuverlässige Fabriken oder Händler, die mit den zum Verkaufe gestellten Fahrzeugen Probefahrten auf öffentlichen Wegen und Plätzen veranstalten wollen, erhalten, sofern sie bei der für den Sitz der Firmen zuständigen höheren Verwaltungsbehörde die Zulassung der Kraftfahrzeuge im Sinne der §§ 5, 6 bewirkt haben, auf Antrag widerruflich an Stelle der Zulassungsbescheinigung nach Muster 2 besondere Bescheinigungen nach
Muster 7 Muster 7 und zu wiederkehrender Verwendung bei den einzelnen Kraftfahrzeugen Kennzeichen der im § 28 Abs. 2 bezeichneten Art. Eine Mitwirkung der Polizeibehörde (§ 6 Abs. 2 Satz 2, § 9) findet in diesen Fällen nicht statt. Soll eine Probefahrt über die Grenzen des Reichsgebiets ausgedehnt werden, so sind Kennzeichen und Bescheinigung vor dem Verlassen des Reichs auf dem deutschen Grenzzollamt abzuliefern.

Beim Verkauf eines jeden Fahrzeugs ist die Ausfertigung der Zulassungsbescheinigung und die Zuteilung des nunmehr endgültig zu führenden Kennzeichens ohne Verzug, jedenfalls aber innerhalb vierzehn Tagen bei der zuständigen höheren Verwaltungsbehörde (§ 5 Abs. 1) zu beantragen; die bisher geführte Bescheinigung ist abzuliefern.

§ 32.

Auf die Kraftfahrzeuge der Militärverwaltung und der Postverwaltung finden die Bestimmungen dieser Verordnung mit der Maßgabe Anwendung, daß die Fahrzeuge Warnungszeichen auch mit anderen als den im § 19 Abs. 3 genannten Signalinstrumenten abgeben dürfen und daß eine jederzeitige

Untersuchung der Fahrzeuge und ihre Ausschließung durch die höhere Verwaltungsbehörde (§ 26) nicht zulässig ist.

Die Kraftfahrzeuge der Postverwaltung brauchen außerdem nicht mit einer Hupe zum Abgeben von Warnungszeichen (§ 4 Abs. 1 Nr. 4) versehen zu sein. Die für die Fuhrwerke der Postverwaltung nach Reichs- oder Landesgesetzen bestehenden Sonderrechte gelten auch für die Kraftfahrzeuge der Postverwaltung.

§ 33.

Für die Erteilung der Erlaubnis zum Führen von Kraftfahrzeugen der Militärverwaltung und für die Entziehung dieser Erlaubnis gelten die besonderen Vorschriften unter Ziff. VIII der im § 14 Abs. 4 näher bezeichneten Anweisung (Anlage B).

§ 34.

Für die Kraftfahrzeuge der Feuerwehren im Dienste gelten außer der im § 29 unter Nr. 1 bestimmten Ausnahme folgende Sonderbestimmungen:

Diese Fahrzeuge brauchen nicht mit einer Hupe zum Abgeben von Warnungszeichen versehen zu sein (§ 4 Abs. 1 Nr. 4), dürfen Warnungszeichen auch mit anderen als den im § 19 Abs. 3 genannten Signalinstrumenten abgeben, unterliegen nicht den Vorschriften über die innezuhaltende Fahrgeschwindigkeit (§ 18) und sind befreit von den Vorschriften über das Ausweichen, Anhalten und Vorbeifahren in den im § 21 Abs. 2 und 3 genannten Fällen.

§ 35.

Auf die Kraftfahrzeuge der Landesherren und der Mitglieder der landesherrlichen Familien sowie der Mitglieder der Fürstlichen Familie Hohenzollern finden die Vorschriften im § 4 Abs. 1 Nr. 4, § 7 und § 19 Abs. 3 Satz 1 keine Anwendung.

H. Verkehr über die Reichsgrenze und im Zollgrenzbezirke.

§ 36.

Für die Zulassung und Kennzeichnung der zu vorübergehendem Aufenthalt in das Gebiet des Deutschen Reichs aus dem Ausland gelangenden außerdeutschen Kraftfahrzeuge und für die Zulassung der Führer solcher Fahrzeuge gelten bis auf weiteres die bisherigen landesrechtlichen Vorschriften mit der Maßgabe, daß im Zollgrenzbezirke die Beamten der Grenzzollverwaltung hinsichtlich der Kraftfahrzeuge die gleichen Befugnisse wie die Polizeibeamten haben.

J. Schluß- und Übergangsbestimmungen.

§ 37.

Welche Behörden unter der Bezeichnung „Polizeibehörde" und „höhere Verwaltungsbehörde" zu verstehen sind, bestimmt die Landeszentralbehörde.

§ 38.

Diese Verordnung tritt am 1. April 1910 in Kraft.

§ 39.

Die für die Zulassung der Kraftfahrzeuge vor dem 1. April 1910 auf Grund landesrechtlicher Vorschriften erteilten Bescheinigungen behalten bis auf weiteres Gültigkeit. Die Inhaber solcher Zulassungsbescheinigungen haben das Recht, bei der zuständigen höheren Verwaltungsbehörde die Ausstellung einer Zulassungsbescheinigung nach Muster 2 zu beantragen. Bei Ausstellung der neuen Bescheinigung hat die höhere Verwaltungsbehörde zu vermerken, daß es sich um ein bereits vor dem 1. April 1910 zugelassenes Kraftfahrzeug handelt.

Die von Kraftzweirädern auf Grund landesrechtlicher Vorschriften vor dem 1. April 1910 geführten Kennzeichen von größerer Abmessung, als im § 8 Abs. 4 vorgesehen, können bis zum 1. April 1911 beibehalten werden.

§ 40.

Die vor dem 1. April 1910 auf Grund landesrechtlicher Vorschriften erteilten Zeugnisse zum Führen von Kraftfahrzeugen behalten bis zum 1. April 1911 Gültigkeit. Die Inhaber solcher Zeugnisse haben jedoch bis zum 1. Oktober 1910 die Erteilung eines neuen Führerscheins bei der zuständigen höheren Verwaltungsbehörde gemäß § 14 zu beantragen. Für das Verfahren hinsichtlich der Zuteilung des neuen Führerscheins gelten die Vorschriften unter Ziff. VII der im § 14 Abs. 4 näher bezeichneten Anweisung (Anlage B).

Tabellen zu Anhang I.

Bezeichnung der höheren Verwaltungsbehörde.

Liste der zugelassenen

Laufende Nr.	Name und Wohnort des Eigentümers	Firma, die das Fahrgestell hergestellt hat, u. Fabriknummer des Fahrgestells	Art und Bestimmung des Fahrzeugs	Art der Kraftquelle
1	2	3	4	5
1				
2				
3				
4				

Muster 1
(zu § 6 Abs. 2).

Kraftfahrzeuge.

Anzahl der Pferdestärken der Maschine oder des Motors		Eigengewicht des betriebsfertigen Fahrzeugs	Zulässige Belastung (kg oder Personen einschließlich Führer)	Bei Fahrzeugen, deren Gesamtgewicht (einschließlich Ladung) 5 t übersteigt, die Achsdrucke im beladenen Zustand	Erkennungsnummer.	Aushändigung der Zulassungsbescheinigung		Bemerkungen
	bei steuerpflichtigen Fahrzeugen auch die nach der Steuerformel berechnete Nutzleistung des Fahrzeugs					durch (Polizeibehörde in)	am	
6		7	8	9	10	11		12

Muster 2

(zu § 6 Abs. 2).

(Auf dunkelgrauem glatten Leinwandpapier. Breite 10 cm, Höhe 15 cm Typendruck.)

1. Seite)

Zulassungsbescheinigung.

Herrn ....

in ....

.... Straße Nr. ....

ist unter der Erkennungsnummer

der/das umseitig beschriebene Kraftwagen/rad zum Verkehr auf öffentlichen Wegen und Plätzen zugelassen worden.

.... den ten 19

....

(Name der höheren Verwaltungsbehörde)

(Stempel)

Liste Nr. ....

(2. Seite)

Firma, die das Fahrgestell hergestellt hat	
Fabriknummer des Fahrgestells	
Art und Bestimmung des Fahrzeugs	
Art der Kraftquelle	
Pferdestärken der Maschine oder des Motors	
Nutzleistung des Fahrzeugs nach der Steuerformel berechnet	
Eigengewicht des betriebsfertigen Fahrzeugs	
Zulässige Belastung (kg oder Personen einschließlich Führer)	
Achsdrucke im beladenen Zustand (nur bei Fahrzeugen, deren Gesamtgewicht — einschließlich Ladung — 5 t übersteigt)	

(3. Seite)

Die Zulassungsbescheinigung ist ausgehändigt.

.........., den ......ten 19

....
(Name der Polizeibehörde)

(Stempel)

(Raum für nachträgliche Eintragungen)

(4. Seite)

Muster 6

(zu § 14 Abs. 3).

(Auf dunkelgrauem glatten Leinwandpapier. Breite 10 cm, Höhe 15 cm Typendruck.)

(1. Seite)

Führerschein.

Ausgestellt für ....

..............., geboren am ten 1

in ....

wohnhaft in ....

.... Straße Nr.

(2. Seite)

Herr

ist auf Grund der vor dem amtlich anerkannten Sachverständigen

Herrn

in ....

am ...... ten .... 19 .... abgelegten Prüfung

ermächtigt, einen Kraftwagen / ein Kraftrad mit (Motor)

(Klasse) .... zu führen.

........................, den ten .... 19 ....

....

(Name der höheren Verwaltungsbehörde)

Liste Nr. ....

(3. Seite)

(Raum für die Photographie des Inhabers)

(Stempel)

Eigenhändige Namensunterschrift des Inhabers:

....

(4. Seite)

(Raum für weitere amtliche Eintragungen, insbesondere für Vermerke, betreffend Ausdehnung der Fahrerlaubnis nach Ergänzungsprüfungen.)

Muster 7

(zu § 31 Abs. 1).

(Auf weißem Leinwandpapier. Breite 10 cm, Höhe 15 cm Typendruck.)

(1. Seite)

De ....

in ....

ist d ...... umseitig beschriebene Kraftwagen (Kraftrad) zur Veranstaltung von Probefahrten zugelassen worden. Bei den Probefahrten muß das Fahrzeug mit einem der nachstehend aufgeführten Probefahrtkennzeichen

versehen sein.

den .... ten .... 19..........

....

(Name der höheren Verwaltungsbehörde)

(Stempel)

(2. Seite)

Firma, die das Fahrgestell hergestellt hat, und Fabriknummer des Fahrgestells	
Bestimmung des Fahrzeugs	
Art der Kraftquelle	
Anzahl der Pferdestärken der Maschine oder des Motors	
Eigengewicht des betriebsfertigen Fahrzeugs	
Bei Fahrzeugen, deren Gesamtgewicht (einschließlich Ladung) 5 t übersteigt, die Achsdrucke im beladenen Zustand	
Zulässige Belastung (kg oder Personen einschließlich Führer)	

Anlage A
(zu § 5 Abs. 4).

Anweisung über die Prüfung von Kraftfahrzeugen.

I. Allgemeine Bestimmungen.

1. Bei der Beurteilung der Verkehrssicherheit eines Kraftfahrzeugs kommen nur die Teile in Betracht, deren Versagen an dem in Bewegung befindlichen Fahrzeug eine Gefahr für den öffentlichen Verkehr in sich schließt, nämlich Einrichtungen für Lenken, Bremsen, Verhinderung unbeabsichtigter Rückwärtsbewegung, Rückwärtsgang und Radkonstruktion. Diese Einrichtungen müssen unter allen Umständen so beschaffen sein, daß ihr Versagen bei sachgemäßer Unterhaltung und Bedienung nicht zu befürchten ist. Einrichtungen, deren Versagen nur den Antrieb des Fahrzeugs stört oder unmöglich macht (Störungen an der Maschine oder am Motor, in der Kuppelung und dergleichen), kommen für die Prüfung nicht in Betracht.

2. Die Wahl der Materialien bleibt dem Fabrikanten unter eigener Verantwortlichkeit überlassen, jedoch müssen Vorderachsen, Lenkhebel und Lenkgestänge aus gezogenem oder geschmiedetem Material hergestellt werden. Die gewählten Abmessungen sind nur dann zu beanstanden, wenn sich bei der Prüfung bleibende Formveränderungen bemerkbar machen.

II. Feuers- und Explosionsgefahr.

1. Zur Vermeidung von Feuers- und Explosionsgefahr bei Fahrzeugen mit elektrischem Antrieb sind die unter Nr. XII besonders angegebenen Vorschriften für elektrisch betriebene Fahrzeuge zu beachten.

2. Bei Dampffahrzeugen muß die Kesselanlage, soweit dafür nicht von der zuständigen Behörde Ausnahmen zugelassen sind, den allgemeinen polizeilichen Bestimmungen über die Anordnung von Landdampfkesseln entsprechen. Ferner ist bei Verwendung fester Brennstoffe darauf zu achten, daß der Funkenauswurf verhindert wird. Endlich muß die Feuerstelle von allen brennbaren Teilen des Fahrzeugs genügend isoliert und der Aschenkasten so gebaut und angeordnet sein, daß keine glühenden Aschenteile herausfallen können.

3. Bei Fahrzeugen mit Verbrennungsmaschine sind zur Vermeidung von Feuers- und Explosionsgefahr folgende Vorschriften zu befolgen:

a) Behälter, die zur Aufnahme flüssigen Brennstoffs dienen, sind aus zähem, gegen Rost geschützten Material herzustellen; Nähte müssen, sofern sie nicht durch Nietung und Lötung, Hartlötung oder Schweißung hergestellt sind, doppelt gefalzt und gelötet sein. Die Behälter sind mit einem hydraulischen Überdruck von 0,3 Atmosphären auf Dichthalten zu prüfen; ihr Einbau in die Fahrzeuge ist so auszuführen, daß sie möglichst gegen Stoß geschützt sind; der tiefste Punkt der Behälter und ihrer Armatur muß auch bei voll belastetem Fahrzeug mindestens 15 Zentimeter über dem Boden liegen. Das Füllrohr ist durch ein auswechselbares feinmaschiges Drahtnetz gegen das Hindurchschlagen von Flammen zu sichern. Geschweißte Behälter müssen mit mindestens einem Schmelzpfropfen oder Sicherheitsventile versehen sein. Alle Armaturteile müssen mit dem Behälter außer durch Lötung noch durch Nieten oder Schrauben verbunden sein. An dem tiefsten Punkte des Behälters ist eine Ablaßvorrichtung anzubringen, sodaß eine völlige Entleerung erfolgen kann. An Vorrichtungen zur Anzeige des Flüssigkeitsstandes muß mindestens der untere Anschluß an den Behälter absperrbar sein. Erfolgt die Zuführung des Brennstoffs durch den Druck der Auspuffgase, so ist ein Reduzierventil mit vorgeschaltetem Siebe in die Druckgasleitung einzubauen.

b) Die Zuflußrohrleitung zur Maschine ist sorgfältig zu befestigen und so zu verlegen, daß ein Ausgleich von Längenänderungen möglich ist. Die Verbindung einzelner Rohrstücke ist durch eine über beide Rohrenden geschraubte und verlötete Muffe oder durch eine Verschraubungsart mit metallischen Dichtungsflächen (Kegelnippel, Kugelnippel, gestauchte Rohrenden) herzustellen. In gleicher Weise ist die Befestigung der Rohre mit den Absperrvorrichtungen und Armaturteilen auszuführen, falls sie nicht hart eingelötet sind. Flanschverbindungen mit Stoffpackung sind unzulässig. Alle mit der Benzinleitung verlöteten Nippel müssen hart gelötet sein, während an den Brennstoffbehältern und ihren Armaturteilen, wenn die Lötung nur den Zweck hat, abzudichten, Weichlötung zulässig ist. In der Zuflußrohrleitung zur Maschine ist in der Nähe des Brennstoffbehälters eine Absperrvorrichtung einzuschalten; dieselbe muß von außen leicht zugänglich sein; bei Brennstofförderung durch Druckgase und Steigrohr genügt eine Einrichtung zum schnellen Ablassen des Druckes. Brennstoffleitung, Vergaser und Schwimmergehäuse sind so anzuordnen, daß etwa austretender Brennstoff nicht auf das Auspuffrohr, den Stromverteiler oder Magnetapparat tropfen kann; der aus dem Schwimmergehäuse und Vergaser etwa austretende Brennstoff ist unmittelbar ins Freie zu leiten.

c) Werden unterhalb des Wagens Schutzbleche angebracht, so muß die Beseitigung der sich in ihnen ansammelnden brennbaren Stoffe leicht möglich sein.

d) Die elektrischen Zündleitungen sind zu isolieren und so zu verlegen, daß Kurzschluß ausgeschlossen ist. Hochspannungsleitungen sind besonders sorgfältig zu verlegen. Glührohrzündung ist verboten.

III. Vermeidung von üblem Geruch, Rauch und Geräusch.

Die Verbrennung der Gase in der Maschine muß so vollkommen und die Ölzufuhr so eingerichtet sein, daß, abgesehen vom Anfahren nach längerem Stillstand, ein belästigender Rauch nicht entwickelt wird. Tauchschmierung ist zulässig, wenn eine Einrichtung zur Regelung des Ölstandes im Kurbelgehäuse vorhanden ist. Die Abführung der Verbrennungsgase bei Explosionsmaschinen und des Dampfes bei Dampfmaschinen hat unter Anwendung ausreichender schalldämpfender Mittel zu geschehen; Auspuffklappen oder andere Einrichtungen, die es ermöglichen, die Schalldämpfer in ihrer Wirkung abzuschwächen oder ganz auszuschalten, sind unstatthaft. Dampfkessel, die nicht mit Brennstoffen geheizt werden, die rauchlos verbrennen, sind mit ausreichenden, Rauch verhütenden Feuerungseinrichtungen zu versehen.

IV. Lenkvorrichtung.

1. Der Drehungswinkel der Lenkspindel soll der Geschwindigkeit des Fahrzeugs entsprechend möglichst gering sein.

2. Die Lenkvorrichtung muß so beschaffen sein, daß zu ihrer Bewegung und Festhaltung ein möglichst geringer Kraftaufwand ausreicht. Einfache Hebellenkvorrichtungen (auch Zahnstangenlenker und unmittelbar an einer Lenkspindel befestigte Hebel) sind nur bis zu einem Gewichte des betriebsfertigen Wagens von 350 Kilogramm zuzulassen. Bei Fahrzeugen mit höherem Gewichte müssen Lenkvorrichtungen mit Zwischenübersetzung (Schnecke, Schraube oder dergleichen) verwendet werden, die keinesfalls erheblich unter der Grenze der Selbsthemmung liegen. Das Gehäuse der Lenkvorrichtung muß fest gelagert sein. Die Anordnung und Lage der von dem Lenkhebel zu den Lenkschenkeln führenden Schubstange muß derart sein, daß bei Durchfederung des Wagens kein unzulässiges Flattern der Vorderräder eintritt. Bei Schubstangen mit Stoßfängern müssen ausreichende Sicherungen dagegen vorhanden sein, daß ein Kugelzapfen aus der Stange herausspringt. Bei Verwendung von Kugelzapfen, insbesondere wenn sie hängend

angebracht sind, muß dafür gesorgt werden, daß die Schubstange bei Verschleiß der Kugelpfannen oder Kugelzapfen nicht zu Boden fällt. Alle Bolzen des Lenkgestänges sind mit Kronenmutter und Splint oder gleichwertig gesicherten Muttern zu versehen. Außerhalb der Drehachse des Achsschenkels müssen alle Lenkungsteile, auch etwa mit denselben verbundene andere Organe (Elektromotoren), sofern sie nicht unmittelbar in das Rad eingebaut sind, mit ihrem tiefsten Punkte mindestens 15 Zentimeter über der Standfläche liegen und leicht zugänglich sein. Es darf also das hintere Gelenk der Schubstange nicht etwa durch ein vom Rahmen zum Trittbrett geführtes festes Blech oder dergleichen der Beobachtung entzogen werden; Lederkappen oder dergleichen zum Schutze der Gelenke sind zulässig.

V. Bremseinrichtungen.

1. Die Beurteilung der Bremswirkung muß dem sachverständigen Urteil des Prüfers überlassen bleiben*).

2. Drahtseile für den Bremsausgleich müssen an den Biegungen über einen Radius von mindestens zehnfachem Seildurchmesser geführt werden. Bremse oder Gestänge müssen nachstellbar eingerichtet sein. Die Nachstellvorrichtung muß leicht zugänglich sein, Bremsvorrichtungen sind nur dann als voneinander unabhängig zu betrachten, wenn sie nicht von einem Gestänge abhängen. Bremsen sind durch Hand- oder Fußhebel zu betätigen; bei Fahrzeugen mit einem Eigengewichte von mehr als 6 Tonnen und bei Anhängewagen sind Spindelbremsen zulässig. Getriebebremsen müssen an einer solchen Stelle angebracht sein, daß sie auch bei Ausschaltung des Vorgeleges nicht unwirksam werden; bei Wagen von mehr als 2000 Kilogramm Eigengewicht sind sie mit Wasserkühlvorrichtung zu versehen. Elektrische Bremsen entsprechen nur dann den Vorschriften des § 4 Abs. 1 Nr. 2, wenn sie auf die Hinterräder wirken.

VI. Bergstützen usw.

Bergstützen müssen vom Führersitz aus bedient werden. Bergstützen sind in der Längsachse des Fahrzeugs oder symmetrisch zu ihr anzubringen und gegen Überklettern zu sichern.

VII. Hupen.

Als vorschriftsmäßige Hupen sind Signalinstrumente zu betrachten, bei denen der Ton durch Schwingungen von Metallzungen oder Platten (Membranen) jederzeit erzeugt werden kann.

---

*) Die Angabe eines bestimmten Bremswegs für eine bestimmte Fahrgeschwindigkeit empfiehlt sich nicht wegen der Schwierigkeit der genauen Bestimmung der Fahrgeschwindigkeit, ferner wegen der Abhängigkeit von der Bodenbeschaffenheit, von der Art der Radbereifung, der Belastung und Gewichtsverteilung der Fahrzeuge.

VIII. Steuerformeln.

1. Bei Angabe der Steuerleistung ist die Nutzleistung des Fahrzeugs maßgebend. Die Berechnung erfolgt bei Viertakt-Verbrennungsmaschinen normaler Bauart nach der Formel $N = 0{,}3 \cdot i \cdot d^2 \cdot s$, worin N die Leistung in Pferdestärken, i die Zahl der Zylinder, d den Durchmesser der Zylinder in cm, s den Kolbenhub in m bedeutet.

2. Für Elektromobile ist die Nutzleistung neuer Fahrzeuge durch eine zweistündige Dauerbelastung des Motors im Versuchsraum zu ermitteln, wobei die nach den „Normalien für die Bewertung und Prüfung von elektrischen Maschinen und Transformatoren" des Verbandes deutscher Elektrotechniker ermittelte Temperaturzunahme der Wickelungen die im § 19 daselbst angegebenen Grenzen weder überschreiten noch um mehr als $^1/_3$ unterschreiten darf. Von der hiernach ermittelten, dem Motor in Watt zugeführten Leistung sind bei Radnabenmotoren 10 Prozent, bei Motoren mit Vorgelege 30 Prozent in Abzug zu bringen, sodaß sich die anzugebende Nutzleistung des Wagens berechnet: zu $N \text{ in } PS = n \cdot \eta \cdot \frac{\text{Leistung in Watt}}{736}$, worin n die Zahl der Motoren, η den den obigen Abzügen entsprechenden Wirkungsgrad bedeuten, also 0,9 beziehungsweise 0,7.

3. Bei bereits im Gebrauche befindlichen Elektromobilen sind in der Regel die bisherigen Angaben, bei ausländischen Fahrzeugen die des Heimatszertifikats maßgebend. Im Zweifelsfall ist die Nutzleistung jedes Motors zu 2,5 PS anzunehmen.

4. Für Dampfmaschinen wird mit Rücksicht auf die große Verschiedenheit der Konstruktionen und Dampfspannungen davon Abstand genommen, eine Formel anzugeben, desgleichen für Zweitakt-Verbrennungsmaschinen und für Viertakt-Verbrennungsmaschinen anormaler Bauart, z. B. solche mit gegenläufigen Kolben (System Gobron-Brillié). Der Prüfer hat bei solchen Fahrzeugen nach sachverständigem Ermessen die Leistung zu bestimmen. Falls ein Bremszeugnis über die Normalleistung des Motors vorliegt, sind für Getriebeverluste 25 Prozent in Abzug zu bringen; der so berechnete Wert ist als Nutzleistung des Fahrzeugs zu bezeichnen.

IX. Eigengewicht.

Bei der Nachprüfung des Eigengewichts des Fahrzeugs sind Abweichungen von den Angaben auf dem Schilde des Fahrzeugs insoweit zulässig, als sie durch die Mitführung der Vorräte an Betriebsstoffen (Benzin, Öl, Karbid, Kühlwasser usw.) bedingt werden. Die Nachprüfung hat durch Wägung des ganzen Fahrzeugs zu erfolgen.

X. Typenprüfung.

1. Für die Typenprüfung kommen nicht die Aufbauten (Karosserie), sondern nur das Fahrgestell in Betracht. Die Prüfung der Hupe und der Laternen fällt fort.

2. Bei Anträgen auf Typenprüfung ist dem zuständigen amtlich anerkannten Sachverständigen von dem Fabrikanten oder Händler in je dreifacher Ausfertigung eine Beschreibung, eine schematische Zeichnung des Fahrgestells mit dem in Betracht kommenden Motor und Triebwerk, Bremsen und Lenkvorrichtung vorzulegen. In der Beschreibung sind anzugeben:

a) Firma, die das Fahrgestell herstellt,
b) Art des Fahrzeugs (Kraftwagen oder Kraftrad), Bestimmung der Fahrzeugs und Kennwort oder Unterscheidungszeichen für den Typ,
c) Art der Kraftquelle,
d) Bauart der Maschine oder des Motors (Viertakt oder Zweitakt, Verbundwirkung oder einfache Wirkung, Hauptschluß oder Nebenschluß usw.),
e) Angaben für die Berechnung der Maschinen- oder Motorleistung (Zylinderzahl, Bohrung, Kolbenhub, Volt, Ampère),
f) Angaben über Bauart und Größe des Dampferzeugers, Kesseldruck, Akkumulatorenbatterie,
g) Art der Kraftübertragung (Gelenkwelle, Kette, Reibradgetriebe usw.),
h) Bauart und Übersetzung der Lenkvorrichtung,
i) Art und Zahl der Bremsen, Hauptabmessungen und Übersetzungsverhältnis,
k) Einrichtungen zur Verhinderung der unbeabsichtigten Rückwärtsbewegung auf Steigungen,
l) betriebsfertiges Eigengewicht des Fahrgestells,
m) Tragfähigkeit des Fahrgestells in Kilogramm,
n) Leistung der Maschine oder des Motors,
o) für steuerpflichtige Fahrzeuge außerdem Leistung des Fahrzeugs an den Triebrädern, berechnet nach der Steuerformel.

3. Der Sachverständige hat zu prüfen, ob die Beschreibung und die Zeichnungen, soweit sie Eigenschaften des Typs betreffen (vergleiche 2b bis k), mit der Ausführung übereinstimmen*), und nach praktischer Erprobung eines Fahrzeugs des Typs die mit Prüfungsvermerk versehene Zeichnung und Beschreibung der zuständigen höheren Verwaltungsbehörde mit einer Bescheinigung darüber vorzulegen, daß der Typ den polizeilichen Anforderungen entspricht. Wird dem Antrag auf Erteilung einer Typenbescheinigung entsprochen, so erlangt die Fabrik oder der Händler auf Grund dieser Bescheinigung die Genehmigung, Fahrzeuge, die mit diesem

*) Bohrung und Kolbenhub müssen bei Typenprüfungen nachgemessen werden.

Typ übereinstimmen, mit eigener Bescheinigung in den Verkehr zu bringen. Mit der Bescheinigung der höheren Verwaltungsbehörde wird ein Stück der geprüften Zeichnung und Beschreibung durch Schnur und Siegel verbunden. Eine Abschrift der Bescheinigung ist mit einem Stücke der Beschreibung und Zeichnung dem zuständigen Sachverständigen von der genehmigenden Behörde zu übersenden.

4. In den von den höheren Verwaltungsbehörden zu erteilenden Typenbescheinigungen sind die oben erwähnten Angaben der Beschreibung und eine schematische Zeichnung des Fahrgestells als für den Typ maßgebend festzulegen.

5. Änderungen der vorstehenden, für die Typenbescheinigung maßgebenden Verhältnisse (vergleiche 2b bis k) bedingen eine erneute Anzeige bei dem Sachverständigen und Prüfung. Der Sachverständige hat entweder eine Ergänzung der Typenbescheinigung zu bewirken oder den Antragsteller zur Einreichung der für die neue Typenprüfung erforderlichen Unterlagen zu veranlassen.

6. Wünscht ein Fabrikant oder Händler in ein Fahrgestell bestimmter Bauart Maschinen verschiedener Stärke einzubauen, so muß bei der Typenprüfung das Fahrgestell mit der stärksten vorkommenden Maschine vorgeführt werden. Auf Grund dieser Prüfung ist alsdann der Sachverständige berechtigt, auch für das gleiche Fahrgestell mit schwächeren Maschinen Typenzeugnisse auszustellen.

7. Bei Meinungsverschiedenheiten zwischen den Fabriken und Händlern und den Sachverständigen über die Einwirkung von Abänderungen auf die Typengenehmigung entscheidet die zuständige höhere Verwaltungsbehörde.

XI. Ausführung der technischen Prüfung der Fahrzeuge.

1. Der Sachverständige hat sich zunächst am stillstehenden Fahrzeug davon zu überzeugen, ob es den vorstehenden Ausführungsbestimmungen entspricht. Bei Typenprüfungen hat der Sachverständige das Recht, in der Fabrik die für die Beurteilung der Verkehrssicherheit des Fahrzeugs wichtigen Teile auseinander nehmen zu lassen und zu untersuchen, sofern nicht gleiche Teile vorgelegt werden können; er hat festzustellen, ob die Ausführung des Fahrzeugs, soweit die unter Nr. X 2b bis k angegebenen Eigenschaften des Typs in Frage kommen, mit den Zeichnungen und Beschreibungen übereinstimmt. Bei den Prüfungen am stehenden Fahrzeug ist z. B. festzustellen, ob die Steuersäule fest gelagert ist, ob in den Ausgleichgelenken des Steuergestänges nicht zuviel Spiel ist, ob die Räder unbehindert ausschlagen, ob die Bremshebel genügend leicht gehen, ob in allen kraftschlüssigen Verbindungen des Bremsgestänges nicht zuviel Spiel vorhanden ist, ob die Bremse richtig eingestellt ist und gleichmäßig anliegt, ob die Nachstellvorrichtungen leicht zugänglich sind, ob die Griffe zur Bedienung der

Maschine usw. so angebracht sind, daß der Führer sie leicht und ohne Verwechselungsgefahr handhaben kann, ob Benzingehälter und Rohrleitung den Vorschriften entsprechen usw.

2. Bei allen Prüfungen muß eine Probefahrt stattfinden; für die Erprobung der Bremsen ist es von größter Wichtigkeit, daß das Fahrzeug bei der Probefahrt möglichst voll beladen ist; Typenprüfungen sind stets mit voller Nutzlast oder einer dem größten Karosseriegewicht einschließlich der höchstzulässigen Personenzahl entsprechenden Belastung vorzunehmen. Die Prüfung hat so lange zu dauern, bis der Sachverständige die volle Überzeugung von der Verkehrssicherheit des Fahrzeugs bei verschiedenen Geschwindigkeiten gewinnt. Die Versuche werden sich im wesentlichen auf die Lenkung, die Wirksamkeit der Bremsen, die Verhinderung der unbeabsichtigten Rückwärtsbewegung in Steigungen und die Fähigkeit der Rückwärtsbewegung des Fahrzeugs erstrecken; außerdem ist die Geräusch- und Geruchlosigkeit festzustellen. Vorrichtungen zur Verhinderung unbeabsichtigter Rückwärtsbewegung auf Steigungen müssen sowohl bei beladenem wie bei unbeladenem Fahrzeug erprobt werden. Es sind geeignete, möglichst wenig verkehrsreiche Straßen und Wege, die Gelegenheit bieten, das Fahrzeug auch in Steigungen und Gefällstrecken sowie in Kurven zu erproben, für die Probefahrt auszuwählen. Bei den Versuchen ist die erforderliche Vorsicht zur Vermeidung von Unfällen und Beschädigungen des Fahrzeugs anzuwenden. Die Prüfung von Krafträdern ist in der Weise vorzunehmen, daß der Fahrer mit dem Rade nach Anweisung des Sachverständigen bei verschiedenen Geschwindigkeiten diejenigen Übungen ausführt, die geeignet erscheinen, die Lenkbarkeit und Bremssicherheit darzutun.

3. Bei Kraftwagen hat der Sachverständige, nachdem er durch einige Vorversuche die Überzeugung von der Verkehrssicherheit des Fahrzeugs erlangt hat, der Prüfung auf dem Fahrzeug selbst beizuwohnen*) und dem Führer, der die Berechtigung zum Fahren besitzen und sich bei schnellfahrenden Wagen über längere Fahrpraxis ausweisen muß, die erforderlichen Anweisungen zu geben. Nach der Probefahrt hat sich der Sachverständige davon zu überzeugen, daß keine dauernden Formveränderungen oder andere Veränderungen an Konstruktionsteilen eingetreten sind, die die Verkehrssicherheit gefährden könnten.

4. Bei Typenprüfungen sind nach befriedigendem Verlauf aller Prüfungen die dem Sachverständigen übergebenen Zeichnungen und Beschreibungen mit Prüfungsvermerk zu versehen.

---

*) Bei Kraftfahrzeugen, die keinen geeigneten Platz bieten, darf von der Befolgung dieser Vorschrift abgesehen werden, sofern der Sachverständige sich auf andere Weise die Überzeugung von der Verkehrssicherheit des Fahrzeuges verschaffen kann.

XII. Vorschriften für elektrisch betriebene Kraftfahrzeuge.

1. Elektrische Maschinen.

Die elektrischen Maschinen sind so anzuordnen, daß etwaige im Betrieb auftretende Feuererscheinungen keine Entzündung von brennbaren Stoffen hervorrufen können. In unmittelbarer Nähe der elektrischen Maschinen dürfen keine Rohrleitungen für brennbare Flüssigkeiten liegen.

2. Akkumulatoren.

Akkumulatorenzellen elektrischer Fahrzeuge können auf Holz aufgestellt werden, wobei eine einmalige Isolierung durch nicht Feuchtigkeit anziehende Zwischenlagen ausreicht. Soweit nur unterwiesenes Personal in Betracht kommt, braucht die Möglichkeit, daß eine Person Teile verschiedener Spannungen gleichzeitig berührt, nicht ausgeschlossen zu sein. Die Akkumulatoren dürfen den Fahrgästen nicht zugänglich sein. Es ist für ausreichende Lüftung zu sorgen. Für nicht Feuchtigkeit anziehende Zwischenlagen gilt auch ein zweimaliger Lackanstrich des Holzes mit einem säurebeständigen Lack.

Zelluloid ist zur Verwendung als Kästen und außerhalb des Elektrolyten unzulässig.

3. Leitungen.

Der Querschnitt aller Leitungen zwischen Stromquelle und Antriebsmotor ist nach der Normalstärke der vorgeschalteten Sicherung laut folgender Tabelle oder stärker zu bemessen.

Querschnitt in qmm:	Normalstärke der Sicherung in Ampère:
4	30
6	40
10	60
16	80
25	100
35	130
50	165
70	200
95	235
120	275

Drähte für Bremsstrom sind mindestens von gleicher Stärke wie die Fahrstromleitungen zu wählen.

Alle übrigen Leitungen dürfen im allgemeinen mit den in nächstehender Tabelle verzeichneten Stromstärken dauernd belastet werden:

Querschnitt in qmm:	Stromstärke in Ampère:
0,75	6
1	6
1,5	10
2,5	15
4	20
6	25
10	35
16	60
25	80
35	100
50	125
70	160
95	190
120	225
150	260

Blanke Leitungen sind zulässig, wenn sie sicher isoliert verlegt und gegen Berührung geschützt sind.

Isolierte Leitungen in Fahrzeugen müssen so geführt werden daß ihre Isolierung nicht durch die Wärme benachbarter Widerstände oder Heizvorrichtungen gefährdet werden kann.

Die Verbindung der Fahr- und Bremsstromleitungen mit den Apparaten ist mittels Schrauben oder durch Lötung auszuführen.

Nebeneinander laufende isolierte Fahrstromleitungen müssen entweder zur Mehrfachleitungen mit einer gemeinsamen wasserdichten Schutzhülle zusammengefaßt werden derart, daß ein Verschieben und Reiben der Einzelleitungen vermieden wird (dabei ist die Isolierhülle an den Austrittsstellen von Leitungen gegen Wasser abzudichten), oder die Leitungen sind getrennt zu verlegen und, wo sie Platten, Wände oder Fußböden durchsetzen, durch Isoliermittel so zu schützen, daß sie sich an diesen Stellen nicht durchscheuern können.

In den Wagen dürfen isolierte Leitungen unmittelbar auf Holz verlegt und Holzleisten zu ihrer Verkleidung benutzt werden.

Leitungen, die einer Verbiegung oder Verdrehung ausgesetzt sind, müssen aus leicht biegsamen Seilen hergestellt und, soweit sie isoliert sind, wetterbeständig hergerichtet sein.

4. Sicherungen.

Jeder Motorwagen muß eine Hauptabschmelzsicherung oder einen selbsttätigen Ausschalter haben. Jede Leitung, die keinen Fahrstrom führt, muß besonders gesichert sein. Bei solchen benzinelektrischen Fahrzeugen, die ohne Betriebsbatterie arbeiten (Fahrzeuge mit elektrischer Kraftübertragung), sind jedoch in den Hauptleitungen keine Sicherungen erforderlich.

Vom Fahrstrom unabhängige Bremsleitungen dürfen keine Sicherungen enthalten.

5. Ausschalter.

Es muß ein vom Führersitz aus bedienbarer Haupt- (Not-) Ausschalter vorhanden sein, der das Ausschalten des Fahrstromkreises unabhängig vom Fahrschalter gestattet. Der Notausschalter kann mit dem selbsttätigen Ausschalter (vergl. unter 4) verbunden sein.

Vom Fahrstrom unabhängige Bremsstromkreise dürfen nur im Fahrschalter abschaltbar sein.

6. Lampen.

Lampenleitungen, die aus der Betriebsstromquelle gespeist werden, müssen mit einer wasserdichten Isolierhülle (Gummiaderleitung) versehen sein.

7. Freileitungen.

Für Freileitungen gelten die vom Verbande deutscher Elektrotechniker herausgegebenen Sicherheitsvorschriften für die Freileitungen von elektrischen Straßenbahnen.

XIII. **Muster.**

Bei Ausführung der Bestimmungen im § 5 Abs. 2, 3 der Verordnung sind folgende Muster zu verwenden:

Muster a. — Gutachten des Sachverständigen über die amtliche Prüfung eines einzelnen Kraftfahrzeugs;

Muster b. — Gutachten des Sachverständigen über die amtliche Prüfung einer Gattung von Kraftfahrzeugen (Typenprüfung);

Muster c. — Bescheinigung der höheren Verwaltungsbehörde über die Zulassung einer Gattung von Kraftfahrzeugen (Typenbescheinigung);

Muster d. — Bescheinigung der Firma bei Veräußerung eines Kraftfahrzeugs, das einer von der höheren Verwaltungsbehörde zugelassenen Gattung angehört;

Muster e. — Das von der Firma zu führende Verzeichnis über die auf Grund einer Typengenehmigung in den Verkehr gebrachten Kraftfahrzeuge.

XIV. **Gebühren.**

Für die Prüfung von Kraftfahrzeugen stehen den amtlich anerkannten Sachverständigen Gebühren nach folgender Gebührenordnung zu:

Nr.	Angabe des Prüfungsgeschäfts	Gebührensatz ℳ
1	Für die Typenprüfung	
	a) eines Kraftwagens	100
	b) eines Kraftrads	50

Nr.	Angabe des Prüfungsgeschäfts	Gebührensatz ℳ
II	Für die Prüfung einzelner Kraftfahrzeuge:	
	1. am Wohnsitz des Sachv rständigen	
	a) für einen Kraftwagen	20
	b) für ein Kraftrad	15
	2. außerhalb des Wohnsitzes des Sachverständigen	
	a) für einen Kraftwagen	25
	b) für ein Kraftrad	20
	3. für weitere an dem gleichen Tage geprüfte Kraftfahrzeuge desselben Eig ntümers in dem näm ichen Gemeinde- oder Gutsbezirke	
	a) für jeden Kraftwagen	10
	b) für jedes Kraftrad	7,50

Im übrigen gelten folgende allgemeine Bestimmungen:

1. Reisekosten oder andere Entschädigungen stehen den Sachverständigen nicht zu.

2. Bei Typenprüfungen — Nr. I der Gebührenordnung — ist es gleichgültig, ob die Prüfung am Wohnsitz oder außerhalb des Wohnsitzes des Sachverständigen stattfindet, oder ob sie in einem oder mehreren Prüfungsterminen erledigt wird.

3. Kann die Prüfung eines einzelnen Kraftfahrzeugs ohne Verschulden des Sachverständigen an dem festgesetzten Tage nicht beendet werden, so sind die unter Nr. II 1 oder 2 der Gebührenordnung angegebenen Beträge fällig; für die Fortsetzung einer derart unterbrochenen Prüfung stehen dem Sachverständigen die Gebührensätze nach Nr. II 3 der Gebührenordnung mit der Maßgabe zu, daß bei einer Prüfung außerhalb des Wohnsitzes des Sachverständigen ein Zuschlag von 5 Mk. zur Erhebung gelangt.

4. Ist die Prüfung mehrerer Kraftfahrzeuge desselben Eigentümers für einen Tag vereinbart und kann diese Prüfung ohne Verschulden des Sachverständigen an dem vereinbarten Tage nicht beendet werden, so finden für die Berechnung der Gebühren die Vorschriften unter Nr. 3 der allgemeinen Bestimmungen entsprechend Anwendung.

5. Kann an einem vereinbarten Tage ohne Verschulden des Sachverständigen die Prüfung überhaupt nicht begonnen werden, so sind die unter Nr. II 1 oder 2 der Gebührenordnung für ein Kraftfahrzeug angegebenen Beträge fällig.

Muster a.

Gutachten

über die amtliche Prüfung eines Kraft$\frac{\text{wagens.}}{\text{rads.}}$

Auf Grund des § 5 Abs. 2 der Verordnung über den Verkehr mit Kraftfahrzeugen vom 3. Februar 1910 wird auf Antrag des . . . . in . . . . als Eigentümer des mit dem Schilde:

Firma: . . . .
Fabriknummer des Fahrgestells: . . . .
Anzahl der Pferdestärken der Maschine oder des Motors:
Eigengewicht: . . . .

versehenen Kraft$\frac{\text{wagens}}{\text{rads}}$ nach Ausführung der vorgeschriebenen Prüfungen bescheinigt, daß das Fahrzeug wie folgt ausgerüstet ist:

1. mit einer zuverlässigen Lenkvorrichtung,
2. mit vorschriftsmäßigen Bremseinrichtungen,
3. mit einer Vorrichtung, die beim Befahren von Steigungen die unbeabsichtigte Rückwärtsbewegung verhindert,
4. mit einer vorschriftsmäßigen Hupe,
5. mit vorschriftsmäßigen Laternen,
6. mit einer Vorrichtung, die verhindert, daß das Fahrzeug von Unbefugten in Betrieb gesetzt werden kann.

Das Fahrzeug wird betrieben mit . . . .

Die Leistung der Maschine oder des Motors in Pferdestärken beträgt . . . .

Die Anzahl der Pferdestärken an den Triebrädern berechnet sich nach der Steuerformel:

worin . . . . = ...
. . . . = ...
. . . . = ...
. . . . = ...

Das Eigengewicht des betriebsfertigen Fahrzeugs beträgt: . . . .

Das Fahrzeug soll zur Beförderung von Personen (Gütern) dienen.

Die zulässige Belastung beträgt . . . . $\frac{\text{Kilogramm}}{\text{Personen einschließlich Führer.}}$

Die Achsdrucke in beladenem Zustand betragen (nur für Fahrzeuge, deren Gesamtgewicht einschließlich Ladung 5 t übersteigt): . . . .

Das Fahrzeug entspricht den gemäß §§ 3, 4 der Verordnung zu stellenden Anforderungen. Seiner Zulassung zum Verkehr auf öffentlichen Wegen und Plätzen stehen technische Bedenken nicht entgegen.

. . . ., den . . . .

Der amtlich anerkannte Sachverständige.

(Stempel.) (Unterschrift.)

Typenprüfung.

Muster b.

Gutachten

über die amtliche Prüfung einer Gattung von Kraft $\frac{\text{wagen.}}{\text{rädern.}}$

Auf Grund des § 5 Abs. 2, 3 der Verordnung über den Verkehr mit Kraftfahrzeugen vom 3. Februar 1910 wird auf Antrag der Firma . . . . in . . . . bescheinigt, daß das durch beiliegende schematische Zeichnung und nachstehende Beschreibung gekennzeichnete, einer fabrikmäßig hergestellten Gattung von Kraftfahrzeugen angehörende Kraft $\frac{\text{wagen}}{\text{rad}}$ von dem Unterzeichneten geprüft worden ist.

1. Firma, die das Fahrgestell herstellt: . . . .
2. Kennwort oder Unterscheidungszeichen für den Typ: . . . .
3. Bestimmung des Fahrzeugs: . . . .
4. Art der Kraftquelle: . . . .
5. Bauart der Maschine oder des Motors: . . . .
6. Angaben für die Berechnung der Maschinen- oder Motorleistung: . . . .
7. Angaben über Bauart und Größe des Dampferzeugers Kesseldruck, Akkumulatorenbatterie: . . . .
8. Art der Kraftübertragung: . . . .
9. Bauart und Übersetzung der Lenkvorrichtung: . . . . .
10. Art und Zahl der Bremsen, Hauptabmessungen und Übersetzungsverhältnis: . . . .
11. Einrichtuugen zur Verhinderung der unbeabsichtigten Rückwärtsbewegung auf Steigungen: . . . .
12. Betriebsfertiges Eigengewicht des Fahrgestells: . . . . .
13. Tragfähigkeit des Fahrgestells in Kilogramm: . . . . .
14. Leistung der Maschine oder des Motors: . . . .
15. Leistung an den Triebrädern (berechnet nach der Steuerformel: . . . .

worin . . . . = ...
. . . . = ...
. . . . = ...
. . . . = ...

Es wird bescheinigt, daß das geprüfte Fahrzeug diesen Angaben entspricht und daß das Fahrzeug sowie Lenkvorrichtung, Bremsen, Vorrichtung zur Verhinderung der unbeabsichtigten Rückwärtsbewegung und Vorrichtung zur Verhinderung von Inbetriebsetzung durch Unbefugte den gemäß §§ 3, 4 der Verordnung zu stellenden Anforderungen genügen. Der Zulassung von Kraftfahrzeugen dieser Gattung zum Verkehr auf öffentlichen Wegen und Plätzen haben technische Bedenken nicht entgegen.

. . . ., den . . . .

Der amtlich anerkannte Sachverständige.

(Stempel). (Unterschrift.)

Muster c.

Geschäftsnummer: . . . .

Typenbescheinigung.

Bescheinigung

über die Zulassung einer Gattung von Kraft $\frac{\text{wagen.}}{\text{rädern.}}$

(Raum für die schematische Zeichnung.)

Auf Grund des § 5 Abs. 3 der Verordnung über den Verkehr mit Kraftfahrzeugen vom 3. Februar 1910 wird der Firma . . . . in . . . . nach vorgenommener sachverständiger Feststellung, daß die fabrikmäßig gebaute Gattung des in obenstehender schematischer Zeichnung und nachstehender Beschreibung dargestellten Kraft $\frac{\text{wagens}}{\text{rads}}$ den gemäß §§ 3, 4 der Verordnung zu stellenden Anforderungen entspricht,

die Ermächtigung erteilt,

den Abnehmern derartiger Kraft $\frac{\text{wagen}}{\text{räder}}$ eine mit laufender Nummer versehene Bescheinigung nach beifolgendem Muster mit der Wirkung zu verabfolgen, daß diese das im § 5 Abs. 2 der Verordnung geforderte Gutachten des amtlich anerkannten Sachverständigen ersetzt.

Die Fahrzeuge werden wie folgt gekennzeichnet:

1. Firma, die das Fahrgestell herstellt: . . . .
2. Kennwort oder Unterscheidungszeichen für den Typ: . . . f. . . . .
3. Bestimmung des Fahrzeugs: . . . .
4. Art der Kraftquelle: . . . .
5. Bauart der Maschine oder des Motors: . . . .
6. Angaben für die Berechnung der Maschinen- oder Motorleistung: . . . .
7. Angaben über Bauart und Größe des Dampferzeugers, Kesseldruck, Akkumulatorenbatterie: . . . .
8. Art der Kraftübertragung: . . . .
9. Bauart und Übersetzung der Lenkvorrichtung: . . . .
10. Art und Zahl der Bremsen, Hauptabmessungen und Übersetzungsverhältnis: . . . .
11. Einrichtungen zur Verhinderung der unbeabsichtigten Rückwärtsbewegung auf Steigungen: . . . .
12. Betriebsfertiges Eigengewicht des Fahrgestells: . . . . .
13. Tragfähigkeit des Fahrgestells in Kilogramm: . . . . .
14. Leistung der Maschine oder des Motors: . . . . . .
15. Leistung an den Triebrädern (Steuerformel): . . . . . .

. . . ., den . . . .

(Stempel.) (Name der höheren Verwaltungsbehörde.)

(Unterschrift.)

Muster d.

Bescheinigung

über die Zugehörigkeit eines Kraft $\frac{\text{wagens}}{\text{rads}}$ zu der fabrikmäßig hergestellten und behördlich zugelassenen Gattung mit dem Kennzeichen:

Die unterzeichnete Firma bescheinigt, daß $\frac{\text{der}}{\text{das}}$ von ihr an (Name) . . . . in . . . . gelieferte Kraft $\frac{\text{wagen}}{\text{rad}}$ mit der Fahrgestellnummer . . . ., $\frac{\text{der}}{\text{das}}$ zur Beförderung von $\frac{\text{Personen}}{\text{Gütern}}$ dienen soll, der durch die nachstehend (abgedruckte behördlich beglaubigte Genehmigung de. . . . . . . in . . . . unter dem . . . . 19. . . zugelassenen Kraftfahrzeuggattung angehört und mit ihr in den in der Genehmigung gekennzeichneten Teilen übereinstimmt. Das Eigengewicht des betriebsfertigen Fahrzeugs einschließlich Aufbau beträgt . . . ., die zulässige Belastung $\frac{\text{Kilogramm}}{\text{Personen einschließlich Führer}}$ . . . . die Achsdrucke in beladenem Zustand betragen (nur für Fahrzeuge, deren Gesamtgewicht einschließlich Ladung 5 t übersteigt): . . . .

Es wird versichert, daß das Fahrzeug den gemäß §§ 3, 4 der Verordnung über den Verkehr mit Kraftfahrzeugen vom 3. Februar 1910 zu stellenden Anforderungen entspricht.

. . . ., den . . . .

Eingetragen in das Verzeichnis unter Nr.	Firma: . . . . Unterschrift . . . .

Die Genehmigungsurkunde lautet:

(Folgt wörtlicher Abdruck der von der höheren Verwaltungsbehörde nach Muster c ausgestellten Bescheinigung.)

Mit der Originalbescheinigung übereinstimmend.

. . . ., den . . . . 19. .

(Name der Polizeibehörde.)

Muster e.

Verzeichnis

der auf Grund von Typengenehmigungen von der Firma

in .... in den Verkehr gebrachten Fahrzeuge.

Laufende Nr.	Datum der ausgestellten Eigenbescheinigung der Firma	Kennwort und Unterscheidung für den Typ	Art der Kraftquelle	Fahrgestellnummer	Datum und Geschäftsnummer der Typenbescheinigung	Art und Bestimmung des Fahrzeugs	Leistung in Pferdestärken: Maschine oder Motor	Leistung in Pferdestärken: an den Triebrädern (für steuerpflichtige Fahrzeuge, Steuerformel)
1	2	3	4	5	6	7	8	

Gewicht des betriebsfertigen Fahrgestells kg	Fahrzeugs falls mit Aufbau abgeliefert kg	Zulässige Belastung (kg oder Personen einschließlich Führer)	Bei Fahrzeugen, deren Gesamtgewicht (einschl. Lad.) 5 t übersteigt, die Achsdrucke im beladenen Zustand	Käufer des Fahrzeugs (Name, Wohnort)	Bemerkungen
9		10	11	12	13

Anlage B

(§ 14 Abs. 4.)

Anweisung über die Prüfung der Führer von Kraftfahrzeugen.

1. Die Erlaubnis zum Führen eines Kraftfahrzeugs erteilt die für den Wohnort der betreffenden Person oder für den Ort, wo sie den Fahrdienst erlernt hat, zuständige höhere Verwaltungsbehörde. Der Antrag auf Erteilung der Erlaubnis ist an die zuständige Ortspolizeibehörde zu richten. Dem Antrag ist beizufügen:

1. ein Geburtsschein,
2. eine Photographie (Brustbild in Visitformat, unaufgezogen),
3. ein Zeugnis eines beamteten Arztes darüber, daß der Antragsteller keine körperlichen Mängel hat, die seine Fähigkeit, ein Kraftfahrzeug sicher zu führen, beeinträchtigen können, insbesondere Mängel hinsichtlich des Seh- und Hörvermögens,
4. ein Nachweis darüber, daß er den Fahrdienst bei einer durch die zuständige höhere Verwaltungsbehörde zur Ausbildung von Führern ermächtigten Person oder Stelle (Fahrschule, Kraftfahrzeugfabrik) erlernt hat. Aus dem Nachweis muß die Dauer der praktischen Ausbildung im Fahren ersichtlich sein.

Die Ortspolizeibehörde hat zu prüfen, ob gegen den Antragsteller Tatsachen vorliegen (z. B. schwere Eigentumsvergehen, Neigung zum Trunke oder zu Ausschreitungen, insbesondere zu Rohheitsvergehen), die ihn als ungeeignet zum Führen eines Kraftfahrzeugs erscheinen lassen; nach Vornahme der Prüfung legt sie unter Mitteilung des Ergebnisses den Antrag mit seinen Anlagen der höheren Verwaltungsbehörde vor. Diese stellt zunächst durch Anfrage bei der für das Deutsche Reich bestehenden Sammelstelle für Nachrichten über Führer von Kraftfahrzeugen (Polizeipräsidium in Berlin) fest, was etwa über den Antragsteller dort bekannt ist. Ergeben die Feststellungen, daß er ungeeignet zum Führen eines Kraftfahrzeugs ist, so ist ihm die Erlaubnis zu versagen. Andernfalls übersendet die höhere Verwaltungsbehörde den Antrag nebst Anlagen dem amtlich anerkannten Sachverständigen (Ziffer II) zur Vornahme der Prüfung des Antragstellers über seine Befähigung zum Führen eines Kraftfahrzeugs. Der Antragsteller ist hiervon in Kenntnis zu setzen.

Für Reichs- oder Staatsbeamte, die als Führer von Kraftfahrzeugen verwendet werden sollen, kann der Antrag auf Erteilung der Erlaubnis zum Führen eines Kraftfahrzeugs von der vorgesetzten Behörde bei der Ortspolizeibehörde gestellt werden. Der Antrag muß die erforderlichen Angaben über den Personenstand des Prüflings enthalten und von den unter Nr. 2 bis 4 bezeichneten Anlagen begleitet sein. Von einer Feststellung, ob gegen den Prüfling Tatsachen vorliegen, die ihn als ungeeignet zum Führen eines Kraftfahrzeugs erscheinen lassen, hat die Ortspolizeibehörde in solchen Fällen abzusehen.

II. Die Prüfungen erfolgen bei den durch die höheren Verwaltungsbehörden amtlich anerkannten Sachverständigen.

Die Sachverständigen bestimmen den Zeitpunkt für die Prüfung.

Der Prüfling hat ein Kraftfahrzeug der Betriebsart und Klasse, für dessen Führung er den Nachweis der Befähigung erbringen will, für die Prüfung bereitzustellen. Das Fahrzeug muß, wenn die Witterungs- und Wegeverhältnisse dies notwendig erscheinen lassen, mit einem oder mehreren Gleitschutzreifen versehen sein.

III. Die Prüfung ist auf den Nachweis der Befähigung zum Führen bestimmter Betriebsarten und Klassen von Kraftfahrzeugen zu richten. Sie kann abgelegt werden für Kraftfahrzeuge mit Antrieb:

durch Elektromotoren,
durch Verbrennungsmaschinen,
durch Dampfmaschinen,
durch sonstige Motoren,
und zwar:

1. für Krafträder,
2. für Kraftwagen mit einem betriebsfertigen Eigengewichte von mehr als 2,5 Tonnen,
3. für Kraftwagen mit einem betriebsfertigen Eigengewichte bis zu 2,5 Tonnen
   a) bis zu 10 PS (Leistung der Maschine oder des Motors),
   b) über 10 PS (Leistung der Maschine oder des Motors).

Personen, die für eine Betriebsart und Klasse von Fahrzeugen den Nachweis der Befähigung erbracht haben, können den Erlaubnis zum Führen von Fahrzeugen einer anderen Betriebsart oder Klasse nur auf Grund einer besonderen Prüfung für diese Betriebsart und Klasse erhalten; jedoch schließt der Nachweis der Befähigung zum Führen eines Fahrzeugs der Klasse 3b den der Befähigung für die gleiche Betriebsart der Klasse 3a ein.

IV. Die Prüfung zerfällt in einen mündlichen und einen praktischen Teil.

1. Die mündliche Prüfung erstreckt sich auf:
   a) allgemeine Kenntnis der Hauptteile des vorgeführten Fahrzeugs, genaue Kenntnis der für die Beurteilung seiner Verkehrssicherheit in Betracht kommenden Teile (Lenkvorrichtung, Bremsen, Geschwindigkeitswechsel, Rücklauf und Radbereifung);
   b) Verhalten in besonderen Fällen (z. B. bei Schleudern des Wagens, bei Feuersgefahr am Fahrzeug, Wassermangel bei Dampferzeugern);
   c) Beurteilung der Verkehrssicherheit vor Antritt der Fahrt;
   d) Kenntnis der für den Führer eines Kraftfahrzeugs maßgebenden gesetzlichen und polizeilichen Vorschriften.
2. Die praktische Prüfung umfaßt:
   a) Feststellung der Wirksamkeit der Bremsen und Lenkvorrichtungen, Ingangsetzen des Motors nach vorheriger Prüfung der Zündvorrichtungen und einfache Fahrübungen auf kurzer Strecke (z. B. Einhaltung einer gegebenen Fahrtrichtung, Ausweichen vor angedeuteten Hindernissen, schnelles Halten mit Benutzung der verschiedenen Bremsen, Rückwärtsfahren, Wenden mit und ohne Benutzung der Rückwärtsfahrt);
   b) Probefahrt auf freier Strecke im mäßigen Verkehre mit Begegnen und Überholen von Fuhrwerk, Ausfahrt aus einem Grundstück, Einbiegen in Straßen, Anwendung des Warnungszeichens, Wechsel der Geschwindigkeit (wenn möglich auch in Steigungen und im Gefälle) unter Benutzung der verschiedenen zu Gebote stehenden Hilfsmittel, Handhabung der Bremsen unter verschiedenen Verhältnissen;
   c) abschließende Prüfung in freier Fahrt, auch durch belebtere Verkehrsstraßen, in mindestens einstündiger Dauerfahrt unter Benutzung aller am Prüfungsort und in seiner näheren Umgebung zu Gebote stehenden Geländeverhältnisse.

Für die Führung von Krafträdern ist die Prüfung der Bauart des Fahrzeugs entsprechend zu gestalten. Nach dem Ermessen des Sachverständigen kann dabei die Dauer der unter 2c vorgeschriebenen freien Fahrt eingeschränkt werden.

Zur mündlichen Prüfung können mehrere Prüflinge gleichzeitig zugelassen werden. Der praktischen Prüfung für Kraftwagen ist jeder Prüfling einzeln zu unterziehen.

Die praktische Prüfung ist erst vorzunehmen, wenn der Prüfling die mündliche Prüfung bestanden hat. Zu der Prüfung gemäß 2c darf der Prüfling nur zugelassen werden, wenn er bei der Prüfung nach 2b volle Sicherheit, Ruhe und Gewandtheit gezeigt hat.

Bei den Fahrprüfungen für Kraftwagen (vgl. 2b und c) muß der prüfende Sachverständige auf dem Wagen Platz nehmen*). Er hat bei der Fahrt von Anweisungen soweit irgend möglich abzusehen und sein Augenmerk besonders darauf zu richten, ob der Prüfling die nötige Ruhe und Geistesgegenwart, einen sicheren Blick und Verständnis für die Bedürfnisse des öffentlichen Verkehrs besitzt, sowie ob er Entfernungen richtig abzuschätzen, die Gelände- und Verkehrsverhältnisse besonders beim Wechsel der Geschwindigkeit zu berücksichtigen und zu benutzen, die Bremsen richtig zu handhaben und Geräusch- und Geruchbelästigung nach Möglichkeit zu vermeiden versteht.

Wenn der Prüfling bereits im Besitze der Fahrerlaubnis für eine bestimmte Betriebsart und Klasse von Fahrzeugen ist und die Ausdehnung der Fahrerlaubnis auf eine andere Betriebsart oder Klasse wünscht, kann die mündliche und praktische Prüfung nach dem Ermessen des Sachverständigen abgekürzt werden.

V. Bei der Abnahme der Prüfungen ist besonders Gewicht auf die Fahrprüfungen zu legen; wenn der Prüfling bei diesen Unkenntnis oder Unsicherheit zeigt, ist die Prüfung abzubrechen. Die Prüfung ist nur dann als bestanden anzusehen, wenn der Prüfling in allen Gegenständen genügende Sachkenntnis bewiesen hat.

Über die zur Prüfung zugelassenen Personen und über das Ergebnis der Prüfung haben die amtlich anerkannten Sachverständigen ein Verzeichnis unter fortlaufender Nummer zu führen.

Nach Abschluß der Prüfung haben die Sachverständigen unter Rücksendung des Antrags und seiner Anlagen umgehend der höheren Verwaltungsbehörde über das Ergebnis zu berichten; hierbei ist die Nummer anzugeben, unter der die Eintragung in das Verzeichnis erfolgt ist.

Ist die Prüfung bestanden, so ist insbesondere anzugeben, für welche Betriebsart und Klasse von Fahrzeugen der Prüfling sie abgelegt hat.

VI. Ergibt der Bericht des Sachverständigen, daß der Antragsteller die Prüfung nicht bestanden hat, so ist die nachgesuchte Erlaubnis zum Führen eines Kraftfahrzeugs von der höheren Verwaltungsbehörde zu versagen. Auf Antrag des Prüflings kann

---

*) Bei Kraftfahrzeugen, die keinen geeigneten Platz bieten, darf von der Befolgung dieser Vorschrift abgesehen werden, sofern der Sachverständige sich auf andere Weise, z. B. durch Begleiten mit einem anderen Kraftfahrzeuge, von den Fähigkeiten Überzeugung verschaffen kann.

jedoch die höhere Verwaltungsbehörde ihre Entscheidung einstweilen aussetzen und die Zulassung zur Wiederholung der Prüfung bei demselben Sachverständigen in Aussicht stellen; die Wiederholung ist hierbei von dem Nachweis abhängig zu machen, daß der Prüfling in der Zwischenzeit weiteren gründlichen Unterricht genossen hat. Die Wiederzulassung darf keineswegs vor Ablauf von 4 Wochen erfolgen. Wenn sich ergeben hat, daß dem Prüfling die nötige Vorsicht, Ruhe und Geistesgegenwart fehlt, kann ausdrücklich eine längere Frist festgesetzt werden. Macht der Prüfling von der Wiederzulassung zur Prüfung innerhalb der von der höheren Verwaltungsbehörde festgesetzten Frist keinen Gebrauch, so ist ihm die Fahrerlaubnis zu versagen.

Ergibt der Bericht des Sachverständigen, daß der Antragsteller die Prüfung bestanden hat, so erteilt die höhere Verwaltungsbehörde dem Prüfling den Führerschein für die betreffende Betriebsart und Klasse von Fahrzeugen, sofern nicht besondere Gründe, die nicht bereits vor der Erteilung des Auftrags zur Vornahme der Prüfung gewürdigt worden sind, zur Versagung der beantragten Erlaubnis führen müssen.

Über die von ihr ausgestellten Führerscheine hat die höhere Verwaltungsbehörde eine Liste zu führen; die Nummer der Liste ist in dem Führerschein anzugeben.

Von jedem Falle der Versagung der Erlaubnis der Aussetzung der Entscheidung oder der Einteilung eines Führerscheins hat die höhere Verwaltungsbehörde umgehend der Sammelstelle in Berlin Mitteilung zu machen. Das Gleiche gilt in den Fällen des § 27 der Verordnung. In den Fällen der Versagung, Entziehung und Untersagung sind die Gründe kurz mitzuteilen.

VII. Der Antrag auf Erteilung eines Führerscheins gemäß § 40 der Verordnung ist bei der für den Wohnort des Antragstellers zuständigen Ortspolizeibehörde rechtzeitig vor dem 1. Oktober 1910 anzubringen. Dabei sind entsprechend Ziffer I eine Photographie, ein ärztliches Zeugnis und das Führerzeugnis vorzulegen, welch letzteres nach Aufnahme eines Vermerks über seinen Inhalt dem Antragsteller sofort zurückzugeben ist. Ferner ist dem Antrag beglaubigte Abschrift der polizeilichen Bescheinigung über die Zulassung des zurzeit von dem Antragsteller geführten Kraftfahrzeugs beizufügen. Auf das Verfahren finden im übrigen die Vorschriften unter Ziffer I Anwendung. Der Ablegung einer Prüfung bedarf es nicht. Die höhere Verwaltungsbehörde erteilt dem Antragsteller einen Führerschein für diejenige Betriebsart und Klasse von Kraftfahrzeugen, zu der das von ihm zur Zeit der Stellung des Antrags geführte Fahrzeug gehört. Hat der Antragsteller zu dieser Zeit kein Fahrzeug geführt, so kann er einen Führerschein ohne vorherige Ablegung einer neuen Prüfung nur dann erhalten, wenn er durch entsprechende Bescheinigungen oder in anderer Weise glaubwürdig dartut, daß er innerhalb des letzten halben Jahres ein Kraftfahrzeug geführt hat, und zu welcher Betriebsart und Klasse es gehörte.

Der Antragsteller hat bei Aushändigung des Führerscheins sein bisheriges Führerzeugnis abzuliefern.

Andere Berechtigungen als die durch den neuen Führerschein erteilten können nur auf Grund einer entsprechenden neuen Prüfung erworben werden (vgl. Ziffer III Abs. 2).

Wenn der nach Abs. 1 zu fordernde Nachweis über das bisher geführte Fahrzeug nicht in glaubwürdiger Weise erbracht wird, oder wenn sich aus den angestellten Ermittelungen oder aus dem ärztlichen Zeugnis Tatsachen ergeben, die den Antragsteller als ungeeignet zum Führen eines Kraftfahrzeugs erscheinen lassen, so ist ihm durch Verfügung der höheren Verwaltungsbehörde die Ausstellung des Führerscheins zu versagen und gleichzeitig sein bisheriges Führerzeugnis einzuziehen.

VIII. Für die Erteilung der Erlaubnis zum Führen von Kraftfahrzeugen der Militärverwaltung und für die Entziehung dieser Erlaubnis gelten folgende Vorschriften:

Die Kriegsministerien bestimmen die militärischen Dienststellen, die zur Abhaltung der Prüfung sowie zur Erteilung und Entziehung der Fahrerlaubnis berechtigt sind. Die Prüfung erfolgt nach Maßgabe der Vorschriften unter Ziffer III, IV und V Abs. 1. Die erteilte Erlaubnis erstreckt sich auf bestimmte Betriebsarten und Klassen von Fahrzeugen entsprechend der Einteilung unter Ziffer III Abs. 1. Der darüber auszustellende Schein entspricht dem allgemein vorgeschriebenen Muster für den Führerschein, jedoch ist die Beifügung einer Photographie nicht erforderlich.

Der von einer Militärbehörde ausgestellte Erlaubnisschein gibt dem Inhaber auch die Berechtigung, ein entsprechendes Kraftfahrzeug zu führen, das nicht der Militärverwaltung gehört. Der Schein gilt nur für die Dauer der aktiven Dienstzeit und wird nach ihrer Beendigung eingezogen. In den Entlassungspapieren wird vermerkt, für welche Betriebsart und Klasse von Kraftfahrzeugen dem Inhaber die Fahrerlaubnis erteilt war.

Wenn der Inhaber eines von einer Militärbehörde ausgestellten Erlaubnisscheins nach seiner Entlassung aus dem Militärdienst einen Führerschein gemäß Ziffer VI zu erhalten wünscht, hat er einen dahingehenden Antrag unter Vorlegung seiner Entlassungspapiere, der Photographie und des ärztlichen Zeugnisses (Ziffer I) bei der Ortspolizeibehörde seines Wohnsitzes oder Entlassungsortes zu stellen. Die Ortspolizeibehörde legt den Antrag nach Vornahme der Prüfung gemäß Ziffer I Abs. 3 der höheren Verwaltungsbehörde vor. Diese erteilt dem Antragsteller einen Führerschein für diejenige Betriebsart und Klasse von Kraftfahrzeugen, zu deren Führung er nach dem Vermerk in seinen Entlassungspapieren berechtigt war. Der Wiederholung der Prüfung bedarf es nicht, wenn der Antrag auf Erteilung des Führerscheins spätestens ein halbes Jahr nach der Entlassung aus dem Militärdienst gestellt wird. Ergeben die angestellten Ermittelungen oder das ärztliche Zeugnis Tatsachen, die den Antragsteller als ungeeignet zur Führung eines Kraftfahrzeugs erscheinen lassen, so ist ihm die Erteilung des Führerscheins zu versagen.

IX. Für die Prüfung von Führern stehen den amtlich anerkannten Sachverständigen Gebühren nach folgender Gebührenordnung zu:

Nr.	Angabe des Prüfungsgeschäfts	Gebührensatz bei Prüfung der Führer von Kraftwagen ℳ	Gebührensatz bei Prüfung der Führer von Krafträdern ℳ
I	Für die erste Prüfung von Führern am Wohnsitz des Sachverständigen	15	10
	außerhalb des Wohnsitzes des Sachverständigen	20	15
II	Für jede weitere in dem gleichen Prüfungstermine mit demselben Prüfling abgehaltene Prüfung für ein Kraftfahrzeug einer anderen Betriebsart oder Klasse	7,50	5

Im übrigen gelten folgende Bestimmungen:

1. Reisekosten oder andere Entschädigungen stehen den Sachverständigen nicht zu.
2. Ist der Prüfling bereits im Besitze der Fahrerlaubnis für eine bestimmte Betriebsart und Klasse von Fahrzeugen und findet die Prüfung zwecks Ausdehnung der Fahrerlaubnis auf eine andere Betriebsart oder Klasse statt, so stehen dem Sachverständigen für diese Ergänzungsprüfung die Gebührensätze nach Nr. II der Gebührenordnung mit der Maßgabe zu, daß bei einer Prüfung außerhalb des Wohnsitzes des Sachverständigen ein Zuschlag von 5 Mk. zur Hebung gelangt.

Plan für die Kennzeichnung der Kraftfahrzeuge.

1. Preußen:	Ziffer I und für die Provinzen die Buchstaben A, C, D, E, H, K, L, M, P, S, T, X, Y, Z, mithin: IA, IC usw.
2. Bayern:	Ziffer II und Buchstaben A, B usw.
3. Sachsen (Königreich):	Die Ziffern I, II, III, IV, V
4. Württemberg:	Ziffer III u. Buchstaben A, B usw.
5. Baden:	IV B
6. Hessen:	Ziffer V u. d. Buchstaben O, R, S
7. Mecklenburg-Schwerin:	M I
8. Sachsen (Großherzogtum):	S
9. Mecklenburg-Strelitz:	M II
10. Oldenburg:	O und die Ziffern I, II, III
11. Braunschweig:	B
12. Sachsen-Meiningen:	S M
13. Sachsen-Altenburg:	S A
14. Sachsen-Coburg-Gotha:	C G
15. Anhalt:	A
16. Schwarzburg-Rudolstadt:	S R
17. Schwarzburg-Sondershausen:	S S
18. Waldeck:	W
19. Reuß älterer Linie:	R A
20. Reuß jüngerer Linie:	R J
21. Schaumburg-Lippe:	S L
22. Lippe:	L
23. Lübeck:	H L
24. Bremen:	H B
25. Hamburg:	H H
26. Elsaß-Lothringen:	Ziffer VI u. Buchstaben A, B usw.

Anhang II.

Nr. 2132/45.

Kgl. Staatsministerium des Innern.

Bekanntmachung.

Den Vollzug der Verordnung über den Verkehr mit Kraftfahrzeugen vom 3. Februar 1910 betr.

Zum Vollzuge der Verordnung über den Verkehr mit Kraftfahrzeugen vom 3. Februar 1910 (RGBl. S. 389) wird im Einverständnisse mit den Kgl. Staatsministerien des Kgl. Hauses und des Äußern, der Finanzen und für Verkehrsangelegenheiten, sowie mit dem Kgl. Kriegsministerium nachstehendes bekanntgegeben:

I. Allgemeine Bestimmungen.

1. Unter der Bezeichnung „Polizeibehörde" und „höhere Verwaltungsbehörde" sind die Distriktsverwaltungsbehörden, in München die Kgl. Polizeidirektion zu verstehen, soweit nicht im folgenden anderes bestimmt ist.

Der Instanzenzug bestimmt sich nach den für Polizeisachen maßgebenden Vorschriften. In den Fällen des Rekurses gegen die Versagung oder Entziehung der Fahrerlaubnis hat gemäß § 5 Abs. 2 des Reichsgesetzes vom 3. Mai 1909 (RGBl. S. 437) bei den Kgl. Regierungen, Kammern des Innern, das in § 53 der Verordnung vom 29. März 1892 (Ges.- u. VOBl. S. 61) angeordnete Verfahren einzutreten.

2. Zur amtlichen Anerkennung der Sachverständigen für die Prüfung von Führern und Kraftfahrzeugen sind die Kgl. Regierungen, Kammern des Innern, zuständig.

Wer als Sachverständiger für die Prüfung von Kraftfahrzeugen amtlich anerkannt werden will, hat der Kgl. Regierung,

Kammer des Innern, seine Sachkunde und Unparteilichkeit darzutun und zu diesem Zwecke nachzuweisen:

a) ein abgeschlossenes Studium auf einer technischen Hochschule,
b) eine mindestens zweijährige Betriebspraxis vor oder nach beendigtem Hochschulstudium,
c) eingehende Kenntnisse des Baues und Betriebs von Kraftfahrzeugen; soweit dieser Nachweis nicht durch Ingenieurpraxis in einer Kraftfahrzeugfabrik erbracht werden kann, muß sich der Anwärter mindestens vier Wochen in einer Kraftfahrzeugfabrik von Ruf informatorisch beschäftigt haben.

Außerdem muß der Anwärter

d) den Besitz des Führerscheins nachweisen und
e) die Versicherung abgeben, daß er in keinem Abhängigkeitsverhältnisse zur Kraftfahrzeugindustrie steht.

Zu einer Abweichung von diesen Grundsätzen ist die Genehmigung des Kgl. Staatsministeriums des Innern erforderlich; zufolge einer zwischen den Bundesregierungen getroffenen Vereinbarung wird hierzu jeweils die Zustimmung des Reichskanzlers erholt werden.

Wer als Sachverständiger für die Prüfung der Führer von Kraftfahrzeugen amtlich anerkannt werden will, hat denselben Anforderungen zu genügen, soweit nicht für die unter a, b, c geforderten Nachweise Abweichungen durch das Kgl. Staatsministerium des Innern zugelassen werden.

Die Sachverständigen sind zu verpflichten, die Gebührenordnung (Verordnung vom 3. Februar 1910, Anlage A Ziff. XIV, Anlage B Ziff. IX) einzuhalten und der Kgl. Regierung, Kammer des Innern, alljährlich einen Bericht über ihre Tätigkeit zu erstatten.

Des Beirats der anerkannten Sachverständigen werden sich die Polizeibehörden auch in sonstigen Fragen des Automobilwesens bedienen. Wenn z. B. aus einzelnen Orten auffallend viele Anzeigen über Schnellfahren eingehen, empfiehlt es sich, das von den betreffenden Polizeiorganen zur Feststellung der Übertretungen angewendete Verfahren einer Prüfung durch den anerkannten Sachverständigen zu unterziehen; ferner empfiehlt es sich, diesem die Erhebungen über Automobilunfälle jeweils zur Kenntnisnahme und etwaigen Äußerung mitzuteilen.

3. Nach Ziff. I Nr. 4 der Anlage B zur Verordnung vom 3. Februar 1910 ist zur Erlangung des Führerscheins der Nachweis erforderlich, daß der Antragsteller den Fahrdienst bei einer durch die zuständige höhere Verwaltungsbehörde zur Ausbildung von Führern ermächtigten Person oder Stelle (Fahrschule, Kraftfahrzeugfabrik) erlernt hat. Unter der Bezeichnung „höhere Verwaltungsbehörde" sind hier die Kgl. Regierungen, Kammern des Innern,

zu verstehen. Die Bestimmungen über die Einrichtung, den Betrieb und die Beaufsichtigung von Unterrichtsanstalten bleiben vorbehalten.

Gesuche um die Ermächtigung zur Ausbildung von Führern werden mit besonderer Sorgfalt zu würdigen sein. Als geeignet werden vorzugsweise solche Personen gelten, die eine umfangreiche und vorwurfsfreie praktische Tätigkeit als Führer aufzuweisen haben und für eine gewissenhafte Ausbildung volle Gewähr bieten. Ob und inwieweit es geboten ist, sie vor der Ermächtigung inbezug auf ihre Fähigkeiten einer besonderen Prüfung zu unterwerfen, wird je nach den Umständen zu entscheiden sein. Jedenfalls empfiehlt es sich, die Ermächtigung nur auf Widerruf zu erteilen. In der Regel wird es sich naturgemäß um die Ermächtigung zur gewerbsmäßigen Ausbildung von Führern handeln; daneben wird es aber auch den Kgl. Regierungen, Kammern des Innern, unbenommen sein, in besonders gelagerten Fällen zu gestatten, daß eine nicht allgemein ermächtigte, im Besitze des Führerscheins befindliche Person die Ausbildung einer bestimmten anderen Person vornimmt.

4. Zur Sicherung eines gleichmäßigen Vollzugs der vorstehenden Bestimmungen werden sich die Kgl. Regierungen, Kammern des Innern, des Beirats des Polytechnischen Vereins in München bedienen. Sie werden ihm zu diesem Zwecke vor Erteilung der Anerkennung oder Ermächtigung die Gesuche zur gutachtlichen Äußerung übersenden und jeweils die Tätigkeitsberichte der amtlich anerkannten Sachverständigen zur etwaigen Erinnerung mitteilen, ferner seine Mitwirkung bei der Überwachung der zur Ausbildung von Führern ermächtigten Personen und Stellen in Anspruch nehmen. Auch zur Beratung in allen sonstigen technischen Fragen des Verkehrs mit Kraftfahrzeugen wird der Polytechnische Verein empfohlen.

5. Für die Zulassung und Kennzeichnung der im Eigentum der Postverwaltung stehenden Kraftfahrzeuge und die Zulassung ihrer Führer kommt der Kgl. Oberpostdirektion München, bezüglich der Zulassung und Kennzeichnung der im Eigentum der Militärverwaltung stehenden Kraftfahrzeuge der Inspektion des Ingenieurkorps und der Festungen die Stellung der höheren Verwaltungsbehörde zu; eine Mitwirkung der Polizeibehörde nach § 6 Abs. 2 Satz 2 und § 9 findet nicht statt (vgl. unten Abschn. II Ziff. 1 zu § 8 am Ende).

Für die Prüfung dieser Fahrzeuge und ihrer Führer kommt der Kgl. Werkstätteninspektion Aubing und dem Eisenbahnbataillon die Stellung des amtlich anerkannten Sachverständigen zu.

Das Eisenbahnbataillon ist auch zur Erteilung und Entziehung der Fahrerlaubnis berechtigt.

6. Bezüglich des Verkehrs mit der für das Deutsche Reich bestehenden „Sammelstelle für Nachrichten über Führer von Kraftfahrzeugen" (Polizeipräsidium in Berlin) wird auf die Anlage B der Verordnung, Ziff. I Abs. 2, Ziff. VI Abs. 4 verwiesen.

7. Hinsichtlich der bei der Durchführung der Verordnung zu erhebenden Gebühren, soweit sie nicht am Schlusse der Anlagen A und B der Verordnung festgesetzt sind, ist vorläufig die Ministerialbekanntmachung vom 21. August 1908 (MABl. S. 415, FinMinBl. S. 143) sinngemäß zu beachten.

II. Besondere Bestimmungen.

Zu § 2.

1. Unter den in Abs. 1 angeführten „Vorschriften" sind nicht allein orts-, distrikts- und oberpolizeiliche Vorschriften, sondern auch gesetzliche Bestimmungen zu verstehen.

2. Durch die Verordnung vom 3. Februar 1910 wird § 32 der oberpolizeilichen Vorschriften vom 17. September 1906 (Ges.- u. VOBl. S. 729) insoweit nicht berührt, als hiernach auf Straßenlokomotiven und schwere Vorspannmaschinen die oberpolizeilichen Vorschriften vom 7. Mai 1902 (Ges.- u. VOBl. S. 193) anzuwenden sind.

Zu § 3.

Gleitschutzvorrichtungen von normaler Beschaffenheit (Stahlniete auf der Reifendecke) sind zulässig (zu vergleichen Anl. B der Verordnung unter II Abs. 3).

Zu § 4.

1. Durch die Verordnung vom 3. Februar 1910 wird § 33 der oberpolizeilichen Vorschriften vom 17. September 1906 (Ges.- u. VOBl. S. 729) nicht berührt, wonach der Gebrauch von Hupensignalen für andere Fahrzeuge als Kraftfahrzeuge verboten ist.

2. Der Zweck der an den Kraftfahrzeugen anzubringenden Laternen ist ein doppelter. Einerseits sollen sie im Interesse der allgemeinen Verkehrssicherheit das Nahen des Fahrzeugs und dabei gleichzeitig dessen Abmessungen erkennen lassen; anderseits sollen sie im Interesse des Führers für eine ausreichende Beleuchtung der Fahrbahn sorgen. Soweit diesem Zwecke nicht durch zwei Laternen genügt werden kann — was in der Regel der Fall sein wird —, bedarf es der Anbringung weiterer Laternen. Der Forderung, daß die seitliche Begrenzung des Fahrzeugs angezeigt werden muß, wird entsprochen, wenn die Laternen so weit von der Mitte des Fahrzeugs entfernt angebracht sind, als dessen Bauart es gestattet; es ist nicht notwendig, daß sie selbst die äußersten Seitengrenzen des Fahrzeugs bilden.

3. Als Vorrichtungen, die der Vorschrift in Nr. 6 genügen, sind beispielsweise anzusehen:

Schloß zum Feststellen des Schalthebels,

Kette zum Festlegen eines Wagenrads,

herausnehmbarer Kontakt der Zündleitung (bei Verbrennungsmaschinen),
abnehmbarer Griff des Brennstoffleitungsverschlusses,
herausnehmbarer Stromunterbrecher (bei elektrisch betriebenen Fahrzeugen).

Zu § 5.

Anlage 1. 1. Um das Schreibwerk zu vermindern und um zeitraubende Rückfragen zu vermeiden, empfiehlt es sich, daß der Antrag auf Zulassung eines Kraftfahrzeugs bei der höheren Verwaltungsbehörde (Distriktsverwaltungsbehörde) auf Formular — nach anliegendem Muster — erfolgt.

Das Verfahren bei der Zulassung eines Kraftfahrzeugs soll an einem Musterbeispiel erläutert werden; hierbei sind die Bestimmungen der §§ 56, 62 des Reichsstempelgesetzes vom 15. Juli 1909 berücksichtigt.

N. N., wohnhaft in Hersbruck, hat in Nürnberg ein Kraftfahrzeug gekauft und will es dort in Betrieb setzen. Er richtet unter Verwendung des vorbezeichneten Musters und Beifügung der dort angegebenen Anlagen an die für seinen Wohnort Hersbruck zuständige höhere Verwaltungsbehörde (das Bezirksamt Hersbruck) den Antrag auf Zulassung des Fahrzeugs.

Die höhere Verwaltungsbehörde bewirkt, wenn sie den Antrag und seine Anlagen für ordnungsmäßig befunden hat,

die Eintragung des Fahrzeugs in die Spalten 1—10 der Liste (Muster 1 der Verordnung),
die Ausfertigung einer Zulassungsbescheinigung für das Fahrzeug (Muster 2 der Verordnung),
die Benachrichtigung des Antragstellers von dem Geschehenen (wobei insbesondere das demnächst von dem Fahrzeug zu führende Kennzeichen anzugeben ist)

und übersendet den Antrag mit seinen Anlagen sowie die ausgefertigte Zulassungsbescheinigung an die für den Wohnort des Antragstellers zuständige Amtsstelle zur Erteilung von Erlaubniskarten für Kraftfahrzeuge (das Steueramt Hersbruck) zur weiteren Veranlassung in steuerlicher Hinsicht und zur demnächstigen Weitergabe an die Polizeibehörde für Nürnberg (Stadtmagistrat Nürnberg) zur weiteren Veranlassung gemäß § 6 Abs. 2 Satz 2 und § 9 der Verordnung.

Das Steueramt Hersbruck trägt die Anmeldung in das Anmeldebuch ein, prüft die Anmeldung nach, setzt die zu zahlende Reichsstempelabgabe fest, bewirkt darauf

die Ausfertigung einer Erlaubniskarte für das Fahrzeug,
die Eintragung des Fahrzeugs in die Bezirksliste,
die Benachrichtigung des Antragstellers mit der Aufforderung, den festgesetzten Steuerbetrag an sie einzuzahlen,

übersendet unter Zurückbehaltung der steuerlichen Anmeldung den Zulassungsantrag nebst den verbleibenden Anlagen sowie die ausgefertigte Erlaubniskarte (Steuerkarte) an den Stadtmagistrat Nürnberg zur weiteren Veranlassung (siehe oben) und verbindet damit das Ersuchen, nach erbrachtem Nachweis von der Zahlung der Reichsstempelabgabe die Steuerkarte dem Antragsteller auszuhändigen.

Der Stadtmagistrat Nürnberg fordert den Antragsteller schriftlich auf, an dem von ihr festgesetzten Termin das Fahrzeug vorzuführen (§ 30 der Verordnung) und dabei den Nachweis von der Zahlung der Reichsstempelabgabe zu erbringen. In dem Termin hat der Stadtmagistrat unter Beobachtung der Vorschriften im § 9 der Verordnung die Abstempelung der Kennzeichen zu veranlassen und Zulassungsbescheinigung sowie Steuerkarte auszuhändigen; in der Zulassungsbescheinigung ist zuvor auf Seite 3 der Aushändigungsvermerk einzutragen. Der Stadtmagistrat Nürnberg gibt dem Steueramt Hersbruck von dem Tage der Aushändigung der Erlaubniskarte Nachricht und sendet alsdann dem Bezirksamt Hersbruck die übrigen Vorgänge gleichzeitig unter Mitteilung zurück, wann die Aushändigung der Zulassungsbescheinigung erfolgt ist.

Das Bezirksamt Hersbruck bewirkt die Ausfüllung der Spalte 11 der Liste (Muster 1 der Verordnung) und nimmt die entstandenen Vorgänge zu den Akten.

2. Das vorstehend angegebene Verfahren ändert sich dann, wenn eine Steuerpflicht nach dem Reichsstempelgesetze nicht begründet ist, dahin, daß die Steuerbehörde die Verhandlungen einfach mit der Bescheinigung der Steuerfreiheit an die Polizeibehörde weitergibt. Alsdann findet die Abstempelung des Kennzeichens und die Aushändigung der Zulassungsbescheinigung ohne den Nachweis der Steuerentrichtung statt und entfällt die weitere Mitteilung an die Steuerbehörde.

Zu § 6.

1. Bei der Neuaufstellung der Listen der zugelassenen Kraftfahrzeuge werden die bisher geführten Listen zur Grundlage dienen. Zweckmäßig erscheint es, für die Kraftzweiräder und für die übrigen Kraftfahrzeuge getrennte Listen zu führen. Daneben empfiehlt sich die Anlegung je einer Hilfsliste, die enthalten muß in einer Spalte 1 fortlaufend die sämtlichen im Bezirke zur Ausgabe gelangenden Erkennungsnummern (nach der Zahlenreihe), und daneben in einer Spalte 2, die für Änderungen genügend Raum bietet, die jeweilige Nummer, unter der das mit dem in Spalte 1 angegebenen Kennzeichen versehene Fahrzeug in der Hauptliste erscheint. Die Hilfsliste ermöglicht einmal die sofortige Auffindung einer gesuchten Erkennungsnummer in der Hauptliste und zweitens macht sie ohne weiteres ersichtlich, welche Erkennungsnummern im Bezirke noch verfügbar oder wieder frei geworden sind.

2. Die Distriktsverwaltungsbehörden haben den zuständigen Hebestellen (das sind die Steuerämter, die mit einer Zollbehörde

verbundenen Steuerhebestellen, die Steuerstellen und die auf bayerischem Gebiete gelegenen Nebenzollämter)

a) aus der Liste der zugelassenen Kraftfahrzeuge in vierteljährigen Zeitabschnitten bis zum 5. des auf den Schluß des Kalendervierteljahrs folgenden Monats einen Auszug zu übersenden,

b) Änderungen, die in der Person oder dem Wohnorte des Eigenbesitzers eines Personenkraftfahrzeugs, in der Betriebsart oder in der Anzahl der Pferdekräfte, ferner durch Umwandlung eines Lastkraftfahrzeugs in ein Personenkraftfahrzeug und umgekehrt eintreten, sowie Änderungen in der polizeilichen Kennzeichnung eines Personenkraftfahrzeugs schriftlich mitzuteilen.

3. Hinsichtlich derjenigen Einträge, welche in die Liste der zugelassenen Kraftfahrzeuge mit Rücksicht auf die Zwecke der Automobilstatistik zu machen sind, wird auf die bezüglichen besonderen Bestimmungen verwiesen.

4. Der in den Fällen des Abs. 4 angegangenen höheren Verwaltungsbehörde wird es obliegen, die bisher zuständige höhere Verwaltungsbehörde unter Übersendung der eingezogenen Zulassungsbescheinigung zu verständigen, damit diese in die Lage kommt, ihre Liste zu berichtigen.

Ebenso wird in den Fällen des Abs. 6 zu verfahren sein, wenn der neue Eigentümer im Bezirk einer anderen höheren Verwaltungsbehörde als der bisherige Eigentümer seinen Wohnsitz hat.

Zu § 8.

1. Nach dem der Verordnung beigegebenen Plane für die Kennzeichnung der Kraftfahrzeuge besteht das bayerische Kennzeichen aus der römischen Ziffer II in Verbindung mit einem Unterscheidungsbuchstaben. Die Unterscheidungsbuchstaben sind:

A für den Stadtbezirk München,
B „ „ übrigen Regierungsbezirk Oberbayern,
C „ „ Regierungsbezirk Niederbayern,
D „ „ „ der Pfalz,
E „ „ „ der Oberpfalz und von Regensburg,
H „ „ „ Oberfranken,
N „ „ Stadtbezirk Nürnberg,
S „ „ übrigen Regierungsbezirk Mittelfranken,
U „ „ Regierungsbezirk Unterfranken und Aschaffenburg,
Z „ „ „ Schwaben und Neuburg,
ferner
M für die Kraftfahrzeuge der Militärverwaltung,
P „ „ Kraftfahrzeuge der Postverwaltung.

2. Bei der Kgl. Polizeidirektion München wird ein Verzeichnis der den bayerischen Distriktsverwaltungsbehörden zugewiesenen Erkennungsnummern geführt. Bei etwaigem Bedarfe haben sich daher die Distriktsverwaltungsbehörden mit der Polizeidirektion ins Benehmen zu setzen.

3. Im Hinblick auf die Sonderkennzeichen der Kraftzweiräder ist es angängig, die gleichen Nummern einerseits für Kraftzweiräder und anderseits für die übrigen Arten von Kraftfahrzeugen auszugeben.

Zu § 9.

Nicht allein das hintere, sondern auch das vordere Kennzeichen muß abgestempelt werden. Für die Abstempelung sind zweckmäßig Schablonen zu verwenden.

Zu § 10.

Je weiter das hintere Kennzeichen vom Erdboden entfernt ist, um so besser wird seine jederzeitige Erkennbarkeit gewahrt sein. Die Polizeibehörden werden daher darauf zu halten haben, daß da, wo es die Bauart des Fahrzeugs gestattet das hintere Kennzeichen möglichst hoch angebracht wird.

Ebenso wird darauf zu achten sein, daß das vordere Kennzeichen nicht durch die Antriebskurbel des Motors, das hintere Kennzeichen durch Gepäckstücke oder durch Vorrichtungen zur Aufnahme von Gepäck u. dgl. in der Erkennbarkeit beeinträchtigt werden. Dem ersteren vielfach beobachteten Übelstande wird dadurch mit Leichtigkeit zu begegnen sein, daß die Kurbel während der Fahrt durch eine einfache Vorrichtung, z. B. Lederschleife, wagerecht befestigt wird.

Zu § 11.

Die Polizeibehörden haben mit aller Strenge darauf zu achten, daß unzureichende oder vorschriftswidrige Beleuchtungsvorrichtungen nicht zugelassen werden. Als unzureichend müssen insbesondere angesehen werden Beleuchtungsvorrichtungen, deren Lichtquelle nicht ausreicht, das Kennzeichen in seiner ganzen Fläche gleichmäßig hell zu beleuchten, als vorschriftswidrig solche, die das Kennzeichen irgendwie verdecken. Die Beseitigung derartiger Vorrichtungen ist mit allen den Polizeibehörden zur Verfügung stehenden Mitteln durchzusetzen.

Die Polizeibehörden haben ferner darauf zu dringen, daß die Laternen der im Betriebe befindlichen Fahrzeuge stets ausreichend hell brennen.

Zu § 13.

Die Vorschrift im § 13 schließt nicht aus, daß an Kraftfahrzeugen mit besonderem Verwendungszwecke (Droschken, Omnibussen, Postwagen, Geschäftswagen u. dgl.) außer dem polizeilichen Kennzeichen der Verwendungszweck dieser Fahrzeuge durch eine entsprechende Bezeichnung (Wagennummer, Firma usw.) ersichtlich gemacht wird. Unerläßliche Voraussetzung ist jedoch, daß Verwechselungen mit dem polizeilichen Kennzeichen ausgeschlossen bleiben.

Zu § 14.

1. Was das Sehvermögen betrifft, so sind nach einem Gutachten des Kgl. Obermedizinalausschusses zur Führung von Kraftfahrzeugen ungeeignet: Personen, die an einer Herabsetzung der zentralen Sehschärfe — wenn auch nur auf einem Auge — unter $^2/_3$ des Normalen (ohne Korrektur) oder an sog. Nachtblindheit oder an Farbenblindheit, insbesondere an Rotgrünblindheit, leiden; ferner Personen, die nicht ein in jeder Hinsicht normales Gesichtsfeld besitzen, nicht körperlich-stereoskopisch sehen, schielen oder an einer Augenmuskellähmung leiden; endlich Personen, die mit akutem oder chronischen Tränensackleiden oder prognostisch gleichartigen Erkrankungen und Reizzuständen der Bindehaut und Lider oder mit Anzeichen ernsterer innerer Erkrankungen des Auges selbst und mit Neigung zu Rückfällen oder zur Verschlechterung der Sehfunktion behaftet sind.

Der Kgl. Obermedizinalausschuß hat es jedoch als angängig erklärt, daß Personen, die die Führung von Kraftfahrzeugen nicht berufsmäßig betreiben wollen (z. B. Ärzte, Tierärzte, Techniker, Kaufleute usw.), probeweise zugelassen werden, wenn ihre zentrale Sehschärfe durch eine Brille auf die Norm korrigiert wird und andere der vorbezeichneten Mängel nicht bestehen, vorausgesetzt, daß sie sich verpflichten,

a) bei der Fahrt stets eine gleich starke Reservebrille mitzuführen,

b) bei Nebel und regnerischem Wetter jedesmal anzuhalten, wenn das den Refraktionsfehler korrigierende Glas angelaufen oder beschlagen ist, und nicht vor sorgfältiger Reinigung der Korrektionsbrille weiterzufahren.

Die Distriktsverwaltungsbehörden werden ermächtigt, hiernach bis auf weiteres bei Personen, von denen die gewissenhafte Erfüllung dieser Voraussetzungen zu erwarten ist, zu verfahren. Die Beteiligten sind dabei in jedem Falle darauf hinzuweisen, daß die Außerachtlassung der gebotenen Vorsicht bei der Führung von Kraftfahrzeugen Strafeinschreitung und unter Umständen die Entziehung der Fahrerlaubnis zur Folge hat.

Personen, welche die Führung von Kraftfahrzeugen berufsmäßig betreiben wollen (Chauffeure, Automobilhändler usw.), sind von der vorbezeichneten Vergünstigung ausgeschlossen.

Etwaige Vorschriften der Militärverwaltung werden durch die Bestimmungen dieser Ziffer nicht berührt.

2. Im Falle der Bewilligung einer Ausnahme gemäß Abs. 2 hat die höhere Verwaltungsbehörde einen entsprechenden Vermerk in den Führerschein einzutragen.

Zu § 15.

Nach § 63 des Reichsstempelgesetzes vom 15. Juli 1909 hat der Führer des Kraftfahrzeugs auch die Erlaubniskarte unterwegs stets bei sich zu führen. Er ist verpflichtet, sie auf Verlangen den sich durch ihre Dienstkleidung oder sonst ausweisenden Grenz- und Steueraufsichtsbeamten sowie den Aufsichtsbeamten der Polizeiverwaltung zum Nachweise der Erfüllung der Stempelpflicht vorzuzeigen und nötigenfalls die erforderliche Auskunft zu geben. Ein in der Fahrt begriffenes Fahrzeug darf indessen lediglich aus diesem Anlaß außer im Grenzbezirke nicht angehalten werden.

Zu § 17.

Eine starke Belästigung des Publikums, insbesondere auch während der Nacht, wird, wie lebhafte Klagen erkennen lassen, dadurch verursacht, daß Führer von Kraftfahrzeugen auch beim Halten des Fahrzeugs den Motor weiter laufen lassen. Namentlich tritt dieser Übelstand an den Halteplätzen von Automobildroschken und -Omnibussen in die Erscheinung. Der § 17 Abs. 2 („vermeidbare Entwickelung von Geräusch") bietet die Handhabe, diesem Mißbrauch wirksam entgegenzutreten.

Zu § 18.

1. Die Polizeiorgane sind anzuweisen, die Einhaltung der vorgeschriebenen Fahrgeschwindigkeit, namentlich innerhalb geschlossener Ortsteile und auf unübersichtlichen Wegen, strenge zu überwachen.

2. Die Bestimmung in Abs. 2 soll den höheren Verwaltungsbehörden die Möglichkeit gewähren, in solchen Orten, namentlich in größeren Städten, wo das Publikum an die schnellere Abwickelung des Fuhrwerksverkehrs auf den Straßen gewöhnt und mit dessen Gefahren vertraut ist, auch für Kraftfahrzeuge eine dem allgemeinen Verkehr angepaßte erhöhte Fahrgeschwindigkeit zuzulassen.

Bezüglich der im Eigentume der Postverwaltung stehenden Fahrzeuge von mehr als 5,5 Tonnen Gesamtgewicht übt die örtlich zuständige Kgl. Oberpostdirektion die Befugnis der höheren Verwaltungsbehörde zur Zulassung höherer Fahrgeschwindigkeiten aus, vorbehaltlich des Erinnerungsrechts der zuständigen Distriktsverwaltungsbehörde.

Zu § 22.

Zu der in Satz 2 vorgesehenen Genehmigung sind auch die Ortspolizeibehörden innerhalb ihrer Zuständigkeit ermächtigt.

Zu § 23.

1. Es ist davon auszugehen, daß der Verkehr mit Kraftfahrzeugen im allgemeinen auf allen denjenigen Wegen zuzulassen ist,

welche für den übrigen Fuhrwerksverkehr freigegeben sind. Hauptverkehrslinien (Chausseen, Haupt- und Nebenlandstraßen) werden nur in Ausnahmefällen und nur dann zu sperren sein, wenn der Verkehr auf hinreichend benutzungsfähigen, nicht zu großen Umwegen umgeleitet werden kann. Auch soll nicht die Durchfahrt durch ganze Orte unmöglich gemacht werden.

2. Voraussetzung eines Verbots oder einer Beschränkung ist, daß entweder

a) der Zustand der Wege oder die Eigenart des Verkehrs oder
b) sonstige besondere Verhältnisse das Verbot oder die Beschränkung erfordern.

Eine Wegesperrung wird daher in der Regel nur dann anzuordnen sein, wenn hierfür in der gefährlichen Beschaffenheit des zu sperrenden Weges oder seiner Umgebung zwingende Gründe vorliegen, insbesondere, wenn es sich um schmale oder unübersichtliche Wege oder um Wege mit steilen Böschungen oder ungünstigen Steigungsverhältnissen handelt. Die Möglichkeit des Scheuens der Zugtiere allein ist kein ausreichender Sperrungsgrund.

Die Voraussetzungen müssen für jeden einzelnen Weg besonders geprüft werden; die Sperrung sämtlicher Wege eines Orts- oder Gemeindebezirks oder aller Wege einer bestimmten Klasse ist unzulässig.

3. Die Sperrung hat sich auf das Notwendige zu beschränken. Krafträder werden häufig dort zugelassen werden können, wo Kraftwagen auszuschließen sind.

Bei der Erlassung der polizeilichen Vorschriften oder Anordnungen ist darauf Rücksicht zu nehmen, daß jenen Besitzern von Kraftfahrzeugen, von denen eine ruhige und rücksichtsvolle Fahrweise erwartet werden darf, Ausnahmen widerruflich und unter besonderen Bedingungen gestattet werden können. Für solche Ausnahmen kommen vornehmlich die Besitzer der an den gesperrten Straßenstrecken gelegenen Anwesen, sowie Personen in Betracht, die in dem Polizeibezirk oder seiner Umgebung wohnen und Kraftfahrzeuge in der Ausübung ihres Berufs oder Gewerbes benutzen (Ärzte, Sanitätskolonnen usw.).

4. Eine Beschränkung des Verkehrs mit Kraftfahrzeugen in der Weise, daß eine Höchstgeschwindigkeit von weniger als 15 km in der Stunde festgesetzt wird, ist in Zukunft nur mehr für Kraftfahrzeuge, deren Gesamtgewicht 5,5 Tonnen übersteigt, zulässig.

Wo jedoch für den allgemeinen Fuhrwerksverkehr beschränkende Vorschriften gelten (z. B. Schrittfahren auf Brücken, bei Toren usw.), finden solche gemäß § 2 Abs. 1 der Verordnung auch auf sämtliche Kraftfahrzeuge Anwendung.

5. Die Verbote und Beschränkungen erfolgen entweder durch allgemeine polizeiliche Vorschriften oder durch besondere für den einzelnen Fall getroffene Anordnungen.

Allgemeine polizeiliche Vorschriften ergehen in der Form oberdistrikts- oder ortspolizeilicher Vorschriften; besondere Anordnungen können von dem Staatsministerium des Innern, den Regierungen, Kammern des Innern, den Distrikts- und Ortspolizeibehörden innerhalb ihres Wirkungskreises erlassen werden.

Verbote und Beschränkungen für Wegestrecken, die dem Durchgangsverkehre dienen, können nur vom Kgl. Staatsministerium des Innern oder von den Kgl. Regierungen, Kammern des Innern, erlassen werden Allgemeine Normen dafür, was unter „Wegestrecken, die dem Durchgangsverkehre dienen", zu verstehen sei, lassen sich kaum aufstellen. Es wird vielmehr hierzu einer Entscheidung von Fall zu Fall bedürfen. Die Kgl. Regierungen, Kammern des Innern werden alsbald unter sich, mit den höheren Verwaltungsbehörden der angrenzenden Bundesstaaten, sowie mit den Militärbehörden und den Vertretungen der Automobilinteressenten. insbesondere dem Bayerischen Automobilklub, ins Benehmen treten, um Unterlagen dafür zu gewinnen, welche Wegestrecken als dem Durchgangsverkehr dienend gelten müssen.

Ferner sind nur die Distriktspolizeibehörden und die ihnen vorgesetzten Stellen zuständig zur Erlassung polizeilicher Vorschriften oder Anordnungen, durch die

a) für Kraftfahrzeuge mit einem Gesamtgewicht von mehr als 5,5 Tonnen wegen des Zustandes der Wege oder der Eigenart des Verkehrs eine Höchstgeschwindigkeit von weniger als 15 km in der Stunde festgesetzt oder

b) mit Rücksicht auf andere besondere Verhältnisse (s. o. Ziff. 2b) der Verkehr mit Kraftfahrzeugen für bestimmte Örtlichkeiten verboten oder beschränkt wird.

6. Es empfiehlt sich, vor der Erlassung von Verkehrsbeschränkungen den amtlich anerkannten Sachverständigen (s. o. Abschn. I Ziff. 2) gutachtlich zu hören, sowie dem Bayerischen Automobilklub Gelegenheit zur Äußerung zu geben.

7. Jede gesperrte Wegestrecke usw. ist am Anfang und am Ende durch Tafeln zu kennzeichnen.

Zu diesem Zwecke sind von der Firma „Frankfurter Emaillierwerke, Otto Leroi in Neu-Isenburg bei Frankfurt a. M." drei Tafeln, lautend

a) Verbot für Kraftwagen und Motorräder,
b) Verbot für Kraftwagen — offen für Motorräder,
c) Kraftfahrzeuge — 15 km

hergestellt worden, die für Bayern von dem Emaillierwerk Hans Fink in München, Waltherstraße 25, angefertigt werden. Die Tafeln sind 50×50 cm groß, die ersten beiden Arten in gelber, die dritte in blauer Farbe gehalten.

Um die im Interesse des Verkehrs gebotene Gleichmäßigkeit in der Kennzeichnung der Wegestrecken, die für Kraftfahrzeuge gesperrt sind, und von solchen, die nur mit ermäßigter Geschwindigkeit befahren werden dürfen, herbeizuführen, sollen zufolge einer Vereinbarung der Bundesregierungen diese Tafeln einheitlich verwendet werden.

8. Um eine rechtzeitige Veröffentlichung der Sperrungen und Beschränkungen in den Fachzeitschriften sicherzustellen, sind sie, soweit sie nicht bloß vorübergehend gelten, jeweils ungesäumt durch Vermittlung des Bayerischen Automobilklubs (München, Briennerstraße 5) dem Kaiserlichen Automobilklub in Berlin mitzuteilen.

Eine Zusammenstellung aller verbotenen Straßen im ganzen Reiche gelangt alljährlich auch in dem Jahrbuche des Kaiserlichen Automobilklubs und der mit ihm im Kartellverbande stehenden Deutschen Automobilklubs zum Abdruck.

9. Da die polizeilichen Vorschriften über Sperrungen und Beschränkungen auf eine neue rechtliche Grundlage (§ 6 Abs. 1 Nr. 2 des Reichsgesetzes vom 3. Mai 1909, § 23 der Verordnung) gestellt sind, erscheint es geboten, die bestehenden Vorschriften einer Prüfung zu unterstellen, ob sie mit § 23 der Verordnung zu vereinbaren und auch für die Zukunft aufrecht zu erhalten sind. Gemäß Art. 13 des Polizeistrafgesetzbuchs werden daher sämtliche bisher erlassenen ober-, distrikts- und ortspolizeilichen Vorschriften, wonach die Benützung von Wegen, Plätzen und Brücken für Kraftfahrzeuge verboten oder beschränkt ist, vom 1. Mai 1910 an außer Kraft gesetzt. Soweit die Vorschriften aufrecht erhalten werden sollen, müssen sie sonach von neuem erlassen werden.

Zu § 24.

Wie aus dem Wortlaute der Vorschrift hervorgeht, ist zu unterscheiden zwischen Wettfahrten und Zuverlässigkeitsfahrten. Während jene das Ziel verfolgen, mit den an der Veranstaltung teilnehmenden Fahrzeugen die größtmögliche Geschwindigkeit zu erzielen, dienen diese hauptsächlich dazu, die Dauerhaftigkeit der Wagen und die Betriebssicherheit der Maschinen zu erproben.

Die größere Gefahr für den öffentlichen Verkehr ist hiernach mit den Wettfahrten verbunden. Sie sind daher im allgemeinen verboten; nur innerhalb des in Abs. 2 bestimmten, eng begrenzten Rahmens ist ihre Veranstaltung mit besonderer Genehmigung des Kgl. Staatsministeriums des Innern zulässig.

Für die Zuverlässigkeitsfahrten, bei denen hauptsächlich die Anhäufung von Fahrzeugen zu Unzuträglichkeiten für den öffentlichen Verkehr führt, ist die Genehmigung der zuständigen Behörde vorgeschrieben; als solche kommt in der Regel — soferne sich nicht die Veranstaltung auf einen Verwaltungsbezirk beschränkt — die Kgl. Regierung, Kammer des Innern, in Betracht. Auch hier wird zu prüfen sein, ob die Veranstaltung aus polizeilichen Gründen zu verbieten oder von besonderen Bedingungen abhängig zu machen sei. Die Genehmigung wird nur dann zu erteilen sein, wenn bestimmt angenommen werden kann, daß nach dem Umfange und der Art der Veranstaltung von ihr eine größere Störung des öffentlichen Verkehrs usw. nicht zu erwarten ist. Es empfiehlt sich, über etwaige Genehmigungsgesuche den Bayerischen Automobilklub gutachtlich einzuvernehmen.

Zu § 25.

Zur Erteilung der in Abs. 4 vorgesehenen polizeilichen Erlaubnis sind die Distriktsverwaltungsbehörden zuständig. Für die Fahrzeuge der Militärverwaltung wird die Erlaubnis von der Inspektion des Ingenieurkorps und der Festungen erteilt.

Zu § 26.

Die Vorschrift des § 26 gibt den Behörden eine Handhabe, um die durch den Gebrauch abgenutzten und deshalb nicht mehr verkehrssicheren oder durch Entwicklung von Geräusch, Rauch und üblem Geruche besonders lästigen Fahrzeuge aus dem öffentlichen Verkehr auszumerzen.

Von dieser Befugnis werden die Behörden entsprechenden Gebrauch zu machen haben, namentlich gegenüber solchen Kraftfahrzeugen, die bereits vor dem 1. April 1910 zum Verkehre zugelassen und daher einer Prüfung nach Maßgabe der Verordnung nicht unterworfen sind.

Im übrigen wird die Anordnung einer periodischen Prüfung aller Kraftfahrzeuge im Hinblick auf die verschiedenartige Benutzung der Fahrzeuge nicht durchführbar sein; dagegen ist eine solche regelmäßige Nachuntersuchung für die im öffentlichen Fuhrverkehre verwendeten Fahrzeuge (Droschken, Omnibusse u. dgl.) geboten, da eine einmalige Prüfung vor der Ingebrauchnahme nicht genügende Gewähr für diejenige Verkehrssicherheit bietet, die von diesen Fahrzeugen auf die Dauer verlangt werden muß.

Mit Hilfe der Bestimmung im § 26 ist ferner durchzusetzen, daß die Eigentümer und Führer von Kraftfahrzeugen ihrer Verpflichtung, die polizeilichen Kennzeichen und die Beleuchtungsvorrichtung des hinteren Kennzeichens stets in ordnungsmäßigem Zustand zu erhalten, gerecht werden. Hierbei wird auch auf die Strafbestimmung im § 25 des Gesetzes über den Verkehr mit Kraftfahrzeugen vom 3. Mai 1909 verwiesen.

Zu § 27.

Die Prüfungsordnung (Anlage B der Verordnung) enthält die wichtige Bestimmung, daß jeder, der zum Führen von Kraftfahrzeugen zugelassen werden will, seine körperliche Tauglichkeit nachzuweisen hat. Es wird zu erwägen sein, inwieweit die im gewerbsmäßigen Fuhrverkehre beschäftigten Führer von Kraftfahrzeugen einer periodischen Nachuntersuchung über ihre körperliche Tauglichkeit zu unterwerfen sind. Im übrigen werden die Polizeibehörden eine erneute ärztliche Prüfung in solchen Fällen anzuordnen haben, in denen zu einer solchen Maßnahme begründeter Anlaß vorliegt.

Zu § 31.

Wenn die Distriktsverwaltungsbehörde einer Firma ein oder mehrere Kennzeichen zur wiederkehrenden Verwendung bei Probefahrten erteilt, so hat sie den Antragsteller zur Führung einer Liste zu verpflichten, in die jeder einzelne Fall der Benützung einzutragen ist, und ihn zugleich über die Bedingungen für die Zuteilung der Kennzeichen durch Aushändigung einer Ausfertigung der Anlage 2 zu belehren. Eine Abschrift der Bescheinigung nach Muster 7 ist von der Distriktsverwaltungsbehörde an die zuständige Steuerbehörde zu übersenden.

III. Schlußbestimmungen.

1. Vorbehaltlich des § 36 der Verordnung treten die oberpolizeilichen Vorschriften vom 17. September 1906 über den Verkehr mit Kraftfahrzeugen am 1. April 1910 mit Ausnahme der im vorstehenden Abschnitt II Ziff. 2 zu § 2 und Ziff. 1 zu § 4 angeführten Bestimmungen außer Kraft. Gleichzeitig werden die Ministerialbekanntmachungen vom 17. September 1906, vom 25. Juli 1907 und vom 24. Februar 1909, Ges.- u. VOBl. 1906 S. 748, 1907 S. 545, 1909 S. 224, aufgehoben.

2. Durch die am 1. April 1910 in Kraft tretenden Strafvorschriften des Reichsgesetzes über den Verkehr mit Kraftfahrzeugen vom 3. Mai 1909, §§ 21 mit 25, wird ein wirksameres Einschreiten gegen rücksichtslose Kraftfahrer ermöglicht.

Bei allen Zuwiderhandlungen gegen die angeführten Strafvorschriften ist die möglichst rasche Feststellung des Tatbestandes veranlaßt. Zu diesem Zwecke ist insbesondere auch dem Beschuldigten, wenn er mit Hilfe des Kennzeichens ermittelt worden ist, sofort Gelegenheit zur Äußerung zu geben.

Durch sorgfältige polizeiliche Erhebung des Sachverhaltes ist die entsprechende Bestrafung rücksichtsloser Fahrer zu ermöglichen.

3. Die Vorschriften der Verordnung werden den Zweck, die Sicherheit des Verkehrs auf öffentlichen Wegen und Plätzen in wirksamer Weise zu fördern, nur dann erfüllen können, wenn ihre Durchführung in allen Einzelheiten von den beteiligten Stellen, insbesondere von den Polizeiorganen mit vollster Entschiedenheit bewirkt wird. Im übrigen wird aber auch der Tatsache Rechnung zu tragen sein, daß sich das Kraftfahrzeug heute als vollberechtigtes

Verkehrsmittel eingebürgert hat. Seine Eigenart führt zu neuen Erscheinungen im Straßenverkehre, die zu Gefahren für die Verkehrssicherheit nicht nur dann führen, wenn die für den Verkehr der Kraftfahrzeuge bestehenden Vorschriften nicht beachtet werden, sondern auch dann, wenn die für den sonstigen Fuhrwerksverkehr und den Radfahrverkehr bestehenden Vorschriften unbefolgt bleiben. Aus dieser Erwägung heraus werden die zuständigen Polizeiorgane es sich angelegen sein lassen müssen, den für diesen Verkehr bestehenden Vorschriften in verstärktem Maße Geltung zu verschaffen (vgl. Ministerialbekanntmachung vom 24. September 1907, MABl. S. 464)*).

München, den 17. März 1910.

von Brettreich.

*) An Stelle der dort angeführten oberpolizeilichen Vorschrift vom 9. Januar 1878 ist die oberpolizeiliche Vorschrift vom 22. Februar 1910 (Ges.- u. VOBl. S. 101) getreten.

Anlage 1.

........., den 19

(Wohnung) .... Nr. ......

Ich beantrage, mir $\frac{\text{den}}{\text{das}}$ umseitig beschriebenen Kraft$\frac{\text{wagen}}{\text{rad}}$ zum Verkehr aus öffentlichen Wegen und Plätzen zuzulassen.

Das Gutachten des amtlich anerkannten Sachverständigen Herrn .... in ...., das die Richtigkeit der Angaben unter Nr. 4 bis 8 sowie ferner bestätigt, daß das Fahrzeug den Anforderungen der Verordnung des Bundesrats über den Verkehr mit Kraftfahrzeugen vom 3. Februar 1910 entspricht, liegt bei.

(Oder:

Eine Bescheinigung, die die Richtigkeit der Angaben unter Nr. 4 bis 8 sowie ferner bestätigt, daß das Fahrzeug einer fabrikmäßig hergestellten und behördlich zugelassenen Gattung (Typ) angehört und den Anforderungen der Verordnung des Bundesrats über den Verkehr mit Kraftfahrzeugen vom 3. Februar 1910 entspricht, liegt bei.)

Gleichzeitig überreiche ich die nach § 106 der Ausführungsbestimmungen zum Reichsstempelgesetz vom 15. Juli 1909 vorgeschriebene Anmeldung des Fahrzeugs zum Zwecke der Erteilung einer Steuerkarte.

Ich bitte mir das dem Fahrzeug zuzuteilende polizeiliche Kennzeichen anzugeben und die Zulassungsbescheinigung auszufertigen. Das Fahrzeug soll in .... in Betrieb genommen werden. Ich beantrage daher, die Zulassungsbescheinigung und die Steuerkarte der Polizeibehörde in .... zu übersenden, damit diese einen Termin für die Vorführung des Fahrzeugs anberaumt und, nachdem ihr der Nachweis der Einzahlung der Reichsstempelabgabe erbracht ist, die Kennzeichen abstempelt und mir Zulassungsbescheinigung und Steuerkarte aushändigt.

(Unterschrift) ....

An

....

(Polizeidirektion München oder Stadtmagistrat X
oder Bezirksamt Y.)

1.	Name und Wohnort des Eigentümers	
2.	Firma, die das Fahrgestell hergestellt hat, und Fabriknummer des Fahrgestells,	
3.	Art und Bestimmung des Fahrzeugs (Personen- oder Lastfahrzeug).	
4.	Art der Kraftquelle.	
5.	Anzahl der Pferdestärken der Maschine (des Motors). Bei steuerpflichtigen Fahrzeugen auch die nach der Steuerformel berechnete Nutzleistung des Fahrzeugs.	
6.	Eigengewicht des betriebsfertigen Fahrzeugs.	
7.	Zulässige Belastung (kg oder Personen einschließlich Führer).	
8.	Bei Fahrzeugen, deren Gesamtgewicht (einschließlich Ladung) 5 t übersteigt, die Achsdrucke im beladenen Zustande.	

Anlage 2.

Bedingungen
für die Zuteilung von Kennzeichen für Kraftfahrzeuge zu Probefahrten.

1. Über jedes zugewiesene Kennzeichen ist eine Liste zu führen, in der fortlaufend für jeden Tag und zwar beim Beginn der Fahrt genaue Angaben darüber zu machen sind, zu welcher Zeit (genau nach Stunden und Minuten) und an welchen Fahrzeugen das Kennzeichen auf öffentlicher Straße zur Verwendung gelangt und wer der Führer sowie die Insassen des Fahrzeugs sind. Ist das Kennzeichen an einem Tage überhaupt nicht verwendet worden, so ist dies in der Liste zu vermerken.

2. Die Listen sind stets auf dem laufenden zu erhalten. Die Eintragungen darin müssen deutlich und leserlich mit Tinte gemacht werden, Rasuren dürfen in den Listen nicht vorgenommen werden.

3. Für die Richtigkeit der in den Listen enthaltenen Angaben haftet die Firma.

4. Die Firma hat dafür zu sorgen, daß die Listen während der gewöhnlichen Geschäftsstunden den Polizei- und Steuerbeamten auf Verlangen zur Einsicht vorgelegt werden können. Auf Erfordern der Distriktsverwaltungsbehörde oder der Steuerbehörde sind die Listen an diese Behörde einzureichen. Bis zur Rückgabe der Listen sind Ersatzlisten zu führen, die wie die Urlisten zu behandeln sind.

5. Die Firma hat der Distriktsverwaltungsbehörde und der Steuerbehörde umgehend mitzuteilen, wo die Listen aufbewahrt werden und einzusehen sind.

6. Die Listen sind am Ende eines Jahres abzuschließen; sie müssen alsdann noch mindestens ein Jahr lang aufbewahrt und in gleicher Weise den Polizei- oder Steuerbeamten auf Verlangen zur Einsicht vorgelegt bezw. an die Distriktsverwaltungsbehörde oder an die Steuerbehörde eingereicht werden.

7. Will die Firma von der Erlaubnis zur Verwendung der zugewiesenen Kennzeichen keinen Gebrauch mehr machen oder wird ihr die Erlaubnis wieder entzogen, so sind die ausgestellten Bescheinigungen (§ 31 der Verordnung vom 3. Februar 1910) umgehend an die Distriktsverwaltungsbehörde zurückzugeben und die Nummertafel behufs Entfernung des Stempels (§ 31 mit § 28 Abs. 2 Satz 2 a. a. O.) sofort der Distriktsverwaltungsbehörde vorzulegen. Ein Gleiches hat bei Aufgabe oder Verlegung des Geschäfts nach außerhalb zu geschehen.

8. Der Verlust eines Kennzeichens ist sofort der Polizeibehörde anzuzeigen. Es besteht in solchem Falle kein Anspruch auf Beibehaltung derselben Nummer.

9. Nur die von der Distriktsverwaltungsbehörde abgestempelten Kennzeichen dürfen verwendet werden. Im Falle einer Erneuerung des Anstrichs sind dieselben vorher, soweit es möglich ist, behufs Beseitigung des Stempels bei der Distriktsverwaltungsbehörde vorzulegen. Kann dies nicht geschehen, so besteht gleichfalls kein Anspruch auf Beibehaltung derselben Nummer.

10. Die Zuteilung erfolgt unter dem Vorbehalte des jederzeitigen Widerrufs, der insbesondere bei Nichtbefolgung der vorstehenden Bedingungen eintritt.

11. Auf die mit den zugewiesenen Kennzeichen versehenen Kraftfahrzeuge finden im übrigen die Bestimmungen der Verordnung über den Verkehr mit Kraftfahrzeugen vom 3. Februar 1910 Anwendung.

Anmerkungen:

.........................*)

Indem ich anerkenne, daß mir die vorstehenden Bedingungen bekanntgemacht und in Abschrift ausgehändigt worden sind, unterwerfe ich mich denselben und versichere, dafür sorgen zu wollen, daß sie streng befolgt werden.

.........., am .... 19 . .

*) Bis auf weiteres kann der Wortlaut der Anmerkungen zu Anlage I der Bekanntmachung vom 24. Februar 1909, Ges.- u. VOBl. S. 229, verwendet werden.

Anhang III.

Vorschriften über den internationalen Verkehr mit Kraftfahrzeugen.

1. Internationales Abkommen[1]) über den Verkehr mit Kraftfahrzeugen

vom 11. Oktober 1909 (RGBl. 1910 S. 603), in Kraft seit 1. Mai 1910.

Artikel 1.

Anforderungen, denen Kraftfahrzeuge zu genügen haben, um zum Verkehr auf öffentlichen Wegen zugelassen zu werden.

Jedes Kraftfahrzeug muß, um zum internationalen Verkehr auf öffentlichen Wegen zugelassen zu werden, entweder nach Prüfung, sei es durch die zuständige Behörde, sei es durch einen von dieser damit betrauten Verein, als für den Verkehr geeignet anerkannt sein oder einem auf die gleiche Weise genehmigten Typ angehören.

---

1) Abgeschlossen zwischen folgenden Staaten: Deutschland, Österreich-Ungarn, Belgien, Bulgarien, Spanien, Frankreich, Großbritannien, Griechenland, Italien, Monaco, Montenegro, Niederlande, Portugal, Rumänien, Rußland, Serbien. Bisher ratifiziert von: Deutschland, Österreich-Ungarn, Bulgarien, Spanien, Frankreich, Großbritannien, Italin, Monaco und Rußland (RGBl. 1910 S. 640).

Die Prüfung hat sich insbesondere auf folgende Punkte zu erstrecken.

1. die Vorrichtungen müssen betriebssicher und derart angelegt sein, daß jede Feuers- und Explosionsgefahr nach Möglichkeit ausgeschlossen ist, daß Reit- und Zugtiere durch das Geräusch nicht scheu werden, daß auch sonst keine Gefahr für den Verkehr entsteht und bei der Begegnung eine ernstliche Belästigung durch Rauch oder Dampf vermieden wird.
2. Das Kraftfahrzeug muß mit folgenden Vorrichtungen versehen sein:
   A. mit einer kräftigen Lenkvorrichtung, die leicht und sicher zu wenden gestattet;
   B. mit zwei voneinander unabhängigen, hinreichend wirksamen Bremseinrichtungen, von denen wenigstens eine sofort wirksam sein und unmittelbar auf die Räder oder auf fest mit ihnen verbundene Umfassungen einwirken muß;
   C. mit einer Vorkehrung, die selbst bei starken Steigungen jede Rückwärtsbewegung zu verhindern vermag, sofern nicht eine der Bremseinrichtungen dieser Anforderung genügt.

   Jedes Fahrzeug, dessen Eigengewicht 350 Kilogramm übersteigt, muß mit einer derartigen Einrichtung ausgestattet sein, daß man es vom Führersitz aus mit Hilfe des Motors in Rückwärtsbewegung bringen kann.
3. Die Griffe zur Bedienung des Fahrzeugs müssen derart angeordnet sein, daß der Führer sie sicher handhaben kann, ohne sein Augenmerk von der Fahrtrichtung abzulenken.
4. Jedes Kraftfahrzeug muß mit Schildern versehen sein, welche die Firma, die das Fahrgestell hergestellt hat, und die Fabriknummer des Fahrgestells sowie die Anzahl der Pferdestärken des Motors oder die Zahl und die Bohrung der Zylinder und das Eigengewicht des Fahrzeugs angeben.

Artikel 2.

Anforderungen, denen die Führer von Kraftfahrzeugen zu genügen haben.

Der Führer eines Kraftfahrzeugs muß diejenigen Eigenschaften besitzen, die eine hinreichende Gewähr für die öffentliche Sicherheit bieten.

Im internationalen Verkehre darf niemand ein Kraftfahrzeug führen, ohne zu diesem Behufe nach erbrachtem Nachweis seiner Befähigung die Erlaubnis der zuständigen Behörde oder eines von dieser damit betrauten Vereins erhalten zu haben.

Die Erlaubnis darf Personen unter 18 Jahren nicht erteilt werden.

Artikel 3.

Ausstellung und Anerkennung der internationalen Fahrausweise.

Zum Nachweise, daß den in den Artikeln 1 und 2 vorgesehenen Anforderungen genügt ist, werden für den internationalen Verkehr internationale Fahrausweise nach dem anliegenden Muster[1]) und den beigefügten Angaben (Anlagen A und B) ausgestellt.

Diese Ausweise sind vom Zeitpunkt ihrer Ausstellung an ein Jahr gültig. Die darin enthaltenen handschriftlichen Angaben sollen stets mit lateinischen Druck- oder Schriftzeichen geschrieben werden.

Die internationalen Fahrausweise, die von den Behörden eines der Vertragsstaaten oder von einem durch diese damit betrauten Verein unter Gegenzeichnung der Behörde ausgestellt sind, gewähren freie Zulassung zum Verkehr in allen anderen Vertragsstaaten und werden dort ohne neue Prüfung als gültig anerkannt.

Die Anerkennung der internationalen Fahrausweise kann versagt werden:

1. wenn den Anforderungen, auf Grund deren sie nach den Grundsätzen der Artikel 1 und 2 erteilt sind, augenscheinlich nicht mehr genügt wird;
2. wenn der Besitzer oder Führer eines Kraftfahrzeugs nicht Angehöriger eines der Vertragsstaaten ist.

Artikel 4.

Anbringung der Kennzeichen an den Kraftfahrzeugen.

Kein Kraftfahrzeug wird zum Übertritt aus einem Lande in das andere zugelassen, wenn es nicht augenfällig an der Rückseite außer einem heimatlichen Kennzeichen mit einer Nummer

---

1) Hier nicht mit abgedruckt, vgl. jedoch unten Muster 1 zu der Bundesrats-Verordnung vom 21. 4. 1910.

ein Unterscheidungszeichen trägt mit Buchstaben, die seine Staatszugehörigkeit ergeben. Die Abmessungen dieses Zeichens, die Buchstaben sowie ihre Abmessungen sind in einer dem vorliegenden Abkommen beigefügten Beschreibung (Anlage C) festgesetzt.

Artikel 5.

Warnungsvorrichtungen.

Jedes Kraftfahrzeug muß mit einer tieftönenden Hupe zum Abgeben von Warnungszeichen versehen sein. Außerhalb geschlossener Ortsteile ist es gestattet, sich außerdem anderer, den Landesbestimmungen und den Landesgebräuchen entsprechender Warnungsmittel zu bedienen.

Vom Einbruch der Dunkelheit an muß jedes Kraftfahrzeug vorn mit zwei Laternen und hinten mit einer Beleuchtung, die das Kennzeichen und das Unterscheidungszeichen zu lesen ermöglicht, versehen sein. Die Fahrbahn muß nach vorn auf eine hinreichende Entfernung erhellt sein, indessen ist die Verwendung blendender Lichter innerhalb von Ortsteilen mit städtischer Bebauung stets verboten.

Artikel 6.

Besondere Bestimmungen für Kraftdreiräder und Kraftzweiräder.

Die Bestimmungen dieses Abkommens finden auf Kraftdreiräder und Kraftzweiräder mit folgenden Maßgaben Anwendung:

1. Die im Artikel 1 Nr. 2 unter C vorgesehene Vorkehrung zur Verhinderung der Rückwärtsbewegung ist ebensowenig erforderlich wie die Vorkehrung für den Rückwärtsgang;
2. Die Beleuchtung kann auf eine einzige Laterne beschränkt werden, die vorn am Kraftdreirad oder Kraftzweirad anzubringen ist;
3. für Kraftdreiräder und Kraftzweiräder hat das Unterscheidungszeichen für die Staatszugehörigkeit nur 18 Zentimeter in der wagerechten und 12 Zentimeter in der senkrechten Richtung zu messen; die Buchstaben sollen in der Höhe 8 Zentimeter messen, während die Breite ihrer Striche 10 Millimeter beträgt;
4. die Hupe der Kraftdreiräder und Kraftzweiräder muß hochtönend sein.

Artikel 7.

Begegnung und Überholung von Fahrzeugen.

Um an anderen Fahrzeugen bei der Begegnung oder Überholung vorbeizukommen, müssen sich die Führer von Kraftfahrzeugen auf das Strengste nach den Gebräuchen der Gegend richten, in der sie sich befinden.

Artikel 8.

Aufstellung von Hinweistafeln an öffentlichen Wegen.

Jeder der Vertragsstaaten verpflichtet sich, soweit es in seiner Macht steht, darüber zu wachen, daß längs der Wege zur Kennzeichnung gefährlicher Stellen nur diejenigen Zeichen angebracht werden, deren Abbildung diesem Abkommen beigefügt ist (Anlage D).

Indessen können Abweichungen von diesem System durch die Regierungen der Vertragsstaaten im allseitigen Einvernehmen herbeigeführt werden.

Es ist statthaft, diesem Systeme von Zeichen ein auf ein Zollamt hinweisendes und Halt gebietendes Zeichen sowie ein anderes auf eine Wegegeld- oder Steuerhebestelle hinweisendes Zeichen hinzuzufügen.

Die Regierungen werden mit der gleichen Maßgabe über die Beachtung folgender Grundsätze wachen:

1. Im allgemeinen ist die Kennzeichnung von Hindernissen durch Hinweistafeln in geschlossenen Ortschaften nicht statthaft;
2. die Tafeln sind ungefähr 250 Meter von der zu kennzeichnenden Stelle anzubringen, falls nicht die örtlichen Verhältnisse dem entgegenstehen. Wenn die Entfernung des Zeichens von dem Hindernisse sehr erheblich von 250 Metern abweicht, werden besondere Anordnungen getroffen;
3. die Hinweistafeln sind im rechten Winkel zur Fahrtrichtung anzubringen.

Artikel 9.

Allgemeine Bestimmungen.

Der Führer eines Kraftfahrzeugs ist bei dem Verkehr in einem Lande gehalten, sich nach den in diesem Lande für den Verkehr auf öffentlichen Wegen geltenden Gesetzen und Bestimmungen zu richten.

Ein Auszug aus diesen Gesetzen und Bestimmungen kann dem Inhaber des Kraftfahrzeugs beim Eintritt in ein Land durch die mit der Erledigung der Zollförmlichkeiten befaßte Stelle ausgehändigt werden.

Artikel 10.

a) Dieses Abkommen soll ratifiziert werden und die Hinterlegung der Ratifikationsurkunden soll am 1. März 1910 stattfinden.

b) Die Ratifikationsurkunden sollen im Archive der Französischen Republik hinterlegt werden.

c) Die Hinterlegung der Ratifikationsurkunden wird durch ein Protokoll festgestellt, das von den Vertretern der daran teilnehmenden Mächte und von dem Minister der auswärtigen Angelegenheiten der Französischen Republik unterzeichnet wird.

d) Die Mächte, die nicht in der Lage sind, ihre Ratifikationsurkunden am 1. März 1910 zu hinterlegen, können dies mittels einer schriftlichen, an die Regierung der Französischen Republik gerichteten Anzeige tun, der die Ratifikationsurkunde beizufügen ist.

e) Beglaubigte Abschrift des Protokolls über die erste Hinterlegung von Ratifikationsurkunden, der im vorstehenden Absatz erwähnten Anzeigen sowie der ihnen beigefügten Ratifikationsurkunden wird durch die Französische Regierung den Mächten, die dieses Abkommen unterzeichnet haben, auf diplomatischem Wege unverzüglich mitgeteilt werden. In den Fällen des vorstehenden Absatzes wird die bezeichnete Regierung ihnen zugleich bekanntgeben, an welchem Tage sie die Anzeige erhalten hat.

Artikel 11.

a) Dieses Abkommen findet ohne weiteres nur auf die Stammländer der Vertragsstaaten Anwendung.

b) Wünscht ein Vertragsstaat die Inkraftsetzung des Abkommens in seinen Kolonien, Besitzungen oder Protektoraten, so hat er seine Absicht in der Ratifikationsurkunde selbst ausdrücklich zu erklären oder in einer besonderen, an die Französische Regierung gerichteten schriftlichen Anzeige kundzugeben, die im Archive dieser Regierung hinterlegt werden wird. Wählt er den letzteren Weg, so wird die bezeichnete Regierung unverzüglich allen anderen Vertragsstaaten beglaubigte Abschrift der Anzeige übersenden und zugleich angeben, an welchem Tage sie die Anzeige erhalten hat.

Artikel 12.

a) Die Mächte, die dieses Abkommen nicht unterzeichnet haben, können ihm später beitreten.

b) Die Macht, die beizutreten wünscht, hat ihre Absicht der Französischen Regierung schriftlich anzuzeigen und ihr dabei die Beitrittsurkunde zu übersenden, die im Archive der bezeichneten Regierung hinterlegt werden wird.

c) Diese Regierung wird unverzüglich allen anderen Vertragsmächten beglaubigte Abschrift der Anzeige wie der Beitrittsurkunde übersenden und zugleich angeben, an welchem Tage sie die Anzeige erhalten hat.

Artikel 13.

Dieses Abkommen wird wirksam für die Mächte, die an der ersten Hinterlegung von Ratifikationsurkunden teilgenommen haben, am 1. Mai 1910 und für die später ratifizierenden oder beitretenden Mächte ebenso wie hinsichtlich der nicht in den Ratifikationsurkunden erwähnten Kolonien, Besitzungen und Protektorate an dem 1. Mai nach Ablauf des Jahres, in dem die Französische Regierung die im Artikel 10 Abs. d, im Artikel 11 Abs. b und im Artikel 12 Abs. b vorgesehenen Anzeigen erhalten hat.

Artikel 14.

Sollte eine der Vertragsmächte dieses Abkommen kündigen wollen, so soll die Kündigung schriftlich der Französischen Regierung erklärt werden, die unverzüglich beglaubigte Abschrift der Erklärung allen anderen Mächten mitteilt und ihnen zugleich bekanntgibt, an welchem Tage sie die Erklärung erhalten hat.

Die Kündigung soll nur in Ansehung der Macht wirksam sein, die sie erklärt hat, und erst ein Jahr, nachdem die Erklärung bei der Französischen Regierung eingegangen ist.

Artikel 15.

Die Statuten, die auf der eingangs erwähnten Konferenz vertreten waren, werden zur Zeichnung dieses Abkommens bis zum 15. November 1909 zugelassen.

Geschehen in Paris am 11. Oktober 1909 in einer einzigen Ausfertigung, wovon beglaubigte Abschrift jeder der Signatarregierungen übermittelt werden wird.

Anlage A

(Formular für den internationalen Fahrausweis) ist hier nicht abgedruckt.

Anlage B.

In den internationalen Fahrausweisen, wie sie in einem einzelnen Vertragsstaat ausgestellt werden, wird die Umschlagsseite sowie das erste eingelegte und das letzte Blatt in der durch die Gesetzgebung dieses Staates vorgeschriebenen Sprache abgefaßt. Die anderen eingelegten Blätter, deren Anzahl der Zahl der anderen Vertragsstaaten gleichkommt, werden ein jedes in der Sprache des Landes, dem es entspricht, abgefaßt.

Die endgültige Übersetzung der Abschnitte des Ausweishefts in die verschiedenen Sprachen wird der Regierung der Französischen Republik von einer jeden der übrigen Regierungen, soweit es sie angeht, mitgeteilt werden.

Anlage C.

Das Unterscheidungszeichen für das Heimatland besteht aus einem länglich-runden Schilde von 30 Zentimeter Breite und 18 Zentimeter Höhe, das auf weißem Grunde einen oder zwei gemalte schwarze Buchstaben trägt. Als Buchstaben dienen große lateinische Druckbuchstaben. Sie müssen wenigstens 10 Zentimeter hoch sein; die Breite ihrer Striche beträgt 15 Millimeter. Die Unterscheidungszeichen für die verschiedenen Länder sind folgende:

Deutschland: D; **Österreich**: A; **Belgien**: B; **Spanien**: E; **Vereinigte Staaten von Amerika**: US; **Frankreich**: F; **Großbritannien**: GB; **Griechenland**: GR; **Ungarn**: H; **Italien**: I; **Montenegro**: MN; **Monaco**: MC; **Niederlande**: NL; **Portugal**: P; **Rußland**: R; **Rumänien**: RM; **Serbien**: SB; **Schweden**: S; **Schweiz**: CH.

Anlage D.

Zeichen für Hindernisse.

Querrinne.

Kurve.

Bahnübergang.

Kreuzung.

2. Bekanntmachung,

betreffend die Ratifikation des am 11. Oktober 1909 in Paris unterzeichneten Internationalen Abkommens über den Verkehr mit Kraftfahrzeugen und die Regelung des internationalen Verkehrs mit Kraftfahrzeugen.

Vom 21. April 1910.

Das vorstehend abgedruckte, am 11. Oktober 1909 in Paris unterzeichnete Internationale Abkommen über den Verkehr mit Kraftfahrzeugen ist von Deutschland, Österreich-Ungarn, Bulgarien, Spanien, Frankreich, Großbritannien, Italien, Monaco und Rußland ratifiziert worden.

Die Ratifikationsurkunden sind in Paris hinterlegt worden. Die Hinterlegung der Ratifikationsurkunden der bezeichneten Staaten mit Ausnahme Rußlands hat am 1. März 1910 stattgefunden; die Ratifikationsurkunde Rußlands hat die Regierung der Französischen Republik am 5. März 1910 erhalten.

Das Abkommen wird gemäß dessen Artikel 13 für die Mächte, die an der ersten Hinterlegung von Ratifikationsurkunden teilgenommen haben, am 1. Mai 1910 wirksam. Nach einer Verständigung zwischen diesen Mächten und Rußland soll das Abkommen ungeachtet der späteren Hinterlegung der russischen Ratifikationsurkunde auch für Rußland am 1. Mai 1910 wirksam werden.

Für das nach Artikel 4 des Abkommens von jedem Kraftfahrzeug im internationalen Verkehre zu tragende Unterscheidungszeichen hat Bulgarien, das in der Zusammenstellung der Unterscheidungszeichen für die verschiedenen Länder (Anlage C des Abkommens) nicht aufgeführt ist, nachträglich unter Zustimmung der übrigen beteiligten Mächte, die Buchstaben BG angenommen.

Zur Ausführung des Abkommens sowie zur Regelung des internationalen Verkehrs mit Kraftfahrzeugen überhaupt hat der Bundesrat auf Grund des § 6 des Reichsgesetzes über den Verkehr mit Kraftfahrzeugen vom 3. Mai 1909 (RGBl. S. 437) die nachstehende Verordnung erlassen.

Berlin, den 21. April 1910.

Der Reichskanzler.
von Bethmann-Hollweg

3. Verordnung über den internationalen Verkehr mit Kraftfahrzeugen.

A. Allgemeine Vorschriften.

§ 1.

Für den internationalen Verkehr mit Kraftfahrzeugen innerhalb des Reichsgebiets gelten die Vorschriften der Verordnung vom 3. Februar 1910 (RGBl. S. 389) soweit nicht nachfolgend ein anderes bestimmt ist.

§ 2.

Im Zollgrenzbezirke haben die Beamten der Grenzzollverwaltung hinsichtlich der Kraftfahrzeuge die gleichen Befugnisse wie die Polizeibeamten.

B. Deutsche Kraftfahrzeuge im internationalen Verkehr.

§ 3.

Der Eigentümer eines Kraftfahrzeuges, das gemäß § 6 der Verordnung vom 3. Februar 1910 zum Verkehr auf öffentlichen Wegen und Plätzen im Reichsgebiete zugelassen ist, hat, um die Zulassung des Fahrzeugs zum internationalen Verkehre zu erlangen, die Ausstellung des im Artikel 3 des Internationalen Abkommens über den Verkehr mit Kraftfahrzeugen vom 11. Oktober 1909 (RGBl. 1910 S. 603) vorgesehenen internationalen Fahrausweises zu beantragen.

Der Antrag ist an die für den Wohn- oder Aufenthaltsort des Antragstellers zuständige höhere Verwaltungsbehörde zu richten. Dem Antrag sind beizufügen

1. die Zulassungsbescheinigung für das Kraftfahrzeug sowie die Angaben über die Anzahl der Zylinder des Motors, die Form und Farbe der Aufbauten (Karosserie) und die Gesamtzahl der Plätze des Fahrzeugs,
2. der Führerschein für jede Person, die das Fahrzeug im internationalen Verkehre führen soll, und deren Photographie (unaufgezogen, Brustbild in Größe von etwa 4 1/2 Zentimeter im Quadrat).

Personen unter 18 Jahren dürfen als Führer in den internationalen Fahrausweis nicht aufgenommen werden.

Die höhere Verwaltungsbehörde stellt nach Prüfung der Unterlagen den internationalen Fahrausweis (Muster 1) aus;

hierbei sind die erforderlichen handschriftlichen Angaben auf der Umschlagseite, dem ersten eingelegten und dem letzten Blatte in deutscher Sprache mit lateinischen Druck- oder Schriftzeichen einzutragen.

Für die Ausfertigung des internationalen Fahrausweises ist eine Gebühr von 3 Mark zu entrichten.

§ 4.

Der Eigentümer eines deutschen Kraftfahrzeugs, der sich im Besitz eines gemäß § 3 ausgestellten Fahrausweises befindet, ist berechtigt, im Gebiete des Deutschen Reichs neben dem polizeilichen Kennzeichen, unbeschadet der Vorschrift im § 13 der Verordnung vom 3. Februar 1910, ein die deutsche Staatszugehörigkeit des Kraftfahrzeugs anzeigendes Unterscheidungszeichen (Nationalitätszeichen) zu führen, das an der Rückseite des Fahrzeugs an leicht sichtbarer Stelle mittels Schrauben, Nieten oder Nägel zu befestigen und so anzubringen ist, daß es in deutlich erkennbarer Weise beleuchtet werden kann.

Das deutsche Nationalitätszeichen für Kraftwagen und Krafträder (Muster 2 und 3) besteht gemäß der Anlage C und Artikel 6 Nr. 3 des Internationalen Abkommens aus einem länglichrunden Schilde, das auf weißem Grunde in schwarzer Balkenschrift den Buchstaben D trägt. Die Abmessungen betragen

bei Kraftwagen: Schildbreite 30 Zentimeter, Schildhöhe 18 Zentimeter, Schrifthöhe 10 Zentimeter bei einer Strichbreite von 15 Millimeter,

bei Krafträdern: Schildbreite 18 Zentimeter, Schildhöhe 12 Zentimeter, Schrifthöhe 8 Zentimeter bei einer Strichbreite von 10 Millimeter.

C. Außerdeutsche Kraftfahrzeuge mit einem internationalen Fahrausweis.

§ 5.

Auf die aus dem Ausland zu vorübergehendem Aufenthalt in das Reichsgebiet gelangenden außerdeutschen Kraftfahrzeuge und deren Führer finden die Vorschriften in dem § 1 zweiter Halbsatz und den §§ 3 bis 15 der Verordnung vom 3. Februar 1910 keine Anwendung, sofern den Anforderungen in den Artikeln 1 bis 6 des Internationalen Abkommens genügt wird.

Zum Nachweis, daß den Anforderungen des Artikel 1 in Verbindung mit Artikel 6 Nr. 1 und des Artikel 2 des Internationalen Abkommens genügt ist, dient der internationale Fahrausweis, der gemäß Artikel 3 des Internationalen Abkommens von der zuständigen Stelle des Auslandes ausgestellt ist.

Die mit diesem Ausweis versehenen Kraftfahrzeuge müssen an der Rückseite augenfällig außer einem heimatlichen Kennzeichen mit einer Nummer (der im Fahrausweis angegebenen Erkennungsnummer des Kennzeichens) ein die Staatszugehörigkeit des Kraftfahrzeugs anzeigendes Unterscheidungszeichen (Nationalitätszeichen) tragen. Die Nationalitätszeichen für die verschiedenen dem Internationalen Abkommen beigetretenen Länder haben gemäß Anlage C und Artikel 6 Nr. 3 des Internationalen Abkommens den im § 4 Abs. 2 dieser Verordnung für das deutsche Nationalitätszeichen angegebenen Erfordernissen zu entsprechen. Die von dem Schilde zu tragenden Buchstaben sind aus Anlage A ersichtlich.

Während der Dunkelheit sind das Nationalitätszeichen und das heimatliche Kennzeichen so zu beleuchten, daß sie deutlich erkennbar sind (Artikel 5 Abs. 2 des Internationalen Abkommens); der Dunkelheit ist starker Nebel gleich zu achten. Kraftdreiräder und Kraftzweiräder sind von dieser Vorschrift befreit und bedürfen zu ihrer Beleuchtung nur einer einzigen vorn anzubringenden Laterne (Artikel 6 Nr. 2 des Internationalen Abkommens).

§ 6.

Beim Eintritt in das Reichsgebiet ist das Kraftfahrzeug dem nächsten Grenzzollamt vorzuführen. Die Beamten der Grenzzollverwaltung haben zu prüfen, ob die im § 5 dieser Verordnung aufgeführten Voraussetzungen für die Zulassung des Fahrzeugs und seines Führers erfüllt sind und der für Fahrzeug und Führer ausgestellte internationale Fahrausweis noch Gültigkeit besitzt.

§ 7.

Der Führer hat den internationalen Fahrausweis bei der Benutzung des Fahrzeugs auf öffentlichen Wegen und Plätzen bei sich zu führen und auf Verlangen den zuständigen Beamten vorzuzeigen.

§ 8.

Die Anerkennung eines im Ausland ausgestellten internationalen Fahrausweises kann durch die höhere Verwaltungsbehörde versagt werden, wenn den Anforderungen, auf Grund deren er nach den Grundsätzen der Artikel 1 und 2 des Internationalen Abkommens erteilt ist, augenscheinlich nicht mehr genügt wird, oder wenn der Besitzer oder Führer des Kraftfahrzeugs nicht Angehöriger eines der Staaten ist, auf die das Internationale Abkommen Anwendung findet. Welches diese Staaten sind, wird durch den Reichskanzler im Reichs-Gesetzblatt bekannt gemacht. Im Falle der Versagung hat der Besitzer des Kraftfahrzeugs die Kosten der Feststellungen zu tragen, die zur Versagung geführt haben.

Hat die Versagung der Anerkennung durch die höhere Verwaltungsbehörde in der Beschaffenheit des Kraftfahrzeugs ihren Grund, so ist das Fahrzeug vom Verkehr auf öffentlichen Wegen und Plätzen im Reichsgebiet ausgeschlossen; der Fahrausweis ist der Behörde, die ihn ausgestellt oder gegengezeichnet hat, zurückzusenden.

Wenn die Versagung der Anerkennung durch die höhere Verwaltungsbehörde in den Eigenschaften des Führers ihren Grund hat, so hat die Behörde diesem zugleich die Führung des Kraftfahrzeugs im Gebiete des Deutschen Reichs zu untersagen. Der Ausschluß des Führers ist in dem internationalen Fahrausweis durch Ausfüllung des dafür auf der Rückseite des Einlageblatts für das Deutsche Reich (Muster 4) befindlichen Vordrucks (in deutscher Sprache mit lateinischen Buchstaben) ersichtlich zu machen. In gleicher Weise ist auf dem daneben befindlichen Vordruck die Zulassung eines neuen Führers ersichtlich zu machen; dem Antrag auf Zulassung eines solchen ist von der höheren Verwaltungsbehörde gebührenfrei zu entsprechen, falls ihm die im § 3 Abs. 2 Nr. 2 dieser Verordnung bezeichneten Anlagen beigefügt sind.

Wird die Anerkennung versagt, weil der Besitzer des Kraftfahrzeugs nicht Angehöriger eines der Vertragsstaaten ist, so ist mit dem Fahrausweis gemäß Abs. 2 zu verfahren und das Fahrzeug wie ein Kraftfahrzeug ohne internationalen Fahrausweis (Abschnitt D) zu behandeln.

Erfolgt die Versagung, weil der Führer des Fahrzeugs nicht Angehöriger eines der Vertragsstaaten ist, so hat der Besitzer die Wahl, ob nach Abs. 3 oder 4 vorzugehen ist.

§ 9.

Änderungen der Anlage A und des Musters 1 dieser Verordnung, die dadurch erforderlich werden, daß das Internationale

Abkommen auf später ratifizierende oder beitretende Mächte oder auf Kolonien, Besitzungen oder Protektorate einer der Vertragsmächte Anwendung findet oder von einer der Vertragsmächte gekündigt wird, erfolgen durch eine Anordnung des Reichskanzlers, die im Reichs-Gesetzblatt bekannt zu machen ist.

D. Außerdeutsche Kraftfahrzeuge ohne einen internationalen Fahrausweis.

§ 10.

Für die Zulassung und Kennzeichnung der aus dem Ausland zu vorübergehendem Aufenthalt in das Gebiet des Deutschen Reichs gelangenden außerdeutschen Kraftfahrzeuge und für die Zulassung der Führer solcher Fahrzeuge gelten, wenn ein internationaler Fahrausweiß gemäß Artikel 3 des Internationalen Abkommens nicht vorgelegt werden kann, folgende besondere Bestimmungen:

a) Die Vorschriften über die Zulassung von Kraftfahrzeugen zum Verkehr auf öffentlichen Wegen und Plätzen in den §§ 5, 6 der Verordnung vom 3. Februar 1910 finden auf diese Kraftfahrzeuge keine Anwendung, sofern der Führer durch eine Bescheinigung der zuständigen Behörde oder einer hierzu behördlich ermächtigten Stelle des Auslandes nachweisen kann, daß das Fahrzeug den an dem betreffenden Orte gültigen polizeilichen Vorschriften entspricht; Bescheinigungen dieser Art müssen den Namen und Wohnort des Eigentümers, die Firma, die das Fahrgestell hergestellt hat, die Fabriknummer des Fahrgestells, die Art der Kraftquelle, die Anzahl der Pferdestärken der Maschine oder des Motors, das Eigengewicht des Fahrzeugs und die zulässige Belastung (Kilogramm oder Personenzahl einschließlich Führer) angeben und mit dem Anerkennungsvermerk einer deutschen Behörde versehen sein.

b) Die Kraftfahrzeuge müssen an Stelle der durch §§ 8, 11 der Verordnung vom 3. Februar 1910 vorgeschriebenen polizeilichen Kennzeichen ein besonderes länglichrundes, mit dem Dienststempel der Ausgabestelle versehenes Kennzeichen (Muster 5) führen, das nach Maßgabe der besonderen hierüber ergehenden Anordnungen auf den Grenzzollämtern oder den besonders hierfür bestimmten Zoll- und Steuerämtern im Innern ausgegeben wird; sofern für das Kraftfahrzeug eine Erlaubniskarte (Steuerkarte) nicht gelöst ist, ist über die Zuteilung des Kennzeichens eine Bescheinigung nach anliegendem Muster 6 auszustellen. Das Kennzeichen ist an der Rückseite des Fahrzeugs nach außen hin an leicht sichtbarer Stelle fest anzubringen und bei Kraftwagen während der Dunkelheit und bei starkem Nebel so zu beleuchten, daß es deutlich erkennbar ist; die Beleuchtungsvorrichtung darf das Kennzeichen nicht verdecken. Etwa vorhandene ausländische Kennzeichen sind zu entfernen oder zu überdecken.

Für die Zuteilung des Kennzeichens wird auf die Gültigkeitsdauer der für das Kraftfahrzeug gelösten Erlaubniskarte (Steuerkarte) eine einmalige Gebühr erhoben. Die Gebühr beträgt ohne Rücksicht darauf, ob die Tätigkeit der Amtsstelle innerhalb oder außerhalb der Geschäftszeit in Anspruch genommen wird,

1. für Krafträder . . . . 2 Mark,
2. für Kraftwagen
   a) sofern die Erlaubniskarte für einen eintägigen Aufenthalt im Inland berechtigt 2 „
   b) in sonstigen Fällen . . . . 5 „

Tritt an die Stelle einer Erlaubniskarte unter Anrechnung des für diese entrichteten Abgabebetrags eine Karte von längerer Gültigkeitsdauer, so ist auf die Gebühr für die Zuteilung des Kennzeichens derjenige Betrag anzurechnen, der bereits auf Grund der früheren Karten für das Kennzeichen gezahlt worden ist.

Die Entrichtung der Gebühr und deren Höhe ist auf der Erlaubniskarte zu vermerken. Der Vermerk ist bei der Umschreibung der Erlaubniskarte und bei der Verlängerung der Aufenthaltsdauer — im letzteren Falle unter Angabe des nacherhobenen Betrags — auf die neue Karte zu übertragen.

Beim Ausgang eines außerdeutschen Kraftfahrzeugs aus dem Reichsgebiet ist das Kennzeichen und, soweit über seine Zuteilung eine Bescheinigung ausgestellt ist, auch diese an die nächste zur Ausgabe von Kennzeichen befugte Amtsstelle behufs Rücksendung an die Einigungsamtsstelle abzuliefern. Erfolgt infolge dauernden Verbleibs im Inland später die Zulassung des Fahrzeugs gemäß § 6 der Verordnung vom 3. Februar 1910, so hat die Rücksendung auf Ersuchen der höheren Verwaltungsbehörde durch Vermittelung der bei der Zulassung mitwirkenden Polizeibehörde (§ 9 ebenda) zu geschehen.

c) Die durch § 14 Abs. 3 der Verordnung vom 3. Februar 1910 vorgeschriebenen Führerscheine können für die Führer außerdeutscher Kraftfahrzeuge durch entsprechende ausländische Zeugnisse ersetzt werden, sofern diese von einer deutschen Behörde mit einem Anerkennungsvermerke versehen sind.

Als „deutsche Behörde", deren Anerkennungsvermerk nach Abs. 1 unter a und c die ausländischen Bescheinigungen und Zeugnisse tragen müssen, gilt der zuständige deutsche Konsul. Sind die Schriftstücke nicht in deutscher Sprache abgefaßt, so muß ihr Inhalt aus dem Anerkennumgsvermerk ersichtlich sein.

Zur Erlangung des länglichrunden Kennzeichens sind die in das Reichsgebiet mit eigener Triebkraft eingehenden Kraftfahrzeuge dem nächsten Grenzzollamt vorzuführen. Die Beamten der Grenzzollverwaltung haben die im Abs. 1 unter a und c bezeichneten Bescheinigungen und Zeugnisse auf ihre Gültigkeit sowie dahin zu prüfen, ob sie sich auf das vorgeführte Fahrzeug und seinen Führer beziehen.

§ 11.

Den Eigentümern außerdeutscher Kraftfahrzeuge kann von der zuständigen höheren Verwaltungsbehörde auf Antrag gestattet werden, das deutsche Kennzeichen zu führen. Die betreffenden Kraftfahrzeuge sind in diesem Falle in polizeilicher Beziehung als deutsche anzusehen und unterliegen demgemäß insbesondere den Vorschriften der §§ 5, 6, 8, 11 der Verordnung vom 3. Februar 1910.

§ 12.

Bei Benutzung von öffentlichen Wegen, die die einzige oder die gegebene Verbindung zwischen verschiedenen Orten des Auslandes bilden und das Reichsgebiet auf kurzen Strecken durchschneiden, kann nach Maßgabe der Bestimmungen der Landeszentralbehörde im Falle des örtlichen Bedürfnisses und unter Anordnung der erforderlichen Sicherungsmaßnahmen von der Zuteilung eines länglichrunden Kennzeichens (§ 10 Abs. 1b) abgesehen werden, sofern die im Inland gelegene Strecke ohne Abweichung und willkürlichen Aufenthalt zurückgelegt wird. Die Befreiung darf nur zugelassen werden, falls nach den örtlichen Verhältnissen oder nach den getroffenen Sicherungsmaßnahmen ein Mißbrauch nicht zu besorgen ist.

E. Besondere Vorschriften.

§ 13.

Werden Kraftfahrzeuge solcher Personen, die ihren Wohnsitz oder dauernden Aufenthalt im Gebiete des Deutschen Reichs haben, mit eigener Triebkraft aus dem Ausland zum dauernden Verbleib in das Inland eingeführt, so hat die Prüfung und Kennzeichnung der Fahrzeuge in Gemäßheit der Bestimmungen in den §§ 6, 8 der Verordnung vom 3. Februar 1910 innerhalb 30 Tagen nach dem Grenzübertritt oder nach der Ingebrauchnahme des Fahrzeugs im Inland zu erfolgen.

§ 14.

Soll ein im Inland erworbenes, zum Verkehre noch nicht zugelassenes Kraftfahrzeug mit eigener Triebkraft in das Ausland zum dauernden Verbleib verbracht werden, so kann mit dem gemäß §§ 5, 6 der Verordnung vom 3. Februar 1910 bei der zuständigen höheren Verwaltungsbehörde zu stellenden Antrag auf Zulassung des Fahrzeugs zum Verkehr auf öffentlichen Wegen und Plätzen gleichzeitig der Antrag auf Ausstellung des internationalen Fahrausweises gemäß § 3 dieser Verordnung angebracht werden. Die Zulassung des Fahrzeugs erfolgt in diesem Falle nach den Vorschriften der Verordnung vom 3. Februar 1910 mit der Maßgabe, daß an Stelle der Zulassungsbescheinigung der internationale Fahrausweis tritt und daß das Fahrzeug nicht das Kennzeichen für inländische Kraftfahrzeuge, sondern das länglichrunde Kennzeichen gemäß § 10 Abs. 1 b dieser Verordnung durch Vermittelung der zuständigen Zoll- oder Steuerbehörde im Innern erhält; beim Ausgang des Fahrzeugs aus dem Reichsgebiet ist das länglichrunde Kennzeichen nicht abzunehmen.

F. Schlußbestimmungen.

§ 15.

Der Abschnitt H der Verordnung über den Verkehr mit Kraftfahrzeugen vom 3. Februar 1910 (Verkehr über die Reichsgrenze und im Zollgrenzbezirke) sowie Nr. 15 der Ausführungsbestimmungen vom 29. Mai 1908 (Zentralblatt für das Deutsche Reich S. 201) zum Gesetze, betreffend die Stempelabgabe von Erlaubniskarten für Kraftfahrzeuge ausländischer Besitzer, vom 18. Mai 1908 (RGBl. S. 210) werden aufgehoben.

§ 16.

Diese Verordnung tritt am 1. Mai 1910 in Kraft.

Anlage A.
(Zu § 5 Abs. 3.)

Verzeichnis

der dem internationalen Abkommen über den Verkehr mit Kraftfahrzeugen vom 11. Oktober 1909 beigetretenen Staaten.

Staaten	Unterscheidungszeichen
Deutschland	D
Bulgarien	BG
Frankreich	F
Großbritannien	GB
Italien	I
Monaco	MC
Österreich	A
Ungarn	H
Rußland	R
Spanien	E

(Seite 1.)

Muster 1.
(Zu § 3 Abs. 3.)

Verkehr mit Kraftfahrzeugen.

Internationales Abkommen vom 11. Oktober 1909.

Internationaler Fahrausweis
für den zeitlich beschränkten Verkehr im Ausland.

Dieses Ausweisheft ist in allen Vertragsstaaten*) nur ein Jahr vom Ausstellungstag an gültig.

Ausstellung des Ausweishefts.

Ort:

Tag:..........................

D..............................

Stempel
der
Behörde.

*) Dies sind folgende Staaten: Deutschland, Bulgarien, Frankreich, Großbritannien, Italien, Monaco, Österreich-Ungarn, Rußland, Spanien.

(Seite 3.)

Deutsches Reich.

Angaben
über das Fahrzeug.

Eigentümer des Fahrzeugs { Name: ....
Vorname:
Wohnort: ..

Art des Fahrzeugs (Wagen, Dreirad usw.):
Bezeichnung des Herstellers: ....
Angabe des Typs des Fahrgestells: ....
Ordnungsnummer in der Typenreihe oder Fabriknummer des Fahrgestells: ....

Motor: .... { Anzahl der Zylinder: ....
Anzahl der Pferdestärken des Motors oder Bohrung der Zylinder: ....

Aufbauten: .... { Form: ....
Farbe: ....
Gesamtzahl der Plätze: ......

Eigengewicht des Fahrzeugs (in Kilogrammen): ....

Erkennungsnummer des Kennzeichens: ..

Angaben
über den oder die Führer.

Name: ....
Vorname: ....
Ort der Geburt: ....
Tag der Geburt: ....
Wohnort: ....

Name: ....
Vorname: ....
Ort der Geburt: ..
Tag der Geburt: ....
Wohnort:

(Seite 5 bis 22.)

(Hier folgen die ausländischen Einlageblätter, wie sie nach Anordnung des Reichskanzlers gemäß den Angaben der beteiligten fremden Regierungen zusammenzustellen sind.)

(Seite 23.)

(Hier einzufalzen.)

(Hier einzufalzen.)

Photographie.

Stempel der Behörde.

Photographie.

Stempel der Behörde.

Muster 2.
(Zu § 4 Abs. 2.)

Muster 3.

(Zu § 4 Abs. 2.)

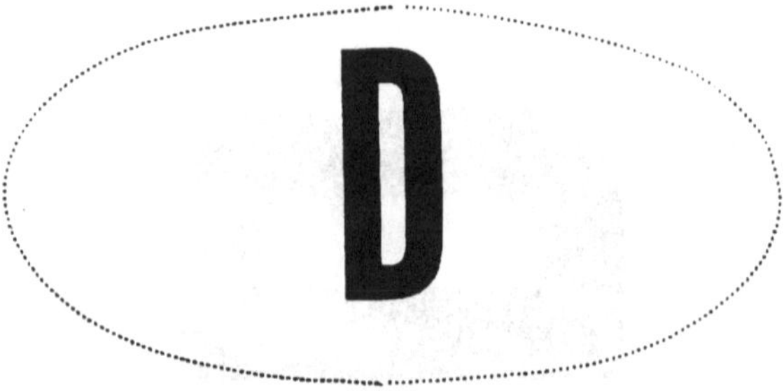

(Seite 1.)

Muster 4.

(Zu § 8 Abs. 3.)

Deutsches Reich.

Angaben
über das Fahrzeug.

Eigentümer des Fahrzeugs: { Name: ....
Vorname:
Wohnort: .... }

Art des Fahrzeugs (Wagen, Dreirad usw.):

Bezeichnung des Herstellers: ....

Ordnungsnummer in der Typenreihe oder Fabriknummer des Fahrgestells: ....

Motor: .... { Anzahl der Zylinder: ....
Anzahl der Pferdestärken des Motors oder Bohrung der Zylinder: .... }

Aufbauten: .... { Form: ....
Farbe: ....
Gesamtzahl der Plätze: .... }

Eigengewicht des Fahrzeugs (in Kilogrammen) ....

Erkennungsnummer des Kennzeichens: ....

Angaben
über den oder die Führer.

Name: ....
Vorname: ....
Ort der Geburt: ....
Tag der Geburt: ....
Wohnort:

Name: ....
Vorname: ....
Ort der Geburt: ....
Tag der Geburt: ....
Wohnort:

(Seite 2.)

Deutsches Reich.

Visa beim Eintritt in das Deutsche Reich.	Visa beim Austritt aus dem Deutschen Reiche.
Ort:	Ort:
Tag:	Tag:
D......... Zoll	D Zoll
Stempel der Zollstelle	Stempel der Zollstelle

Ausschluss eines Führers.

Dem Herrn

(Name und Vorname)

der nach dem Vorstehenden durch die Behörde von .... (Land) .... ermächtigt worden ist, ist die Führung des Kraftfahrzeugs im Gebiete des Deutschen Reichs durch

....

untersagt worden.

Stempel der Behörde

.., den

Der (die, das)

(Unterschrift.)

Zulassung eines neuen Führers.

.........., den

Der (die, das)

(Unterschrift.)

Photographie.

Stempel der Behörde

Name:

Vorname:

Ort der Geburt:

Tag der Geburt:

Wohnort:

Muster 5.

(Zu § 10 Abs. 1 b.)

$^{2}/_{3}$ nat. Gr.

Auf Leinwandpapier.

Muster 6.
(Zu § 10 Abs. 1 b.)

(Vorderseite.)

Das umseitig beschriebene Kraftfahrzeug ist hier eingegangen und unter der Erkennungsnummer

eingetragen worden.

...., den .... ten .... 191.....

(L. S.)

(Rückseite.)

Namen und Wohnort des Eigentümers	
Firma, die das Fahrgestell hergestellt hat	
Fabriknummer des Fahrgestells	
Art der Kraftquelle	
Anzahl der Pferdestärken der Maschinen od. des Motors	
Eigengewicht des Fahrzeugs	
Zulässige Belastung (kg oder Personenzahl einschl. Führer)	

Anhang IV.

Bekanntmachung der Kgl. Bayer. Staatsministerien des Innern und der Finanzen, den Vollzug der Verordnung über den internationalen Verkehr mit Kraftfahrzeugen betr.

vom 28. April 1910

(MABl. Nr. 18 S. 334.)

Zum Vollzuge der Verordnung über den internationalen Verkehr mit Kraftfahrzeugen vom 21. April 1910 (RGBl. S. 640) wird Nachstehendes bekanntgegeben:

Zu § 3. Die von den höheren Verwaltungsbehörden, d. h. — gemäß Abschnitt I Ziff. 1 der Bekanntmachung vom 17. d. Mts. (MABl. S. 195) — von den Distriktsverwaltungsbehörden auszustellenden internationalen Fahrausweise für den zeitlich beschränkten Verkehr im Ausland werden in der Reichsdruckerei hergestellt und sind durch Vermittelung der Kgl. Polizeidirektion München zu beziehen. Es empfiehlt sich, zunächst nur den Jahresbedarf zu decken, da die Fahrausweise infolge Hinzutritts weiterer Staaten zu dem Internationalen Abkommen voraussichtlich bereits im Jahre 1911 geändert und erweitert werden müssen.

Der Antrag auf Ausstellung eines internationalen Fahrausweises kann mündlich oder schriftlich angebracht werden. Zulassungsbescheinigung und Führerschein sind, um den Antragsteller in der Benutzung seines Fahrzeugs nicht zu behindern, sofort zurückzugeben.

Zu den erforderlichen handschriftlichen Angaben über das Fahrzeug sowie über den oder die Führer sind nur die auf dem letzten Blatte des Fahrausweises vorgesehenen Reihen zu benutzen. Bei der Eintragung dieser Angaben ist das letzte Blatt aus der Falte zu ziehen, damit die Eintragungen sich an den entsprechenden Vordruck auf der ersten Seite der Einlageblätter anschließen.

Zu § 4. Das deutsche Nationalitätszeichen hat sich der Eigentümer des Kraftfahrzeugs selbst zu beschaffen. Eine amtliche Abstempelung des Nationalitätszeichens ist nicht erforderlich.

Zu § 6. Behufs Erledigung der ihnen nach § 6 zufallenden Aufgaben werden die Beamten der Grenzzollverwaltung zunächst die Vorlegung des internationalen Fahrausweises verlangen. Alsdann werden sie feststellen, ob der Fahrausweis noch gültig ist, ob er sich auf das vorgeführte Kraftfahrzeug und seinen oder seine Führer bezieht, sowie ob das im Fahrausweis angegebene Kennzeichen nebst dem zugehörigen Nationalitätszeichen ordnungsmäßig am Kraftfahrzeug angebracht ist. Ferner werden sie sich davon zu überzeugen haben, ob das Kraftfahrzeug mit der vorgeschriebenen Hupe sowie mit den erforderlichen Beleuchtungsvorrichtungen ausgestattet ist (Art. 5 und 6 des Internationalen Abkommens).

Von der Eintragung eines Vermerkes über den Eintritt und den Austritt des Kraftfahrzeugs, wie solcher in dem Fahrtausweis auf der Rückseite des Einlegeblatts für das Deutsche Reich vorgesehen ist, ist bis auf weiteres Abstand zu nehmen.

Zu § 8. Ist die Anerkennung des internationalen Fahrausweises versagt und die Ausschließung des Fahrzeugs vom Verkehr auf öffentlichen Wegen und Plätzen verfügt worden, so hat die höhere Verwaltungsbehörde (Distriktsverwaltungsbehörde) den Fahrausweis einzuziehen und seine Rücksendung auf diplomatischem Wege an die Stelle, die ihn ausgestellt oder gegengezeichnet hat, zu veranlassen. Dabei werden die Gründe, die zur Versagung geführt haben, kurz mitzuteilen sein.

Zu § 10. Das Verfahren bleibt hinsichtlich derjenigen außerdeutschen Kraftfahrzeuge und Führer, für welche ein internationaler Fahrausweis nicht vorgelegt werden kann, im allgemeinen das gleiche wie bisher. Die Ausstellung einer Bescheinigung nach Muster 6 findet jedoch nur noch bei denjenigen Kraftfahrzeugen statt, für welche eine Steuerkarte nicht zu lösen ist. Die für diese Fahrzeuge auszustellende Bescheinigung zeigt gegen früher einige Änderungen: auf der Vorderseite (bisher

Rückseite) fehlt der Vermerk über die Nummer der Liste, die Eintragungen auf der Rückseite (bisher Vorderseite) ergeben sich aus der für das Fahrzeug nach der Vorschrift unter Abs. 1 a vorzulegenden ausländischen Bescheinigung. Die Führung der bisherigen besonderen Liste über die eingegangenen außerdeutschen Kraftfahrzeuge fällt fort. Nach wie vor werden aber die Beamten der Grenzzollverwaltung die vorschriftsmäßige und sichere Anbringung des länglichrunden Kennzeichens sorgsam zu überwachen haben.

Zu § 13. Im § 13 handelt es sich um außerdeutsche Kraftfahrzeuge, die aus dem Ausland in das Inland zum dauernden Verbleib geführt werden. Auf diese Fahrzeuge finden die Vorschriften für den vorübergehenden Aufenthalt im Deutschen Reiche nur in zeitlich beschränktem Maße Anwendung. Die Fahrzeuge sind, gleichgültig ob ihr Eintritt in das Reichsgebiet auf Grund eines internationalen Fahrausweises oder gemäß den Bestimmungen unter § 10 der Verordnung erfolgt, innerhalb der im § 13 bestimmten Frist bei der für den Wohnort des Eigentümers zuständigen höheren Verwaltungsbehörde (Distriktsverwaltungsbehörde) zwecks endgültiger Zulassung anzumelden.

Zu § 14. Der § 14 schafft im Interesse des deutschen Handels dem Ausländer, der in Deutschland ein zum Verkehre noch nicht zugelassenes Kraftfahrzeug erworben hat, die Möglichkeit, dieses mit eigener Triebkraft ins Ausland zu verbringen. Als zuständig für die Behandlung des Antrags auf Ausstellung eines internationalen Fahrausweises wird die höhere Verwaltungsbehörde (Distriktsverwaltungsbehörde) anzusehen sein, in deren Bezirk das Kraftfahrzeug in Betrieb gesetzt werden soll. Bei der Erledigung des Antrags wird diese Behörde mit der zuständigen Zoll- oder Steuerbehörde in Benehmen zu treten haben. Da der internationale Fahrausweis nach einem Jahre seine Gültigkeit verliert, wird nach Ablauf dieser Zeit das länglichrunde Kennzeichen erneut ausgegeben werden können.

Sachregister.

(Die Zahlen bedeuten die Seiten.)

A.

B.

F.

G.

J.

K.

L.

M.

N.

O.

P.

S.

T.

U.

V.

W.

Z.

Nachtrag

Preußische Vollzugsvorschriften

und eine

Ergänzung der Reichsgesetze.

Anhang IV.

Verfügung des Preußischen Ministeriums des Innern vom 25. Februar 1910, nebst Anweisung betr. den Verkehr mit Kraftfahrzeugen.

(Preuß. Minist.-Blatt f. d. innere Verwaltung 1919 S. 62 ff.)

Am 1. April d. Js. treten die Verkehrsvorschriften und die zugehörigen Strafbestimmungen des Reichsgesetzes über den Verkehr mit Kraftfahrzeugen vom 3. Mai 1909 (Reichs-Gesetzblatt S. 437) sowie die Verordnung des Bundesrates über den Verkehr mit Kraftfahrzeugen vom 3. Februar 1910 (Reichs-Gesetzblatt S. 389) nebst den Anweisungen über die Prüfung von Kraftfahrzeugen und über die Prüfung der Führer von Kraftfahrzeugen in Kraft. Mit demselben Tage sind alle entgegenstehenden gesetzlichen und polizeilichen Vorschriften aufgehoben. Dies gilt namentlich von den entsprechend den „Grundzügen betreffend den Verkehr mit Kraftfahrzeugen" erlassenen Polizeiverordnungen.

Neben den neuen Vorschriften dürfen besondere Bestimmungen für Kraftfahrzeuge nur insoweit erlassen werden, als die Polizeibehörden durch die Bundesratsverordnung dazu ausdrücklich ermächtigt werden. Die Befugnis, den öffentlichen Verkehr allgemein zu regeln und für die dem öffentlichen Fuhrbetrieb dienenden Fahrzeuge besondere Vorschriften zu erlassen (§ 2 Abs. 1 und 2 der Verordnung), wird dadurch nicht berührt.

Eine Anweisung für die Ausführung der Bundesratsverordnung vom 3. d. Mts. übersenden wir Ew. (Tit.) zur Verteilung an die nachgeordneten Behörden.

In den neuen Vorschriften sind die seit dem Erlaß der „Grundzüge" von 1906 mit Kraftfahrzeugen sowohl in rechtlicher wie in technischer Beziehung gemachten Erfahrungen berücksichtigt. Sie geben dem Kraftfahrzeug den ihm nach der modernen Entwicklung im Verkehr zukommenden Raum, wollen aber andererseits die dadurch für die öffentliche Sicherheit hervorgerufenen Gefahren auf ein möglichst geringes Maß herabsetzen. Der letzteren Absicht sind namentlich die verschärften

Bestimmungen für die Kraftfahrzeugführer (§§ 14 bis 21 und 27 der Verordnung) und die strengen Strafvorschriften (§§ 21 bis 25 des Reichsgesetzes) zu dienen bestimmt. Sie bieten die Möglichkeit, die trotz unleugbarer Besserung noch immer vorhandenen ernsten Mißstände und Auswüchse im Kraftfahrzeugverkehr, über die in den Parlamenten und der Presse fortgesetzt Klage geführt wird, allmählich zu beseitigen. Daß dieser Erfolg auch wirklich erreicht wird, hängt wesentlich von der Aufmerksamkeit und dem nachhaltigen Eifer der mit der Durchführung der neuen Vorschriften betrauten Behörden ab. In die Hand der höheren Verwaltungsbehörden (Regierungspräsidenten, Polizeipräsident in Berlin) ist die wichtige Aufgabe gelegt, durch strenge Handhabung der Bestimmungen über die Erteilung und Entziehung des Führerscheins und sorgfältige Beaufsichtigung des Prüfungswesens alle ungeeigneten, namentlich rohen und rücksichtslosen Führer aus dem Verkehr fernzuhalten. Den Ortspolizeibehörden liegt die Pflicht ob, durch ihre Exekutivorgane den Verkehrsvorschriften Geltung zu verschaffen und Zuwiderhandlungen mit allem Nachdruck entgegenzutreten. Zu diesem Zweck wird es, namentlich in den größeren Städten, nötig sein, daß sie ihre Exekutivbeamten sorgfältig bis ins einzelne über die neuen Bestimmungen unterrichten, sie auf deren Wichtigkeit besonders hinweisen und ihnen die aufmerksame Überwachung des Verkehrs im Sinne dieser Bestimmungen ernstlich zur Pflicht machen. Die Polizeibehörden werden sich in geeigneter Weise zu überzeugen haben, ob die Beamten der ihnen gegebenen Anweisung gemäß verfahren, und auch die Aufsichtsbehörden werden gelegentlich bei Revisionen usw. darauf achten müssen, ob die Exekutivbeamten mit den Verkehrsvorschriften vertraut sind und sich deren genaue Handhabung angelegen sein lassen.

Die durch die Eigenart des Kraftfahrzeuges hervorgerufenen neuen Erscheinungen im Straßenverkehr führen aber nicht allein dann für die Verkehrssicherheit zu Gefahren, wenn die für den Verkehr der Kraftfahrzeuge bestehenden Vorschriften nicht beachtet werden, sondern auch dann, wenn die für den sonstigen Fuhrwerksverkehr bestehenden Vorschriften unbefolgt bleiben. Aus dieser Erwägung heraus werden die Polizeiorgane ebenfalls bestrebt sein müssen, den für diesen Verkehr bestehenden Vorschriften in verstärktem Maße Geltung zu verschaffen.

Die für die Regierungspräsidenten, Landräte und Polizeiverwaltungen in Städten mit mehr als 10 000 Einwohnern erforderliche Anzahl von Abdrücken dieses Erlasses und der Ausführungsanweisung fügen wir mit dem Ersuchen bei, die Regierungspräsidenten zu beauftragen, für die sofortige Veröffentlichung sowohl des Erlasses als auch der Anweisung (Anl. A) durch die Regierungs-Amtsblätter Sorge zu tragen.

Bezüglich der Grundsätze, welche seitens der höheren Verwaltungsbehörden bei der Anerkennung der Sachverständigen für die Prüfung der Kraftfahrzeuge und deren Führer zu beachten sein werden, ferner bezüglich der bei der Durchführung der Verordnung zu erhebenden Gebühren, soweit sie nicht bereits am Schlusse der Anlagen A und B der Verordnung festgesetzt sind, und endlich wegen der Einrichtung der „Sammelstelle für Nachrichten über Führer von Kraftfahrzeugen" (zu vergleichen Anlage B unter I Abs. 2) behalten wir uns weitere Mitteilung vor.

Berlin, den 25. Februar 1910.

Der Minister der öffentlichen Arbeiten.
v. Breitenbach.

Der Minister des Innern.
In Vertretung: Holtz.

Anlage a.

Anweisung

zur Ausführung der Verordnung über den Verkehr mit Kraftfahrzeugen.

Zu § 2 Abs. 1.

Unter den hier angeführten „Vorschriften" sind nicht allein orts- und landespolizeiliche Anordnungen, sondern auch gesetzliche Bestimmungen zu verstehen.

Zu § 2 Abs. 3.

Die hier erwähnten Fahrzeuge unterscheiden sich von der großen Masse der übrigen Kraftfahrzeuge wesentlich durch ihr besonderes Gewicht, geringe Fahrgeschwindigkeit und durch die Beschränkung ihres Verkehrsgebiets; ihre Einführung in den Verkehr ist noch in der Entwicklung. Für sie bleiben die zurzeit geltenden landesrechtlichen Vorschriften in Kraft. Soweit solche nicht bestehen, wird ihr Erlaß vorbehalten.

Auf Lastkraftwagen, deren Gesamtgewicht (einschl. Ladung) 9 Tonnen nicht übersteigt, finden die Bestimmungen der Bundesratsverordnung Anwendung. Der Verkehr mit diesen Fahrzeugen ist daher reichsrechtlich zum Gemeingebrauch der Wege zugelassen und unterliegt keinen anderen als den in der Verordnung festgesetzten Beschränkungen. Insbesondere bedarf er keiner besonderen Zulassung seitens des Wegeunterhaltungspflichtigen.

Zu § 3 Abs. 2.

Gleitschutzvorrichtungen normaler Bauart (Stahlniete auf der Reifendecke) sind zulässig — zu vergleichen Anl. B der Verordnung unter II Abs. 3. — Die Ortspolizeibehörden haben die Befugnis, Gleitschutzvorrichtungen vorzuschreiben.

Zu § 4.

Die Ortspolizeibehörden können auf Grund des § 37 der Reichsgewerbeordnung für die dem öffentlichen Verkehr dienenden Kraftfahrzeuge den Gebrauch von Geschwindigkeitsmessern vorschreiben.

Zu § 4 Abs. 1 Nr. 5.

Der Zweck der an den Kraftfahrzeugen anzubringenden Laternen ist ein doppelter. Einerseits sollen sie im Interesse der allgemeinen Verkehrssicherheit das Nahen des Fahrzeugs und dabei gleichzeitig dessen Abmessungen erkennen lassen; anderseits sollen sie im Interesse des Führers für eine ausreichende Beleuchtung der Fahrbahn sorgen. Soweit diesem Zwecke nicht durch zwei Laternen genügt werden kann — was in der Regel der Fall sein wird —, bedarf es der Anbringung weiterer Laternen. Der Forderung, daß „die seitliche Begrenzung des Fahrzeugs" angezeigt werden muß, wird entsprochen, wenn die Laternen so weit von der Mitte des Fahrzeugs entfernt angebracht sind, als dessen Bauart es gestattet; es ist nicht notwendig, daß sie selbst die äußersten Seitengrenzen des Fahrzeugs bilden.

Zu § 4 Abs. 1 Nr. 6.

Als Vorrichtungen, die dieser Vorschrift genügen, sind beispielsweise anzusehen:

Schloß zum Feststellen des Schalthebels,
Kette zum Festlegen eines Wagenrads,
herausnehmbarer Kontakt der Zündleitung (bei Verbrennungsmaschinen),
abnehmbarer Griff des Brennstoffleitungsverschlusses,
herausnehmbarer Stromunterbrecher (bei elektrisch betriebenen Fahrzeugen).

Zu § 5.

Um das Schreibwerk zu vermindern und um zeitraubende Rückfragen zu vermeiden, empfiehlt es sich, daß der Antrag auf Zulassung eines Kraftfahrzeugs bei der höheren Verwaltungsbehörde auf Formular — nach anliegendem Muster — erfolgt.

Das Verfahren bei der Zulassung eines Kraftfahrzeugs soll an einem Musterbeispiel erläutert werden; hierbei sind die Bestimmungen der §§ 56, 62 des Reichsstempelgesetzes vom 15. Juli 1909 berücksichtigt.

Herr A., wohnhaft in Bonn, hat in Bielefeld ein Kraftfahrzeug gekauft und will es dort in Betrieb setzen. A. richtet unter Verwendung des vorbezeichneten Musters und Beifügung der dort angegebenen Anlagen an die für seinen Wohnort Bonn zuständige höhere Verwaltungsbehörde (den Regierungspräsidenten in Köln) den Antrag auf Zulassung des Fahrzeugs.

Die höhere Verwaltungsbehörde bewirkt, wenn sie den Antrag und seine Anlagen für ordnungsmäßig befunden hat,

die Eintragung des Fahrzeugs in die Spalten 1—10 der Liste (Muster 1 der Verordnung),

die Ausfertigung einer Zulassungsbescheinigung für das Fahrzeug (Muster 2 der Verordnung),

die Benachrichtigung des Antragstellers von dem Geschehenen (wobei insbesondere das demnächst von dem Fahrzeug zu führende Kennzeichen anzugeben ist)

und übersendet den Antrag mit seinen Anlagen sowie die ausgefertigte Zulassungsbescheinigung an die für den Wohnort des Antragstellers zuständige Amtsstelle zur Erteilung von Erlaubniskarten für Kraftfahrzeuge (das Zollamt I Bonn-Stadt) zur weiteren Veranlassung in steuerlicher Hinsicht und zur demnächstigen Weitergabe an die Ortspolizeibehörde für Bielefeld (Polizeiverwaltung in Bielefeld) zur weiteren Veranlassung gemäß § 6 Abs. 2 Satz 2 und § 9 der Verordnung.

Das Zollamt I Bonn-Stadt trägt die Anmeldung in das Anmeldebuch ein, prüft die Anmeldung nach, setzt die zu zahlende Reichsstempelabgabe fest, bewirkt darauf

die Ausfertigung einer Erlaubniskarte für das Fahrzeug,

die Eintragung des Fahrzeugs in die Bezirksliste,

die Benachrichtigung des Antragstellers mit der Aufforderung, den festgesetzten Steuerbetrag einzuzahlen

und übersendet unter Zurückbehaltung der steuerlichen Anmeldung den Zulassungsantrag nebst den verbleibenden Anlagen sowie die ausgefertigte Erlaubniskarte (Steuerkarte) an die Polizeiverwaltung in Bielefeld zur weiteren Veranlassung (siehe oben) und mit dem Ersuchen, nach erbrachtem Nachweis von der Zahlung der Reichsstempelabgabe die Steuerkarte dem Antragsteller auszuhändigen.

Die Polizeiverwaltung in Bielefeld fordert den Antragsteller schriftlich auf, an dem von ihr festgesetzten Termin das Fahrzeug vorzuführen (§ 30 der Verordnung) und dabei den Nachweis von der Zahlung der Reichsstempelabgabe zu erbringen. In dem Termin hat die Polizeiverwaltung unter Beobachtung der Vorschriften im § 9 der Verordnung die Abstempelung der Kennzeichen zu veranlassen und Zahlungsbescheinigung sowie Steuerkarte auszuhändigen; in der Zahlungsbescheinigung ist zuvor auf Seite 3 der Aushändigungsvermerk einzutragen. Die Polizeiverwaltung in Bielefeld gibt dem Zollamt I Bonn-Stadt von dem Tage der Aushändigung der Erlaubniskarte Nachricht und sendet alsdann dem Regierungspräsidenten in Köln die übrigen Vorgänge unter Mitteilung zurück, wann die Aushändigung der Zulassungsbescheinigung erfolgt ist.

Der Regierungspräsident in Köln bewirkt die Ausfüllung der Spalte 11 der Liste (Muster 1 der Verordnung) und nimmt die entstandenen Vorgänge zu den Akten.

Zu § 6 Abs. 4.

Der in den Fällen des Abs. 4 angegangenen höheren Verwaltungsbehörde wird es obliegen, die bisher zuständige höhere Verwaltungsbehörde unter Übersendung der eingezogenen Zulassungsbescheinigung zu verständigen, damit diese in die Lage kommt, ihre Liste zu berichtigen.

Zu § 6 Abs. 6.

Entsprechend der Bemerkung zu Abs. 4 wird zu verfahren sein, wenn der neue Eigentümer im Bezirk einer anderen höheren Verwaltungsbehörde als der bisherige Eigentümer seinen Wohnsitz hat.

Zu § 8.

Die Kennzeichen werden nicht mehr von den Ortspolizeibehörden, sondern von den höheren Verwaltungsbehörden zugeteilt (vgl. zu § 37).

Zu § 8 Abs. 4.

Für die Kraftzweiräder, nicht für alle Krafträder, ist eine vereinfachte Kennzeichnung zugelassen. Mit Rücksicht hierauf ist es angängig, die gleichen Nummern einerseits für Kraftzweiräder und anderseits für die übrigen Arten von Kraftfahrzeugen auszugeben.

Zu § 9.

Nicht allein das hintere, sondern auch das vordere Kennzeichen muß abgestempelt werden. Für die Abstemplung sind zweckmäßig Schablonen zu verwenden. Zuständig für die Abstemplung ist die Ortspolizeibehörde, in deren Bezirk das Kraftfahrzeug in Betrieb gesetzt werden soll.

Zu § 10.

Je weiter das hintere Kennzeichen vom Erdboden entfernt ist, um so besser wird es jederzeit erkennbar sein. Die Polizeibehörden werden daher darauf zu halten haben, daß da, wo es die Bauart des Fahrzeugs gestattet, das hintere Kennzeichen möglichst hoch angebracht wird.

Ebenso wird darauf zu achten sein, daß das vordere Kennzeichen nicht durch die Antriebskurbel des Motors, das hintere Kennzeichen nicht durch Gepäckstücke oder durch Vorrichtungen zur Aufnahme von Gepäck u. dergl. in seiner Erkennbarkeit beeinträchtigt wird. Dem ersteren vielfach beobachteten Übelstande wird dadurch begegnet werden können, daß die Kurbel während der Fahrt durch eine einfache Vorrichtung, z. B. Lederschleife, wagerecht befestigt wird.

Zu § 11.

Die Polizeibehörden haben mit aller Strenge darauf zu achten, daß unzureichende oder vorschriftswidrige Beleuchtungsvorrichtungen nicht zugelassen werden. Als unzureichend müssen insbesondere angesehen werden Beleuchtungsvorrichtungen, deren Lichtquelle nicht ausreicht, das Kennzeichen in seiner ganzen Fläche gleichmäßig hell zu beleuchten, als vorschriftswidrig solche, die das Kennzeichen irgendwie verdecken. Die Beseitigung derartiger Vorrichtungen ist mit allen den Polizeibehörden zur Verfügung stehenden Mitteln durchzusetzen.

Zu § 13.

Die Vorschrift im § 13 schließt nicht aus, daß an Kraftfahrzeugen mit besonderem Verwendungszwecke (Droschken, Omnibussen, Postwagen, Geschäftswagen u. dergl.) außer dem polizeilichen Kennzeichen der Verwendungszweck dieser Fahrzeuge durch eine entsprechende Bezeichnung (Wagennummer, Firma usw.) ersichtlich gemacht wird. Voraussetzung ist jedoch, daß Verwechselungen mit dem polizeilichen Kennzeichen ausgeschlossen bleiben.

Zu § 14 Abs. 2.

Im Falle der Bewilligung einer Ausnahme gemäß § 14 Abs. 2 wird die höhere Verwaltungsbehörde einen entsprechenden Vermerk in den Führerschein einzutragen haben.

Zu § 14 Abs. 3.

Nach I Abs. 1 unter Nr. 4 der „Anweisung über die Prüfung der Führer von Kraftfahrzeugen" ist dem Antrag auf Erteilung der Erlaubnis zum Führen auch der Nachweis darüber beizufügen, daß der Antragsteller den Fahrdienst bei einer durch die höhere Verwaltungsbehörde zur Ausbildung von Führern ermächtigten Person oder Stelle (Fahrschule, Kraftfahrzeugfabrik) erlernt hat. Es ist anzunehmen, daß Gesuche um Erteilung der Ermächtigung zum Ausbilden von Führern alsbald in größerer Zahl bei den Behörden vorgebracht werden. Es wird geboten sein, bei Erledigung dieser Gesuche mit besonderer Sorgfalt zu verfahren. Als geeignet müssen vorzugsweise solche Personen gelten, die eine umfangreiche und vorwurfsfreie praktische Tätigkeit als Führer aufzuweisen haben und für eine gewissenhafte Ausbildung volle Gewähr bieten. Ob und inwieweit es geboten ist, sie vor der Ermächtigung in bezug auf ihre Fähigkeiten einer besonderen Prüfung zu unterwerfen, wird je nach den Umständen zu entscheiden sein. Jedenfalls empfiehlt es sich, die Ermächtigung nur auf Widerruf zu erteilen. In der Regel wird es sich naturgemäß um die Ermächtigung zur gewerbsmäßigen Ausbildung von Führern handeln; daneben wird es aber auch den zuständigen Behörden unbenommen sein, in Fällen besonderer Art zu gestatten, daß eine nicht allgemein ermächtigte, im Besitze des Führerscheins befindliche Person die Ausbildung einer bestimmten anderen Person vornimmt.

Zu § 17 Abs. 2.

Eine starke Belästigung des Publikums wird oft dadurch verursacht, daß Führer von Kraftfahrzeugen, auch beim Halten des Fahrzeugs, den Motor weiter laufen lassen. Namentlich geschieht dies an den Halteplätzen von Kraftdroschken und -omnibussen. Ebenso wird eine starke Belästigung des Publikums und Gefährdung von Pferdefuhrwerken durch das Fahren mit geöffneter Auspuffklappe herbeigeführt. Der § 17 Abs. 2 („vermeidbare Entwicklung von Geräusch") und Abs. 3 (vgl. dazu das Verbot der Auspuffklappen in Ziffer III der Anweisung über die Prüfung von Kraftfahrzeugen) bietet die Handhabe, diesem Mißbrauch wirksam entgegenzutreten.

Zu § 18 Abs. 2.

Die Bestimmung im § 18 Abs. 2 soll den höheren Verwaltungsbehörden die Möglichkeit gewähren, in solchen Orten, namentlich in größeren Städten, wo das Publikum an die schnellere Abwicklung des Fuhrwerksverkehrs auf den Straßen gewöhnt und mit dessen Gefahren vertraut ist, auch für Kraftfahrzeuge eine dem allgemeinen Verkehr angepaßte erhöhte Fahrgeschwindigkeit zuzulassen.

Zu § 23.

Es ist davon auszugehen, daß der Verkehr mit Kraftfahrzeugen im allgemeinen auf allen denjenigen Wegen zuzulassen ist, welche für den übrigen Fuhrwerksverkehr freigegeben sind. Eine Wegesperrung wird daher nur dann anzuordnen sein, wenn hierfür in der Beschaffenheit des zu sperrenden Weges oder seiner Umgebung zwingende Gründe vorliegen, insbesondere, wenn es sich um schmale oder unübersichtliche Wege oder um Wege mit steilen Böschungen oder ungünstigen Steigungsverhältnissen handelt. Die Möglichkeit des Scheuens der Zugtiere allein ist kein ausreichender Sperrungsgrund.

Die Sperrung hat sich auf das Notwendige zu beschränken. Krafträder werden häufig dort zugelassen werden können, wo Kraftwagen auszuschließen sind. Hauptverkehrslinien (Chausseen, Haupt- und Neben-Landstraßen) werden nur in Ausnahmefällen und nur dann zu sperren sein, wenn der Verkehr auf hinreichend benutzungsfähigen, nicht zu großen Umwegen umgeleitet werden kann. Die Sperrung sämtlicher Wege eines Orts- oder Gemeindebezirkes oder aller Wege einer bestimmten Klasse erscheint unzulässig, vielmehr wird jeder einzelne Weg auf seine gefahrbringende Beschaffenheit besonders zu prüfen sein.

Wegestrecken, die dem Durchgangsverkehr dienen, dürfen seitens der Polizeibehörden nicht gesperrt werden. In jedem Falle, in welchem die Sperrung einer Wegestrecke beabsichtigt ist, haben die Wegepolizeibehörden (in Städten die Ortspolizeibehörden) der Aufsichtsbehörde davon Anzeige zu machen. Diese prüft die Notwendigkeit und Zweckmäßigkeit der Sperrung, sowie die Frage, ob die betreffende Strecke dem Durchgangsverkehr dient. Gegebenenfalls ist an die Ministerialinstanz zu berichten, der bis auf weiteres die Entscheidung über die Sperrung solcher Wegestrecken vorbehalten bleibt. Eigentümern von Kraftfahrzeugen, von denen eine ruhige und rücksichtsvolle Fahrweise erwartet werden darf, wird stets die Benutzung gesperrter Wege widerruflich und unter besonderen Bedingungen gestattet werden können. Für solche Ausnahmen kommen vornehmlich Personen in Betracht, die in dem Polizeibezirk oder seiner Umgebung wohnen und Kraftfahrzeuge in der Ausübung ihres Berufs oder Gewerbes benutzen.

Um eine rechtzeitige Veröffentlichung der Sperrungen und Beschränkungen in den Fachzeitschriften sicherzustellen, sind sie, soweit sie nicht nur vorübergehender Natur sind, dem Kaiserlichen Automobil-Klub in Berlin W. 9, Leipziger Platz Nr. 16, ungesäumt mitzuteilen.

Jede gesperrte Wegestrecke ist am Anfang und am Ende durch Tafeln zu kennzeichnen. Um die im Interesse des Verkehrs gebotene Gleichmäßigkeit in der Kennzeichnung der Wegestrecken, die für Kraftfahrzeuge gesperrt sind, und von solchen, die nur mit ermäßigter Geschwindigkeit befahren werden dürfen, herbeizuführen, haben die Bundesregierungen vereinbart, einheitlich folgende drei Arten von Tafeln zu verwenden.

Die Tafeln zur Bezeichnung von Wegesperrungen sind in gelber, diejenigen für Langsamfahren in blauer Farbe gehalten, ihre Größe beträgt 50×50 cm*).

Die Kosten dieser Kennzeichnung gehören zu den unmittelbaren Kosten der örtlichen Polizeiverwaltung.

---

*) Tafeln dieser Art werden von der Firma „Frankfurter Emaillierwerke Otto Leroi in Neu-Isenburg bei Frankfurt a. M.“ in den Handel gebracht.

Nur für Kraftfahrzeuge, deren Gesamtgewicht 5,5 Tonnen übersteigt, können die höheren Verwaltungsbehörden nach § 23 Abs. 2 eine Höchstgeschwindigkeit von weniger als 15 Kilometer in der Stunde festsetzen. Eine entsprechende Anordnung bezüglich anderer Kraftfahrzeuge ist nach der Verordnung in Zukunft nicht mehr zulässig. Wo für den allgemeinen Fuhrwerksverkehr beschränkende Vorschriften gelten (z. B. Schrittfahren auf Brücken, bei Toren usw.), finden solche gemäß § 2 Abs. 1 der Verordnung auf den Verkehr dieser Kraftfahrzeuge Anwendung.

Zu § 24.

Ausnahmen von dem allgemeinen Verbot des Wettfahrens und der Veranstaltung von Wettfahrten dürfen nicht mehr zugelassen werden.

Zu § 25.

Durch die Bestimmungen des § 25 (Abs. 1 Ziffer 3 und Abs. 4) wird für die Anhängewagen der Kraftfahrzeuge der § 12 der Allerhöchsten Verordnung, den Verkehr auf Kunststraßen betreffend, vom 17. März 1839 (Gesetzsamml. S. 80) aufgehoben und Ziffer 15 der zusätzlichen Vorschriften zum Chausseegeldtarif vom 29. Februar 1840 (Gesetzsamml. S. 94) abgeändert.

Das Mitführen eines Anhängewagens ist nunmehr stets ohne besondere polizeiliche Erlaubnis zulässig, sofern der Wagen den Vorschriften des § 25 entspricht.

Zu § 26.

Die Vorschrift des § 26 gibt den Behörden die erwünschte Handhabe, die durch den Gebrauch abgenutzten und deshalb nicht mehr verkehrssicheren oder durch Entwicklung von Geräusch und üblem Geruche besonders lästigen Fahrzeuge aus dem öffentlichen Verkehr auszumerzen.

Von dieser Befugnis werden die Behörden namentlich gegenüber solchen Kraftfahrzeugen Gebrauch zu machen haben, die bereits vor dem 1. April 1910 zum Verkehre zugelassen und daher einer Prüfung nach Maßgabe der Verordnung nicht unterworfen worden sind.

Die Anordnung einer periodischen Prüfung aller Kraftfahrzeuge wird im Hinblick auf die verschiedenartige Benutzung der Fahrzeuge nicht durchführbar sein, immerhin wird aber eine solche regelmäßige Nachuntersuchung für die im gewerbsmäßigen Fuhrverkehre verwendeten Fahrzeuge in Erwägung zu nehmen sein.

Im übrigen erwächst den Behörden die Aufgabe, mit Hilfe der Bestimmung im § 26 durchzusetzen, daß die Eigentümer und Führer von Kraftfahrzeugen ihrer Verpflichtung gerecht werden, die polizeilichen Kennzeichen und die Beleuchtungsvorrichtung des hinteren Kennzeichens stets in ordnungsmäßigem Zustand zu erhalten. Hierbei wird auch auf die Strafbestimmung im § 25 des Gesetzes über den Verkehr mit Kraftfahrzeugen vom 3. Mai 1909 verwiesen.

Zu § 27.

Die Prüfungsordnung (Anlage B der Verordnung) enthält die wichtige Bestimmung, daß jeder, der zum Führer von Kraftfahrzeugen zugelassen werden will, seine körperliche Tauglichkeit nachzuweisen hat. Es wird zu erwägen sein, inwieweit die im gewerbsmäßigen Fuhrverkehre beschäftigten Führer von Kraftfahrzeugen einer periodischen Nachuntersuchung über ihre körperliche Tauglichkeit zu unterwerfen sind. Im übrigen werden die Polizeibehörden eine erneute ärztliche Prüfung in solchen Fällen anzuordnen haben, in denen zu einer solchen Maßnahme begründeter Anlaß vorliegt.

Zu § 29.

Die Befreiung von der Pflicht zur Führung des polizeilichen Kennzeichens ist gegenüber den Bestimmungen des § 29 der früheren Polizei-Verordnungen eingeschränkt. Die Befugnis der Polizeibehörden, für bestimmte Arten von Kraftfahrzeugen von dieser Verpflichtung zu entbinden, ist aufgehoben.

Zu § 31.

Die Verordnung will die Überwachung des Automobilverkehrs, insbesondere die Zulassung der Kraftfahrzeuge und ihrer Führer, die Zuteilung der Kennzeichen, die Führung der Listen aller zugelassenen Kraftfahrzeuge und Führer usw. den höheren Verwaltungsbehörden (vergl. zu § 37) übertragen wissen. Bisher sind diese Befugnisse den Ortspolizeibehörden überlassen gewesen. Es wird daher erforderlich werden, daß die höheren Verwaltungsbehörden rechtzeitig die notwendigen Anordnungen und Vorbereitungen treffen, um mit dem 1. April 1910 die ihnen durch die Verordnung zugewiesenen Aufgaben übernehmen zu können.

Hierzu gehört in erster Linie die Neuaufstellung der Listen der zugelassenen Kraftfahrzeuge. Als Unterlagen werden hierbei die bisher geführten Listen zu dienen haben, die von den mit der Führung bislang betrauten Ortspolizeibehörden einzuziehen sind. Zweckmäßig erscheint es, getrennte Listen für Kraftzweiräder und für die übrigen Kraftfahrzeuge zu führen*). Daneben empfiehlt sich die Anlegung je einer Hilfsliste, die enthalten muß in einer Spalte 1 fortlaufend die sämtlichen im Bezirke zur Ausgabe gelangenden Erkennungsnummern (nach der Zahlenreihe), und daneben in einer Spalte 2 (die für Änderungen genügend Raum bietet) die jeweilige Nummer, unter der das mit dem in Spalte 1 angegebene Kennzeichen versehene Fahrzeug in der Hauptliste erscheint. Die Hilfsliste ermöglicht einmal die sofortige Auffindung einer gesuchten Erkennungsnummer in der Hauptliste und zweitens macht sie ersichtlich, welche Erkennungsnummern im Bezirke noch verfügbar oder wieder frei geworden sind.

Zu § 36.

Die Vorschriften des § 24 der bisher geltenden Provinzial-Polizeiverordnungen bleiben bis auf weiteres in Kraft.

Zu § 37.

Höhere Verwaltungsbehörden im Sinne der §§ 5, 6, 8, 14, 18, 23, 27, 31 der Bundesratsverordnung sind die Regierungs-Präsidenten (für den Landespolizeibezirk Berlin der Polizeipräsident in Berlin), für die im unmittelbaren Dienst der Heeresverwaltung stehenden Kraftfahrzeuge in den Fällen der §§ 5, 6 Abs. 1, 14 und 27 die zuständigen Militärbehörden (vgl. dazu Ziffer VIII der Anweisung über die Prüfung der Führer von Kraftfahrzeugen).

Polizeibehörden im Sinne des § 23 sind die Wege- (Straßen-) Polizeibehörden, im übrigen die Ortspolizeibehörden.

---

*) Zu vergleichen die Anweisung zu § 8 Abs. 4.

Muster.

.........................., den ....$\frac{\text{ten}}{}$..................191

(Wohnung)......................................Nr. ....

Ich beantrage, mir $\frac{\text{den}}{\text{das}}$ umseitig beschriebene Kraft$\frac{\text{wagen}}{\text{rad}}$ zum Verkehr auf öffentlichen Wegen und Plätzen zuzulassen.

Das Gutachten des amtlich anerkannten Sachverständigen Herrn .... in ...., das die Richtigkeit der Angaben unter Nr. 4 bis 8 sowie ferner bestätigt, daß das Fahrzeug den Anforderungen der Verordnung des Bundesrats über den Verkehr mit Kraftfahrzeugen vom 3. Februar 1910 entspricht, liegt bei.

(oder:

Eine Bescheinigung, die die Richtigkeit der Angaben unter Nr. 4 bis 8 sowie ferner bestätigt, daß das Fahrzeug einer fabrikmäßig hergestellten und behördlich zugelassenen Gattung (Typ) angehört und den Anforderungen der Verordnung des Bundesrats über den Verkehr mit Kraftfahrzeugen vom 3. Februar 1910 entspricht, liegt bei).

Gleichzeitig überreiche ich die nach § 106 der Ausführungsbestimmungen zum Reichsstempelgesetz vom 15. Juli 1909 vorgeschriebene Anmeldung des Fahrzeugs zum Zwecke der Erteilung einer Steuerkarte.

Ich bitte, mir das dem Fahrzeug zuzuteilende polizeiliche Kennzeichen anzugeben und die Zulassungsbescheinigung auszufertigen. Das Fahrzeug soll in .... in Betrieb genommen werden. Ich beantrage daher, die Zulassungsbescheinigung und die Steuerkarte der Polizeibehörde in .... zu übersenden, damit diese einen Termin für die Vorführung des Fahrzeugs anberaumt und, nachdem ihr der Nachweis der Einzahlung der Reichsstempelabgabe erbracht ist, die Kennzeichen abstempelt und mir Zulassungsbescheinigung und Steuerkarte aushändigt.

(Unterschrift) ....

An

die (höhere Verwaltungsbehörde)

in

1.	Name und Wohnort des Eigentümers.	
2.	Firma, die das Fahrgestell hergestellt hat, und Fabriknummer des Fahrgestells.	
3.	Art und Bestimmung des Fahrzeugs (Personen- oder Lastfahrzeug).	
4.	Art der Kraftquelle.	
5.	Anzahl der Pferdestärken der Maschine (des Motors). Bei steuerpflichtigen Fahrzeugen auch die nach der Steuerformel berechnete Nutzleistung des Fahrzeugs.	
6.	Eigengewicht des betriebsfertigen Fahrzeugs.	
7.	Zulässige Belastung (kg oder Personen einschließlich Führer).	
8.	Bei Fahrzeugen, deren Gesamtgewicht (einschl. Ladung) 5 t übersteigt, die Achsdrucke im beladenen Zustande.	

Anhang V.

Verfügung des Preußischen Ministeriums des Innern vom 27. April 1910,

betr. die Festsetzung der Gebühren für die behördlichen Maßnahmen bei Ausführung der Verordnung über den Verkehr mit Kraftfahrzeugen.

(Preuß. Minist.-Blatt f. d. innere Verwaltung 1910 S. 151.)

Die Festsetzung der Gebühren für die behördlichen Maßnahmen bei Ausführung der Verordnung über den Verkehr mit Kraftfahrzeugen vom 3. Februar d. Js. ist durch Beschluß des Bundesrats vom 24. Februar d. Js. den Landeszentralbehörden übertragen worden. Wir bestimmen demgemäß, daß für die Erteilung

a) der Zulassungsbescheinigung (Muster 2 zu § 6 Abs. 2 der Verordnung),
b) des Führerscheines (Muster 6 zu § 14 Abs. 3 der Verordnung),
c) der Bescheinigung über die Zulassung zur Veranstaltung von Probefahrten (Muster 7 zu § 31 Abs. 1 der Verordnung),
d) der Typenbescheinigung (Muster c der Anweisung über die Prüfung von Kraftfahrzeugen)

eine Gebühr im Betrage von einer Mark für jede Bescheinigung zu erheben ist.

Die einkommenden Beträge sind bei Kap. 31 Tit. 1 des Etats von der Verwaltung des Innern zu vereinnahmen.

Berlin, den 27. April 1910.

Der Minister der öffentlichen Arbeiten.
In Vertretung: v. Coels.

Der Minister des Innern.
In Vertretung: Holtz.

Anhang VI.

Verfügung des Preußischen Ministeriums des Innern vom 30. April 1910,

betr. die Ausführung der Verordnung über den internationalen Verkehr mit Kraftfahrzeugen.

(Preuß. Minist.-Blatt f. d. innere Verwaltung 1910 S. 152 ff.)

Die am 23. April d. Js. ausgegebene Nr. 21 des Reichs-Gesetzblattes enthält das am 11. Oktober 1909 in Paris abgeschlossene „Internationale Abkommen über den Verkehr mit Kraftfahrzeugen", die Bekanntmachung des Herrn Reichskanzlers über die Ratifikation dieses Abkommens vom 21. April d. Js. sowie die zur Ausführung des Abkommens und zur Regelung des internationalen Verkehrs mit Kraftfahrzeugen überhaupt von dem Bundesrat erlassene „Verordnung über den internationalen Verkehr mit Kraftfahrzeugen" vom 21. April d. Js. Das Abkommen sowie die Verordnung treten bereits am 1. Mai d. Js. in Kraft. Zur Ausführung der Bundesrats-Verordnung haben wir die beiliegende Anweisung (Anl. a) erlassen.

Die gemäß § 3 der Verordnung auszustellenden internationalen Fahrausweise für den zeitlich beschränkten Verkehr im Auslande sind von der Reichsdruckerei zum Preise von 0,20 Mk. für das Stück hergestellt und lediglich bei dieser zu bestellen. Es empfiehlt sich, zunächst nur den Jahresbedarf zu decken, da die Fahrausweise infolge Hinzutritts weiterer Staaten zu dem internationalen Abkommen voraussichtlich bereits im Jahre 1911 geändert und erweitert werden müssen.

Berlin, den 30. April 1910.

Der Finanzminister.
Im Auftrage: Köhler.

Der Minister der öffentlichen Arbeiten.
In Vertretung: v. Coels.

Der Minister des Innern.
In Vertretung: Holtz.

Anweisung
zur Ausführung der Verordnung über den internationalen Verkehr mit Kraftfahrzeugen.

Zu § 3.

Höhere Verwaltungsbehörden im Sinne der Verordnung sind die Regierungspräsidenten (für den Landespolizeibezirk Berlin der Polizeipräsident in Berlin).

Der Antrag auf Ausstellung eines internationalen Fahrausweises kann mündlich oder schriftlich angebracht werden. Zulassungsbescheinigung und Führerschein sind, um den Antragsteller in der Benutzung seines Fahrzeugs nicht zu behindern, sofort zurückzugeben.

Zu den erforderlichen handschriftlichen Angaben über das Fahrzeug sowie über den oder die Führer sind nur die auf dem letzten Blatte des Fahrausweises vorgesehenen Reihen zu benutzen. Bei der Eintragung dieser Angaben ist das letzte Blatt aus der Falte zu ziehen, damit die Eintragungen sich an den entsprechenden Vordruck auf der ersten Seite der Einlageblätter anschließen.

Zu § 4.

Das deutsche Nationalitätszeichen hat sich der Eigentümer des Kraftfahrzeugs selbst zu beschaffen. Eine amtliche Abstempelung des Nationalitätszeichens ist nicht erforderlich.

Zu § 6.

Behufs Erledigung der ihnen nach § 6 zufallenden Aufgaben haben die Beamten der Grenzzollverwaltung zunächst die Vorlegung des internationalen Fahrausweises zu verlangen. Alsdann haben sie festzustellen, ob der Fahrausweis noch gültig ist, ob er sich auf das vorgeführte Kraftfahrzeug und seinen oder seine Führer bezieht, sowie ob das im Fahrausweis angegebene Kennzeichen nebst dem zugehörigen Nationalitätszeichen ordnungsmäßig am Kraftfahrzeug angebracht ist. Ferner haben sie sich davon zu überzeugen, ob das Kraftfahrzeug mit der vorgeschriebenen Huppe sowie mit den erforderlichen Beleuchtungsvorrichtungen ausgestattet ist (Art. 5 und 6 des Internationalen Abkommens).

Von der Eintragung eines Vermerkes über den Eintritt und den Austritt des Kraftfahrzeugs, wie solcher in dem Fahrausweis auf der Rückseite des Einlegeblatts für das Deutsche Reich vorgesehen ist, ist bis auf weiteres Abstand zu nehmen.

Zu § 8.

Ist die Anerkennung des internationalen Fahrausweises versagt und die Ausschließung des Fahrzeugs vom Verkehr auf öffentlichen Wegen und Plätzen verfügt worden, so hat die höhere Verwaltungsbehörde den Fahrausweis einzuziehen und seine Rücksendung auf diplomatischem Wege an die Stelle, die ihn ausgestellt oder gegengezeichnet hat, zu veranlassen. Dabei sind die Gründe, die zur Versagung geführt haben, kurz mitzuteilen.

Zu § 10.

Das Verfahren bleibt hinsichtlich derjenigen außerdeutschen Kraftfahrzeuge und Führer, für welche ein internationaler Fahrausweis nicht vorgelegt werden kann, im allgemeinen das gleiche wie bisher. Die Ausstellung einer Bescheinigung nach Muster 6 findet jedoch nur noch bei denjenigen Kraftfahrzeugen statt, für welche eine Steuerkarte nicht zu lösen ist. Die für diese Fahrzeuge auszustellende Bescheinigung zeigt gegen früher einige Änderungen: auf der Vorderseite (bisher Rückseite) fehlt der Vermerk über die Nummer der Liste, die Eintragungen auf der Rückseite (bisher Vorderseite) ergeben sich aus der für das Fahrzeug nach der Vorschrift unter Absatz 1a vorzulegenden ausländischen Bescheinigung. Die Führung der bisherigen besonderen Liste über die eingegangenen außerdeutschen Kraftfahrzeuge fällt fort. Nach wie vor haben aber die Beamten der Grenzzollverwaltung die vorschriftsmäßige und sichere Anbringung des länglichrunden Kennzeichens sorgsam zu überwachen.

Zu § 13.

Im § 13 handelt es sich um außerdeutsche Kraftfahrzeuge, die aus dem Ausland in das Inland zum dauernden Verbleib geführt werden. Auf diese Fahrzeuge finden die Vorschriften für den vorübergehenden Aufenthalt im Deutschen Reiche nur in zeitlich beschränktem Maße Anwendung. Die Fahrzeuge sind, gleichgültig, ob ihr Eintritt in das Reichsgebiet auf Grund eines internationalen Fahrausweises oder gemäß den Bestimmungen unter § 10 der Verordnung erfolgt, innerhalb der im § 13 bestimmten Frist bei der für den Wohnort des Eigentümers zuständigen höheren Verwaltungsbehörde zwecks endgültiger Zulassung anzumelden.

Zu § 14.

Der § 14 schafft im Interesse des deutschen Handels dem Ausländer, der in Deutschland ein zum Verkehre noch nicht zugelassenes Kraftfahrzeug erworben hat, die Möglichkeit, dieses mit eigener Triebkraft ins Ausland zu verbringen. Zuständig für die Behandlung des Antrages auf Ausstellung eines internationalen Fahrausweises ist die höhere Verwaltungsbehörde, in deren Bezirk das Kraftfahrzeug in Betrieb gesetzt werden soll. Bei der Erledigung des Antrags hat diese Behörde mit der zuständigen Zoll- oder Steuerbehörde ins Benehmen zu treten. Da der internationale Fahrausweis nach einem Jahre seine Gültigkeit verliert, wird nach Ablauf dieser Zeit das länglichrunde Kennzeichen erneut ausgegeben werden können.

Zu § 15.

Die bisher noch aufrechterhaltenen Vorschriften des § 24 der Provinzialpolizeiverordnungen über den Verkehr mit Kraftfahrzeugen treten am 1. Mai d. Js. außer Kraft.

Anhang VII.

Auszug aus dem Reichsstempelgesetz vom 15. Juli 1909.

(RGBl. 1909 S. 847 ff.)

VI. Erlaubniskarten für Kraftfahrzeuge.

(Tarifnummer 8.)

§ 56.

Der Beförderung von Personen dienende Kraftfahrzeuge dürfen zum Befahren öffentlicher Wege und Plätze nur in Gebrauch genommen werden, wenn zuvor bei der zuständigen Behörde gegen Zahlung des Abgabebetrags eine Erlaubniskarte der im Tarife bezeichneten Art gelöst worden ist. Probefahrten gelten nicht als Ingebrauchnahme im Sinne dieser Vorschrift.

Welche Behörden zur Erteilung der Erlaubniskarten zuständig sind, wird hinsichtlich der das Reichsgebiet berührenden ausländischen Kraftfahrzeuge vom Bundesrat, im übrigen von den Landesregierungen bestimmt.

Auf die nach dem Tarife befreiten Kraftfahrzeuge findet die Vorschrift des Abs. 1 keine Anwendung. Die verkehrspolizeilichen Vorschriften der Landesgesetze werden hierdurch nicht berührt.

§ 57.

Die Verpflichtung zur Lösung einer nach Tarifnummer 8 versteuerten Erlaubniskarte liegt dem Eigenbesitzer des Kraftfahrzeugs, und wenn ihm gegenüber auf Zeit ein anderer zum Besitze berechtigt ist, auf diese Zeit dem anderen ob. Die Verpflichtung des letzteren fällt weg, wenn ihm das Kraftfahrzeug nur zum vorübergehenden Gebrauch unentgeltlich überlassen worden und die Abgabe für die Ingebrauchnahme des Fahrzeugs bereits anderweit entrichtet ist.

Bei aus dem Ausland eingehenden Kraftfahrzeugen, für welche ein im Inlande wohnhafter oder sich daselbst dauernd aufhaltender Steuerpflichtiger nicht vorhanden ist, ist die Erlaubniskarte von demjenigen zu lösen, der das Kraftfahrzeug im Inland in Gebrauch nimmt.

§ 58.

Die Erlaubniskarte wird auf ein Jahr ausgestellt, soweit nicht die Ausstellung auf einen kürzeren Zeitraum beantragt worden ist.

§ 59.

Bei gleichzeitigem Besitze mehrerer Kraftfahrzeuge ist für jedes der Fahrzeuge eine besondere Erlaubniskarte zu lösen.

Stellt der Steuerpflichtige während der Gültigkeitsdauer der Erlaubniskarte an Stelle des bisherigen ein anderes Kraftfahrzeug ein, so ist er zur Entrichtung einer weiteren Stempelabgabe nur insoweit verpflichtet, als die Abgabe hinsichtlich des neuen Fahrzeugs sich höher als die Abgabe für das bisherige Fahrzeug berechnet. Der hiernach sich ergebende Betrag ist nur zur Hälfte zu erheben, wenn der Rest der Gültigkeitsdauer einer gelösten Jahreskarte vier Monate oder weniger beträgt.

Im Falle der Veräußerung eines Kraftfahrzeugs während der Gültigkeitsdauer der Erlaubniskarte kann die Karte auf den Namen des Erwerbers umgeschrieben werden. Letzterer hat alsdann bis zum Ablaufe der Gültigkeitsdauer eine Abgabe nicht zu entrichten. Die Vorschriften des Abs. 2 finden in diesem Falle keine Anwendung.

§ 60.

Die Ausstellung der Erlaubniskarte ist spätestens drei Tage vor Ingebrauchnahme des Kraftfahrzeugs, bei im Gebrauche befindlichen Kraftfahrzeugen spätestens am dritten Tage vor Ablauf der Gültigkeitsdauer der alten Erlaubniskarte, die Umschreibung der Erlaubniskarte im Falle des § 59 Abs. 2 spätestens drei Tage vor Ingebrauchnahme des neuen Fahrzeugs bei der für den Wohn- oder Aufenthaltsort des Steuerpflichtigen zuständigen Behörde zu beantragen. Die Landesregierungen sind ermächtigt, andere Fristen vorzuschreiben.

Für aus dem Ausland eingehende Fahrzeuge (§ 57 Abs. 2) ist die Ausstellung der Erlaubniskarte alsbald nach dem Grenzübertritte bei der nächsten zuständigen Behörde zu beantragen.

Der Antrag hat zu enthalten:

1. den Namen, Stand und Wohnort des Steuerpflichtigen,
2. die Bezeichnung des Kraftfahrzeugs nach den für die Erhebung der Abgabe wesentlichen Merkmalen,
3. den Zeitraum, für den die Ausstellung der Erlaubniskarte begehrt wird.

Gleichzeitig mit dem Antrag ist der erforderliche Stempelbetrag einzuzahlen.

§ 61.

Die zur Ausstellung der Erlaubniskarte zuständige Behörde hat Stempelmarken im entsprechenden Betrage zu der Erlaubniskarte zu verwenden und die Stempelmarken zu entwerten.

Die Aushändigung der Erlaubniskarte darf nicht vor Einzahlung des Abgabenbetrags erfolgen.

Die näheren Bestimmungen über Form und Inhalt der Erlaubniskarten trifft der Bundesrat. Er kann anordnen, daß die Entrichtung der Abgabe ohne Verwendung von Stempelmarken zu erfolgen hat.

§ 62.

Soweit nach den verkehrspolizeilichen Bestimmungen für Kraftfahrzeuge die Führung polizeilicher Kennzeichen vorgeschrieben ist, darf die Zuteilung oder die Ausgabe der Kennzeichen nur gegen Vorlegung der ordnungsmäßig versteuerten Erlaubniskarte erfolgen.

Im Falle nicht rechtzeitiger Lösung einer neuen Erlaubniskarte hat die Polizeibehörde, und zwar, wenn sie nicht selbst die zur Ausstellung der Erlaubniskarte zuständige Behörde ist, auf Antrag der letzteren, die Beschlagnahme des für das im Gebrauche befindliche Kraftfahrzeug amtlich ausgegebenen Kennzeichens zu bewirken.

§ 63.

Der Führer des Kraftfahrzeugs hat die Erlaubniskarte unterwegs stets bei sich zu führen. Er ist verpflichtet, sie auf Verlangen den sich durch ihre Dienstkleidung oder sonst ausweisenden Grenz- und Steueraufsichtsbeamten sowie den Aufsichtsbeamten der Polizeiverwaltung zum Nachweise der Erfüllung der Stempelpflicht vorzuzeigen und nötigenfalls die erforderliche Auskunft zu geben. Ein in der Fahrt begriffenes Kraftfahrzeug darf indessen lediglich aus diesem Anlaß außer im Grenzbezirke nicht angehalten werden.

§ 64.

Die Nichterfüllung der Steuerpflicht wird mit einer Geldstrafe bestraft, welche dem fünf- bis zehnfachen Betrage der Abgabe für eine Jahreskarte gleichkommt.

Die Strafe trifft besonders und zum vollen Betrage jeden, der die ihm obliegende Verpflichtung zur Entrichtung der Abgabe nicht rechtzeitig erfüllt.

Kann der Betrag der hinterzogenen Abgabe nicht festgestellt werden, so tritt statt der im Abs. 1 bezeichneten Strafe eine Geldstrafe von einhundertfünfzig bis viertausend Mark für den einzelnen Fall ein.

Zur Sicherstellung der vorenthaltenen Abgabe, der Strafe und der Kosten kann das Kraftfahrzeug in Beschlag genommen werden.

§ 65.

Durch die Vorschriften dieses Gesetzes wird die Erhebung landesgesetzlicher Gebühren für die Feststellung der Verkehrstauglichkeit des Kraftfahrzeugs und für die amtliche Kennzeichnung der Kraftfahrzeuge nicht ausgeschlossen. Der Bundesrat ist ermächtigt, für die hiernach zulässigen Gebühren Höchstsätze vorzuschreiben.

Im übrigen unterliegen Erlaubniskarten für Kraftfahrzeuge, für welche eine Reichsstempelabgabe nach den Vorschriften dieses Gesetzes zu entrichten ist, keiner weiteren Stempelabgabe (Taxe, Sportel usw.) in den einzelnen Bundesstaaten.

Erlaubniskarten für Kraftfahrzeuge.

1	2	3		4
Nr.	Gegenstand der Besteuerung	Steuersatz ℳ	₰	Berechnung der Stempelabgabe
8.	a) Erlaubniskarten für Kraftfahrzeuge zur Personenbeförderung auf öffentl. Wegen und Plätzen, und zwar:			von jeder einzelnen Karte.
	1. für Krafträder	10	—	
	2. für Kraftwagen			
	a) von nicht mehr als 6 Pferdekräften	25	—	
	b) von über 6, jedoch nicht mehr als 10 Pferdekräften	50	—	
	c) von über 10, jedoch nicht mehr als 25 Pferdekräften	100	—	
	d) von über 25 Pferdekräften	150	—	
	als Grundbeitrag;			
	außerdem zu 2: von jeder Pferdekraft oder einem Teile einer Pferdekraft			
	falls das Fahrzeug nicht mehr als 6 Pferdekräfte hat . . .	2	—	
	falls dasselbe über 6, jedoch nicht mehr als 10 Pferdekräfte hat.	3	—	
	falls dasselbe über 10, jedoch nicht mehr als 25 Pferdekräfte hat.	5	—	
	im übrigen	10	—	
	Die Abgabe ermäßigt sich um die Hälfte, wenn die Ausstellung der Erlaubniskarte für einen vier Monate nicht übersteigenden Zeitraum beantragt wird.			
	b) Erlaubniskarten für Kraftfahrzeuge von im Auslande wohnenden Besitzern (§ 57 Abs. 2) zur Personenbeförderung auf öffentlichen Wegen und Plätzen bei vorübergehender Benutzung des Kraftfahrzeugs im Inland, und zwar bei Benutzung:			

1	2	3		4
Nr.	Gegenstand der Besteuerung	Steuersatz		Berechnung der Stempelabgabe
		ℳ	₰	
8.	1. während eines nicht mehr als dreißig Tage im Jahre betragenden Aufenthalts im Inlande für Krafträder . . .	3	—	von der einzelnen Karte. Bei mehr als dreißigtägigem Aufenthalt ist eine Karte der zu a bezeichneten Art zu lösen, für die der gezahlte Stempelbetrag in Anrechnung gebracht wird.
	2. a) während eines nicht mehr als fünf Tage im Jahre betragenden Aufenthalts im Inlande für Kraftwagen	15	—	
	b) während eines mehr als fünf Tage bis zu höchstens dreißig Tagen im Jahre betragenden Aufenthalts im Inlande für Kraftwagen	40	—	
	Eine Befreiung von der Stempelabgabe findet statt: 1. hinsichtlich derjenigen Kraftfahrzeuge, welche zur ausschließlichen Benutzung im Dienste des Reichs, eines Bundesstaats oder einer Behörde bestimmt sind; 2. hinsichtlich solcher Kraftfahrzeuge, die ausschließlich der gewerbsmäßigen Personenbeförderung dienen.			

Anhang VIII.

Ausführungsbestimmungen

zu der Tarifnummer 8 und den § 53—62 des Reichsstempelgesetzes.

(Erlaubniskarten für Kraftfahrzeuge).

(Zentralblatt für das deutsche Reich 1906 S. 688 ff.)

A. Allgemeine Bestimmungen.

1.

(1) Die zur Erteilung von Erlaubniskarten der in Tarifnummer 8a bezeichneten Art zuständigen Amtsstellen (Hebestellen) werden durch die Landesregierungen bestimmt und unter Angabe ihrer Geschäftsbezirke öffentlich bekannt gemacht. Ein Verzeichnis der Amtsstellen und etwa später eintretende Änderungen sind dem Reichskanzler zur Veröffentlichung im Zentralblatte für das Deutsche Reich mitzuteilen.

(2) . . . . *(Die hier veröffentlichten Bestimmungen sind weggelassen, da sie durch die Ausführungsbestimmungen zum Gesetze, betr. die Stempelabgabe von Erlaubniskarten für Kraftfahrzeuge ausländischer Besitzer, vom 18. Mai 1908 Ziffer 5 abgeändert sind. (Siehe Anhang XI.)*

2.

Fahrzeuge, die aus einem Kraftrad und einem damit fest oder mittels Kuppelung verbundenen besonderen Sitze auf eigenem Rade oder eigenen Rädern seitlich neben dem Kraftrade bestehen, sind als Kraftwagen zu behandeln. Im übrigen ist es Frage der tatsächlichen Feststellung im einzelnen Falle, ob ein Kraftfahrzeug als Kraftwagen oder als Kraftrad anzusehen ist.

3.

Zu den von der Abgabe befreiten Kraftfahrzeugen sind auch die Mannschaftswagen der Feuerwehren zu rechnen, sofern sie nur zu dienstlichen Zwecken benutzt werden.

B. Lösung der Erlaubniskarte.

a) Für inländische Kraftfahrzeuge.

4.

(1) Wenn ein Kraftfahrzeug, für welches eine versteuerte Erlaubniskarte nach Tarifnummer 8a zu lösen ist, zur Personen-

beförderung auf öffentlichen Wegen und Plätzen in Gebrauch genommen werden soll, ist dies mit dem Antrag auf Ausstellung der Erlaubniskarte der zuständigen Hebestelle (Ziffer 1) schriftlich anzumelden. Als eine Ingebrauchnahme gilt nicht die Vornahme von Probefahrten, d. h. solcher Fahrten, welche von Fabriken oder Händlern mit den zum Verkaufe gestellten Fahrzeugen ohne Entgelt veranstaltet werden.

(2) Zuständig ist die Hebestelle, in deren Geschäftsbezirke der Steuerpflichtige wohnt oder in Ermangelung eines Wohnorts sich aufhält.

(3) Zur Anmeldung des Kraftfahrzeugs und zur Lösung der Erlaubniskarte ist der Eigenbesitzer des Kraftfahrzeugs verpflichtet. Ist dem Eigenbesitzer gegenüber ein anderer zum Besitze des Kraftfahrzeugs infolge Ermietung oder aus einem anderen Rechtsgrunde zum Gebrauch auf Zeit berechtigt, so ist für diese Zeit der andere zur Anmeldung und Lösung der Erlaubniskarte für seine Person verpflichtet, ohne Rücksicht darauf, ob für den Eigenbesitzer für den gleichen Zeitraum bereits eine Erlaubniskarte ausgestellt ist oder nicht. Die Verpflichtung des anderen fällt weg, wenn ihm das Kraftfahrzeug nur zum vorübergehenden Gebrauch unentgeltlich überlassen worden und die Abgabe für die Ingebrauchnahme des Fahrzeugs bereits anderweit entrichtet ist.

(4) Die Anmeldung ist innerhalb der von der obersten Landesfinanzbehörde vorgeschriebenen Frist oder, sofern eine solche Frist nicht vorgeschrieben ist, spätestens am dritten Tage vor der beabsichtigten Ingebrauchnahme zu bewirken.

(5) Die Anmeldung hat nach anliegendem Muster 1*) zu erfolgen. Vordrucke hierfür sind von der Hebestelle unentgeltlich zu beziehen.

(6) Der Anmeldung ist, sofern die Hebestelle nicht zugleich die zur polizeilichen Zulassung von Kraftfahrzeugen zuständige Behörde ist, eine Bescheinigung der für die Zulassung des Fahrzeugs zum Verkehr auf öffentlichen Wegen und Plätzen zuständigen Polizeibehörde nach Muster 2*) beizufügen.

5.

(1) Die Hebestelle prüft die Anmeldung auf ihre Richtigkeit und Vollständigkeit. Die Prüfung hat sich in der Regel auf die Feststellung zu beschränken, daß die Anmeldung mit den Angaben der polizeilichen Bescheinigung übereinstimmt.

*) Wird hier nicht wiedergegeben.

(²) Vermag sich die Hebestelle auf die im vorstehenden Absatze bezeichnete Weise von der Richtigkeit und Vollständigkeit der Anmeldung nicht genügende Überzeugung zu verschaffen, so hat sie die Angaben der Anmeldung selbständig zu prüfen. Der Anmeldende ist verpflichtet, ihr jede zu diesem Zwecke dienende Auskunft zu erteilen, die über den Erwerb des Kraftfahrzeugs in seinen Händen befindlichen Urkunden vorzulegen und auf Verlangen das Kraftfahrzeug der Hebestelle vorzuführen.

6.

(¹) Nach geschehener Prüfung der Anmeldung setzt die Hebestelle die Stempelabgaben fest und erteilt nach deren Einzahlung eine mit Quittung über die Abgabenentrichtung versehene Erlaubniskarte (Steuerkarte) nach Muster 3*). Die Karte ist aus grauem Schreibleinenersatz in der Größe von 10,5 : 15,5 cm hergestellt. Sie besitzt einen über die ganze Fläche gehenden Untergrund, der in einem wagerecht schraffierten Oval einen Reichsadler zeigt. Das Oval hat eine Höhe von 6 cm und eine Breite von 4,8 cm.

(²) Die Vordrucke zu den Erlaubniskarten werden in der Reichsdruckerei hergestellt und sind durch die Landesregierungen gegen Erstattung der Herstellungskosten von dort zu beziehen. Die Preise werden vom Reichsschatzamte festgestellt.

(³) Die Reichsdruckerei verabfolgt Vordrucke zu den Erlaubniskarten nur denjenigen Amtsstellen, welche ihr von den Regierungen als berechtigt zum unmittelbaren Bezuge bezeichnet sind.

(⁴) Eine Verwendung von Stempelmarken zu der Erlaubniskarte findet nicht statt.

b) Für Kraftfahrzeuge im Ausland wohnender Besitzer.

. . . . . *(Die hier unter Ziffer 7 bis 9 veröffentlichten Bestimmungen sind weggelassen, da sie durch die Ausführungsbestimmungen zum Gesetze, betr. die Stempelabgabe für Kraftfahrzeuge ausländischer Besitzer, vom 18. Mai 1908 ersetzt sind. (Siehe Anhang XI.)*

C. Änderungen in betreff im Gebrauche befindlicher Kraftfahrzeuge.

10.

(¹) Die Polizeibehörden haben bei ihnen zur Anzeige oder sonst zu ihrer Kenntnis gelangende Änderungen, welche in der Person oder dem Wohnorte des Eigenbesitzers eines Personenkraftfahrzeugs, in der Betriebsart oder der Anzahl der Pferde-

*) Wird hier nicht wiedergegeben.

kräfte, ferner durch Umwandlung eines Lastfahrzeugs in ein Personenkraftfahrzeug und umgekehrt eintreten, sowie Änderungen in der polizeilichen Kennzeichnung eines Personenkraftfahrzeugs der zuständigen Hebestelle schriftlich mitzuteilen.

(²) Die Hebestelle trägt die Änderungen in die Bezirksliste (Ziffer 16) ein. Sie setzt von einer Verlegung des Wohnortes des inländischen Steuerpflichtigen in den Bezirk einer anderen Hebestelle unter Mitteilung eines Auszuges aus der Bezirksliste die Hebestelle für den neuen Wohnort in Kenntnis. Diese hat den Eingang der Mitteilung und die Eintragung in ihre Bezirksliste der ursprünglichen Hebestelle zu bescheinigen, welche hierauf die Eintragung in der eigenen Bezirksliste löscht.

(³) Soweit nach der polizeilichen Mitteilung die Neuausstellung oder die Umschreibung einer Erlaubniskarte zu erfolgen hat und ein entsprechender Antrag vom Steuerpflichtigen nicht inzwischen gestellt worden ist, hat die Hebestelle das weiter Erforderliche, gegebenenfalls auch wegen Einleitung des Strafverfahrens, zu veranlassen.

(⁴) Betrifft die Änderung Umstände, welche zwar die Steuerpflicht nicht berühren, deren Festhaltung aber für die Feststellung der Nämlichkeit des Fahrzeugs von Bedeutung ist, so ist der Steuerpflichtige zur Vorlegung der Erlaubniskarte zu veranlassen, und es ist die Änderung in dieser zu vermerken.

(⁵) Soweit durch die Änderung eine weitere Steuerpflicht für das Kraftfahrzeug entfällt (Erwerb durch einen Fuhrwerksbesitzer zur gewerbsmäßigen Personenbeförderung, Verwandlung in ein Lastkraftfahrzeug, Untergang des Fahrzeugs), ist, sofern nicht eine Umschreibung der Erlaubniskarte infolge Einstellung eines anderen Kraftfahrzeugs für den bisherigen Besitzer erfolgt (Ziffer 11), der Eintrag in der Bezirksliste nach Ablauf der Gültigkeitsdauer der Karte zu löschen.

11.

(¹) Stellt der Steuerpflichtige während der Gültigkeitsdauer der Erlaubniskarte an Stelle des bisherigen ein anderes Kraftfahrzeug ein, so ist er zu dessen Anmeldung gemäß Ziffer 4, 7 auch dann verpflichtet, wenn eine weitere Stempelentrichtung nicht einzutreten hat.

(²) Die Umschreibung der Karte im Falle des § 56 Abs. 2 des Gesetzes hat durch die Erteilung einer neuen Erlaubniskarte, in der auf die frühere Karte Bezug zu nehmen ist, für den Rest der Gültigkeitsdauer der früheren Karte zu erfolgen. Bei Umschreibung einer Karte der in Tarifnummer 8b bezeichneten

Art sind zugleich die auf Grund der früheren Karte im Inlande zugebrachten Aufenthaltstage in der neuen Karte abzuschreiben.

(3) Der Einstellung eines anderen Fahrzeugs im Sinne des § 56 Abs. 2 des Gesetzes und der vorstehenden Bestimmungen ist es gleichzuachten, wenn ein Kraftfahrzeug dergestalt umgebaut wird, daß dadurch der anzuwendende Steuersatz ein anderer wird. Eine Erstattung der Steuer findet in keinem Falle statt.

12.

(1) Im Falle der Veräußerung (Verkauf, Tausch, Schenkung) des Kraftfahrzeugs während der Gültigkeitsdauer der Erlaubniskarte ist auf Antrag des Veräußerers an Stelle der bisherigen Karte für den Rest der Gültigkeitsdauer der letzteren eine neue Karte auf den Namen des Erwerbers ohne Abgabenentrichtung auszustellen. Bei Karten der in Tarifnummer 8b bezeichneten Art findet hierbei die Bestimmung in Ziffer 11 Abs. 2 Satz 2 entsprechende Anwendung. Dem Erwerb infolge Veräußerung ist im Sinne dieser Bestimmung der Erwerb von Todes wegen gleichzustellen. Zur Stellung des Antrags sind in diesem Falle die Erben berechtigt.

(2) Der Antrag ist schriftlich mit einer Anmeldung nach Muster 1*) unter Vorlegung der Erlaubniskarte, deren Umschreibung begehrt wird, bei der für den Wohn- oder Aufenthaltsort des Erwerbers zuständigen Hebestelle zu stellen. Die letztere hat, wenn die ursprüngliche Erlaubniskarte von einer anderen Hebestelle ausgestellt war, diese von der Umschreibung zu benachrichtigen.

13.

Wird nach den vorstehenden Bestimmungen (Ziffer 9, 11, 12) an Stelle der bisherigen Karte für den Rest der Gültigkeitsdauer der letzteren eine neue Karte ausgestellt, so ist bei Aushändigung der neuen Karte die bisherige Karte einzuziehen und als Beleg zur neuen Anmeldung zu nehmen.

14.

D. Erneuerung der Erlaubniskarten.

Für im Gebrauche befindliche inländische Kraftfahrzeuge ist, soweit durch die Landesregierungen nicht eine andere Frist vorgeschrieben ist, spätestens am dritten Tage vor Ablauf der Gültigkeitsdauer der alten die Ausstellung einer neuen Erlaubniskarte bei der Hebestelle zu beantragen. Dies geschieht

*) Wird hier nicht wiedergegeben.

durch Einreichung einer Anmeldung nach Muster 1*) unter Beifügung der ihre Gültigkeit verlierenden Erlaubniskarte und unter Vorlegung der polizeilichen Zulassungsbescheinigung. Sofern Zweifel darüber nicht bestehen, daß die in den vorgelegten Urkunden enthaltenen Angaben auf das Kraftfahrzeug noch zutreffen, sind diese der Steuerberechnung und der Ausstellung der neuen Karte zugrundezulegen. Anderenfalls ist eine Prüfung der Anmeldung durch Benehmen mit der Polizeibehörde vorzunehmen. Für die Anmeldung, sowie für Entrichtung der Abgabe und Ausstellung der Erlaubniskarte finden die Bestimmungen unter Ziffer 4 ff. Anwendung.

15.

(1) Ist bis zum Ablaufe der Gültigkeitsdauer einer gemäß Tarifnummer 8a ausgestellten Erlaubniskarte die Erneuerung seitens des Steuerpflichtigen nicht beantragt worden, so ist, soweit nicht die Bestimmung der Ziffer 10 Abs. 5 Platz greift, der Steuerpflichtige mit kurzer Frist hieran zu erinnern, nötigenfalls unter der Androhung, daß vorbehaltlich der Einleitung des Strafverfahrens bei Nichterneuerung der Erlaubniskarte die Beschlagnahme des für das Kraftfahrzeug amtlich ausgegebenen Kennzeichens bei der zuständigen Polizeibehörde werde beantragt werden. Die Erinnerung ist mit der Aufforderung zu verbinden, der Hebestelle Mitteilung zu machen, falls sich das Fahrzeug nicht mehr im Besitze des Steuerpflichtigen befindet oder davon kein die weitere Steuerpflicht begründender Gebrauch mehr gemacht wird.

(2) Erledigt sich hiernach innerhalb der gesetzten Frist die Ausstellung einer neuen Karte nicht und wird auch nicht der Antrag auf Erneuerung der Erlaubniskarte gestellt, so ist entsprechend der Androhung zu verfahren.

16.

E. Bezirksliste.

(1) Über die erteilten Erlaubniskarten wird von jeder Hebestelle eine Bezirksliste nach dem Muster 5*) geführt.

(2) Die Polizeibehörden haben aus der von ihnen geführten Liste der zugelassenen Kraftfahrzeuge in vierteljährlichen Zeitabschnitten bis zum 5. des auf den Schluß des Kalendervierteljahrs folgenden Monats der zuständigen Hebestelle einen Auszug zu übersenden, welcher dem Anmeldungsbuche bei Einsendung an die Direktivbehörde zur Prüfung beizufügen ist.

*) Wird hier nicht wiedergegeben.

Anhang IX.

Gesetz, betreffend die Stempelabgabe von Erlaubniskarten für Kraftfahrzeuge ausländischer Besitzer vom 18. Mai 1908.

(RGBl. 1908 S. 210.)

Wir Wilhelm, von Gottes Gnaden Deutscher Kaiser, König von Preußen rc.

verordnen im Namen des Reichs, nach erfolgter Zustimmung des Bundesrats und des Reichstags, was folgt:

§ 1.

Der Bundesrat wird ermächtigt, für im Auslande wohnende Kraftfahrzeugbesitzer im Grenzverkehre, bei einem nicht länger als neunzig Tage innerhalb eines Jahreszeitraums währenden Aufenthalt im Inland auch außerhalb des Grenzverkehrs, zum Zwecke der Verkehrserleichterung Abweichungen von den Vorschriften des Abschnitts VI (Erlaubniskarten für Kraftfahrzeuge) und der Tarifnummer 8b des Reichsstempelgesetzes vom 3. Juni 1906 anzuordnen.

Die vom Bundesrate getroffenen Anordnungen sind dem Reichstage, wenn er versammelt ist, sofort, andernfalls bei seinem nächsten Zusammentreten vorzulegen. Sie sind außer Kraft zu setzen, soweit der Reichstag dies verlangt.

§ 2.

Dieses Gesetz tritt mit dem Tage seiner Verkündung in Kraft.

Urkundlich unter Unserer Höchsteigenhändigen Unterschrift und beigedrucktem Kaiserlichen Insiegel.

Gegeben Wiesbaden, den 18. Mai 1908.

(L. S.) **Wilhelm.**

Fürst von Bülow.

Anhang X.

Bekanntmachung des Reichskanzlers zu den Ausführungsbestimmungen zum Gesetze, betr. die Stempelabgabe von Erlaubniskarten für Kraftfahrzeuge ausländischer Besitzer, vom 18. Mai 1908 (RGBl. 1908 S. 210).

(Zentralblatt für das deutsche Reich 1908 S. 210.)

Der Bundesrat hat in der Sitzung vom 29. Mai d. J. beschlossen:

1. die nachstehend abgedruckten Ausführungsbestimmungen zum Gesetze, betreffend die Stempelabgabe von Erlaubniskarten für Kraftfahrzeuge ausländischer Besitzer, vom 18. Mai 1908 (Reichsgesetzblatt S. 210) mit der Maßgabe zu genehmigen, daß die Bestimmungen mit dem 6. Juni d. J. in Kraft treten,

2. zuzulassen, daß die bisherigen Erlaubniskarten für eine 30tägige Geltungsdauer unter entsprechender handschriftlicher Änderung des Vordrucks an Stelle der Erlaubniskarten des neuen Musters bis zu deren Fertigstellung Verwendung finden.

Berlin, den 30. Mai 1908.

Der Reichskanzler.
In Vertretung: Sydow.

Anhang XI.

Ausführungsbestimmungen

zum Gesetze, betreffend die Stempelabgabe von Erlaubniskarten für Kraftfahrzeuge ausländischer Besitzer vom 18. Mai 1908 (RGBl. 1908 S. 210).

(Zentralbl. f. d. deutsche Reich 1908 S. 202.)

1. Die Reichsstempelabgabe von Erlaubniskarten für Kraftfahrzeuge, welche zur Personenbeförderung auf öffentlichen Wegen und Plätzen bestimmt sind, beträgt, sofern der Besitzer weder im Inlande wohnt noch sich daselbst dauernd aufhält, bei vorübergehender Benutzung des Kraftfahrzeuges im Inlande:

1. für Krafträder während eines Aufenthalts von nicht mehr als 30 Tagen im Jahre . . . . 3 Mark,
2. für Kraftwagen während eines Aufenthalts
   - von einem Tage . . . . 3 "
   - " 2 bis zu höchstens 5 Tagen im Jahre 8 "
   - " mehr als 5 bis zu höchstens 15 Tagen im Jahre . . . . 15 "
   - von mehr als 15 bis zu höchstens 30 Tagen im Jahre . . . . 25 "
   - von mehr als 30 bis zu höchstens 60 Tagen im Jahre . . . . 40 "
   - von mehr als 60 bis zu höchstens 90 Tagen im Jahre . . . . 50 "

Die Tage des inländischen Aufenthalts brauchen nicht unmittelbar aufeinander zu folgen.

Bei mehr als neunzigtägigem Aufenthalt und für Krafträder bei mehr als dreißigtägigem Aufenthalt ist eine Karte der in Tarifnummer 8a des Reichsstempelgesetzes bezeichneten Art zu lösen.

2. Für jedes Fahrzeug ist eine besondere Erlaubniskarte zu lösen.

3. Die Verpflichtung zur Lösung der Erlaubniskarte und zur Entrichtung der Abgabe liegt demjenigen ob, der das Fahrzeug im Inland in Gebrauch nimmt.

4. Die Anmeldung zur Versteuerung ist bei aus dem Auslande mit eigener Triebkraft eingehenden Kraftfahrzeugen alsbald nach dem Grenzübertritt, im übrigen vor der Ingebrauchnahme des Fahrzeugs im Inlande bei der nächstgelegenen zuständigen Amtsstelle zu bewirken. Die Anmeldung kann mündlich erfolgen.

Die Anmeldung hat zu enthalten:

a) den Namen, Stand und Wohnort des Steuerpflichtigen,
b) die Bezeichnung des Kraftfahrzeugs nach den für die Erhebung der Abgabe und für die Festhaltung der Nämlichkeit wesentlichen Merkmalen,
c) den Zeitraum, für welchen die Ausstellung der Erlaubniskarte gewünscht wird.

Die Angaben sind nach Prüfung im Anmeldungsbuche — soweit für sie eine besondere Spalte nicht vorgesehen ist, in der Bemerkungsspalte — einzutragen.

Gleichzeitig mit der Anmeldung ist der erforderliche Stempelbetrag einzuzahlen.

5. Zur Erteilung von Erlaubniskarten für ausländische Kraftfahrzeuge sind sämtliche Grenzzollämter sowie diejenigen im Innern des Reichsgebiets belegenen Amtsstellen zuständig, welche von den Landesregierungen dazu ermächtigt sind.

Für Grenzstrecken, auf denen die Reichsgrenze mit der Zollgrenze nicht zusammenfällt, werden die zuständigen Amtsstellen von den Landesregierungen bestimmt.

6. Die Erteilung der Erlaubniskarte hat in Verbindung mit der gleichzeitig durch die Amtsstelle erfolgenden polizeilichen Zulassung und Kennzeichnung des Fahrzeugs vor sich zu gehen.

Die Prüfung der Anmeldung hat sich auf den Augenschein des Fahrzeugs und auf die Einsicht derjenigen Urkunden zu beschränken, auf Grund deren die polizeiliche Zulassungsbescheinigung erteilt wird.

7. Die Amtsstelle setzt die Stempelabgabe fest und erteilt eine mit Quittung versehene Erlaubniskarte des anliegenden Musters. Die Karte ist aus grünem Schreibleinenersatz in der Größe von 10,5: 15,5 cm in Buchform hergestellt, enthält 6 Blatt und besitzt einen über die ganze Fläche gehenden Untergrund, der in einem wagerecht schraffierten Oval einen Reichsadler zeigt. Das Oval hat eine Höhe von 6 cm und eine Breite von 4,8 cm. Die Karte ist mit schwarz-weiß-roter Seide geheftet: die Enden des Heftfadens sind so lang, daß sie an einer geeigneten Stelle der Außenseiten durch Siegelmarken oder in anderer geeigneter Weise befestigt werden können. Im Bedürfnisfalle sind weitere Blätter mit dem Vordruck für Ein- und Ausgangsbescheinigungen der Erlaubniskarte anzuheften. Daß und in welchem Umfange dies geschehen, ist auf der Karte zu vermerken.

Für Erlaubniskarten mit eintägiger Gültigkeit können nach näherer Anordnung des Reichskanzlers Karten eines besonderen Musters ausgegeben werden.

Erlaubniskarten, bei denen einzelne der für die Ein- und Ausgangsbescheinigungen bestimmten Blätter fehlen, verlieren ihre Gültigkeit zur Weiterbenutzung, sofern sich nicht zweifelsfrei ergibt, daß die fehlenden Blätter keine amtlichen Einträge enthalten haben.

8. Die wiederholte Ausstellung einer Erlaubniskarte der in Ziffer 1 Abs. 1 bezeichneten Art für Kraftwagen ist nicht zulässig, wenn anzunehmen ist, daß durch die Benutzung der Karte die Zahl von insgesamt 90 Aufenthaltstagen im Jahre überschritten werden würde.

Der Steuerpflichtige ist unter der im Abs. 1 bezeichneten Voraussetzung berechtigt, an Stelle der bisherigen Erlaubniskarte die Ausstellung einer Erlaubniskarte von längerer Gültigkeitsdauer mit der Maßgabe zu beantragen, daß die nach der bisherigen Karte im Inlande zugebrachten Tage abzuschreiben sind, und der durch Zahlung oder Anrechnung entrichtete Abgabebetrag anzurechnen ist. Der Antrag ist schriftlich nach Muster 14 der Ausführungsbestimmungen zum Reichsstempelgesetze zu stellen und nur innerhalb des in der ursprünglichen Karte bezeichneten Jahreszeitraums zulässig.

Soll der Aufenthalt innerhalb des in der bisherigen Erlaubniskarte festgesetzten Jahreszeitraums bei Krafträdern auf mehr als dreißig Tage, bei Kraftwagen auf mehr als neunzig Tage verlängert werden, so ist auf die Abgabe für die nach Tarifnummer 8a des Reichsstempelgesetzes zu lösende Erlaubniskarte der auf die bisherige Karte entrichtete Stempelbetrag anzurechnen. Die Ausstellung einer Erlaubniskarte mit viermonatiger Gültigkeitsdauer kann in diesem Falle nur in der Art erfolgen, daß der viermonatige Zeitraum von dem ersten, auf die ursprüngliche Karte im Inlande verbrachten Aufenthaltstag an gerechnet wird, und daß er nicht über den Jahreszeitraum, für welchen die bisherige Karte ausgestellt ist, hinausreicht.

Bei Aushändigung der neuen Karte ist die bisherige Karte einzuziehen und als Beleg zum Anmeldungsbuche zu nehmen.

9. Der Antrag auf Ausstellung einer Inlandskarte für ein ausländisches Kraftfahrzeug ist bei der nächsten zur Erteilung von Inlandskarten zuständigen Hebestelle gemäß § 106 der Ausführungsbestimmungen zum Reichsstempelgesetz anzubringen. Soll oder kann die Inlandskarte erst nach Eintritt des Kraftfahrzeugs in das Reichsgebiet gelöst werden, und ist die zuständige Hebestelle nicht zugleich die Grenzzollstelle, so hat die Anmeldung auch bei der Grenzzollstelle zu erfolgen. Die Grenzzollstelle ist befugt, die Hinterlegung einer der Stempelabgabe für eine Karte mit neunzigtägiger Gültigkeit entsprechenden Sicherheit zu fordern. Sie hat über die Anmeldung und die Sicherheitsleistung eine Bescheinigung zu erteilen, welche innerhalb der darin bezeichneten Frist bis zur Lösung der Inlandskarte als Ausweis gilt. Die Sicherheitsleistung ist gegen Vorweis der gelösten Inlandskarte zurückzugeben.

10. Bei Umschreibung einer Erlaubniskarte für ausländische Kraftfahrzeuge in den Fällen der §§ 113, 114 der Ausführungsbestimmungen zum Reichsstempelgesetze sind die nach der früheren Karte im Inlande zugebrachten Aufenthaltstage in der neuen Karte abzuschreiben.

11. Wird die Grenze während der Gültigkeitsdauer der Erlaubniskarte mehrfach überschritten, so ist die Karte bei jedem Grenzübertritte zur Bescheinigung des Eingangs oder Ausganges dem Grenzzollamte vorzulegen. Die Eingangsbescheinigung hat gleichzeitig das zugeteilte Kennzeichen, die Ausgangsbescheinigung außerdem in der dafür vorgesehenen Spalte die Anzahl der in den inländischen Aufenthalt einzurechnenden Tage zu enthalten. Jeder Kalendertag, auch wenn er nur teilweise im Inlande zugebracht ist, ist als ein Tag des Aufenthalts im Inlande zu rechnen.

Der Grenzübertritt braucht nicht immer bei demselben Amte zu geschehen.

Unterbleibt die Vorlegung der Erlaubniskarte beim Ausgange, so ist als im Inlande zugebracht der ganze Zeitraum anzusehen, der seit dem Tage des zuletzt bescheinigten Einganges bis zur freiwilligen Meldung dieser Unterlassung oder bis zur anderweiten Entdeckung verflossen ist. Weist der Inhaber der Erlaubniskarte durch Eingangsbescheinigung der gegenüberliegenden fremdstaatlichen Zollstelle oder auf andere Weise einwandfrei nach, daß der Wiederausgang zu einem früheren Zeitpunkt erfolgt ist, so ist für die Berechnung des im Inlande zugebrachten Zeitraums dieser Zeitpunkt maßgebend.

12. In die Zeit des inländischen Aufenthalts sind bei Beobachtung der vorgeschriebenen Sicherungsmaßregeln die Tage nicht einzurechnen, während deren ein ausländisches Kraftfahrzeug nachweislich sich zum Zwecke der Ausbesserung in einer inländischen Gewerbeanstalt befunden hat oder auf einer öffentlichen Ausstellung im Inlande zur Schau gestellt worden ist. Der Tag der Aufnahme in die Gewerbeanstalt oder in die Ausstellung und der Tag des Rückempfanges sind als Tage inländischen Aufenthalts anzusehen, wenn an diesem Tage eine steuerpflichtige Benutzung des Fahrzeugs stattgefunden hat.

Als eine solche ist die Fahrt von der Grenze zur Gewerbeanstalt oder Ausstellung und die Rückfahrt nicht anzusehen, wenn sie vom Führer allein unternommen wird und lediglich dem Zwecke dient, das Fahrzeug der Gewerbeanstalt oder Ausstellung zuzuführen oder von dort aus über die Grenze zurückzufahren.

Falls sich das Fahrzeug nachweislich nur zu den in Abs. 1, 2 bezeichneten Zwecken im Inlande befindet, tritt eine Steuerpflicht nicht ein.

Über die vorzuschreibenden Sicherungsmaßnahmen trifft die für die Grenzeingangsstelle zuständige oberste Landesfinanzbehörde und, wenn das Kraftfahrzeug sich bereits im Inlande befunden hat, die oberste Landesfinanzbehörde Bestimmung, in deren Verwaltungsbereiche die Gewerbeanstalt oder der Ausstellungsort liegt. Es kann insbesondere angeordnet werden, daß für den Fall des Einganges unter Benutzung der Triebkraft des Fahrzeugs der Eintritt in das Reichsgebiet von der Hinterlegung des Abgabebetrags abhängig gemacht wird.

13. Bei Benutzung von öffentlichen Wegen, welche die einzige oder die gegebene Verbindung zwischen verschiedenen Orten des Auslandes bilden und das Reichsgebiet auf kurzen Strecken durchschneiden, kann nach Maßgabe der Bestimmungen der obersten Landesfinanzbehörde im Falle des örtlichen Bedürfnisses und unter Anordnung der erforderlichen Sicherungsmaßnahmen von der Erhebung der Reichsstempelabgabe für ausländische Kraftfahrzeuge abgesehen werden, sofern die im Inlande gelegene Strecke ohne Abweichung und willkürlichen Aufenthalt zurückgelegt wird.

Die Befreiung von der Abgabe darf nur zugelassen werden, falls nach den örtlichen Verhältnissen oder nach den getroffenen Sicherungsmaßnahmen ein Mißbrauch nicht zu besorgen ist.

14. Wird in einem benachbarten fremden Staate eine Kraftfahrzeugsteuer erhoben, so ist von den Grenzbewohnern dieses Staates, welche dort nachweislich bereits eine Jahresabgabe für dasselbe Kraftfahrzeug gezahlt haben, die Stempelabgabe für eine Jahreskarte nur im halben Betrage zu entrichten.

Soweit auch in dem anderen Staate von ausländischen Kraftfahrzeugbesitzern eine Steuer erhoben wird, findet die vorbezeichnete Erleichterung nur im Falle der Gegenseitigkeit Anwendung.

Für den Begriff der Grenzbewohner sind die Bestimmungen des mit dem Nachbarstaat abgeschlossenen Zoll- und Handelsvertrags maßgebend. Sind solche nicht vorhanden, so gelten als Grenzbewohner diejenigen, welche nicht weiter als 10 Kilometer von der Grenze entfernt wohnen.

Auf der Steuerkarte ist neben der Angabe des gezahlten Stempelbetrags der Grund der Steuerermäßigung durch den Vermerk „Grenzbewohner“ ersichtlich zu machen.

Ist die Ansässigkeit des Antragstellers im Grenzbezirke des Nachbarstaats nicht amtskundig, so darf die Anwendung der ermäßigten Sätze nur erfolgen, wenn der Antragsteller durch eine ortspolizeiliche Bescheinigung nachweist, daß er im Grenzbezirke wohnt.

15. An die Stelle der Vorschrift des § 24 zu b Abs. 2, 3 der Grundzüge, betreffend den Verkehr mit Kraftfahrzeugen, treten die nachstehenden Bestimmungen:

Für die Zuteilung des Kennzeichens wird auf die Gültigkeitsdauer der für das Kraftfahrzeug gelösten Erlaubniskarte eine einmalige Gebühr erhoben. Die Gebühr beträgt ohne Rücksicht darauf, ob die Tätigkeit der Amtsstelle innerhalb oder außerhalb der Geschäftszeit in Anspruch genommen wird,

1. für Krafträder . . . . 2 Mark,
2. für Kraftwagen
   a) sofern die Erlaubniskarte für einen eintägigen Aufenthalt im Inlande berechtigt . . . . . 2 „
   b) in sonstigen Fällen . . . . 5 „

Tritt an die Stelle einer Erlaubniskarte unter Anrechnung des für diese entrichteten Abgabebetrags eine Karte von längerer Gültigkeitsdauer, so ist auf die Gebühr für die Zuteilung des Kennzeichens derjenige Betrag anzurechnen, welcher bereits auf Grund der früheren Karten für das Kennzeichen gezahlt worden ist.

Die Entrichtung der Gebühr und deren Höhe ist auf der Erlaubniskarte zu vermerken. Der Vermerk ist bei der Umschreibung der Erlaubniskarte und bei der Verlängerung der Aufenthaltsdauer — im letzteren Falle unter Angabe des nacherhobenen Betrags — auf die neue Karte zu übertragen.

Anhang XII.

Bekanntmachung,

betreffend die Regelung des Verkehrs mit Kraftfahrzeugen.

Vom 1. März 1911.

(RGBl. 1911 S. 62).

Der Bundesrat hat auf Grund des § 6 des Gesetzes über den Verkehr mit Kraftfahrzeugen vom 3. Mai 1909 (RGBl. S. 437) folgendes beschlossen:

„In der Anweisung über die Prüfung von Kraftfahrzeugen — Anlage A der Verordnung vom 3. Februar 1910 — werden im Abschnitt IV unter Nr. 2 die Sätze 2, 3, wie folgt, geändert:

Einfache Hebellenkvorrichtungen (auch Zahnstangenlenker und unmittelbar an einer Lenkspindel befestigte Hebel) sind bei dreirädrigen Fahrzeugen mit einem vorderen Lenkrad bis zu einem Gewichte des betriebsfertigen Wagens von 600 Kilogramm, bei anderen Fahrzeugen bis zu einem Gewichte von 350 Kilogramm zuzulassen. Bei Fahrzeugen mit höheren Gewichten müssen Lenkvorrichtungen mit Zwischenübersetzung (Schnecke, Schraube oder dergleichen) verwendet werden, die keinesfalls erheblich unter der Grenze der Selbsthemmung liegen".

Berlin, den 1. März 1911.

Der Reichskanzler.

In Vertretung: Delbrück.

Anhang XIII.

Bekanntmachung,

betreffend den Beitritt von Luxemburg, Schweden und der Schweiz zu dem am 11. Oktober 1909 in Paris unterzeichneten Internationalen Abkommen über den Verkehr mit Kraftfahrzeugen sowie die dadurch erforderlich gewordenen Aenderungen der zur Regelung des internationalen Verkehrs mit Kraftfahrzeugen vom Bundesrat getroffenen Bestimmungen.

Vom 6. April 1911.

(RGBl. 1911 S. 179 ff.)

Luxemburg, Schweden und die Schweiz sind dem Internationalen Abkommen über den Verkehr mit Kraftfahrzeugen vom 11. Oktober 1909 (RGBl. 1910 S. 603) beigetreten. Die Regierung der Französischen Republik hat die Anzeige von dem Beitritt Luxemburgs am 29. Juli 1910, die Anzeige von dem Beitritt Schwedens am 27. Dezember 1910 und die Anzeige von dem Beitritt der Schweiz am 24. Dezember 1910 erhalten. Das Abkommen wird demnach gemäß Artikel 13 für diese drei Staaten am 1. Mai 1911 wirksam.

Die Schweiz hat in ihrer Beitrittserklärung den einzelnen Kantonen das Recht vorbehalten, in ihrem Gebiete den Verkehr mit Kraftfahrzeugen, Kraftdreirädern und Kraftzweirädern gänzlich oder auf einzelnen Straßen zu verbieten. Den Besitzern fremder Kraftfahrzeuge, Kraftdreiräder und Kraftzweiräder wird beim Überschreiten der schweizerischen Grenze von den schweizerischen Zollbehörden ein Verzeichnis der einzelnen Straßen ausgehändigt werden, auf denen der Verkehr mit Kraftfahrzeugen verboten oder besonderen Beschränkungen unterworfen ist.

Für das nach Artikel 4 des Abkommens von jedem Kraftfahrzeug im internationalen Verkehre zu tragende Unterscheidungszeichen hat Luxemburg, das in der Zusammenstellung der Unterscheidungszeichen für die verschiedenen Länder (Anlage C des Abkommens) nicht aufgeführt ist, den Buchstaben L angenommen.

Auf Grund des § 9 der mit der Bekanntmachung vom 21. April 1910 veröffentlichten Verordnung des Bundesrats über den internationalen Verkehr mit Kraftfahrzeugen (RGBl. 1910 S. 640) werden folgende durch die Anwendung des Abkommens auf Luxemburg, Schweden und die Schweiz erforderlich gewordenen Änderungen der Anlage A und des Musters 1 der Verordnung angeordnet:

1. Die Anlage A wird dahin abgeändert, daß zwischen den für Italien und Monaco bestimmten Querspalten eine neue Spalte und zwischen den für Rußland und Spanien bestimmten Querspalten zwei neue Spalten eingefügt werden. In die neue Spalte zwischen Italien und Monaco wird unter der Überschrift „Staaten": Luxemburg und bei dem „Unterscheidungszeichen": L, in die erste neue Spalte nach Rußland wird unter der Überschrift „Staaten": Schweden und bei den „Unterscheidungszeichen" entsprechend der Anlage C des Abkommens (RGBl. 1910 S. 637): S, in die zweite neue Spalte unter der Überschrift „Staaten": Schweiz und bei den „Unterscheidungszeichen" entsprechend der Anlage C des Abkommens: CH eingetragen.
2. Im Muster 1 ist in der auf der ersten Seite befindlichen Fußnote einzufügen zwischen den Worten „Italien" und „Monaco": „Luxemburg", und zwischen den Worten „Rußland" und „Spanien": „Schweden, die Schweiz".
3. Die im Reichs-Gesetzblatt 1910 Seite 650, 651 über der Umrandung vorgesehenen Seitenzahlen des Musters 1: 22 und 23 ändern sich nach Maßgabe der Zahl der nach dem Hinzutritt Luxemburgs, Schwedens und der Schweiz zusammenzustellenden Einlageblätter.

Berlin, den 6. April 1911.

Der Reichskanzler.

von Bethmann-Hollweg.

Anhang XIV.

Bekanntmachung,

betreffend die Inkraftsetzung des am 11. Oktober 1909 in Paris unterzeichneten Internationalen Abkommens über den Verkehr mit Kraftfahrzeugen in der französischen Kolonie Algerien und die dadurch erforderlich gewordenen Aenderungen der zur Regelung des internationalen Verkehrs mit Kraftfahrzeugen vom Bundesrat getroffenen Bestimmungen.

Vom 22. September 1911.

(RGBl. 1911 S. 909.)

Das Internationale Abkommen über den Verkehr mit Kraftfahrzeugen vom 11. Oktober 1909 (RGBl. 1910 S. 603) ist nach einer Verständigung zwischen der Französischen Regierung und den übrigen Mächten, für die es wirksam ist, am 1. Juli 1911 in Algerien in Kraft getreten.

Auf Grund des § 9 der mit der Bekanntmachung vom 21. April 1910 veröffentlichten Verordnung des Bundesrats über den internationalen Verkehr mit Kraftfahrzeugen (RGBl. 1910 S. 640) werden folgende durch die Anwendung des Abkommens auf Algerien erforderlich gewordenen Aenderungen der Anlage A und des Musters 1 der Verordnung angeordnet:

1. Die Anlage A wird dahin abgeändert, daß in die für Frankreich bestimmte Querspalte unter der Ueberschrift „Staaten“ nach dem Worte „Frankreich“ die Worte: „nebst Algerien“ eingetragen werden.
2. Im Muster 1 ist in der auf der ersten Seite befindlichen Fußnote nach dem Worte „Frankreich“ einzufügen: „nebst Algerien“.

Berlin, den 22. September 1911.

Der Reichskanzler.

von Bethmann-Hollweg.

FSC
www.fsc.org
MIX
Papier | Fördert
gute Waldnutzung
FSC® C083411

Kolibri 360 GmbH
Ferdinand-Jühlke-Straße 7
99095 Erfurt, Deutschland
produktsicherheit@kolibri360.de